BRUGGER / DOPSCH / WILD

HÖGLWÖRTH

*Herrn Prälaten
Dr. Walter Brugger
zum 80. Geburtstag gewidmet*

Die Mitherausgeber, Autoren und Verleger

Gedruckt mit Unterstützung von:
- Berchtesgadener Landesstiftung
- Bezirk Oberbayern
- Bayerische Landesstiftung
- Brauerei Wieninger
- Gemeinde Anger
- Gemeinde Piding

Walter Brugger — Heinz Dopsch — Joachim Wild (Hg.)

HÖGLWÖRTH

Das Augustiner-Chorherrenstift mit den Pfarreien Anger und Piding

Salzburg 2008

SALZBURG STUDIEN.

FORSCHUNGEN ZU GESCHICHTE,

KUNST UND KULTUR

Band 9

Bibliografische Information Der Deutschen Bibliothek

Die Deutsche Bibliothek verzeichnet diese Publikation in der Deutschen Nationalbibliografie; detaillierte bibliografische Daten sind im Internet unter <http://dnb.ddb.de> abrufbar

© 2008 Medieninhaber und Verleger: Verein „Freunde der Salzburger Geschichte",
Augustinergasse 4, A-5020 Salzburg; Postanschrift: Postfach 1, A-5026 Salzburg
Hauptfotograf: Anton Brandl, München
Grafiken: Andreas Bachmayr, Uttendorf
Umschlaggestaltung: Gerhard Huber und Rainer Wilflinger
Bildbearbeitung: Gerhard Huber, Salzburg
Satz und Layout: Rainer Wilflinger, Laufen
Druck: OrtmannTeam, Ainring
ISBN 978-3-902582-03-4

Alle Rechte vorbehalten. Ohne ausdrückliche Genehmigung des Verlags und der Herausgeber ist es nicht gestattet, dieses Buch oder Teile daraus auf fotomechanischem oder elektronischem Weg zu vervielfältigen.

Inhalt

Vorwort der Berchtesgadener Landesstiftung	6
Vorwort der Herausgeber	7
Abkürzungsverzeichnis	8
Heinz Dopsch, Vorgeschichte, Gründung und Entfaltung des klösterlichen Lebens (bis 1308)	9
Joachim Wild, Höglwörth im Spätmittelalter (1308–1541)	41
Korbinian Birnbacher OSB, Höglwörth in der Frühen Neuzeit (1541–1671)	65
Karin Precht-Nußbaum, Die Geschichte des Stiftes Höglwörth zwischen 1671 und 1803 — Von Propst Johann Adam Weber bis Propst Anian II. Köllerer	88
Sabine Frauenreuther, Niedergang und Aufhebung	114
Jolanda Englbrecht, Die Wirtschaftsgeschichte des ehemaligen Augustiner-Chorherrenstiftes Höglwörth	137
Hans Roth, Seelsorge und religiöses Leben im Stiftsland Höglwörth	168
Walter Brugger, Bau- und Kunstgeschichte des Stiftes Höglwörth und seiner Kirchen	187
I. Kirche und Kloster Höglwörth	187
II. Die Pfarrkirche Anger mit den Filialkirchen und Kapellen Aufham, Steinhögl und Vachenlueg	217
III. Die Vikariatskirche Piding mit den Filialkirchen und Kapellen Mauthausen, Schlosskapelle Staufeneck, Strailachkapelle, St. Johann am Högl und St. Johann im Wald	237
Johannes Neuhardt, Francesco Vanni: Die Verklärung Christi — Wie kam das Hochaltarbild nach Höglwörth?	267
Ferdinand Steffan, Epigraphische Zeugnisse im Stift Höglwörth und seinen Pfarreien	271
Robert Münster, Die Musik im Stift Höglwörth	306
Matthias Blankenauer, Studium und Bibliothek	318
I. Theologiestudium und Ausbildung zur Seelsorge	318
II. Die Bibliothek in Höglwörth	327
Erhard Zaha, Die Restaurierung der ehemaligen Augustiner-Chorherrenstiftskirche Höglwörth (1979–1986)	335
Korbinian Birnbacher OSB und Joachim Wild, Die Pröpste und Kanoniker des Augustiner-Chorherrenstiftes Höglwörth	357
I. Liste der Pröpste	357
II. Liste der Chorherren (Kanoniker)	362
Hans-J. Schubert, Bibliographie und abgekürzt zitierte Literatur	369
Verzeichnis der Autorinnen und Autoren sowie weiterer Mitarbeiter	378
Orts- und Personennamenregister	379

Vorwort der Berchtesgadener Landesstiftung

Der Landkreis Berchtesgadener Land ist geprägt von einer sehr reichhaltigen und vielfältigen Kultur sowie einer sehr unterschiedlichen und wechselvollen Geschichte.

Das malerisch gelegene ehemalige Augustiner-Chorherrenstift Höglwörth, auf einer Halbinsel im Höglwörther See, umgeben von alten Bäumen, Schilf und Bauernhäusern und dem Teisenberg im Hintergrund, ist eine ganz besondere Perle. Die Stiftsanlage mit Hofrichterhaus, Kirche, Propstei, Tortürmen und den beiden Höfen gehört zu den herausragenden Baudenkmälern im Landkreis.

Vom 12. bis Anfang des 19. Jahrhunderts war das Stift Höglwörth der wirtschaftliche, kulturelle und religiöse Mittelpunkt der Gegend um Anger und Piding. Doch auch heute gibt es noch geistliches Leben in Höglwörth. Im Abstand von drei Jahren wird in der Karwoche das Heilige Grab aufgebaut. Es zählt zu den schönsten und größten Heiligen Gräbern, die noch bestehen. Die Klosterkirche wird genutzt von der Pfarrei Anger, sie ist eine beliebte Hochzeitskirche und jährlich finden dort, nicht zuletzt wegen ihrer hervorragenden Akustik, beeindruckende Konzerte mit klassischer und sakraler Musik statt.

Höglwörth lädt ein zum Spazierengehen, zum Verweilen, zum Innehalten und zur Einkehr.

Das Buch „Höglwörth — Das Augustiner-Chorherrenstift mit den Pfarreien Anger und Piding" leistet einen wichtigen Beitrag dazu, dass die Bedeutung des Klosters Höglwörth für die Region über Jahrhunderte hinweg nicht in Vergessenheit gerät, sondern lebendig bleibt. Dies ist das ganz besondere Verdienst des Initiators für dieses Buch und all seiner Mitarbeiter und Unterstützer.

Mit einem herzlichem „Vergelt´s Gott" bedanke ich mich stellvertretend insbesondere beim Hochwürdigen Herrn Prälaten Dr. Walter Brugger, Herrn Prof. Dr. Heinz Dopsch und Herrn Prof. Dr. Joachim Wild.

Georg Grabner
Landrat

Vorwort der Herausgeber

Unter den insgesamt 17 Augustiner-Chorherrenstiften, die aus der Reformbewegung unter Erzbischof Konrad I. von Salzburg (1106–1147) hervorgegangen sind, war Höglwörth eines der kleinsten. Da es erst 1810 an Bayern kam, war es der Welle der bayerischen Klosteraufhebungen 1802/03 entgangen. Ständige Zwistigkeiten im Konvent führten jedoch bald darauf zum Ende des personell und wirtschaftlich florierenden Stiftes. Aufgrund detaillierter Forschungen kann gezeigt werden, dass es nicht zu einer „Selbstauflösung" kam, wie bisher stets kolportiert wurde, sondern die Aufhebung durch ein Dekret des Königs von Bayern, Max I. Joseph, vom 8. Juli 1817 erfolgte. Während die Klostergebäude seit dem Erwerb durch die Familie Wieninger 1820 eine liebevolle Betreuung erfuhren, erstrahlt die Stiftskirche nach der umfassenden Restaurierung durch den Freistaat Bayern 1979–1986 in neuem Glanz. Das ganze Ensemble stellt — nicht zuletzt dank seiner idyllischen Lage — ein Juwel unter den Klöstern im Grenzbereich zwischen Bayern und Salzburg dar.

Dank der engagierten Mitarbeit profilierter Autoren, von denen einige bereits an den Büchern über Frauenchiemsee und Baumburg beteiligt waren, bot sich die Möglichkeit, die Probleme und Nöte eines kleinen Konvents, der schon früher von der Aufhebung bedroht war, zu erforschen und zu beschreiben. Da sich die Seelsorge der Chorherren nicht nur auf die beiden inkorporierten Pfarreien Anger und Piding beschränkte, sondern auch die zahlreichen Filialkirchen und Kapellen mit einbezog, erfahren diese ebenfalls eine sorgfältige Darstellung. Insgesamt ergibt sich das Bild einer kleinen geistlichen Gemeinschaft, die ungeachtet ihrer bescheidenen Ausstattung in den sieben Jahrhunderten ihres Bestehens durchaus ansehnliche Leistungen vollbracht hat.

Anlässlich der Fertigstellung des Bandes ist es den Herausgebern eine angenehme Pflicht, jenen Institutionen und Personen zu danken, deren Hilfe wesentlich zum Gelingen des Unternehmens beigetragen hat: An erster Stelle der Berchtesgadener Landesstiftung unter der Leitung von Herrn Landrat Georg Grabner; dann dem Bezirk Oberbayern, der Bayerischen Landesstiftung, der Gemeinde Anger und der Gemeinde Piding. Die Familie Wieninger hat nicht nur einen finanziellen Beitrag über die Brauerei geleistet, sondern auch die Forschungsarbeiten vor Ort großzügig unterstützt.

Ein besonderer Dank gilt Herrn Dr. Peter F. Kramml, dem Leiter des Archivs der Stadt Salzburg, der durch die Aufnahme des Bandes in die Reihe der von ihm herausgegebenen „Salzburg Studien" und seinen persönlichen Einsatz die reiche Ausstattung des Buches und eine für alle Interessenten sehr günstige Preisgestaltung ermöglichte. Als Redakteur hat Rainer Wilflinger Satz und Layout sowie das Register sorgfältig erstellt und darüber hinaus auch alle Manuskripte überprüft. Die Fotos stammen zum Großteil von Herrn Anton Brandl, der gegenüber allen Sonderwünschen von Herausgebern und Autoren stets aufgeschlossen war. Herr Mag. Andreas Bachmayr hat die historischen Karten mit großem Einfühlungsvermögen angefertigt. Herrn Erhard Zaha in Anger, der auch zu den Autoren zählt, und Herrn Stefan Gruber in Piding ist für vielfache rasche Hilfe herzlich zu danken.

Die Pfarrer der beiden Pfarreien, die einst dem Stift Höglwörth inkorporiert waren, Dekan Michael Kiefer in Anger und Pfarrer Josef Koller in Piding, ließen uns gemeinsam mit ihren Mitarbeitern, den Mesnern und Mesnerinnen, volle Unterstützung zuteil werden. Ein weiterer Dank gilt den Archivaren und Bibliothekaren in Bayern und Salzburg, die uns bei der Benützung der von ihnen betreuten Bestände hilfreich zur Seite standen. Namentlich sind das Bayerische Hauptstaatsarchiv München, Archiv und Diözesanbibliothek des Erzbistums München und Freising, die Bayerische Staatsbibliothek, das Staatsarchiv München, das Archiv der Erzdiözese Salzburg, das Salzburger Landesarchiv, Archiv und Bibliothek der Erzabtei St. Peter in Salzburg sowie die Pfarrarchive in Anger und Piding zu nennen.

Die Herausgeber hoffen mit diesem Buch zu zeigen, dass Höglwörth neben seiner malerischen Lage, die alljährlich viele Besucher anzieht, auch auf eine reiche Geschichte und beachtliche kulturelle Leistungen seiner Chorherren verweisen kann.

Freising—Salzburg—München im Herbst 2008
Walter Brugger, Heinz Dopsch, Joachim Wild

Abkürzungsverzeichnis

Abb.	=	Abbildung(en)		
Abt.	=	Abteilung		
AEM	=	Archiv des Erzbistums München und Freising		
Anm.	=	Anmerkung(en)		
AStP	=	Archiv St. Peter		
Aufl.	=	Auflage		
BayHStA	=	Bayerisches Hauptstaatsarchiv		
Bd(e).	=	Band (Bände)		
Bl.	=	Blatt, Blätter		
BLfD	=	Bayerisches Landesamt für Denkmalpflege		
Bsb	=	Bayerische Staatsbibliothek		
Br.	=	Breite		
BVBl.	=	Bayerische Vorgeschichtsblätter		
Cgm	=	Codex germanicus monacensis		
CIL	=	Corpus Inscriptionum Latinarum		
Clm	=	Codex latinus monacensis		
cm	=	Zentimeter		
Consist	=	Konsistorium		
f., ff.	=	folgend, folgende		
Fasc., fasc., Fasz.	=	Faszikel		
fl	=	Gulden		
fol.	=	Folio		
FRA	=	Fontes Rerum Austriacarum		
geb.	=	geboren(e)		
gest.	=	gestorben		
H.	=	Höhe		
HAB	=	Historischer Atlas von Bayern		
HHStA	=	Haus-, Hof- und Staatsarchiv (Wien)		
Hs	=	Handschrift		
iur. can.	=	kanonisches Recht (Kirchenrecht)		
iur. utr.	=	beide Rechte (kirchliches u. weltliches R.)		
Jg.	=	Jahrgang		
Jh.	=	Jahrhundert(e)		
JSMCA	=	Jahresschrift des Salzburger Museums Carolino Augusteum		
Kat.	=	Katalog		
KdB	=	Kunstdenkmale des Königreiches Bayern		
KL	=	Klosterliterale		
kr	=	Kreuzer (siehe auch x/xr)		
Kt.	=	Karte(n)		
KU	=	Klosterurkunde(n)		
Lit.	=	Litera		
LRA	=	Landratsamt		
LThK	=	Lexikon für Theologie und Kirche		
m	=	Meter		
masch.	=	maschinenschriftlich		
MGH	=	Monumenta Germaniae Historica		
MGSL	=	Mitteilungen der Gesellschaft für Salzburger Landeskunde		
MIÖG	=	Mitteilungen des Instituts für Österreichische Geschichtsforschung		
Nr.	=	Nummer		
o. D.	=	ohne Datum		
o. O.	=	ohne Ort		
o. Sign.	=	ohne Signatur		
OA	=	Oberbayerisches Archiv für vaterländische Geschichte		
op.	=	opus		
OSB	=	Benediktiner-Orden		
ÖKT	=	Österreichische Kunsttopographie		
pag.	=	Pagina		
P.	=	Pater		
PA	=	Pfarrarchiv		
RFK	=	Regierungsfinanzkammer		
S.	=	Seite(n)		
Sp.	=	Spalte(n)		
SS	=	Scriptores		
St.	=	Sankt		
StAM	=	Staatsarchiv München		
SUB	=	Salzburger Urkundenbuch		
ß	=	Schilling		
Taf.	=	Tafel(n)		
theol.	=	Theologie		
u. a.	=	und andere, unter anderem		
Urk.	=	Urkunde		
v.	=	vom, von		
vgl.	=	vergleiche		
x, xr	=	Kreuzer (siehe auch kr)		
z. B.	=	zum Beispiel		

Abgekürzt zitierte Literatur siehe Bibliographie

Heinz Dopsch

Vorgeschichte, Gründung und Entfaltung des klösterlichen Lebens (bis 1308)

Von einer Hochterrasse grüßt die stattliche Pfarrkirche von Anger mit ihrem schlanken Kirchturm weit über das Land. Ganz anders ist die Situation bei dem nur wenig entfernten ehemaligen Augustiner-Chorherrenstift Höglwörth. Es steht am Ufer eines kleinen Sees, der in einer Senke liegt und für Besucher erst aus der Nähe sichtbar wird. An diesem verträumten Platz konnten die Chorherren fast sieben Jahrhunderte lang ein relativ abgeschiedenes, ruhiges Leben führen, obwohl die Umgebung schon seit der Bronzezeit dicht besiedelt war. Es gibt aber einen Punkt, von dem aus zumindest Teile des kleinen Stiftes trotz aller Abgeschiedenheit zu sehen waren: von der Ruine Plain oberhalb von Großgmain, dem einstigen Stammsitz der Grafen von Plain, öffnet sich ungeachtet der großen Entfernung der Blick direkt auf den Kirchturm von Höglwörth. Diese Perspektive ist symbolisch für die einst enge historische Verbindung. Die Grafen von Plain als Stifter hatten ihr „Hauskloster" Höglwörth stets im Blick, sei es, um als Vögte für dessen Schutz zu sorgen, um Kontrolle auszuüben oder ihrer Vorfahren zu gedenken, die dort bestattet waren.

Der Name Höglwörth erinnert daran, dass sich die Lage des Stiftes einst anders darstellte. Das Grundwort -wörth ist abgeleitet vom Mittelhochdeutschen *weride* bzw. *wert* und bedeutet soviel wie „Insel"[1]. Es begegnet auch bei den Chiemseeinseln Frauenwörth und Herrenwörth oder bei Maria Wörth am Kärntner Wörthersee. Alle diese Inseln wurden frühzeitig für den Bau von Klöstern genützt, weil sie durch ihre Lage einen natürlichen Schutz vor Überfällen boten und zugleich den für geistliche Gemeinschaften so wichtigen Fischfang ermöglichten. In späteren Jahrhunderten wurden diese Klosterinseln bisweilen durch künstliche Aufschüttungen mit dem Ufer verbunden, um die Zugänglichkeit und den Transport von Waren zu erleichtern. Das war bei Maria Wörth, beim Kloster Seeon und auch bei Höglwörth der Fall. Bis ins 13. Jahrhundert wurde das Stift einfach Wörth (*Werdie, Werde, Wert*) genannt. Zur Unterscheidung von anderen Orten, die denselben Namen führten, fügte man 1229 erstmals das Bestimmungswort Högl hinzu (*hegelnwerde*)[2]. Dieses ist vom langgestreckten Höhenzug des Högl abgeleitet, der altgermanischen Bezeichnung einer Geländeform, die unserem heutigen Wort „Hügel" entspricht[3]. Obwohl der Högl kein hoher Berg ist, prägt er mit seiner markanten, weithin sichtbaren Gestalt dieses Gebiet.

Trotz seiner bescheidenen Vergangenheit hat Höglwörth bereits 1852 eine erste ausführliche Darstellung seiner Geschichte erfahren[4]. Dank der Zugehörigkeit zum Land Salzburg hatte Höglwörth die Zeit der bayerischen Klosteraufhebungen im späten 18. Jahrhundert überstanden. Dass schon wenige Jahre nach seinem Übergang an Bayern (1810) mit königlichem Dekret vom 8. Juli 1817 auch dieses Stift aufgelöst wurde[5], hatten vor allem der letzte Propst und der relativ kleine Konvent aufgrund ihrer ständigen inneren Auseinandersetzungen zu verantworten. Es war ein Glück, dass Stiftskirche und Klostergebäude nicht abgerissen bzw. devastiert wurden wie in Herrenchiemsee oder eine neue Bestimmung als Gefängnis erhielten, wie es in Suben am Inn (in Oberösterreich) der Fall war. Die Stiftsgebäude sind zum Großteil erhalten und Dank der Pflege durch die Familie Wieninger, die sie 1820 erwarb, in ausgezeichnetem Zustand. Auch die Stiftskirche erstrahlt nach mehrfacher Restaurierung in neuem Glanz.

Der umfangreiche Bestand an schriftlichen Quellen, der sich vor allem im Bayerischen Hauptstaatsarchiv München erhalten hat, ermöglicht eine ziemlich genaue Darstellung der Klostergeschichte. Frei-

Das Stift Höglwörth lag auf einer kleinen Insel im See, die erst später durch einen aufgeschütteten Damm mit dem Ufer verbunden wurde (Foto Brandl)

lich sieht sich auch der heutige Bearbeiter mit dem Problem konfrontiert, dass die meisten Urkunden nur in relativ späten Abschriften überliefert sind[6] und deshalb im Zusammenhang mit Gründung und Frühgeschichte manche Frage offen bleiben muss.

Verdeckte Spuren aus der Vorzeit

Flächendeckende archäologische Untersuchungen, die Aufschluss über Vorgängerbauten oder die älteste Stiftskirche geben könnten, haben bisher in Höglwörth nicht stattgefunden. Trotzdem besteht Einigkeit darüber, dass die Stiftsgründung nicht im leeren Raum erfolgte, sondern zumindest an ältere kultische Traditionen anknüpfte. Dafür spricht die Tatsache, dass auch alle anderen Stifte der Salzburger Augustiner-Chorherrenreform keine Neugründungen waren, sondern entweder aus der Reform bereits bestehender Klöster hervorgingen oder vom Erzbischof in engem Zusammenwirken mit dem lokalen Adel in Anknüpfung an ältere Gotteshäuser errichtet wurden[7]. Bei Höglwörth fällt zunächst auf, dass die Besiedlung hier und in der weiteren Umgebung früh einsetzte, kontinuierlich fortbestand und vor allem in römischer Zeit eine auffallende Dichte erreichte.

Bis in die späte Jungsteinzeit und damit ins 3. Jahrtausend v. Chr. zurück führt eine keilförmige Lochaxt aus Hornblende-Schiefer (Amphibolit), die bereits im vorigen Jahrhundert in Steinhögl gefunden wurde. Dazu kam 1970 eine jungsteinzeitliche Klinge aus Hornstein, die man in Oberengelhäng barg[8]. Auffallend reich sind bronzezeitliche Funde aus dem 2. und frühen 1. Jahrtausend v. Chr. Dazu zählen vier Bronzebeile, die in Anger, Piding und Mauthausen geborgen wurden, Bronzegusskuchen und teilweise umfangreiche Depotfunde; jener, der 1965 etwa 500 Meter südlich vom Schloss Staufeneck gefunden wurde, umfasste mehr als 600 Bronzebarren und beinahe 200 Fragmente, und 1997 gelang in Piding die Bergung von 60 Ringbarren aus Bronze, die in Bündeln zusammengeschnürt waren[9]. Nahe dem Schloss Staufeneck konnte 1995 eine Siedlung der frühen Bronzezeit nachgewiesen werden[10]. Weniger gut dokumentiert sind die folgenden Epochen. Ein Schwert mit Dreiwulstgriff aus der Urnenfelderzeit wurde 1934 am Högl aufgefunden; in die ältere Eisenzeit (Hallstattzeit) datiert ein Grabhügelfeld von mindestens 28 Hügeln, das man 1967 nordöstlich der Kirche von Anger zu beiden Seiten der Straße von Bad Reichenhall nach Teisendorf aufdeckte[11].

Während aus der bereits von den Kelten geprägten jüngeren Eisenzeit (La-Tène-Zeit) nur geringes Fundmaterial vorliegt, ist vor allem die römische Kaiserzeit sehr gut dokumentiert: Münzen und Keramik fanden sich um 1900 in Piding und 1970 in Anger. Außerdem stieß man in Anger 1924 auf ein Brandgrab der römischen Kaiserzeit und 1959 in Holzhausen, etwa 850 Meter südlich der Kirche von Höglwörth, auf kaiserzeitliche Keramik mit Terra sigillata, einer Reibschale und grautoniger Keramik[12]. Beim Bau der Autobahn München—Salzburg fand man 1935/36 etwa 550 Meter nordöstlich der Kirche von Reitberg ein quadratisches Steingebäude der römischen Kaiserzeit, das später von einem bayerischen Reihengräberfeld des frühen Mittelalters überlagert wurde[13]. In Steinhögl gelang der Nach-

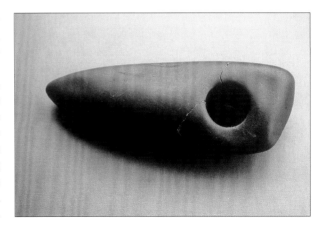

Lochaxt der Jungsteinzeit aus Hornblende-Schiefer, gefunden in Steinhögl (Foto Kurt Enzinger)

weis einer Siedlung der römischen Kaiserzeit, von der etwa 250 Meter südwestlich der Kirche 1931 und erneut 1971 Grundmauern aufgedeckt wurden. Die Wohngebäude verfügten über eine Warmluftheizung mit Hypokausten[14]. Auf dem höchsten Punkt des Högl im Gemeindegebiet von Anger stieß man 1924 auf Mauerwerk, das vielleicht ebenfalls der römischen Zeit angehört[15].

Der mit Abstand bedeutendste Fund stammt aus dem Stift Höglwörth selbst. Dort fand man 1834 bei Umbauarbeiten im ersten Stockwerk des hinteren Torturmes einen eingemauerten Stein mit römischer Inschrift, der dann im Hausflur aufgestellt wurde. Der Brauereibesitzer Wieninger schenkte diesen Stein 1891 dem Bayerischen Nationalmuseum in München. Von dort kam er an die Archäologische Staatssammlung, wurde aber im Krieg stark beschädigt. Die Forschung identifizierte das Fundstück als einen Mithrasstein mit einer Inschrift zu Ehren des Sonnengottes Mithras[16]. Der Kult dieser persischen Gottheit wurde von römischen Soldaten seit dem Beginn des 3. Jahrhunderts über das ganze Römische Reich verbreitet. In den bildlichen Darstellungen wird vor allem die Felsengeburt des Gottes Mithras am 25. September, mit der man die Rückkehr der Sonne feierte, aber auch das *Taurobolium* als Frühlingsfest, bei dem man über einer Grube einen Stier schlachtete, gezeigt[17]. Dass der Mithraskult auch im Gebiet um den Högl Fuß fassen konn-

Der inzwischen stark beschädigte Mithrasstein von Höglwörth in einer historischen Aufnahme (Foto Erhard Zaha)

te, lag wohl daran, dass etwas weiter im Norden die Via Julia, die römische Reichsstraße mit dem Abschnitt von Iuvavum/Salzburg nach Bedaium/See-bruck verlief. Vor allem entlang der Fernstraßen, auf denen römische Soldaten marschierten, fanden derartige religiöse Kulte aus dem Osten des Reiches rasch Verbreitung. Die Inschrift auf dem Höglwörther Stein, die in einer monumentalen römischen Schrift, der *Capitalis quadrata,* eingemeißelt ist, lässt bezüglich des Bestandes an Buchstaben keine Zweifel aufkommen. Da aber die meisten Worte — wie damals üblich — nur in gekürzter Form erscheinen, gibt es kleinere Unterschiede bei der Interpretation.

D[EO]·I[NVICTO]·M[ITHRAE]
PRO SALUTE
M[ARCI]·LOL[LII]·PRISCI
P[ATRONI]·B[ONI] IAUR[US ET]
LUPERCVS
LIB[ERTI]

Dem unbesiegbaren Gott Mithras
zum Heil
des Marcus Lollius Priscus,
des verdienstvollen Herrn, [haben] Iaurus [und]
Lupercus
die Freigelassenen
[diesen Stein setzen lassen].

Diskussionen hat es vor allem über den Namen Iaurus gegeben, der vielleicht keltischer Herkunft sein könnte. Es wurde aber auch an eine Verschreibung für L·AURUS (Lucius Aurelius) gedacht oder eine Auflösung mit Ianuarius vorgeschlagen, da ein Mann dieses Namens aus einer Salzburger Inschrift als Freigelassener des Lollius Priscus bekannt ist[18]. Die Lollier, die ursprünglich aus Oberitalien kamen, zählten zu den reichsten Familien in der Stadt Iuvavum, dem römischen Salzburg[19].

Dem Mithrasstein von Höglwörth kommt in doppelter Hinsicht Bedeutung zu: Aufgrund seiner Ausmaße von 106 × 40 × 27,5 cm ist der aus Untersberger Marmor gefertigte Stein derart schwer, dass er kaum über größere Entfernungen transportiert wurde. Wahrscheinlich stammte er aus einer römischen Villa, die einst im Weiler Stockham auf der Flur Juchzen (Juissen) oberhalb von Höglwörth (nahe der heutigen Autobahntrasse) stand. Die Anlage wurde nie archäologisch untersucht, aber bis ins frühe 20. Jahrhundert zur Gewinnung von Baumaterial genutzt. Funde von Terra sigillata aus Westerndorf und römische Münzen aus der Zeit der Kaiser Marc Aurel und des Antoninus Pius befinden sich teils im Heimatmuseum Anger, teils in Privatbesitz[20]. Von diesem römischen Landgut waren zur Gründungszeit des Stiftes im frühen 12. Jahrhundert noch so viele Mauerzüge vorhanden, dass sie als Steinbruch für den Klosterbau benutzt wurden. Dabei kam mit römischen Quadern und Spolien auch der Mithrasstein nach Höglwörth. Ob das beim frühen Christentum häufig zu beobachtende Anknüpfen an ältere Kultplätze oder kultische Traditionen auch hier eine Rolle spielte, geht aus den spärlichen Quellen nicht hervor.

Der Stamm der Bayern (Baiuwaren), der im frühen 6. Jahrhundert ins Licht der Geschichte tritt[21], hat gegen Ende dieses Säkulums auch im Alpenvorland Fuß gefasst. In Steinhögl stieß man nur 30 Meter südlich der Kirche in den 1930er Jahren auf ein frühmittelalterliches Reihengräberfeld und 1987 konnte etwa 20 Meter nordwestlich der Kirche ein Steinplattengrab des frühen Mittelalters, das beschädigt war und keine Beigaben enthielt, freigelegt werden[22]. In Piding zerstörte man 1920 bei Bauarbeiten am Kriegerdenkmal, etwa 130 Meter südlich der Kirche, eine Anzahl bayerischer Reihengräber. Besonderes Interesse zog ein Steinkistengrab auf sich, das unmittelbar südlich der Kirche von Anger freigelegt wurde. Die 28 kleinen Ringperlen aus Knochen, die in diesem Grab gefunden wurden und zu einer Gebetsschnur gehörten, sind aber sicher nicht ins Frühmittelalter zu datieren. Deshalb kann dieser Fund auch nicht als Hinweis auf die durchgreifende Christianisierung der Bayern gedeutet werden, wie das bisher geschah[23].

Das Bild der frühen bayerischen Besiedlung wird durch die Ortsnamen bestätigt. Rund um Höglwörth finden sich zahlreiche Namen mit der Endsilbe -ing, die zur ältesten Schicht der bayerischen Ortsnamen aus dem 6. bis 8. Jahrhundert zählen. Als „echte" -ing-Orte sind sie meist vom Namen jenes Mannes abgeleitet, der an der Spitze der Siedlergemeinschaft stand[24]. So geht Ottmaning auf einen Ottmar zurück, Babing auf einen Babo, Schnelling auf einen Snello und Enzing auf einen Enzo. Als

Bruchstücke von Terra sigillata und eine Münze des Kaisers Antoninus Pius aus der römischen Villa in Stockham (Foto Erhard Zaha)

weitere Beispiele sei auf Hausmoning, Hörafing, Ufering, Freidling, Jechling, Prasting, Diezling und Gehring verwiesen. Die zweite Gruppe von Ortsnamen mit der Endsilbe -ham (-heim) ist wesentlich seltener und nur mit appellativischen Formen[25], die auf das Gelände oder den Bewuchs, aber nicht auf Personen Bezug nehmen, vertreten, wie Aufham, Stockham oder Hainham. Im Bergland südlich und westlich von Höglwörth um den Stoißberg und den Teisenberg, das erst spät an den Rändern besiedelt wurde, fehlen die frühbayerischen Ortsnamen überhaupt. Von besonderem Interesse ist der Name jener Gemeinde, zu der Höglwörth gehört: Anger. Mit ihm kommen wir bereits in jene Zeit am Übergang vom frühen zum hohen Mittelalter, in der die schriftlichen Quellen reicher fließen.

Die Nonne Ellanpurg, ihre Kirche in Pfaffendorf und die Mönche von St. Peter — zur Vorgeschichte der Stiftsgründung

Den ältesten Güterverzeichnissen der Salzburger Kirche, die am Ende des 8. Jahrhunderts angelegt wurden, ist zu entnehmen, dass zahlreiche Adelige im Gebiet des Hogl begütert waren. Die „Wirtschaftsaufzeichnungen" (*Breves Notitiae*), die 798 anlässlich der Erhebung Salzburgs zum Erzbistum

Eine im Kunsthandel erworbene Figur wurde zur Nonne Ellanpurg, der Stifterin der Kirche von Anger, umgedeutet und in der Pfarrkirche aufgestellt (Foto Brandl)

gau, dem heutigen Bischofshofen, vornahm[26], fällt in die Jahre 736/37 bis 748. Eine Reihe weiterer Besitzübertragungen an die Salzburger Kirche ist um 790 anzusetzen[27].

Genauere Nachrichten über die adeligen Stifter und die von ihnen geschenkten Güter bringen erst die erzbischöflichen Traditionsbücher, die unter Erzbischof Odalbert (923–935) einsetzen. Im Rahmen eines Tauschgeschäftes traten im Jahre 931 der Priester Engilbert und sein Sohn Liutfred einen Hof am Nordhang des Högl an Erzbischof Odalbert von Salzburg ab und erhielten dafür wichtige Güter in der Stadt Salzburg zur lebenslangen Nutzung[28]. Der Traditionsnotiz ist zu entnehmen, dass damals in der katholischen Kirche ähnliche Vorschriften herrschten, wie sie noch heute in der orthodoxen Kirche üblich sind. Verheiratete Männer, auch Väter von Kindern, konnten zum Priesteramt zugelassen werden. Nur wer das Bischofsamt übernahm, sollte sich von seiner Frau trennen. Auch Erzbischof Odalbert hatte aus einer früheren Ehe zahlreiche Kinder und trennte sich erst nach seiner Erhebung zum Metropoliten von seiner Gattin Rihni, die dem bayerischen Hochadel entstammte[29]. Liutfred, der Sohn des Priesters Engilbert, machte noch eine beachtliche geistliche Karriere und wurde Dekan des Salzburger Domkapitels. In dessen Namen übergab er am 6. Februar 931 Besitz bei Piding, der im Volksmund Pfaffendorf genannt wurde, an Dagobert, den Dekan der Mönche von St. Peter[30]. Diese Traditionsnotiz zeigt, dass damals die Domkanoniker und die Mönche von St. Peter bereits über eigene Leiter und getrennten Besitz verfügten; sie bildeten aber noch bis zur endgültigen Trennung im Jahre 987 eine große Gemeinschaft unter der unmittelbaren Leitung des Salzburger Erzbischofs.

Pfaffendorf tritt damit wesentlich früher ins Licht der Geschichte als Anger, zu dessen Gemeindegebiet es bis heute gehört. Der Ortsname, der in der Form *Phafindorf* überliefert ist, hat seit Generationen Anlass zu Spekulationen über die Vorgeschichte von Höglwörth geboten. Bereits Ernest Geiß vertrat die Ansicht, dass er auf eine Gemeinschaft von Geistlichen hinweise, die schon vor der Gründung des Stiftes Höglwörth hier ansässig war und in einer Zelle oder einem kleinen Kloster zusammenlebte[31].

angelegt wurden, führen auch jene Besitzungen am Högl an, die an die Salzburger Kirche geschenkt wurden. Die älteste dieser Schenkungen, die der Bayernherzog Odilo an die Maximilianszelle in Pon-

Zu berücksichtigen ist jedoch, dass man das Wort *Phapho* nicht mit Priester oder gar Pfarrer übersetzen kann, sondern dass es dieselbe Bedeutung besaß, wie die noch heute übliche Form „Pfaffe", also Geistlicher. Der Ortsname Pfaffendorf, dem nicht die Mehrzahl sondern die Einzahl des Wortes *Phapho* zugrunde liegt, besagt also nur, dass die Siedlung von einem Geistlichen gegründet wurde oder „die Wohn- und Wirkungsstätte eines bischöflichen Seelsorgers" war[32].

Für die Geschichte von Pfaffendorf bringt das Tauschgeschäft des Jahres 931 noch eine weitere wichtige Nachricht: Der Besitz war einst als Seelgerätstiftung eines Grafen Witagowo je zur Hälfte an das Salzburger Domkapitel und an die Mönche von St. Peter gekommen. Durch das Tauschgeschäft ging nun auch die zweite Hälfte an St. Peter über, wofür das Domkapitel im Austausch ein anderes Gut im Chiemgau erhielt. Jener Graf Witagowo, der die Stiftung zu seinem Seelenheil vorgenommen hatte, war eine bedeutende Persönlichkeit. Er tritt in den Jahren 827–882 in zahlreichen Urkunden auf und ist bis 861 als Graf im slawischen Karantanien, dem heutigen Kärnten, nachzuweisen. Er stand in enger Beziehung zu König Ludwig dem Deutschen und zählte zu den Spitzen des fränkischen Adels, der sogenannten Karolingischen Reichsaristokratie. Auch als er nach 861 seine Grafschaft in Karantanien an einen Anhänger von Ludwigs Sohn und Nachfolger, König Karlmann, abtreten musste, gehörte er weiterhin zu den führenden Männern im Gebiet der südöstlichen Marken und zu den Vertrauten des Königs. Witagowo war der Vater jenes Heimo, der — allerdings nur in einer gefälschten Urkunde — als Mundschenk des Königs und späteren Kaisers Arnolf von Kärnten bezeichnet wird. Witagowos Tochter Tunza (Antonia) war mit einem slawischen Adeligen aus Kärnten, der seit seiner Taufe den Namen Georgius trug, verheiratet. Die Ahnen des Grafen Witagowo konnte der Wiener Forscher Michael Mitterauer in den fränkischen Lobdengau und weiter bis in die Kreise des romanischen Adels im Gebiet von Trier zurückverfolgen. Nach dem Tod des Grafen Witagowo erscheinen noch zwei Träger desselben Namens, die auch in Salzburger Quellen häufig genannt werden[33].

Neben Pfaffendorf gab es noch einen anderen Namen für diesen Ort, der heute fast vergessen ist. Als Erzbischof Friedrich I. unter dem Einfluss der hochmittelalterlichen Klosterreform 987 das Kloster St. Peter in Salzburg vom Erzbistum trennte, gab er den Mönchen einen eigenen Abt und eine eigene Ausstattung mit Grundbesitz. Zu den namentlich aufgeführten Gütern zählte auch „Ellinpurgkirchen das mit anderem Namen Pfaffendorf genannt wird"[34]. Die Entstehung dieses zweiten Namens lässt sich mit Hilfe der erzbischöflichen Traditionsbücher klären. Erzbischof Pilgrim I. von Salzburg (907–923) hatte mit der edlen Frau Ellanpurg einen Tauschvertrag abgeschlossen, der ihr Besitz zu Bicheln bei Hammerau mit einem Wald am Högl und der Au am westlichen Ufer der Saalach sowie die Überfuhr von Ainring und den Ort Anthering auf Lebenszeit zusicherte. Erzbischof Odalbert erneuerte um 923 diesen Vertrag mit Ellanpurg, die damals bereits als Nonne (*monialis*) und Gott geweihte Frau auftrat[35]. Für sie führte ein eigener Vogt als Anwalt das Rechtsgeschäft durch. Ellanpurgs nächster Verwandter, wahrscheinlich ihr Bruder, war der Dekan Reginold, der mit Erzbischof Odalbert noch drei weitere Tauschgeschäfte vollzog und sich unter anderem Güter am Högl sicherte[36]. Auch in den darüber ausgestellten Urkunden ist festgehalten, dass zumindest ein Teil der Besitzungen ihm und Ellanpurg gemeinsam gehörte. Außerdem ist dem Text der Traditionsnotizen zu entnehmen, dass Ellanpurg und Reginold zu den Salzburger Erzbischöfen Pilgrim und Odalbert, die der mächtigen Sippe der Aribonen entstammten[37], in verwandtschaftlichen Beziehungen standen. Ob es auch Verbindungen der beiden Geschwister zum Grafen Witagowo gab, geht aus den urkundlichen Nachrichten nicht hervor.

Die Nonne Ellanpurg, die dem bayerischen Hochadel angehörte, war offenbar die Stifterin der Kirche zu Pfaffendorf. Nach ihr erhielt der gesamte Ort in den folgenden Jahrzehnten den Namen *Ellanpurgkirchen*, der sich auch für das ganze heutige Dorf Anger durchsetzte. Während gegen Ende des 12. Jahrhunderts die Form *Ellenpurgenkirchen* überliefert ist und damit die Erinnerung an die Stifterin der Kirche noch lebendig war, ging dieses Wissen in den folgenden Jahrhunderten verloren. Im 15. Jahrhundert findet sich die Form *Elperskirchen*, die man nicht mehr zu erklären wusste und deshalb später zu *Ölberg(s)kirchen* umdeutete[38]. Mit diesem Namen, der bis zum Ende des 18. Jahrhunderts üblich war, verband wohl niemand mehr die Erinnerung an die Nonne Ellanpurg, die einst der Kirche von Anger ihren Namen gegeben hatte.

Die Mönche von St. Peter in Salzburg maßen dem Besitz der von Ellanpurg errichteten Kirche in Pfaffendorf offenbar große Bedeutung bei. Durch das Tauschgeschäft des Jahres 931 hatten sie vom Domkapitel die zweite Hälfte dieser Kirche erworben, und bei der Trennung der Abtei St. Peter vom Erzbistum zählte *Ellinpurgochircha* zur Grundausstattung des Petersklosters. Diese Beobachtung ist von großer Bedeutung für eine mögliche Vorstufe der Klostergründung in Höglwörth.

Bis in die Zeit der großen Reichsklosterreform, die am Ende des 10. Jahrhunderts auch das Erzbistum Salzburg erreichte, hielt man sich in St. Peter nicht an die Regel des hl. Benedikt, sondern lebte nach einer Mischform aus irischem und fränkischem Mönchtum (*regula mixta*). Dadurch waren die Mönche nicht zum ständigen Aufenthalt im Kloster (*stabilitas loci*) verpflichtet, sondern konnten auch kirchliche Aufträge in weit entfernten Gebieten ausführen. Mönche aus St. Peter wirkten als Missionare im slawischen Karantanien, dem heutigen Kärnten, und in Pannonien (Westungarn). Sie wurden aber auch in kleinen Gemeinschaften an Orten außerhalb des Klosters angesiedelt, wo sie sich an der Erschließung des Landes und der Missionierung, später der seelsorglichen Betreuung der Bevölkerung, beteiligten. Da sie dort „von ihrer eigenen Hände Arbeit" lebten, bezeichnet man diese Außenposten als „Wirtschaftszellen". Bereits im 8. Jahrhundert sind derartige Mönchszellen in Zell bei Kufstein, in Elsenwang (bei Hof im Flachgau), in Zell am See, in Seekirchen am Wallersee und wahrscheinlich auch in Raitenhaslach nachzuweisen[39].

Der Name „Zellberg" in der unmittelbaren Nachbarschaft von Höglwörth könnte auf die Existenz einer weiteren frühen Mönchszelle, die zum Peterskloster gehörte, hinweisen. Das würde das große Interesse an der Kirche der Ellanpurg erklären, die sich im Besitz von St. Peter zum geistlichen Zentrum dieses Gebietes entwickelte. Auch der Name Pfaffendorf könnte mit dem Wirken eines Mönchs an dieser Kirche in Zusammenhang stehen. Als man in St. Peter nach 987 unter dem Einfluss der Klosterreform zum benediktinischen Mönchtum überging, kam auch die Vorschrift der Ortsgebundenheit zum Tragen, die ein Wirken der Mönche in den alten „Wirtschaftszellen" ebenso verbot wie in weit entfernten Missionsgebieten. Die Folge war, dass man auch den Außenposten auf dem Zellberg aufließ und die Kirche der Ellanpurg in Pfaffendorf, dem heutigen Anger, wohl im Tauschweg an den Salzburger Erzbischof abtrat. Dieser machte sie im 11./12. Jahrhundert zum Mittelpunkt einer großen Rodungspfarrei[40]. Die Grafen von Plain aber knüpften mit ihrer Stiftsgründung an die geistliche Tradition der einstigen Mönchszelle an, die damals wohl noch lebendig war. Ob dieses Bild einer „Vorgeschichte" von Höglwörth zutreffend ist, werden vielleicht künftige archäologische Untersuchungen und Funde klären können. Die Steinfigur eines Geistlichen (Abb. S. 363), die auf dem Zellberg beim Gehöft Unterzell gefunden wurde, kann allerdings nicht als Beweis für die Existenz einer frühen Mönchszelle an diesem Ort herangezogen werden, da sie nach Meinung der Fachleute frühestens im 15. Jahrhundert, wahrscheinlich sogar noch später, entstanden ist[41].

Erzbischof Konrad I. von Salzburg (1106–1147) und die Augustiner-Chorherren

Salzburg erlebte als Kirchenzentrum im Früh- und Hochmittelalter einen raschen Aufstieg[42]. Nach der Erneuerung des kirchlichen Lebens durch den heiligen Rupert an der Wende vom 7. zum 8. Jahrhundert hatte der heilige Bonifatius 739 im Auftrag des Papstes Salzburg zum Bischofssitz gemacht. Die auffallend reichen Besitzungen dieses Bistums, die besonderen Leistungen im Bereich der Slawenmission aber auch der Kunst und Kultur, vor allem aber die besondere Wertschätzung, die Karl der Große für Bischof Arn hegte, führten 798 zur Erhebung zum Erzbistum und zur Metropole der Kirchenprovinz Bayern. Durch die enge Zusammenarbeit mit den Kaisern und Königen aus den Dynastien der Karolinger, der Ottonen und der Salier hatten die Salzburger Erzbischöfe ihren weltlichen Besitz zielstrebig vermehren und eine wichtige Position in der Reichskirche erringen können. Der sogenannte Investiturstreit, die tief greifende Auseinandersetzung zwischen Papsttum und Kaisertum in den Jahren 1075–1122, führte zu einem völligen Bruch in dieser Entwicklung. Erzbischof Gebhard von Salzburg (1060–1088) stellte sich gegen König Heinrich IV. und musste im Herbst 1077 sein Erzbistum verlassen, um den Anschlägen der Parteigänger des Königs zu entgehen. Während seines Exils in Sachsen profilierte er sich als Wortführer der päpstlichen Partei im Reich, aber das Erzbistum Salzburg wurde in diesen Jahren vom königstreuen Adel geplündert und verwüstet. Als Gebhard 1086 in seine Diözese zurückkehren konnte, wo Heinrich IV. den Kleriker Berthold aus der Familie der bayerischen Grafen von Moosburg zum Gegenerzbischof eingesetzt hatte, blieben ihm nur noch zwei Jahre für den Versuch eines Wiederaufbaus und einer Neuordnung seiner Erzdiözese. Da er auf der Burg Hohenwerfen starb, konnte er sich gegen seinen Gegner Berthold wohl nicht entscheidend durchgesetzt haben[43].

Abt Thiemo von St. Peter, der 1090 von der päpstlichen Partei zum Erzbischof und Nachfolger Gebhards gewählt wurde, vermochte sich in Salzburg nicht zu behaupten. Er unterlag 1097 in der Schlacht bei Saaldorf gegen Berthold von Moosburg und die Parteigänger Heinrichs IV. und fiel auf der Flucht in Kärnten seinen Gegnern in die Hände. Nach längerer Gefangenschaft entkam er, aber 1101 fand er als Kreuzfahrer im Heiligen Land den Tod. In der Stadt Askalon soll er das grausame Martyrium der Ausdärmung (*evisceracio*) erlitten haben, weshalb er als lokal verehrter Heiliger mit dem Attribut der Darmspindel dargestellt wird. In Salzburg konnte sich Berthold von Moosburg erneut als Erzbischof durchsetzen. Erst als Kaiser Heinrich IV. 1105 von seinem eigenen Sohn gefangen genommen und entmachtet wurde, waren auch Bertholds Tage in Salzburg gezählt[44].

Am 7. Januar 1106 wurde Konrad von Abenberg zum neuen Erzbischof gewählt und von König Heinrich V., zu dessen Parteigängern er zählte, in der traditionellen Form mit der Übergabe von Bischofsstab und Bischofsring in sein Amt eingesetzt. Damit erhielt er aus der Hand des Königs sowohl die weltlichen Herrschaftsrechte (Temporalien) über die reichen Besitzungen der Salzburger Kirche, als auch die mit seinem Bischofsamt verbundenen geistlichen Hoheitsrechte (Spiritualien). Er selbst musste sich durch einen Eid zur Treue gegenüber dem König verpflichten. Bereits am 25. Januar hielt Konrad in Salzburg Einzug und konnte sich mit Hilfe seiner Brüder Otto und Wolfram, die über ein starkes militärisches Gefolge verfügten, gegen die Anhänger Bertholds von Moosburg, vor allem gegen die aufsässigen Dienstmannen, durchsetzen. Die Namen der Brüder zeigen, dass Konrad selbst nicht dem Geschlecht der Grafen von Abensberg in Niederbayern entstammte, wie die ältere Forschung annahm, sondern dem Haus der Grafen von Abenberg-Frensdorf in Mittelfranken angehörte[45]. Der neue Erzbischof, der auf der Synode von Guastalla aus der Hand Papst Paschals II. die Bischofsweihe empfing, konnte sich in Salzburg rasch durchsetzen. Er begann mit einer gezielten Aufbauarbeit und der Schaffung einer ihm treu ergebenen, verlässlichen Dienstmannschaft.

Nur wenige Jahre später sah sich Konrad jedoch gezwungen, an der Heerfahrt Heinrichs V. zur Kaiserkrönung nach Rom teilzunehmen. Als der König am 12. Februar 1111 nach einem schweren Zerwürfnis Papst Paschal II. in Rom gefangen nehmen ließ, stellte sich Erzbischof Konrad schützend vor den Papst und zog sich damit das Missfallen des Monarchen zu. Der Bruch zwischen Heinrich V., der seine Kaiserkrönung bald darauf erzwang, und dem Salzburger Erzbischof war in den folgenden Monaten nicht mehr zu überbrücken. Konrad musste in Salzburg einen Aufstand der Ministerialen mit Gewalt unterdrücken und sich deshalb vor dem Kaiser in Mainz verantworten.

Bei der Rückkehr nach Salzburg war dort seine Lage unhaltbar geworden, weshalb er sich gezwungen sah, die folgenden 10 Jahre im Exil zu verbringen. Zunächst fand er bei der Markgräfin Mathilde von Tuszien, der großen Schutzherrin des Reformpapsttums, Zuflucht. Nach ihrem Tod 1115 verbrachte Konrad 2 Jahre lang als Flüchtling — teils unter Todesgefahr — in der Steiermark, um dann zu Anfang des Jahres 1117 in Sachsen Schutz zu suchen. Erst als sich eine Entspannung zwischen Kaiser Heinrich V. und Papst Calixt II. abzeichnete, konnte Konrad auf Fürbitten einflussreicher Persönlichkeiten um die Mitte des Jahres 1121 in seine Erzdiözese zurückkehren[46]. Dort begann er, bereits in gereiftem Alter stehend, mit einem eindrucksvollen Aufbau- und Reformwerk, für das ihm noch 26 Jahre beschieden waren.

Konrad war der erste Salzburger Erzbischof, der ein umfassendes Reformkonzept im weltlichen ebenso wie im geistlichen Bereich entwickelte und durchsetzte: Er vollendete den Ausbau Salzburgs zur ältesten Stadt auf dem Boden des heutigen Österreich. Unter seiner Herrschaft treten erstmals ein Stadtrichter, die Bürgerschaft und eine Bürgerzeche als karitative Einrichtung in Erscheinung. Die Stadt wurde mit starken Mauern geschützt und ein Stadtgerichtshaus aus Stein errichtet. Auch in Reichenhall, Laufen und Friesach leitete Konrad durch gezielte Maßnahmen die Entwicklung zur Stadt ein. Den Schutz der weit gestreuten Salzburger Kirchengüter durch die Anlage großer Burgen hatte bereits Erzbischof Gebhard in Angriff genommen. Konrad vollendete den Ausbau der Burgen Hohensalzburg, Hohenwerfen und Friesach und errichtete eine Reihe weiterer Wehrbauten, vor allem auf den Besitzungen in der Mittel- und Untersteiermark, womit den ständigen Überfällen der Ungarn Einhalt geboten wurde. Den Schutz dieser Wehrbauten vertraute er der von ihm aufgebauten erzbischöflichen Dienstmannschaft an, die in den folgenden Jahrzehnten das militärische, organisatorische und zeitweise auch politische Rückgrat des Erzstiftes bildete. Der Neubeginn der Salzburger Münzprägung mit Münzstätten in Laufen und Friesach, die gezielte Förderung von Handel und Verkehr, die Neuordnung des erzbischöflichen Urkundenwesens und die Schaffung einer einheitlichen Ämterorganisation für die Verwaltung von Grund und Boden bildeten weitere Marksteine in der Entwicklung Salzburgs zu einem geistlichen Fürstentum und in der Folge zu einem Land[47].

Ähnlich große Bedeutung kam den Reformen Konrads im kirchlichen Bereich zu. Im Gegensatz zu seinem Vorgänger Gebhard, der sich zwar als Führer der päpstlichen Partei profiliert hatte, aber in seiner Einstellung weder ein echter Reformer noch ein „Gregorianer" war und weiterhin am traditionellen Eigenkirchenwesen festhielt, war Konrad ein engagierter Vertreter der Kirchenreform. Er gab dem von Gebhard gegründeten „Eigenbistum" Gurk eine eigene Diözese, ein Domkapitel und einen bischöflichen Zehent und er entließ die Benediktinerabtei Admont im steirischen Ennstal aus der engen Abhängigkeit vom Salzburger Erzbischof. Dank seiner Maßnahmen entwickelte sich Admont in den folgenden Jahrzehnten zum großen alpinen Reformzentrum, von dem nicht weniger als 13 Mönche als Reformäbte in andere Klöster berufen wurden. Neben der Abtei St. Peter in Salzburg, der er reichen Besitz übertrug, förderte Konrad auch den Reformorden der Zisterzienser durch die Unterstützung der Gründung von Rein (bei Graz) und Viktring (bei Klagenfurt); die Zisterze Schützing an der Alz hat er selbst nach Raitenhaslach und damit auf Salzburger Diözesangebiet verlegt. Dazu kamen noch gezielte Maßnahmen im Bereich der Armenfürsorge, die Vollendung der Zehentregulierung im slawischen Gebiet, mit der Erzbischof Gebhard begonnen hatte, und der weitere Ausbau eines einheitlichen Pfarrnetzes in der gesamten Erzdiözese[48]. Die größte Bedeutung kam aber zweifellos dem Salzburger Reformverband der Augustiner-Chorherren zu, mit dessen Aufbau Konrad schon vor den Jahren im Exil begonnen hatte.

Die große Kirchenreform des 11. Jahrhunderts hatte nicht allein das Mönchtum mit seinen Klöstern erfasst, sondern auch beim Weltklerus in den Domkapiteln, Kollegiatstiften und Pfarreien zur Suche nach neuen Lebensformen geführt. Nach dem Vorbild der Urkirche, der Kirche der Apostel, die in persönlicher Armut und christlicher Liebe alles gemeinsam besaßen, lehnte man das Eigentum des einzelnen Klerikers ab. Statt dessen entschied man sich für ein streng geregeltes Zusammenleben, wofür der Gemeinschaftsbesitz die wirtschaftliche Basis bildete. Die neue Bewegung der Regularkanoniker, die zunächst nach dem Vorbild des hl. Augustinus, dann nach der ihm zugeschriebenen Regel lebte, nahm eine Mittelstellung zwischen dem Weltklerus und den Mönchen ein. Sie vereinigte die kanonischen Pflichten des Priesterstandes mit der klösterlichen Lebensform des Mönchtums. Man lebte in einem Stift zusammen, nach kanonischen Vorschriften und einem monastisch geregelten Tagesablauf mit Stundengebet und Handarbeit, mit Fasten- und Schweigegebot. Darauf legte man ein feierliches Gelübde (*Profess*) ab. Im Vergleich zu älteren Klerikergemeinschaften, Kollegiatstiften und Domkapiteln wirkten diese Lebensformen der Regularkanoniker so streng, dass sie von den Zeitgenossen häufig mit dem Mönchtum gleichgesetzt und ihre Stifte als Klöster bezeichnet wurden[49].

Obwohl sich bedeutende Reformpäpste wie Gregor VII. für die Regularkanoniker einsetzten, schien es zunächst unsicher, ob die neue Reformbewegung eine eigenständige Position erringen und diese auch behaupten könne. Im Stift Rottenbuch, das Herzog Welf IV. von Bayern unter Beteiligung des Bischofs Altmann von Passau 1073 gegründet hatte, hegte man ernste Zweifel an der Verwirklichung des eigenständigen Weges und war im Begriff, zum Mönchtum überzutreten. Das Privileg, das Papst Urban II. 1092 für Rottenbuch ausstellte, wurde zur Grundlage der Augustiner-Chorherrenreform in Süddeutschland und im Alpenraum. Der Papst anerkannte die Lebensweise der Regularkanoniker nach dem Vorbild der Urkirche mit dem Verzicht auf persönliches Eigentum und entschied, dass Mönche und Regularkanoniker ideale Lebensformen in der Kirche verkörperten, von denen keine über die andere zu stellen sei. Mit der Seelsorge übernahmen die Regularkanoniker, zu denen auch die vom hl. Norbert von Xanten geführten Prämonstratenser gehörten, ein neues, unerhört wichtiges Aufgabengebiet. Da bei den Augustiner-Chorherren im Gegensatz zum benediktinischen Mönchtum keine Ortsgebundenheit (*stabilitas loci*) bestand, waren sie überall einsetzbar und konnten eine ganz andere Außenwirkung entfalten, als das Mönchtum mit seinen kontemplativen Lebensformen[50].

Deshalb entwickelten die Augustiner-Chorherren auch rasch ein ausgeprägtes Selbstwertgefühl und beanspruchten im Vergleich zu den Mönchen einen höheren „Funktionswert", da sie dazu ausersehen waren, den Heilsauftrag Christi auszuführen. Die Überzeugung, in gleicher Lebensweise — mit der

Reichersberg im oberösterreichischen Innviertel war das älteste Augustiner-Chorherrenstift des Salzburger Reformverbandes und besteht als einziges bis heute
(Foto Stift Reichersberg)

Verbindung von *vita communis* und *vita apostolica* — und mit demselben Seelsorgeauftrag zu wirken wie die Apostel, verlieh der Kanonikerreform Kraft und Sicherheit. Die Vorstellung, für die christliche Menschheit einen höheren Wert zu besitzen als die Mönche, verstärkte sich angesichts der zunehmenden Endzeiterwartung im frühen 12. Jahrhundert. Gerade in einer derartigen Situation musste die priesterliche Sorge für den Nächsten die vornehmste und dringendste Aufgabe der Kirche sein. Dieser Haltung entsprach das Ideal der *caritas*, der Zuwendung zum Mitmenschen, das die Regularkanoniker überzeugend vertraten und das ihnen großen Zulauf und Erfolg brachte. Sie öffneten sich allen Schichten und traten als „die Armen Christi" (*pauperes Christi*) in Erscheinung. Nicht umsonst wurden die Ministerialen, die Aufsteiger aus der Unfreiheit, zur wichtigsten Trägerschicht dieser Reformbewegung[51].

Von den Bischöfen der Kirchenprovinz Salzburg setzte sich als erster Bischof Altmann von Passau (1065–1091) mit Nachdruck für die Regularkanoniker ein, aber seine Reformbemühungen wurden durch die Wirren des Investiturstreits zum Großteil vernichtet. Rasch wusste auch der hohe Adel die Bedeutung und den Nutzen der Kanonikerreform zu schätzen und trat als Gründer zahlreicher Stifte in Erscheinung. So konnten in Salzburg die Augustiner-Chorherren bereits im 11. Jahrhundert Fuß fassen. Der Edle Wernher von Reichersberg hatte um 1080/84 seine am Inn gelegene Burg in ein Kloster umgewandelt und mit reichem Grundbesitz an seinen Schwager, den Erzbischof Gebhard von Salzburg, übergeben. Eine nachhaltige Wirkung kam dem Stift zunächst nicht zu, da der Konvent mehrfach vertrieben wurde und Erzbischof Gebhard sich schon aufgrund seines Exils nicht für die Kanonikerreform einsetzen konnte. Erzbischof Konrad I. wirkte um 1110 an der Erneuerung des Stiftes mit, aber nach seinem Abgang ins Exil floh der Reichersberger Konvent 1116 nach Magdeburg[52].

Graf Berengar von Sulzbach gründete gemäß den feierlichen Versprechen, die er seiner Mutter Irmgard und seiner Gattin Adelheid gegeben hatte, die beiden Augustiner-Chorherrenstifte Berchtesgaden (1102) und Baumburg (1107). Beide Stifte erhielten ihre Pröpste aus dem Reformstift Rottenbuch, hatten aber in der Anfangsphase mit großen Schwierigkeiten zu kämpfen und standen in keiner näheren Beziehung zum Salzburger Erzbischof[53].

Konrad I. war schon vor seiner Erhebung zum Erzbischof bei einem ersten Aufenthalt in Sachsen mit den Regularkanonikern in Berührung gekommen. In den Anfangsjahren seiner Amtszeit trat er dann mit dem bayerischen Reformkreis um das Stift Rottenbuch und mit dem Lütticher Reformkreis, dessen Mittelpunkt das Stift Klosterrath (heute Rolduc) bei Limburg bildete, in Verbindung. Weitere Anregungen dürfte er während seines Aufenthaltes bei der Markgräfin Mathilde von Tuszien durch Kontakte zum Reformstift San Frediano in Lucca empfangen haben[54]. Als „Realpolitiker" erkannte Konrad rasch, dass sich für ihn die Augustiner-Chorherren als ein wirkungsvolles Instrument bischöflicher Reformpolitik einsetzen ließen. Er machte sie zur wichtigsten Basis der Seelsorge in der gesamten Erzdiözese, behielt sich aber eine weitgehende Kontrolle und Verfügungsgewalt über die neu gegründeten Stifte vor. Besondere Bedeutung kam dem Umstand zu, dass die Ausstattung der Augustiner-Chorherrenstifte, die formell als Gründungen des Erzbischofs galten, meist keine großen Aufwendungen aus dem Besitz der Salzburger Kirche erforderten. Bereits bestehende Klöster wie Herrenchiemsee oder Bischofshofen wurden in Augustiner-Chorherrenstifte umgewandelt; bei Neugründungen wurde die Ausstattung mit den erforderlichen Gütern überwiegend von jenen Adelsfamilien zur Verfügung gestellt, die gemeinsam mit dem Erzbischof als Stifter auftraten. Die Güter aus Salzburger Kirchenbesitz, die Konrad dazu beisteuerte, waren im Vergleich dazu verschwindend gering.

Schon kurz nach seiner Rückkehr aus dem Exil in Sachsen begann Konrad I. am 20. Januar 1122 mit der Umwandlung des Salzburger Domkapitels in ein Stift der Augustiner-Chorherren sein großes Reformwerk[55]. Vom Salzburger Domstift als Zentrum der Reform wurden in den folgenden Jahren etliche Pröpste eingesetzt oder ganze Konvente für Reformgründungen abgestellt. Die besondere Position des regulierten Domkapitels kam auch darin zum Ausdruck, dass es mit Weyarn an der Mangfall, Suben am Inn und Höglwörth selbst drei Augustiner-Chorherrenstifte besetzen konnte[56]. Wirft man einen Blick auf jene Stifte, die im bayerisch-salzburgischen Bereich der Erzdiözese reformiert oder neu gegründet wurden, dann wird der überragende Anteil des Adels deutlich: Die Erneuerung von Au am Inn erfolgte ab 1121 in engem Zusammenwirken mit den Edlen und späteren Grafen von Mödling (Megling), die auch an der Reform von Gars am Inn beteiligt waren; beide Klöster blieben ihrer Erbvogtei unterstellt[57]. Höglwörth entstand — wie noch ge-

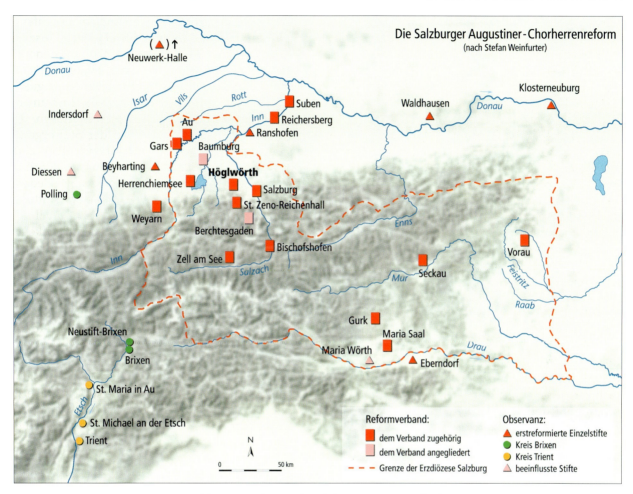

Der Salzburger Reformverband der Augustiner-Chorherren
(Grafik Andreas Bachmayr)

nauer dargelegt wird — nach 1122 als Gründung und „Hauskloster" der Grafen von Plain, während Weyarn 1133 vorwiegend mit Gütern der Grafen von Weyarn und Neuenburg ausgestattet wurde[58]. Suben am Inn, das Bischof Altmann von Trient 1126/27 erneuerte, erhielt die wichtigsten Besitzungen von dessen Familie, den Grafen vom Lurngau[59].

Zell am See, Herrenchiemsee und Bischofshofen waren hingegen alte Klöster, die in Augustiner-Chorherrenstifte umgewandelt wurden[60]. Die einzige Gründung eines neuen Stiftes, die Erzbischof Konrad I. allein vornahm, erfolgte in St. Zeno in Reichenhall. Dort investierte er auch beträchtlichen Besitz der Salzburger Kirche, um die erzbischöfliche Position in der wichtigen Salinenstadt, deren Auf- und Ausbau er zielstrebig betrieb, zu stärken. Immerhin kamen dem Propst von St. Zeno die ausschließlichen Pfarrrechte in Reichenhall zu[61]. Südlich der Alpen entstand 1140 in Seckau in der Steiermark ein Augustiner-Chorherrenstift, das mit den vom Edlen Adalram von Feistritz-Waldegg gestifteten Gütern ausgestattet und von Augustiner-Chorherren aus dem Salzburger Domstift besiedelt wurde[62]. Unter Konrads Nachfolger Eberhard I. kam 1163 noch das Stift Vorau in der Oststeiermark hinzu, für das Markgraf Otakar III. den erforder-

Erzbischof Konrad I. setzt 1136 den Priester Lanzo zum ersten Propst des Augustiner-Chorherrenstiftes St. Zeno bei Reichenhall ein; Miniaturbild von 1654
(Foto Johannes Lang)

lichen Grundbesitz zur Verfügung gestellt hatte[63]. Außerdem sind noch die Propstei Maria Saal, wo die Reform des Stiftes bereits um 1116 erfolgte, und das 1123 errichtete Domkapitel in Gurk, das ebenfalls ein Stift der Augustiner-Chorherren bildete, zu nennen[64]. Der Salzburger Reformverband umfasste damit elf Stifte in der Erzdiözese, wozu noch Reichersberg, Weyarn und Suben als „Außenstifte" in den Nachbardiözesen kamen. Die Adelsstifte Berchtesgaden und Baumburg konnte Erzbischof Konrad I. unter Ausnützung der internen Streitigkeiten dem Salzburger Reformverband angliedern. Innerhalb dieses Reformverbandes nahm das kleine Stift Höglwörth mit der inkorporierten Pfarrei Anger und dem Vikariat Piding fast sieben Jahrhunderte hindurch einen zwar nur bescheidenen, aber festen Platz ein. Zur Salzburger Observanz bekannten sich außerdem die Stifte Ranshofen, Klosterneuburg, Waldhausen, Beyharting, Eberndorf und das weit entfernte Neuwerk-Halle sowie die Reformkreise des Bistums Brixen mit dem dortigen Domstift und Neustift bei Brixen, und des Bistums Trient, ebenfalls mit dem Domstift und den Klöstern St. Michael an der Etsch und St. Maria in Au[65].

Erzbischof Konrad I. knüpfte bei seinem Reformwerk nicht an das Eigenklosterwesen des frühen und hohen Mittelalters an, sondern sorgte dafür, dass — vor allem durch die Freigiebigkeit des bayerischen Adels — jedes dieser Augustiner-Chorherrenstifte angemessenen Eigenbesitz erhielt. Er selbst verzichtete auf die unmittelbare Verfügungsgewalt über diese Stiftsbesitzungen, stellte aber die Abhängigkeit der Reformstifte durch eine enge und vielfache Bindung an den Metropoliten sicher. Obwohl etliche Stifte, darunter auch Höglwörth, weiterhin der Erbvogtei der adeligen Gründer unterstanden und die Rolle von „Hausklöstern" wahrnahmen, betonte der Erzbischof seine Schutzherrschaft und behielt sich die Kontrolle über jede Propstwahl vor. Außerdem wurde der Reformverband fest in die Hierarchie des Erzbistums eingegliedert. Statt eines Generalkapitels tagte in Salzburg eine Prälatenversammlung unter dem Vorsitz des Erzbischofs, die auch über die Belange der Regularkanoniker und ihrer Stifte entschied[66]. Durch die Inkorporation einer Vielzahl von Pfarreien wurden die Augustiner-Chorherrenstifte zu Trägern einer vom Domstift ausgehenden Seelsorgereform unter der unmittelbaren Leitung des Erzbischofs. Dem Dompropst und den Pröpsten von Baumburg, Gars, Chiemsee und Maria Saal wurde mit der Funktion des Archidiakons auch die Überwachung der Seelsorge in ihrem Archidiakonat übertragen[67]. Damit wurde eine zusätzliche enge Bindung dieser Stifte an den Erzbischof hergestellt.

Den Männerkonventen waren meist Frauenstifte der Augustiner-Chorfrauen in Form von Doppelklöstern angeschlossen, die jedoch nur selten über das Mittelalter hinaus Bestand hatten wie in Berchtesgaden[68]. Das Salzburger Domstift verfügte neben dem Konvent der Domfrauen noch über einen eigenen Konvent von Laienbrüdern[69]. Bei etlichen Stiften entstanden Hospitäler, die meist von einem Regularkanoniker aus dem Konvent geleitet wurden[70]. Im Salzburger Reformverband hielt man sich an einen gemäßigten *Ordo novus*, die strengere Richtung der Kanonikerreform; für die Liturgie galten die aus dem Stift Klosterrath in der Diözese Lüttich übernommenen Gewohnheiten (*Consuetudines*)[71]. Da Konrads groß angelegtes Reformwerk von seinen Nachfolgern nicht mit ähnlichem Engagement fortgesetzt wurde und in den Kämpfen der Erzbischöfe gegen Kaiser Friedrich I. Barbarossa schwere Einbußen erlitt, wurde bereits ein Jahrhundert später unter Erzbischof Eberhard II. eine erneute Reform der Regularkanoniker notwendig.

Die Grafen von Plain als Stifter von Höglwörth

Die im Stift verfasste „Chronik des Klosters Höglwörth" beginnt mit folgenden (aus dem Lateinischen übertragenen) Worten: *Das Kloster Höglwörth im Gebirgsland etwa auf halbem Weg zwischen Traunstein und der Stadt Reichenhall auf erzbischöflich-salzburgischem Hoheitsgebiet gelegen, wurde um das Jahr 1000 vom überaus großzügigen Grafen Liutold von Plain und seiner Gattin, der Gräfin von Neuhaus, zu Ehren der hll. Apostel Petrus und Paulus gegründet und den Regularkanonikern vom Orden des hl. Augustinus übergeben ...* Wenig später wird aber festgestellt, dass es für diese erste Gründung keinen dokumentarischen Nachweis gibt und es nach einer Unterbrechung des klösterlichen Lebens erst durch einen anderen Grafen Liutold von Plain, den Enkel der ersten Stifter, um das Jahr 1150 zu einer dauerhaften Gründung kam[72]. Die Stiftung durch seine Vorfahren erwähnt auch Graf Liutold IV. von Plain, der um 1230 Rechte und Besitzungen der Propstei Höglwörth bestätigte, *die wir als Gründung unserer Vorfahren immer zu fördern und zu ehren bestrebt sind ...*[73] Trotz dieser eindeutigen Hinweise wurde die Rolle der Grafen von Plain als Gründer nicht nur in Frage gestellt, sondern sogar vehement bestritten.

Franz Valentin Zillner kam zur Auffassung, dass die Vermögens- und Familienverhältnisse des Plainer Grafenhauses eine Stiftsgründung im 12. Jahrhundert kaum möglich erscheinen lassen[74]. Außerdem wurden die Pröpste von Höglwörth, so wie jene der Stifte Weyarn und Suben, vom Salzburger Domkapitel, dem das Besetzungsrecht zukam, bestimmt und dann vom Erzbischof bestätigt. Ein Privileg Papst Eugens III. aus dem Jahre 1147, das dem Salzburger Domkapitel das Recht der Einsetzung bestätigte, ist zwar gefälscht[75], aber es besteht kein Zweifel daran, dass seit der Gründungszeit das Besetzungsrecht beim Domkapitel lag. Als man in Höglwörth 1308 versuchte, das Recht der freien Propstwahl durchzusetzen, war man nicht in der Lage, das Besetzungsrecht des Domkapitels mit Hilfe von Dokumenten anzufechten[76].

Während diese Fakten für eine Beteiligung des Domstiftes, das ja das Zentrum der Salzburger Augustiner-Chorherrenreform bildete, an der Gründung von Höglwörth sprechen, gibt es keinen Nachweis für eine Übertragung des Stiftes an den Salzburger Erzbischof. Eine unmittelbare Beteiligung Konrads I. an der Gründung des Stiftes ist aus den zeitgenössischen schriftlichen Quellen nicht nachzuweisen. Die Grafen von Plain hingegen haben bis zum Erlöschen ihres Geschlechts 1260 unbestritten die Erbvogtei über Höglwörth ausgeübt und sich in der Familiengruft in ihrem „Hauskloster" bestatten lassen. Die Gebeine Graf Liutolds III., der auf dem Rückweg vom Kreuzzug 1219 in Treviso verstorben war, wurden 1239 nach Höglwörth gebracht[77], und auch die letzten beiden Grafen von Plain, Otto und Konrad, die 1260 im Gefecht bei Staatz gegen die Ungarn den Tod fanden, wurden nach Höglwörth überführt[78]. Bis zur Aufhebung des Stiftes 1817 wurde jährlich am Freitag vor Sankt Thomas, dem 21. Dezember, ein feierliches Seelamt für die Grafen von Plain als Stifter gehalten und an die Kirchengemeinde das „Große Gespend" verabreicht, das immerhin 7 Zentner Käse und etliche Scheffel Getreide umfasste[79]. Solange das Stift existierte bestand also kein Zweifel daran, dass es von den Grafen von Plain gegründet wurde und dieser Befund lässt sich auch durch die überlieferten schriftlichen Quellen bestätigen.

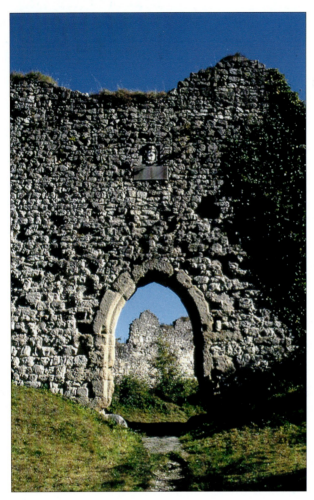

Ruine Plain oberhalb von Großgmain. Die Burg war einst der Stammsitz der Grafen von Plain und Hardegg
(Foto Johannes Lang)

Oberhalb des Ortes Großgmain liegen auf einem weithin sichtbaren Höhenrücken die ausgedehnten Ruinen der Burg Plain. Sie war einst der Namen gebende Sitz eines bedeutenden Grafengeschlechts, dessen Herkunft und genaue genealogische Abfolge noch einer sorgfältigen Erforschung harren[80]. Umstritten ist vor allem die Frage, ob jene Edlen mit den Leitnamen Wilhelm und Liutold, die im 10. und frühen 11. Jahrhundert als Grafen im oberen Salzburggau auftreten, als direkte Vorfahren der Grafen von Plain anzusprechen sind, oder ob von diesen älteren Wilhelminern keine direkte Verbindung zu den Plainern führt. Damit verknüpft ist auch das Problem einer Identität der Kärntner Grafen von Friesach und Markgrafen an der Sann namens Wilhelm mit den gleichnamigen Adeligen des Salzburger Raums[81]. Diese schwierige Frage kann nicht an dieser Stelle behandelt werden, sondern muss einer eigenen Untersuchung vorbehalten bleiben. Festzuhalten bleibt die Tatsache, dass Grafen und Edle namens Wilhelm und Liutold in den Salzburger Quellen nur bis zur Mitte des 11. Jahrhunderts erscheinen[82]. Dann klafft eine Lücke bis zu jenem Grafen Werigand, der sich 1108 erstmals „von Plain" nannte[83]. Mit ihm betritt man wieder gesicherten Boden.

Der nördlich der Alpen eher seltene Name Wer(i)gand weist nach Kärnten und Krain, wo ein gleichnamiger Edler bzw. Graf zu den engsten Verwandten der heiligen Hemma von Gurk zählte und bis 1130 die Erbvogtei über das Bistum Gurk wahrnahm, das aus der Klostergründung der hl. Hemma in Gurk hervorgegangen war[84]. Da im Umkreis Werigands, des ersten Grafen von Plain, immer wieder Vertreter des Kärntner Adels erscheinen, ist anzunehmen, dass auch er selbst aus Kärnten kam. Den reichen Besitz um die Stadt Salzburg im alten Salzburggau erwarb er offenbar durch Heirat mit einer Erbtochter aus der oben erwähnten Sippe der Wilhelme und Liutolde, da diese Namen fortan die Leitnamen der Grafen von Plain bildeten, während der Name Werigand nicht mehr aufscheint[85]. Gerade bei der Einheirat in eine besonders reiche und mächtige Sippe war es üblich, deren Leitnamen und damit auch deren Tradition zu übernehmen. Die Grafen von Plain verwalteten die alte „Amtsgrafschaft" im oberen Salzburggau, die auch als „Grafschaft im Kuchltal" bezeichnet wird. Sie erstreckte sich vom Pass Lueg im Süden bis zur Stadt Salzburg im Norden[86]. Mit Hilfe ihrer Ministerialen konnten die Grafen von Plain aber auch östlich und nördlich der Stadt Salzburg in den späteren Gerichten Plain, Staufeneck, Raschenberg, Halmberg und Saaldorf Fuß fassen[87]. Von den bayerischen Herzogen trugen sie seit dem 12. Jahrhundert — ein genaues Datum ist nicht bekannt — die Grafschaft im Mitter- und

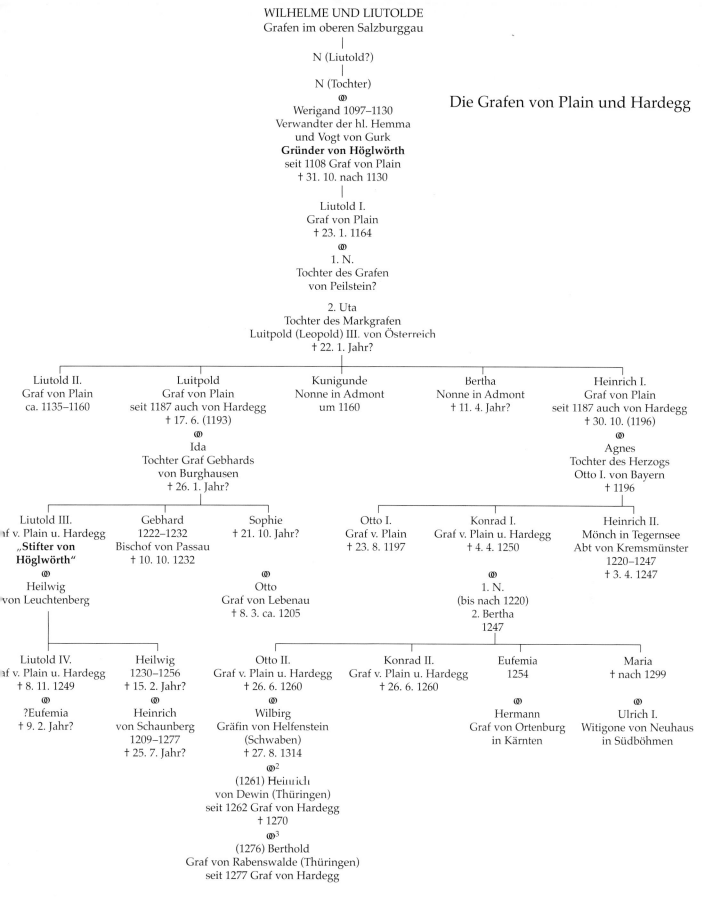

Eintrag des ersten Propstes Dagobert(us) als Mitglied des Salzburger Domkapitels im Verbrüderungsbuch von St. Peter. Über der Zeile nachgetragen ist seine Stellung als Propst von Höglwörth (ppositus werde)
(Foto Archiv St. Peter)

Unterpinzgau zu Lehen, die sie wohl durch die Eheverbindung mit den Grafen von Mittersill-Lechsgemünd erworben hatten[88]. Seit 1188 nannten sie sich auch nach der Herrschaft Hardegg im Waldviertel (im heutigen Niederösterreich), unmittelbar an der Grenze zu Böhmen. Die Erwerbung dieser großen Rodungsherrschaft ist wohl nicht auf die Heiratsverbindung der Grafen von Plain mit den Babenbergern als Markgrafen und Herzogen von Österreich zurückzuführen, sondern auf die Beteiligung der Plainer an der Rodung und Besiedlung des großen Nordwaldes[89].

Für das plainische „Hauskloster" Höglwörth ist keine förmliche Stiftungsurkunde überliefert. Ein Eintrag im Traditionsbuch des Salzburger Domkapitels zeigt jedoch, dass die Gründung in engem Zusammenwirken zwischen den Grafen von Plain und dem Domstift erfolgte. Der Text dieser Traditionsnotiz, die man durchaus als Stiftungsurkunde betrachten kann, lautet in deutscher Übersetzung:

Allen Christgetreuen sei kundgetan, dass Graf Werigand mit Zustimmung seines Sohnes Liutold seine Güter zu Höglwörth [Werdie], nämlich zwei Höfe und drei Huben, zwei Schwaighöfe und eine Wiese nahe bei diesem Ort mit Namen Ramsau und sieben Weingärten, die dazu gehören mit allen Nutzungsrechten, einen Hof und zwei Huben sowie den Standort für eine Mühle übergeben hat. Dass diese Übergabe so durchgeführt und bekräftigt wurde bezeugen folgende [Männer]: Meginhalm von Kärnten und sein Sohn Dietrich, Friedrich von Haunsberg, Diurinch, Engelschalk von Kärnten, Uolmar, Wisint, Otkoz, Adalbero; Wezil, Liutolt, Marchwart, Pabo, Heinrich.[90]

Obwohl in diesem Text ein direkter Hinweis darauf fehlt, kann kein Zweifel daran bestehen, dass diese umfangreichen Güter als Ausstattung für eine Klosterstiftung bestimmt waren. Auch die angesehenen Zeugen, von denen einige aus Kärnten stammten, weisen auf die besondere Bedeutung der Rechtshandlung hin. Erzbischof Konrad I. wird hingegen überhaupt nicht erwähnt. Während dem Domkapitel als Mitstifter das Besetzungsrecht zukam und die frühen Pröpste von Höglwörth fast durchwegs Salzburger Domherren waren, behielten sich die Grafen von Plain mit der Erbvogtei nicht nur dem Schutz, sondern auch weitgehende Aufsichtsrechte über ihr „Hauskloster" vor. Zu den besonderen Aufgaben der Regularkanoniker sollten neben der Seelsorge die Pflege des Andenkens an die Stifter mit feierlichen Seelenämtern an den Todestagen, der Instandhaltung und dekorativen Ausgestaltung der Stiftergruft in der Klosterkirche und dem festlichen Jahrtag für die Grafen von Plain mit der Reichung des „Großen Gespends" zählen. Darüber hinaus haben die schriftkundigen Konventualen von Höglwörth den Grafen von Plain sicher wertvolle Dienste bei der Ausstellung von Urkunden und Verträgen geleistet.

Ein genauer Zeitpunkt für die Stiftsgründung lässt sich nicht bestimmen. Sie muss vor dem 31. Juli 1129 erfolgt sein, an dem mit Tagibert (Dagobert) erstmals ein Propst von Höglwörth urkundlich genannt wird[91]. Da die Errichtung der Stiftskirche und der Klostergebäude als Voraussetzung für das klösterliche Leben unter der Leitung eines Propstes längere Zeit in Anspruch nahm, wird die Gründung

Das Augustiner-Chorherrenstift Höglwörth. Ölbild, 18. Jahrhundert, Privatbesitz
(Foto Brandl)

wahrscheinlich einige Jahre vorher erfolgt sein. In dieselbe Richtung weist auch die Tatsache, dass Graf Werigand zumindest mit dem Prädikat „von Plain" nach 1122/23 in keiner Urkunde mehr auftritt[92]. Das Salzburger Domkapitel konnte hingegen erst nach der Umwandlung in ein Stift der Augustiner-Chorherren 1122 als Partner in Erscheinung treten und auch sein Traditionsbuch, in dem die Übergabe der Stiftungsgüter verzeichnet ist, wurde erst 1122 angelegt. Bei aller gebotenen Vorsicht wird man daher die Gründung des Stiftes Höglwörth in den Jahren zwischen 1122 und 1125 ansetzen dürfen[93]. Auffällig ist die Absenz des Metropoliten, Erzbischof Konrads I., der sich sonst so vehement für die Augustiner-Chorherren einsetzte. Er hat für Höglwörth weder einen Schutzbrief noch eine Besitzbestätigung ausgestellt, ja in den 26 Jahren nach seiner Rückkehr aus dem Exil kein einziges Mal für das Stift geurkundet. Diese Distanz ist darauf zurückzuführen, dass Konrad I. mit den weitgehenden Rechten, die sich die Grafen von Plain über ihre Stiftung vorbehalten hatten, nicht einverstanden war.

Die Ausstattung des Stiftes

Höglwörth zählte zu den kleinsten Stiften des Salzburger Reformverbandes der Augustiner-Chorherren, unter den Klöstern des Landes nahm es die letzte Stelle ein. Dem Konvent gehörten selten mehr als fünf bis acht Regularkanoniker an, die unter der Leitung eines Propstes standen. Spätestens seit dem 14. Jahrhundert gab es dazu auch den Dechant (Dekan), der für die inneren Angelegenheiten des Stiftes zuständig war[94].

An Besitz und Einkünften konnte sich Höglwörth mit keinem der anderen Augustiner-Chorherrenstifte messen. Diese Position war vor allem durch die Aufgaben bestimmt, die dem Stift von seinen Gründern zugedacht waren. Als „Hauskloster" sollte es in erster Linie den Interessen der Grafen von Plain dienen und keine besondere Wirkung nach außen entfalten. Dazu kam noch, dass man in Höglwörth — anders als in Gars, Au, Herrenchiemsee, Bischofshofen oder Zell am See — nicht auf Liegenschaften und Gebäude eines bestehenden Klosters zurückgreifen konnte und auch Erzbischof Konrad I., der etwa seine Stiftung St. Zeno in Reichenhall mit großem Besitz bedacht hatte, nur wenig zur Ausstattung von Höglwörth beitrug. Die Grafen von Plain und einige ihrer Dienstmannen wie die Herren von Staufeneck, die Teisenberger und die Tumperger statteten Höglwörth zwar mit einer Vielzahl von Gütern aus; mit dem frühen Ende des Plainer Grafenhauses 1260 ging jedoch die ursprüngliche Funktion Höglwörths als „Hauskloster" seiner Stifter zu Ende und die Schenkungen hörten auf. Sie waren schon am Beginn des 13. Jahrhunderts deutlich zurückgegangen, da die Grafen von Plain mit der Übernahme der Erbvogtei über die Abtei Michaelbeuern ein zweites Kloster zu versorgen hatten[95]. Im Gegensatz zum Stift Baumburg, wo die Grafen von Ortenberg in Bayern die Tradition der Gründer und damit auch die weitere Ausstattung des Stiftes übernahmen[96], konnten oder wollten die Grafen von Plain keines der verwandten Adelsgeschlechter zu größeren Schenkungen an Höglwörth motivieren; nach ihrem Ende fanden sie keine Nachfolger, die sich als großzügige Schirmherren des Stiftes annahmen.

Die folgende Übersicht zeigt, dass die Grafen von Plain eine durchaus beachtliche Anzahl von Gütern zur Ausstattung ihrer Gründung aufwendeten. Graf Liutold IV. von Plain bestätigte auf Bitte des Propstes Engelbert, der von 1224/25 bis 1233/34 das Stift leitete, alle Rechte und Besitzungen, die Höglwörth von ihm und seinen Vorfahren als Stiftern erhalten hatte. Diese Urkunde, die nicht im Original überliefert, sondern nur in Form einer Bestätigung durch Erzbischof Konrad IV. von Salzburg aus dem Jahr 1303 erhalten ist[97], zählt insgesamt sieben Höfe, eine Mühle und nicht weniger als 84 „kleinere Besitzungen" auf. Da sie die wichtigste Quelle für die Ausstattung des Stiftes Höglwörth durch seine Gründer darstellt, wird sie hier in deutscher Übersetzung mitgeteilt:

Im Namen der heiligen und unteilbaren Dreifaltigkeit [gibt] *Leutold von Gottes Gnaden Graf von Plain auf immerdar* [bekannt]: *Da wir geneigt sind, berechtigten Anliegen gerne unsere Gunst und Zustimmung zu gewähren, bestätigen wir auf Bitten des verehrungswürdigen Propstes Engelbert und des Kapitels des Stiftes Höglwörth, das wir als Gründung unserer Vorfahren immer zu fördern und zu ehren bestrebt sind, diesem* [Stift] *alle Rechte, die es von unserem Vater oder unserer Mutter, vom Großvater, der Großmutter, vom Urgroßvater, der Urgroßmutter oder auch von unseren Ministerialen an Freiheiten, an Äckern, Weingärten, Wäldern und Weiden oder Besitzungen durch Schenkung, Kauf, Tausch, Legat oder welchen Rechtstitel auch immer besitzt, besonders diese: Die Höfe in Engelhäng, Wannersdorf, Babing, St. Georgen, Almeding, Hörafing und zunächst beim Kloster* [Mayrhofen] *mit allem Zubehör; ebenso die kleineren Güter: in Roßdorf drei, Weiher eines, Guggenberg eines, Pom eines, Pank zwei, Irlach eines, Windbichl zwei, Thal zwei, Gumperting eines, Gröben zwei, am Kressenberg eines, Atzlbach*[-reuten] *eines, Zell eines, Paffendorf* [Anger] *vier und eine Mühle, Hainham zwei, Freidling vier, Piding eines, Lingotzau eines, Dorfach* [Kröpfelau] *eines, Wadispeunt eines, Holzhausen sechs, am Stoißberg neun, Inzell vier, Obau eines, an der Sur* [Kirchsteg] *eines, bei Neukirchen* [Schnaidt] *eines, Großrückstetten eines, Miesenbach drei, Gastag bei Rückstetten eines, Tengling eines, Rottenaigen eines, Leitenbach eines, Kumpfmühle eines, Schign eines, Hörafing eines, Neulend eines, Seeleiten zwei, Amersberg zwei, Oberteisendorf drei, Straß eines, Lacken eines, Lohen eines, Grub bei Neukirchen eines, Gabisch eines; im Pinzgau Jesdorf, Saalfelden, Schmalenbergham, Oedt* [bei Saalfelden], *Letting, Rain* [an der Urslau], *Grießen; in Österreich*

Burg Staufeneck bei Piding, errichtet von den Herren von Staufeneck, den einstigen Burggrafen von Plain (Foto Brandl)

Großnondorf (Neuendorf), in Krems [Oberarnsdorf] drei Weingärten mit allem Zubehör. Wir geben allen unseren Ministerialen und allen Menschen ungeachtet ihres Standes die Vollmacht, unter welchem Titel auch immer, ihre Güter an das genannte Kloster zu übertragen, sowohl im Leben als auch im Sterben. Außerdem setzen wir in vorausblickender Überlegung fest, dass keiner unserer Erben oder Amtleute künftig sich unterstehen soll, ungerechtfertigte Abgaben vom Kloster selbst oder von dessen Leuten einzufordern; wenn das geschehen ist und nach einer entsprechenden Ermahnung keine Wiedergutmachung erfolgt, sollen der Propst und sein Kapitel die Erlaubnis besitzen, wo immer sie wollen bei einem Höheren ihr Recht von diesen zu fordern. Damit all dies auf ewig fest und gültig bestehen bleibe, haben wir aus Verehrung für den hl. Petrus, den Patron dieses Stiftes, und um den Bitten derer, die dort Gott dienen, zu entsprechen, das durch den Aufdruck unseres Siegels bekräftigen lassen.

Die von den Grafen von Plain und ihren Ministerialen übertragenen Güter konzentrierten sich im Gebiet rund um den Höglwörthsee auf dem Zellberg, dem Stoißberg, dem Högl und im heutigen Gemeindegebiet von Anger. Im Westen und Norden reichten die Güter im Wesentlichen bis an die Sur, im Osten bis an die Saalach[98]. Weiter entfernt lagen die Güter im Pinzgau, wo die Plainer ebenfalls Grafschaftsrechte ausübten, und Besitz zu Jesdorf (bei Niedernsill), in und um Saalfelden und in Grießen an ihr Stift übertrugen. Dazu kamen noch der Ort Großnondorf (nordwestlich von Hollabrunn in Niederösterreich) und die für ein Kloster besonders wichtigen Weingärten in Oberarnsdorf in der Wachau[99]. In den folgenden Jahrzehnten wurde der Stiftsbesitz um den Hof Högl in Roßdorf (Gemeinde Teisendorf), den Graf Liutold IV. von Plain 1234 an Höglwörth übertrug[100], um das Gut Stockham (Gemeinde Anger), das Graf Konrad von Plain 1248 dem Stift schenkte[101] sowie um das große Forstgebiet vermehrt, das Graf Liutold IV. auf dem Totenbett 1249 samt dem Gut Strobl (in St. Martin bei Lofer), dem Viehhof Forsthube (zwischen Leogang und Grießen), der Vogtei in Großnondorf und einem Weingarten in Pulkau (beide in Niederösterreich) an das Stift übertrug[102]. Den Abschluss der gräflichen Schenkungen bildete die Übergabe des Viehhofs Ried in Oberteisendorf, den die Gräfin Willibirg, Witwe des Grafen Otto von Plain-Hardegg, als Seelgerät für ihren Gatten und dessen Bruder Konrad 1260 an Höglwörth schenkte[103].

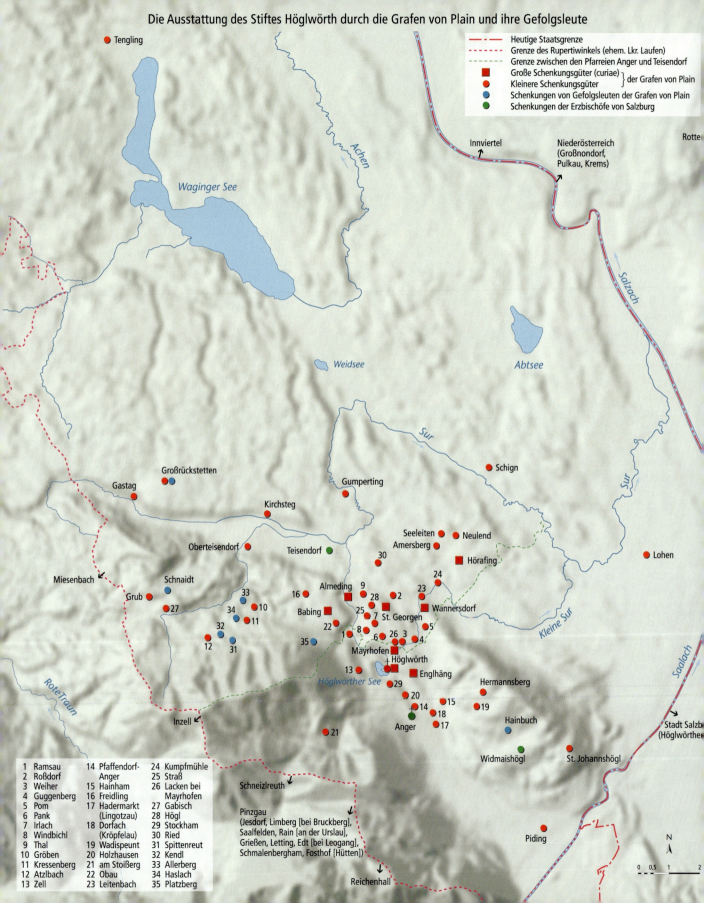

Dazu kamen Besitzübertragungen durch Ministerialen der Grafen von Plain und Erwerbungen durch Tauschgeschäfte mit diesen. Von Konrad von Teisenberg erhielt das Stift 1258 eine Hube in dem nicht identifizierten Ort Chafheim und die Hälfte eines Gutes in Burghartsberg (die spätere Einöde Schnaidt in Neukirchen am Teisenberg)[104]. Ulrich von Staufeneck aus der Familie der einstigen Burggrafen von Plain schenkte 1283/86 die Güter Spittenreut und Kendl (ebenfalls Neukirchen a. T.) an Höglwörth[105]. 15 Jahre später übergab er gemeinsam mit seiner Gattin Irmingard das Gut Allerberg in Freidling (Gemeinde Teisendorf) an das Stift[106]. Sein Bruder Heinrich von Staufeneck schenkte gleichfalls im Jahre 1298 eine Hube und einen Wald am Teisenberg an Höglwörth[107]. Otto von Mauthausen, ein Lehensmann der Herren von Staufeneck, übertrug 1293 sein Gut zu Haslach (auch Freidling) an das Stift[108]. Ebenfalls zu den Dienstmannen der Grafen von Plain zählten die Brüder Chol und Heinrich von Tumperg, von denen das Stift je ein Gut zu Holzhausen (Gemeinde Anger), zu Platzberg (Freidling) und je ein Lehen zu Rückstetten, zu Straß (Roßdorf-Teisendorf) und zu Hainbuch am Högl (Gemeinde Anger) erhielt[109].

Im Vergleich dazu nehmen sich die Schenkungen der Salzburger Kirche an das Stift Höglwörth eher bescheiden aus. Das Domstift pochte zwar auf sein Besetzungsrecht, das es durch ein gefälschtes Privileg des Papstes Eugen III. aus dem Jahre 1147 absicherte; zur Ausstattung des Stiftes Höglwörth hat es aber nichts beigetragen. Auch die Schenkungen der Erzbischöfe muten nur bescheiden an: Eberhard I. verlieh dem Stift vor 1164 Neubruchzehente in der Pfarrei Wippenham (bei Obernberg am Inn)[110] und sein Nachfolger Adalbert II. schenkte 1168/70 eine Wiese an Höglwörth[111]. Erzbischof Konrad III. übertrug ein Gut in Oberdeinting (bei Taching am See) an die Propstei[112] und Erzbischof Eberhard II. tauschte 1219 für das Stift dieses Gut gegen eine Hube zu Limberg, die dem bayerischen Pfalzgrafen Rapoto von Ortenberg gehörte, ein[113]. Erzbischof Friedrich II. war es wohl, der 1280 dem Stift für erlittene Schäden einen jährlichen Zins vom Gut Widmaishögl zusprach, woraus später drei Höfe im Besitz des Stiftes hervorgingen[114]. Die Übergabe eines Hofes zu Teisendorf durch Erzbischof Friedrich III. 1325 stellt den Schlusspunkt der frühen Ausstattung dar[115]. Der wichtigste Beitrag von erzbischöflicher Seite ist hingegen nur indirekt zu erschließen: Sowohl in den Besitzbestätigungen Papst Gregors IX. aus den Jahren 1228 und 1230 sowie Papst Gregors X. 1275 als auch König Albrechts I. 1304 wird jeweils an erster Stelle die Kirche Ellenpurgkirchen, die heutige Pfarrkirche von Anger, genannt[116]. Diese war nach 987 von der Abtei St. Peter wohl im Tauschweg in den Besitz des Erzbischofs gekommen, der sie im 11./12. Jahrhundert zum Mittelpunkt einer großen Rodungspfarrei machte. Wenn sich auch keine Schenkungsurkunde erhalten hat, so liegt doch der Schluss nahe, dass Erzbischof Konrad I. diese Pfarrkirche an Höglwörth übertrug und damit auch das von den Grafen von Plain gegründete Stift in den Dienst der Pfarrseelsorge stellte[117].

Die Pröpste von Höglwörth konnten sich nicht darauf verlassen, dass der Besitz des Stiftes durch reiche Schenkungen kontinuierlich wuchs, sondern mussten von Anfang an um die Bewahrung ihrer Güter kämpfen und zugleich bestrebt sein, den Besitzstand durch vorteilhafte Tauschgeschäfte und Käufe abzurunden. Bereits in den Jahren zwischen 1225 und 1231 kam es um das Gut Burghartsberg zu einer Auseinandersetzung mit dem Stift St. Zeno in Reichenhall, bei dem Höglwörth schließlich das Nachsehen hatte[118]. Mehr Erfolg war dem Augustiner-Chorherrenstift in der Kontroverse mit dem bayerischen Pfalzgrafen Rapoto beschieden, der 1219 für das von ihm beanspruchte Gut Oberdeinting eine Hube zu Limberg an Höglwörth übergeben musste[119]. Den Besitz in Pfaffendorf konnte Propst Heinrich II. 1238 durch die Erwerbung eines weiteren Gutes abrunden[120]. Von der Witwe Liukard von Gois kaufte Propst Heinrich 1245 durch Vermittlung des Grafen Konrad von Plain-Hardegg das Gut Reut im Glemmtal[121].

Die Auseinandersetzung mit dem adeligen Damenstift Nonnberg in Salzburg um die strittigen Grenzen zwischen dem Nonnberger Besitz in Bichlbruck an der Saalach und dem Höglwörther Besitz zu St. Johannshögl wurden 1246 durch einen Schiedsspruch beigelegt; Höglwörth, das zu Unrecht einen Grenzstreifen beansprucht hatte, sollte dafür jährlich 30 Pfennig an Nonnberg bezahlen und erhielt im Gegenzug ein Vorkaufsrecht eingeräumt[122].

Auch die Durchsetzung einwandfreier Rechtstitel war oft nur unter bedeutenden Opfern möglich. So musste Propst Heinrich 1248 nach jahrelangen Streitigkeiten die hohe Summe von 35 Pfund Pfennig an die Frau Krinilint, genannt Grienaug, und deren drei Söhne bezahlen, um das Gut Stockham (Gemeinde Anger), das Graf Konrad von Plain dem Stift Höglwörth geschenkt hatte, abzulösen. Frau Krinilint hatte behauptet, dieses Gut zu Erbrecht zu besitzen und gemeinsam mit ihren drei Söhnen und ihrer Tochter dem Kloster ständig Schwierigkeiten bereitet[123]. Die relativ gute wirtschaftliche Lage des Stiftes wird auch daran ersichtlich, dass Propst Engelbert II. 1252 um 20 Pfund Pfennig das Gut Weiher von Heinrich von Freiham kaufen konnte[124]. Das Gut Strobl (in St. Martin bei Lofer) vertauschte Propst Engelbert 1253 mit Einwilligung des Grafen Konrad von Plain, der es an Höglwörth geschenkt hatte, an das Stift Berchtesgaden. Höglwörth bekam dafür ein Gut zu Hörafing sowie Höfe zu Freidling und zu Goppling[125]. Durch ein Tauschgeschäft mit dem Stift St. Zeno in Reichenhall erhielt Höglwörth gegen Abtretung eines Hauses in Krems ein Haus in der Stadt Reichenhall und ein Lehen im Dorf Holzhausen[126]. Gemeinsam mit dem Salzburger Domstift wandte sich Propst Engelbert 1268 an König Přemysl Otakar II. von Böhmen, um die Rechte am Klostergut in Elhingen (bei Arnsdorf in der Wachau) gegenüber Rudiger von Woching zu behaupten[127]. 1285 gelang dem Stift der Kauf eines Schwaighofs in Schneizlreuth vom Ritter Konrad von Reut und dessen Familie[128]. Für den Kauf des Gutes Ober- und Unterfallbach (in der Pfarrei Anger) von Ulrich von Staufeneck musste 1293 Propst Friedrich von Höglwörth 11 Pfund Pfennig aufwenden[129]. Noch im selben Jahr tauschte der Propst mit den Brüdern Chol und Heinrich von Tumperg zwei Güter in Oberteisendorf gegen je ein Gut in Holzhausen und in Glazberg. Damals schenkten die Tumperger zu ihrem Seelenheil noch je ein Lehen zu Rückstetten, zu Straß und zu Hainbuch an das Stift[130]. Durch eine Schenkung kam 1296 ein Lehen zu Babing an Höglwörth[131] und der mächtige Ministeriale Otto von Goldegg bekannte 1304 auf Vermittlung von Erzbischof Konrad IV. und dem Dompropst Friedrich, dass die Schwaige Grieß im Glemmtal zu Recht dem Stift Höglwörth gehöre[132]. Die Behauptung, Erweiterung und Verwaltung der Klostergüter waren in den ersten beiden Jahrhunderten des Stiftes besonders schwierig, da auch Höglwörth in den großen Auseinandersetzungen zwischen Kaiser und Papst, die das Erzstift Salzburg besonders in Mitleidenschaft zogen, Stellung beziehen musste.

Die Entwicklung des Stiftes bis zum Streit mit dem Salzburger Domkapitel (1308)

Als Erzbischof Konrad I. von Salzburg am 31. Juli 1129 in Laufen an der Salzach eine Provinzialsynode abhielt, nahm daran auch Tagibert, der erste Propst von Höglwörth, teil[133]. Die bescheidene Position seines Stiftes geht daraus hervor, dass er in der Zeugenliste nach den Pröpsten von Chiemsee, Berchtesgaden, Gars, Au und Zell am See gereiht wurde. Sein Nachfolger Ulrich I. tritt nur im Jahr 1147 in Erscheinung, als er einen Schiedsspruch Erzbischof Eberhards I. von Salzburg zwischen dem Stift Berchtesgaden und dem Edlen Wernhard von Julbach bezeugte[134]. Rupert, der in der Stiftschronik als erster Propst von Höglwörth angesprochen wird, stand zwei Jahrzehnte lang an der Spitze des Konvents. Er weilte häufig in der Umgebung von Erzbischof Eberhard I., der 1164 das Stift beschenkte[135], und stand auch zu dessen Nachfolger Adalbert II., einem jungen böhmischen Prinzen aus der Dynastie der Přemysliden, in guten Beziehungen. Unter anderem bezeugte er die Verlegung des Klosters Elsenbach nach St. Veit an der Rott, die Adalbert 1171 vornahm[136]. In den Kämpfen, die damals um das Erzstift Salzburg tobten, erwies sich Rupert als treuer Parteigänger Erzbischof Adalberts II. Zum besseren Verständnis ist es notwendig, einen kurzen Blick auf die Verhältnisse in Salzburg zur Zeit Kaiser Friedrich Barbarossas zu werfen.

Am 7. September 1159 war es in Rom zu einer zwiespältigen Papstwahl gekommen. Während sich die Mehrheit der Kardinäle für Alexander III. entschied, wählte eine Minderheit von kaiserlichen Parteigängern Viktor IV. zum Papst. Der Salzburger Erzbischof Eberhard I., der damals schon in vorgerücktem Alter stand, profilierte sich in den folgenden Jahren als Parteigänger Alexanders III. Kaiser Friedrich Barbarossa vermied es jedoch, gegen den bereits zu Lebzeiten als Heiligen verehrten Erzbischof offen vorzugehen[137]. Auch Eberhards Nachfolger Konrad II. aus dem Hause der österreichischen Babenberger, ein Onkel des Kaisers, ergriff für Papst Alexander III. Partei. Friedrich Barbarossa, dessen Geduld erschöpft war, verhängte 1166 über das Erzstift Salzburg die Reichsacht und beauftragte seine Parteigänger mit deren Vollstreckung. Die Grafen von Plain zündeten am 5. April 1167 die Stadt Salzburg an, die samt dem Dom, den drei Domklöstern und fünf Kirchen dem Großbrand zum Opfer fiel[138]. Propst Heinrich von Gars hat diese bewegten Jahre als „Geschichte des Unheils" (*Historia calamitatum*) beschrieben[139]. Der böhmische Prinz Adalbert, ein Neffe des Kaisers, den das Domkapitel 1168 zum Erzbischof wählte, wurde von den Domherren und den Ministerialen verpflichtet, ebenfalls für Papst Alexander III. einzutreten. Durch eine Reihe unbedachter Handlungen verlor der junge Erzbischof jedoch die Unterstützung der Dienstmannen und des Domkapitels, und die Front gegen den Kaiser, die sich bis dahin so eindrucksvoll bewährt hatte, zerbrach. 1174 ließ Barbarossa auf einem Reichstag in Regensburg Erzbischof Adalbert II. absetzen und an dessen Stelle den Propst Heinrich von Berchtesgaden zum Metropoliten wählen[140]. Die Suffraganbischöfe und die Prälaten entschieden sich nur zum Teil für den neuen Erzbischof, andere hielten so wie Propst Rupert von Höglwörth am abgesetzten Erzbischof Adalbert II. fest. Damit geriet jedoch Propst Rupert sowohl in Gegensatz zum Salzburger Domstift, dem das Besetzungsrecht der Propstei Höglwörth zustand, als auch zu den Grafen von Plain als Gründern des Stiftes. Als er sich in Höglwörth nicht mehr halten konnte, zog er sich in die Abtei St. Peter in Salzburg zurück, die ebenfalls an Erzbischof Adalbert II. festhielt. Dort verfasste er um 1175 einen „Ökonomischen Rechenschaftsbericht", um sich gegen den Vorwurf der Verschwendung und Verschleuderung von Stiftsgut, der nach seinem Abgang gegen ihn erhoben worden war, zu rechtfertigen[141]. Der Text, der einen wichtigen Einblick in die Verhältnisse des Stiftes in der Zeit des Alexandrinischen Schismas bietet, lautet in deutscher Übersetzung:

Ich, Rupert genannt, der Propst dieses Stiftes, gebe der gesamten Kirche bekannt, in welchen Fällen Gott durch meine einfältige Person diesem Stift geholfen hat. Ein Verwandter von mir namens Julian hat einen neu angelegten Weingarten bei Rechberg [nördlich von Krems] aus Liebe zu Gott und zu mir diesem Stift übergeben, der im vergangenen Jahr von den Einwohnern auf 40 Talente geschätzt wurde, aber jetzt unbestellt blieb. Die Güter im Pinzgau habe ich um den Ertrag von 1500 Käselaiben und 50 Ellen Lodentuch vermehrt. Von der Äbtissin von Chiemsee habe ich durch Tausch ein Gut, das jährlich 30 Pfennig Ertrag liefert, erhalten. Ebendort habe ich von meinem Herrn, dem Erzbischof Adalbert, eine Wiese empfangen, die jährlich etwa ein halbes Talent Ertrag liefert. Die Einkünfte aus dem Amt Reichenhall habe ich um ein Talent jährlich gesteigert. Ebenso geschah es in Wippenheim. Die Neubruchzehente in dieser Pfarrei habe ich von meinem Herrn, dem Erzbischof Eberhard I. seligen Angedenkens, erhalten. Dazu einen Neubruch, der Holzhausen genannt wird und jährlich 11 Schilling 20 Pfennig erbringt. Über dem [Höglwörth-]See habe ich einen Neubruch angelegt der in diesem Jahr etwa 20 Schilling erbringt. Bei Hellmansberg [am Högl] habe ich ebenfalls einen Neubruch angelegt, der durch diesen Krieg verödet daliegt. Durch Kauf habe ich auch einige Güter vergrößert, die jährlich etwa ein halbes Talent erbringen. Mit dem Bau der Mauern und Holzwände [des Klosters] habe ich mir große Mühe gegeben. Die Zahl der Bücher habe ich vergrößert, die Felder verbessert, den Gottesdienst gefördert und die liturgischen Kleidungsstücke vermehrt. Die sehr nützliche Mühle in Ramsau habe ich errichtet.

Die Rechtfertigung des Propstes Rupert dürfte keinen großen Widerhall gefunden haben, da sie nur am Ende einer Handschrift der Abtei St. Peter eingetragen und erst 1884 von Abt Willibald Hauthaler im Stiftsarchiv entdeckt und veröffentlicht wurde. Das Salzburger Domstift, das längst ins Lager des Kaisers übergegangen war, setzte jedenfalls

Spätgotische „Stifterfigur" des Grafen Liutold III.
von Plain in der Stiftskirche Höglwörth
(Foto Brandl)

bald darauf einen Helmbert zum Propst von Höglwörth ein, der am 20. September 1177 als Zeuge in einer Urkunde Erzbischof Konrads III. genannt wird[142]. Mit dem Frieden von Venedig, der im Sommer 1177 die Aussöhnung zwischen Papst Alexander III. und Kaiser Friedrich Barbarossa sowie die Bestellung des Kardinals Konrad von Wittelsbach zum Erzbischof von Salzburg brachte, kehrten wieder friedliche Verhältnisse ein[143]. Die Pröpste Heinrich I. (ca. 1193–1198)[144], Otto (bezeugt 1204)[145] und Hartwig (1207/1208)[146] arbeiteten einträchtig mit den Erzbischöfen Adalbert II., der 1183 erneut die Leitung der Salzburger Kirche übernahm, und Eberhard II. (1200–1246) zusammen. Propst Hermann (1218–1225), der auch als Mitglied des Salzburger Domkapitels in Erscheinung trat[147], und sein Nachfolger Engelbert I. (1225–1236)[148] standen dann wieder länger an der Spitze des Stiftes. Erzbischof Eberhard II., der im engen Zusammenwirken mit Kaiser Friedrich II. ein großes geschlossenes Herrschaftsgebiet aufbauen konnte und deshalb gerne als „Vater des Landes Salzburg" bezeichnet wird, führte in den Jahren zwischen 1219 und 1234 in den Salzburger Augustiner-Chorherrenstiften die dringend notwendige Reform durch[149].

Auch um das bescheidene Stift Höglwörth hat sich der Metropolit besonders bemüht. Das wird an folgendem Ereignis deutlich: Im Spätwinter 1239 hielt sich Eberhard II. bei Kaiser Friedrich II. in Treviso auf[150], den Papst Gregor IX. am Palmsonntag 1239 erneut mit dem Bann belegt hatte. Aufgrund dieser unwandelbaren Treue zum Kaiser sollte der greise Erzbischof später selbst dem Kirchenbann verfallen. Vor seiner Abreise aus Treviso empfing der Salzburger Erzbischof die Gebeine des Grafen Liutold III. von Plain, der bei der Teilnahme am Kreuzzug von einem Pfeil im Auge getroffen worden war und auf der Rückreise in Treviso 1219 an dieser Verletzung starb. Da sowohl der Chronist Magnus von Reichersberg als auch die Annalen des Salzburger Domstiftes nur den Tod des Grafen in Treviso und dessen Überführung nach Höglwörth erwähnen[151], wurden bisher die Beisetzung Liutolds III. und die Weihe der Klosterkirche von Höglwörth fast durchwegs in das Jahr 1217 oder 1219 gesetzt. Nur die im Stift angefertigte Chronik von Höglwörth stellt richtig fest, dass erst Erzbischof Eberhard II. 1239 in Treviso die Gebeine des Grafen erhielt. Gemeinsam mit Rüdiger von Radeck, der damals nicht mehr Bischof von Chiemsee, wie die Chronik irrtümlich angibt, sondern bereits Bischof von Passau war, setzte Erzbischof Eberhard II. die Gebeine des Grafen in Höglwörth bei und weihte am selben Tag die damals fertig gestellte Stiftskirche¹⁵². Die Klosterchronik fügt noch hinzu: „Die Grabinschrift des verstorbenen Grafen (der wegen seiner besonderen Wohltaten für die Armen und der Armenmähler, für die er fast seinen gesamten Besitz aufwendete, im Ruf der Heiligkeit stand), besteht bis heute um dessen uralte, in Holz geschnitzte Statue und lautet so":

*Luitoldus fatus comitum de stirpe creatus
quondam fulgentum sublimis honore parentum
moribus ornatus est hoc tumulo tumulatus
largus erat dando miserorum commiserando
nudos velavit, inopes miseros recreavit,
fecit plura bona nobis hic per sua dona
de quibus Christus laudetur ab omnibus nobis*

„Luitold genannt, aus gräflichem Geschlecht geboren, einst erhaben durch den Ruhm seiner glänzenden Eltern und an Sitten ausgezeichnet, ruht er in diesem Grab. Er war großzügig im Geben und im Trösten der Armen, Er kleidete die Nackten, gab den Armen neuen Mut, erwies uns hier durch seine Geschenke viele Wohltaten, weshalb Christus von uns allen gelobt wird"

Aus diesem Bericht geht nicht hervor, ob man den Grafen in einer Familiengruft der Plainer in der Stiftskirche beisetzte oder für ihn ein eigenes Hochgrab errichtete, auf dem die Grabinschrift angebracht war. Als die Chronik niedergeschrieben wurde, gab es jedenfalls kein Hochgrab mehr, dafür aber die bis heute erhaltene spätgotische Stifterfigur aus Holz, die niemals ein Hochgrab zierte, sondern als Halbfigur zur Anbringung an der Wand geschaffen wurde. Die mehrfach vorgenommene Zuschreibung an den oberösterreichischen Künstler Lienhard Astl ist jedoch eine völlig unbewiesene Hypothese¹⁵³.

Auf Propst Heinrich II., der von 1238 bis 1248 das Stift leitete¹⁵⁴, folgte der aus Aschau (bei Prien) stammende Engelbert II., der sich zielstrebig für die Vermehrung des Stiftsbesitzes und dessen Sicherung einsetzte¹⁵⁵. Er stand 25 Jahre lang an der Spitze der Propstei und erlebte das Ende der Grafen von Plain, die als Stifterfamilie auch die Erbvogtei über Höglwörth ausgeübt hatten. 1272 verlieh Propst Engelbert II. dem Hermann von Oberndorf, der zu den Ministerialen der Grafen von Plain gezählt hatte, die Vogtei über einige Klostergüter, jedoch nur für dessen Lebenszeit¹⁵⁶. Während über Engelberts Nachfolger Ortwin (1274–1285) nur wenige Nachrichten vorliegen¹⁵⁷, folgte mit Friedrich Hager (1286–1308) wieder ein Propst, der sich mit Nachdruck für die Rechte des Stiftes einsetzte¹⁵⁸. Papst Bonifaz VIII. beauftragte ihn, die Klage des Salzburger Domkapitels gegen Ortlieb von Wald und Heinrich von Fischach zu untersuchen und zu entscheiden¹⁵⁹. Das weist auf eine besondere Wertschätzung des Papstes für den Propst des kleinen Chorherrenstiftes hin. Vom deutschen König Albrecht I. erreichte Propst Friedrich, dass dieser als erster deutscher Herrscher 1304 das Stift Höglwörth in seinen Schutz nahm und ihm seine Besitzungen bestätigte¹⁶⁰.

Eines derartigen Schutzes bedurfte Höglwörth umso mehr, als die Jahre zuvor von heftigen Auseinandersetzungen der Salzburger Erzbischöfe mit den Habsburgern erfüllt waren. Der Salzburger Adel, der zu einem guten Teil gegen die Erzbischöfe Rudolf und Konrad IV. Stellung genommen und für den Herzog und späteren König Albrecht I. von Österreich Partei ergriffen hatte¹⁶¹, eignete sich auch Güter der Propstei Höglwörth an. Die Chronik berichtet jedoch, dass Propst Friedrich in diesen bewegten Jahren entfremdete Klostergüter wieder zurückgewinnen konnte. Wegen der Kämpfe der Fürsten untereinander wurden jedoch sowohl die Stiftskirche von Höglwörth als auch die Kirchen in Anger (Ellpergskirchen), Aufham, Mauthausen und Piding ausgeraubt und profaniert¹⁶². Noch bevor diese Schäden getilgt und die zerstörten Kirchen wieder hergestellt werden konnten, starb Propst Friedrich im Spätwinter oder Frühjahr 1308. Die Konventualen von Höglwörth, die der ständigen Bevormundung durch das Salzburger Domstift überdrüssig waren und vielleicht auch sonstige Auseinandersetzungen mit den Domherren hatten, versuchten nun eigenmächtig, das Recht der freien Propstwahl durchzusetzen¹⁶³. Damit beschworen sie zu diesem ungünstigen Zeitpunkt eine schwere Krise für das kleine Stift herauf.

Der Römische König Albrecht I. bestätigt auf Bitten von Propst und Kapitel den gesamten Besitz des Stiftes Höglwörth. Originalurkunde auf Pergament, ausgestellt in Passau am 9. März 1304
(BayHStA, KU Höglwörth Nr. 5)

Die deutsche Übersetzung lautet: Albert, von Gottes Gnaden Römischer König und Augustus, entbietet den ehrenwerten Männern, dem Propst [Friedrich] und dem Kapitel der Kirche von Höglwörth vom Orden des hl. Augustinus in der Diözese Salzburg, seinen ergebenen Getreuen, seine Huld und alles Gute. Eure demütige Bitte und ergebene Demut bewegt unser königliches Wohlwollen, so dass, was auch immer ihr zu eurem Nutzen demütig verlangt, wir uns in gewohnter Güte dazu bereit finden, eure Bitten mit königlicher Gunst beifällig zu begleiten. Wir sind daher euren gerechten Bitten, die nicht vom Pfad der Vernunft abweichen, geneigt und nehmen nach dem Beispiel des Papstes Gregor IX. seligen Angedenkens eure Personen und die Kirche, in welcher ihr den Gottesdienst feiert, mit allen Gütern, die ihr gegenwärtig rechtmäßig besitzt oder in Zukunft auf gerechte Art mit Hilfe Gottes erwerben könnt, unter unseren und des Reiches Schutz und Schirm; besonders aber bestätigen wir kraft königlicher Autorität und sichern durch den Schutz der vorliegenden Urkunde euch und durch euch eurem Stift die Kirche Ellenpurgkirchen, den Ort Großnondorf mit den Weingärten in Österreich, das Meiergut Högl und die Dörfer Jesdorf und Bergham mit ihrem Zubehör sowie Einkünfte, Besitzungen und eure anderen Güter, wie ihr sie alle rechtmäßig und in Frieden besitzt und auch die Vogtei über den genannten Ort Großnondorf, die einst Graf Leutold von Plain der Kirche von Höglwörth übertrug und schenkte, mit dem Weingarten in Pulkau, so wie es in seinen darüber ausgestellten Urkunden enthalten ist. Keinem Menschen aber soll es gestattet sein, diese unsere Bestätigungsurkunde zu missachten oder in blindem Wagemut etwas dagegen zu unternehmen; wer das tut, möge wissen, dass er sich unsere Missgunst zuziehen wird. Zum Zeugnis dieser unserer Bestätigung haben wir befohlen, diese Urkunde auszustellen und mit dem Siegel unserer Majestät zu bekräftigen. Gegeben in Passau im Jahre 1304 am siebenten Tag vor den Iden des März, in der zweiten Indiktion, im sechsten Jahre unserer Königsherrschaft.

Anmerkungen

1 *Wolf Armin Frh. v. Reitzenstein*, Lexikon bayerischer Ortsnamen (München 1986), S. 106 f.
2 Ebenda, S. 180.
3 *Finsterwalder*, Högl, S. 64 f.
4 *Geiß*, Högelwerd.
5 Ebenda, S. 513 ff.; zu den Gründen für die Auflösung vgl. den Beitrag von Sabine Frauenreuther im vorliegenden Band.
6 Zu den von Joseph Ernst Ritter von Koch-Sternfeld gesammelten „Collectaneen", die keine Regesten, sondern Urkundenabschriften im Volltext enthalten, vgl. *Reindel-Schedl*, Laufen, S. 156 Anm. 2. — Die von *Michael Filz* OSB, Geschichte des salzburgischen Benedictiner-Stiftes Michaelbeuern (Salzburg 1833), S. 184 f., aufgestellte Hypothese, der „Stiftsbrief" und ein großer Teil der Urkunden seien 1634 beim Brand des Pfarrhofes in Otting, wo das Stiftsarchiv Michaelbeuern deponiert war, vernichtet worden — so auch *Geiß*, Högelwerd, S. 324 —, trifft nicht zu. Die älteren Archivbestände des Stiftes sind im Archiv des Salzburger Domkapitels nachzuweisen, einen förmlichen Stiftsbrief hat es nie gegeben; vgl. *Reindel-Schedl*, Laufen, S. 156 Anm. 5.
7 *Weinfurter*, Bistumsreform, S. 26–101.
8 *Enzinger*, Högl, S. 17 f. mit Abb. 7; BVBl. 23 (1958), S. 147; BLfD, Fundstellen Nr. 8143/0042 u. 0048.
9 *F. Weber*, Die vorgeschichtlichen Denkmale des Königreiches Bayern, Bd. 1: Oberbayern (München 1909), S. 65; BVBl. 26 (1961), S. 308; 33 (1968), S. 168; 37 (1972), S. 14 u. 141; Beiheft 11 (1998), S. 83 Nr. 2 f.; Beiheft 13 (2000), S. 58; *Hell*, Bronzeaxt; *Manfred Menke*, Studien zu den frühbronzezeitlichen Metalldepots in Bayern (= Jahresberichte der Bayerischen Bodendenkmalpflege 19/20) (München 1978/79), S. 13 ff., 270 Nr. 7 u. 8; *S. Möslein*, in: Das archäologische Jahr in Bayern, 1997 (1998), S. 73 f.
10 BVBl. Beiheft 11 (1998), S. 82 f. Nr. 1.
11 BVBl. 18/19 (1951/52), S. 257; 37 (1972), S. 161 f.
12 *Weber*, Denkmale (wie Anm. 9), S. 65; BVBl. 25 (1960), S. 261; *E. Keller*, Die spätrömischen Grabfunde in Südbayern, in: Münchner Beiträge zur Vor- und Frühgeschichte 14 (1971), S. 200 Nr. 12, Nr. 17; BLfD, Fundstellen Nr. 8143/0040.
13 Germania 20 (1936), S. 137; BVBl. 18/19 (1951/52), S. 290; *Keller*, Grabfunde (wie Anm. 12), S. 200 Nr. 13.
14 *Keller*, Grabfunde (wie Anm. 12), S. 200 Nr. 16; *Enzinger*, Högl, S. 22 f. mit Abb. 11.
15 BLfD, Fundstellen Nr. 8143/0032.
16 *G. Hager* u. *J. A. Mayer*, Die vorgeschichtlichen, römischen und merovingischen Altertümer. Kataloge des Bayerischen Nationalmuseums 4 (1892), S. 750 Taf. 16, 10; *Weber*, Denkmale (wie Anm. 9), S. 168; *A. Meier*, Der Chiemgau in römischer Zeit (München 1912), S. 90 Nr. 18; *F. Vollmer*, Inscriptiones Baivariae Romanae sive Inscriptiones Provinciae Raetiae adiectis aliquot Noricis Italicisque (München 1915), S. 13 Nr. 37 u. Taf. 6; CIL III Nr. 5592; *Norbert Heger*, Salzburg in römischer Zeit (= JSMCA 19/1973) (Salzburg 1974), S. 87
17 *Heger*, Römerzeit (wie Anm. 16), S. 86 f.
18 Ebenda, S. 87; *Vollmer*, Inscriptiones (wie Anm. 16), S. 13.
19 *Heger*, Römerzeit (wie Anm. 16), S. 93 u. 131.
20 *Reindel-Schedl*, Laufen, S. 12; *Enzinger*, Högl, S. 22. — Für wertvolle Hinweise und die Überlassung von Fotos danke ich Herrn Erhard Zaha, dem Kustos des Heimatmuseums in Anger.
21 *Hermann Dannheimer* u. *Heinz Dopsch* (Hg.), Die Bajuwaren — Von Severin bis Tassilo, Ausstellungskat. (München/Salzburg 1988); *Wilhelm Störmer*, Die Baiuwaren. Von der Völkerwanderung bis Tassilo III. (München 2002).
22 *Reindel-Schedl*, Laufen, S. 16 f.; BVBl. Beiheft 3 (1990) S. 100.
23 BLfD, Fundstellen Nr. 8243/0031 u. 0097; *Weber*, Denkmale (wie Anm. 9), S. 126; *Hell*, Gebetsschnur, S. 210 ff.; Eine Besichtigung der im Heimatmuseum Anger verwahrten Gebetsschnur aus gestanzten Knochenringen hat ergeben, dass diese höchst wahrscheinlich aus dem Spätmittelalter stammt.
24 *Franz Hörburger*, Salzburger Ortsnamenbuch, bearb. v. *Ingo Reiffenstein* u. *Leopold Ziller* (= MGSL, Erg.-Bd. 9) (Salzburg 1982), S. 64–69; *Reindel-Schedl*, Laufen, S. 20–23.
25 *Hörburger*, Ortsnamenbuch (wie Anm. 24), S. 80 f.; *Reindel-Schedl*, Laufen, S. 24 f.
26 *Fritz Lošek*, Notitia Arnonis und Breves Notitiae, in: *Herwig Wolfram* (Hg.), Quellen zur Salzburger Frühgeschichte (= Veröffentl. d. IÖG 44 = MGSL, Erg.-Bd. 22) (Wien 2006), S. 102 c. 10,5.
27 *Lošek*, Notitia (wie Anm. 26), S. 108 c. 14, 27.
28 SUB I, S. 124 f. Nr. 62.
29 *Heinz Dopsch*, Der bayerische Adel und die Besetzung des Erzbistums Salzburg im 10. und 11. Jahrhundert, in: MGSL 110/111 (1970/1971), S. 128 ff.
30 SUB I, S. 145 f. Nr. 84 a.
31 *Geiß*, Högelwerd, S. 6 f.
32 *Romuald Bauerreiß*, Altbayerische „ecclesiae parrochiales" der Karolingerzeit und der „Phapho", in: Festschrift Michael Schmaus (München 1957), S. 899–908; *Hunklinger*, Gründungsgeschichte (1964), S. 41–47; *Reindel-Schedl*, Laufen, S. 160.
33 *Michael Mitterauer*, Slawischer und bayerischer Adel am Ausgang der Karolingerzeit, in: Carinthia I, 150 (1960), S. 693–726.
34 SUB I, S. 254 Nr. 1.
35 SUB I, S. 71 f. Nr. 4.
36 SUB I, S. 76 ff. Nr. 9–12.
37 *Dopsch*, Bayerischer Adel (wie Anm. 29), S. 127–131.
38 *Dopsch*, Kirchweihmarkt, S. 69; *Reindel-Schedl*, Laufen, S. 135 f.
39 *Heinz Dopsch*, Klöster und Stifte, in: Salzburgs I/2, S. 1022–1024; *Herwig Wolfram*, Salzburg, Bayern, Österreich (= MIÖG Erg.-Bd. 31) (Wien 1995), S. 347 f.
40 *Reindel-Schedl*, Laufen, S. 158–160, nimmt den Zeitpunkt für die Einrichtung der Pfarrei wohl zu früh an. Der Aufbau eines einheitlichen Pfarrnetzes in der Erzdiözese Salzburg setzte erst mit der Kirchenreform am Ende des 10. Jh. ein, der erste gesicherte Nachweis findet sich für Hofgastein 1023 (SUB I, S. 203 f. Nr. 28).
41 Diese Steinfigur, deren Bergung Herrn Erhard Zaha zu danken ist, wurde häufig ins Frühmittelalter datiert, gelegentlich auch als römisch bezeichnet, nach Meinung der Fachleute gehört sie jedoch entweder in das Spätmittelalter oder in die frühe Neuzeit (Renaissance), wofür die Gestaltung der Haare und Details an der Kleidung (Quasten) sprechen.
42 Zum Folgenden vgl. die entsprechenden Kapitel in Salzburg I/1.

43 Zur Beurteilung Gebhards vgl. zuletzt *Heinz Dopsch*, Gebhard (1060–1088). Weder Gregorianer noch Reformer, in: *Peter F. Kramml* u. *Alfred Stefan Weiß* (Hg.), Lebensbilder Salzburger Erzbischöfe aus 12 Jahrhunderten (= Salzburg Archiv 24) (Salzburg 1998), S. 41–62.

44 *Heinz Dopsch*, Salzburg im Hochmittelalter — Die äußere Entwicklung, in: Salzburg I/1, S. 251–254.

45 *Heinz Dopsch* u. *Franz Machilek*, Erzbischof Konrad I. von Salzburg und seine Familie: Die Grafen von Abenberg-Frensdorf in Franken, in: MGSL 146 (2006), S. 9–50.

46 *Dopsch*, Hochmittelalter (wie Anm. 44), S. 256–261.

47 *Dopsch/Machilek*, Konrad I. (wie Anm. 45), S. 13–15.

48 Ebenda, S. 10–13.

49 *Stefan Weinfurter*, Neuere Forschung zu den Regularkanonikern im Deutschen Reich des 11. und 12. Jahrhunderts, in: Historische Zeitschrift 224 (1977), S. 379–397; *derselbe*, Reformkanoniker und Reichsepiskopat im Hochmittelalter, in: Historisches Jahrbuch 97/98 (1978), S. 158–193; *derselbe*, Bistumsreform S. 3–7; *Dopsch*, Klöster und Stifte (wie Anm. 39), S. 1042–1047; *Anton Landersdorfer*, Die Augustiner-Chorherren. Ihre Anfänge und ihre Ausbreitung in Altbayern, in: Baumburg, S. 9–26.

50 *Jakob Mois*, Das Stift Rottenbuch in der Kirchenreform des XI.–XII. Jahrhunderts (= Beiträge zur altbayerischen Kirchengeschichte 19) (München 1953); *Paul Mai* (Hg.), Die Augustiner-Chorherren in Bayern. Zum 25-jährigen Wiedererstehen des Ordens (= Bischöfliches Zentralarchiv und Bischöfliche Zentralbibliothek Regensburg. Kataloge und Schriften 16) (Regensburg 1999).

51 *Stefan Weinfurter*, Die Gründung des Augustiner-Chorherrenstiftes — Reformidee und Anfänge der Regularkanoniker in Berchtesgaden, in: Berchtesgaden I, S. 233–239.

52 *Weinfurter*, Bistumsreform, S. 37–39; *Karl Rehberger*, Die Gründung des Stiftes Reichersberg und Propst Gerhoch, in: 900 Jahre Stift Reichersberg. Augustiner Chorherren zwischen Passau und Salzburg (Linz 1984), S. 81–91; *Wilhelm Störmer*, Gründungs- und Frühgeschichte des Stifts Reichersberg am Inn, in: 900 Jahre Augustiner Chorherrenstift Reichersberg (Linz 1983), S. 23–42.

53 *Weinfurter*, Bistumsreform, S. 69–74; *derselbe*, Die Gründung (wie Anm. 51), S. 239–252; *Heinz Dopsch*, Vorgeschichte und Gründung, in: Baumburg, S. 27–50.

54 *Weinfurter*, Bistumsreform, S. 12–23.

55 Annales sancti Rudberti zu 1122, MGH SS 9, S. 774; Vita Gebehardi et succ. eius, MGH SS 11, S. 41; Vita Chunradi, MGH SS 11, S. 70; Annales Reicherspergensis, MGH SS 17, S. 453; *Weinfurter*, Bistumsreform, S. 31–37.

56 *Weinfurter*, Bistumsreform, S. 36, 55 f., 58 f. u. 61 f.; *Heinz Dopsch*, Klöster und Stifte, in: Salzburg I/2, S. 1044.

57 *Weinfurter*, Bistumsreform, S. 47 u. 50 Anm. 281.

58 Ebenda, S. 58 f.

59 Ebenda, S. 60 f.

60 Ebenda, S. 50–54 u. 62 f.

61 Ebenda, S. 63–65; *Johannes Lang*, St. Zeno in Reichenhall. Geschichte des Augustiner Chorherrenstiftes von der Gründung bis zur Säkularisation (= Beiträge zur Sozial- und Wirtschaftsgeschichte Bayerns 22) (München 2008).

62 *Weinfurter*, Bistumsreform, S. 65 f.; *Benno Roth*, Seckau. Geschichte und Kultur 1164–1964 (Wien/München 1964).

63 *Weinfurter*, Bistumsreform, S. 67–69; *Pius Fank*, Das Chorherrenstift Vorau (Vorau 1959).

64 *Weinfurter*, Bistumsreform, S. 39–46.

65 Ebenda, S. 75–97; *Dopsch*, Klöster und Stifte (wie Anm. 56), S. 1045 f.

66 *Weinfurter*, Bistumsreform, S. 158–178.

67 Ebenda, S. 178–196.

68 Ebenda, S. 290–292; *Peter F. Kramml*, Der Konvent von Berchtesgaden im Hoch- und Spätmittelalter, in: Berchtesgaden I, S. 921–924 u. 960–964.

69 *Dopsch*, Klöster und Stifte (wie Anm. 56), S. 1003–1007; zu den Konversen vgl. *Weinfurter*, Bistumsreform, S. 285–290.

70 *Weinfurter*, Bistumsreform, S. 197 f.

71 Ebenda, S. 235–284; *Helmut Deutz* u. *Stefan Weinfurter*, Consuetudines canonicorum regularium Rodenses, 2 Bde. (Freiburg i. Br. 1993).

72 Die nach der Konfirmation von Propst Johann Wolfgang II. Zehentner 1652 von diesem selbst oder in dessen Auftrag verfasste Chronik liegt im Archiv des Erzbistums München und Freising, besitzt aber noch keine Signatur. Ich danke Herrn Prof. Dr. Joachim Wild für die Überlassung einer Kopie.

73 *Filz*, Michaelbeuern, S. 757 Nr. XII.; *Geiß*, Högelwerd, S. 330 Anm. 7.

74 *Franz V. Zillner*, Die Grafschaften und die kirchliche Frei im Salzburggau, in: MGSL 23 (1883), S. 225 f.

75 SUB II, S. 369 ff. Nr. *256.

76 *Martin*, Regesten II, S. 100 f. Nr. 864, Nr. 866, Nr. 869 u. Nr. 876 f.; *Geiß*, Högelwerd, S. 343 ff.

77 AEM, Klosterchronik Högelwörth.

78 *Koch-Sternfeld*, Beyträge III, S. 187; *Geiß*, Högelwerd, S. 337 f.; *Filz*, Michaelbeuern, S. 787; AEM, Klosterchronik Högelwörth, fol. 12ʳ–13ʳ Nr. 14.

79 *Koch-Sternfeld*, Beyträge III, S. 154; *Geiß*, Högelwerd, S. 336 u. 533; *Reindel-Schedl*, Laufen, S. 156 mit Anm. 4.

80 *Tyroller*, Genealogie, S. 115 ff. mit Taf. 7; *Dopsch*, Kirchweihmarkt, S. 70 ff.; *derselbe*, Die Stifterfamilie des Klosters Gurk und ihre Verwandtschaft, in: Carinthia I, 161 (1971), S. 112 ff.; *derselbe*, Von der Adelsherrschaft zur erzbischöflichen Verwaltung, in: Laufen und Oberndorf, S. 96–99; *Johannes Gründler*, Die Herkunft der Grafen von Plain, in: Unsere Heimat 57 (1968), S. 219–237; *Reindel-Schedl*, Laufen, S. 225–234.

81 *Tyroller*, Genealogie, setzt die Grafen von Friesach und Zeltschach mit der Salzburger Wilhelm-Liutold-Sippe gleich. In diesem Punkt weist seine grundlegende Untersuchung, die auch in einer wesentlich besser dokumentierten handschriftlichen Fassung vorliegt, deutliche Schwachstellen auf.

82 *Reindel-Schedl*, Laufen, S. 215–217; *Dopsch*, Stifterfamilie (wie Anm. 80), S. 112–114.

83 *Andreas v. Meiller*, Regesten zur Geschichte der Markgrafen und Herzoge von Österreich aus dem Hause Babenberg (Wien 1850), S. 12 Nr. 6; den vollen Text der Urkunde Kaiser Heinrichs V. bietet *Theodor Mayer*, Spicilegium von Urkunden aus der Zeit der österreichischen Babenberger-Fürsten (= Archiv für Kunde österreichischer Geschichtsquellen 6) (Wien 1851), S. 294 Nr. II.

84 *Dopsch*, Stifterfamilie (wie Anm. 80), S. 111–117.

85 Vgl. dazu die Stammtafel im vorliegenden Band sowie *Tyroller*, Genealogie.

86 *Heinz Dopsch*, Siedlung und Recht — Zur Vorgeschichte der Berchtesgadener Stiftsgründung, in: Berchtesgaden I, S. 208 f.; *derselbe*, Von der Existenzkrise zur Landesbildung, in: ebenda, S. 315 f.; *derselbe*, Hochmittelalter (wie Anm. 44), S. 364; *Reindel-Schedl*, Laufen, S. 215–218.

87 *Reindel-Schedl*, Laufen, S. 225–259 (mit Kartenskizze S. 252); *Dopsch*, Adelsherrschaft (wie Anm. 80), S. 96–99 (mit Karte).

88 Graf Heinrich III. von Lechsgemünd-Mittersill († 1208) war mit Adelheid, der Tochter des Grafen Liutold I. und der Uta von Plain vermählt. Da die Grafen von Plain erstmals 1228 als Inhaber der Grafschaftsrechte im Mitter- und Unterpinzgau erscheinen, dürfte ihnen Graf Heinrich III., der keine männlichen Erben hinterließ, diesen Teil der Grafschaft im Pinzgau abgetreten haben.

89 *Max Weltin*, Böhmische Mark, Reichsgrafschaft Hardegg und die Gründung der Stadt Retz, in: *derselbe*, Das Land und sein Recht, hg. v. *Folker Reichert* u. *Winfried Stelzer* (= MIÖG Erg.-Bd. 49) (Wien 2002), S. 242–246.

90 SUB I, S. 596 Nr. 24.

91 *Meiller*, Regesta archiepiscoporum, S. 19 Nr. 110; der erste Propst ist als *Dagobertus* auch im Verbrüderungsbuch von St. Peter eingetragen (MGH Necrologia 2, S. 49 Sp. 15), ebenso im Totenbuch von Gurk zum 16. Jan. (ebenda, S. 448).

92 Vgl. dazu die Zusammenstellung bei *Tyroller*, Genealogie. Setzt man jedoch den Grafen Werigand von Plain mit dem Hauptvogt des Bistums Gurk gleich, dem 1130 die Vogtei durch einen Spruch der Fürsten entzogen wurde, dann wäre dessen Lebenszeit entsprechend zu verlängern.

93 *Weinfurter*, Bistumsreform, S. 57, sprach sich für den Zeitraum zwischen 1123 und 1129 aus, berücksichtigt aber zu wenig, dass auch die Errichtung einige Zeit in Anspruch genommen haben muss.

94 Vgl. dazu die Liste bei *Geiß*, Högelwerd, S. 538 f.

95 *Heinz Dopsch*, Michaelbeuern — Geschichtlicher Überblick, in: Germania Benedictina III/2: Die benediktinischen Mönchs- und Nonnenklöster in Österreich und Südtirol, bearb. v. *Ulrich Faust* OSB u. *Waltraud Krassnig* (München 2001), S. 656–667.

96 *Jürgen Dendorfer*, Baumburg und seine Gründer. Das Verhältnis des Stifts zum Adel und zur Ministerialität, in: Baumburg, S. 61–68.

97 *Martin*, Regesten II, S. 74 Nr. 622, erwähnt nur die Bestätigung durch den Erzbischof. Der Text der Urkunde ist in drei verschiedenen Fassungen überliefert: *Koch-Sternfeld*, Beyträge II, S. 188 f., bringt die vollständigste Aufzählung, allerdings ohne den Besitz im Pinzgau und in Österreich; *Filz*, Michaelbeuern, S. 757 Nr. XII.; *Geiß*, Högelwerd, S. 330 f. Anm. 7.

98 Die Lokalisierung der einzelnen Örtlichkeiten folgt *Reindel-Schedl*, Laufen, S. 161–168. Vgl. dazu die Skizze auf S. 159 sowie die Karte in diesem Beitrag. Zu danken habe ich für wertvolle Hinweise Frau Jolanda Englbrecht (Westerham).

99 *Schroll*, Weingärten, S. 1 ff.

100 *Filz*, Michaelbeuern, S. 768; *Geiß*, Högelwerd, S. 332 f. Anm. 12; Regesta Boica II, S. 226; *Reindel-Schedl*, Laufen, S. 168 mit Anm. 86; AEM Klosterchronik Höglwörth, fol. 6ʳ–7ʳ Nr. 6.

101 *Filz*, Michaelbeuern, S. 777; *Geiß*, Högelwerd, S. 335 Anm. 19; Regesta Boica II, S. 400; *Reindel-Schedl*, Laufen, S. 168 mit Anm. 87; AEM, Klosterchronik Höglwörth, fol. 7ᵛ–8ᵛ Nr. 8.

102 BayHStA, KU Höglwörth 3a; *Koch-Sternfeld*, Beyträge III, S. 178; *Geiß*, Högelwerd, S. 335 f. mit Anm. 20; AEM, Klosterchronik Höglwörth, fol. 8ᵛ–9ʳ Nr. 9. — Zur Ausdehnung des Forstes vgl. *Reindel-Schedl*, Laufen, S. 165 f. Das Gut Strobl (*Strubol*) lag nach *Geiß*, Högelwerd, S. 337, in St. Martin bei Lofer; der Viehhof in Forsthub (*Vorsthuebe*) bildete das spätere Gut Forsthof im Amt Saalfelden mit 10 Ausbrüchen, wo Kühe, Schweine, Rösser, Schafe und Stiere gehalten wurden. Heute erinnert daran nur noch die Forsthofalm zwischen Leogang und Grießen; vgl. dazu den Beitrag von Jolanda Englbrecht im vorliegenden Band.

103 *Koch-Sternfeld*, Beyträge III, S. 187; *Filz*, Michaelbeuern, S. 787; *Geiß*, Högelwerd, S. 337 f.; AEM, Klosterchronik Höglwörth, fol. 12ᵛ–13ʳ Nr. 14; *Reindel-Schedl*, Laufen, S. 168 mit Anm. 88.

104 Regesta Boica III, S. 106; *Geiß*, Högelwerd, S. 337 mit Anm. 27; AEM, Klosterchronik Höglwörth, fol. 10ᵛ–11ʳ Nr. 12; die Identifizierung des Gutes Burghartsberg mit der Einöde Schnaidt verdanken wir *Reindel-Schedl*, Laufen, S. 169 Anm. 94.

105 Regesta Boica III, S. 444; *Geiß*, Högelwerd, S. 339 Anm. 34; *Reindel-Schedl*, Laufen, S. 168.

106 Regesta Boica IV, S. 664; *Geiß*, Högelwerd, S. 342 Anm. 47; *Reindel-Schedl*, Laufen, S. 169 Anm. 91.

107 *Geiß*, Högelwerd, S. 342 Anm. 48; *Reindel-Schedl*, Laufen, S. 169 Anm. 92.

108 Regesta Boica IV, S. 546; *Geiß*, Högelwerd, S. 341 f. Anm. 43; *Reindel-Schedl*, Laufen, S. 169 Anm. 93.

109 Regesta Boica IV, S. 538; *Geiß*, Högelwerd, S. 341 Anm. 42; AEM, Klosterchronik Höglwörth, fol. 15ᵛ–16ᵛ Nr. 16.

110 SUB II, D Nr. 55; *Hauthaler*, Rechenschaftsbericht S. 53; zur Lokalisierung vgl. *Reindel-Schedl*, Laufen, S. 171 Anm. 105.

111 SUB II, D Nr. 61; *Hauthaler*, Rechenschaftsbericht S. 53.

112 Diese Schenkung wird anlässlich des Tauschgeschäfts 1219 erwähnt, dabei aber nicht angeführt, welcher der drei Erzbischöfe namens Konrad das Gut geschenkt hatte.

113 *Geiß*, Högelwerd, S. 332 Anm. 9; SUB III, S. 274 Nr. 747.

114 *Geiß*, Högelwerd, S. 339 Anm. 37; *Martin*, Regesten I, S. 182 Nr. 1436; *Reindel-Schedl*, Laufen, S. 170 Anm. 101.

115 *Martin*, Regesten III, S. 53 Nr. 525; AEM, Klosterchronik Höglwörth, fol. 21ᵛ–22ʳ Nr. 21.

116 *Geiß*, Högelwerd, S. 332 Anm. 10 u. 11, S. 339 Anm. 35, S. 343 Anm. 52; AEM, Klosterchronik Höglwörth, fol. 3ᵛ–4ᵛ Nr. 2 u. 3, fol. 16ᵛ–17ᵛ Nr. 17; Regesta Boica II, S. 172.

117 *Reindel-Schedl*, Laufen, S. 158–160.

118 Regesta Boica I, S. 386; *Geiß*, Högelwerd, S. 333 f. Anm. 15; SUB III, S. 325 Nr. 796.

119 AEM, Klosterchronik Höglwörth, fol. 4ᵛ–5ʳ Nr. 4 u. fol. 5ʳ–6ʳ Nr. 5; vgl. auch Anm. 113.

120 *Geiß*, Högelwerd, S. 134 Anm. 16.

121 SUB III, S. 623 Nr. 1077.

122 SUB III, S. 628 Nr. 1082.

123 Regesta Boica II, S. 400; *Filz*, Michaelbeuern, S. 777; *Geiß*, Högelwerd, S. 335 Anm. 19; *Reindel-Schedl*, Laufen, S. 168 mit Anm. 87; AEM, Klosterchronik Höglwörth, fol. 7ᵛ–8ᵛ Nr. 8.

124 Regesta Boica III, S. 24; *Geiß*, Högelwerd, S. 336 Anm. 24; *Reindel-Schedl*, Laufen, S. 166 f. Anm. 69; AEM, Klosterchronik Höglwörth, fol. 9ᵛ–10ʳ Nr. 10.

125 *Geiß*, Högelwerd, S. 337 Anm. 25; *Reindel-Schedl*, Laufen, S. 177; AEM, Klosterchronik Höglwörth, fol. 10ʳ⁻ᵛ Nr. 11.

126 Regesta Boica III, S. 144; *Geiß*, Högelwerd, S. 338 Anm. 30; AEM, Klosterchronik Höglwörth, fol. 11ᵛ–12ʳ Nr. 13.

127 *Geiß*, Högelwerd, S. 338 Anm. 31; *Martin*, Regesten I, S. 69 Nr. 527.

128 Regesta Boica IV, S. 270; *Geiß*, Högelwerd, S. 240 Anm. 38 f.

129 *Geiß*, Högelwerd, S. 341 Anm. 41; *Martin*, Regesten II, S. 23 Nr. 180; AEM, Klosterchronik Höglwörth, fol. 13ʳ–15ᵛ Nr. 15.

130 Regesta Boica IV, S. 538; *Geiß*, Högelwerd, S. 341 Anm. 42; AEM, Klosterchronik Höglwörth, fol. 15ᵛ–16ᵛ Nr. 16.

131 *Geiß*, Högelwerd, S. 342 Anm. 45.

132 Ebenda, S. 343 Anm. 50 f.; *Martin*, Regesten II, S. 83 Nr. 695.

133 *Meiller*, Regesta archiepiscoporum (wie Anm. 91), S. 19 Nr. 110.

134 SUB II, S. 362–364 Nr. 252.

135 SUB II, S. 435 Nr. 310b, S. 476–478 Nr. 341, S. 481 Nr. 345, S. 499 f. Nr. 356, D Nr. 55.

136 SUB II, S. 554 f. Nr. 403.

137 Dazu und zum Folgenden vgl. *Dopsch*, Hochmittelalter (wie Anm. 44), S. 274–284.

138 Ebenda, S. 284–288.

139 *Bernhard Zeller*, Die Historia calamitatum ecclesiae Salisburgensis, in: *Wolfram* (Hg.), Quellen (wie Anm. 26), S. 263–319.

140 *Dopsch*, Hochmittelalter (wie Anm. 44), S. 288–295.

141 *Hauthaler*, Rechenschaftsbericht, S. 51–53, der lateinische Text S. 53 f.

142 SUB II, S. 563 f. Nr. 412.

143 *Dopsch*, Hochmittelalter (wie Anm. 44), S. 295–301.

144 SUB II, S. 663 Nr. 488, S. 670–675 Nr. 497, S. 719 Nr. 529.

145 SUB II, S. 57 f. Nr. 579.

146 SUB I, S. 732 Nr. 306.

147 SUB III, S. 247–249 Nr. 729, S. 322 f. Nr. 794, S. 327 f. Nr. 799; Urkundenbuch des Landes ob der Enns, Bd. 2, S. 692 Nr. 484.

148 SUB III, S. 325 Nr. 796, S. 333 f. Nr. 805, S. 374 f. Nr. 838, S. 375 f. Nr. 839; als Todesjahr wird in der Klosterchronik von Höglwörth 1236 genannt (fol. 7ʳ).

149 *Weinfurter*, Bistumsreform, S. 102; *Gilles Gérard Meersseman*, Die Reform der Salzburger Augustiner-Stifte (1218). Eine Folge des IV. Laterankonzils (1215), in: Zeitschrift für Schweizerische Kirchengeschichte 48 (1954), S. 81–95.

150 Zum Aufenthalt Erzbischof Eberhards II. bei Kaiser Friedrich II. in Padua und Treviso, wo der Erzbischof nach der Abreise des Kaisers von den Bürgern beraubt und vertrieben wurde, vgl. Annales s. Rudberti zu 1239, MGH SS IX, S. 787; *Meiller*, Regesta archiepiscoporum (wie Anm. 91), S. 273 Nr. 473; *Dopsch*, Hochmittelalter (wie Anm. 44), S. 318.

151 Annales s. Rudberti MGH SS XI, S. 781; Chronicon Magni presb. MGH SS XVII., S. 527; *Meiller*, Regesta archiepiscoporum (wie Anm. 91), S. 224 Nr. 234 u. 235.

152 Die Klosterchronik von Höglwörth im AEM, die nur eine nachträglich wohl mit Bleistift angebrachte Foliierung aufweist (teilweise kaum leserlich), bringt dieses Ereignis unmittelbar vor den beiden Bullen Papst Gregors IX. (fol. 3ᵛ–4ᵛ Nr. 2 u. 3), ebenso den folgenden Text der Grabinschrift. Auch *Geiß*, Högelwerd, S. 331 f., bietet die lateinische Grabinschrift.

153 Vgl. dazu den Beitrag von Walter Brugger im vorliegenden Band.

154 SUB III, S. 524 f. Nr. 975, S. 603 f. Nr. 1056, S. 623 Nr. 1077; Regesta Boica II, S. 400.

155 Die Amtszeit des Propstes Engelbert wird in der Klosterchronik Höglwörth genau angegeben. Dort heißt es auch, dass er „von Aschoro" genannt wurde. Außerdem tritt 1306 Ortlieb von Aschau als Bruder des verstorbenen Propstes Engelbert II. auf (*Geiß*, Högelwerd, S. 343 Anm. 53); *Geiß*, Högelwerd, S. 336 u. 337 Anm. 25, S. 337 Anm. 27, S. 338 Anm. 30 u. 32; *Martin*, Regesten I, S. 69 Nr. 527.

156 *Geiß*, Högelwerd, S. 338 Anm. 32.

157 Regesta Boica III, S. 444; IV, S. 270; *Geiß*, Högelwerd, S. 339 Anm. 34, S. 340 Anm. 39; die Amtszeit Ortwins wird in der Klosterchronik von Höglwörth mit 1274–1286 angegeben.

158 *Geiß*, Högelwerd, S. 341 Anm. 41 u. 42, S. 342 Anm. 45; *Martin*, Regesten II, S. 23 Nr. 180, S. 52 Nr. 414, S. 73 Nr. 613, S. 90 Nr. 765 u. S. 93 Nr. 798. Sowohl in der Klosterchronik von Höglwörth (fol. 13ʳ) als auch in der Urkunde Ulrichs von Staufeneck wird 1293 der Propst Friedrich Hager genannt.

159 *Martin*, Regesten II, S. 66 Nr. 537.

160 BayHStA, KU Höglwörth 5; *Geiß*, Högelwerd, S. 343 Anm. 52, datiert die Urkunde irrtümlich zum 9. Mai statt zum 9. März; AEM, Klosterchronik Höglwörth, fol. 16ᵛ–17ʳ Nr. 17.

161 *Hans Wagner*, Salzburg im Spätmittelalter — Vom Interregnum bis Pilgrim von Puchheim, in: Salzburg I/1, S. 452–462.

162 Unmittelbar nach der Urk. Nr. 17 (fol. 17ᵛ).

163 BayHStA, KU Höglwörth 8–11; *Martin*, Regesten II, S. 100 Nr. 864, S. 101 Nr. 866, 869, 876 u. 877.

JOACHIM WILD

Höglwörth im Spätmittelalter*
(1308–1541)

Der Machtkampf mit dem Salzburger Domkapitel

Bislang schien festzustehen, dass das Salzburger Domkapitel das Recht hatte, bei einer Erledigung der Propstwürde den neuen Höglwörther Propst einzusetzen. In einem umfänglichen Privileg Papst Eugens III. vom 14. September 1147 ist die ausdrückliche Bestimmung zu finden: *Wir bestätigen Euch auch die Klöster, die unter der Regel des hl. Augustinus errichtet sind, nämlich Suben, Weyarn und [Högl-]Wörth, dass sie sowohl in der Ordenszucht als auch in der Einsetzung des Propstes Euch unterstehen, so dass kein Bischof oder Vogt ohne Eure Erlaubnis irgendjemanden dort einzusetzen wage.*[1] Von Andreas von Meiller ist schon 1866 erkannt worden, dass dieses Papstprivileg verunechtet ist und nur in dieser Papsturkunde das Einsetzungsrecht bei den genannten Propsteien angesprochen wird[2]. Der Altmeister der Papsturkundenforschung, Albert Brackmann, hat den Fälschungssachverhalt bestätigt und die Verunechtung in die Zeit um 1169/70 datiert[3]. Verunechtung bedeutet, dass die Urkunde einen wahren Kern enthält, den man mit gefälschten oder verfälschten weiteren Aussagen anreicherte. Diese Verfälschungen können auch nur formaler Natur gewesen sein, indem die Rechtslage zwar schon lange bestand, aber keine Urkunde darüber existierte. Im Falle Höglwörths wird man davon ausgehen müssen, dass das Salzburger Domkapitel wohl seit der Gründung das Besetzungsrecht faktisch ausübte, dafür aber keinen urkundlichen Beweis besaß. Das verfälschte Papstprivileg sollte diesem Beweismangel abhelfen und die Praxis juristisch untermauern. Es ist ganz unwahrscheinlich, dass sich das Domkapitel erst mit dem verfälschten Privileg das Besetzungsrecht angemaßt und Höglwörth zuvor über das Recht der freien Propstwahl verfügt hätte. Die komplexen Machtverhältnisse in der Gründungsphase lassen nur den Schluss zu, dass das Salzburger Domkapitel von Anfang an eine starke Stellung bei der Einsetzung eines neuen Propstes besaß, die aber urkundlich nicht fixiert war[4].

Als zu Anfang des Jahres 1308, vermutlich im Februar, Propst Friedrich gestorben war, schritten die Höglwörther Chorherren sofort zur Wahl eines Propstes aus den eigenen Reihen und wählten ihren Mitbruder Engelbert, Pfarrer zu Höglwörth[5]. Sei es, dass sie schon um die Konfirmation beim Salzburger Erzbischof nachgesucht hatten, sei es, dass das Domkapitel rasch von diesem kühnen Übergriff Kenntnis erhalten und beim Erzbischof Protest eingelegt hatte, Erzbischof Konrad IV. beauftragte jedenfalls am 9. März 1308 Abt Rupert von St. Peter in Salzburg, die beiden streitenden Parteien, nämlich Stift Höglwörth und das Domkapitel, anzuhören und den Streit zu entscheiden[6]. Die Höglwörther Chorherren — namentlich werden Engelbert, Petrus, Heinrich, Friedrich, Bruno und Rudiger genannt und diese dürften damals das ganze Höglwörther Kapitel ausgemacht haben — ernannten ihrerseits den Elekten Engelbert und den Chorherrn Petrus zu ihren Prokuratoren im anstehenden Rechtsstreit über die Propstwahl[7].

Die Verhandlung vor Abt Rupert fand am 21. und 22. März statt und endete für Höglwörth mit der fast vorauszusehenden Niederlage: Engelbert und Petrus, die für das Höglwörther Kapitel entsprechend ihrer Bevollmächtigung erschienen waren, hatten offensichtlich keinerlei rechtliche Beweise für ihr Vorgehen in Händen, während das Salzburger Domkapitel mutmaßlich das verunechtete Privileg Papst Eugens III. vorgelegt haben wird. Engelbert verzichtete angesichts dieser Sachlage auf seine

---
* Das Foto auf S. 44 stammt von Anton Brandl, alle anderen Abbildungen fertigte das Bayerische Hauptstaatsarchiv an.

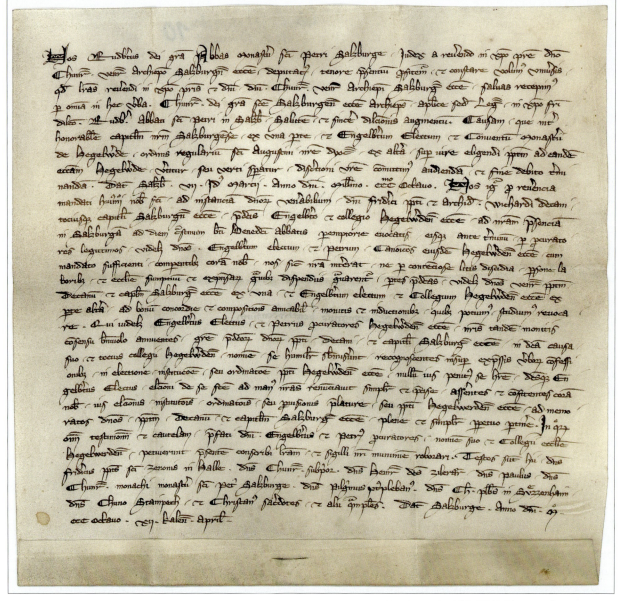

Abt Rupert von St. Peter in Salzburg gibt bekannt, dass er als vom Erzbischof bestellter Richter den Streit um die Besetzung der Propstei Höglwörth zugunsten des Domkapitels entschieden und der Kanoniker Engelbert auf seine Wahl zum Propst verzichtet habe — Orig.-Urk., Pergament, 21. März 1308 im BayHStA

Wahl[8] und die beiden mussten allen Höglwörther Ansprüchen abschwören, sich vorbehaltlos unterwerfen und förmlich anerkennen, *dass das Recht der Wahl, der Bestellung, der Einsetzung und der Leitung der Prälatur bzw. des Propstamtes der Höglwörther Kirche den vorgenannten Herren, dem Propst, Dekan und dem Kapitel der Salzburger Kirche gänzlich und schlechtweg auf immer zustehe*[9].

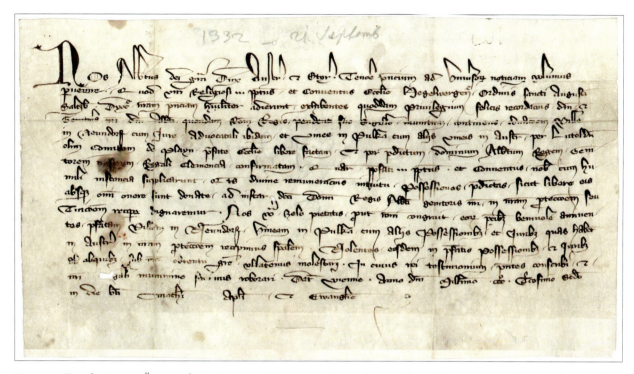

Herzog Albrecht II. von Österreich bestätigt auf Bitten von Propst (Leopold) und Konvent von Höglwörth nach dem Vorbild König Albrechts I. den Besitz in Großnondorf mit der Vogtei sowie den Weingarten in Pulkau und nimmt diese Güter in seinen besonderen Schutz — Orig.-Urk., Pergament, 21. September 1332 im BayHStA

Die Höglwörther Chorherren werden vermutlich nicht völlig realitätsfremd eine eigene Propstwahl riskiert haben. Ihr Selbstbewusstsein muss in den zurückliegenden Jahrzehnten so erstarkt sein, dass sie sich die absehbare Konfrontation mit dem Domkapitel zutrauten, sie sind aber dabei ein zu hohes Risiko eingegangen. Nach ihrer Unterwerfung standen die Höglwörther Chorherren schlechter da als zuvor, denn nun hatten sie ganz ausdrücklich und in Urkundenform die Rechte des Domkapitels anerkennen müssen, während zuvor nur das päpstliche Privileg im Raume stand und dessen Anerkennung und Beachtung offen blieb. Salzburg kostete seinen Sieg voll aus und der Erzbischof zwang Engelbert, den Elekten und zugleich Pfarrer von Höglwörth, in demütigender Weise, die Wahl des Salzburger Domherrn Leopold (Leupoldus) durch das dortige Kapitel zum neuen Propst von Höglwörth selbst von der Kanzel zu verkünden[10]. Damit war die Frage der Propstwahl bis zum Ende des Bestehens von Stift Höglwörth entschieden und wurde nie mehr in Frage gestellt. Möglicherweise ist Chorherr Engelbert zwei Jahre später rehabilitiert und in eine ehrenvolle Position gehoben worden. Als nämlich im Augustiner-Chorherrenstift Suben 1310 der dortige Propst Otto starb, folgte ihm ein Propst Engelbert nach (gest. 28. Juli 1331), vermutlich der oben genannte Chorherr Engelbert aus Höglwörth, denn auch in Suben stand dem Salzburger Domkapitel das Besetzungsrecht zu[11].

Dem vom Domkapitel eingesetzten Propst Leopold war eine lange Regierungszeit beschieden. Er begegnet urkundlich in den Jahren 1312, 1317, 1323, 1325, 1327 und zuletzt 1332[12]. Nachdem 1336 sein Nachfolger Werner als Propst erwähnt wird, muss Leopold zwischen 1332 und 1336 gestorben sein. Aus Leopolds Regierungszeit ragen die Wiedereinweihungen der Stiftskirche Höglwörth und der ihr

Stift Höglwörth inmitten des ehemaligen Stiftslandes

unterstellten Pfarr- und Filialkirchen heraus, zunächst im Jahr 1312 durch Bischof Leonhard von Lavant und dann nochmals 1323 durch Bischof Ulrich von Chiemsee[13]. Es handelt sich hierbei nicht um Einweihungen, weil die Kirchen neu erbaut worden wären, sondern um Rekonziliierungen nach Entweihungen der Kirchen durch kriegerische Ereignisse. Die Kirchweihen von 1312 dürften auf den Krieg zwischen den Herzögen von Niederbayern und Herzog Friedrich von Österreich sowie dem mit ihm verbündeten Erzbischof Konrad von Salzburg in den Jahren 1310 und 1311 zurückgehen, wobei im Rupertiwinkel der Raum um Tittmoning besonders betroffen war[14].

Bekannter und zugleich spektakulärer sind die Kriegsereignisse des Jahres 1322. Am 28. September dieses Jahres stellte sich König Ludwig der Bayer nördlich von Mühldorf nahe dem Dorf Erharting dem Gegenkönig, Herzog Friedrich von Österreich, zur Entscheidungsschlacht. Sie endete ganz überraschend mit einem überwältigenden Sieg Ludwigs. Herzog Friedrich und dessen Bruder Leopold wurden zusammen mit zahlreichen österreichischen und salzburgischen Adeligen gefangen genommen, denn Erzbischof Friedrich war auf Seiten der österreichischen Herzoge mit seinen Leuten in die Schlacht gezogen, hatte sich selbst aber mitsamt seinen beteiligten Suffraganen während der Kämpfe in das sichere Mühldorf begeben[15]. Die Urkunde über die Wiedereinweihung der Höglwörther Kirchen vom 29. Mai 1323 durch Bischof Ulrich von Chiemsee erwähnt als Begründung in sehr allgemeiner Form die Zwietracht der Fürsten[16]. Es müssen hier Kämpfe angesprochen sein, die uns nicht näher bekannt sind, sicherlich aber im direkten Zusammenhang mit der Schlacht bei Mühldorf stehen. Entweder haben gegnerische Truppen, etwa ein Aufgebot aus dem bayerischen Reichenhall, auf dem Weg nach Mühldorf das salzburgische Umland verwüstet, oder von der Schlacht zurückkehrende Truppenteile zogen marodierend und weder Freund noch Feind schonend durch das Land[17]. Die Kriegsnöte klingen in einer Urkunde Erzbischof Friedrichs vom 7. September 1325 nach, in der er dem Stift Höglwörth einen Hof in Teisendorf übereignet, um die Notlage des Klosters zu lindern[18].

Eine weitere Sorge Propst Leopolds galt der Sicherung der Privilegien. Auf sein Betreiben hin beglaubigten im Jahr 1312 die Pröpste Eberhard von Berchtesgaden und Friedrich von St. Zeno in Reichenhall von Erzbischof Eberhard und dem Grafen Konrad von Plain ausgestellte Urkunden[19], 1325 bestätigte der Salzburger Erzbischof Friedrich III. von Leibnitz in zwei Urkunden vom selben Tag eine Urkunde des Grafen Leutold IV. von Plain aus dem Jahr 1249, weil das daran hängende Plainer Siegel brüchig geworden war und damit die Gültigkeit der Urkunde in Gefahr stand, ebenso eine Urkunde des Salzburger Erzbischofs Eberhard II. von 1219[20].

Dunkle Jahrzehnte

Während die lange Regierungszeit Propst Leopolds wenigstens in Umrissen verfolgt werden kann und sich einige Schwerpunkte abzeichnen, wissen wir von seinen Nachfolgern bis zum letzten Drittel des 14. Jahrhunderts nur wenig mehr als die Namen. 1336 ist ein Propst Werner urkundlich bezeugt[21]; er dürfte der direkte Nachfolger Leopolds gewesen sein, der 1332 zuletzt in Urkunden genannt worden war. Aus dieser Urkunde erfahren wir weiter, dass Höglwörth ein Haus in der Stadt Salzburg „im Gehay" (Kaiviertel) besaß und daneben noch ein zweites, welches es aus (Geld-)Not an den Pfarrer von Siezenheim verkaufte. In der Höglwörther Klosterchronik aus der Mitte des 17. Jahrhunderts wird Propst Werner der Herkunftsname „von Mitterkirchen" beigegeben[22]. Er dürfte folglich mit dem schon 1319 bezeugten Salzburger Domherrn Werner von Mitterkirchen identisch sein, der bei der Aufzählung der Mitglieder des Salzburger Domkapitels in der Urkunde von 1319 an 14. Stelle steht und damals zu den Jüngeren gehört haben wird[23]. Bei seiner Ernennung zum Höglwörther Propst zwischen 1332 und 1336 stand er dann wohl in fortgeschrittenem Alter. Nach der eben genannten Klosterchronik verstarb Werner im Jahr 1340, nach einem Salzburger Nekrolog — und diesem dürfte größere Glaubwürdigkeit zukommen — am 8. Juni 1345[24].

Ihm folgte ein Propst Stephan nach. Ob dieser ebenfalls aus dem Salzburger Domkapitel hervorging, ist nicht zu belegen, denn in den fraglichen Jahren vor 1345 ist kein Domherr mit dem Vornamen Stephan bezeugt. Stephans Existenz und Tätigkeit sind nur durch einen Gütertausch zu fassen, den Höglwörth 1346 mit Konrad dem Kuchler, Hauptmann zu Salzburg, vornahm, worüber zwei Urkunden errichtet wurden[25].

Zwischen 1346 und 1348 muss Propst Stephan gestorben sein, denn im Januar 1349 amtiert schon ein Nachfolger namens Ulrich. Er bestätigt die Stiftung zweier ewiger Messen, die in der Pfarrkirche von Anger und in der „nidern Pfarr" (= Piding) zu lesen sind[26]. Nur drei Monate später wird er in gleicher Angelegenheit in einer Urkunde Erzbischof Ortolfs erwähnt, der den Messstiftungen zustimmt[27]. Auch im Falle Ulrichs bleibt unklar, ob er zuvor dem Salzburger Domkapitel angehörte. Domherren mit dem Vornamen Ulrich sind zwar für die Zeit um 1320 bezeugt, jedoch nicht für die Jahrhundertmitte; es ist nicht wahrscheinlich, aber auch nicht auszuschließen, dass ein um 1320 genannter Domherr Ulrich 30 Jahre später zum Propst von Höglwörth berufen wird. Grundsätzlich kämen dafür in Frage Ulrich Saxo, erwähnt 1319[28], und Ulrich von Neidberg, erwähnt 1322[29]. Auch Propst Ulrich war keine lange Regierungszeit beschieden, wobei das in der Klosterchronik berichtete Todesjahr 1356 fraglich bleiben muss und eher auf die nachfolgend genannte Urkunde zurückzuführen ist.

Denn schon im September 1356 begegnet urkundlich ein Propst Albrecht[30], dem die Klosterchronik den Herkunftsnamen von Offenstetten beilegt[31]. Dies wäre eine prominente Herkunft, da zur selben Zeit zwei weitere Vertreter der Familie von Offenstetten (Ovenstetten) im Salzburger Domkapitel vertreten sind: Eberhard als Dompropst und Ortolf als Domdekan, während ein Albrecht von Offenstetten dort nicht aufscheint[32]. Immerhin ist es gut vorstellbar, dass die beiden Salzburger Domherren Offenstetten einen weiteren Verwandten auf die Propstei von Höglwörth promoviert haben. Vermutlich hat Propst Albrecht bis zum Jahr 1365 amtiert, so berichtet jedenfalls die Höglwörther Chronik. Nach Ernest Geiß stammt aus diesem Jahr ein Brief des Propstes Ortolf von Klosterneuburg an das Salzburger Domkapitel, der den Tod des Höglwörther Propstes zur Voraussetzung hat[33]. Geiß hat den Brief so interpretiert, als sei der Klosterneuburger Chorherr Konrad, Pfarrer von St. Martin, vom Salzburger Domkapitel zum Propst von Höglwörth bestellt und eingesetzt worden. Mit besagtem Brief habe Propst Ortolf gebeten, Propst Konrad, dem er den Familiennamen Ruzzenlacher beilegt, wieder in sein Heimatstift zu entlassen[34]. Bei genauer Lektüre sieht die Sachlage jedoch wesentlich anders aus. Propst Ortolf bittet vielmehr, das Domkapitel von Salzburg möge es nicht ungnädig aufnehmen, dass der genannte Herr Konrad der Berufung nicht zugestimmt habe[35]. Chorherr Konrad hat also bereits im Vorfeld — aus welchen Gründen auch immer —

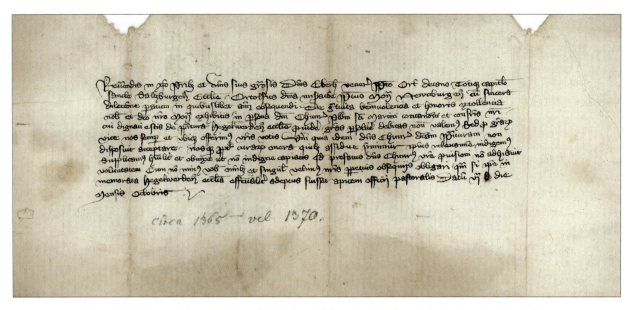

Propst Ortolf von Klosterneuburg bittet das Salzburger Domkapitel um Verständnis dafür,
dass der Kanoniker Konrad aus Klosterneuburg seine Berufung zum Propst von Höglwörth ablehnt —
Orig.-Urk., Pergament, 6. Oktober o. J. im BayHStA

die Berufung abgelehnt und ist sicherlich nicht in Höglwörth investiert worden.

Wegen der im Schreiben genannten Personen setzt Ernest Geiß das Schriftstück ohne weitere Begründung in das Jahr 1365[36]. Diese Datierung ist auf keinen Fall zutreffend, denn alle darin genannten Personen sind für einen deutlich größeren, davor liegenden Zeitrahmen nachzuweisen. Der Verfasser des Briefs, Propst Ortolf von Klosterneuburg, amtierte von 1349 bis zum 24. April 1371, seinem Todestag[37]. Die beiden Empfänger des Briefs, Dompropst Eberhard und Domdekan Ortolf, sind 1350–1385 bzw. 1356–1392 in ihren Ämtern belegt; sie bieten keine Anhaltspunkte, das Schreiben auf ein bestimmtes Jahr einzuengen. Chorherr Konrad, um den es in dem Brief geht und der als Pfarrer von St. Martin in Klosterneuburg bezeichnet wird, begegnet in Klosterneuburger Urkunden nur vor 1361 als Pfarrer von St. Martin, in Urkunden ab 1361 als Oberkellerer, eine offensichtlich höhere Würde als die des Pfarrers. In den dortigen Urkunden trägt er außerdem regelmäßig den Familiennamen Ramung bzw. Ramnung, aber nicht Ruzzenlacher[38]. 1367 erfolgte seine Wahl zum Propst von Neustift bei Brixen, der er sich diesmal nicht verweigerte[39].

Nach diesen Beobachtungen ist die Postulierung des Chorherrn Konrad (Ramung) von Klosterneuburg zum Propst von Höglwörth in die Zeit zwischen 1356 und 1361 zu legen. Weil aber im September 1356 bereits ein Propst Albrecht im Amt ist, unser Brief aber vom 6. Oktober datiert, muss Propst Albrecht vor 1361 verstorben, die dann erfolgte Postulierung von Konrad Ramung aus Klosterneuburg aber gescheitert sein. Dagegen ist in einer Urkunde vom 17. März 1365 als erster Zeuge ein Konrad Rutzenlacher, Propst von Höglwörth erwähnt; er dürfte der direkte Nachfolger Propst Albrechts sein[40]. Auch er kann nicht lange das Amt des Propsts versehen haben, denn 1367 erscheint Hartnid (Hertneid) von Weißeneck (Weißenegg in Kärnten) als Propst von Höglwörth in den Quellen[41]. Er müsste dem Namen nach aus der Salzburger Ministerialenfamilie der Weißeneck stammen, die von 1311 bis 1408 das Erbtruchsessenamt des Erzstiftes innehatte und in Ortolf von 1343 bis 1365 den Salzburger Erzbischof stellte[42]. Von ihm sind aus seinen sicherlich wenigen Amtsjahren keine Aktivitäten urkundlich belegt. Dafür setzen aber mit ihm die Höglwörther Stiftbücher ein, in denen die Vergabe (Verstiftung) der Stiftsgüter an hörige Bauern eingetragen wurde. Das erste für das Jahr 1367 angelegte Stiftbuch lautet auf Propst Hartnid: *Anno domini millesimo trecentesimo sexagesimo septimo instituco ecclesie Heglberdensis per dominum Hartnidum de Weizzennek prepositum*[43]. Im darauf folgenden Jahr 1368 nahm aber bereits Propst Zacharias die Verstiftung der Güter vor; Propst Hartnid muss demnach im Herbst 1367 oder in der ersten Jahreshälfte 1368 verstorben sein, denn der Höglwörther Stifttag fand traditionell am Sonntag nach Bartholomaei (Ende August) statt[44]. Unter Propst Zacharias gewinnt die Geschichte Höglwörths wieder kräftigere Konturen.

Propst Zacharias und die Verwaltung der Grundherrschaft

Von Propst Zacharias kennen wir keinen Herkunfts- oder Familiennamen, auch scheint er nicht aus dem Salzburger Domkapitel hervorgegangen zu sein[45]. Offensichtlich war er ein tatkräftiger Verwaltungsfachmann, der sich in seiner über 30-jährigen Regierungszeit intensiv um die Grundherrschaft des Stiftes bemühte. Unter ihm wurden die von seinem Vorgänger begonnenen Stiftbücher konsequent fortgesetzt, indem man jedes Jahr ein neues anlegte und eine immer intensivere schriftliche Ausgestaltung vornahm[46]. Die Stiftbücher reichen kontinuierlich bis zum Jahr 1396, während Zacharias' Tod in der Klosterchronik für das Jahr 1399 angenommen wird[47]. Nun scheint Schriftlichkeit in der Verwaltung fast selbstverständlich und unverzichtbar geworden zu sein. Das Stiftbuch hat laut Definition die Aufgabe, die am Stifttag eines bestimmten Jahres pflichtgemäß vor dem Grundherrn erschienenen Grundholden namentlich zu vermerken, ihre tatsächlichen Reichnisse dieses Jahres zu notieren und auf Besonderheiten in der Abgabenleistung einzugehen.

Die Höglwörther Stiftbücher weichen von der geschilderten Norm nicht unwesentlich ab, denn eher selten gehen sie auf den eigentlichen Hauptpunkt, die Ablieferung der Geld- und Naturalabgaben, ein. Einer dieser wenigen Einträge, niedergeschrieben im Jahr 1369, vermeldet (in deutscher Übersetzung): *Päbing. Christian Celler hat auf vier Jahre bestanden* (= angedingt, den Hof als Grundholde übernommen) *und gibt in jedem Jahr zwei Metzen Gerste und zwei Metzen Bohnen, ein Schwein im Wert von einem halben Pfund Pfennig und anderen kleinen Dienst in Gänze. Wenn diese vier Jahre vorüber sind, wird er jährlich vier Metzen Weizen und fünf Metzen Hafer reichen sowie den oben genannten Dienst. Bürgschaft haben geleistet Konrad Zäzel und Nikolaus Selenter.*[48] Üblicherweise sind die Eintragungen sehr knapp und lauten in Deutsch etwa folgendermaßen: *In der Pfarrei Ellenpurchirhen. Mayerhof. Friedrich von Steinhögl mit seinem Bruder Konrad haben um den ganzen Dienst angedingt auf Herrengnad.*[49]

Das Hauptgewicht wird bei diesen Einträgen auf das Erscheinen am Stifttag, auf die Erneuerung der Leihe, das heißt des Rechtsverhältnisses der Grundleihe, und vor allem auf die Stellung von Bürgen gelegt. Beim eben genannten Mayerhof in Ellenburgkirchen lautet der Eintrag für 1371 (in deutscher Übersetzung): *Mayrhof. Friedrich hat Nikolaus von Englehing* [zum Bürgen] *gestellt. Er hat um den ganzen Dienst angedingt.* Wenige Einträge weiter steht in paralleler Formulierung: *Englehing. Christian* [!, man würde Nikolaus erwarten] *hat Friedrich vom Mayrhof* [zum Bürgen] *gestellt. Er hat um den ganzen Dienst angedingt.*[50] Nun gewinnt das Stellen von Bürgen ein immer größeres Gewicht. Jeder Grundholde des Stiftes Höglwörth wird auf diese Weise gleich mehrfach in die Pflicht genommen und muss für Verwandte bzw. Freunde gerade stehen, dass diese ihren vertraglichen Verpflichtungen nachkommen.

Manche Einträge entfernen sich ganz vom Thema Abgabenleistung und behandeln nur noch die Bürgenstellung (in deutscher Übersetzung): *Nycolaus Pumperl hat als Bürgen gemeinsam Friedrich und Konrad, die Brüder vom Mayrhof, gestellt, dass er sich nicht von der Kirche* [gemeint: Stift Höglwörth] *entfernen werde, weder leiblich noch mit seinem Besitz, und dass er nicht anderswo sein Recht suchen werde. Bußgeld zehn Pfund Pfennige. Geschehen am Sonntag vor Allerheiligen* [1373].[51]

Manche dieser über den üblichen Inhalt eines Stiftbuches weit hinausgehenden Notizen erreichen urkundenähnlichen Charakter, indem sie das Ergebnis einer Rechtshandlung zwischen Grundherrn und Grundholden wiedergeben. Insgesamt zeichnen sie das Bild eines nach Auflösung strebenden Verbandes unfreier Grundholden, die nur noch mit Mühe unter der hofrechtlichen Jurisdiktion des Stiftes gehalten werden können[52]. Bereits 1325 unter Propst Leopold war die Frage der unfreien Grundholden aktuell geworden. Erzbischof Friedrich III. entschied damals auf die Beschwerde Propst Leopolds und auf Weisung eines Schiedsgerichts von sachkundigen Männern, dass Höglwörth nach altem Herkommen entflohene Eigenleute selbst fangen und bestrafen dürfe und nur dann den Klostervogt, den erzbischöflichen Pfleger von Raschenberg, einschalten müsse, wenn es dessen Hilfe bedürfe[53]. Weiter bestätigte er, dass die Urbargüter des Stiftes Höglwörth zu Freistift ausgegeben werden. Dies war nicht selbstverständlich; 1377, zur Regierungszeit von Propst Zacharias, erhielten die benachbarten Berchtesgadener Eigenleute vom Berchtesgadener Propst das allgemeine Privileg, dass jeder Untertan auf seinem Bauerngut — allerdings gegen entsprechende Bezahlung — Erbrecht erwerben dürfe[54]. Dieses Privileg hatte einen so hohen Stellenwert, dass es in Berchtesgaden allgemein als Landesbrief bezeichnet wurde.

Höglwörth ging einen anderen Weg. Es versuchte mit allen ihm zu Gebote stehenden Mitteln, die immer unzufriedener werdenden Eigenleute auf ihren Gütern zu halten, eine Flucht vom Hof zu unterbinden und eine ordnungsgemäße Bewirtschaftung des Hofes sicherzustellen. In den im Stiftbuch angebrachten Notizen wird dieses Bemühen handgreiflich. Im Jahr 1373 wurde folgende Notiz eingetragen (deutsche Übersetzung): *Im Jahr des Herrn 1373 wie oben am Sebastianstag hat Konrad von Steuzz den Hof in Pabing unter folgender Vereinbarung bestanden* [= übernommen], *dass er von der Kirche* [gemeint: Stift Höglwörth] *nicht weichen werde, weder körperlich noch mit seinem Besitz, und dass er die Äcker zum Anbau wiederherstellen werde wie oben festgestellt wird. Es haben Bürgschaft geleistet:* [Es folgen acht Namen] *und sie haben unter Eidesleistung unverbrüchlich versprochen, die obigen Abmachungen fest und nach Kräften einzuhalten ohne List und Betrugsabsicht.*[55]

Ein erheblicher Teil der Probleme ging auf die Leibhörigkeit der Bauern zurück, wie die nachfolgende Notiz aufzeigt (deutsche Übersetzung): *Im Jahr des Herrn 1373 am Tag des hl. Mauritius hat Nikolaus von Englehin Elisabeth, die Tochter des Ulrich von Steinhögl und früheren Verwalters von Högl, geheiratet und zwar gezwungenermaßen wegen der Gefangenschaft nach Recht des Stiftes, und unter der Bedingung, dass er die vorgenannte Elisabeth als seine Frau annehme und sie gut behandle. Ferner dass er nicht von der Kirche weiche, weder körperlich noch mit seinem Besitz. Und dass er niemandem irgendwelchen Schaden zufüge noch Feindschaft hege wegen jener Gefangenschaft. Deshalb haben sich verbürgt:* [es folgen viele Namen].[56] Im vorliegenden Fall macht Höglwörth von seinen Rechten als Leib- und Grundherr vollen Gebrauch. Es fängt den Entlaufenen ein, verheiratet ihn zwangsweise mit einer Frau aus der *familia* des Stiftes und lässt ihn schwören, nie mehr vom Stift zu weichen. Die Verpflichtungen der leibeigenen Grundholden werden immer wieder eingeschärft: *Wandel, die Witwe des Emplin, hat um den ganzen Dienst angedingt. Sie gibt zum Todfall und Angeding achtzehn Schillinge an den Festtagen St. Peter und Mariä Geburt. Bürgen:* [mehrere Namen].[57] Der Todfall ist eine die Unfreiheit kennzeichnende Abgabe, die nur von Leibeigenen erhoben wird[58]; im zitierten Beispiel besteht sie schon aus einer Geldabgabe und nicht mehr aus dem Besthaupt, das heißt dem besten Stück Vieh, und dem besten Gewand[59].

Ähnlich rigoros bestand Stift Höglwörth darauf, dass die Grundholden ihr Bauerngut in baulich gutem Zustand hielten. 1370 findet sich am unteren Blattrand die Notiz (in Übersetzung): *Gotsman hat Grätzlin, Hanslin und Joh. Flicher zu Bürgen gestellt, dass er ein neues Haus auf dem Gut Wanch bauen werde und dieses vor dem nächsten Stifttag ganz vollendet sei.*[60] Im Hintergrund stand das Problem, dass die Grundholden kein langjähriges Leiherecht an ihrem Bauerngut hatten. Die in Höglwörth allgemein übliche Freistift garantierte die Bewirtschaftung des Hofes nur für ein Jahr; deswegen hatten

Jörg Waldner zu Unfriding, der wegen Vernachlässigung seines Lehens ins Gefängnis gelegt worden war und von seinem Gut abgestiftet wurde, stellt anlässlich seiner Entlassung einen Urfehdebrief aus — Orig.-Urk., Pergament, 23. September 1469 im BayHStA

die Grundholden kein gesteigertes Interesse, den Hof langfristig in baulich gutem Zustand zu halten. Die Folge waren die ausdrücklichen Auflagen des Stiftes, dies innerhalb bestimmter Frist zu tun, damit der Hof auch bei Verleihung an einen anderen Hörigen stets bewirtschaftungsfähig blieb. Dass immer häufiger eine Grundleihe auf einige wenige Jahre erwähnt wird, scheint ein Entgegenkommen des Stiftes gewesen zu sein, vor allem wohl deshalb, um die Motivation der Grundholden zu heben, sich für ihr Bauerngut mehr zu engagieren und ihnen eine mittelfristige Perspektive zu eröffnen[61].

Es fügt sich gut in die Amtszeit von Propst Zacharias, dass unter dem 22. November 1384 Papst Urban VI. dem Domdekan von Salzburg befiehlt, die Einkünfte, Besitzungen und Rechte des Stiftes Höglwörth, die aufgrund von Verleihungen an Geistliche und Laien durch Propst und Konvent in Verlust geraten waren, wieder zu beschaffen[62]. Ein päpstlicher Auftrag der genannten Art kommt nicht von selbst, sondern musste bei der Kurie erbeten werden. Vermutlich hat Propst Zacharias, der offensichtlich in gutem Einvernehmen mit dem Salzburger Domkapitel stand, diesen päpstlichen Auftrag erwirkt, um die in früheren Jahren entstandenen Entfremdungen mit größerem Nachdruck wieder rückgängig zu machen. — Propst Zacharias wird zuletzt in einer Urkunde vom 31. Mai 1397 genannt[63].

Das 15. Jahrhundert

Nach dem Tod von Propst Zacharias, der mit sicherer Hand sein Stift fast dreißig Jahre lang regiert hatte, geriet Höglwörth unversehens in die Nachwehen um die Besetzung der Propstei Berchtesgaden. 1384 waren durch einen Schiedsspruch Bischof Bertholds von Freising die beiden konkurrierenden Berchtesgadener Pröpste Ulrich Wulp und Sighard Waller abgesetzt und mit dem Salzburger Domherrn Konrad Torer ein neuer Propst installiert worden[64]. Sighard Waller erfuhr — vermutlich schon in hohem Alter stehend — eine späte Rehabilitation, indem er 1399 zum Propst von Höglwörth ernannt wurde, wobei Höglwörth allerdings nach Bedeutung, Ansehen und Wirtschaftskraft weit hinter Berchtesgaden stand. Nach der Höglwörther Klosterchronik ist er 1406 verstorben, ohne dass seine Tätigkeit nennenswerte Spuren hinterlassen hätte[65].

Ihm folgte vermutlich noch 1406 Georg von Sauleneck nach, der im Gegensatz zu seinem direkten Vorgänger urkundlich gut zu fassen ist; allerdings wissen wir nichts über seine Herkunft und Familienzugehörigkeit. Nachdem sich der Name Sauleneck, manchmal auch als Sanleneck wiedergegeben, nirgends nachweisen lässt, ist auch an eine Verschreibung zu denken etwa anstelle von Saulpeck; aber das ist eine bloße Vermutung[66]. Fast jährlich werden Urkunden für ihn oder von ihm ausgestellt, die eine rege wirtschaftliche Tätigkeit belegen und eine stabile Finanzsituation des Stiftes voraussetzen. Denn immer wieder kann Propst Georg kleinere Besitzungen für das Stift kaufen und insbesondere den Weinbergbesitz in der Wachau ausbauen[67]. In den Urkunden tritt er nicht alleine auf, sondern neben ihm wird öfters auch Dekan Moyses erwähnt, während der Konvent nicht namentlich aufgezählt ist. Die Klosterchronik meldet seinen Tod zum Jahr 1417 und vor allem berichtet sie, dass er mitten vor dem Katharinenaltar unter einem Marmorgrabstein beigesetzt wurde[68]. Von Grabsteinen der vorausgehenden Pröpste ist ihr nichts bekannt; zum Zeitpunkt der Abfassung der Chronik um das Jahr 1650 war sein Grabstein der älteste, der identifiziert werden konnte.

Für seinen Nachfolger Christan Wildecker ist zum ersten Mal in der Geschichte Höglwörths die Urkunde des Salzburger Erzbischofs über die Investitur als Propst von Höglwörth vom 22. Juli 1417 erhalten[69]. Bei ihm ist gesichert, dass er aus dem Salzburger Domkapitel stammt, dagegen konnte seine Familienzugehörigkeit bisher nicht geklärt werden. Während in der vorliegenden Literatur der in den Quellen genannte Name Wildecker (nicht Wildenecker oder von Wildeneck) stets als von Wildeneck interpretiert und nur unter dieser Prämisse gesucht wurde[70], ist am originären Wortlaut festzuhalten und viel eher an die bayerische Familie der Wildecker von Delling zu denken, die immerhin dem Turnieradel angehörte[71]. Ob man die am 4. November 1412 ausgestellte Urkunde des Kardinalbischofs Peter von Tusculum wirklich so weitgehend interpretieren darf, dass Domherr Christan Wildecker zu diesem Zeitpunkt im Kirchenbann gewesen sei, weil mit dieser Urkunde dem Salzburger Domdekan bzw. dem Offizial die Vollmacht übertragen wird, dem Domherrn Christan Wildecker die Eventualabsolution zu erteilen, scheint zweifelhaft[72]. Zumindest hat diese kirchenrechtlich relevante Episode seiner Ernennung zum Propst von Höglwörth nicht geschadet. Parallel dazu muss man ein weiteres kirchenrechtliches Privileg sehen, das Propst Christan im Jahr 1424 vom Kardinalbischof Jordanus von Albano für sich erwirkte: er darf sich einen beliebigen Beichtvater wählen, der bestimmte Vollmachten erhält[73].

Unter Propst Christan zeichnete sich in der Verwaltung der Grundherrschaft ein bedeutender Wandel ab, der schon unter seinem Vorgänger eingesetzt hatte. Nun wurden immer häufiger Bauerngüter zu Leibrecht ausgegeben, einem wesentlich besseren Leiherecht als die bloße Freistift, die bisher in Höglwörth allein gebräuchlich war[74]. Beim Leibrecht darf der Grundholde auf Lebenszeit der im Grundleihebrief genannten Personen — in der Regel der Grundholde, seine Frau und eventuell auch die Kinder — den ihm übertragenen Bauernhof bewirtschaften. Dadurch hatte sein bäuerliches Wirtschaften eine Perspektive auf Lebenszeit und oft noch auf Lebenszeit der Folgegeneration. Die ringsum (Berchtesgaden, Bayern-Landshut) immer häu-

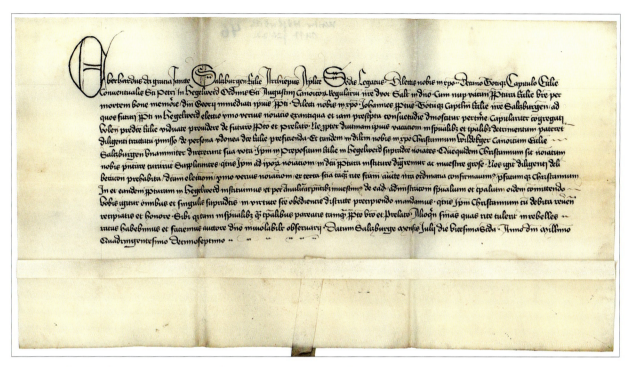

Erzbischof Eberhard III. beurkundet die Investitur des vom Salzburger Domkapitel zum Propst von Höglwörth nominierten Chorherrn Christan Wildecker — Orig.-Urk., Pergament, 22. Juli 1417 im BayHStA

figer werdende Grundleihe auf Erbrecht begegnet aber in Höglwörth noch nicht. Gelegentliche Güterkäufe belegen, dass sich Stift Höglwörth in ordentlichen finanziellen Verhältnissen befand.

Die Klosterchronik berichtet den Tod Propst Christans für das Jahr 1433 und fügt hinzu, er sei mitten in der Kirche beigesetzt worden; im selben Jahr sei ihm Benedikt Trauner als Propst nachgefolgt[75]. Die Jahresangabe kann aber nicht zutreffen, denn Propst Christan urkundet noch am 19. April 1435; erst danach ist er gestorben[76], während sein Nachfolger zum ersten Mal am 20. Januar 1439 urkundlich begegnet[77].

Benedikt Trauner war zuvor Chorherr im Stift Berchtesgaden gewesen und ist von dort als Propst nach Höglwörth berufen worden. Als im Jahr 1469 Berchtesgaden mit Höglwörth eine Gebetsverbrüderung eingeht, erinnert man sich seiner sehr wohl und erwähnt seine Herkunft aus Berchtesgaden[78]. Ihm war eine lange Regierungszeit von rund dreißig Jahren beschieden, in denen er deutliche Akzente gesetzt hat. Ein Schwerpunkt seiner Tätigkeit bestand im Erwerb von Privilegien für sein Stift. 1454 erreichte er ein Privileg Erzbischof Sigmunds von Salzburg für Stift Höglwörth, in dem dieser die Klosterinsel, insoweit sie vom Wasser umgeben ist, freite und aus der Jurisdiktionsgewalt der Pfleger von Staufeneck und Raschenberg herauslöste[79]. Streitigkeiten unter Dienern (*Prodtpotten*) des Stiftes soll der Propst richten mit Ausnahme der schweren Straffälle; Verbrecher und von ihnen geraubtes Gut sind an den zuständigen Landrichter auszuliefern. Damit war noch keine Hofmark geschaffen[80], was Höglwörth bis zu seiner Aufhebung nicht gelungen ist, aber immerhin ein kleiner Exemptionsbereich, der die Gerichtsbarkeit über die Dienerschaft des Stiftes einräumte.

Mit Datum vom selben Tag erwirkte der Propst ein weiteres Privileg, in dem der Erzbischof seinen Beamten auftrug, die Grundholden des Stiftes Högl-

Theodor in der Dorffach als von Propst Christan bestellter Richter beurkundet das gegen
Niklein von Almuting (Almeding) in offener Schranne gefällte Urteil —
Orig.-Urk., Pergament, 18. Dezember 1418 im BayHStA

wörth nicht zu sehr mit (Geld-)Strafen zu belasten, wenn sie straffällig geworden waren, damit sie weiterhin in der Lage seien, ihre grundherrlichen Abgaben an das Stift zu reichen; bei Zuwiderhandlung steht dem Propst ein Beschwerderecht zu[81].

Die Reihe der Privilegien wurde von Erzbischof Sigmund I. von Volkersdorf am 15. Oktober 1456 fortgesetzt, indem er die für Höglwörth wichtigen erzbischöflichen Urkunden vom 8. September 1325 und 18. April 1381 bestätigte[82]. Im folgenden Jahr bestätigte das Salzburger Domkapitel die drei Privilegien Erzbischof Sigmunds auf Bitten von Propst Benedikt[83]. Höglwörth hatte es also für notwendig erachtet, das Domkapitel in die Privilegierungen mit einzubeziehen, um auf jeden Fall eine Verärgerung oder gar einen Affront zu vermeiden[84]. Die Unterordnung unter das Domkapitel blieb eine nicht zu vernachlässigende Realität. Den Abschluss des Unternehmens „Privilegien" bildete eine Urkunde Papst Calixts III. vom 15. März 1457, in welcher er in allgemeiner Form Stift Höglwörth in seinen Schutz nimmt und alle Rechte, Freiheiten und Privilegien bestätigt[85].

In mehreren Urkunden tritt Propst Benedikt als energischer Wahrer der Einkünfte und Rechte des Stiftes auf. Sei es, dass ein Grundholde sich gewaltsam ein Gut des Stiftes aneignete[86], sei es, dass man einen unliebsamen Grundholden wieder los werden wollte[87], Propst Benedikt nutzte seine Möglichkeiten. Allerdings waren die Zeiten vorbei, in denen das Stift selbst die entlaufenen Grundholden einfangen konnte und Bürgen stellen ließ. Nun musste sehr häufig der Gerichtsweg eingeschlagen oder ein Schiedsrichter angegangen werden. Am 2. Juni 1458 z. B. bringt Wilhelm Truchtlinger, Hauptmann zu Salzburg, einen Vergleich zwischen Propst Benedikt und einem Grundholden zustande, der den Verzicht des Grundholden auf sein Bauerngut zum Ergebnis

Ritter Wilhelm Truchtlinger, Hauptmann zu Salzburg, beurkundet den von ihm vermittelten Vergleich zwischen Propst Benedikt Trauner von Höglwörth und Chüntzel Löchler zu Hörafing — Orig.-Urk., Pergament, 2. Juni 1458 im BayHStA

Die Kardinalpriester Georg von Sta. Anastasia und Johannes von St. Laurentius in Lucina sowie die Kardinaldiakone Prosper von St. Georg ad velum aureum und Petrus von Sta. Maria Nova verleihen einen Ablass für die Marienkirche in Anger (Ölpergchirchen) — Orig.-Urk., Pergament, Rom, 8. April 1447 im BayHStA

hat, nachdem dessen Geldforderungen erfüllt wurden[88]. Ein einziges Mal ist ein Gerichtsbrief des Urbargerichts des Stiftes Höglwörth überliefert, der bereits aus dem Jahr 1418 stammt[89]. Darin wird vom Richter gesagt, dass er an dem Kastenrecht zu Höglwörth anstelle des Propstes Christan sitzt. Gegenstand des Verfahrens sind die schweren Verstöße eines Grundholden gegen seine Pflichten: er ist seit Jahren nicht mehr in der Stift erschienen und hat den Hof und das Land verlassen. Alle späteren Gerichtsverfahren in durchaus vergleichbaren Fällen aus dem Bereich der Grundherrschaft finden jedoch vor Gerichten des Salzburger Landesherrn statt. Dass Propst Benedikt im Jahr 1456 das einschlägige Privileg Erzbischof Friedrichs von 1325 bestätigen ließ, in welchem dem Stift die Gerichtsbarkeit über seine Grundholden eingeräumt wird, konnte an den veränderten Zeiten nichts mehr ändern.

Ein weiteres Thema wird unter Propst Benedikt wenigstens in Umrissen sichtbar: der Umbau oder Neubau von Kirchen. Die Spätgotik erreicht in diesen Jahrzehnten ihren Höhepunkt, und nicht nur in den größeren Städten, auch draußen auf dem Land hält die moderne Stilrichtung ihren Einzug. Allerdings ist von Höglwörth zunächst überhaupt nicht die Rede, sondern von den Höglwörth unterstehenden Pfarrkirchen. 1443 ergeht ein Ablassbrief zugunsten der Filialkirche Steinhögl[90]; allen Gläubigen, die neben gewissen religiösen Verrichtungen zur Erhaltung der Kirche beitragen, wird ein Ablass gewährt. 1447 erfolgt ein gleichartiger Ablassbrief für die Pfarrkirche Anger; auch hier sind die Beiträge zum Kirchenbau deutlich erwähnt[91]. Eine Bestätigung des eben genannten Ablassbriefes durch Erzbischof Friedrich IV. von Salzburg vom 5. April 1448 unterstreicht die Bedeutung der Baumaßnahmen in Anger[92]. Ein weiterer Ablassbrief des Salzburger Erzbischofs vom 16. April 1464 — auch dieser für die Pfarrkirche in Anger — bestätigt den Umfang der dortigen Bauarbeiten, die 1464 offensichtlich noch nicht zum Abschluss gekommen waren⁹³. 1470 jedoch muss die Kirche weitgehend fertig gestellt gewesen sein, denn am 3. Dezember 1470 konnte in der Pfarrkirche Anger die Weihe des Hauptaltares (*summum altare*) vorgenommen werden⁹⁴. Nur einen Tag zuvor, am 2. Dezember 1470, nahm Bischof Bernhard von Chiemsee die Weihe der Kirche St. Jakob in Aufham vor.

Als Propst Benedikt mit Urkunde vom 1. November 1470 in der Stiftskirche Höglwörth für sich einen Jahrtag stiftete, stand er schon in vorgerücktem Alter und wollte für sein Seelenheil Vorsorge treffen⁹⁵. Zu Anfang des Jahres 1477 muss er verstorben sein, denn im März 1477 entbrennt ein Streit um seine Nachfolge⁹⁶. — Propst Benedikt, der aus dem Stift Berchtesgaden berufen worden war, gehörte ohne Zweifel zu den großen Persönlichkeiten unter den Höglwörther Pröpsten.

Seine Nachfolge führte zu heftigen Irritationen im Stift Höglwörth. Das Salzburger Domkapitel nahm, wie schon seit Jahrhunderten, sein Präsentationsrecht wahr und benannte (vermutlich im Frühjahr 1477) den Höglwörther Dekan und dortigen Pfarrer Ulrich als neuen Propst. Erzbischof Bernhard von Salzburg, der auch in anderen Dingen dem Salzburger Domkapitel zu schaden suchte, ernannte seinerseits den Höglwörther Chorherrn Wilhelm Stainhauff zum Propst. Das Domkapitel appellierte an den Papst, der den päpstlichen Kaplan und Auditor Dr. theol. et utriusque iuris Johannes Franciscus de Pauinis die Untersuchung und Entscheidung des Streitfalles übertrug⁹⁷.

Auditor de Pauinis nahm seine Untersuchungsgeschäfte im Juli 1477 auf und ersuchte die interessierten Parteien, einschlägige Urkunden und Akten vorzulegen⁹⁸. Damit brechen die schriftlichen Zeugnisse in diesem Streitfall ab, aber das Ergebnis ist dennoch bekannt. Erzbischof Bernhard muss sich durchgesetzt haben, denn im Dezember 1477 siegelt sein Kandidat Wilhelm Stainhauff als Propst von Höglwörth⁹⁹. Dieser stammte aus einer angesehen und in Salzburg, aber auch in Reichenhall als Siedeherren begüterten Familie, die 1449 mit einem Verkauf von Grundstücken an die Pfarrkirche in Piding nachgewiesen ist¹⁰⁰. Chorherr Wilhelm gehörte schon 1462 dem Höglwörther Kapitel an¹⁰¹

Siegel von Propst Wilhelm Stainhauff

und muss bei Erzbischof Bernhard in gutem Ansehen gestanden haben. Von seiner Amtsführung als Propst ist wenig bekannt. 1479 war er an einer Messstiftung der Gemeinde der St.-Johannes-Kirche auf dem Högl, an der auch sein gleichnamiger Verwandter Wilhelm Stainhauff, Siedeherr zu Reichenhall, mitwirkte, beteiligt, indem das Stift die Messen zu halten hat¹⁰². Aus derselben Urkunde geht auch hervor, dass Dekan Ulrich in dieser seiner Funktion verblieb und sich offensichtlich Propst Wilhelm unterordnete¹⁰³.

Am Beginn des 16. Jahrhunderts

Nach der Höglwörther Chronik starb Propst Wilhelm im Jahr 1480 und wurde am Eingang der Kirche unter einem marmornen Grabstein beigesetzt¹⁰⁴. Zum Nachfolger bestimmte das Salzburger Domkapitel Christoph I. Maxlrainer, der einer alten und angesehenen bayerischen Adelsfamilie entstammte, die wenige Jahrzehnte später mit der Reichsherrschaft Hohenwaldeck sogar die Reichsstandschaft erlangte¹⁰⁵. Er gehörte seit 1467 dem

Abt Johann und der Konvent des Benediktinerklosters Asbach (Niederbayern)
schließen eine Gebetsverbrüderung mit Höglwörth —
Orig.-Urk., Pergament, 5. April 1484 im BayHStA

Stift Berchtesgaden an und wurde von dort nach Höglwörth berufen[106].

Es fällt schwer, aus seiner über dreißigjährigen Regierung allein ihn charakterisierende Akzente hervorzuheben, denn er engagierte sich überall dort, wo auch schon seine Vorgänger am Werk waren. 1483 erhielt die große Messstiftung der Kirchengemeinde der Johanneskirche auf dem Högl endlich ihre erzbischöfliche Bestätigung[107]. 1485 wurde auf Propst Christophs Bitte hin durch den Salzburger Administrator Johann, Erzbischof von Gran, Anger ein dreitägiger Kirchweih-Jahrmarkt gewährt[108]. Im Jahr 1500, einem herausragenden Heiligen Jahr, erreichten die Messstiftungen und Ablassgewährungen einen Höhepunkt. Am 17. Juli bestätigte Stift Höglwörth unter Propst Christoph Maxlrainer die Stiftung von fünf ewigen Wochenmessen für die Geschlechter der Haunsperger und Paulsdorfer in der Schlosskapelle Vachenlueg bzw. in der Kirche in Steinhögl sowie einen Jahrtag in der Stiftskirche Höglwörth, für die die Haunsperger eine größere Zahl von Besitzungen und Einkünften in den Gerichten Staufeneck und Raschenberg übereigneten[109]. Im selben Jahr gewährten 21 Kardinäle der Pfarrkirche in Anger und der Filialkirche in Aufham einen weit reichenden Ablass, wobei unter den Leistungen der Gläubigen erneut ein Beitrag zum Unterhalt der Kirche erwähnt wird[110]. Das von Papst Alexander VI. ausgeschriebene Heilige Jahr bewog auch Einzelpersonen, der Segnungen dieses Jubiläums teilhaftig zu werden; Ur(sula) Stöckerin z. B. erlangte eine näher umschriebene Indulgenz von Kardinalpriester Raymundus Gurcensis, Legat für Deutschland[111]. Ablassurkunden dieser Art sind im Heiligen Jahr 1500 sicherlich in großer Zahl ausgefertigt worden.

Das 15. Jahrhundert ist auch die hohe Zeit der Gebetsverbrüderungen, die benachbarte oder zum selben Orden gehörende Klöster untereinander eingingen. Starb ein Mitbruder, so benachrichtigte man die in der Gebetsverbrüderung konföderierten Klöster durch einen Boten, damit sie für den Ver-

Siegel des Höglwörther Konvents von 1308 bzw. 1440

storbenen beten sollten. Die Fürstpropstei Berchtesgaden z. B. brachte es bis zum Jahr 1640 auf 86 solcher Gebetsverbrüderungen[112]. Im Urkundenbestand des Stiftes Höglwörth sind lediglich sechs Konföderationsurkunden der Jahre 1445 bis 1519 überliefert (Weyarn, Rohr, Berchtesgaden, Michaelbeuern, Asbach, Augustiner-Eremiten in München)[113]. Diese können aber keinesfalls alle Verbrüderungen ausmachen; es müssen wesentlich mehr gewesen sein.

Obwohl Höglwörth weiterhin an der Grundleiheform der Freisitft grundsätzlich festhielt, kommen nun vereinzelt auch bessere Leiheformen vor. Neben Leibrecht begegnet 1498 zum ersten Mal auch Erbrecht, die beste aller Grundleiheformen. Propst Christoph Maxlrainer kaufte von Niclas von Neulend dessen Erbrecht am Hof Neulend im Gericht Raschenberg zurück; dies war die einzige Möglichkeit, die eigene Handlungsfreiheit zurückzugewinnen und den Hof neu vergeben zu können[114]. Auch in anderen Fällen ist Propst Christoph bemüht, beim Todesfall von Grundholden die Bewirtschaftung der Höfe in geregelten Bahnen zu halten[115]. Symptomatisch ist eine derartige Auseinandersetzung aus dem Jahr 1508. Ein Teisendorfer Bürger hatte seinem Vater, der das Höglwörther Gut Oberreut innehatte, Geld geliehen. Nach dessen Tod kam es zu Auseinandersetzungen mit Stift Höglwörth, die schließlich zu dem Kompromiss führten, dass das Stift dem Sohn den Hof zu Grundleihe gab, dieser sich aber verpflichten musste, alle Abgaben zu reichen, innerhalb von drei Jahren ein neues

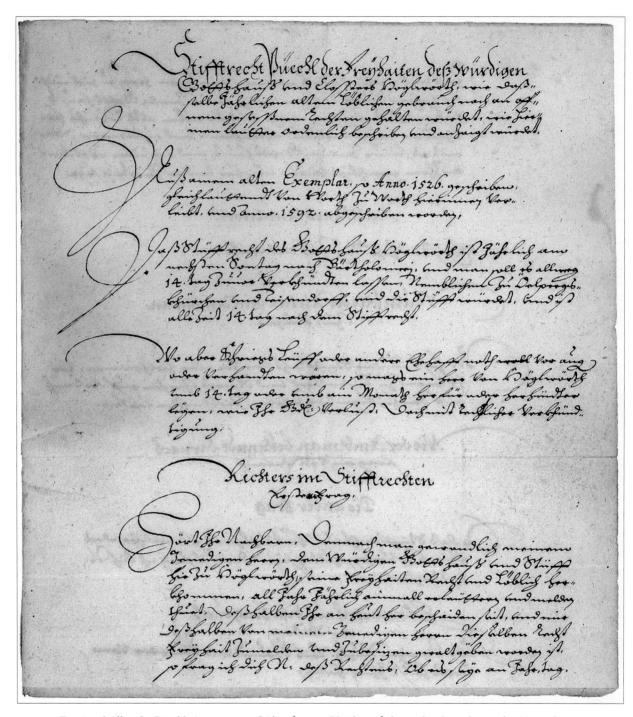

Das im *Stifftrecht Püechl* eingetragene Stiftrecht von Höglwörth legte die Grundsätze für Verwaltung und Gerichtsbarkeit des Stiftes fest: Die hier wiedergegebene Abschrift von 1592 entstand nach einer Vorlage von 1526

Siegel von Propst Christoph I. Maxlrainer und Wolfgang I. Griesstetter

Haus zu bauen und Bürgen zu stellen, die übrigens alle der *familia* des Stiftes angehörten[116]. Die genannten Bedingungen sind exakt die Grundforderungen, die schon zu Ende des 14. Jahrhunderts regelmäßig von den leibeigenen Grundholden erhoben worden waren.

Es ist wieder die Höglwörther Chronik, die zum Jahr 1512 den Tod von Propst Christoph Maxlrainer meldet und hinzufügt, er sei auf der Evangelienseite in der Nähe des Katharinenaltars beigesetzt worden[117]. Diese Nachricht verdient umso mehr Glauben, als man von der Grabplatte, die zur Entstehungszeit der Chronik noch erhalten war, vermutlich sein Todesjahr ablesen konnte. Ihm folgte im selben Jahr Christoph II. Trenbeck nach, der wie sein Vorgänger dem Berchtesgadener Kapitel als Chorherr angehört hatte. Er entstammte einer bekannten Adelsfamilie, die im Verlauf des 16. Jahrhunderts mit Urban Trenbeck, Bischof von Passau, ihre größte Bedeutung erlangte. Mit dem Bau der Trenbeck-Kapelle am Domkreuzgang schuf dieser für sich, aber auch für das ganze Geschlecht der Trenbeck, eine monumentale Begräbnisstätte und zugleich einen Ort des Gedenkens[118]. Die Trenbeck stammten aus dem Namen gebenden Trenbach im niederbayerischen Gericht Dingolfing[119]. Im 16. Jahrhundert lag ein weiterer Besitzschwerpunkt im Innviertel; der Hauptort war die Hofmark St. Martin im Innkreis, ganz in der Nähe des Augustiner-Chorherrenstiftes Reichersberg[120]. Auch in Reichersberg — im dortigen Kreuzgang — ließ Bischof Urban für seine Eltern Rudolf Trenbeck und dessen Ehefrauen einen Gedächtnisstein errichten, der unter anderem die 16 Wappen der Ahnenprobe bietet[121].

Der Höglwörther Propst Christoph entstammt aber einer anderen Linie. Wie Ernest Geiß berichtet, ist Christoph Trenbeck 1473 als Sohn des Landshuter Stadtoberrichters Wilhelm Trenbeck und seiner Gemahlin Barbara Dorner geboren worden[122]. Er studierte in Ingolstadt, erwarb dort den Grad eines Magisters der Theologie[123] und trat 1492 in das Stift Berchtesgaden ein, wo er 1505 als Küster urkundlich belegt ist[124]. Die Höglwörther Chronik sagt von ihm, er sei bei seiner Berufung der Ökonom des Stiftes Berchtesgaden gewesen und der Propst wie auch das dortige Kapitel hätten ihm 1514 ein gutes Zeugnis für seine Wirtschaftsführung in Berchtesgaden ausgestellt[125]. Propst Christoph II. hatte rasch Gelegenheit, seine Verwaltungsfähigkeiten unter Beweis zu stellen. 1514 wollte er bei seiner Mühle zu Kirchsteg eine Säge einrichten lassen, wogegen aber die benachbarten Müller Rechtsmittel einlegten. Nach mehreren Gerichtsterminen wurde Propst Christoph Trenbeck vom Landrichter zu Raschenberg im Endurteil die Erlaubnis zum Bau einer Säge zugesprochen[126]. 1520 ging er gerichtlich gegen einen Grundholden zu St. Georgen vor, der sein Gut heruntergewirtschaftet hatte. Der Grundholde verkaufte schließlich sein Erbrecht an dem Hof an Propst Christoph und zog ab[127]. Auch hier ist das bessere Leiherecht, nämlich Erbrecht, erwähnenswert, das den Grundholden ein einklagbares Recht einräumte und den Gang zum örtlich zuständigen ordentlichen Gericht in Raschenberg notwendig machte.

Aus Propst Christophs Regierungszeit ist ansonsten erstaunlich wenig bekannt. Er starb im Jahr 1522, wahrscheinlich im Juli[128], und wurde in Höglwörth in der Stiftskirche beigesetzt, obwohl die Höglwörther Chronik bei ihm auffallenderweise nichts von einer Grabstätte berichtet[129]. Die genealogische Tafel über Propst Christoph in der Trenbach-Kapelle im Passauer Domkreuzgang sagt jedoch mit Bestimmtheit: CHRISTOF VON TRENBACH ZV / BVRCKFRIED 67. MAGISTER THEOLOGIAE / BROBST ZV HEGLWERT / EIN FROMER MAN / HEGLWERT[130]. Nach dem dortigen Darstellungssystem bezeichnet der zuletzt genannte Ortsname den Begräbnisort. Dagegen geht auf ihn der prächtige Gedenkstein in der Kirche des Stiftes Nonnberg in Salzburg zurück, den er zu Ehren der verstorbenen Christgläubigen hatte errichten lassen und in dem er sich mit den Initialen „CTB zu heglverdt" (*Christoph Trenbeck Brobst zu Heglverdt*) und mit dem Trenbeckschen Familienwappen als Stifter nennt[131]. Die Inschrift lautet: *Gib ebig rve allen hie vnd vberall begrabn, das sy in ewiger rve sein durch die heilign funff wunden dein*, darüber ist eine figurenreiche Kreuzigungsszene zu sehen. Der Bezug zu Stift Nonnberg ergibt sich aus dem Umstand, dass eine Benigna Trenbeck, möglicherweise seine Schwester, jedenfalls aber eine nahe Verwandte, um das Jahr 1500 dem Konvent der Abtei Nonnberg angehört hatte und zu seinen Amtierungszeiten als Propst von Höglwörth verstorben sein muss[132]. Der Stein ist demnach in die Jahre 1512 bis 1522 zu datieren.

Auch sein Nachfolger Wolfgang I. Griesstetter wurde aus Berchtesgaden gerufen[133]. Er entstammte einer niederbayerischen Adelsfamilie — sein Vater Urban Griesstetter war herzoglich bayerischer Pfleger zu Vilsbiburg und Geisenhausen — und ist um 1490 geboren worden[134]. 1514 wurde er als Berchtesgadener Kanoniker an der Universität Ingolstadt immatrikuliert und schon 1522, nur wenig über 30 Jahre alt, zum Propst von Höglwörth berufen[135]. Propst Wolfgang erwarb sich rasch den Ruf eines tüchtigen Verwalters. Wie seine Vorgänger nahm er die Rechte des Grundherrn energisch wahr und stiftete z. B. einen säumigen Grundholden, der seine Abgaben nicht entrichtete, ab, nachdem er ihn mit einer Geldsumme abgefunden hatte[136].

Gerne wüssten wir, wie die Höglwörther Grundholden sich im Jahr des Bauernaufstandes 1525 verhalten haben. Man weiß nur allgemein, dass sich die Bauern im Gebirge besonders rebellisch zeigten, während es im Vorland ruhiger blieb. Aber leider liegen für Höglwörth keinerlei Nachrichten vor und auch die Klosterchronik geht mit keinem Wort darauf ein, wie sie überhaupt von den Zeitereignissen fast nichts berichtet[137]. Erst für das Jahr 1529 ist ein Nachhall der Bauernunruhen zu greifen. Eine erzbischöfliche Kommission unter Leitung von Ambros von Lamberg, Domherr und Offizial zu Salzburg, untersuchte in Ausführung der Beschlüsse des Salzburger Landtags von 1526 die Differenzen von Geistlichkeit und Untertanen bezüglich der Seelgeräte und pfarrlichen Rechte und legte für die Pfarrei Anger eine revidierte Ordnung fest[138]. Dass die Pfarrei Anger so spät an die Reihe kam, scheint ein weiteres Indiz dafür zu sein, die Höglwörther Bauern seien im Wesentlichen ruhig geblieben und hätten sich an den kriegerischen Auseinandersetzungen nicht aktiv beteiligt.

Ab 1527 zog sich Abt Johannes VI. Schrott des Benediktinerklosters St. Ulrich und Afra in Augsburg, der im Juli 1527 sein Amt resigniert hatte, in das Stift Höglwörth zurück, wo er 1534 starb[139]. Welcher Bezug zu dem von Augsburg weit entfernten und einem anderen Orden angehörenden Höglwörth bestand, ist vorläufig unklar, denn Abt Johannes Schrott war gebürtiger Augsburger[140].

Einen tiefen Eingriff in die Besitzstruktur des Stiftes bedeutete 1528 der Verkauf des im Weinviertel bei Guntersdorf gelegenen Dorfes Großnondorf, das bereits durch die Grafen von Plain an das Stift gekommen war. Propst Griesstetter hatte die Zustimmung von Erzbischof Kardinal Matthäus Lang und des Domkapitels eingeholt, bevor er den ganzen Besitzkomplex mit allen Zugehörungen an Georg Freiherr zu Rogendorf und Mollenburg um 1260 fl verkaufte[141]. Er selbst führt in einer längeren Begründung bzw. Rechtfertigung an, dass der Ertrag dieser Besitzung völlig ungenügend gewesen sei, vor allem weil die Herren von Hardegg und Rogendorf schon vor hundert Jahren dem Stift die Vogtei darüber entzogen hätten, und wegen der großen Steuerlast, die Stift wie Untertanen bedrücke, so dass die Letzteren ihre grundherrlichen Abgaben an das Stift nicht mehr entrichten könnten. Mit dem Erlös erwarb Propst Wolfgang eine ganze Reihe von Gütern in erreichbarer Nähe, darunter auch vom Erzstift rührende Ritterlehen, die bisher Peter Renn, Propst des Augustiner-Chorherrenstiftes St. Mauritz in Friesach (Kärnten), innegehabt hatte[142].

Propst Wolfgang I. scheint sein Stift in ökonomischer Hinsicht so gut verwaltet zu haben, dass er einige Jahre später auch für weitere, anspruchsvollere Aufgaben ausersehen wurde. 1536 bestimmte man ihn zum Administrator des Augustiner-Chorherrenstiftes Baumburg unter Beibehaltung der Leitung Höglwörths[143]. Zwar konnte er die Administration 1539 niederlegen, nachdem Baumburg einen neuen Propst gewählt hatte, aber 1541 wurde er als Propst nach Berchtesgaden, in das Stift seiner Profess, berufen. Am 11. Juni 1541 resignierte er auf die Höglwörther Propstei[144].

Seit Propst Sighard Waller (1399) war Höglwörth zunehmend in den Schatten der Fürstpropstei Berchtesgaden geraten, indem bevorzugt junge und fähige Berchtesgadener Chorherren (Benedikt Trauner, Christoph Maxlrainer, Wolfgang Griesstetter) als Pröpste nach Höglwörth berufen wurden, die alle eine entsprechend lange Lebens- und Regierungszeit aufweisen konnten. Oder es waren ältere und verdiente Chorherren, denen man in ihrem Lebensherbst noch eine Führungsposition gönnen wollte (Sighard Waller, Christoph Trenbeck). Nur einmal noch im 15. und 16. Jahrhundert wurde ein Salzburger Domherr, nämlich Christan Wildecker, zur Leitung Höglwörths entsandt.

Anmerkungen

1 *Confirmamus quoque vobis loca que sub regula beati Avgustini instituta sunt, Suben videlicet Wiare Werde, ut et de regimine ordinis et de institutione prepositi ad vos respiciant, ita ut nullus episcopus seu advocatus sine vestra permissione quemquam presumat ibi imponere* (SUB II, S. 369–372 Nr. 256). — Dazu ausführlich *Weinfurter*, Bistumsreform, S. 54–57; *Reindel-Schedl*, Laufen, S. 156 f.

2 *Meiller*, Regesta archiepiscoporum, S. 453 Anm. 13.

3 *Albert Brackmann*, Die Kurie und die Salzburger Kirchenprovinz (= Studien und Vorarbeiten zur Germania Pontificia I) (Berlin 1912), S. 114–122.

4 Im gleichen Sinne *Weinfurter*, Bistumsreform, S. 55.

5 Dass die Höglwörther Chorherren das Salzburger Domkapitel nicht mit einbezogen hatten, ergibt sich aus dem nachfolgenden Rechtsstreit.

6 BayHStA, DK Salzburg, Urk. 37a; *Martin*, Regesten II, Nr. 864.

7 BayHStA, DK Salzburg, Urk. 38; *Martin*, Regesten II, Nr. 866.

8 *... electioni de se facte ad manus nostras renunciavit ...* (BayHStA, DK Salzburg, Urk. 39; *Martin*, Regesten II, Nr. 869).

9 *... ius electionis, institutionis, ordinationis seu provisionis prelature seu prepositi Hegelwerdensis ecclesie ad memoratos dominos prepositum, decanum et capitulum Salzburgensis ecclesie plene et simpliciter perpetuo pertinere* (wie Anm. 8).

10 BayHStA, DK Salzburg, Urk. 40 v. 10. April 1308; *Martin*, Regesten II, Nr. 877.

11 *Lindner*, Monasticon Salzburgensis, S. 254.

12 Die Einzelnachweise werden in der Propstliste geboten.

13 PA Anger, Urk. 1 v. 29. Mai 1323; darin eine Rekonziliationsurkunde v. 22. Jan. 1312 erwähnt.

14 *Sigmund von Riezler*, Geschichte Baierns (Allgemeine Staatengeschichte Abt. 1: Geschichte der europäischen Staaten 20. Werk), 8 Bde. (Stuttgart 1927), S. 289 f.; Salzburg I/1, S. 464.

15 *Heinz Thomas*, Ludwig der Bayer (1282–1347). Kaiser und Ketzer (Regensburg 1993), S. 101–107.

16 *Wallner*, Bistum Chiemsee, S. 166 f. Nr. 106.

17 *Ernst Rönsch*, Beiträge zur Geschichte der Schlacht von Mühldorf (= Veröffentl. des Historischen Seminars Graz 13) (Graz/Wien/Leipzig 1933), S. 45–89; *Stefan Schieren*, Die Schlacht bei Mühldorf am 28. September 1322, in: Die Schlacht bei Mühldorf 28. September 1322 (Mühldorf 1993), S. 33–68, hier S. 56–58.

18 *Cupientes igitur supradictae ecclesie in Hegelwerd inopiam*

sublevare ... (AEM, Klosterchronik Höglwörth, fol. 21ᵛ); *Martin,* Regesten III, S. 53 Nr. 525, spricht irrig von Belehnung.

19 BayHStA, DK Salzburg, Urk. 46 v. 19. Mai 1312.

20 BayHStA, Höglwörth Urk. 15 u. 16 jeweils v. 12. Juli 1325.

21 HHStA, Allgemeine Urkundenreihe 1336 Juni 24; *Chmel,* Notizenblatt, S. 322 Nr. I; *Martin,* Regesten III, S. 102 Nr. 1018.

22 AEM, Klosterchronik Höglwörth, fol. 21ᵛ.

23 SUB IV, S. 331 Nr. 289; *Martin,* Regesten III, S. 18 Nr. 177.

24 MGH Necrologia II, S. 141; *Hans Wagner* u. *Herbert Klein,* Salzburgs Domherren von 1300 bis 1514, in: MGSL 92 (1952), S. 40 Nr. 60.

25 AEM, Klosterchronik Höglwörth, fol. 22 f.

26 PA Anger, Urk. 3 v. 22. Jan. 1349.

27 Ebenda, Urk. 4 v. 13. April 1349.

28 Wie Anm. 23; *Wagner/Klein,* Salzburgs Domherren (wie Anm. 24), S. 62 Nr. 114. Im Nekrolog des Domkapitels wird der 31.10. als Todestag angegeben, aber wie üblich ohne Todesjahr (MGH Necrologia II, S. 181).

29 SUB IV, S. 339 Nr. 296; *Wagner/Klein,* Salzburgs Domherren (wie Anm. 24), S. 41 f. Nr. 65.

30 BayHStA, Höglwörth Urk. 21 v. 21. Sept. 1356.

31 AEM, Klosterchronik Höglwörth, fol. 23.

32 Salzburg I/1 an mehreren Stellen (vgl. das dortige Register); *Wagner/Klein,* Salzburgs Domherren (wie Anm. 24), S. 45–47 Nr. 74 u. 75.

33 BayHStA, DK Salzburg, Urk. 82 v. 6. Okt. [angeblich 1365]; die Datierung 1365 ist allerdings nicht haltbar.

34 *Geiß,* Högelwerd, S. 352.

35 *Supplicamus humiliter et obnixe, ut non indigne capiatis, quod prefatus dominus Chunradus vestre provisioni non adhibuit voluntatem* (wie Anm. 33).

36 *Geiß,* Högelwerd, S. 352 Anm. 33.

37 *Gerhard Rill,* Die Pröpste des Stiftes Klosterneuburg von der Gründung bis zum Ende des 14. Jahrhunderts, in: Jb. des Stiftes Klosterneuburg, NF. Bd. 1 (1961), S. 11–68, hier S. 64 f.

38 *Hartmann Zeibig* (Bearb.), Urkundenbuch des Stiftes Klosterneuburg bis zum Ende des 14. Jahrhunderts, Teile 1 u. 2 (= FRA, Abt. II, Bde. 10 u. 28) (1857 u. 1868).

39 *Rill,* Pröpste Klosterneuburg (wie Anm. 37), S. 65.

40 PA Anger, Urk. 8 v. 17. März 1365.

41 BayHStA, HL Salzburg 28; ein Gleichnamiger war von 1344 bis 1349, seinem Todesjahr, Dompropst in Salzburg.

42 Salzburg I/1 (vgl. das dortige Register).

43 BayHStA, HL Salzburg 28, fol. 1ᵛ.

44 BayHStA, KL Höglwörth 40, fol. 1ʳ.

45 Domherr Zacharias Tuntz ist erst seit 1368 als Mitglied des Domkapitels bezeugt und bereits am 21. Dez. 1375 gestorben; er kann demnach nicht mit Propst Zacharias identisch sein (*Wagner/ Klein,* Salzburgs Domherren [wie Anm. 24], S. 75).

46 BayHStA, HL Salzburg 28; auf fol. 1ᵃ findet sich der Vermerk: „Diz stiftpuch hat der alt Hanns Cheutzel geschenkcht ze hawsstewr dem newm brobst Zochreis."

47 AEM, Klosterchronik Höglwörth, fol. 24ʳ.

48 *Päbing. Christanus Celler instituit ad annos IIII et omni anno dabit metretas II ordei et metretas II fabarum, porcum valentem lb. ½ denariorum et aliud parvum sed totum. Revolutis illis annis dabit omni anno metretas IIII frumenti, avene metretas V et suprascriptum servicium. Fideiubuerunt Chunr. Zäzel et Ny. Selenter* (BayHStA, HL Salzburg 28, fol. 3ʳ).

49 *In parrochia Ellenpurchirhen. Mayerhof. Fridr. de Stainhegl cum fratre suo Chunr. instituerunt pro servicio toto ad gratiam domini* (BayHStA, HL Salzburg 28, fol. 5ʳ).

50 BayHStA, HL Salzburg 28: *Mayrhof. Frid. posuit Nicolaum de Englehing. Instituit pro servicio toto* (fol. 13ʳ). — *Englehing. Christanus posuit Frid. de Mayrhof. Instituit pro servicio toto* (fol. 13ᵛ).

51 *Nycolaus Pumperl posuit fid(eiussores) Fridericum Chunradum fratres de Mayrhof una cum ipso, quod non sit recessurus ab ecclesia corpore et rebus et non causam alias divolget. Emenda lb. X dn. Actum dominica die ante festum Omnium Sanctorum* (BayHStA, HL Salzburg 28, fol. 25ʳ).

52 *Heinrich Mitteis* u. *Heinz Lieberich,* Deutsches Privatrecht (München ⁹1981), S. 105 f.

53 „... wan ein mit stift oder mit heirat seines gotshaus aigen man enpfert und er den vachen und bössern wolt ..." (SUB IV, S. 356 f. Nr. 313).

54 *Hans Constantin Faussner* u. *Alfred von Grote,* Urbarbuch des landesfürstlichen Kastenamtes Burghausen für den Kasten Ober- und Niederweilhart von 1581 (= Quellen zur bayerischen und österreichischen Rechts- u. Sozialgeschichte, Abt. I: Albrechtinische Beschreibung des landesfürstlich-bayerischen Urbars, Bd. I) (Hildesheim/Zürich/New York 1983), S. XLIX–LIV; *Joachim Wild,* Geschichte der Fürstpropstei Berchtesgaden im Überblick, in: Kunst und Kultur der Fürstpropstei Berchtesgaden (Diözesanmuseum f. christliche Kunst des Erzbistums München u. Freising, Kataloge u. Schriften 8) (Berchtesgaden 1988), S. 30–71, hier S. 50 Nr. 24; *Peter F. Kramml,* Propstei und Land Berchtesgaden im Spätmittelalter: Das Ringen mit Salzburg um politische, wirtschaftliche und kirchliche Selbständigkeit, in: Berchtesgaden I, S. 417–420.

55 *Item anno domini LXXIII ut supra in die sancti Sebastiani Chunr. de Steuzz instituit curiam in Pabing tali pactu, quod non sit recessurus ab ecclesia corpore et rebus et quod recuperet agros utiliter secundum ut invenietur supra. Anno predicto fideiubuerunt: ... [8 Namen] et promiserunt fide data inseparabiliter placita supradicta tenere rata et confirmata sine dolo et fraude* (BayHStA, HL Salzburg 28, fol. 21ʳ).

56 *Anno domini MCCCLXXIII in die sancti Mauricii Ny(colaus) de Englehin duxit in matrimonio quasi coactus per captivitatem ex iure ecclesie Elizabeth filiam Vlrici de Stainhegl quondam villici in Hegl, tali condicione quod se intromittat de prefata Elizabeth uxore sua et eandem benigne tractet et non ab ecclesia sit recessurus corpore et rebus. Et ne alicui inpararet aliquod dampnum seu inimicitiam propter illam captivitatem. Quapropter conpromiserunt* [Namen] (BayHStA, HL Salzburg 28, fol. 21ʳ).

57 *Wandel vidua Emplini instituit pro servicio toto. Item dabit pro todual et angeding sol. XVIII ad festa sancti Petri et Nativitatis beate virginis. Fideiussores ...* (BayHStA, HL Salzburg 28, fol. 28ʳ).

58 *Heinz Lieberich,* Die Leibeigenschaft im Herzogtum Baiern (= Mitteil. f. die Archivpflege in Oberbayern Nr. 28), S. 741–761, hier S. 744, *Herbert Klein,* Die bäuerlichen Eigenleute des Erzstifts Salzburg im späteren Mittelalter, in: Beiträge zur Siedlungs-, Verfassungs- und Wirtschaftsgeschichte von Salzburg, Gesammelte Aufsätze von Herbert Klein. Festschrift zum 65 Geburtstag von

Herbert Klein (= MGSL, Erg.-Bd. 5) (Salzburg 1965), S. 137–251, hier S. 187.

59 Eine exemplarische Darstellung der wirtschaftlichen Belastungen von Leibeigenen, allerdings aus einem anderen süddeutschen Raum, bei *Claudia Ulbrich*, Leibherrschaft am Oberrhein im Spätmittelalter (= Veröffentl. des Max-Planck-Instituts für Geschichte 58) (Göttingen 1979), S. 38–42.

60 *Gotsman posuit Grätzlinum, Hanslinum et Joh. Flicher pro fideiussoribus ut novam domum edificet supra predium Wanch ante proximam institutionem totaliter completam* (BayHStA, HL Salzburg 28, fol. 8ʳ).

61 Vgl. oben das unter Anm. 48 zitierte Beispiel: Zeitbestand auf vier Jahre.

62 BayHStA, Höglwörth Urk. 28.

63 PA Anger, Urk. 12.

64 *Kramml*, Spätmittelalter (wie Anm. 54), S. 420–430.

65 AEM, Klosterchronik Höglwörth, fol. 24ᵛ; nach *Geiß*, Högelwerd, S. 355 (ohne Quellenangabe) und ihm folgend *Kramml*, Spätmittelalter (wie Anm. 54, S. 428), hat er 1406 resigniert.

66 *Paul Maucher*, Namensregister zu Wiguleus Hundt: Bayrisch Stammenbuch, 1.–3. Bd. (Neustadt a. d. Aisch 2000), S. 166.

67 BayHStA, Höglwörth Urk. 32–44; *Schroll*, Weingärten, S. 1–12.

68 AEM, Klosterchronik Höglwörth, fol. 24ᵛ.

69 BayHStA, DK Salzburg, Urk. 141 v. 22. Juli 1417; *Wagner/Klein*, Salzburgs Domherren (wie Anm. 24), S. 79 Nr. 162.

70 *Wagner/Klein*, Salzburgs Domherren (wie Anm. 24), S. 79.

71 *Lieberich*, Bayerische Landstände, S. 131; *Dieter Albrecht*, Das Landgericht Weilheim(= HAB, Teil Altbayern, Heft 4) (München 1952), S. 32.

72 *Wagner/Klein*, Salzburgs Domherren (wie Anm. 24), S. 79 Nr. 162; BayHStA, Höglwörth Urk. 40 v. 4. Nov. 1412.

73 BayHStA, Höglwörth Urk. 54 v. 13. Sept. 1424.

74 Z. B. BayHStA, Höglwörth Urk. 59 v. 19. April 1435.

75 AEM, Klosterchronik Höglwörth, fol. 25ʳ.

76 BayHStA, KU Höglwörth 59; *Geiß*, Högelwerd, S. 362.

77 BayHStA, KU Höglwörth 60; *Geiß*, Högelwerd, S. 363.

78 BayHStA, KU Höglwörth 77 v. 16. März 1469; *Peter F. Kramml*, Der Konvent von Berchtesgaden im Hoch- und Spätmittelalter, in: Berchtesgaden I, S. 952.

79 Urk. v. 3. Dez. 1454 (PA Anger, Urk. 27, abschriftlich ebenfalls in AEM, Klosterchronik Höglwörth, fol. 25ʳ–26ᵛ); *Reindel-Schedl*, Laufen, S. 456.

80 *Reindel-Schedl*, Laufen, S. 456.

81 Urk. v. 3. Dez. 1454 (PA Anger, Urk. 26, abschriftlich ebenfalls in AEM, Klosterchronik, fol. 26ᵛ–27ʳ).

82 Urk. v. 15. Okt. 1456 (PA Anger, Urk. 28, abschriftlich ebenfalls in AEM, Klosterchronik, fol. 27ᵛ–29ᵛ).

83 Urk. v. 4. Okt. 1457 (PA Anger, Urk. 29, abschriftlich ebenfalls in AEM, Klosterchronik, fol. 29ᵛ–30ᵛ).

84 Im gleichen Sinne *Geiß*, Högelwerd, S. 367 f.

85 AEM, Klosterchronik Höglwörth, fol. 31ʳ⁻ᵛ; das bei *Geiß*, Högelwerd, S. 367 Anm. 59, angegebene Jahr 1367 trifft nicht zu.

86 BayHStA, KU Höglwörth 60 v. 20. Jan. 1439.

87 Ebenda, 67 v. 23. Okt. 1451.

88 Ebenda, 71.

89 Ebenda, 47 v. 18. Dez. 1418.

90 PA Anger, Urk. 22 v. 2. Mai 1443.

91 Ebenda, Urk. 23 v. 8. April 1447.

92 Ebenda, Urk. 24 v. 5. April 1448.

93 Ebenda, Urk. 32.

94 Ebenda, Urk. 35a: Am 11. Juni 1976 wurde die Altarweiheurkunde Bischof Bernhards von Chiemsee vom 3. Dez. 1470 im Altarstein der Pfarrkirche aufgefunden.

95 Ebenda, Urk. 34.

96 Siehe den nächsten Abschnitt; das von *Geiß*, Högelwerd, S. 371, genannte Todesjahr 1478 trifft nicht zu, es sei denn, Benedikt wäre 1477 nicht gestorben, sonder er hätte resigniert.

97 BayHStA, Höglwörth Urk. 79a.

98 Ebenda, 80.

99 Ebenda, 81 v. 21. Dez. 1477.

100 PA Anger, Urk. 25 v. 1. Mai 1449; *Geiß*, Högelwerd, S. 364; *Gruber-Groh*, Bad Reichenhall, S. 139 f.

101 PA Anger, Urk. 31 v. 6. Dez. 1462, Herr Wilhelm Steinhauff dort unter den Zeugen genannt.

102 BayHStA, Höglwörth Urk. 82 v. 23. Aug. 1479, und 83 (Revers des Stiftes) v. 27. Aug. 1479; *Geiß*, Högelwerd, S. 372.

103 Wie Anm. 102; in beiden Urk. wird er als Dekan genannt.

104 AEM, Klosterchronik Höglwörth, fol. 32ʳ.

105 *Franz Andrelang*, Landgericht Aibling und Reichsgrafschaft Hohenwaldeck (= HAB, Teil Altbayern, Heft 17) (München 1967), S. 204 f.

106 *Kramml*, Konvent (wie Anm. 78), S. 944.

107 BayHStA, Höglwörth Urk. 89 v. 18. Nov. 1483.

108 PA Anger, Urk. 38 v. 24. April 1485.

109 Ebenda, Urk. 40; *Reindel-Schedl*, Laufen, S. 158–173 u. 458.

110 PA Anger, Urk. 41 v. 9. Nov. 1500 (Aufham), und Urk. 42 v. 17. März 1501 (erzbischöfliche Bestätigung des Ablasses für Anger; die Ablassurkunde selbst, die wohl mit der für Aufham gleichlautend war, ist nicht erhalten).

111 BayHStA, Höglwörth Urk. 96 v. 5. Nov. 1500; die Urkunde ist ein Serienprodukt, in das lediglich der Name individuell eingetragen wurde. Die Begünstigte gehörte vermutlich der Adelsfamilie der Stocker von Utzenaich an (*Lieberich*, Bayerische Landstände , S. 126).

112 *Wild*, Geschichte Berchtesgaden (wie Anm. 54), S. 40 Nr. 13.

113 BayHStA, Höglwörth Urk. 63, 76, 77, 87, 90 u. 102.

114 Ebenda, 94 v. 1. Mai 1498.

115 Ebenda, 93 v. 21. Jan. 1498.

116 Ebenda, 97 v. 11. Juli 1508.

117 AEM, Klosterchronik Höglwörth, fol. 33ᵛ.

118 *Mader*, Kunstdenkmäler Passau, S. 172–182.

119 *Lieberich*, Landstände, S. 73 f.

120 *Josef Greil*, Schloß, in: St. Martin im Innkreis (Ried 1984), S. 116–140, hier S. 119–122.

121 900 Jahre Stift Reichersberg — Augustiner-Chorherren zwischen Pasau und Salzburg (Linz 1984), S. 261–264 mit Abb. S. 263.

122 *Kramml*, Konvent (wie Anm. 78), S. 952; *Geiß*, Högelwerd, S. 376; *Krick*, Stammtafeln, S. 431 Taf. 194d.

123 Nach *Maximilian Lanzinner*, Fürst, Räte und Landstande. Die Entstehung der Zentralbehörden in Bayern 1511–1598 (= Veröffentl. des Max-Planck-Instituts für Geschichte 61) (Göttingen

1980), S. 196, studierten insgesamt zehn Vertreter der Adelsfamilie Trenbeck in Ingolstadt; diese Bildungsfreude hebt sie aus dem bayerischen Adel hervor.

124 *Kramml,* Konvent (wie Anm. 78), S. 952; BayHStA, Berchtesgaden Urk. 420.

125 AEM, Klosterchronik Höglwörth, fol. 34ᵛ; die Urkunde scheint heute nicht mehr erhalten zu sein, sie lässt sich jedenfalls in den Archivbeständen nicht nachweisen.

126 BayHStA, Höglwörth Urk. 99 v. 20. März 1515 (darin die vorausgehenden Schritte inseriert), u. 100 v. 31. Mai 1515.

127 Ebenda, 103 v. 27. Juni 1520, u. 104 v. 29. Nov. 1520.

128 *Geiß,* Högelwerd, S. 377.

129 *Kramml,* Konvent (wie Anm. 78), S. 952; in der Höglwörther Klosterchronik fehlt bezeichnenderweise eine Erwähnung, dass er in der dortigen Stiftskirche beigesetzt worden sei.

130 *Christine Steininger,* Die Inschriften der Stadt Passau bis zum Stadtbrand von 1662 (Die Deutschen Inschriften, 67. Bd. = Münchener Reihe, 10. Bd.) (Wiesbaden 2006), S. 346 Nr. 90.

131 ÖKT VII, S. 45 mit Abb. S. 43.

132 *Esterl,* Nonnberg, S. 84.

133 AEM, Klosterchronik Höglwörth, fol. 33ᵛ–34ʳ; *Kramml,* Konvent (wie Anm. 78), S. 938 f.

134 *Geiß,* Högelwerd, S. 377; *Ferchl,* Behörden und Beamte, S. 1186; *Lieberich,* Bayerische Landstände, S. 88.

135 BayHStA, Höglwörth Urk. 105 v. 6. Aug. 1522: Kardinal Matthäus Lang ratifiziert die von Bischof Berthold von Chiemsee in seinem Auftrag vorgenommene Konfirmation des Wolfgang Griesstetter als Propst von Höglwörth.

136 Ebenda, 106 v. 3. Aug. 1523.

137 *Riezler,* Geschichte Baierns (wie Anm. 14), S. 150–167, berichtet in seiner ausführlichen Darstellung der Salzburger Bauernunruhen aus bayerischer Sicht nichts von Kriegshandlungen im Raum Höglwörth. Auch *Heinz Dopsch,* Bauernkrieg und Glaubensspaltung — Vom „Lateinischen Krieg" (1525) zum „Bauernkrieg" (1525/26), in: Salzburg II/1, S. 38–58, führt nur Kriegshandlungen in den Gebirgsgerichten an.

138 PA Anger, Urk. 47 v. 20. März 1529; *Geiß,* Högelwerd, S. 378 f.

139 BayHStA, Höglwörth Urk. 113 v. 21. Juli 1534; *Geiß,* Högelwerd, S. 379.

140 Eine ausführliche Darstellung seiner Regierungszeit siehe bei *Wilhelm Liebhart,* Die Reichsabtei Sankt Ulrich und Afra zu Augsburg. Studien zu Besitz und Herrschaft (1006–1803) (= HAB, Teil Schwaben, Reihe II, Heft 2) (München 1982), S. 161–167, dort wird allerdings sein Rückzug nach Höglwörth nicht erwähnt.

141 BayHStA, KL Höglwörth 14, letztes Blatt mit Eintrag über den Verkauf von Großnondorf.

142 BayHStA, Höglwörth Urk. 108 v. 18. Mai 1528; HHStA, Allgem. Urkundenreihe 1528 Juni 9; *Chmel,* Notizenblatt, S. 323 f. Nr. III; *Geiß,* Högelwerd, S. 381; *Reindel-Schedl,* Laufen, S. 173 mit Anm. 127; vgl. hierzu auch den Beitrag von Jolanda Englbrecht in diesem Band.

143 *Klaus Unterburger,* Baumburg im 16. Jahrhundert, in: Baumburg, S. 168 f.; *Geiß,* Högelwerd, S. 380.

144 *Geiß,* Högelwerd, S. 381.

Korbinian Birnbacher OSB

Höglwörth in der Frühen Neuzeit

(1541–1671)

Die Stiftsgeschichte von Höglwörth war im 16. und 17. Jahrhundert von den für die Zeit typischen Parametern *Verfall* und *neue Blüte* geprägt[1]. Wohl und Wehe eines Prälatenklosters hing damals vor allem vom jeweiligen Oberen ab. So empfiehlt es sich, die Geschichte von Höglwörth in der Frühen Neuzeit anhand der Regierungszeiten der Pröpste zu strukturieren.

Die Zeugnisse der schriftlichen Überlieferung für Höglwörth sind leider nur spärlich. Da die wirtschaftlichen Belange im Beitrag von Jolanda Englbrecht bearbeitet werden und die eigentlichen klösterlichen Quellen eher dürftig sind, fällt es nicht gerade leicht, die Frühe Neuzeit in Höglwörth darzustellen. Der stets akute Personalmangel im zu behandelnden Zeitraum — es gab kaum mehr als sechs Kanoniker — ließ nicht viel Spielraum für geistliche oder literarische Zeugnisse aus dieser Zeit. Der lange regierende Säkularpropst Marquard von Schwendi (1610–1634) verwaltete das Kloster als Kommende und ersetzte die Regularkanoniker sogar durch Weltkleriker. Immer wieder musste man durch Visitationen nach dem Rechten sehen. So kann sich der aufmerksame Begutachter der historischen Quellen kaum des Eindruckes erwehren, dass sich das Stift Höglwörth stets schwer tat, die innere Erneuerung mit zu vollziehen, die die Prälatenklöster des süddeutschen Raumes nach protestantischer Reformation und katholischer Reform im Zuge des Konzils von Trient inspirierte.

Propst Urban Ottenhofer
(1541–1564)

Urban Ottenhofer wurde am 11. Juni 1541 — also am selben Tag, an dem Propst Wolfgang I. Griesstetter[2] resignierte, um seine Stelle als Fürstpropst von Berchtesgaden anzutreten — vom Salzburger Domkapitel dem zum Erzbischof konfirmierten Herzog Ernst von Bayern (1540–1554) als neuer Propst präsentiert. Ottenhofer war wie Griesstetter Professe von Berchtesgaden und bereits Administrator von Baumburg[3]. Unter Vorbehalt des Genusses seines Kanonikates zu Berchtesgaden wurde Ottenhofer am 15. Juni 1541 die Propstei vom Erzbischof verliehen[4]. Zur besseren Ausstattung belehnte Herzog Ernst Propst Urban am 13. Juli 1543 mit jenen bereits 1528 erworbenen Gütern, die vom *laybriester* Peter Renn her stammten[5]. Diese sogenannten *Rennschen Güter* sollten fortan immer vom jeweiligen Fürsterzbischof dem regierenden Propst von Höglwörth verliehen werden.

Über die Amtszeit von Propst Urban ist sonst wenig überliefert. Lediglich die Gemeinde Piding beschwerte sich 1550 bei Erzbischof Ernst, dass die gestiftete Sonntagsmesse nicht gehalten würde. Mit Dekret vom 19. April 1550 schärfte der Erzbischof Propst Urban und dem Stift Höglwörth größere Pünktlichkeit bei dieser Jahrtagsmesse ein[6]. Am 1. Dezember 1560 siegelte Propst Urban den Verkauf der Baumannsgerechtigkeit (Erbrecht im Rahmen der Grundleihe) am Oberhof, die im Eigentum der Pfarrei Unserer Lieben Frau zu Anger war, durch Hanns Oberhover an seinen Bruder Wolfgang[7].

Nach zwanzigjähriger Regierung war Propst Urban schwach und gebrechlich. Am 17. Februar 1561 trat er beim feierlichen Einzug von Erzbischof Johann Jakob von Kuen-Belasy (1560–1586) letztmals öffentlich als Propst auf[8]. Balthasar Peer, Professe von Berchtesgaden, wurde ihm als Koadjutor zur Seite gestellt. Dieser wurde am 8. August 1561 vom neuen Erzbischof mit den Peter Renn'schen Gütern belehnt[9]. Propst Urban ließ sich aber noch mit dem gesamten Konvent in die Allerseelenbruderschaft zu Anger einschreiben[10]. Dort sind die Namen folgender Konventualen verzeichnet: Wolf-

Der Stiftskomplex Höglwörth gegen den Zwiesel
(Foto Brandl)

gang Kerschaider, Senior, Wolfgang Lohwieser, Pfarrer, Ludwig Schwaiger, Diakon, und Andreas Schwäbel, Subdiakon. Propst Urban starb Anfang Februar 1564. Sein Grab befindet sich vor dem Hl.-Kreuz-Altar auf der Evangelienseite der Stiftskirche[11].

Propst Balthasar Peer
(1564–1589, † 1591)

Balthasar Peer[12] war — wie bereits mehrere seiner Vorgänger — Professe von Berchtesgaden. Seit Frühjahr 1561 fungierte er als Koadjutor von Propst Urban Ottenhofer. Da er sich bei dieser Tätigkeit bewährt hatte, wurde er vom Salzburger Domkapitel nach dem Tode Propst Urbans am 26. Februar 1564 auch auf das Amt des Propstes von Höglwörth präsentiert[13]. Das Präsentationsdokument spricht davon, dass das Domkapitel das alte Patronats- und Präsentationsrecht besitzt[14]. Am 3. März machte Erzbischof Johann Jakob von Kuen-Belasy dem Konvent von Höglwörth klar, dass Koadjutor Balthasar Peer der legitime Nachfolger von Propst Urban sei. Balthasar Peer war Sohn des Hofmarkrichters und Forstmeisters Christoph Peer zu Ebersberg, der in dieser Eigenschaft zwischen dem 4. Juli 1536 und dem 24. Juni 1560 urkundlich nachweisbar ist. Aufgabe des Domkapitels war es, eine geeignete Person zu finden und den Erzbischof zu bitten, diese mit den geistlichen und zeitlichen Gütern zu investieren. Wie die Einsetzung des Propstes in sein Amt genau verlief, ist im *Modus in confirmatione Domini Balthasari Peer, Praepositi in Hegelwert, observandus* überliefert. Die kanonische Einsetzung von Propst Balthasar Peer erfolgte höchstwahrscheinlich an dem im Dekret vorgesehenen 8. März 1564[15], denn zwei Monate später, am 8. Mai 1564, wurde Propst Balthasar neuerdings mit den Peter Renn'schen Gütern belehnt[16]. Propst Balthasar nahm auch seine Mutter Ursula zu sich nach Höglwörth und setzte ihr, als sie 1568 starb, ein schönes Denkmal, das leider nicht mehr erhalten ist.

Der Personalstand war im Jahre 1568 besonders niedrig. Neben Propst Balthasar ist nur noch Pater Wolfgang Kerschaider als *ainziger Capitlherr* nachweisbar, wie eine Belehnungsurkunde vom 31. Oktober 1568 über eine Wiese, Hochpeunt genannt, belegt[17]. Besagter Pater Wolfgang starb 1570 als Stiftsdechant. Aber noch im selben Jahr legten Samuel Prugkhmoser und wenig später Peter Heiminger Profess ab[18]. Ein solch niedriger Personalstand war typisch für die postreformatorische Zeit. Auch in vielen anderen Klöstern findet man zur selben Zeit nur wenige Mönche. Die Reformen des Konzils von Trient zeigten noch keine besondere Wirkung.

Balthasar Peer, Detail von seinem mutmaßlichen Grabstein (Foto Ferdinand Steffan)

Sprechendes Wappen von Propst Peer, Detail von einer Bauinschrift des Jahres 1564 (Foto Brandl)

Auch in Höglwörth trugen die Augustiner-Chorherren bis 1782 eine weiße Ordenstracht, die aus einem weißen Leinenhabit und einem ärmellosen Chorhemd bestand. Auf Befehl Kaiser Josephs II. wurde der weiße Talar durch einen schwarzen ersetzt, das Chorhemd verjüngte sich allmählich zur heutigen Form des „Sarrokel" — Ausschnitt vom Hauptbild des Placidus-Altares in der Stiftskirche (Foto Brandl)

Wer das Mönchtum abstreifen wollte fand bei den Reichsstädten, der Ritterschaft und den protestantischen Fürsten willkommene Aufnahme. Die geringe Zahl an Konventualen erschwerte natürlich die Seelsorge in den beiden Pfarreien Anger und Piding. Propst Balthasar tat unter diesen Umständen sein Möglichstes, doch verzehrte ihn zusehends die große Anstrengung.

Gegen Ende des Jahres 1579 hatten seine Kräfte derart abgenommen, dass er das Stift nicht mehr alleine leiten konnte. Die beiden einzigen Konventualen, Samuel Prugkhmoser und Peter Heiminger, baten den Erzbischof um Hilfe, die — wie schon so oft — aus Berchtesgaden kommen sollte[19]. Erzbischof Johann Jakob von Kuen-Belasy erkannte sofort die Notlage und befahl noch am Neujahrstag 1580 dem Propst von Berchtesgaden, einen Administrator nach Höglwörth zu senden. Der Berchtesgadener Propst Jakob II. Pütrich (1567–1594)[20] hatte zwar selber nur zwei Konventualen, erklärte sich aber bereit, seinen Dechant, Jakob von Sennen, nach Höglwörth abzugeben. Der Erzbischof sah ein, dass Berchtesgaden keine Hilfe leisten konnte, und traf in seinem Schreiben vom 9. Januar 1580 die Entscheidung, dass Georg Rosenberger, Professe des Stiftes St. Nikola bei Passau, als Administrator nach Höglwörth gehen sollte[21]. Außer in wirtschaftlichen Angelegenheiten hat Rosenberger kaum Spuren hinterlassen. Lediglich am 17. Dezember 1587 suchte er um Altersdispens zur Priesterweihe für Georg Scheierhuber an[22]. Rosenberger setzte seine Administration acht Jahre lang fort, bis am 5. November 1588 der Salzburger Domkapitular Balthasar von Raunach in Höglwörth erschien und ihm die Entlassung verkündete. Anlass dazu hatte ein Schreiben des Salzburger Konsistoriums gegeben, das feststellte, dass Rosenberger nicht mehr länger als Administrator tragbar sei, und dass das Domkapitel rasch einen geeigneten Propst dem Erzbischof zur Nomination präsentieren solle. Rosenberger erklärte dem Domherrn von Raunach, dass er wegen *Leibesschwachheit und Blödsinnigkeit*[23] gerne seine Administration abtrete, dass er aber das Domkapitel wegen seiner gehabten Mühe und Sorge bitte, ihm entweder ein Benefizium in der Erzdiözese, das ihm ein standesgemäßes Auskommen ermöglicht, zu verschaffen, oder ein Empfehlungsschreiben an den Propst von St. Nikola zu senden, dass er in seinem Heimatkloster wieder gute Aufnahme und Behandlung erfahre. Letzteres wurde ihm zugestanden.

Da das Domkapitel ein eigenmächtiges Vorgehen von Erzbischof Wolf Dietrich von Raitenau (1587–1612, † 1617) befürchtete, setzte es sich mit dem damaligen Salzburger Gerneralvikar und nachmaligen Bischof von Chiemsee, Sebastian Cattaneus[24], ins Einvernehmen, der den Berchtesgadener Kapitularen Richard Schneeweis vorschlug. Schneeweis erhielt anstandslos die Genehmigung vom Erzbischof. Schon am 25. November 1588 wurde Richard Schneeweis durch eine von Sebastian Cattaneus ausgefertigte Urkunde als Administrator von Höglwörth eingesetzt. Der bisherige Administrator Georg Rosenberger ging mit einem Empfehlungsschreiben des Domkapitels und einem Honorar von 200 Gulden in sein Heimatkloster zurück. Die nachfolgende Zeit zeigte — zumindest in wirtschaftlicher Hinsicht —, dass Rosenberger besser noch länger Administrator hätte bleiben sollen.

Propst Richard Schneeweis (1589–1609)

Richard Schneeweis blieb nicht lange Administrator in Höglwörth. Im April 1589 resignierte Balthasar Peer auf die Propstei, welche Erzbischof Wolf Dietrich auf Präsentation des Domkapitels umgehend an Richard Schneeweis verlieh[25]. Am 17. Juli 1589 erhielt er vom Erzbischof die Peter Renn'schen Güter zu Lehen[26].

Richard Schneeweis, 1555 geboren, war bereits 1575 zum Priester geweiht worden. Bei der 1593 in Höglwörth erfolgten Visitation[27] behauptete er, dass dies damals mit Bewilligung durch den seinerzeitigen Salzburger Offizial Christoph von Lamberg geschehen sei. Einige Jahre danach habe ihn der päpstliche Nuntius Felician von Ninguarda[28] von der dadurch *zugezogenen Irregularität absolvirt* (sic!)[29]. Im Jahre 1590 war der resignierte Propst Peer noch am Leben. Trotz der wirtschaftlich angespannten Lage wurde er gut und anständig gepflegt. Da 1589 die Weinlese in Arnsdorf missraten war, bat Propst Richard den Erzbischof um Nachlass der Reichnis von 16 Eimern Wein an das Erzstift, da das überschuldete Kloster mit der Pflege des alten Propstes eine große Last habe[30]. Propst Balthasar dürfte 1591 oder 1592 verstorben sein, jedenfalls wird er bei der Visitation von 1593 nicht mehr erwähnt.

Das Stift Höglwörth besaß in der Stadt Salzburg ein ansehnliches Stadthaus, das allerdings jeweils von einem Domkapitular, von denen sich ja jeder einzelne als Patron des Stiftes verstand, bewohnt wurde. So fand der Propst, wenn er in der Residenzstadt war, in seinem eigenen Haus keinen Platz. Um diesen misslichen Zustand zu beenden, verpfändete Propst Richard am Abend des Bartholomäus-Tages (24. August) des Jahres 1592 das Haus um 150 Gulden an Johann Echinger unter der Bedingung, dass ihm und den Konventualen von Höglwörth, wenn sie nach Salzburg kämen, darin eine anständige Wohnung vorbehalten sei[31].

Am 15. November 1593 kam der Bischof von Chiemsee und Generalvikar der Erzdiözese Salzburg, Sebastian Cattaneus, als Visitator in Höglwörth an. Außer dem Propst fand er nur drei Chorherren vor, die den gesamten Konvent bildeten[32]. Die wirtschaftliche Lage des Klosters war zwar nicht durch Reichtum ausgezeichnet, aber gut bestellt. Was allerdings die klösterliche Disziplin betrifft, so spricht die Personalvisitation von 1593 Bände. Bei der Befragung musste Propst Richard einräumen, dass er, solange er noch in Berchtesgaden war, im Konkubinat gelebt hatte. Als er 1588 nach Höglwörth kam, hätte er zwar seine Konkubine Magdalena aufgegeben, doch habe er sie im Jahr 1592 drei Monate lang zur Aushilfe in der Stiftsküche beschäftigt. Mit ihr hatte er drei Kinder, der älteste Sohn sei jetzt im Alter von 17 Jahren. Weiters konnte er wegen der geringen Zahl von Konventualen die von den Statuten festgesetzten Kapitelsitzungen nicht abhalten. Auch wurde im Kloster die Ordensregel nicht — wie vorgeschrieben — vorgelesen. Als Propst las er die Messe zwar an Sonn- und Feiertagen, doch nur sehr selten an Werktagen. Er speiste auch meist mit den Kloster-Beamten und Gästen in seinem Zimmer, anstatt mit seinen Mitbrüdern im Refektorium. Dies rechtfertigte er unter anderem damit, dass seine Mitbrüder von ihren kirchlichen Verrichtungen in Anger, Piding und Vachenlueg nicht gleichzeitig und zudem oft auch sehr spät nach Hause zurückkämen. Er selbst beichtete nur zwei Mal pro Jahr, in der letzten Osterzeit hatte er gar keine Osterbeichte abgelegt[33].

Der 42-jährige Konventuale Samuel Prugkhmoser war Senior des Stiftes. Er lebte schon 24 Jahre lang im Kloster, war seit 17 Jahren Priester und providierte das Vikariat Piding. Den Visitatoren gab er an: In der Klosterkirche werde täglich ein hl. Amt gehalten, zusätzlich noch jeden Freitag eine hl. Messe. Da immer zwei Mitbrüder auf den inkorporierten Pfarreien eine Messe lesen müssen, könne beim Chorgebet oft nur ein Konventuale anwesend sein. Seine Pfarrei Piding zählte damals 450 Kommunikanten. Es sei in der ganzen Umgebung nicht üblich, das Sakrament der Krankensalbung zu spenden. Er könne sich auch nicht erinnern, dass seit seinem Eintritt ins Kloster jemals gefirmt worden wäre. Gewöhnlich speisten die Konventualen gemeinsam im Refektorium, an Festtagen allerdings beim Propst in der Prälatur. Hinsichtlich der Verpflegung mangle es ihm an nichts. Zur Anschaffung von Kleidung erhielten die Chorherren jährlich 54 Gulden, die sie untereinander aufteilen, an Stolgebühren ungefähr 6 Gulden jährlich. Der Propst führe aus seiner Sicht die Hauswirtschaft gut, auch wenn er nicht am Chorgebet und am gemeinsamen Tisch teilnehme. Weiters halte er keine Kapitelsitzungen ab und lege auch keine Rechnungen offen. Prugkhmoser gab zu, dass auch er bis vor kurzem im Konkubinat[34] gelebt habe und jährlich nur viermal beichte.

Der 34-jährige Konventuale Johann Seidenfaden, seit 17 Jahren im Kloster und seit 1584 Priester, war damals Pfarrvikar von Anger. Er stellte die Verhältnisse des Klosters ähnlich wie Prugkhmoser dar. Er fügte lediglich hinzu, dass sich in der Stiftskirche nur wenige und schlechte Paramente befänden und leider nur zwei gewöhnliche Kelche. Was auch immer an Gutem und Kostbarem vorhanden sei, bewahre der Propst bei sich auf. Zum Mittag- und Abendessen erhielten die Chorherren jeweils sechs Speisen, aber nur ein *Khändl* Wein. Um die Kleidung müssten sich die Chorherren selbst kümmern, obwohl ein jeder nur ca. 18 Gulden für sich beziehe. Seidenfaden bestätigte, dass Prugkhmoser seine

Konkubine vor einem Vierteljahr entlassen habe. Er selbst habe zwar nie im Konkubinat gelebt, sei dafür aber manchmal betrunken gewesen. Er versprach diesen Fehler abzulegen. Auch er war gewohnt, lediglich vier Mal pro Jahr zu beichten. Seine Pfarrei zählte damals 500 Kommunikanten. In der Osterzeit 1592 hatten drei Männer aus Anger weder gebeichtet, noch die hl. Kommunion empfangen.

Der dritte Chorherr war der 36-jährige Georg Scheierhuber. Er war seit sieben Jahren im Kloster, seit sechs Jahren Priester und wirkte als Benefiziat in Vachenlueg. Seine Angaben stimmten mit denen der beiden Mitbrüder überein. Er fügte hinzu, dass das Stift derzeit weder einen Dechant noch einen Novizen habe. Dabei wären mehrere Priester für die vielen Aufgaben sehr notwendig. Seiner Meinung nach seien die in der Stiftskirche vorhandenen Paramente für ein *so schlechtes Klösterl* schön genug. In den zum Kloster gehörenden Kirchen müsse der Priester ohne Ministranten die Messe lesen.

Bei der Visitation wurde auch ein Inventar erstellt, das unter anderem sechs silberne und vergoldete Kelche, eine Silbermonstranz, vier silberne und teilweise vergoldete Kreuze, ein silbernes Muttergottesbild, ein großes Reliquiar, ein silbernes Kopfreliquiar, zwei silberne Messkännchen, vier große und drei kleinere silberne und vergoldete Becher mit dem Wappen der Familie Trenbeck samt den dazu gehörenden Deckeln, zwölf Silberbecher, die ineinander geschoben und mit einem gemeinsamen Deckel verschlossen werden konnten, fünf weitere Silberbecher, eine Silberkanne und eine vergoldete Kanne, zwölf Silberlöffel und zwei silberne Salzgefäße anführte[35]. Leider waren in der Bibliothek keine literarischen Schätze vorhanden.

Der Zustand des Stiftes war also keineswegs erfreulich. Der geringe Personalstand machte ein lebendiges geistliches Leben fast unmöglich. Die zahlreichen *Excurrendo*-Verpflichtungen ließen auch kein sonderliches Gemeinschaftsleben entstehen. Sowohl der Propst als auch der Senior Samuel Prugkhmoser führten ein nicht gerade vorbildliches Leben. Positiv beurteilte die Visitation lediglich, dass im Kloster Friede und Eintracht herrschten. Es wurde von den Konventualen keine Klage gegen den Propst und umgekehrt vorgebracht.

Geißelung Christi als rechtes Seitenbild des ehemaligen Wolfgang-Altares in der Kirche St. Johann am Högl, frühes 17. Jahrhundert (Foto Brandl)

Sebastian Cattaneus erließ am 22. Januar 1594 den schriftlichen Visitationsrezess[36]. Der Bischof von Chiemsee gab einleitend an, dass er *hinsichtlich der geistlichen und weltlichen Güter nichts gefunden habe, was unbedingt der Reform, der Korrektur und Verbesserung bedürfe*[37]. Dennoch wurden acht Punkte konkret angesprochen: So möge der Prälat dafür sorgen, dass die Hl. Eucharistie stets würdig aufbewahrt werde. Zweitens sollen alle *Vasa sacra* und die Paramente in sauberem Zustand gehalten und sorgfältig behandelt werden. Sie mögen auch stets gut durch zwei Schlüssel verschlossen sein, von denen der Propst den einen und der Dekan oder der Senior den anderen verwahren solle. Drittens schärfte Cattaneus Propst und Konvent mehr Sorgfalt beim Chorgebet ein. Auch soll der Prälat nur gut ausgebildete Männer aus ehelichen Verbindungen als Novizen aufnehmen. Viertens möge die Liturgie in Eucharistie und Chorgebet ordentlich gesungen werden. Fünftens schärfte er dem Propst ein, dass in den zum Stift gehörenden Kirchen keine Ordens- oder Weltpriester zelebrieren dürfen, die nicht auf der Basis der Dekrete des Konzils von Trient stünden oder die Sakramente ohne die kirchliche Prüfung und Zulassung durch das Salzburger Konsistorium erteilen[38]. Sechstens sollen die Gelübde wieder streng eingehalten werden. Deshalb sollen Frauen keinen Zugang mehr in die klösterliche Klausur erhalten und das Stillschweigen solle in der Kirche, im Dormitorium, Refektorium und Kreuzgang strikt eingehalten werden. Siebentens sei es schändlich und unwürdig für Ordensleute im Konkubinat zu leben. Dem Propst drohte die Absetzung und den Konventualen der Karzer bei derartigen Vergehen. Auch wird der Prälat erinnert, dass er nichts ohne den Rat seiner Brüder tun und keinen zu großen persönlichen Aufwand treiben solle. Weiters sollen der Stiftungsbrief des Klosters, die Privilegien und das Stiftssiegel sicher aufbewahrt werden[39]. Achtens wird der Propst an seine Hirtensorge für seine Konventualen, aber auch für seine Bediensteten erinnert, die er vor seinem Gewissen verantworten müsse. Er sei angehalten, Konflikte zu lösen und Versöhnung zu stiften. Auch wird ganz allgemein an die ordentliche Kleidung der Ordensleute und die Mönchstonsur erinnert, die ja auch vor den Klosterbediensteten für die glaubwürdige Berufung und Heiligkeit des Ordensstandes stünde. Schließlich wurde noch eingeschärft, dass dieser Rezess wenigstens einmal pro Monat im Kapitel oder im Refektorium öffentlich vorgelesen werden solle[40].

Die wöchentlichen fünf Stiftungsmessen konnten bei der geringen Besetzung des Konventes kaum persolviert werden. Deshalb erhob Christoph von Haunsperg am 28. November 1595 Klage wegen Vernachlässigung der Messstiftung des Jakob von Haunsperg in der Schlosskapelle zu Vachenlueg. Die Entscheidung des Ordinariates in Salzburg kam reichlich spät. Am 10. Oktober 1601 erging die Anweisung an das Stift, es habe seine Verbindlichkeit in Vachenlueg vollends zu erfüllen. Angesichts der Umstände war dieser Schiedsspruch des Ordinariates kaum umzusetzen. Im Jahr 1610 starb Christoph von Haunsperg und seine Schwägerin, Magdalena von Haunsperg, geb. von Alt, zögerte nicht lange und klagte am 14. Januar 1611 das Stift erneut an. Das Kloster erklärte, dass man es bei dem geringen Stiftungsertrag von jährlich 25 Gulden als nicht verpflichtend erachten könne, allen Forderungen nachzukommen. Dieser Streit zog sich ein ganzes Jahrhundert hin, bis schließlich das Stift Höglwörth 1722 das Gut Vachenlueg kaufte[41].

Herrschte bei der Visitation 1593 noch weitgehend Einigkeit, so klagten die drei Chorherren bereits 1596 beim erzbischöflichen Konsistorium gegen ihren Propst[42]. Er verwahre das Kirchengut und die Pretiosen alleine, mache viele Schulden, gehe das ganze Jahr nicht in den Chor, halte kein Amt und keine Vesper und reduziere Speise und Trank. Am 10. Januar 1596 nahm Anton Graf von Lodron, Domscholasticus und Offizial des Erzbischofs, in Höglwörth eine Visitation vor, in der er zu Frieden und Einigkeit ermahnen und an die 1594 gegebenen Vorschriften sowie an die Gehorsamspflicht gegenüber dem Propst erinnern musste[43]. Die Sache beruhigte sich wieder und Propst Schneeweis blieb im Amt bis zu seinem Tod am 24. Oktober 1609[44].

Damals waren in dem nun verwaisten Kloster nur noch zwei Chorherren und der Weltpriester Philipp Aspacher[45], der die Pfarrei Anger versah. Die Zustände im Kloster hatten sich seit der letzten Visitation nicht sonderlich geändert. Ohne den genauen Schuldenstand des Stiftes eruieren zu können, befand die erzbischöfliche Kommission bei ihrem Besuch in Höglwörth am 14. Dezember 1609: *Es wurde keine Clausur, noch* **regularis disciplina** *in dem Klösterl gehalten. Die* **horae canonicae** *wurden zwar persolvirt, aber gar schlecht,* **matutinae preces** *in der Frühe um 4 Uhr gebetet, aber bisweilen nur von einem einzigen Religiosen, bisweilen ganz unterlassen, doch wurde täglich ein Amt und die Vesper gesungen, dabey sich der Schulmeister, der Organist und ein Knabe befanden. Im Closter wurde* **ordinari** *an Sonn- und Feiertagen nit gepredigt. Die gestifteten Jahrtäge in der Klosterkirche wurden wegen Abgang der Priester wenig gehalten. Die Klosterkirche war von dem Propste Richard erneuert worden und befand sich daher in einem guten Zustande, die Sacristey aber war eng und der besseren Paramente waren wenige vor-*

handen. Das Dormitorium war finster, klein, alt, baufällig und fast unbewohnlich. Auch sonst zeigten sich an den Klostergebäuden Spuren des Verfalles.[46]

Propst Marquard von Schwendi (1610–1634)

Da die letzte Postulation eines Professen aus Berchtesgaden in der Person des Richard Schneeweis nicht unbedingt zum Segen des Klosters war, beschloss das Salzburger Domkapitel, das Amt des Propstes von Höglwörth jetzt mit einer Person aus seinen eigenen Reihen zu besetzen. Am 19. Dezember 1609 trug man Marquard von Schwendi die Propstwürde an. Er war seit 1599 Salzburger Domherr[47], daneben aber auch noch Domherr in Augsburg und Passau sowie Administrator des Bistums Passau[48]. Schwendi, der schon so viele Ämter hatte, erbat sich zunächst Bedenkzeit. Ihm ging es vor allem darum, ob es überhaupt noch möglich sein werde, das Stift wieder in die Höhe zu bringen. Am 9. Januar 1610 gab er die Erklärung ab, dass er trotz des heruntergekommenen Zustandes die ihm zugedachte Propstei als Kommende mit der Verpflichtung übernehmen wolle, das Kloster von den Schulden zu befreien und den notwendigen Seelsorgeklerus dort anzustellen. Erzbischof Wolf Dietrich übertrug ihm am 15. Januar 1610 ohne Bedenken die Propstei, fordert ihn aber auf, die Schulden seines Vorgängers abzubauen, die Disziplin im Kloster zu erneuern und den Seelsorgeklerus gut auszubilden[49]. Diese Maßnahme Wolf Dietrichs war gut gemeint, doch hatte der Erzbischof damit seine Kompetenzen überschritten. Denn seit der Säkularisierung des Salzburger Domkapitels 1514 konnte der Erzbischof nicht einen Weltpriester — und das waren die Salzburger Domherren seither — zum Propst eines Regularstiftes ernennen. Ein solches Recht wäre eine große Ausnahme und käme lediglich dem Papst selbst zu. Der Fall kam, auf wessen Veranlassung auch immer, unter Wolf Dietrichs Nachfolger Markus Sittikus von Hohenems (1612–1619) im Jahre 1614 an die römische Kurie. Im päpstlichen Breve vom 13. Juni 1614 wurde das Verleihungsdekret vom 15. Januar 1610 als kraftlos bestimmt und die Propstei Höglwörth noch immer

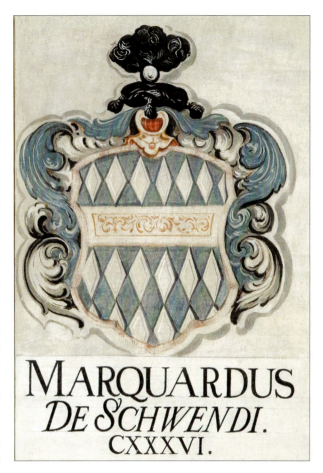

Wappen von Propst Schwendi in der Erzabtei St. Peter
(Foto Archiv St. Peter)

als erledigt bezeichnet. Papst Paul V. verlieh die Propstei aber mit demselben Breve an den nämlichen Marquard von Schwendi[50].

Schwendi wurde inzwischen am 19. April 1610 von Erzbischof Wolf Dietrich und am 4. April 1614 von Erzbischof Markus Sittikus mit den Renn'schen Gütern belehnt[51]. Die beiden einzigen im Stift wohnenden Konventualen wurden aus dem Kloster entlassen[52]. Als man 1613 die alte Allerseelenbruderschaft wiederbeleben wollte, wurde die Bestätigung mangels eines ausreichenden Fonds vorerst verweigert. Am 4. August 1618 stiftete Wolf Siegmund von Haunsperg auf Neufahrn und Kollensperg, Pfleger und Urbarspropst zu Radstadt, mit einem Kapital

Propst Marquard von Schwendi
(Foto Brandl)

MARQVARDVS A SCHWENDI EPS PASSA ADMIN CATHED ECCLAR SALIS AVTÆ CON PRET IN HEGLWERT

von 100 Gulden in die Kirche von Piding vier Quatembermessen[53]. Am 6. August 1620 erfolgte die Belehnung Schwendis mit den Renn'schen Gütern durch Erzbischof Paris Lodron (1619–1653)[54].

Die Baumaßnahmen von Propst Schwendi in Höglwörth verliefen eher unglücklich, denn die Arbeiten an den Klostergebäuden waren von so geringer Qualität, dass diese schon nach wenigen Jahren einsturzgefährdet waren[55]. Im Jahre 1622 begann Schwendi damit, die Wallfahrtskirche auf dem Mariahilfberg bei Passau zu erbauen[56]. Da er nur selten längere Zeit in Höglwörth sein konnte, stellte er dort als seinen Stellvertreter einen *Inspector* auf, die Ökonomie verpachtete er am 29. Juni 1629 auf drei Jahre an den Meier Christoph Kendlinger[57]. Dieser Pachtvertrag sicherte vor allem dem Propst eine Rendite von 100 Gulden jährlich, die vierteljährlich auszubezahlen war.

In den Chorherrenstiften der Salzburger Erzdiözese sah man es nicht gerne, dass das Stift Höglwörth in der Person des Marquard von Schwendi von einem Weltpriester geleitet wurde. Doch erwies sich diese Maßnahme für das Stift selbst als gut, gelang es doch Propst Schwendi, dieses wirtschaftlich zu sanieren. Propst Marquard entsprach damit auch weitgehend seinem Auftrag aus dem Jahre 1610. Die Pröpste der anderen Chorherrenstifte — Au, Baumburg, Herrenchiemsee, Gars und St. Zeno — waren aber darum bemüht, dass diese Ausnahme nicht etwa zur Regel wurde[58]. Unter Anerkennung der Verdienste von Propst Marquard richteten sie am 1. Juni 1630 an Erzbischof Paris Lodron die Bitte, er möge beim Freiwerden der Propstei Höglwörth diese doch wieder mit einem regulierten Chorherrn besetzen, wozu diese Pröpste durchaus befähigte Männer vorschlagen könnten. Obwohl Marquard von Schwendi bereits alt war, resignierte er auf sein Amt in Höglwörth nicht und behielt die Propstei bis zu seinem Lebensende am 29. Juli 1634[59].

Die genannten Pröpste der Erzdiözese Salzburg, die sicher keine Freunde Marquards von Schwendi waren, mussten allerdings zugeben, dass er das *Gotteshaus* zu Höglwörth — übrigens das einzige des Ordens im ganzen Fürsterzbistum — aus der wirtschaftlichen Not herausgerissen hatte. Auch wenn sich später sein Nachfolger Leonhard Feustlin darüber beklagte, dass er bei seinem Amtsantritt keinen Nagel gefunden habe, an dem er seinen Habit hätte aufhängen können[60], so erklärte sich das dadurch, dass Propst Marquard in Höglwörth keinen großen Haushalt geführt hatte. Der Nachlass Schwendis wurde als Privateigentum angesehen und ging an seinen Bruder Maximilian von Schwendi als Haupterbe über. Dieser konnte am 30. August 1634 mit Recht in seiner Vorstellung gegenüber Erzbischof Paris Lodron sagen, *sein geliebter Bruder selig habe nit allein alle auf der Propstey gelegene Schuldenlast und andere Bürden ganz und gar abgeledigt, sondern auch, wie die richtig befundenen Rechnungen ausweisen und schon der Augenschein zu erkennen gibt, viele tausend Gulden in die Propstey nützlich verbaut*[61]. Die Bemühungen der Pröpste der Erzdiözese haben jedoch gefruchtet, denn nach dem Tode Schwendis ernannte Erzbischof Paris Lodron in der Person des Leonhard Feustlin wieder einen Ordensmann zum Propst von Höglwörth[62].

Bis am 25. Oktober 1634 schließlich der Gerichtsentscheid folgte, sollte die Verlassenschaft Schwendis aber noch die Gerichte beschäftigen. Nachdem man den Streit zuerst vor Erzbischof Paris Lodron brachte, wurde er später an das Konsistorium weitergeleitet. Hier wurde *pro rato temporis* zwischen dem Bruder und Universalerben des Verstorbenen, Maximilian von Schwendi — Rat, Hofmarschall und Hofratspräsident des Erzbischofs Leopold Wilhelm von Magdeburg und Bremen, Erzherzogs von Österreich und Bischofs von Passau — und dem konfirmierten Propst Leonhard Feustlin von Höglwörth folgender Vergleich geschlossen: Die laut Rechnung des Propsteirichters Johann Huetter von 1633 verbliebenen 932 Gulden und 93 Metzen Hafer Höglwörther Maß erhielt Maximilian von Schwendi. Dafür verzichtete dieser auf das Einkommen von 1634 sowie auf die Fahrnis, die dem Propst bei Antritt der Propstei gegen Schuldenabledigung übergeben wurde, soweit diese noch laut Inventar des *bstandmayers* Christoph Kendlinger vorhanden war. Nach der Ratifizierung durch den Erzbischof stellten sich die Parteien Schadlosbriefe aus[63].

Die Geschichtsschreibung machte Propst Marquard den Vorwurf, dass er für sich gewirtschaftet und daher keine Novizen aufgenommen habe[64]. Er habe deshalb auf seine Kosten die Klosterpfarreien von Weltpriestern versehen lassen. Aber wie sollte ein Marquard von Schwendi auch Novizen aufnehmen, wenn sich keine gemeldet hatten? Und wie sollten geeignete Kandidaten um Aufnahme ansuchen, wenn sie keinen Konvent vorfanden, der sie hätte prägen und ausbilden sollen? Laut Übernahmevertrag von 1609 war der sogenannte *Säkular-Propst* Schwendi berechtigt, den Überschuss seiner Präbende für sich zu beziehen. Marquard von Schwendi war sicherlich eine der mächtigsten und einflussreichsten Persönlichkeiten an der Spitze des Stiftes Höglwörth. Doch hätte das Stift gerade zu Beginn des 17. Jahrhunderts eines Mannes bedurft, der vor allem solide nach innen gewirkt hätte. Wegen seiner zahlreichen anderen kirchlichen und weltlichen Ämter[65] konnte er dem Stift Höglwörth nicht die Zeit widmen, die es gebraucht hätte. Zweifellos war es Schwendis großes Verdienst, das Stift Höglwörth dem gänzlichen Untergang entrissen und damit die Zukunft dieser Institution garantiert zu haben.

Propst Leonhard Feustlin (1634–1638)

Nach dem Tode Marquards von Schwendi wiederholten die Pröpste von Au, Baumburg, Chiemsee, Gars und St. Zeno am 3. August 1634 die Bitte an den Salzburger Erzbischof um Besetzung der Propstei mit einem Augustiner-Chorherrn[66]. Erzbischof Paris Lodron gewährte diese Bitte, da das Stift wirtschaftlich saniert war und damit auch kein Grund mehr bestand, die Propstei als Kommende zu vergeben. Aufgrund der Wirren des 30-jährigen Krieges mussten die Konventualen des Chorherrenstiftes Hl. Kreuz zu Augsburg zwischenzeitlich ihr Kloster verlassen[67]. Sie wurden in verschiedenen anderen Klöstern aufgenommen. Einer von ihnen war Leonhard Feustlin[68]. Er hielt sich gerade in Herrenchiemsee auf. Das Domkapitel zu Salzburg war von seinen Fähigkeiten überzeugt und präsentierte ihn Erzbischof Paris Lodron am 12. August 1634 zum Propst von Höglwörth. Der Chiemseer Bischof Christoph Graf von Liechtenstein (1625–1643) zeigte dies als Konsistoriumspräsident sowohl dem Augsburger Bischof Heinrich von Knöringen[69] als auch Propst Johann Schaal[70] von Hl. Kreuz an. Beide waren über die Ehre erfreut und bewilligten gerne die Annahme dieser Würde[71]. So konnte Leonhard Feustlin am 11. September 1634 als Propst von Höglwörth bestätigt werden[72]. Propst Leonhard leitete das Stift zwar nicht lange, aber sehr gut, wie aus der von Propst Ambros Sumperer von Au vorgenommenen Visitation vom 29. und 30. August 1638 hervorgeht[73]. Gemeinsam mit Propst Ambros visitierte auch der Salzburger Konsistorialdirektor Christoph Schreph[74] im Auftrag von Erzbischof Paris. Propst Leonhard war schwer erkrankt, als die Visitation vorgenommen wurde. Neben ihm wurden noch vier Patres visitiert: Dekan Felix Faber, Pater Cyrill Cellarius (beide Professen von Augsburg-Hl. Kreuz), P. Januarius Salher (Professe von Au) und Frater Augustin Beck. Nur Beck hatte in Höglwörth Profess abgelegt. Vitalis Mozhardt[75], der Propst von Hl. Kreuz in Augsburg, befand sich zur Zeit der Visitation gerade als Gast in Höglwörth.

Den Visitatoren fiel beim Lokalaugenschein auf, dass das Presbyterium der Klosterkirche so eng war, dass die Patres während der Chorzeiten im Volk sitzen mussten. Von den fünf vorhandenen Altären waren nur zwei konsekriert. Noch immer war es nicht üblich, das Sakrament der Krankensalbung zu spenden. Bei den Paramenten fehlten die Dalmatiken und das Pluviale, für den Chorgesang waren weder Antiphonar noch Psalter vorhanden. Über die Bibliotheksbestände lag zwar ein 14-seitiger Katalog vor, aber es gab zu dieser Zeit keinen Bibliothekar. Das Kloster konnte kein Krankenzimmer ausweisen und das Dormitorium (Schlafhaus) bestand aus fünf engen Zellen, an deren Türen die vorgeschriebenen Fensterchen fehlten. Um die Wirtschaft, die Propst Leonhard vom vorigen Meier Christoph Kendlinger um 275 Gulden 25 Kreuzer wieder eingezogen hatte, war es gut bestellt. Erzbischof Paris Lodron hatte erst am 12. Februar 1637 die Renn'schen Güter an Propst Leonhard verliehen[76]. Es gelang Propst Leonhard offenbar auch, unter den Mitbrüdern Frieden und Einigkeit zu stiften. Gegen den Propst wurde bei der Visitation 1638 keine einzige erhebliche Klage laut. Die Visitatoren hatten lediglich die Mitbrüder in der Seelsorge zu ermutigen, die Beschwerden der Pastoralarbeit geduldig zu ertragen. Schließlich wurde noch eine neue Hausordnung eingeführt[77]. Als Propst Leonhard im Oktober 1638 starb, hinterließ er ein wohl geordnetes Haus.

Propst Felix Faber
(1638–1644)

Nach dem Tod von Propst Leonhard Feustlin wurde Dekan Felix Faber — wie sein Vorgänger Professe des Augsburger Hl.-Kreuz-Klosters — als Propst von Höglwörth auserkoren. Nachdem ihn sein Propst Vital Mozhardt von Heilig Kreuz am 29. Oktober 1638 und der Augsburger Bischof Heinrich von Knöringen am 27. Oktober 1638 entlassen hatten, konnte er nach der formellen Präsentation durch das Salzburger Domkapitel von Erzbischof Paris am 2. Dezember 1638 als Propst von Höglwörth bestätigt werden[78]. Über ihn gehen die Meinungen auseinander. Franz Petri[79] charakterisierte ihn als einen sowohl bei seinen Konventualen als auch bei seinen Mitbrüdern (im Propstamt) sehr beliebten Oberen. Über seine geistliche Amtsführung ist nur überliefert, dass er am 17. Mai 1641 um Altersdispens zur Priesterweihe von Fr. Sebastian Stocker und am 17. Juni 1641 um die Beichtjurisdiktion für P. Gregor Magius von Gars beim Fürsterzbischof angesucht hat[80].

Völlig anders stellten sich aber die klösterlichen Verhältnisse dar, als Propst Petrus Mittmann von Gars und der Salzburger Konsistorialdirektor Christoph Schreph am 31. März 1642 das Kloster visitierten[81]. Der Konvent hatte viel über seinen Propst und der Propst viel über seinen Konvent zu klagen: Der Propst stehe gewöhnlich vor 6 Uhr nicht auf und erscheine auch nur selten zur Matutin. Auch feiere er nur selten die Messe und trinke gerne über den Durst. Im Fasching 1642 hatte er den Kellerschlüssel mitgenommen, so dass die Konventualen erst um 8 Uhr abends ihren Tischwein erhielten. Er habe mehr Vertrauen zu Weltleuten als zu seinen Mitbrüdern. So habe er auch gegen den Willen des Konventes den Wagner von Teisendorf zum Weinkauf nach Österreich geschickt, der sich dabei zum Schaden des Klosters bereichert habe. Der Propst lege dem Konvent nie Rechnungen vor und berate sich auch nicht mit den Mitbrüdern über wichtige wirtschaftliche Angelegenheiten. Bei der letzten ordentlichen Visitation seien nicht einmal die Dekrete vorgelesen, geschweige denn umgesetzt worden. Auch sei die schon längst vorgeschriebene Einrichtung eines Krankenzimmers immer noch nicht umgesetzt worden. Der Propst gerate oft mit seinem Dekan, P. Augustin Lenck, in Streit, wobei es nicht an Beschimpfungen mangle. Zu all dem komme noch, dass Propst Felix das Kloster in den vier Jahren seiner Amtszeit wieder mit 2290 Gulden Schulden belastet habe, was ihm nicht nur von Seiten des Visitators, sondern auch von Seiten des Salzburger Ordinariates eine strenge Rüge einbrachte. Die Visitation ergab, dass der Propst jetzt mit dem renitenten Fr. Sebastian Stocker aus Salzburg einigermaßen (*modo*) zufrieden war und Dekan Augustin Lenck durch den Baumburger Professen Kaspar Hofinger[82] ersetzt wurde. Am 30. Januar 1643 visitierte Propst Johann Baptist Zehentner[83] von Baumburg Höglwörth erneut und fand die meisten Missstände abgestellt[84]. Bis zu seinem Tod am 10. November 1644 ist von Propst Felix nichts mehr überliefert.

Propst Kaspar Hofinger
(1645–1650)

Da man das Kloster Höglwörth nicht lange ohne Leitung belassen wollte, präsentierte das Salzburger Domkapitel[85] am 23. Januar 1645 Dechant Kaspar Hofinger als neuen Propst. Obwohl das Kloster Baumburg seinen Mitbruder sofort in dieses hohe Amt entließ, zog sich die Bestätigung durch den Erzbischof bis zum 8. November 1645 hin[86]. Der Erzbischof erachtete es als nötig, zuvor noch den genauen Vermögensstand des Stiftes zu erheben und für den Erhalt einer guten Ordensdisziplin zu sorgen. Zu diesem Zweck übertrug das erzbischöf-

Der hl. Augustiner-Chorherr Guarinus († 1159), Bischof von Palestrina, erhält aus der Hand des Papstes den Kardinalshut; Ölgemälde im Fürstenzimmer
(Foto Brandl)

liche Konsistorium am 5. März 1645 dem Propst von St. Zeno, Bernhard Fischer, die Inspektion bzw. Visitation von Höglwörth[87]. Da man lange Zeit keinen geeigneten Dekan fand, setzte man schließlich auf Vorschlag von Propst Bernhard[88] den Diessener Chorherrn Alipius Bossenheimer als Dekan ein. Dieser Vorschlag wurde genehmigt und P. Alipius

Der hl. Trudo (um 630–695) genoss in Höglwörth hohe Verehrung; Ölgemälde im Fürstenzimmer (Foto Brandl)

am 18. Januar 1647 (!) zum Dekan ernannt. Leider wurde dieser bereits nach einem Jahr von seinem Propst wieder ab- und nach Diessen zurückberufen. Der Propst von St. Zeno machte zwar weitere Vorschläge für das Dekanat von Höglwörth, die aber allesamt aus Mangel an geeigneten Personen nicht umgesetzt werden konnten[89]. Nach dem Tod des Pidinger Vikars Georg Helmhaßlacher am 26. März 1650 bat Propst Kaspar das Salzburger Ordinariat, diese Stelle, die bisher aus Mangel an Ordenspriestern mit Weltpriestern besetzt war, wieder mit Konventualen besetzen zu dürfen. Doch dies erlaubte man dem Stift erst am 7. Januar 1651 — ein halbes Jahr nach dem Tode von Propst Kaspar. Das Stift bestimmte hierfür P. Franz Schrofner. Von da an stellte das Kloster ununterbrochen die Seelsorger für Piding.

Propst Bernhard Fischer von St. Zeno setzte sich in seiner Visitationstätigkeit für ganz unterschiedliche Belange des Stiftes Höglwörth ein, so in einem Schreiben vom 24. Februar 1647 an das Salzburger Kosistorium für ein *erträgliches* Maß an Wein für die Priester. Am 18. Oktober desselben Jahres erließ er ein spezielles Programm mit insgesamt 16 einzelnen Punkten für den Propst von Höglwörth. Dabei rief er Propst Kaspar in Erinnerung, dass es in erster Linie um Gottes Ehre ginge und nicht um persönlichen Ruhm des Prälaten. Auch sollte das Gemeinschaftsleben der Mitbrüder nicht durch Willkür, sondern aufgrund einer genauen Ordnung durch den Oberen geregelt sein. Am selben Tag erließ er auch in 19 Punkten Anweisungen für den Konvent von Höglwörth, die das Leben der Gemeinschaft und der einzelnen Chorherren regelten[90].

Doch der Frieden währte nicht lange. Schon im Jahre 1649 musste der Propst von St. Zeno auf Forderung des Konsistoriums in Höglwörth erneut nach dem Rechten sehen[91]. Diesem Auftrag kam Propst Bernhard Fischer am 24. September nach, indem er die einzelnen Konventualen vernahm. Der Propst stellte dabei fest, dass die Schuldenlast wieder angewachsen und außer P. Augustin Lenck niemand imstande sei, die wirtschaftlichen Geschäfte zu führen[92]. Der mit der Administration betraute P. Augustin Lenck erhielt am 22. November 1649 eine in sechs Punkte gegliederte *Instructio*, die das Amt des Stiftsdechanten definierte und die konkrete Situation — Lenck war auch Pfarrvikar von Anger — regelte[93]. Lenck möge sich vor allem als Pfarrvikar von Anger nicht allzu familiär mit seinen Gemeindemitgliedern geben, sollte abends nicht zu lange ausbleiben und nicht zu viel Alkohol trinken. Propst Bernhard von St. Zeno schickte unter demselben Datum seinen Visitationsbericht dem Salzburger Konsistorium und teilte ihm auch seine Entscheidung mit, P. Augustin Lenck als Administrator *in rebus temporalibus* und als Stiftsdechant einzusetzen. Dabei sprach Propst Bernhard ausdrücklich vom *armen Closterlein* Höglwörth. Propst Kaspar starb am 1. Juli 1650. In der Klosterchronik wird er sehr positiv charakterisiert[94].

Administrator Augustin Lenck (1650–1652)

Bevor Höglwörth wieder einen eigenen Propst in der Person von Wolfgang Zehentner erhielt, sollte noch einige Zeit vergehen. Wegen der großen Schuldenlast wurde die Propstei zunächst nicht besetzt, sondern P. Augustin Lenck, der inzwischen wieder Dekan geworden war, als Administrator eingesetzt. Dieser konnte allerdings sein Amt nicht sofort antreten, denn es hatte sich das Gerücht verbreitet, Propst Kaspar sei an der Pest gestorben. Obwohl der Kammerdiener nicht bestätigen konnte, dass Propst Kaspar mit Pusteln übersät und seine Zunge schwarz angelaufen sei, wurde dieses Gerücht dadurch genährt, dass am 11. und 12. Juli in Holzhausen zwei Kinder im Alter von elf und zwölf Jahren verstorben waren. Am 27. Juli starb der Bauer vom Dorfpichlergut in Anger, den noch der Propst selbst mit den Sterbesakramenten versehen hatte, und drei Tage später dessen Frau sowie eine alte, im selben Hause wohnhafte Frau, die der Dechant versehen hatte. Dechant Augustin musste daher am 12. August das Kloster verlassen, um in einem eigenen Haus in Quarantäne zu verbleiben.

P. Augustin Lenck erbat als Dechant und Administrator nach dem Tode von Propst Kaspar eine Visitation. Am 10. Dezember 1650 erhielt Propst Bernhard Fischer von St. Zeno den Auftrag, diese durchzuführen. Sie zeigte nichts Erhebliches auf. Propst Bernhard meinte aber, dass es besser wäre, wenn P. Augustin Lenck für einige Zeit von Höglwörth entfernt und in das Kloster Baumburg versetzt würde[95]. Am 10. und 11. Januar 1651 führte Propst Bernhard die Vorbereitung zur Propstwahl in Höglwörth durch, bei der er zusammen mit Administrator P. Augustin Lenck ein 24-seitiges Gesamtinventar aufnahm, das alle *Vasa sacra*, Paramente und sonstigen Zimelien der Kirche und Sakristei aufführte[96]. Der *schwierige* P. Sebastian Stocker gelobte am 12. Januar 1651 als *indignus professus* dem Propst von St. Zeno und dem Dekan von Höglwörth Besserung. Daraufhin sollte er zum Pfarrvikar von Anger ernannt werden. Aber Administrator P. Augustin Lenck bezeichnete in einem Brief vom 27. Januar 1651 P. Sebastian als *tanquam inutile Monasterii pondus*, also als eine unnötige Belastung für das Kloster. P. Sebastian, der erneut Besserung versprach, wurde offensichtlich vom Konsistorium gestützt. Am 7. Februar betonte P. Augustin nochmals, dass eine Besserung von P. Sebastian nicht zu erwarten sei.

Daraufhin wurde am 13., 14. und 15. Februar in Höglwörth vom Salzburger Geistlichen Rat und Kanonikus des Schneeherrenkapitels, Ferdinand Orefici (1640–1668)[97], eine weitere, die Propstwahl vorbereitende Visitation abgehalten. Befragt wurden P. Dominicus Pfättischer, P. Alipius Prunnmayr, P. Franciscus Schrofner, P. Augustinus Lenck und P. Sebastian Stocker[98]. Letzterer konnte zunächst noch bleiben, was dem Stift am 10. März 1651 vom Konsistorium mitgeteilt wurde. Im Gehorsam nahm P. Augustinus Lenck, der mit P. Sebastian Stocker offensichtlich verfeindet war, am 18. März diese Entscheidung an. Damit war der Weg zur Propstwahl frei.

Propst Johann Wolfgang II. Zehentner (1652–1671)

Am 4. Mai 1652 präsentierte das Domkapitel den Baumburger Professen Johann Wolfgang Zehentner[99] dem Erzbischof. Am 28. Juni 1652 wurde er als neuer Propst von Höglwörth durch Erzbischof Paris Lodron bestätigt und am 15. August mit den Peter Renn'schen Gütern belehnt[100]. Gleich zu Beginn der Amtszeit von Propst Johann Wolfgang wurde von 1652 bis 1653 wiederum eine Visitation durchgeführt[101]. Diesmal war der Anlass, dass der gekränkte P. Augustinus Lenck, der offensichtlich selber gerne Propst geworden wäre, durch sein Ver-

Propst Johann Wolfgang II. Zehentner (Foto Brandl)

tionspatent ausstellen und bestimmte abermals *unseren besonders lieben und gethreuen* Propst Bernhard Fischer von St. Zeno, dort eine vollständige Visitation *an Haupt und Gliedern* vorzunehmen, die wiederum geistliche wie zeitliche Gegenstände untersuchen sollte.

Am 9. Januar 1653 wurde die Visitation durchgeführt und Propst Bernhard schloss seinen Rezess, in dem er eigens auf die gegen Propst Johann Wolfgang Zehentner vorgebrachten privaten Denunziationen[102] einging, am 16. Januar 1653[103]. Sehr ausführlich antwortete auch Dekan Augustin Lenck am 20. März 1653 von Mülln aus. Vom Visitator wurden noch am 9. Januar 1653 selbst im Visitationsdekret genaue Anweisungen für Propst und Konvent gegeben. Frauen hätten innerhalb der Klostermauern nichts verloren, auch sollten die Chorherren und der Propst künftig keine Bacchanalien (feuchtfröhliche Faschingsfeste) innerhalb des Klosters veranstalten oder solche außerhalb besuchen. Dekan Augustin Lenck sollte im Gehorsam zur äußeren Beruhigung und zur geistlichen Sammlung in das Kloster Baumburg gehen.

halten private wie öffentliche Ermahnungen provoziert hatte, wie Propst Johann Wolfgang Zehentner in seinem Brief vom 20. November 1652 an das Konsistorium andeutete. Lenck hatte Propst Johann Wolfgang offensichtlich in Salzburg angezeigt. Am 10. Dezember 1652 ließ Erzbischof Paris das Visita-

In Folge dieser Visitation wurde am 26. März 1653 vom Salzburger Konsistorium eine Tagesordnung für die Chorherren von Höglwörth erlassen[104]. Sie lautet in Übersetzung so:

1. *Am Morgen mögen die Chorherren um 3.00 Uhr aufstehen, um im Chor anstatt an anderen lobenswürdigen Orten die Matutin zu rezitieren, an der alle teilnehmen sollen. Wer ohne gerechten Grund beim nächsten Mittagessen abwesend ist, muss auf die gewöhnliche Portion Wein verzichten. Auch werde bis zum Abend nicht die übernächste Matutin gebetet, wenn es nicht aus einem vernünftigen Grund wegen gewisser am folgenden Tag zu erledigender Dinge vom Herrn Propst anders gesehen werden sollte.*
2. *Von 5.30 Uhr bis 6.00 Uhr halten alle die Meditation. In dieser Zeit kontrolliert der Propst oder der Dekan, dass sich die Patres nicht unnütz mit anderen Dingen beschäftigen.*
3. *Um 6.00 Uhr ist im Chor die Prim zu halten. Auch werden nachträglich alle Horen gebetet, es sei denn, Prozessionen oder ähnliche Geschäfte dulden keinen unmittelbar folgenden Freiraum. Auch werde bei der Prim nicht die Lesung aus dem Matyrologium weggelassen.*
4. *Nach der Prim bis um 8.30 Uhr sollen diejenigen, die nicht außerhalb des Klosters tätig sind, den Studien, vor allem aber auch der Gewissenserforschung nachgehen.*
5. *Um 8.30 Uhr werde nach Art der Kirche von Rom im Chor die Terz gebetet und, wenn es machbar ist, die Konventmesse gesungen, wenn nicht, ist es wenigstens vernünftig, dass niemand abwesend ist und die kanonischen Stunden der Ordnung nach eingehalten würden.*
6. *Während der regelgemäßen Tischzeit sei nach der Vorschrift der Regel die ganze Zeit Tischlesung. Zum Mittagessen außer an den Fasttagen genügen dem Herrn Propst zur Verteilung fünf, zum Abendessen vier Gänge. An Freitagen werde das regelgemäße Fasten gehalten, es sei denn, der Herr Propst ordnet wegen eines anfallenden Hochfestes etwas anderes an.*
7. *Von der Tischzeit möge sich die gewöhnliche Rekreation nicht über eine Stunde hinziehen. Währenddessen können die Patres Nützliches und Erbauliches sprechen oder sich auf andere Art erholen.*
8. *Wenn Ausgang ist, möge sich keiner ohne spezielle Erlaubnis, die nicht leichtfertig gegeben werden soll, irgendwo vergnügen, auch wenn die Patres alleine auf die Pfarreien hinausgehen. Wenn sie später heimkommen sollten, besonders wenn der Verdacht auf Trunkenheit besteht, mögen sie mit Entzug des Mittag- oder Abendessens oder einer merklichen anderen Buße bestraft werden. Untertags möge der Trunk den mäßig Bittenden nicht verwehrt werden.*
9. *Um 15.00 Uhr mögen sie die Vesper halten, der sich die Komplet anschließen kann. Von da an mögen die Studien bis zum Abendessen andauern.*
10. *Um 17.00 Uhr findet gewöhnlich das Abendessen statt. Allgemein sollen keine Hunde am Tisch sein. Nach dem Abendessen soll sich die Rekreation etwa eine Stunde, höchstens aber bis 19.30 Uhr hinziehen.*
11. *Dass nach der Rekreation die Gewissenserforschung, wie es schuldig ist, geschehe, legt die Sorgfalt dem Dekan oder selbst dem Propst auf. Nach der Gewissenserforschung mögen alle um 20.00 Uhr zu Bett gehen, es sei denn, einer bleibe mit spezieller Erlaubnis länger auf.*

Am 30. März 1653 nahm Propst Johann Wolfgang den Rezess an und versprach Besserung. Propst Bernhard Wider von Baumburg[105] willigte am 1. April 1653 ein, P. Augustin Lenck *auf ein khurze Zeit* in sein Kloster zu *transportieren*. Propst Bernhard Fischer von St. Zeno schloss somit die Visitation am 16. April 1653 ab[106]. Anlässlich seines Amtsantrittes im Jahr 1654 verlieh Erzbischof Guidobald Thun (1654–1668) Propst Wolfgang von Höglwörth die Peter Renn'schen Güter[107]. 1656 kam es nochmals zu einer Visitation in Höglwörth, diese wurde von Propst Balthasar Zauchenberger vom Virgilienberg bei Friesach in Begleitung des Salzburger Konsistorialrates Dr. Johann Wilhelm Turner im Auftrag des Erzbischofs durchgeführt[108]. Zuvor wurden die wirtschaftlichen Verhältnisse des Jahres 1655 erhoben. Dabei zeigte sich vor allem der ruinöse Zustand der Klostergebäude und der geringe Ertrag der Klosterökonomie. Von der Klosterbibliothek hieß es, dass sie für das Seelsorgestudium ausreichend sei[109].

Über die geistliche Leitung von Propst Wolfgang ist Folgendes zu berichten: Der Bierbrauer Leonhard Schaidinger aus Teisendorf stiftete 1660 in die dortige Pfarrkirche St. Andreas mit einem Kapital von 3000 Gulden an allen Sonn- und Feiertagen im Sommer um 6.00 Uhr und im Winter um 7.00 Uhr eine von einem Chorherrn von Höglwörth zu haltende Frühmesse. Die Zinsen für dieses Stiftungskapital sollte das Kloster beziehen, die Kirche aber würde für Wein, Wachs und Paramente mit einem eigenen Kapital von 300 Gulden entschädigt und der jeweilige Erzbischof von Salzburg dazu ermächtigt, dem Stift Höglwörth die besagten 3000 Gulden wieder zu entziehen, wenn von diesem die gestifteten Messen nicht mehr richtig gelesen werden. In einem solchen Falle wäre dann vom Ordinariat zur Erfüllung des Stiftungszweckes eine andere Anordnung zu treffen. Diese Stiftung wurde am 7. August 1660 vom Erzbischof bestätigt, in deren Genuss das Kloster bis zu seiner Auflösung 1817 verblieb. Unmittelbar darauf erhielt Höglwörth die Begünstigung, die durch den Tod von Dechant Dr. Rupert Grueber erledigte wohlhabende Pfarrei Teisendorf zehn Jahre lang zu providieren und die Erträge derselben zehn Jahre für sich einnehmen zu dürfen. Erzbischof Guidobald wollte damit Propst Johann Wolfgang Zehentner die Sammlung für den notwendig gewordenen Klosterneubau erleichtern[110].

Die Regierungszeit von Propst Johann Wolfgang war auch durch zahlreiche geistliche Stiftungen und Privilegien geprägt. Am 21. November 1665 hat der Generalvikar des Kapuzinerordens, Frater Fortunatus a Cadoro, Frater Nicolaus Lincens OFMCap zum *praeco divini verbi* ernannt[111]. Papst Alexander VII. gewährte allen Christgläubigen, welche die Kirche U. L. F. von Anger besuchen, vollkommenen Ablass[112] und bestätigte Privilegien sowie Judisdiktion der Pfarrei Anger[113]. Mit einem Kapital von 100 Gulden stiftete Barbara Schmid für die Kirche von Anger eine Jahresmesse, die am 27. Februar 1666 beurkundet wurde. Die Stiftung von Barbara Häusin erhielt am 7. November 1668 die Bestätigung durch das Ordinariat Salzburg. Weiters bewilligte das erzbischöfliche Konsistorium zu Salzburg am 5. November 1666, dass in der Kapelle bei der Pfarrkirche zu Anger, die aus einem Totenerkerchen entstanden ist, hl. Messe gefeiert werden darf[114].

In einen eigentümlichen Streit geriet das Kloster im Jahre 1665. Im September 1664 starb nämlich P. Alipius Prunmayer, Stiefsohn des bayerischen Schatzkommissärs zu München, Georg Freyhammer. Als P. Alipius Profess ablegte, hatte sein Stiefvater vom Stift 100 Gulden in bar und 50 Gulden in Pretiosen erhalten. Freyhammer und seine Frau hatten in einem eigenhändig unterzeichneten Revers vom 9. September 1644 erklärt, dass sie keine weiteren Ansprüche an das Kloster hätten. Jetzt aber versuchte Freyhammer dennoch für die großen Ausgaben, die er zur Erziehung seines Stiefsohnes *ex propriis* gemacht hatte, wieder etwas vom Kloster zurückzubekommen. Er bewog am 10. Februar 1665 Kurfürst Ferdinand Maria von Bayern für ihn bei Erzbischof Guidobald von Salzburg zu intervenieren[115]. Dem konnte der Erzbischof schwer ausweichen und versprach dem Kurfürsten am 17. April von Regensburg aus hier nach Billigkeit zu handeln. Die Untersuchung zeigte klar das Unrecht des Klägers. Es gelang aber Freyhammer, den Kurfürsten erneut dazu zu bewegen, am 22. Oktober 1665 nochmals bei Erzbischof Guidobald zu intervenieren. Die geistliche Regierung zu Salzburg ließ sich aber nicht in ihrer Auffassung beirren, auch nicht als der Erzbischof am 22. März 1666 den Wunsch äußerte, Höglwörth möge sich mit Freyhammer vergleichen[116]. Vielmehr entschied das Ordinariat am 22. Mai 1666, dass Freyhammer von Rechts wegen gänzlich abgewiesen wurde.

Ein weiterer Rechtsfall beschäftigte in diesen Jahren die Klosterleitung von Höglwörth. Am 9. Mai 1667 errichtete Felix Pflanzmann, Licentiat beider Rechte, Salzburger Konsistorial- und Hofgerichtsadvokat sowie kaiserlicher Notar, ein Instrument über das Testament des Frater Johannes Schluderpacher aus Salzburg, Novize von Höglwörth, der von seinem geistlichen Vater, P. Dominicus Pfättischer, begleitet wurde. Schluderpacher verfügte vor Ablegung seiner Profess nämlich über 2000 Gulden, die ihm zustanden. Davon sollten das Kloster Höglwörth 1000 Gulden, die Kapuziner in Salzburg und Laufen je 25 Gulden für Speis und Trank, sein *stiefendl* Gregor Tieffenbacher 50 Gulden, seine Schwestern Maria 500 Gulden und Clara 200 Gulden sowie seine Halbschwester Appolonia 200 Gulden erhalten. Da sein Vater, der Salzburger Bürger und Handelsmann Kaspar Schluderpacher, nicht an dem Vermögen partizipieren wollte, sah er sich zu keinem Legat veranlasst. Sollte die Summe von 2000 Gulden nicht erreicht werden, wären die Legate der Schwestern entsprechend zu kürzen[117]. Dazu konfirmierte der Salzburger Stadtmagistrat am 18. Oktober 1670 die am 14. Oktober 1670 vorgenommene Teilung der Verlassenschaft des Salzburger Ratsbürgers und Handelsmannes Kaspar Schluderpacher in Höhe von 16.824 Gulden 1 Kreuzer 2 Pfennig laut Testament vom 14. April 1670 unter dessen Kindern von seiner ersten Frau Sophia Fleckhammerin, nämlich Pater Marian im Kloster Altenburg in Niederösterreich, Pater Johann Wolfgang im Kloster Höglwörth, Maria Märin, Ehefrau des Dr. med. Georg Mari, und der Jungfrau Clara sowie dem Kind von seiner zweiten Ehefrau Felicitas Teuffenpacherin, nämlich der Jungfrau Appolonia. Die Teilung, die im Beisein von Johannes Hössen und Georg Ehinger, beide Rats- und Handelsleute zu Salzburg, stattfand, wurde von allen Beteiligten mit Vorbehalt angenommen[118].

Am 6. September 1669 verlieh Erzbischof Max Gandolf von Kuenburg (1668–1687) anlässlich seines Amtsantrittes Propst Johann Wolfgang die Peter Renn'schen Güter[119]. Da das alte Kloster baufällig geworden war, hatte Propst Johann Wolfgang den Wunsch, einen Neubau auf der Anhöhe in Anger zu errichten und das Kloster dorthin zu verlegen. Er bat deshalb Erzbischof Max Gandolf, das Erzstift möge dem Kloster den Wald am Teisenberg um 16.000 Gulden abkaufen, um den Neubau finanzieren zu können. Zwar ging der Erzbischof darauf nicht ein, erlaubte aber am 23. Juli 1671 dem Propst, diesen Wald anderweitig zu verkaufen. Dies wurde aber erst gar nicht oder nur erfolglos versucht[120]. Da das Kloster zu arm war, um aus eigener Kraft einen Neubau in Angriff nehmen zu können, suchte es bei anderen Klöstern um Unterstützung an. Es kamen auf diese Weise aber nur 600 Gulden zusammen. So musste sich Propst Johann Wolfgang Zehentner darauf beschränken, Konventstock und Kirche an der alten Stelle neu zu erbauen. Bis der neue Konventstock errichtet war, wurden die meisten Mitbrüder in benachbarten Klöstern untergebracht. Davon waren diese Klöster verständlicherweise wenig begeistert. Der Neubau zog sich bis zum Jahr 1689 hin.

Propst Johann Wolfgang wurde allmählich alt und gebrechlich. So ordnete Erzbischof Max Gandolf am 25. Februar 1671 eine Visitation[121] an. Diese Visitation ergab, dass das Stift einer energischeren Leitung bedürfe. Man drängte daher den Propst, auf sein Amt zu resignieren. Dieser gab unter zwei Bedingungen nach: Erstens wollte er nicht mehr im Konvent leben und zweitens verlangte er eine jährliche Pension von 200 Gulden. Außerdem erbat er sich täglich ein Viertel Wein. Schließlich resignierte er am 9. Oktober auf sein Amt[122]. Anfangs hielt er sich im Kloster St. Peter zu Salzburg auf. Den Benediktinern wurde er aber bald zur Last und deshalb suchte der resignierte Propst seine Zuflucht im St.-Johanns-Spital zu Salzburg. Wegen seiner Krankheit reichten die 200 Gulden zur Sustentation nicht aus. So bat er das Ordinariat am 6. Februar 1672 um Erhöhung seiner Pension, die am 4. März 1672 wegen seines Gesundheitszustandes auf 400 Gulden verdoppelt wurde. Stift Höglwörth war aber nicht in der Lage, diese Summe aufzubringen. Die einzige Möglichkeit, seiner Verantwortung gerecht zu werden, bestand darin, den alten Propst ins Kloster zur Pflege zurückzuholen[123]. Dies wurde Johann Wolfgang Zehentner am 30. Juni 1674 mitgeteilt. Doch dieser weigerte sich mit der schriftlichen Begründung, dass er als *alter und kränkelnder Mann* nur deswegen auf sein Amt resigniert habe, um in Salzburg bessere Hilfe zu finden. Er sei außerdem nicht mehr transportfähig. Auch habe er nicht in Höglwörth Profess abgelegt[124]. All diesen Argumenten wurde jedoch nicht statt gegeben und Propst Johann Wolfgang wurde drei Jahre nach seiner Resignation am 17. Juli 1674 in einer Sänfte nach Höglwörth zurückgebracht. Bald darauf, am 2. Dezember 1674, verstarb er dort[125].

Anmerkungen

1 *Klaus Unterburger,* Stift Baumburg im 16. Jahrhundert, in: Baumburg, S. 165 f.

2 Vgl. *Geiß,* Högelwerd, S. 381–383; zur Resignation von Propst Griesstetter bzw. Postulation nach Berchtesgaden, vgl. AEM, Klosterchronik Höglwörth, fol. 34ʳ: *ab Ernesto archiepiscopo ... postulatus deinde ad ecclesiam ducalem Berdolsgadensem, praeposituram Högl-Werdensem resignavit;* vgl. auch *Karl-Otto Ambronn,* Die Fürstpropstei Berchtesgaden unter den Pröpsten Wolfgang Lenberger, Wolfgang Griesstetter und Jakob Pütrich (1523–1594), in: Berchtesgaden I, S. 559–586, und *Peter F. Kramml,* Der Konvent von Berchtesgaden im Hoch- und Spätmittelalter, in: ebenda, S. 938 f.

3 Vgl. *Unterburger,* Baumburg (wie Anm. 1), S. 168 f.

4 Vgl. *Geiß,* Högelwerd, S. 383; vgl. dazu AEM, Kl A 98, fasc. Ottendorfer.

5 Zu diesen Gütern gehörten: die Schwaige im Reut im Glem, Gericht Liechtenberg, das Hanns im Reut innehatte, zwei Güter zu Velding im Gasteiner Gericht, die Hanns Payr und Lienhart Haubmtrost innehatten, und das Gut Lanngackher im Gericht Karlstein, das ein Wolfgang innehatte. Propst Wolfgang hatte diese Güter durch Erzbischof Matthäus Lang von Wellenburg vom Laienpriester Peter Renn erhalten, der sie von seiner Mutter Magdalena Sachslin in einer Teilung erhalten hatte und von dem Erlös erkauft hatte, den er durch den Verkauf etlicher Güter und Gülten auf dem Marchfeld in Österreich erhalten hatte; vgl. Orig. in BayHStA, KU Höglwörth 115.

6 Vgl. *Geiß,* Högelwerd, S. 386.

7 Orig. im PA Anger, A I 8, Nr. 49.

8 Vgl. *Judas Thaddäus Zauner,* fortgesetzt v. *Corbinian Gärtner,* Chronik von Salzburg, Bd. 6 (Salzburg 1810), S. 366, und *Geiß,* Högelwerd, S. 387.

9 Vgl. Orig. in BayHStA, KU Höglwörth 118.

10 *Geiß,* Högelwerd, S. 387 mit Anm. 11.

11 AEM, Klosterchronik Höglwörth, fol. 34ʳ: *ante aram S. Crucis in cornu Evangelii sepultus est, epitaphio ad parietem infixo.* Vgl. auch *Petri,* in: *Kuen,* Collectio scriptorum, S. 243: *ante Altare S. Crucis condigno honore repositus et cum proprio Epitaphio.*

12 AEM, Klosterchronik Höglwörth, fol. 34ᵛ: *ex antiquissima et nobilissima Ursinorum der Beren familia.*

13 Vgl. das Präsentationsdekret vom 26. Feb. 1564 in AEM, Kl A 98, fasc. Peer: *legitimum et indubitatum coadjutorem et successorem eiusdem monasterii assumptum, deputatum et nominatum.*

14 *Geiß,* Högelwerd, S. 387: *antiquitus jus patronatus seu praesenu tandi idoneam personam.*

15 Orig. in AEM, Kl A 98, fasc. Balthasar Peer; zur Gänze abgedruckt bei *Geiß,* Hogelwerd, S. 388–391.

16 Vgl. Orig. in BayHStA, KU Höglwörth 119.

17 *Geiß,* Högelwerd, S. 391, Orig. in BayHStA, KU Höglwörth 121 und auch Nr. 120a.

18 *Geiß,* Högelwerd, S. 392.

19 Das Bittgesuch wurde noch vor Ende Dez. 1579 an den Erzbischof eingereicht, vgl. *Geiß,* Högelwerd, S. 392 f.

20 Propst vom 9. Aug. 1567 bis zu seinem Tode am 12. Dez. 1594, vgl. *Peter F. Kramml,* Die Pröpste von Berchtesgaden (bis 1594), in: Berchtesgaden I, S. 1108; Jakob von Sennen wird zwar bei *Geiß,* Högelwerd, S. 393, erwähnt, findet sich aber nicht bei *Sabine Veits-Falk,* Alltag und Lebensformen im Augustiner-Chorherrenstift Berchtesgaden (16. bis 18. Jahrhundert), in: Berchtesgaden II/2, S. 1117–1132.

21 *Geiß,* Högelwerd, S. 393 mit Anm. 18, vgl. AEM, Klosterchronik Höglwörth, fol. 3ᵛ: *adiunctus est coadiutor Georgius Rosenperger canonicus regularis S. Nicolai prope Passavium, qui etiam post obitum praedicti Domini Praepositi* (= Balthasar Peer).

22 Vgl. AEM, Kl A 94, fasc. Cura animarum.

23 AEM, Kl A 98, fasc. Peer, Brief vom 21. Jan. 1589.

24 Bischof von Chiemsee († 1609) und Koadjutor des Bischofs von Vigevano, er war auch Regens des Priesterseminars; vgl. *Franz Ortner,* Salzburger Kirchengeschichte: von den Anfängen bis zur Gegenwart (Salzburg 1988), S. 94; vgl. *Gatz,* Bischöfe 1448–1648, S. 97 f.; *Reinhard Rudolf Heinisch,* Die Zeit des Absolutismus; 1. Gegenreformation und Absolutismus, in: Salzburg II/1, S. 178; vgl. auch Schreiben des Propstes Jacob Pütrich von Berchtesgaden aus dem Jahr 1588, der P. Richard Schneeweis frei gibt, in: AEM, Kl A 98, fasc. Schneeweis.

25 Vgl. *Geiß,* Högelwerd, S. 395; vgl. auch Abschrift des Orig. in: AEM, Kl A 98, fasc. Schneeweis.

26 Vgl. Orig. in BayHStA, KU Höglwörth 124.

27 Vgl. AEM, Kl A 102, fasc. Visitation 1593.

28 Vgl. LThK Bd. 7 (Freiburg ³1998), Sp. 875.

29 *Geiß,* Högelwerd, S. 394 mit Anm. 22.

30 AEM, Kl A 95, fasc. Weingarten zu Arnsdorf: *... bey mehrermalten Closter ein ziemblicher Schuldenlast hindterlassen worden, nit weniger den allten Herrn und gewesten Brobst nit ohn geringen Lasten erhalten mueß.*

31 Vgl. *Geiß,* Högelwerd, S. 395 mit Anm. 26.

32 Vgl. ebenda mit Anm. 27.

33 Gesamter Visitationsbericht in AEM, Kl A 102, fasc. Visitation 1593; vgl. *Geiß,* Högelwerd, S. 396–398. Der 16-seitige Visitationsbericht wurde von Propst Richard Schneeweis, P. Samuel Prugkhmoser, P. Johannes Seidenfaden und P. Georg Scheyerhueber jeweils nach ihrem Befragungsprotokoll einzeln unterzeichnet. Das Protokoll stellte der Salzburger Konsistorialnotar Erasmus Mosham aus.

34 Laut Geog Scheyerhueber hatte Prugkhmoser drei Kinder, vgl. AEM, Kl A 102, fasc. Visitation 1593, p. 7ʳ.

35 Dass Propst Richard die Silbergerätschaften vermehrte, zeigt sich auch in AEM, Klosterchronik Höglwörth, fol. 35ʳ: *Hic in suo regimine argenteam supellectilem a suis praedecessoribus collectam notabiliter auxit.*

36 Orig. dieser *Ordinationes pro monasterio Divi Petri in Höglwörth ordinis sancti Augustini canonicorum regularium Salisburgensis Dioecesis* in: AEM, Kl A 94, fasc. Statuten; gedruckt in voller Länge bei *Geiß,* Högelwerd, S. 398–402.

37 *nonnulla circa spiritualia et temporalia invenerimus, quae rerformatione, correctione et emendatione summopere indigent;* vgl. auch *Geiß,* Högelwerd, S. 399.

38 Vgl. ebenda, S. 400.

39 Cattaneus spricht ausdrücklich von den *Literae fundationis;* vgl. auch *Geiß,* Högelwerd, S. 401. Die Gründungsurkunde dürfte bald nach dem Tod von Propst Marquard von Schwendi (Ende Juni 1634) in Altötting bei einem Brand verloren gegangen sein (siehe unten Anm. 45).

40 Vgl. *Geiß*, Höglwerd, S. 402.
41 Vgl. ebenda, S. 403.
42 *Klag Schrift wider unsern Herrn Probsten allhie in Höglwert*, in: AEM, Kl A 102, fasc. Visitation 1596.
43 Ebenda, fasc. *Visitationes Monasterii Sti. Petri in Höglwerth darbei solches Closters Einkhommens Specifikation*.
44 Vgl. *Mezger*, Historia Salisburgensis, p. 1251. Das Grab von Schneeweis befindet sich in der Mitte der Klosterkirche, vgl. AEM, Klosterchronik Höglwörth, fol. 35ʳ: *sub marmore in medio Ecclesiae sepultus est*.
45 Ebenda, fol. 36ʳ⁺ᵛ: *post cuius obitum haeredes et ministeriales, qui tum monasterii servitiis praefuerant, omnem adhuc relictam suppelectilem secum asportaverunt, inter quae fuere quod dolendum fatis etiam antiquiora monasterii fundationum, donationum, privilegiorum et cetera documenta, quae dominus magister Philippus Aschpacher dum temporis parochiae Oelpergskirchen* [= Anger] *vicarius, quia cum heredibus de debito sibi solario convenire non potuisset, ad parochiam — /36ᵛ — Ottingen detulerat, ubi paulo post una cum domo parochiali incendio perierunt*.
46 *Geiß*, Höglwerd, S. 403 f.; das Orig. dazu in AEM, Kl A 98, fasc. Schneeweis (die fett gedruckten Passagen sind auch im Orig. hervorgehoben); vgl. auch AEM, Klosterchronik Höglwörth, fol. 35ʳ.
47 Vgl. *Johann Riedl*, Salzburgs Domherren 1514–1806, in: MGSL 7 (1867), S. 191 193; nach *Mezger*, Historia Salisburgensis, p. 1163, soll es 1600 gewesen sein.
48 Zur Person vgl. *Geiß*, Höglwerd, S. 404–406 mit Anm. 35.
49 Das Verleihungsdekret ist zur Gänze abgedruckt bei *Geiß*, Höglwerd, S. 406 f.; vgl. Orig.-Dokumente in AEM, Kl A 98, fasc. Schwendi.
50 Vgl. *Geiß*, Höglwerd, S. 408.
51 Beide Originale in BayHStA, KU Höglwörth 126 u. 127; *Geiß*, Höglwerd, S. 408, gibt fälschlicherweise den 10. April 1610 und den 14. April 1614 an!
52 Diese Angabe aus *Geiß*, Höglwerd, S. 409. Leider konnten in den Originalquellen keine Anhaltspunkte gefunden werden, weshalb sie entlassen wurden und was mit ihnen danach geschah.
53 Ebenda.
54 Orig. in BayHStA, KU Höglwörth 128.
55 AEM, Klosterchronik Höglwörth, fol. 35ᵛ und 36ʳ.
56 *Marcus Hansiz*, Germania Sacra, Tom. I, Metropolis Lauriacensis cum Episcopatu Pataviensi chronologice proposita (Augusta Vindelicorum 1727), S. 698 f., berichtet, auf welch wunderbare Weise Schwendi zu diesem Entschluss gekommen sei. Aus Höglwörth ließ er viele Baumaterialien wie Kalk und Holz auf dem Wasser nach Passau bringen; vgl. auch *Mezger*, Historia Salisburgensis, pag. 1252: *Hic D. Praepositus in honorem B. V. MARIAE Auxiliatricis in Monte supra Passavium e fundamento de novo erexit aedificium; ad quod materialia multa, ut calcem, lingna etc. ex Höglwerth eo per aquas devehi curavit*; vgl. fast wörtlich in AEM, Klosterchronik Höglwörth, fol. 36ʳ.
57 Der Pachtvertrag vom 9. Juni 1629 bei *Geiß*, Höglwerd, S. 409–411.
58 *Geiß*, Höglwerd, S. 411 f. mit Anm. 38. Die handelnden Personen sind Ambros Sumperer, Professe von Diessen, Propst von Au (*Lindner*, Monasticon Salzburgensis, S. 16), Johannes Tannel, Propst von Baumburg (ebenda, S. 19), Arsenius Ulrich, Professe von Heiligkreuz in Augsburg, Propst von Herrenchiemsee (ebenda, S. 106), Petrus Mittmann, Professe von Baumburg, Propst von Gars (ebenda, S. 26) und Bernhard Fischer, Professe von Heiligkreuz in Augsburg, Propst von St. Zeno in Reichenhall (ebenda, S. 38).
59 Vgl. *Geiß*, Höglwerd, S. 412; AEM, Klosterchronik Höglwörth, fol. 36ʳ: *tandem expleto viginti quatuor annorum Regimine, in bona senectute vitam clausit*; Schwendi starb am 29. Juli 1634 in Passau und wurde in der dortigen Kapuzinerkirche begraben, die 1810 abgerissen wurde.
60 Vgl. AEM, Klosterchronik Höglwörth, fol. 37ʳ: *qui ab exordio sui regiminis nil magis conquestus est, quam, quod nec clavum in pariete, in quo vestimenta suspenderet*; fast wörtlich auch bei *Mezger*, Historia Salisburgensis, p. 1252.
61 Vgl. AEM, Kl A 98, fasc. Schwendi; vgl. auch *Geiß*, Höglwerd, S. 412.
62 AEM, Klosterchronik Höglwörth, fol. 36ᵛ: *provideretur de novo ad praeposituram ex ordine canonicorum regularium monasterii Sanctae Crucis Augustae Vindelicorum professus investitur*.
63 Orig. in BayHStA, KU Höglwörth 130.
64 AEM, Klosterchronik Höglwörth, fol. 35ᵛ; *Zauner/Gärtner*, Chronik (wie Anm. 8), Bd. 7 (Salzburg 1813), S. 113: *wurde … die Verwaltung … Marquard von Schwendi übertragen; welcher aber vorzüglich für sich wirthschaftete, und daher keine Novizen aufnahm, sondern das Kloster ganz aussterben ließ; so dass die zwey Klosterpfarren Oelbergskirchen, und Piding durch Weltpriester besorgt werden mußten*; vgl. auch *Franz Petri*, in: *Kuen*, Collectio scriptorum, S. 243 f.
65 Domherr von Freising 1594, Domherr von Augsburg 1595, Domherr in Passau (urkundlich erstmals 1597 nachweisbar), Domherr von Salzburg 1599–1634; im Jahr 1612 wurde er Domdekan von Passau und 1626 schließlich Bistumsadministrator von Passau.
66 Vgl. AEM, Klosterchronik Höglwörth, fol. 36ᵛ; vgl. auch *Geiß*, Höglwerd, S. 413.
67 AEM, Klosterchronik Höglwörth, fol. 37ʳ⁺ᵛ: *Hic praepositus iterum ad religiosam canonicam vitam suscepit novitios et confratres suos conprofessos, qui ob continuos Belli Suecici* [= Schwedenkriege] *motus Augusta et domo sua professa exules fuerant in peragendis denuo Monasterii fundatis muneribus coaditutores habuit, sed cum vir senex esset, diu in vineis non permansit et quarto post anno obit anno — /37ᵛ — scilicet millesimo sexcentesimo trigesimo octavo*; vgl. auch *Ortner*, Salzburger Kirchengeschichte (wie Anm. 24), S. 97 f.
68 Geboren 1573 in Schongau, vgl. *Geiß*, Höglwerd, S. 413.
69 Vgl. *Rummel*, in: *Gatz*, Bischöfe 1648–1803, S. 372–373.
70 Vgl. *Pirmin Lindner*, Monasticon Episcopatus Augustani antiqui — Verzeichnisse der Äbte, Pröpste und Äbtissinnen der Klöster der alten Diözese Augsburg (Bregenz 1913), S. 8; Schaal resignierte 1636 und starb am 29. Juni 1640 in Höglwörth.
71 *Geiß*, Höglwerd, S. 414 mit Anm. 41; vgl. dazu die Orig.-Dokumente in AEM, Kl A 98, fasc. Feustlin.
72 Der neu erwählte Propst musste nicht nur den Treueeid ablegen, sondern auch einen eigenen Eid, der jegliche Simonie ausschließt; vgl. dazu *Geiß*, Höglwerd, S. 414 mit Anm. 42.
73 Vgl. AEM, Kl A 102, fasc. Visitation 1638: *Die auf erzbischöflichen Befehl vom Herrn Propsten zu Au im Kloster Högl-*

werth vorgehehrte Visitation betreffend. Hier sind die einzelnen Examina der Visitation angeführt.

74 Vgl. *Manfred Josef Thaler*, Das Schneeherrenstift am Dom zu Salzburg (1622 bis 1806) — ein Beitrag zur nachtridentinischen Kirchenreform; Diss. (Univ. Salzburg 1997), S. 217–219, Nr. 137.

75 Vgl. *Lindner*, Monasticon Augustanum (wie Anm. 70), S. 8.

76 BayHStA, KU Höglwörth 131.

77 Abgedruckt bei *Geiß*, Högelwerd, S. 416 Anm. 44.

78 Ebenda, S. 417; vgl. die Orig.-Dokumente in AEM, Kl A 98, fasc. Faber.

79 *Petri*, in: *Kuen*, Collectio scriptorum, S. 244: *itidem e S. Cruce Augustana postulatus, admodum commendatur fuisse Religiosorum Filiorum ac Confratrum suorum semper amantissimus, vita et regimine decessit 1644.*

80 Vgl. AEM, Kl A 94, fasc. Cura animarum; P. Gregor von Gars hat sich offenbar länger in Höglwörth aufgehalten ohne seine Profess zu übertragen.

81 Vgl. AEM, Kl A 102, fasc. Visitation 1642: *Proximis Bachanalibus D. Praelatus fuit aliquando cum P. Decano in Teysendorf apud Decanum ibidem, et secum apportavit claves ad cellas vinarias, ita ut usque ad octavas vespertinas exspectare cum cena debuerint.*

82 Kaspar Hofinger wurde 1611 zu Wasserburg geboren und hatte 1638 zu Baumburg Profess abgelegt, vgl. *Geiß*, Högelwerd, S. 418 Anm. 48; vgl. dazu auch den Brief des Garser Dekans Ubald Mayr, der am 14. April 1643 zum Propst von Gars gewählt wurde, in: AEM, Kl A 102, fasc. Visitation 1642.

83 Zum Propst gewählt am 27. April 1637, gest. 16. Juli 1648; vgl. *Geiß*, Högelwerd, S. 418 Anm. 49.

84 Vgl. AEM, Kl A 102, fasc. Visitation 1643.

85 *Geiß*, Högelwerd, S. 419 mit Anm. 50; vgl. dazu die Orig.-Dokumente in AEM, Kl A 98, fasc. Hofinger.

86 BayHStA, KU Höglwörth 132: Erzbischof Paris von Salzburg investiert den Chorherrn Kaspar Hofinger von Baumburg nach dem Tode von Propst Felix Faber auf die Propstei Höglwörth aufgrund des Präsentationsbriefes des Salzburger Domkapitels, dem die Präsentation zusteht. Zuvor hatte Hofinger vor dem Domdechanten Guidobald Graf Thun das Glaubensbekenntnis abgelegt und Gehorsam geschworen.

87 Vgl. AEM, Kl A 102, fasc. Visitationen 1645–1647.

88 Vgl. AEM, Kl A 94, fasc. Dekane, Brief des Visitators Propst Bernhard Fischer von St. Zeno vom 11. Jan. 1647 an das fürsterzbischöfliche Konsistorium.

89 *Geiß*, Högelwerd, S. 419 mit Anm. 51. — Wie schwierig es war, einen geeigneten Stiftsdekan zu finden, zeigt der umfangreiche Briefwechsel in dieser Sache, der in AEM, Kl A 94, fasc. Dekane, erhalten ist. Propst Kaspar Hofinger klagt am 2. Feb. 1648 dem Konsistorium in Salzburg gegenüber, dass er im eigenen Konvent keinen geeigneten Dekan hätte, dass ihm die Mittel fehlen, einen solchen Posten für Mitglieder aus anderen Stiften schmackhaft zu machen. Er schlug dem Konsistoriumspräsidenten zwei verdiente Männer vor: P. Johannes Andreas Rottmayr aus Baumburg oder P. Ambrosius von Au, die aber beide von ihren Pröpsten nicht freigegeben werden: *Et quidem e conventu Baumburgensi pro hoc munere non atque aptum scio ac Pater Johannem Andream Rottmayr … religiosus bonus et boni zeli nec minus e conventu Augiensi Patrem Ambrosium, olim domi sue etiam decanus.* Diesem Urteil schloß sich am 13. März 1648 auch Propst Bernhard Fischer von St. Zeno an. Am 22. Mai 1648 gab es noch immer keinen Dekan in Höglwörth und Propst Bernhard brachte jetzt P. Arsenius von Gars ins Gespräch. Aber auch dies zerschlägt sich wieder. Schließlich wurde P. Augustin Lenck Dekan und bekommt am 22. Nov. 1649 von Propst Bernhard Fischer eine eigene *instructio*, die mit dem fürsterzbischöflichen Konsistorium abgestimmt war; vgl. dazu AEM, Kl A 102, fasc. Visitationen 1645–1649.

90 Beide Dekrete ebenda, fasc. Visitationen 1645–1647.

91 Vgl. ebenda, fasc. Visitation 1649, Schreiben vom 17. Sept. 1649.

92 Brief des Propstes Bernhard von St. Zeno vom 30. Sept. 1647 an das erzbischöfliche Konsistorium in ebenda, fasc. Visitationen 1645–1647. Im Jahre 1649 betrug der Gesamtschuldenstand 4881 Gulden 26 Kreuzer.

93 Ebenda.

94 AEM, Klosterchronik Höglwörth, fol. 38[r].

95 Vgl. AEM, Kl A 102, fasc. Visitation 1651; vgl. auch *Geiß*, Högelwerd, S. 422.

96 Ebenda.

97 *Thaler*, Schneeherrenstift (wie Anm. 74), S. 125, Nr. 35.

98 AEM, Kl A 102, fasc. Visitation 1651; vgl. auch AEM, Kl A 100, fasc. Austritt P. Sebastian Stocker.

99 Zehentner wurde am 25. Dez. 1622 in Weilheim geboren und legte am 12. März 1641 im Kloster Baumburg seine Profess als Augustiner-Chorherr ab; vgl. *Geiß*, Högelwerd, S. 421 mit Anm. 57; vgl. die Orig.-Dokumente in AEM, Kl A 98, fasc. Zehentner; lapidar heißt es in AEM, Klosterchronik Höglwörth, fol. 38[v]: *professus Baumburgensis, qui modo sub onere ruinosi monasterii sudat et laborat.*

100 BayHStA, KU Höglwörth 134.

101 AEM, Kl A 102, fasc. Visitation 1652/53.

102 So sei er beispielsweise nach einer Hochzeit in Teisendorf erst um 10 Uhr nachts heimgekehrt und war dann in der Prälatur bis um 3 Uhr früh noch mit dem Bader und dem Metzger zusammen. Wie Propst Johann Wolfgang in seiner Antwort vom 20. März betont, hatte sich P. Augustin Lenck am 20. Februar *bene potus* in dem *Privathshauß am Anger* aufgehalten und sei vor dem Pflegsverwalter von Raschenberg und seiner Frau *cum scandalo* am Tisch eingeschlafen; vgl. AEM, Kl A 102, fasc. Visitation 1652/1653.

103 Vgl. ebenda.

104 Abgedruckt bei *Geiß*, Högelwerd, S. 422 f., freie Übersetzung des Autors.

105 Vgl. *Lindner*, Monasticon Salzburgensis, S. 19; vgl. auch *Johann Pörnbacher*, Stift Baumburg in der Barockzeit — Das 17. Jahrhundert, in: Baumburg, S. 197–200.

106 AEM, Kl A 102, fasc. Visitation 1652/1653.

107 BayHStA, KU Höglwörth 135.

108 AEM, Kl A 102, fasc. Visitation 1656.

109 *Sufficiens est pro studio ad curam animarum*, ebenda; vgl. auch *Geiß*, Högelwerd, S. 423.

110 Vgl. *Geiß*, Högelwerd, S. 424.

111 BayHStA, KU Höglwörth 137.

112 Ebenda, Nr. 138.

113 PA Anger A I 1, 19. Dez. 1668: Das Konsistorium in Salzburg hält dessen *producirte Bullas Apostolicas* für gültig und …

hierdurch die berühmbte Incorporation des Gottshauß und Pfarr Oelpergskhürchen neben derselben Filiale.

114 Vgl. *Geiß*, Högelwerd, S. 425.

115 Vgl. ebenda, S. 424 mit Anm. 59; vgl. auch hierzu den Briefwechsel in AEM, KlA 96, fasc. Klage v. Johann Georg Freyhammer.

116 Vgl. *Geiß*, Högelwerd, S. 425 mit Anm. 62.

117 BayHStA, KU Höglwörth 139.

118 Ebenda, Nr. 142; hierin befindet sich auch eine genaue Aufstellung der Legate sowie als Beilage eine Aufzeichnung über das, was P. Johann Wolfgang Schluderpacher an Fahrnis erhalten hatte.

119 Ebenda, Nr. 141.

120 Vgl. *Geiß*, Högelwerd, S. 426.

121 Vgl. AEM, Kl A 102, fasc. Visitation 1671.

122 Vgl. Orig.-Dokument in AEM, Kl A 98, fasc. Zehentner; in AEM, Klosterchronik Höglwörth, fol. 38ᵛ, heißt es allerdings: *Resignavit anno 1671 die Novembris*.

123 Brief seines Nachfolgers Johann Adam Weber vom 1. Mai 1674 an das Konsistorium in AEM, KlA 98, fasc. Zehentner. Darin zeigt Weber seine Hilflosigkeit gegenüber der Situation. Sollte der ehemalige Propst unter der Obödienz von Weber stehen? Wo sollte Zehentner im Refektorium sitzen, wenn er in der Lage war, an den Mahlzeiten teilzunehmen? Dürfen ihn Personen beiderlei Geschlechts besuchen? Vom Salzburger Konsistorium kamen lediglich vage Antworten. Jedenfalls sollte Zehentner unter Webers Obödienz stehen. Vgl. dazu die Antwort des Konsistoriums vom 5. Juli 1674, ebenda.

124 Vgl. Brief Zehentners an Erzbischof Max Gandolf, o. D., ebenda.

125 Vgl. Brief Webers an das Salzburger Konsistorium vom 5. Dez. 1674, ebenda.

Karin Precht-Nussbaum

Die Geschichte des Stiftes Höglwörth zwischen 1671 und 1803

Von Propst Johann Adam Weber bis Propst Anian II. Köllerer

Mit dem Tod von Wolfgang II. Zehentner 1674 war im Stift Höglwörth, das 1671 neun[1], sonst im 17. und 18. Jahrhundert im Schnitt zehn bis zwölf Konventualen, einen Klosterrichter und etwa sieben Angestellte (Kämmerer, Mesner, Koch, Gärtner, Fischer, Bäcker und Verwalter[2]) hatte, der Weg für die Bestellung eines neuen Propstes frei. Patritius Pichler, seit 1671 Pfarrvikar von Anger, seit 1674 Dekan von Höglwörth[3], war nach der Resignation von Zehentner 1671 zum Administrator des Stiftes bestellt worden. An seiner Seite wusste er den Klosterrichter Franz Hofmann (1659–1689), der sich um die Temporalien kümmerte. Gleichwohl gelang es ihnen nicht, die angespannte wirtschaftliche Lage zu verbessern, zumal Zehentner noch mit der Neuerrichtung von Konventsgebäude und Kirche begonnen hatte, weshalb die meisten Konventualen zeitweise in anderen Klöstern wohnen mussten[4].

In Salzburg sah man sich angesichts einer Schuldenlast von 3117 Gulden[5] zum Handeln gezwungen. Aus diesem Grunde suchte man einen neuen Administrator. In Johann Adam Weber glaubte man den Richtigen gefunden zu haben. Fürsterzbischof Maximilian Gandolf von Kuenburg (1668–1687), selbst ein frommer, um eine tiefgehende Religiosität eifrig bemühter Oberhirte[6], bestimmte ihn 1673 zum Nachfolger von Pichler[7]. Weber konnte bereits auf eine lange Dozententätigkeit zurückblicken. In Bamberg hatte er zwischen 1647 und 1649 Logik, Physik und Metaphysik unterrichtet und war dann nach Würzburg gewechselt. Der in Theologie promovierte Weber lehrte schließlich 20 Jahre lang Kanonistik an den Lyzeen in Tirol. Von 1656 bis 1665 lehrte er Philosophie, Theologie und Kirchenrecht im Kloster Neustift bei Brixen. Später fungierte er als kaiserlicher Vizebibliothekar in Wien. Wegen seiner großen Verdienste hatte ihn Kaiser Leopold I. am 2. August 1668 zum kaiserlichen Rat ernannt und ihm den Dr. iur. can. verliehen. Auch der Salz-

Propst Johann Adam Weber (Foto Brandl)

burger Erzbischof hatte ihn ausgezeichnet, indem er ihn zum Geistlichen Rat ernannte[8]. Kloster Neustift bildete einen wichtigen Punkt in Webers Leben. Ursprünglich Jesuit, hatte Weber dort um Aufnahme gebeten und am 21. Dezember 1656 seine Profess abgelegt.

Dieser gelehrte Mann und Verfasser einer Vielzahl von Büchern[9] sollte nun also all sein Wissen nutzen, um Stift Höglwörth aus der Krise zu führen[10]. Die Freude in Höglwörth über den neuen Administrator war verhalten, da er nicht aus den eigenen Reihen stammte, während man in Neustift Weber nur sehr ungern gehen ließ[11]. Da Weber den inneren Widerstand seiner neuen Mitkonventualen sehr deutlich spürte, war er sich zu Anfang nicht sicher, ob er bleiben solle, obwohl er sich im Vorfeld gut über Höglwörth informiert hatte. Zumindest zeitweise muss er sich zu Beginn seiner Administratur in Wien aufgehalten haben[12]. Sein größter Gegner war Amtsvorgänger Pichler. Als diesem das Salzburger Konsistorium am 11. Mai 1674 den *bevelch* erteilte, für Weber ein neues Inventar zu erstellen, nahm dieser die Anweisung — seinen eigenen Worten zufolge — *mit gebührender Reverenz* entgegen. Allerdings gab er zu bedenken, dass Weber sich *annoch nit aigentlich resolviern khönne, ob Er allda verbleiben wölle oder nit*. Man sollte noch etwas Geduld haben[13].

Das Salzburger Konsistorium beschied Pichler daraufhin, dass er wegen *fernerer administration der Probstey* das Inventar noch in Händen behalten solle[14]. Der Erzbischof gab sich damit allerdings nicht zufrieden und bat Weber zu sich, der am 18. Juli 1674 zwei kluge Vorschläge machte: Pichler, den er als *ain gueten Religios* beschrieb, sollte das Amt des Dekans übernehmen, weil er ohnehin die völlige *Inspection* über die Temporalien bereits innehatte und die Ökonomie treulich und seit langem geführt habe; außerdem hätte er selbst schon öfters um die Entlassung aus dem Küchenamt gebeten; sein Stellvertreter und neuer Küchen- sowie Kellermeister sollte Dominicus Pfättischer sein[15].

Schon am 1. August zeigte sich das Salzburger Konsistorium mit dem Plan einverstanden, verlangte aber auch neue Statuten für den Konvent. Gegen diese, von Weber am 16. Juni 1675 vorgelegt, erhob

Kasel mit dem Wappen des Salzburger Fürsterzbischofs Max Gandolf Graf Kuenburg, die dieser 1675 dem Stift Höglwörth zum Geschenk gemacht hatte (Foto Brandl)

sich jedoch im Konvent scharfer Protest. Zum einen berief man sich auf die 1653 vom Konsistorium erteilten Disziplinar- und Hausvorschriften, die neue Statuten als nicht notwendig erscheinen ließen, zum andern auf die Ordensregel, auf die man die Gelübde abgelegt hatte. Die Chorherren Griesacher, Hermele, Pfättischer, Pichler, Pusch und Schluderpacher versuchten auch im Herbst noch, Weber als Vorgesetzten zu verhindern, weil er angeblich die Ökonomie vernachlässigte und nur an Sonn- und Feiertagen selbst zelebrierte[16]. In diesem Punkt scheiterten sie jedoch, die Approbierung der Statuten konnten sie aber durch Vorlage verschiedener Bedenken so lange hinauszögern[17], dass das Unterfangen schließlich versandete[18], zumal die Visitation vom Januar 1676 *khainen Haubtfählern in disciplina regulari* feststellen konnte, nur *minores excessus vel defectus*.

Insgesamt lebte man *in gutem Frid und einigkhait*, den Regeln entsprechend, vor allem seit der „unruhige Kopf" Burchard Nebelmayr separiert und im Klosterkerker[19] eingesperrt worden war, was von den Konventualen einheitlich gutgeheißen wurde. Nebelmayr hatte in den letzten Jahren stets für Probleme gesorgt. Zeitweise musste er zur Strafe in ein anderes Kloster, so nach Herrenchiemsee oder nach Au. Aber auch dort konnte er sich nicht fügen und wurde eingesperrt, zum Teil — wie schon in

Propst Patritius Pichler (Foto Brandl)

Höglwörth — wochenlang nur bei Wasser und Brot. Er log, weigerte sich, die Eucharistie zu empfangen und zu beichten. Da sich alle Maßnahmen als wirkungslos erwiesen, beschloss man im Juli 1689 in Salzburg, Nebelmayr in der Festung Hohenwerfen festzusetzen. Dort verhielt er sich aber offenbar tadellos, denn Festungskommandant Franz Berti stellte ihm ein hervorragendes Zeugnis aus. Daher musste man ihn wieder in Höglwörth aufnehmen und empfing ihn am 8. Dezember 1691 auch mit gebührender Reverenz. Sofort stellten sich jedoch die alten Übel wieder ein und schnell saß er erneut im Klosterkerker bei Wasser und Brot, bis er schließlich 1693 starb[20].

Nur der Maler und Konverse Christopher Lehrl, der das Altarbild des Winterchores gemalt hatte, wurde bei der Visitation als *simplex et tectus* empfunden. Mit der Amtsführung durch den Dekan und den Ökonomen waren nahezu alle vollauf zufrieden und es mangelte auch niemandem an Lebensmitteln und Kleidung[21]. Auf dieser Grundlage beschloss man am 4. März 1676, Weber als Propst zu präsentieren. Der Salzburger Erzbischof bestätigte ihn am 11. März und übertrug ihm damit nun endgültig die Propstei[22]. Weber setzte sich sehr für sein Stift ein, hatte in wirtschaftlichen Angelegenheiten gute Ideen, kümmerte sich um die Verbesserung der klösterlichen Weingärten in Niederösterreich[23], forcierte den Neubau der Kirche, sich dabei unablässig um die Finanzierung bemühend[24], blieb aber auch wissenschaftlich tätig[25]. Kirchenrechtlich versiert, versuchte Weber auch, die Höglwörther Vikare in Anger[26] und Piding vom Dekanat Teisendorf unabhängiger zu machen. Dieser Versuch dauerte bereits einige Zeit an[27]. Man erreichte schließlich einen Teilerfolg. Das Salzburger Konsistorium erklärte am 16. Mai 1679, dass die Generalien dem Stift unmittelbar von Salzburg aus zugesandt würden, das Stift die Quartalberichte aber dem Dekanat zukommen lassen müsse[28].

Während Webers Regentschaft kam Höglwörth in den Besitz der Gebeine des Märtyrers Placidus, die man jedoch erst nach Fertigstellung des Neubaus der Klosterkirche in einem eigenen Altar beisetzte[29]. In Webers Amtszeit wurde beim Salzburger Konsistorium eine bereits 1657 von Piding vorgebrachte Bitte wiederholt. Dort bat man 1685 und 1686, dass das Stift den für das Vikariat bestimmten Geistlichen ständig im Ort wohnen lasse. Es hatte sich gezeigt, dass die Entfernung nach Höglwörth in dringenden Fällen zu groß war und der Seelsorger zu spät kam. In Salzburg wollte man diesem Wunsch nicht nachkommen. Weber jedoch gestattete es dem Pidinger Vikar, im Mesner- und Schullehrerhaus einige Tage zu wohnen, wenn das Wetter zu schlecht war oder ein Schneegestöber dies angeraten sein ließ[30].

Nach einer insgesamt guten Amtszeit[31] starb Weber am 14. Oktober 1686 zwischen 11 und 12 Uhr nachts[32] und wurde in Anger beerdigt[33]. Am 29. Oktober präsentierte das Salzburger Domkapitel einen Nachfolger. Die Wahl fiel — wie wohl zu erwarten war — auf den Dekan Patritius Pichler,

Figur des Märtyrers Placidus mit der Herzmulde, die am Festtag dieses Heiligen geöffnet wurde, damit die Gläubigen mit Gegenständen der Verehrung die Reliquien berühren konnten, was später verboten wurde (Foto Erhard Zaha)

der seine Wahl selbst nach Salzburg meldete[34], und den Fürsterzbischof Max Gandolf am 7. November bestätigte. Am 18. November wurde Pichler von Simon Faber, Salzburgischer Konsistorialrat und Kanonikus zu Maria Schnee[35], feierlich installiert[36]. Neben Pichler hatte es einen zweiten möglichen Kandidaten gegeben: Andreas Oswald Hieber, einen ehemaligen Kapuziner[37], von dem es im Konvent geheißen hatte, dass man ihn als Confrater schätze, nicht aber als Oberhaupt. Statt dessen wollte man ihn lieber als Expositus in Piding haben[38]. Damit hatte sich auch ein Wunsch von Piding nach einer eigenen „Expositur" erfüllt, das vorher nur *excurrendo* versorgt wurde[39]. Salzburg gab dem Drängen schließlich um das Jahr 1690 nach und erhob Piding zur „Expositur"[40].

Mit Dekret vom 2. Dezember erließ der Fürsterzbischof einige Anweisungen an Pichler: Da das Amt des Dekans nunmehr vakant war, sollte es dem neuen Propst frei stehen, einen seiner Konventualen auszuwählen und aufzustellen. Er sollte sich dringend um die Weingüter in Österreich kümmern, entweder persönlich oder einen Mitbruder dorthin entsenden. Die in der Küche tätigen Frauen sollten durch einen Koch und anderes männliches Personal ersetzt werden. Neuerlich drang der Erzbischof auf

die schon unter Weber angemahnten Statuten[41].

Das für die Amtszeit wichtigste Ereignis war die Vollendung des Neubaus der Klosterkirche, die am 7. August 1689 von Fürsterzbischof Johann Ernst Graf Thun (1687–1709)[42] persönlich konsekriert wurde[43]. Allerdings konnte sich der Propst an der Schönheit dieses Baus nicht lange erfreuen, denn er starb nach 15-tägiger schwerer Krankheit, nachdem er die Heiligen Sakramente empfangen hatte, am 9. Mai 1691. Als Erster wurde er in der neuen Gruft der Kirche bestattet[44]. Das Kloster ließ er wirtschaftlich in einem guten Zustand zurück, obwohl der Neubau nicht wenig gekostet hatte[45].

Zehn Tage nach dem Tode Pichlers präsentierte das Salzburger Domkapitel am 19. Mai 1691 mit Johann Baptist (I.) Zacherl einen Nachfolger, der ebenfalls aus den eigenen Reihen stammte, wie es auch bis zum Ende des Stiftes bleiben sollte[46]. Fürsterzbischof Johann Ernst bestätigte die Wahl am 26. Mai[47].

Wie schon Weber, so musste sich auch Zacherl mit dem Dekan von Teisendorf auseinandersetzen. Zur Konfrontation kam es, als Dekan Wolf Ferdinand Kirchhofer 1692 sein Dekanat visitierte und dabei die Kirchenrechnungen von Anger und Piding einsehen wollte. Dies verweigerte jedoch Zacherl[48]. Salzburg engagierte sich zugunsten Höglwörths, als Zacherl, um dem Dekan gegenüber ein größeres Gewicht zu haben, 1694 darum bat, sich erzbischöflicher Geistlicher Rat nennen zu dürfen, was ihm gewährt wurde[49].

Dieses Jahr 1692 brachte für Höglwörth eine nicht sehr erfreuliche Visitation[50]. Als Visitator kam An-

Propst Johann Baptist I. Zacherl (Foto Brandl)

fang März Dr. theol. et iur. utr. Richard Sapp, Salzburgischer Konsistorialrat und Kanonikus zu Maria Schnee, der bereits ein Jahr zuvor — unmittelbar nach Pichlers Tod — Höglwörth besucht hatte[51]. Wichtigstes Ergebnis war, dass Sapp dem Propst erklärte, er müsse seinen seit 1687 amtierenden Dekan, den aus Weilheim stammenden Dominicus Pfättischer entlassen, weil dieser seine Aufgabe, die Disziplin aufrecht zu erhalten, nicht mit der dafür nötigen Strenge erfülle. Der Propst hatte beklagt, dass der Dekan sein Amt nicht gut ausübte, die Konventualen nicht korrigierte, zu wenig auf die Einhaltung der Disziplin achtete, sich hauptsächlich in seiner Zelle aufhielt, dort bereits morgens Wein mit Bauern trank, kurz er verhielt sich *wie ein Kind*. Gegen den Propst selbst wurden jedoch vor allem von dem Konventualen Ludwig Pflanzmann schwere Vorwürfe erhoben[52]. Danach verhielt sich der Propst gegenüber dem Konvent hochmütig und indiskret, mit dem Klosterrichter war er allzu vertraut und trank gerne mit den Bauern an Sonn- und Feiertagen.

Die Entlassung Pfättischers erfolgte umgehend. Der Visitator beauftragte den Propst, außerhalb der eigenen Reihen nach einem neuen Dekan zu suchen, so zuerst in Gars, mit dem man auch in Gebetsverbrüderung stand[53], weil *dermallen ad officium Decanale khain taugliches Subiectum ex gremio vorhanden gewesen*. Aus Gars kam noch im selben Jahr Anian Mareis, der neben der Dekansstelle auch die Seelsorge in Anger übernahm. Die Lösung währte jedoch nicht lange, denn Mareis starb bereits am 1. Juli 1693[54]. Nun wandte man sich an Kloster Rohr, erhielt aber von dort keine Antwort. In dieser Notlage setzte Zacherl Pfättischer erneut in sein früheres Amt ein, das er bis 1696 ausübte. Salzburg muss damit einverstanden gewesen sein, denn eine Visitation im Januar 1694 drängte nicht auf eine Absetzung[55]. In sein zweites Dekanat fiel auch die feierliche Transferierung der Gebeine des Märtyrers Placidius[56].

Im Mai 1696 wurde dem Konvent *ohne ... Vorwissen* des Propstes und ohne Zeugnisse Ambros Wilderer als Dekan von Kloster Rohr *iberschickht*, der aber nach einem Jahr in sein Heimatkloster zurückkehrte. Als Grund dafür machte er wegen der höheren Luftfeuchtigkeit in Höglwörth gesundheitliche Schwierigkeiten geltend, die hier angeblich stärker als in Rohr zutage traten. Es dürften jedoch vor allem psychische Probleme gewesen sein, denn Wilderer fühlte sich als *verstossen und exul*[57]. Der Propst war nicht unglücklich darüber, weil es Wilderer nicht gelungen war, die klösterliche Disziplin zu heben[58]. Pfättischer wurde danach (1697) zum dritten Mal Dekan und versah das Amt bis 1699[59].

Im selben Jahr wurde Höglwörth erneut visitiert, nicht zuletzt wegen des Konventualen Paul Oberhofer, der eine *weibs persohn unter offentlichen Gottesdienst in der Kirchen* [in Anger] *mit Straichen*

Erzbischof Johann Ernst Graf Thun bestätigt den vom Salzburger Domkapitel vorgeschlagenen Johann Baptist Zacherl als Propst von Höglwörth, Salzburg, 26. Mai 1691

Amtseid von Johann Baptist Zacherl nach seiner Wahl und Bestätigung als Propst von Höglwörth, Salzburg, 26. Mai 1691 (Fotos AEM)

überzogen und ausgepeitschet hatte[60]. Das Bild, das sich dem Visitator, Dr. Johann Heinrich von Enning, Salzburgischer Konsistorialrat und Kanonikus zu Maria Schnee, zeigte, war sehr schlecht. Nur der Propst und Oberhofer konnten wissenschaftlich etwas leisten[61]. Die Disziplin war lau geworden, die Klausur wurde kaum eingehalten[62], Gehorsam und Ehrerbietung den Oberen gegenüber waren gering, brüderliche Liebe war eine Seltenheit; auferlegte Strafen wollten die Betroffenen nicht akzeptieren; in Herbergen, im Haus des Richters und in den Klosterzellen wurde häufig bis nachts getrunken und um Geld gespielt. Die Zellen waren schmutzig, man reinigte sie nicht. Es fehlten — wie auch im Refektorium — Weihwasser, Tinte, Griffel, Papier usw., in der Bibliothek herrschte keine Ordnung. Einigermaßen zufrieden zeigte sich der Visitator nur mit der wirtschaftlichen Lage, die der Propst gut im Griff hatte. Für die Disziplinlosigkeit im Stift aber machte er unmissverständlich das Alter des Dekans verantwortlich. Aufgrund seiner Betagtheit war es diesem nicht mehr möglich, auf einen geordneten Tagesablauf zu achten. Der Dekan gab sein Versagen auch unumwunden zu und wollte lieber heute als morgen von dem Amt entbunden werden[63].

Das Salzburger Konsistorium war ob der Zustände entsetzt und erließ ein umfangreiches Dekret, das für die Zukunft an die Stelle von Hausstatuten trat. Darin wurden unter anderem folgende Punkte eingeschärft: Größten Wert hatten alle Konventualen auf ein ehrfurchtsvolles Stundengebet zu legen. Für eine gründliche Gewissenserforschung sollte genügend Zeit aufgewendet werden. Alle mussten an den täglichen Konventsmessen teilnehmen. Es wurde verlangt, dass die Konventualen würdig an

Beeidetes Glaubensbekenntnis auf die katholische Religion, abgelegt von Propst Zacherl
(Foto AEM)

den Altar herantraten, in angemessener Körperhaltung, klar und mit richtigem Tempo sprachen. Alle liturgischen Handlungen mussten in Bescheidenheit und Ehrerbietung vollzogen werden. Bei der Eucharistiefeier, vor allem beim Kanon und besonders bei den Wandlungsworten, durfte der Text, um jeden Irrtum auszuschließen, nicht auswendig gesprochen oder gesungen werden. Die unbedingte Einhaltung der Klausur wurde als selbstverständlich angesehen. Nur mit ausdrücklicher Genehmigung des Propstes durfte Außenstehenden Einlass gewährt werden. Das pünktliche Erscheinen zu den Mahlzeiten wurde deutlich eingeschärft. Konventualen, die als Pfarrer fungierten, sollten vor den Messen in ihren Kirchen das Stift rechtzeitig verlassen. Die Statuten sorgten auch dafür vor, dass die Pfarrer bei auswärtigem Beichthören oder bei Versehgängen trotzdem ihr Essen und Trinken bekamen, auch wenn sie nicht zu den üblichen Essenszeiten anwesend sein konnten. Jede Art von Würfel- oder Kartenspiel wurde unmissverständlich verboten. Ein ordentlicher Beichtvater war einzusetzen; aber zwei- bis dreimal im Jahr sollte die Möglichkeit bestehen, bei einem anderen Beichtvater zu beichten. Detaillierte Anweisungen wurden für die Kapitelsitzungen und das abzulegende Schuldbekenntnis gegeben. Auferlegte Strafen mussten ohne Murren angenommen, eine gerechte Strafe als solche auch eingesehen werden. Beleidigungen untereinander hatten zu unterbleiben, in jedem Falle musste eine Entschuldigung erfolgen. Die Kleidung sollte keinen äußeren Prunk aufweisen. Ohne Erlaubnis des Propstes durften die Konventualen das Haus des Richters oder andere Privathäuser nicht betreten und dort spielen und trinken. Auch sich in die Zelle etwas zum Trinken mitzunehmen bzw. bringen zu lassen, bedurfte einer Genehmigung. Solche Ausnahmen sollten aber nur sehr selten gewährt werden. Keinem Konventualen, auch keinem Expositus, sollte es gestattet sein, an weltlichen Feiern nach Taufen oder Hochzeiten teilzunehmen.

Als Strafe gegen Verstöße sah die Verordnung vor, dass der Delinquent beim ersten und zweiten Mal das Essen auf dem Boden einnehmen musste und nur Brot und Wasser bekam, beim dritten Mal jedoch eingesperrt werden sollte. Propst oder Dekan mussten allein oder gemeinsam die Zellen begutachten, die nicht verschlossen sein durften. Im Zweifelsfall waren sie gewaltsam zu öffnen. Echte Freundschaften, zu große Vertrautheit oder gegenseitige Besuche der Konventualen wurden nicht geduldet, ebensowenig aber auch Streitereien untereinander. Eingehende Briefe mussten stets zuerst vom Propst oder Dekan gelesen, ausgehende Briefe durften nur nach deren Genehmigung abgeschickt werden. Auch Reisen zu Verwandten oder nur in privaten Angelegenheiten sollten die seltene Ausnahme bleiben. Großer Wert war auf das Studium der Kasuistik zu

Stifte und Klöster (in moderner alphabetischer Reihenfolge), mit denen Höglwörth um 1700 in Gebetsverbrüderung stand und an die im Todesfall Roteln gesandt wurden*

Attel	Benediktiner	Ranshofen (OÖ)	Augustiner-Chorherren
Au am Inn	Augustiner-Chorherren	Rebdorf bei Eichstätt	Augustiner-Chorherren
Baumburg	Augustiner-Chorherren	Reichersberg am Inn (OÖ)	Augustiner-Chorherren
Benediktbeuern	Benediktiner	Rohr	Augustiner-Chorherren
Bernried	Augustiner-Chorherren	Rott am Inn	Benediktiner
Beuerberg	Augustiner-Chorherren	Rottenbuch	Augustiner-Chorherren
Beyharting	Augustiner-Chorherren	Schäftlarn	Prämonstratenser
Diessen	Augustiner-Chorherren	Scheyern	Benediktiner
Dietramszell	Augustiner-Chorherren	Schlehdorf	Augustiner-Chorherren
Ettal	Benediktiner	Schottenstift (Wien)	Benediktiner
Erzstift Salzburg	Augustiner-Eremiten	Seeon	Benediktiner
Frauenchiemsee	Benediktinerinnen	Seitenstetten (NÖ)	Benediktiner
Frauenzell	Benediktiner	St. Emmeram, Regensburg	Benediktiner
Gars am Inn	Augustiner-Chorherren	St. Florian bei Linz (OÖ)	Augustiner-Chorherren
Gleink (OÖ)	Benediktiner	St. Hippolytus, St. Pölten (NÖ)	Augustiner-Chorherren
Herrenchiemsee	Augustiner-Chorherren	St. Mang, Füssen	Benediktiner
Indersdorf	Augustiner-Chorherren	St. Nikola, Passau	Augustiner-Chorherren
Klosterneuburg bei Wien	Augustiner-Chorherren	St. Peter, Salzburg	Benediktiner
Kremsmünster (OÖ)	Benediktiner	St. Salvator (Niederbayern)	Prämonstratenser
Lambach (OÖ)	Benediktiner	St. Veit, Neumarkt	Benediktiner
Melk (NÖ)	Benediktiner	St. Zeno, (Bad) Reichenhall	Augustiner-Chorherren
Metten	Benediktiner	Suben (OÖ)	Augustiner-Chorherren
Michaelbeuern bei Salzburg	Benediktiner	Tegernsee	Benediktiner
Neustift, Freising	Prämonstratenser	Vorau (Steiermark)	Augustiner-Chorherren
Niederalteich	Benediktiner	Vornbach	Benediktiner
Nonnberg (Salzburg)	Benediktinerinnen	Waldhausen bei Grein (OÖ)	Augustiner-Chorherren
Oberalteich	Benediktiner	Weihenstephan bei Freising	Benediktiner
Ossiach (Kärnten)	Benediktiner	Wessobrunn	Benediktiner
Polling	Augustiner-Chorherren	Weyarn	Augustiner-Chorherren
Prüfening	Benediktiner	Wilhering (OÖ)	Zisterzienser
Raitenhaslach	Zisterzienser		

OÖ = Oberösterreich   NÖ = Niederösterreich

* Catalogus locorum ad quae mittendae rotulae. Historischer Verein Oberbayern. Abgedruckt in: *Huber*, Totenrotel, S. 171 f. (hier sind Frauen- und Herrenchiemsee beispielsweise unter C eingeordnet). — Ähnlich, aber noch etwas umfänglicher (z. B. Berchtesgaden, Augustiner-Chorherren): BayHStA, KL Höglwörth 9. — Hin und wieder traten Änderungen ein. So wurden Bernried und Gleink gestrichen.

Tafel zum Einstecken der Namen von Chorherren, die eine bestimmte Funktion zu übernehmen hatten (Foto Brandl)

legen. Beachtung schenkten die Statuten auch einer ordentlichen Bibliothek und der Krankenstube[64]. Nicht vergessen wurden Anweisungen für den Kornmeister, den Weinmeister, den Bibliothekar, den für die Gewänder Zuständigen und für den Sakristan. Als Exerzitien waren die Ignatianischen vorgesehen. Der Exerzitienmeister konnte, musste aber nicht aus den eigenen Reihen stammen[65].

Um eine gewisse Garantie für die Einhaltung der Statuten zu haben, fand 1700 erneut eine Visitation statt[66], vor allem aber enthob man 1699 den allzu nachlässigen Pfättischer seines Amtes[67] und holte P. Gottfried Resner aus Baumburg. Dem neuen Dekan, der auch freiwillig in Anger tätig war, dort predigte, Beichten abnahm und Versehgänge absolvierte[68], gab man eine genaue Instruktion mit[69]. Resner verzweifelte trotz großer Bemühungen daran, die *collapsam disciplinam ... zu restituieren* und so bat er bereits 1701 — obwohl die Konventualen mit ihm sehr zufrieden waren und ihn mochten — flehentlich darum, man möge ihn entlassen und nach Baumburg, in sein *domum professionis* zurückkehren lassen, *alwo er zuleben und zusterben geschworen*. Auch seine Mitbrüder spürten diesen Wunsch, ihn damit begründend, dass den Dekan die zu geringen rechtlichen Möglichkeiten bedrückten[70]. Er selbst fühlte sich nur als ein *Dechant pro forma*, der *weder gewalt noch macht* hatte und keinerlei Einblick in die Geschehnisse erhielt, weil sich der Propst mit anderen Konventualen und Bediensteten beriet und von der Baumburger Disziplin nichts hören wollte[71]. Trotz seines inständigen Bittens, mit gesundheitlichen Argumenten untermauert, auch damit, dass er nur auf Zeit berufen worden sei, wurde sein Antrag abgeschlagen. Da der Dekan aber seine Bitte immer wieder vorbrachte, gab man 1703 doch nach, wohl auch, weil man seit 1702 überzeugt war, dass die Disziplin *multum restaurata* sei[72]. Zacherl wusste *dermallen kheinen* aus einem anderen Kloster zu benennen, hatte aber einen in den eigenen Reihen, der reif in den Sitten war, ein *sittsammer und stiller Mensch*, etwa 28 oder 29 Jahre alt. Und so wurde Johann Baptist Puechner[73] Resners Nachfolger.

Unter Zacherls Regentschaft kam es im Juli 1714 im Raum Höglwörth zum Ausbruch einer Epidemie[74]. Salzburg erließ am 24. Juli die Anordnung, dass man die an der ansteckenden Krankheit Verstorbenen im Angerer Friedhof abseits und in größerer Tiefe als sonst üblich begraben solle. Die in die Gegend entsandten Ärzte waren recht hilflos und konnten sich auch nicht auf eine Ursache einigen, während immer mehr Menschen an dem Fieber starben. Schon am 14. August war es nicht mehr möglich, die Toten normal im Friedhof zu bestatten.

Das Kloster musste auf die seelischen Nöte der Menschen reagieren und entsandte am 23. August P. Benno Hardter als Curaten in die Gebiete, die am stärksten betroffen waren. Sein Dienst war schwer

Zwei Kaseln mit dem Wappen von Propst Zacherl (Fotos Brandl)

und bedrückend. Am 24. August versah er erstmals einen Kranken mit den Sterbesakramenten, schon am 25. musste er den ersten Todesfall beklagen. Immer schwieriger wurde es, jemanden zu finden, der ihn auf Versehgänge begleitete, zumal auch die aufgestellten Wachen infiziert wurden. Am 1. September befahl der Pfleger, die Angerer Kirche zu sperren. Das bereitete dem Pater Probleme, denn er konnte nicht mehr das Allerheiligste holen. Der Pfleger meinte, dass es genüge, wenn ein Kranker beichte. Dies bestritt P. Benno leidenschaftlich und setzte durch, dass er alle Sakramente spenden konnte, allerdings nur für kurze Zeit, denn bereits am nächsten Tag wurde ihm geboten, nur noch in seiner Wohnung zu zelebrieren, was er ab dem 3. September auch tat und wo er das Allerheiligste in einem schön hergerichteten Wandkästchen aufbewahrte.

Bald argwöhnte man, dass es selbst im Kloster Krankheitsfälle gab. Ab dem 7. September durfte daher aus Vorsichtsgründen kein Konventuale das Stift verlassen, es sei denn, er hatte eine besondere Erlaubnis aus Salzburg. Eine solche erhielt unter vielen Mühen Felix Schaidinger am 12. November, der zum Studium nach Salzburg gehen sollte[75]. Angst vor Gespenstern, vor Plünderungen, der Tod des sehr beliebten und engagierten Arztes Daniel Dörwanger am 24. September und miserable Wohnverhältnisse vergrößerten die Übel. Bedienstete durften häufig nicht mehr in die Häuser und so musste Hardter zwei Mägde sogar in einer Scheune, hoch oben auf einem Heustock versehen; das Allerheiligste und die Fackel, ohne einen Brand zu verursachen, zu halten verlangte größte Umsicht. Viel Geschick erforderte es auch, die nach dem Tod ihres Kollegen verängstigten Ärzte zum Bleiben zu bewegen. All diese Strapazen ertrug P. Benno willig, an manchen Tagen bestand seine ganze Mahlzeit nur aus etwas Milch. Neue Schwierigkeiten traten mit dem Winteranfang ein. Kleidung und Schuhe waren arg in Mitleidenschaft gezogen. Sein einziger Wunsch zu Weihnachten war ein Paar Schuhe, die ihm sein Stift auch schickte. Erst zu Beginn des Jahres 1715 ließ die Epidemie nach und P. Benno konnte in sein Kloster zurückkehren, freilich nur, um es bald wieder zu verlassen, weil die Krankheit erneut aufflammte. Aus Sicherheitsgründen verlangte man vor seiner endgültigen Rückkehr eine vierzehntägige Quarantäne, ehe er am 2. Juni wieder in Höglwörth einzog. Kleidung und von ihm benutzte Paramente verbrannte man vorsichtshalber[76].

Propst Zacherl regierte nach diesen aufregenden Zeiten noch fast ein Dezennium lang, in dem er wirtschaftlich recht erfolgreich war, Schulden tilgen, Vermögen aufbauen (insgesamt ca. 9000 Gulden, davon 6000 unter seinem Bett), die Rechte des Klosters verteidigen, neuen Besitz erwerben, Klostergebäude renovieren und den Bestand der Bibliothek aufstocken konnte. Zu seinen großen Leistungen in diesem Zusammenhang gehörte 1722 auch der Erwerb der Hofmark Vachenlueg mit 37 Untergebe-

Propst Johann Baptist II. Puechner (Foto Brandl)

nen[77], die ursprünglich im Besitz der Haunsperger gewesen war[78]. Am 30. Januar 1725 verstarb er nach *langwieriger Unpäßlichkeit*[79].

Nach fast einem Monat, am 26. Februar 1725, präsentierte das Salzburger Domkapitel Johann Baptist (II.) Puechner, den Dekan des Stiftes, als neuen Propst, der am 2. März von Fürsterzbischof Franz Anton von Harrach (1709–1727) bestätigt wurde[80]. Nach erfolgter Investitur und Installation (11. März) erhielt Propst Johann Baptist II. den Titel eines erzbischöflichen Geistlichen Rates[81], 1732 wurde er zudem salzburgischer Landschaftsverordneter mit einem Jahresgehalt von 300 Gulden. Angesichts der wirtschaftlich hervorragenden Amtsführung seines Vorgängers hatte man in Salzburg so großes Vertrauen zu Höglwörth, dass man die seit 1706 nicht mehr stattgefundenen Visitationen auch unter Propst Puechner nicht neu aufnahm, obwohl da-

mals *nit wenig defectus sich ... befundten*[82]. Respekt gegenüber den Oberen gab es 1706 nur unzureichend, Studien- und Schweigezeiten wurden nicht eingehalten, man betrank sich auswärts, Dekan Puechner blieb lange aus, verkehrte in Wirtshäusern, trank und aß zu viel, versuchte andere gegen Propst Zacherl einzunehmen usw.[83]

Es regte sich aber in Salzburg kein Zweifel, zumal der Propst am 10. Juni 1733 an den Fürsterzbischof mit der Bitte herantrat, beim Heiligen Stuhl darum einzukommen, dass ihm und allen seinen Nachfolgern das Recht zu Inful und Stab gewährt werde — angeglichen an die anderen Prälaten der Salzburger Landschaft, sofern das Salzburger Domkapitel damit einverstanden sei[84]. Das Konsistorium zeigte sich so begeistert von der Idee, dass es seinen in Rom tätigen Agenten, Franz David, sogleich bat, sich darum zu bemühen[85]. An den Salzburger Rechten bezüglich Präsentation, Visitation etc. sollte sich in gegenseitigem Einverständnis nichts ändern[86]. Schon am 22. September 1733 gab Papst Clemens XII. (1730–1740) dem Ersuchen statt und verlieh dem Stift Höglwörth die Pontifikalien[87], was allerdings mit sehr hohen Kosten verbunden war. Insgesamt beliefen sich die Ausgaben auf etwa 2000 Gulden. Der Agent legte sehr großen Wert darauf, eine genaue Aufstellung vorzulegen, um nicht in den Verruf zu kommen, er selbst wolle sich bereichern[88]. Mitra, Stab, Ring und die anderen Ehrenzeichen durften von nun an von Puechner und seinen Nachfolgern in der Stiftskirche, in allen vom Kloster abhängigen Kirchen und in den anderen Kirchen der Erzdiözese Salzburg bei allen gottesdienstlichen Handlungen getragen werden. Die Verwendung der Pontifikalien außerhalb der Stiftskirche war in der Praxis aber nicht ganz einfach. Dafür musste die ausdrückliche Erlaubnis des Salzburger Erzbischofs eingeholt werden, die auf drei Jahre gewährt wurde, die Stadt Salzburg selbst ausschloss und vor jedem Gebrauch angezeigt werden musste[89]. Puechner drängte jetzt auf eine öffentliche Benediktion, die am 12. Dezember vollzogen wurde[90].

1733 wurde nach mehr als 25 Jahren eine Visitation durchgeführt. Damit beauftragt war der neue Generalvisitator Dr. Anton Felix Ciurletti (1696–1755)[91]. Der Fragenkatalog war besonders umfang-

Propst Johann Baptist II. hat im Chorherrenstift Höglwörth sein Wappen (Buche mit Raben, der einen Ring im Schnabel hält und der Inschrift *sub tegmine fagi;* Anspielung auf Vergil, Ekloge I 1: unter dem Dach der Buche) oftmals hinterlassen — oben: auf dem gusseisernen Prunkofen (Gesamtabbildung siehe S. 208); unten links: in der Klosterküche, gemeinsam mit dem Wappen von Erzbischof Leopold Anton Graf Firmian; die beiden Wappen und die Inschrift *stella hoc donavit Corvus fagvsqve paravit* weisen auf die Verleihung der Pontifikalien durch die Vermittlung des Erzbischofs hin; rechts unten Puechners Exlibris auf einem Missale (Fotos Brandl)

reich. Der Visitator befragte die einzelnen Konventualen nach der Einhaltung der Gelübde, der ordnungsgemäßen Durchführung des Stundengebets, der Versorgung der Kranken mit den Sakramenten, der gründlichen Gewissenserforschung, nach dem Fasten, dem Schweigen, nach besonderen Zuneigungen oder nach Streit unter Konventualen, nach der Ausübung der Seelsorge, danach, ob die geistlichen Exerzitien jährlich abgehalten wurden, ob die Stiftstüre immer gut verschlossen war, an welchen Feiertagen der Propst selbst zelebrierte, ob er gütig sei, ob er (gemeinsam mit dem Dekan) die Zellen der Konventualen begutachtete, ob der Propst an den Schuldkapiteln teilnahm, sich um die in der Seelsorge außerhalb Tätigen kümmerte, vor wichtigen Entscheidungen das Kapitel befragt habe, ob er dafür Sorge trug, dass alle Konventualen ihren Pflichten nachkamen, ob die Kleidung aller angemessen und regelgerecht war, ob alle gemeinsam aßen und Speisen und Wein bekamen, ob die Kranken gut versorgt, das Archiv und die Bibliothek gut geführt, die wirtschaftlichen Angelegenheiten des Klosters von den dafür Zuständigen ordnungsgemäß geleitet wurden etc. Die Antworten fielen extrem knapp und sehr positiv aus, der Visitator zeigte sich mit dem Zustand insgesamt zufrieden. Das Stift präsentierte sich dem Visitator gegenüber in einem nahezu perfekten Zustand[92].

Bei der nächsten Visitation der Temporalien im September 1737, durchgeführt von Joseph Albrecht Schenauer in Begleitung von Johann Baptist Gailler, Spitalsverwalter und Rechnungsrevisor aus Salzburg, traten nun aber erhebliche Mängel zu Tage. Schenauer befasste sich zuerst mit den Kirchenrechnungen ab 1731. Seit diesem Jahr hatte Lic. Joseph Anton Spägl als Hofrichter fungiert. Mit Entsetzen musste der Visitator feststellen, dass die Kirchenrechnungen seit dieser Zeit im Rückstand geblieben waren. Die Kassen wiesen längst nicht den Betrag auf, den sie hätten haben müssen. Die dringend geforderten und zu Beginn des Jahres 1738 nachgereichten Klosterrechnungen von 1731 bis 1737 zeigten ebenfalls gravierende Mängel[93]. Im Laufe der Untersuchung stellte sich heraus, dass das noch vor etwa 30 Jahren sehr gut gestellte Stift (ca. 9000 Gulden Aktiva) tief verschuldet war. In nur sechs Jahren hatte der Propst über 11.000 Gulden verschwendet. Riesige Summen hatte nicht nur sein Hobby, das Sammeln von Uhren, verschlungen, sondern auch sein sehr gehobener Lebenswandel. Hohe Ausgaben entstanden für Bier, Wein, Erholungsreisen etc., sogar für Fische, obwohl das Stift an einem fischreichen See liegt.

Angesichts der problematischen Haushaltslage waren auch die an sich sinnvollen Ausgaben für Bücher, für Malereien usw. kaum vertretbar. Zu der schlechten Finanzsituation trug sicher auch die Errichtung eines Brauhauses bei, das keinen Gewinn abwarf. Zu dessen Finanzierung hatte man Gelder verwenden müssen, die 1734 beim Verkauf von Weingütern in Österreich hereingekommen waren. Puechner gelang es im Laufe seiner Regentschaft, Höglwörth in tiefste Schulden zu treiben. Er ließ sich von Leuten aus seiner Umgebung, darunter dem Klosterrichter, beeinflussen, unnütze Ausgaben zu machen, auch für seine Sammelleidenschaft. Zudem richtete er Waldbesitz zugrunde, da er für geringe Gegenleistungen Klosterwald zum Kohlebrennen zur Verfügung stellte. Den von Zacherl für Notzeiten errichteten Zehentstadel ließ er ungenutzt verkommen. Puechner betrog auch manchmal, indem er Ausgaben höher angab, als sie waren. Eingriffen in die Kirchenvermögen von Piding, Anger, Steinhögl etc. konnte er in seiner finanziellen Not nicht widerstehen[94]. Als Gailler die Missstände nach Salzburg meldete, entzog man dem Propst die Verwaltung der Temporalien und übergab 1741 dem Dekan des Stiftes, Johann Adam Ranner, die Administration. Augustin Eslinger rückte als Subdekan nach, Johann Kasimir wurde Klosterrichter. An den Verhältnissen änderte dies jedoch nichts, wie man in Salzburg anlässlich einer Visitation im August 1742 feststellen musste[95].

Wenig Erfreuliches wurde damals zu Tage gefördert. Vor allem Ranner, auf den man sich besonders gestützt hatte, gab Anlass zu ernster Besorgnis, da er im (begründeten) Verdacht stand, nicht nur zu trinken[96], sondern auch eine Liebesbeziehung eingegangen zu sein. Es handelte sich dabei um eine Köchin des Klosters, die 23-jährige Anna Maria Beinlinger aus dem Pinzgau, die er selbst — obwohl sie Mutter eines unehelichen Sohnes war — eingestellt hatte⁹⁷. Den Bäcker Mathias Schmid, der den Dekan mit der Köchin nachts gesehen hatte, soll er mit den Worten bedroht haben: *Sag mir noch mehrmahl etwas, so renne ich dir Messer in Leib*⁹⁸. Umgehend wurde ihm das Dekanat zugunsten von Benedikt Weber abgenommen.

Im Mai 1743 bat Puechner in Salzburg dringend darum, auch die *Spiritualsorg* und sein Amt als Landschaftsverordneter abgeben zu dürfen. 67-jährig und seit 19 Jahren im Amt klagte er, dass seine Leibeskräfte so abgenommen hätten, dass er kaum noch in seinem Zimmer herumgehen könne. Die restlichen Lebenstage wollte er seinem Seelengeschäft widmen⁹⁹. In Salzburg war man bereit, dieser Bitte zu entsprechen, doch verstarb Puchner schon in der Nacht vom 9. zum 10. Juni 1743; am 13. Juni wurde er bestattet. Zugleich war damit auch die Administration erledigt. — Ranner blieb noch ein Jahr im Stift. 1744 verließ er es ohne Erlaubnis, trat schließlich in Nürnberg zum Protestantismus über, wurde in Altdorf promoviert, unterrichtete in Nürnberg und starb dort 1781¹⁰⁰.

Nach Puechners Tod wurde das finanzielle Ausmaß seiner Misswirtschaft erst richtig klar. Er hinterließ nur ein *Säckl* mit alten Geldsorten, aber keinerlei Barvermögen¹⁰¹, dafür jedoch Schulden von über 31.402 Gulden. Es war nicht möglich, die betrogenen Kirchen vollständig zu entschädigen. Erst 1747 erhielten sie auf Druck des Salzburger Konsistoriums einen Teil ihres Geldes zurück. Profitiert von Puechners Regentschaft hatte hauptsächlich die Stiftsbibliothek¹⁰², die nach der Auflösung des Klosters zum größten Teil in die Bibliothek des Metropolitankapitels übergegangen ist, soweit sie nicht in der Münchener Hofbibliothek ihren Platz gefunden hat¹⁰³. Die Bibliothek umfasste mehrere hundert Bücher, Werke aus der Exegese, Kirchengeschichte, Dogmatik, Moraltheologie, Aszetik, Predigtsammlungen, liturgische Bücher etc., daneben aber auch lateinische und griechische Klassiker (Cicero, Caesar, Ovid, Horaz, Aristoteles) sowie eine große Anzahl an weltlicher Literatur¹⁰⁴.

Im August bat Weber den Fürsterzbischof Leopold Anton Eleutherius von Firmian (1727–1744)¹⁰⁵, man möge sein *armes Stüfft* mit einem Propst aus den eigenen Reihen *begnädigen*, weil so die *religiosa*

Eine der von Propst Puechner erworbenen Standuhren
(Foto Brandl)

unio sicherer hergestellt werden könne. Der Brief bringt die Angst zum Ausdruck, dass ein auswärtiger Propst aus einem gut fundierten Kloster angesichts der hiesigen Situation in *Consternation oder gänzlich Desperation* fallen könnte¹⁰⁶.

Die Aufgabe, Höglwörth in ruhigere Zeiten zu lenken, kam nun dem 55-jährigen Kastner A n i a n H o e p f e n g r a b e r zu, der am 23. September 1743

Propst Anian I. Hoepfengraber (Foto Brandl)

Propst Augustin Eslinger (Foto Brandl)

vom Salzburger Domkapitel präsentiert wurde[107]. Am 9. November erfolgte die Bestätigung[108], am nächsten Tag die Benediktion durch den Seckauer Bischof Leopold Ernst von Firmian (1739–1763)[109] und am 17. die Installierung. Unter seiner Amtszeit verließ der Konventuale Carl Viliot Höglwörth, um in Baumburg einzutreten. Als Grund für seinen Wechsel gab er einen völlig übereilten Entschluss an, nur dem im Sterben liegenden Vater zuliebe, der alles arrangiert hatte, ohne den Sohn zu informieren, der Höglwörth nicht einmal namentlich kannte[110]. Ein glanzvoller Höhepunkt der ansonsten sehr ereignislosen Zeit war die Teilnahme an der Wahl des Salzburger Fürsterzbischofs Andreas Jakob von Dietrichstein (1747–1753)[111] am 10. September 1747 in Salzburg. Zwei Jahre später, am 22. April 1749, verstarb Hoepfengraber, dem es zwar gelungen war, wieder etwas Barvermögen zu sammeln (2365 Gulden), der aber die Schuldenlast kaum hatte vermindern können[112]. Salzburg war bemüht, schnell einen Nachfolger zu finden *zu khünftig beständiger erhaltung der klösterlichen Disciplin und guetter oeconomiae*[113].

Als neuer Propst wurde am 10. Mai 1749 Augustin Eslinger präsentiert, jedoch erst am 12. Juli von Erzbischof Dietrichstein bestätigt[114] und am 13. von diesem benediziert[115]. Eslinger, gerade 36 Jahre alt, sollte Höglwörth wieder auf eine solide finanzielle Basis stellen, eine sehr schwierige Aufgabe, für den ehemaligen Ökonomen des Stifts aber vielleicht doch durchführbar. Bei seinem Tod 1762 waren 4565 Gulden Vermögen vorhanden, die Schulden gegenüber Privatpersonen betrugen rund 7123 Gulden. Zu den bedeutendsten Tätigkeiten des Propstes gehörte die Renovierung der Pidinger Kirche im Rokokostil[116], die am 25. Juli 1760 von Fürst-

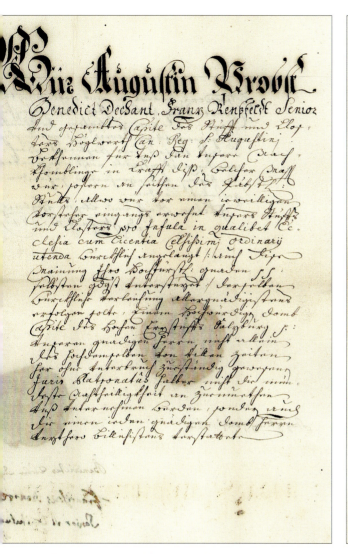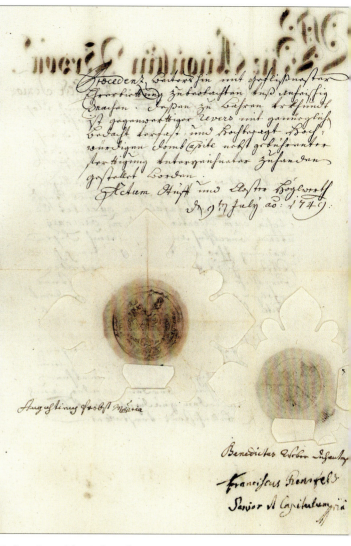

Propst Augustin Eslinger anerkennt zusammen mit dem Dekan Benedikt Weber, dem Senior Franz Rensfeld und dem ganzen Konvent von Höglwörth die Präzedenz des Salzburger Domkapitels, Höglwörth, 9. Juli 1749 (Fotos BayHStA)

erzbischof Sigmund Christoph Graf Schrattenbach (1753–1771)[117] geweiht wurde. Nur zwei Jahre später verstarb Eslinger — noch nicht 50-jährig — *durch einen plötzlich Schlagflus* in Maria Eck bei Siegsdorf[118].

Wiederum präsentierte das Salzburger Domkapitel am 14. Juli 1762 einen jungen Konventualen als neuen Propst. Der aus Österreich ob der Enns stammende Anian (II.) Köllerer wurde bereits am 27. Juli von Fürsterzbischof Schrattenbach bestätigt[119], am 1. August erhielt er die Benediktion und am 8. August wurde er installiert. Trotz seines vergleichsweise jungen Alters konnte er doch schon auf einige Erfahrungen zurücksehen, da er drei Jahre als Vikar in Anger gewirkt hatte, acht Jahre Dekan und auch als Novizenmeister tätig gewesen war[120].

Der Propst ist tot, es lebe der Propst!

In Abwandlung des bekannten Sprichwortes „Der König ist tot, es lebe der König" soll im Folgenden anhand eines konkreten Beispieles* der übliche Verlauf nach dem Tod eines Propstes bis zur Installation seines Nachfolgers beschrieben werden, denn der Ablauf eines solchen Vorgangs war festgelegt und unterscheidet sich kaum zwischen den einzelnen Pröpsten.

Am 22. April 1749 verstarb Propst Anian I. Hoepfengraber. Der Konvent, meist vertreten durch den amtierenden Dekan, informierte am 24. April das Salzburger Konsistorium. Der Propst von St. Zeno, Floridus I. Penker, leitete die feierliche Beisetzung in Pontifikalkleidung. Am 27. April traf die übliche Kommission ein, die sich in einem *bestelten Wagen dahin verfiegt*. In Höglwörth wurde sie *bey der Praelatur-garthen* von Dekan Benedikt Weber *mit dem Mantl* und dem Küchenmeister Augustin Eslinger empfangen. Anschließend wurden die Kommissare Joseph Albrecht Schenauer und Antonius Schwertfürb in die Kirche begleitet, wo sie dem Konventamt beiwohnten. Nach dem Gottesdienst wurden sie vom gesamten Kapitel — *ausser des in Piding exponierte Vicarii* — in die Propstei geführt, wo das Kommissionsdekret verlesen wurde. Hierauf begab man sich in die Sakristei, wo eine silberne Truhe mit Geld stand, dann in der Propstei in ein benachbartes Zimmer, wo die Kasse des (verstorbenen) Propstes war. Über den Inhalt beider Truhen wurden genaue Aufzeichnungen gemacht. Dies alles geschah im Beisein des Konvents. Daraufhin schritt man zur Bestellung der Interimsadministration. Dem Dekan, dem Senior Franz Rensfeld und dem Küchenmeister wurde das vorgefundene Geld gegen eine Quittung übergeben. Zu dritt wurden sie *als administratores Praepositura vacante* eingesetzt. Zuletzt gelobten der Konvent und die anwesenden Bediensteten dem Kommissar und den Administratoren den schuldigen Gehorsam und Respekt.

Die Bestätigung (*confirmatio*) erfolgte am 12. Juli im Beisein des präsentierten, zukünftigen Propstes Augustin Eslinger, des zuständigen Kommissars und eines Procurators. Dabei erklärte der Kommissar, dass die Integrität des neuen Propstes aufgrund des vorausgegangenen Examens hinsichtlich Lehre und Leben zufriedenstellend sei. Anschließend legte der Kandidat (jeweils nach Aufforderung durch den Kommissar) das Glaubensbekenntnis ab und einen Eid zur Vermeidung der Simonie. Danach bestätigte ihn Kommissar Johann Baptist Graf von Thurn, Valsassina und Taxis etc. im Auftrag des Fürsterzbischofs, investierte ihn durch die Überreichung des Ringes und übertrug ihm die geistliche und weltliche Leitung des Stifts. Einen Tag später wurde Propst Eslinger benediziert. Innerhalb der Benediktion leistete er feierlich den Gehorsamseid gegenüber dem Erzbischof und der Metropolitankirche von Salzburg ab.

Zur Installation erschien am 26. Juli in Höglwörth eine Kommission. Auch der Verlauf dieses Besuches war standardisiert. Schenauer und Schwertfürb reisten an diesem Tag, einem Samstagnachmittag, in einem Wagen** in Begleitung eines Bediensteten in Salzburg ab und trafen gegen 15.30 Uhr an ihrem Ziel ein. Der confirmierte und benedizierte Propst Eslinger empfing sie mit allen Ehren im Mantel an der Kirchentüre zusammen mit seinen Konventualen, die den Chorrock trugen. Das Kapitelkreuz wurde vorangetragen und so zog man feierlich unter Instrumentalmusik in die Kirche ein zum Hochaltar, wo ein Betstuhl bereit stand. Dort nahm der Kommissar Platz. Gemeinsam verehrte man

---

* AEM, Kl A 99 (Eslinger).
** Dieser war zuweilen mehrspännig.

das Allerheiligste, während eine gesungene Litanei das Gebet begleitete. Anschließend führte man den Gast in das vornehmste Gästezimmer. Dort fand am Abend eine Unterredung zwischen Schenauer und Eslinger wegen der am nächsten Tag abzuhaltenden Installation statt. Am nächsten Tag, am Sonntag, nahm er an einem feierlichen Hochamt teil. Zuvor hatte der Kommissar bereits für sich die Messe gelesen. Nach dem Hochamt zog sich dieser in sein Zimmer zurück. Dort wurde er vom Propst und dem gesamten Konvent *mit abermahl Vortragen Capitlkreuz* unter Glockengeläute empfangen und unter Orgelklang, mit Pauken und Trompeten durch die Klosterkirche zu einem mit rotem Samt ausgelegten Stuhl *a cornu Evangelii* geleitet. Der Konvent stand auf der Epistelseite, der Propst saß auf einem Stuhl. Anschließend hielt der Kommissar seinen Vortrag und eröffnete die hochfürstliche *Commission ad installandum*. Die Konfirmationsurkunde und das Kommissionspatent wurden verlesen. In der Regel nahmen es dann Propst und Konvent ehrerbietigst in die Hände***, um es zu prüfen und zu küssen. Der Kommissar ermahnte sodann den Konvent nachdrücklich zum schuldigen Gehorsam und Respekt dem Propst gegenüber. Danach erfolgte die eigentliche Installierung *in spiritualibus* durch die Überreichung der Schlüssel für den Tabernakel und das Taufbecken.

Anschließend erfolgte die Angelobung des Konvents und der Kirchendiener. Schließlich wurde vom Dekan das Te Deum intoniert, bevor der Kommissar den Propst durch die Kirche in die Propstei führte, wobei der Konvent vorausging. Dort übergab er an den Propst das Klosterurbar und den Schlüssel zum Kloster. Damit war auch die Installation *in temporalibus* erfolgt und man konnte zur Angelobung des Küsters, der Klosterbediensteten und einiger Untertanen schreiten. Die anwesenden Gäste konnten nun ihre Glückwünsche aussprechen. Zuletzt schritt man zu Tisch. Der Kommissar saß alleine auf einem eigens für ihn bereitstehenden Ehrenplatz. Man trank auf den Salzburger Erzbischof, dann *hochen Haus Gesundheit* unter Pauken und Trompeten.

Am darauffolgenden Montag begab sich der Kommissar in die Sakristei und Propstei und fertigte über die geistlichen und weltlichen „Klostersachen" Inventarien an.

Zu den Installationsfeierlichkeiten gehörten gewöhnlich auch drei Reden des Kommissars, eine an den Konvent, in der zu Respekt und Gehorsam gegen den Propst aufgefordert wurde, eine an das Volk, das heißt die gegenwärtigen Pfarrkinder, und eine an den Propst. Alle wurden zur Ausübung ihrer Pflichten und Schuldigkeiten ermahnt*.

*** AEM, Kl A 99 (Köllerer).

 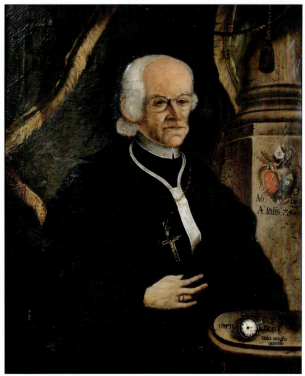

Propst Anian II. in jungen Jahren und Altersbildnis Köllerers (Fotos Brandl)

Bleibendes Verdienst Köllerers ist es, dass unter seiner Regentschaft sowohl die Stiftskirche als auch die Konventgebäude eine ihnen angemessene Ausstattung erhielten. So bekam die Kirche in den Jahren 1762 bis 1765 ihre meisterhafte, sehr zarte und grazile Rokokostuck-Ausstattung durch Benedikt Zöpf, der die Kirche vor allem in die Farben Rosa, Gold und Zinngrün tauchte. In elegantester Wessobrunner Art gestaltete er Rocaillen und Kartuschen. Franz Nikolaus Streicher (1738–1811) malte vier Altarbilder, sechs Decken- sowie zwei Wandfresken und restaurierte das Hochaltarbild von Francesco Vanni. In der Ära Köllerer zog mit zwei Marmoraltären unter der Orgelempore schließlich auch noch der Klassizismus ein[121].

Köllerer war dabei gleichwohl darum bemüht, die Schuldenlast des Klosters zu verringern, schoss dabei aber oft über das Ziel hinaus, etwa wenn er die Essensrationen der Konventualen einschränkte oder ihre Ausgaben für Kleidung. Er galt als über-genau, zu hartherzig, ohne Mitleid für Kranke und Schwache. Jegliche Rekreation versuchte er zu behindern oder zu stören. Er handelte vollkommen eigenständig, ohne den Konvent in Entscheidungen einzubinden[122].

Aber auch die Konventualen — beispielsweise Joseph Rieder, der ständig Streit suchte, oder Benedikt Greissing, Vikar in Piding, der unter allen Umständen in den Weltpriesterstand wechseln wollte[123] — machten es ihm nicht immer leicht. Greissing gab an, dass er seine Profess mit großer *ängstigkeit* abgelegt hätte. Propst und Salzburger Konsistorium versuchten ihm klar zu machen, dass keine Chance bestand, ihn in Salzburg oder Rom von den Gelübden zu entbinden. Greissing war verzweifelt. Als Konsistorialrat Franz Leopold Kaserer ihn aufsuchte, war er gerade dabei, eine Beschwerde über den Propst an den Erzbischof zu verfassen. Ein Gespräch war fast nicht möglich, so erregt war Greissing, der sich von seinen Mitbrüdern verfolgt und verachtet fühlte. Als Kaserer ihm den abschlägigen Bescheid aus Salzburg zeigte, brach er weinend zusammen. Auch wenn er nicht mehr nach Höglwörth wollte, kehrte er schließlich doch dorthin zurück und leistete Abbitte für seine Wünsche. In den folgenden zehn Jahren bat er immer wieder um die Austrittsmöglichkeit. Schwere Vorwürfe erhob er gegen den lieblosen Propst, der immer seinen Kopf durchsetzen müsse. Schließlich gab man seinem Drängen nach. Greissing durfte 1784 Höglwörth verlassen und wurde Weltpriester, wozu ihm Höglwörth den Tischtitel verlieh[124].

1792 war das Stift kaum mehr in der Lage, seinen Aufgaben gerecht zu werden, weil fast die Hälfte der Chorherren krank war und sie deshalb keine Funktionen ausüben konnten[125]. Junge Novizen traten gleich wieder aus oder waren für ein Ordensleben nicht geeignet[126], weshalb Köllerer fast zehn Jahre lang keine Novizen mehr aufnahm. Als aber kurz hintereinander vier Konventualen starben, ließ er neue Bewerber zu[127].

Auf Anordnung des Salzburger Konsistoriums musste der Propst 1764 das Amt eines Repetitors für Theologie einführen. Köllerer betraute seinen Mitbruder Quarin Rainprechter mit dieser Aufgabe, die dieser lange Zeit hindurch ausübte[128]. Am 5. Februar 1784 wandte sich das Konsistorium erneut an den Propst mit dem Auftrag, dass er sich um eine gute theologische Ausbildung in seinem Stift bemühen müsse[129]. Rainprechter scheint zu diesem Zeitpunkt das Amt nicht mehr bekleidet zu haben, denn Köllerer suchte nach einem neuen Repetitor, den er jedoch in seinen eigenen Reihen nicht fand. Prior Alipius Gärtner vom Augustiner-Eremitenkloster in der Salzburger Vorstadt Mülln entsandte P. Barthlmer Kofler[130], der ab 1785/86 einen Lehrkurs in Höglwörth anbot. Zu seinen Aufgaben gehörte es auch, einen Studienplan vorzulegen. Allerdings fügte sich der Plan nicht in die bestehende Hausordnung ein, so dass diese angepasst werden musste. Die Gelegenheit schien auch günstig, die Statuten von 1699 zu erneuern[131], wogegen sich aber der Konvent wehrte. Sah man schon die alten Statuten als *unterschoben* und *aufgedrungen* an, so die neuen fast noch mehr. Vieles darin war ohnehin selbstverständlich oder aber der gegenwärtige Propst hielt sich nicht daran, so beispielsweise, wenn es um den Getränkekonsum ging, den er kleinlich regelte, oder Spaziergänge im Klostergarten während des Winters verbot[132].

Insgesamt waren in den neuen Statuten jedoch viele Erleichterungen vorgesehen. Weiterhin waren Würfelspiele zwar verboten, Kartenspiele hingegen waren bei Einsatz nur geringer Geldmengen — an außerordentlichen freien Tagen — gestattet. Eine Änderung gab es auch bezüglich des Beichtvaters. Es sollten künftig mindestens zwei oder drei zur Verfügung stehen, zwischen denen man wählen konnte. Die Freizeit wurde ebenfalls neu geregelt. So war nicht nur ein Mittagsspaziergang vorgesehen, sondern bei großer Hitze konnte dieser auf den Abend verlegt werden. Manche Bestimmungen fielen ganz weg. War es 1699 noch nahezu unmöglich, jemanden außerhalb der Klostermauern zu besuchen, so konnte dies nun leichter geschehen, wenn es seelsorgerische Belange erforderten oder ein sonstiger gerechter Grund vorlag. Weiterhin sollte es zwar verboten sein, z. B. nach einer Hochzeit an der weltlichen Feier teilzunehmen, es wurden nunmehr aber für Zuwiderhandlung keine Sanktionen mehr angedroht. Auch die Inspizierung der Zimmer sollte nun *discrete* vor sich gehen. Zudem war es den Konventualen fortan gestattet, den Geldbetrag von 1 Gulden zu besitzen und darüber frei zu verfügen.

Wie lange Kofler sein Amt ausgeübt hat, lässt sich nicht mehr genau feststellen. Bei der Visitation im September 1789 wurde erneut beklagt, dass es keinen Hausprofessor gab und nur aus der Moral vorgelesen wurde[133]. 1791 war Rupert Seywald Hausprofessor, bat jedoch wegen eines Streites mit dem Dekan um seine Entlassung. Gegen den Wunsch des Propstes war er immer wieder aushilfsweise in Pfarreien tätig, unter anderem in Teisendorf[134].

Auf Anordnung von Kaiser Josef II. wurde dem Stift 1783 ein kaiserlicher Precist zugewiesen. Seine Wahl fiel für Höglwörth auf Anton Graner. Diesem war jedoch aus nicht näher genannten Gründen ein persönliches Erscheinen unmöglich. Am Propst lag es deshalb, sich um die finanzielle Seite, nämlich um das Absentengeld, zu kümmern, das jährlich zu entrichten war[135].

Tagesablauf im Augustiner-Chorherrenstift Höglwörth*

gültig das ganze Jahr über (außer an Festtagen wegen der vor- und nachmittäglichen Kirchendienste)

3.30 Uhr	Wecken zur Matutin
5.00 Uhr	Preces matutinae, Vorbereitung auf die Messe und Meditation
5.30 Uhr	Zeichen zur Meditation
6.00 Uhr	kleine Horen
6.45 Uhr	Lesen der Messe durch die Priester
anschließend, sofern keine Provisionen oder Krankenbesuche	alle beim Konventamt
9.00 Uhr	Geistliche Lesung oder Moralstudium (wahlweise eines vormittags, eines nachmittags)
11.30 Uhr	Mittagstisch, dabei Lesung: ein Kapitel aus der Heiligen Schrift, ein geistlicher Brief *aus geistlichem Ordensstand und -zucht,* oder von der klösterlichen Vollkommenheit, zum Schluss in der Regel ein deutscher Prediger
danach	im Chor: Anbetung des Allerheiligsten
12.30 Uhr	Erholung, danach Zeichen zum Schweigen: nützliche Beschäftigung (Buch lesen, Predigt verfassen) Dienstag/Donnerstag/Sonntag: bis 15.00 Uhr
14.00 Uhr	Zusammenkunft aller: Vorlesung aus einem *bewerthen Theologo morali*
15.00 Uhr	Vesper und Complet danach Schweigen bis zum Abendtisch, dabei geistliche Lesung oder Studium (siehe Vormittag)
17.00 Uhr	Abendtisch, dabei Lesung (wie zu Mittag)
danach	im Chor: Anbetung des Allerheiligsten
19.30 Uhr	Schweigen, 15 Minuten Gewissensbefragung
19.45 Uhr	Zusammenkunft aller zum Abendsegen
anschließend	jeder begibt sich auf sein Zimmer (dort Möglichkeit, notwendige oder nützliche Beschäftigungen zu erledigen)

---

* Krueger an Salzburger Konsistorium, Höglwörth, 1. Mai 1785: AEM, Kl A 94. — Vgl. dazu auch: Distributio temporis, in: AEM, Kl A 102 (Visitation 1652/53).

In dieser Zeit begann man im Stift allmählich auch etwas vom Geist der neuen Zeit zu spüren. Probleme bereitete ein Beschluss des Salzburger Konsistoriums, Nebenkirchen von Pfarreien sperren zu lassen. Im Vikariatsgebiet von Piding traf dies die St.-Laurentius-Kirche zu Mauthausen. Propst Anian lehnte deren Schließung entschieden ab, wollte allerdings auch anstehende Reparaturkosten nicht übernehmen. Erst 1790 gab man in Salzburg nach, jedoch mit der Auflage, dass die Kirchengemeinde und das Kloster für die nötigen Ausgaben aufkommen müssten. Zudem durfte eine Eucharistiefeier in Form einer Frühmesse nur noch an Sonn- und Feiertagen abgehalten werden. Auch die in der Aufklärungszeit übliche Beschränkung der Feiertage traf Höglwörth, wo man es gewohnt war, das Kirchweihfest am Tag des hl. Bartholomäus zu begehen, das Fest des Märtyrers Placidus aber am Simon- und Judastag. Daran hielt man auch fest, als das Salzburger Konsistorium diesbezüglich anderslautende Anordungen erließ. Schließlich einigte man sich darauf, dass das Placidus-Fest weiterhin am 28. Oktober gefeiert wurde, das Kirchweihfest aber musste nun am echten Weihetag, dem 7. August, begangen werden, sofern dies ein Sonntag war, ansonsten am darauffolgenden Sonntag[136].

Der Spalt zwischen Propst und Konvent, der seinerseits alles daran setzte, den Propst zu provozieren, war inzwischen immer größer geworden[137], so dass Köllerer dem Konvent schließlich keine Rechnungen mehr vorlegte. Die Konventualen stießen sich nicht nur am Geiz des Propstes, sondern vor allem daran, dass er lieber mit Furcht und Schrecken regierte als mit Liebe und Großmut. Zugleich missachteten sie seine Anordnungen völlig, wenn sie sich auf eigene Kosten Essen von auswärts bringen ließen und vor seinen Augen bei Tisch verzehrten. Der Propst prangerte jedoch auch kleine Verfehlungen seiner Chorherren öffentlich an. Da sich der gesamte Konvent immer mehr von ihm abwandte, versuchte er sich der Bediensteten als Spione zu bedienen[138]. Armen aus der Umgebung entriss er eigenhändig vorher geschenktes Getreide[139].

In Salzburg war man 1790 nicht mehr gewillt, dem unwürdigen Treiben noch länger zuzusehen und entsandte am 10. Februar den Konsistorialrat

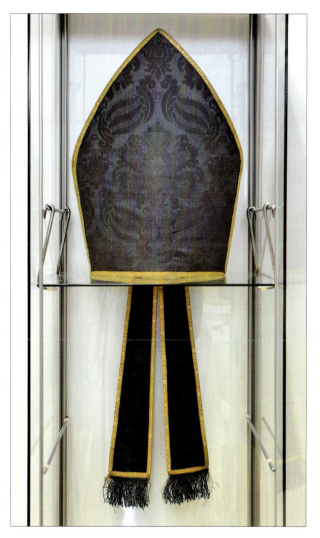

Seit der Verleihung der Pontifikalien 1733 waren die Pröpste bei bestimmten Anlässen berechtigt, eine Mitra zu tragen; bisher konnten fünf Mitren aus dem Besitz des Stiftes Höglwörth nachgewiesen werden (Foto Brandl)

Ernest Sigmund Raacher ins Stift[140]. Um wieder für Ruhe im Konvent zu sorgen, wurde Placidus Schulz als Dekan eingesetzt, dem Propst Köllerer befohlen, seine Chorherren nicht mehr bloßzustellen und diesen der Gehorsam dem Oberen gegenüber eingeschärft[141]. Grundlegend änderte sich die Situation jedoch nicht. Beschwerden über Beschwerden häuften sich. Auch Schulz war eine Fehlbesetzung gewesen, weil er vollkommen auf der Seite des Propstes stand, ja sogar dazu überging, selbst Konventualen anzuklagen. 1792 entsandte man deshalb erneut Raacher nach Höglwörth, der sich alle Mühe gab, die Verhältnisse vor Ort zu verbessern. Alles wurde schriftlich festgehalten[142]. Auf dieser Grundlage wurde am 10. August 1792 wiederum ein Konsistorialdekret angefertigt, das jedoch abermals nichts an den Verhältnissen änderte[143].

Von außen her ernsthaft bedroht wurde das Stift, als im Jahr 1796 die Armeen Frankreichs ganz Süddeutschland überrannten. Damals wurde darüber nachgedacht, das Stift aufzulösen und darin ein Lazarett einzurichten. Mit aller Kraft stemmten sich die Konventualen in seltener Einigkeit diesen Plänen entgegen und konnten sie auch verhindern. Kaum war diese Bedrohung, die auch finanzielle Belastungen brachte, glücklich überstanden, als bereits neue Gefahren lauerten. In der bayerischen Nachbarschaft von Höglwörth fielen alte bedeutende Klöster der Säkularisation zum Opfer. Mit Schrecken musste man zur Kenntnis nehmen, wie Au, Baumburg, Chiemsee, Gars und St. Zeno zu existieren aufhörten. Beim zweiten Ansturm der Franzosen, 1800, floh Erzbischof Hieronymus Josef Franz de Paula Graf Colloredo (1772–1803/1812)[144] über Steiermark und Wien nach Brünn[145]. Nun wurde auch das Erzstift Salzburg aufgehoben und — zusammen mit Berchtesgaden und Passau — dem Erzherzog Ferdinand als Entschädigung für sein verloren gegangenes Großherzogtum Toskana übereignet.

Propst Anian II. erlebte es nicht mehr, dass Höglwörth von dieser Aufhebungswelle ausgenommen wurde. Am 28. November 1803, um 11 Uhr, starb er völlig entkräftet an den Folgen einer nicht mehr heilbaren Herzwassersucht, ganz in Gottes Willen ergeben, allerdings nicht ohne seinen Dekan Placidus Schulz als Nachfolger zu empfehlen[146].

Anmerkungen

1 AEM, Kl A 102 (Visitation 1671).

2 In verschiedenen Visitationsberichten namentlich genannt: AEM, Kl A 102–105.

3 Dieses Amt behielt er bis zu seiner Erhebung zum Propst von Höglwörth (1686); siehe dazu auch: AEM, Kl A 94 (Dekane).

4 *Geiß*, Högelwerd, S. 426 f.; *Hunklinger/Wegner*, Höglwörth, S. 16.

5 AEM, Kl A 98 (Weber), Spezifikation über die Schulden dato 1.2.1674.

6 *Franz Ortner*, Kuenburg, Maximilian Gandolph, in: *Gatz*, Bischöfe 1648–1803, Sp. 247–249.

7 In Consist. am 26. Mai 1673: a*dministration so wohl in Spiritualibus als Temporalibus der Probstey und Closters zu Höglwerth … anvertraut.*

8 *Geiß*, Högelwerd, S. 427 f.

9 U. a. Theoremata ex universa philosophia Aristotelis … (Bamberg 1656); Theoremata theologica juxta mentem D. Aurelii Augustini … (Augsburg 1668); Historiae selectae (Augsburg 1669); Ars discurrendi de qualibet materia (Nürnberg 1673; 1676 dt.), Spiritus principalis … (Wien 1671; ²1674); Speculum naturae humanae (Wien 1672).

10 Zu den Verhandlungen, Weber nach Höglwörth zu entsenden, siehe den Briefwechsel mit Neustift: AEM, Kl A 98 (Weber).

11 Ebenda, Propst Hieronymus, Neustift, an Weber in Wien, 18. Dez. 1673.

12 Mindestens im Nov. u. Dez. 1673.

13 AEM, Kl A 98 (Weber), Pichler an Salzburger Konsistorium (im Folgenden: SK), Höglwörth, 20. Juni 1674.

14 Ebenda, SK an Pichler, Salzburg, 30. Juni 1674. — Im Jan. 1675 war es in Händen Webers. Weber an SK, Höglwörth, 30. Jan. 1675.

15 Ebenda, Weber an SK, Höglwörth, 18. Juli 1674. — Dieser hatte 2½ Jahre in Gars verbracht, wo man ihn wegen seiner angenehmen und fleißigen Art sehr geschätzt hatte. Urk., 25. Mai 1674, ebenda.

16 Pichler an SK, Höglwörth, 8. Okt. 1674 u. 1. Nov. 1674, ebenda; Pfättischer und andere an SK (ebenda, o. O., o. D.).

17 AEM, Kl A 94 (Statuten), Weber an SK, Höglwörth, 26. Aug. 1675; Pichler an SK, Höglwörth, 27. Nov. 1676; SK an Konvent, Salzburg, 20. Feb. 1677; Weber an den Fürsterzbischof, Höglwörth, 3. Okt. 1677. — BayHStA, KL Höglwörth 1.

18 Noch 1678 lag keine Approbation vor. Weber an Fürsterzbischof, Höglwörth, 1. Juni 1678, ebenda.

19 Unter Köllerer nahm man in Salzburg daran Anstoß, dass der Propst den baufälligen und lange unbenutzten Klosterkerker wieder hatte instand setzen lassen. Furcht und Schrecken erschienen als unangebracht, um von Religiosen ein vollkommeneres Leben zu verlangen. SK, Salzburg, 2. Dez. 1785. *Geiß*, Högelwerd, S. 481 f.

20 AEM, Kl A 101 (Nebelmayr 1673–1693).

21 AEM, Kl A 102 (Visitation 1676), Abschlussbericht und Einzelaussagen.

22 AEM, Kl A 98 (Weber), Urk. 11. März 1676. — BayHStA, KU Höglwörth 146.

23 *Schroll*, Weingärten, S. 9.

24 AEM, Kl A Höglwörth (Baugeschichte, alt: 114813201).

25 In Auswahl: Annulus memoriae … (Salzburg 1679); Jus utriusque … (Salzburg 1681); Ars conversandi … (Salzburg 1682); Ars regia sive ars regendi se et alios … (Salzburg 1686).

26 Auf Veranlassung von Weber wurde in der Angerer Kirche 1678 die Ewige Anbetung eingeführt. Bestätigung am 5. Juli 1678. *Geiß,* Höglwerd, S. 435. — Mit der Bewilligung durch das Salzburger Konsistorium (13. Sept. 1678) wurde hier auch eine Corporis-Christi-Bruderschaft errichtet, ebenda.

27 Siehe hierzu die einschlägigen Archivmaterialien: AEM, Kl A 94 (Exemtion ... Teisendorf 1679, 1714, 1750).

28 *Geiß,* Högelwerd, S. 434 f.

29 Geschenk von Graf Franz Ferdinand von Khüenburg, Domherr zu Salzburg und Passau am 27. April 1677; AEM, Kl A Höglwörth (alt: 114814102); BayHStA, KU Höglwörth 151 u. 161 (detaillierte Aufnahme der sterblichen Überreste).

30 *Geiß,* Höglwerd, S. 453 f.

31 Die finanzielle Situation gestaltete sich folgendermaßen: Haben: ca. 5649 fl (Bargeld und Aktivkapitalien), Soll: ca. 3368 fl. *Geiß,* Höglwerd, S. 438.

32 AEM, Kl A 98 (Pichler), Pichler u. Pfättischer an SK, Höglwörth, 14. Okt. 1686; Protocollum Commissionis peractae ... den 15. Octob. 1686.

33 *Kuen,* Collectio scriptorum, p. 244.

34 AEM, Kl A 98 (Pichler), *mein wenig Persohn auf die vacierende Probstay ... praesentirt.* Pichler an Erzbischof Kuenburg, Höglwärt o. D.

35 Ebenda, Protocollum super actum Installationis ... Pichler, 18. Nov. 1686.

36 Installationspredigten 17. Jh., in: BayHStA, KL Höglwörth 4,1–5.

37 BayHStA, KU Höglwörth 155 u. 156.

38 AEM, Kl A 98 (Pichler), Actum ... den 31. May 1691 post prandium. — Von Hieber stammen: Dux vitae; Mariale; Eucharistiale (Salzburg 1685–1687).

39 *Anton Mayer* u. *Georg Westermayer,* Statistische Beschreibung des Erzbisthums München-Freising, Bd. 3 (Regensburg 1884), S. 360.

40 Hieber, „continuo" in Piding; *Geiß,* Höglwerd, S. 453 f.

41 Ebenda, S. 438.

42 *Franz Ortner,* Thun, Johann Ernst Reichsgraf von, in: *Gatz,* Bischöfe 1648–1803, Sp. 505 f.

43 Zu den Finanzierungshilfen durch verschiedene Kirchen siehe AEM, Kl A Höglwörth (Baufälligkeit der alten Kirche ... alt: 114813201). — Die Ausstattung der Kirche zog sich wegen großer Finanzierungsprobleme bis etwa 1790 hin, erreichte dann jedoch eine künstlerisch hochwertige Ausstattung, deren ikonologisches Programm sich durchaus mit dem anderer Klöster und Stifte messen kann. *Kaiser,* Kirche, S. 125 u. 154.

44 AEM, Kl A 99 (Zacherl), Pfättischer an SK, Höglwörth, 9. Mai 1691. *Primus in Ecclesia neoconsecrata ... tumulatur,* AEM, Kl A Höglwörth, o. Sign. 1595–1849.

45 Gesamtvermögen: ca. 4870 fl, Schulden: ca. 3608 fl.

46 AEM, Kl A 99 (Zacherl).

47 BayHStA, KU Höglwörth 160.

48 Zunächst hatte diese Haltung keine Vor- oder Nachteile. Erst unter Propst Johann Baptist II. änderte sich dies. Da der Teisendorfer Dekan keinen Einblick in die Kirchenrechnungen nehmen konnte, fiel eine zunehmende Verschuldung nicht auf, die sich schließlich jedoch auf mehrere tausend Gulden belief. *Geiß,* Höglwerd, S. 439.

49 AEM, Kl A 99 (Zacherl), Zacherl an SK, Höglwörth, 30. Juni 1694, u. Höglwörth 9. Juli 1694.

50 AEM, Kl A 102 (Visitationen 1692–1694).

51 Vgl. AEM, Kl A 99 (Zacherl), Decretum an Richard Sapp.

52 Über Ludwig Pflanzmann hieß es 1699 allerdings, dass er für nahezu alles unfähig sei: AEM, Kl A 103 (Visitation 1699), Gravamina von Zacherl.

53 Liste der 60 Stifte und Klöster, an die auch die Roteln gesandt wurden: BayHStA, KL Höglwörth 8–9: *Huber,* Pergamentmalereien, S. 11–14; *Huber,* Totenrotel.

54 AEM, Kl A 94 (Dekane), Zacherl an SK, Höglwörth, 3. Juni 1697 u. Kl A 102 (Visitationen 1692–1694).

55 AEM, Kl A 102 (Visitationen 1692–1694).

56 Festpredigt von Johann Copeindl, Stiftsdekan von St. Zeno: „Placidus triumphans".

57 AEM, Kl A 94 (Dekane), Wilderer an Salzburger Fürsterzbischof, o. O., o. D. (im Salzburger Konsistorium behandelt am 17. Mai 1697).

58 Ebenda, Zacherl an SK, Höglwörth, 3. Juni 1697.

59 Sehr summarisch fasst *Franz Ortner,* Die Kirche — Die katholische Kirche bis zum Ende des Geistlichen Fürstentums (1803), in: Salzburg II/3, S. 1397, derartige Probleme zusammen: „Auch in der folgenden Zeit hatte das Stift immer wieder mit großen personellen und finanziellen Schwierigkeiten zu kämpfen."

60 Oberhofer wurde seines Amtes entsetzt und musste ein Jahr in Haft im Kloster leben. Der Frau musste auf Salzburger Weisung hin ihr Sitz in der Kirche wieder eingerichtet werden. AEM, Kl A 103 (Visitation 1699), SK an Zacherl, Salzburg, 13. Juni 1699; Abschlussbericht der Visitation.

61 AEM, Kl A 103 (Visitation 1699, enthalten in Visitation 1701), Relatio „Saltem aliquid in literis praestare possent".

62 P. Schluderpacher hielt sich am liebsten in der Küche auf, Augustin Zacherl, der „ungehorsamste" begab sich oft nach Salzburg und Reichenhall. In Piding beklagte er die schlechten Wohnverhältnisse. Die Mahlzeiten waren ihm zu klein, der Wein zu schlecht, nahezu Essig, die Betten miserabel: ebenda.

63 Ebenda, Relatio: „Vigor disciplinae religiosae ... intepuit, oboedientia et reverentia superioribus exigua, charitas fraterna summopere rara"; „Causa vero et origo huius collapsae Disciplinae Monasticae primo ... est senectus p. Decani, qui ... ut ipsemet fassus est, volens libentius hodie quam cras resignare decanatum."

64 AEM, Kl A 103 (Visitation 1702): Die Krankenstube lag so, dass man in die Kirche sehen konnte. War sie unbenutzt, wohnte dort (zumindest zeitweise) der Koch. — 1767 wurde neben dem Krankenzimmer ein Oratorium errichtet, wo der Kranke selbst oder ein Mitbruder für ihn die Messe lesen konnte: AEM, Kl A Höglwörth (alt: 114814108). Das Krankenzimmer existierte in den 80er Jahren nicht immer; siehe dazu ebenda u. „Defekte" AEM, Kl A 105 (Visitation 1789/90, eingelegt in: In Consist. 5. März 1790). — Einen eigenen Krankenwärter gab es nicht. Krueger an SK, Höglwörth, 1. Mai 1785: AEM, Kl A 94 (Abänderung der Statuten).

65 Decreta sive statuta pro venerabili conventu monasterii ss. Petri et Pauli ... ao. 1699: AEM, Kl A 103 (Visitation 1699) (*Geiß,* Höglwerd, S. 443–452).

66 Dabei legte man wieder ein Augenmerk auf die Zellen, de-

ren Zustand sich offenbar deutlich gebessert hatte: AEM, Kl A 103 (Visitation 1700). Die Konventualen beklagten aber ihrerseits massiv die schlechte Küche und die schlechte Qualität von Bier und Wein. Insgesamt fiel das Urteil gut aus, nur vier Punkte wurden dem ganzen Konvent (neben Einzelermahnungen) eigens eingeschärft, darunter, dass sich die Konventualen mehr um das Studium bemühen sollten (ebenda).

67 AEM, Kl A 103 (Visitation 1699).
68 Ebenda (Visitation 1701).
69 AEM, Kl A 105 (lose), 18. Sept. 1699. Eingelegt in: Köllerer an SK, 22. Sept. 1792.
70 AEM, Kl A 103 (Visitation 1700). Die Sympathie geht deutlich aus den Antworten bei einer Visitation 1700 hervor (meist unter dem Stichwort laus Decani).
71 Mitte Dez. 1701 fand erneut eine Visitation statt. Der Propst beklagte, dass die Statuten nicht „observiert" werden, insbesondere von den Konventualen, die in Anger, Piding etc. tätig waren. Gegen den Dekan wurde vorgebracht, dass er zu den Stundengebeten oft nicht erschien: AEM, Kl A 103 (Visitation 1701).
72 Ebenda (Visitation 1702). — Resner an SK, Höglwörth, 16. Sept. 1702: AEM, Kl A 94 (Dekane).
73 AEM, Kl A 94 (Dekane), Zacherl an SK, Höglwörth, 26. Sept. 1702.
74 Aus der Zeit zwischen 1711 u. 1713 existiert: *Designatio sacerdotum, qui pro cura animarum in districtu decanali Teisendorf approbati etiam tempore contagiosio et pestifero … se exponere declarunt*. Darin verpflichtet sich eine Reihe von Klerikern dem bereits im erzbischöflichen Alumnat geleisteten Eid, nämlich auch Pestkranken die Sakramente zu spenden, weiterhin treu bleiben zu wollen: ebenda.
75 *Geiß*, Höglwerd, S. 455.
76 *Lechner*, Anger, S. 49–62 (= Tagebuch von Hardter 22. Aug. 1714 bis 17. Feb. 1715). Hardter kämpfte über 20 Jahre darum, seine Auslagen für diverse Schutzmittel vom Pfleggericht Staufeneck erstattet zu bekommen: *Lechner/Roth*, Pest, S. 100 u. 102.
77 AEM, o. Sign. 1595–1849.
78 Inzwischen gehörte die Hofmark den Grafen Johann und Gabriel von Arco sowie Baron Franz Carl von Ow. Diese waren die Söhne zweier Schwestern des letzten haunspergischen Besitzers. Mit dem Kauf um 8000 fl endeten auch die immer wieder vorgekommenen Streitigkeiten mit der Familie Haunsperg. *Geiß*, Höglwerd, S. 458.
79 AEM, Kl A 99 (Puechner), Puechner an SK, Höglwörth, 31. Jan. 1725.
80 BayHStA, KU Höglwörth 172.
81 Am 12. März 1725 im Salzburger Konsistorium besprochen, am 16. März bewilligt: AEM, Kl A 99 (Puechner).
82 AEM, Kl A 103 (Visitation 1706), Visitator Moll an Thun, Lauffen, 11. März 1706.
83 Ebenda, Protokoll.
84 AEM, Kl A 94 (Pontifikalien).
85 Im Konsistorium 19. Juni 1733 (ebenda).
86 Ebenda, Schreiben des SK v. 19. Juni 1733 an Franz David.
87 BayHStA, KU Höglwörth 175.
88 Detaillierte Aufstellung in: AEM, Kl A 94 (Pontifikalien); hier auch verschiedene Briefe von David. — *Geiß*, Höglwerd, S. 463 f. u. S. 460–462 (Päpstliche Infulationsbulle).

89 Briefwechsel in: AEM, Kl A 94. — Vgl. auch *Geiß*, Höglwerd, S. 460–462.
90 In Consist. 20. Nov. 1733: AEM, Kl A 94 (Pontifikalien).
91 Ciurletti, seit 1721 Reichsritter von Belforte, 1744–1755 Weihbischof in Salzburg; siehe *Franz Ortner*, Ciurletti, in: *Gatz*, Bischöfe 1648–1803, Sp. 63.
92 AEM, Kl A 103 (Visitation 1733).
93 Ebenda (Visitation 1737), Schenauer an SK, 18. Oktober 1738.
94 Vgl. Rechtfertigung: Puechner an Schenauer, Höglwörth, 24. Okt. 1737 (ebenda).
95 Vgl. dazu AEM, Kl A 104 (Visitation 1741/42); ebenda (Visitation 1741).
96 Ebenda (Visitation 1742), Defectus in Visitatione generali … 1742 (Adam Ranner).
97 Ebenda (Protokoll), Aussage von Placidus Dichel. — Bei einer Befragung 1743 war sie nicht mehr Köchin, besuchte aber offenbar den Dekan immer noch; ebenda. Constitutum Iuratum … 11. Feb. 1743. — Ebenda, Defectus … 1742 (Adam Ranner).
98 Benedikt Weber wusste von Küssen zu berichten, dass sie sich duzten und er sie seinen Schatz nannte. Constitutum Iuratum … (wie Anm. 97).
99 AEM, Kl A 99 (Hoepfengraber), Puechner an SK, Höglwörth, 23. Mai 1743.
100 *Geiß*, Höglwerd, S. 472 f. mit Anm. 25.
101 Kommissionsbericht, Salzburg, 21. Juni 1743, ebenda.
102 AEM, o. Sign. 1595–1849.
103 Vgl. dazu auch StAM, RFK 554.
104 1702 stellte eine Visitation fest, dass ausreichend Bücher für verschiedene Studien vorhanden waren, die Bücher geordnet und gereinigt waren und es einen Katalog gab: AEM, Kl A 103 (Visitation 1702). — Ein Katalog von 1671 entbehrt völlig jeglicher Einteilung: AEM, Kl A 94 (Catalogus bibliothecae). — *Hunklinger*, Das Ende (1975), S. 7–12; vgl. auch *Ruf*, Bibliothek.
105 *Franz Ortner*, Firmian, Leopold Anton Eleutherius Reichsfreiherr von, in: *Gatz*, Bischöfe 1648–1803, Sp. 111–113.
106 AEM, Kl A 99 (Hoepfengraber), Höglwörth, 2. August 1743.
107 *Mayer/Westermayer*, München-Freising, S. 350: „Von den übrigen Pröpsten des XVIII. Jahrh. ist ebenfalls nichts von Bedeutung zu erwähnen."
108 BayHStA, KU Höglwörth 177.
109 AEM, o. Sign. 1595–1849.
110 AEM, Kl A 100 (Viliot).
111 *Franz Ortner*, Dietrichstein, Andreas Jakob Reichsgraf von, in: *Gatz*, Bischöfe 1648–1803, Sp. 78 f.
112 *Geiß*, Höglwerd, S. 474 f. — Die Geschichte des Klosters nannte ihn trotzdem einen *vigilantissimus pater*, der *rem oeconomiam egregie administravit*: AEM, o. Sign. 1595–1849.
113 AEM, Kl A 99 (Eslinger), Salzburg, 24. April 1749.
114 BayHStA, KU Höglwörth 184.
115 U. a. zusammen mit Joachim Fischer von Baumburg. Eslinger an den Fürsterzbischof, Höglwörth o. D. u. 19. Juli 1749: AEM, Kl A 99 (Eslinger).
116 *Hartig*, Oberbayerische Stifte I, S. 199.
117 *Franz Ortner*, Schrattenbach, Siegmund Christoph Graf von, in: *Gatz*, Bischöfe 1648–1803, Sp. 448 f.

118 AEM, Kl A 99 (Köllerer), Hardter an SK, 23. Mai 1762. Das Inventar, das anlässlich seines Todes angefertigt wurde, enthält auch eine Auflistung der verschiedenen Räume des Stiftes.
119 BayHStA, KU Höglwörth 190.
120 AEM, Kl A 99 (Köllerer).
121 Siehe dazu: *Hunklinger,* Anger und seine fünf Kirchen V (1985), S. 167; *Scherl,* Höglwörth, S. 280; *Standl,* Kloster Höglwörth, S. 45–82, sowie den kunsthistorischen Beitrag von Walter Brugger in diesem Band.
122 Zusammenfassung der Aussagen bei der Visitation 1783 (18. Nov. 1783), enthalten in: AEM, Kl A 105 (1. Konvolut); *nimis asperum, rigidumque ... aegre, cum fastidio ... nimis acerbus et praeceps.* Decreta Visitationis (ebenda). Die Ermahnungen nach der Visitation 1783 wirkten offenbar nur vorübergehend. Krueger, Höglwörth, 22. Feb. 1785 an SK, lose, in: ebenda.
123 AEM Kl A 100 (Greissing).
124 Ebenda, Greising an Köllerer, Piding, 20. Jan. 1771; SK an Kaserer, Salzburg, 11. März 1771; Kaserer an SK, Höglwörth, 17. März 1771; Köllerer an Kaserer, Höglwörth, 15. Mai 1771; Greising an SK, Höglwörth, 12. April 1781; Köllerer an SK, Höglwörth, 1. März 1784.
125 AEM, Kl A 101, Köllerer an SK, Höglwörth, 16. Februar 1792.
126 AEM, Kl A 100 (Novizen), Köllerer an SK, Höglwörth, 10. Okt. 1787.
127 Ebenda, Köllerer an SK, Höglwörth, 1. Sept. 1798.
128 AEM, Kl A 94 (Abänderung der Statuten), Köllerer an SK, Höglwörth, 3. Jan. 1765.
129 Köllerer schickte zwei Brüder zu den Augustinern nach Salzburg, um von dort theologische Bücher zu holen: AEM, Kl A 105, Krueger an SK, Höglwörth, 22. Feb. 1785.
130 AEM, Kl A 94 (Abänderung der Statuten), Gärtner, Mülln, 21. Nov. 1784.
131 AEM, Kl A 105, Acta b: Aufstellung eines Hausprofessors ... und ebenda, Acta a: Abänderung und Verbesserung der bisherigen Statuten ... von 1785 (*Geiß,* Högelwerd, S. 479–481).
132 AEM, Kl A 94 (Abänderung der Statuten), Krueger an SK, Höglwörth, 1. Mai 1785.
133 „Defekte" AEM, Kl A 105 (Visitation 1789/90, eingelegt in: In Consist. 5. März 1790).
134 Köllerer widerstrebte es, Seywald zu entbehren, gab ihm im Kloster offenbar aber auch keine echte Aufgabe mehr: AEM, Kl A 101, Seywald an SK, Höglwörth, 9. Feb. 1791; ca. 22. Sept. 1801; Köllerer an SK, Höglwörth, 12. März 1802.
135 AEM, Kl A Höglwörth o. Sign. 1595–1849, Kaiser Joseph II., Wien, 13. Feb. 1783.
136 AEM, Kl A Höglwörth (alt: 114814109), SK an Köllerer, Salzburg, 19. Juni 1789.
137 AEM, Kl A 105 (Visitation 1789/90), Aussagen bei der Visitation 1789.
138 Ebenda, Decreta Visitationis generalis — Defectus.
139 Der Gegenerinnerung Widerlegung, in: Ebenda.
140 Ebenda, Konsistorialbefehl, 10. Feb. 1790.
141 Siehe dazu verschiedene Briefe (u. a. von Köllerer u. Schulz) ebenda, am Ende.
142 AEM, Kl A 105 (Juni 1792), Protokoll ... der von dem Kloster Dechant ... Beschwerden und Protokoll ... von einigen Konventualen ... wider den Dechant ... Beschwerden. — In Consist. 27. Juli 1792, ebenda.
143 Ausführliche Stellungnahme von Köllerer: Köllerer an SK, Höglwörth, 28. Nov. 1792, ebenda.
144 *Franz Ortner,* Colloredo-Waldsee-Mels, Hieronymus Joseph Franz de Paula Reichsgraf von, in: *Gatz,* Bischöfe 1785/1803–1945, Sp. 99–103.
145 *Hammermayer,* Französische Revolution, S. 1231.
146 AEM, Kl A 99 (Grab).

Sabine Frauenreuther

Niedergang und Aufhebung

In der bisherigen Literatur spitzt sich im Hinblick auf das Ende des Stiftes Höglwörth alles auf die eine Frage zu: Hat sich Höglwörth — damals das einzige noch existierende Augustiner-Chorherrenstift im Königreich Bayern, denn alle anderen waren in der großen Säkularisation des Jahres 1803 aufgehoben worden — selbst aufgelöst oder ist es gegen seinen Willen vom Staat aufgelöst worden? Ein Beitrag über diesen Zeitraum muss versuchen, dieser Frage intensiv nachzugehen und eine befriedigende Antwort zu geben; mit Vermutungen ist hier nicht geholfen. Deshalb wurde der Weg gewählt, ab der Wahl des letzten Höglwörther Propstes Gilbert Grab akribisch und vor allem genau der Aussage der Akten folgend die Entwicklung des Stiftes darzustellen und auf diese Weise das allmähliche und sich dabei stetig steigernde Hochschaukeln gegenseitiger Vorwürfe von Propst und Stiftskapitel deutlich zu machen. Nur aus diesem zermürbenden und alle Beteiligten immer stärker frustrierenden Kleinkrieg wird die Reaktion des Staates verständlich.

Eine minutiöse Darstellung dieses kurzen Zeitraumes von gut 15 Jahren war auch deshalb möglich, weil im Gegensatz zur sehr dürftigen Quellenüberlieferung zur Geschichte des Mittelalters der Anfang des 19. Jahrhunderts in einer Vielzahl von Akten verschiedenster Behörden sehr gut dokumentiert ist. Es sind dies vor allem die Akten des Salzburger Konsistoriums, in dessen Fußstapfen ab 1816 das Generalvikariat Freising tritt. Auf weltlicher Seite folgen den kurfürstlichen Beamten (1803–1806) die österreichischen Behörden (1806–1809), nach dem Übergang Salzburgs an Bayern ab Oktober 1810 das bayerische Generalkommissariat und die Finanzdirektion des Salzachkreises sowie die bayerischen Behörden der unteren Verwaltungsebene wie das Landgericht Teisendorf und das Rentamt Laufen. Leider ist der wohl aussagekräftigste Aktenvorgang, nämlich der des Kultusministeriums, im Zweiten Weltkrieg zugrunde gegangen.

Dafür konnten aber zum ersten Mal die Unterlagen des Staatsrats, des dem bayerischen König Max I. Joseph unmittelbar zugeordneten Beratungs- und Entscheidungsorgans, herangezogen und ausgewertet werden. Aus dieser Quelle ergab sich nun endlich Gewissheit, wer wie und wann die Aufhebung verfügt hat und mit welchen Argumenten sie begründet wurde.

Letzte Jahre in relativer Ruhe

Bereits zwei Tage nach dem Tod von Propst Anian II. Köllerer wurde am 30. November 1803 der Salzburger Konsistorialrat Franz Xaver Rieger mit der Obsignation von dessen Nachlass beauftragt, die er in den ersten Dezembertagen in Höglwörth vornahm, wo er allerdings erst nach dem landesherrlichen Kommissar eintraf[1]. Nachdem ein landesherrliches Dekret des Kurfürsten Ferdinand vom 13. Dezember 1803 das Weiterbestehen des Stiftes sicherte[2], standen der Wahl eines neuen Propstes keine Hindernisse entgegen.

Im Januar 1804 bat das Konsistorium den Dekan von Teisendorf, Franz Steinwender, um eine Einschätzung, welcher der Höglwörther Stiftsherren für das Amt des Propstes der geeignetste sei[3]. Dieser bescheinigte dem ganzen Kapitel zwar *verehrenswerte Ordnung und Disciplin*, vermisste jedoch Führungseigenschaften bei den einzelnen Mitgliedern. Unter dieser Einschränkung befürwortete er die Ernennung von Ildephons Vonderthon, seine zweite Wahl war Dekan Placidus Schulz, den bereits Propst Anian als seinen Nachfolger empfohlen hatte und der auch die Funktion des Interimsadministrators im Stift ausübte. Dem Chorherrn Gilbert Grab billigte Steinwender zwar ein offenes, aufgeschlossenes Wesen zu, die intellektuelle Eignung aber erkannte er ihm ab. Demgegenüber sprach sich eine Mehrheit des Kapitels während der Anwesenheit des Salzburger Domdekans Michael von Spaur in

Präsentation von Gilbert Grab durch das Salzburger Domkapitel am 28. Januar 1804 (Foto AEM)

Höglwörth für Grab aus. Eine konkrete Gegenvorstellung Steinwenders blieb wirkungslos. Entsprechend dem Votum des Höglwörther Kapitels wurde die Präsentationsurkunde des Domkapitels am 28. Januar 1804[4] ausgefertigt und auch das Konsistorium stellte in seiner Sitzung am 3. Februar fest, dass keine Gründe für eine *Exception* bekannt seien. Die landesherrliche Genehmigung lag bereits am 6. Februar vor, die Bestätigung von Erzbischof Hieronymus Graf Colloredo folgte am 23. Februar.

So fand die Konfirmation Gilbert Grabs als Propst von Höglwörth am 17., seine Benediktion, zu der auch der Fürstbischof von Chiemsee eingeladen worden war und bei der die Äbte von St. Peter und Michaelbeuern assistierten[5], am 19. März 1804 in Salzburg statt, seine einer detaillierten Instruktion folgende Installation in Höglwörth am 1. und 2. April. Konsistorialrat Rieger, der erzbischöfliche Kommissar bei diesen Feierlichkeiten, bescheinigte dem neuen Propst Organisationstalent und lobte die Harmonie der Veranstaltung, die — wie er besonders erwähnte — „vom Himmel begünstigt", also bei schöner Witterung stattfand[6]. Zu diesem Zeitpunkt zählte das Kapitel elf Mitglieder.

Bei einer noch im Jahr 1804 durchgeführten Visitation wurden dem Stift weiterhin gute innere Ordnung und Disziplin bescheinigt[7] und am 12. Dezember erhielt der Propst die Genehmigung, die Pontifikalien in der Erzdiözese Salzburg auch außerhalb des Stiftes zu tragen[8]. Ebenso positiv beschieden wurden seine in der Folge vorgetragenen Bitten, die Frühmette (Matutin) auf den Vorabend verlegen und die weiße Ordenskleidung gegen eine schwarze vertauschen zu dürfen[9].

Um dem Leben im Stift Aufschwung zu verleihen, erschien die Aufnahme von Novizen natur-

Erzbischof Hieronymus Colloredo bestätigt Gilbert Grab als Propst von Höglwörth, Wien, 23. Februar 1804 (links) — Amtseid von Gilbert Grab (Fotos AEM)

gemäß sehr erstrebenswert. Dabei war allerdings das landesherrliche Dekret vom 6. Oktober 1804 zu berücksichtigen, wonach nur Inländer oder besonders vorzügliche Ausländer akzeptiert werden durften. Auch aus diesem Grund blieb Virgil Unterrainer, früher Novize des Benediktinerklosters Seeon, der im November des Jahres 1803 nach Höglwörth kam, der letzte Neuzugang des Stiftes.

Die ersten Amtsjahre von Gilbert Grab verliefen unspektakulär. Das Konsistorium befasste sich Höglwörth betreffend vor allem mit der Anstellung eines Hausprofessors, den sich der Propst 1807 wünschte, um unter seiner „jungen Geistlichkeit" den *methodisch-litterarischen Gang der allgemeinern Schulbildung ein*[zu]*führen*. Hier fiel die Wahl auf den Koadjutor in Teisendorf, Joseph Reichthalhammer, der letztlich bis Ende des Jahres als Hauslehrer in Höglwörth bleiben durfte[10]. Die Seelsorgeapprobationen für die vier jüngsten, in den Jahren 1803 bis 1807 in Höglwörth zu Priestern geweihten Stiftsherren wurden jeweils ohne Anstände verlängert[11].

Am 7. Oktober 1807 gewährte Kaiser Franz I. von Österreich Gilbert Grab ebenso wie den anderen Prälaten der ständischen Salzburger Stifte St. Peter und Michaelbeuern in Salzburg eine Audienz[12].

Zeit der Zerrüttung

Den Anstoß zu einer ersten Untersuchung der Höglwörther Verwaltung gab die Verleihung einiger wenig ertragreicher Wald- und Moosgrundstücke auf Erbrecht, wofür keine obrigkeitliche Genehmigung vorlag. Nachdem eine solche vergeblich beantragt worden war, hatte der Höglwörther Hofrichter Anton Pflug die bloßen Verleihungen als zustimmungsfreien Vorgang eingestuft, die daraufhin zügig durchgeführt wurden, weil im Stift keine Bedenken mehr bestanden. Gilbert Grab wurde jedoch am 3. Februar 1810 zur Besprechung einer „Sache von Wichtigkeit" nach Salzburg gebeten und nur wenige Tage später beauftragte die Generallandesadministration Salzburg den Regierungsrat und Fiskal von Kussian, sich nach Höglwörth zu begeben und dort zu erheben, an wen und um welche Summen die stiftischen Grund- und Waldstücke vergeben worden waren. Der endgültige Kommissionsauftrag wurde ungeachtet eines ersten Rechtfertigungsversuchs von Grab, der alle finanziellen Belastungen des Stiftes seit 1792 aufzählte und auf das abgelehnte Gesuch verwies, am 6. März an Rechnungsrat Weiß erteilt. Seine Überprüfung sollte primär der Ökonomie gelten, wiewohl man die Feststellung traf, dass finanzielle und disziplinäre Verhältnisse in engem Zusammenhang zu betrach-

Exlibris von Propst Gilbert Grab
(Foto Diözesanbibliothek des Erzbistums München und Freising)

ten seien. In der Konsequenz von dessen Kommissionsbericht, der gravierende Mängel in der Finanzverwaltung des Stiftes deutlich machte, wurden Propst und Kapitel im Mai der Temporalienverwaltung enthoben und gleichzeitig der Dekan von Teisendorf, Franz Steinwender, damit betraut, nachdem der Abt von St. Peter die Bitte des Salzburger Regierungsrats Joseph Felner, einen seiner Konventualen zur Verfügung zu stellen, abgewiesen hatte[13]. Steinwender sollte durch den Aufbau einer formal korrekten Wirtschafts- und Buchführung den Höglwörther Besitz sichern und den mangelhaften Vermögensstand verbessern. Eine neuerliche ausführliche Rechtfertigung des Kapitels verwies darauf, dass nur öde und weit entfernte Grundstücke zu Erbrecht vergeben worden waren. Dabei verbat sich Gilbert Grab die Beschuldigung, er sei für die auffälligen Schulden (*Verhausungen*) verantwortlich zu machen, die noch 1806 nicht beanstandet worden seien, lediglich das Rechnungswesen sei mangelhaft, weil in Höglwörth die Voraussetzungen für eine formell korrekte Buchhaltung fehlten[14]. Auf die darüber hinaus gemachten Einwendungen des Stiftes gegen die Tätigkeit Steinwenders — man bat stattdessen um die Genehmigung zur Verwendung eines professionellen Rechnungsführers — wurde eine Teilnahme Grabs an der weltlichen Verwaltung eingeräumt, Steinwender aber dennoch nicht abgelöst. Dies lief auch den Empfehlungen des Hofrichters zuwider, der auf frühere Dissonanzen zwischen Steinwender und Kapitel im Hinblick auf die Zuständigkeit als Dekan für bzw. als Inhaber der Pfarrei Anger hinwies[15]. Für die Einsetzung dieser *Kumulativ-Kommission*, die ihre Tätigkeit am 2. August 1810 aufnahm, wurde eine eigene Kommission eingerichtet, die unter der Leitung von Andreas Seethaler stand, dem Landrichter in Laufen[16]. Die gemeinsame Temporalienverwaltung sollte fortgesetzt werden, bis ein Inventar erstellt, ordentliche Lagerbücher geführt sowie Erläuterungen zum Bericht des Rechnungsrates Weiß vorliegen würden.

Doch auch diese zweite Amtszeit Steinwenders in Höglwörth verlief wenig erfolgreich, weil sich Grab — nach den Angaben des Kommissärs — nach wie vor als *erster Administrator* betrachtete und nicht zu einer ordentlichen Rechnungsführung bereit war. Steinwender schlug daraufhin vor, einen im Stiftsgebäude wohnenden Mitadministrator einzusetzen und bat um Enthebung von dieser Position.

Während sich die wirtschaftliche Lage des Stiftes solchermaßen als sehr problematisch darstellte, ergab eine Disziplinar-Untersuchung im Jahr 1810 lediglich Hinweise auf einige Nachlässigkeiten, jedoch keine schwerwiegenden Beanstandungen. So wurde im entsprechenden Protokoll ausdrücklich festgehalten, dass Propst und Kapitel keine Beschwerden gegeneinander vorgebracht hatten und auch darüber hinaus nichts Anstößiges über Stift und Kapitel bekannt war[17]. Zudem wurden Grab Verdienste um den Bestand des Stiftes in Kriegszeiten eingeräumt, als er, im Gegensatz zu Kapitel und Hofrichter, in Höglwörth blieb und das Stift gegen das Militär verteidigte[18], obwohl ihm von einem französischen Offizier das Pektoral vom Hals gerissen und er die Stiege hinabgestürzt worden war[19].

Demgegenüber wurde das schlechte Verhältnis zwischen Steinwender und dem Höglwörther Stiftskapitel im Oktober desselben Jahres erneut deutlich, als das Salzburger Konsistorium das Stift verpflichtete, einen Chorherrn als Aushilfe für den vorübergehend abgeordneten Koadjutor in Teisendorf zur Verfügung zu stellen[20]. Nach einer ersten Weigerung des Stiftes — schon vorher hatte Steinwender allerdings erklärt, er wolle *mit diesen Klosterleuten nichts mehr zu tun haben* — wurde Grab schließlich ein Ultimatum gesetzt, das zwar eingehalten wurde, allerdings wechselten sich die Chorherren in der Aushilfe ab und erklärten sich nicht bereit, in Teisendorf zu wohnen, bis endlich im Februar 1811 der zu ersetzende Koadjutor wieder zurückkehrte.

An die Stelle der österreichischen und einer vorübergehenden französischen Landesherrschaft war inzwischen gemäß dem am 28. Februar 1810 unterzeichneten Vertrag von Paris das Königreich Bayern getreten. Dieser Wechsel hatte zunächst jedoch kaum Auswirkungen auf die laufenden Untersuchungen.

Im März 1811 — die Kumulativ-Administration hatte noch nicht geendet — verfasste Andreas Seethaler ausführliche Erläuterungen über das Finanzgebaren des Stiftes in der jüngeren Zeit und den Zustand des Vermögens[21]. Darin verlieh er seiner Überzeugung Ausdruck, dass Propst und Kapitel harmonisch zusammenarbeiteten, keine vorsätzliche Misswirtschaft getrieben würde und die Vorwürfe des Weiß-Berichtes teilweise nicht zuträfen, musste aber zugestehen, dass der wirtschaftliche Zustand des Stiftes wegen der allzu lückenhaften Rechnungen und übrigen Aufzeichnungen nicht konkret angegeben werden könne. Er schlug vor, die Koadministration zu beenden und die Stiftsverwaltung mit einigen Auflagen wieder in die alleini-

Mahnbrief von Propst Gilbert an seine Chorherren, 13. April 1812 (Foto BayHStA)

ge Zuständigkeit von Propst und Kapitel zu überantworten. Dies erfolgte tatsächlich am 23. August 1811, allerdings mit der Bestimmung, dass die Finanzdirektion des Salzachkreises strenge Aufsicht führen und dem Stift einen Rechnungsführer beigeben sollte. Diese Funktion wurde schließlich am 4. November 1811 Sigmund von Gutrath, dem pensionierten Oberschreiber von Werfen, übertragen. Der Bericht an die Finanzdirektion über die Wiedereinsetzung von Propst und Kapitel sowie die Einführung von Gutrath am 11. Dezember stammt vom Kreisrat Bernhard Freiherr von Godin, der nach einer Bestandsaufnahme feststellte, dass in Höglwörth Ordnung und Mäßigung herrschten, nur die Form der Verrechnung sei unzureichend gewesen, nicht das Wirtschaften an sich. Gleichwohl erhielt der Koadministrator am 30. Dezember eine detaillierte Spezialinstruktion, die als dessen primäre Pflicht die Erhaltung des Stiftsvermögens nannte, wobei er im Bedarfsfall auch die vorgesetzte Behörde einzuschalten hatte.

Im April 1812 — bis zu diesem Zeitpunkt finden sich keine Nachrichten von Unstimmigkeiten unter den Stiftsherren bzw. zwischen Propst und Kapitel — sah sich Propst Grab veranlasst, durch den Senior dem Kapitel zunächst mündlich Vorhaltungen zu machen, worin er ihm gegenüber vorgebrachte Beschwerden gegen die Verpflegung einerseits und die Rolle der als *Scheidewand* zwischen Propst und Kapitel titulierten Verwandten Grabs andererseits zurückwies und das Verhalten seiner Mitbrüder im Refektorium, das offensichtlich zum Ort der gemeinschaftlichen Verhandlungen und Besprechungen geworden war, beanstandete. Auf die Antwort des Kapitels erwiderte Grab, er fordere lediglich Harmonie und „bescheidene und vernünftige" Subordination, fügte jedoch zuvor eine lange Aufzählung der Unbotmäßigkeiten seines Kapitels ein, auf die dieses verbittert reagierte, was den Propst schließlich zu einem plakativen Schreiben an seine unwilligen Stiftsherren inspirierte[22] (Abb. vorhergehende Seite).

Einige Monate später richtete er eine ausführliche Beschwerde über die Chorherren Johann Erhard und Virgil Unterrainer an das Generalkommissariat, da diese beiden seiner Ansicht nach *durch ihr statutenwidriges Streben nach Unabhängigkeit und Herrschaft die Erhaltung der Ruhe und Ordnung, das Gedeihen der lokalen Wohlfahrt* gefährdeten[23].

Am 29. August 1812 forderte das Generalkommissariat des Salzachkreises Grab dazu auf, die Subordination des Kapitels wiederherzustellen und darauf hinzuweisen, dass Beschwerden gegen dessen Disziplin gegebenenfalls an Konsistorium oder Generalkommissariat zu richten seien, Selbsthilfe aber nicht akzeptiert werden könne. Das Kapitel äußerte sich daraufhin, falls es ungünstig dargestellt worden sei, könne dies darauf beruhen, dass es der Ernennung von Rupert Seywald zum Koadministrator allein durch den Propst nicht zustimmen könne und bat ferner, die Wahl eines Dekans zu genehmigen. Weiterhin schrieb das Kapitel in seiner von allen Chorherren außer Seywald sowie dem als Vikar in Piding und nicht in Höglwörth lebenden Benedikt Wölkl unterzeichneten Rechtfertigung, Propst Grab habe sich nach dem zunächst erfolgten Entzug der Temporalienverwaltung im Jahr 1810, wobei er sich damals der treuen Unterstützung des Kapitels sicher sein konnte, sowie seit der später verfügten Miteinsetzung des Kapitels verändert, und habe beispielsweise seit sechs Monaten nicht mehr an der gemeinsamen Tafel teilgenommen, was zu Unzufriedenheit im Kapitel führte. Dieser Zeitpunkt bzw. die Uneinigkeit über die Person des Mitadministrators werden auch in einem Bericht von 1816[24] als Ausgangspunkt der schwerwiegenden Differenzen zwischen Propst und Stiftsherren benannt.

Obwohl man aufgrund dieser Vorkommnisse davon ausgehen muss, dass die Situation in Höglwörth angespannt war, gibt es aus den folgenden zweieinhalb Jahren (von Ende 1812 bis Anfang 1815) keine Nachrichten über neue Streitigkeiten[25]. Ein Bericht des Kapitels vom Januar 1814 stellt allerdings die Frage, ob sich das Stift in seiner bisherigen Form fortschleppen oder unter *anderen Umständen* wieder aufleben sollte. In diesen Worten klingen erste grundsätzliche Zweifel an, ob das Stift Höglwörth in seiner jetzigen Verfassung weiterbestehen könne. Gutrath fungierte weiterhin als weltlicher Administrator, zur Rechnungslegung wurde ein Sekretär der Finanzdirektion bestellt.

Dieser Zustand vorübergehender Ruhe änderte sich allerdings endgültig, als von Gutrath entlassen wurde, dem zunehmend der angeblich kostspielige Unterhalt für sich und seine Familie zum Vorwurf gemacht worden war[26]. Um dem Stift zusätzliche Kosten zu ersparen, wurde dieser gemäß einer Entschließung des Finanzministeriums vom 14. März 1815 durch Johann Erhard als Mitadministrator ersetzt und dabei bestimmt, dass die Verwaltung *in oeconomicis et temporalibus* künftig gemeinsam mit dem Propst zu erfolgen habe, wobei Erhard die Ökonomie führen sowie Bilanzen und Rechnungen in Zusammenarbeit mit dem Hofrichter Pflug erstellen sollte. Ebenso durfte der Propst nicht ohne Zustimmung seines Koadministrators handeln, bei Differenzen sollte ein Mehrheitsentscheid des Kapitels, gegebenenfalls eine Entscheidung durch die Finanzdirektion notwendig werden. Auch diese Amtsübernahme verlief aufgrund neuer Dissonanzen zwischen Propst und Kapitel nicht reibungslos, nachdem das Kapitel sich weigerte, ein bereits vorgefertigtes Protokoll zu unterschreiben und darüber hinaus befremdet war, dass Grab an den Ökonomiegebäuden Doppelschlösser hatte anbringen lassen, die nur von ihm bzw. einem seiner Familienmitglieder und dem Koadministrator gleichzeitig geöffnet werden konnten. Die Finanzdirektion entsandte daraufhin den ehemaligen Pfleger von Zell am See, Franz Anton Dickacker, zur Vornahme der Einweisung Erhards, die am 17. Juni erfolgte

Beschwerde von Propst Grab über seinen Konvent, 1815 (Foto AEM)

und in deren Verlauf auch ein umfangreiches, noch 1817 herangezogenes Inventar angelegt wurde[27]. Im Übrigen meinte Dickacker, nach der Entfernung von drei Schwestern des Gilbert Grab, die ständig in dessen Umgebung zu finden waren, und der Genugtuung über die Kostenersparnis nach der Entlassung Gutraths, bestünde noch Hoffnung auf eine Wiederherstellung des Einvernehmens zwischen Propst und Kapitel. Tatsächlich beklagte aber eine neue Beschwerde Grabs im selben Monat neben den Eigenmächtigkeiten aller Stiftsherren das anmaßende Verhalten Erhards und seine Weigerung, in der Katechese tätig zu sein, woraufhin nun das Generalkommissariat den Landrichter von Teisendorf beauftragte, dem Kapitel in Gegenwart von Dekan Steinwender sowie von Hofrichter Pflug zu verkünden, dass die Mitadministrationsverfügung keinerlei Insubordination rechtfertige und ebenso wenig die Verpflichtung zur Seelsorge berühre, wobei die Rückäußerung des Kapitels *zum großen Mißfallen gedient und [...] den rohen tumultuarischen Geist des Konvents* bewiesen habe[28].

Daraufhin richtete am 4. September 1815 wiederum das Kapitel zwei ausführliche Beschwerdeschriften an das Generalkommissariat des Salzachkreises und gleichzeitig an das Ministerium des Innern. Angeprangert wurde vor allem, dass Gilbert Grab sich der Pfarrerstelle in Anger, die bisher stets von einem Höglwörther Chorherrn *aus der Mitte [des] Konventes*[29] versehen worden war, bemächtigt habe und die übrigen Stiftsherren verleumde, sich selbst bereichere und sich nicht standesgemäß verhalte. Darüber hinaus verwahrte sich das Gremium gegen die Vorwürfe aufrührerischen Verhaltens und der Vernachlässigung der Seelsorge, beklagte, man habe wie schon drei Jahre zuvor keine Gelegenheit erhalten, sich zu rechtfertigen und bat, künftig nicht mehr den mit Grab verschwägerten Landrichter von Teisendorf Zottmann mit Aufträgen zu versehen, da dieser an den gegenwärtigen misslichen Umständen im Stift nicht schuldlos sei. Das Generalkommissariat beschloss nun, erneut eine Kommission nach Höglwörth zu entsenden, in der Konsistorialrat Matthäus Fingerlos als Abgesandter des Konsistoriums in Salzburg und Kreisrat Freiherr von Godin als Vertreter des Generalkommissariats fungieren sollten. Noch im September nahm sie ihre zehntägige Tätigkeit auf, in deren Verlauf alle Stiftsherren eindringlich befragt wurden[30].

In diesen Gesprächen warf der Propst seinen Chorherren vor allem vor, die Ordensregeln und die Statuten nicht zu beachten, indem sie beispielsweise seinen Mahnungen nicht Folge leisteten, ihre Zimmer von Frauen reinigen ließen, ihre Kost selbst bestimmten. Nach einem Mittel zur Wiederherstellung der Disziplin einerseits und gegen den Vermögensverfall andererseits befragt, zeigte er große Skepsis. Die Stiftsherren seien ihm gegenüber völlig verbittert, den Einflüsterungen des Hofrichters Pflug erlegen und — nachdem sie sich an einige Freiheiten gewöhnt hätten — wohl nicht mehr bereit, sich wiederum in eine klösterliche Ordnung zu fügen. Diese brachten ihrerseits gegen Gilbert Grab teilweise Ähnliches vor: Er habe ein strenges Klosterleben als unzeitgemäß bezeichnet, lasse die Bestimmungen der stiftischen Statuten selbst außer Acht und habe sich im Übrigen geweigert, die dringende Bitte des Kapitels um Ernennung eines Dekans, der primär für die Erneuerung der Disziplin innerhalb des Stiftes sorgen sollte, zu erfüllen. Er werde täglich von seiner Schwester und anderen Verwandten in der Klausur besucht, weshalb man ihn nur mehr ungern aufsuche, zudem begleite er seine Schwester spätabends noch nach Hause, was den Dienstboten der Gegend als Beispiel diene. Frühere angeblich enge Bekanntschaften Grabs mit zwei weiteren Frauen waren weitgehend bekannt, wurden aber nicht als besondere Angriffspunkte eingesetzt.

Besondere Beachtung fand demgegenüber auch die Funktion Grabs als Pfarrer von Anger. Während er selbst erklärte, ihm sei von einer Unzufriedenheit der Pfarrgemeinde nichts bekannt, beklagte diese nach Auskunft der übrigen Chorherren, dass kein Pfarrer ständig vor Ort sei und Grab nur zum Messlesen dorthin käme, wobei das Kapitel seinerseits bemerkte, Grab habe keine Zeit mehr für seine häuslichen Pflichten, da er zu häufig abwesend sei. Durch die Vernachlässigung seiner Pflichten als Vorsteher habe er auch das Vertrauen der Pfarrkinder verloren, was auch von einigen diesbezüglich vernommenen Grunduntertanen bestätigt wurde. Interessanterweise beschuldigten sich auch beide Parteien gegenseitig, beim Generalkommissariat die Auflösung des Stiftes angestrebt zu haben[31].

Über diese Untersuchung verfassten Fingerlos und Godin einen ausführlichen Schlussbericht, der in „Disciplinare", „Oeconomicum" und „Spirituale" gegliedert war. Vorab verwies Godin auf die zwischen Propst und Kapitel herrschenden Spannungen, auf die Unbelehrbarkeit der Chorherren sowie darauf, dass die bedeutenderen Gemeindemitglieder und Untertanen auf der Seite von Gilbert Grab stünden, während die als Unruhestifter bekannten Bauern das Kapitel unterstützten.

Zusammenfassend stellten die Kommissäre zur Disziplin fest, dass sowohl von Seite des Propstes als auch der Stiftsherren beträchtliche Versäumnisse vorlägen und Höglwörth nur noch im Hinblick auf Benennung, Kleidung, das Gebäude und den Rentenbezug als Kloster bezeichnet werden könne. Wissenschaftliche und religiöse Bestrebungen waren nicht erkennbar. Die Ökonomie wurde als Hauptgegenstand der Auseinandersetzungen zwischen Propst und Kapitel ausgemacht, wobei die Anschuldigungen des Konvents als unbewiesen eingestuft wurden und Gilbert Grab zu große Gutmütigkeit attestiert wurde. Man kam allerdings grundsätzlich zu dem Schluss, dass ein finanzieller Neubeginn des Stiftes — zumal in Anbetracht der ungünstigen Zeitumstände — undenkbar sei. Gegen die Betreuung der Pfarrei Anger wurden vom Gemeindevorsteher keine Klagen erhoben, dennoch stellte man fest, dass neben den räumlichen Verhältnissen der Schule auch die Katechese als unbefriedigend bezeichnet werden musste. So war nach Überzeugung der Kommission die Auflösung des Stiftes notwendig, weil die Disziplin verfallen, die Sitten verdorben, die Ökonomie zerrüttet und die Seelsorge in Anger mangelhaft sei. Zwar sei es theoretisch möglich, mit strengeren Vorschriften, einem neuen Dekan und neuen jungen Chorherren einen Neubeginn anzustreben, aber alle Maßnahmen erschienen bei näherer Betrachtung nutzlos, so dass Fingerlos und Godin abschließend ihre Vorschläge für die Verwendung des stiftischen Vermögens, aller Insassen und der Gebäude unterbreiteten.

Die Feststellungen und Empfehlungen von Fingerlos teilte das Konsistorium auch dem Generalkommissariat mit. Dennoch sprach sich die geistliche Behörde dafür aus, zunächst nochmals zu versuchen, die Disziplin wiederherzustellen, bevor tatsächlich die Aufhebung — die schließlich eine Strafe darstelle, während im vorliegenden Fall keine Verbrechen bewiesen seien — als allerletztes Mittel angewandt werden müsste. Es wies außerdem darauf hin, dass abgesehen davon, dass primär Gilbert Grab den Wunsch nach Auflösung geäußert habe, auch der bloße Wille der Stiftsherren nicht Ausschlag geben könne, da es sich nicht um einen bloßen Zusammenschluss handle, sondern die Mitglieder durch ihr nicht eigenmächtig zu lösendes Ordensgelübde gebunden seien. Dabei gebe es eine Reihe von Beispielen[32], wo es gelungen sei, die verfallene Klosterdisziplin wiederherzustellen und eine Auflösung abzuwenden. In Höglwörth könne dies aber nicht gelingen, solange Gilbert Grab dort Propst sei. Auch von einem Dekan, wie vom Kapitel erbeten, sei die nötige Reform nicht zu erwarten, wenn er aus den eigenen Reihen stamme. Man schlug daher vor, einen Auswärtigen zum Administrator zu machen, wofür sogar ein Säkularpriester in Frage käme, der dem Stift wieder zu Ansehen verhelfen und dieses für den geistlichen Nachwuchs attraktiv machen solle.

In Höglwörth hatten die Auseinandersetzungen insofern weitere Fortsetzungen gefunden, als nach der Mitteilung Grabs Johann Erhard ohne Genehmigung mit der Kutsche gefahren sei, während Grab eine ebensolche Fahrt verweigert wurde, Ersterer angeblich einen Kranken verspätet besucht habe, so

Eingang in die Propstei (Foto Brandl)

dass dieser ohne geistlichen Beistand verstorben sei und schließlich das Kapitel seinem Propst den Kirchendienst in der Pfarrkirche Anger mit der Begründung verweigerte, dazu nur in der Stiftskirche verpflichtet zu sein. Nun schrieb der Senior des Stiftes, Petrus Kirchhofer, auch im Namen des Kapitels eine umfangreiche Anklage gegen Grab, in der er diesen als unwürdigen und verschwenderischen Menschen bezeichnete, unter dessen Leitung das Stift nicht mehr zur Ruhe kommen könne[33]. Die Kommission unter Fingerlos und Godin, die eher wie ein Gesellschaftsbesuch erschienen sei, habe die Neutralität nicht gewahrt und den Vorstellungen des Kapitels kein Interesse entgegengebracht, so dass aufgrund persönlicher Rücksichten eine weitere Kommission *sinn- und ergebnislos* zu Ende gegangen sei. Kirchhofer betonte ein weiteres Mal das gute Einvernehmen unter den Chorherren, das allein durch Propst Grab getrübt werde. Das zur Stellungnahme aufgeforderte Generalkommissariat erklärte diese Vorwürfe für haltlos.

Ein weiterer Streitpunkt vor Ort ergab sich daraus, dass Petrus Kirchhofer dem Propst am 27. Dezember 1815 die erbetenen Pontifikalien nicht aushändigte, die dieser in der Pfarrkirche Anger tragen wollte[34]. Die vorgebrachte Begründung, sie würden durch häufigen und nicht sachgerechten Transport leiden, war primär, wie auch Fingerlos konstatierte, der Abneigung zwischen Propst und Kapitel zu-

zurechnen, umso mehr, als Pontifikalämter schon unter Propst Anian wegen der geringen Zahl an Stiftsherren nicht mehr in Höglwörth, sondern ohne Beanstandung in Anger gefeiert worden waren.

Im Januar 1816 stellte Godin als Kreisrat fest, dass eine endgültige Entscheidung über den Fortbestand des Stiftes dringend nötig sei, da gewaltsame Schritte des Kapitels befürchtet werden müssten[35]. Kurz darauf erhielt Dekan Steinwender aus Teisendorf den Auftrag, Grab zu den neuesten Vorwürfen seiner Stiftsherren zu befragen. Der Propst gab an, er sei auf loyales Personal angewiesen und müsse dazu auf seine eigenen Verwandten zurückgreifen. Während er sich umsonst bemüht habe, die Missstände im Stift abzustellen, habe ihm das Kapitel die Resignation empfohlen, gegen die er sich aber verwahrte[36]. Steinwender merkte in seinem Bericht über die Vernehmung Grabs an, *es scheint, jeder Teil lauert dem anderen auf*[37]. Kurz darauf wurde Johann Erhard beschuldigt, die Schwester von Gilbert Grab in Höglwörth aus dem Hof gestoßen zu haben. Eine neuerliche Vernehmung erschien jedoch weder Dekan Steinwender noch Gilbert Grab oder dem Kapitel erfolgversprechend.

Am 14. März 1816 wandte sich Johann Erhard wiederum an das Innenministerium, um seiner Überzeugung Ausdruck zu verleihen, dass der Fortbestand des Stiftes auch in finanzieller Hinsicht möglich und sinnvoll sei, jedoch nur unter der Voraussetzung, dass ein neuer Propst bestellt würde. Gleichwohl fügte er an, dass man auf das königliche Wohlwollen vertraue, falls eine Auflösung doch unausweichlich sein sollte[38].

Endlich erfolgte am 31. März eine Entschließung des Finanzministeriums. Es stellte fest, zwar hätten die Stiftsherren die Auflösung des Stiftes *durch ihr unwürdiges Betragen allerdings verschuldet*[39], trotzdem wolle man aber noch einen Versuch machen, dessen Bestand zu sichern. Dazu sollte Gilbert Grab mit einer jährlichen Entschädigung von 600 fl aus Höglwörth entfernt werden, während das Konsistorium eine Lösung für die Chorherren suchte. Die Vorwürfe gegen Kapitel und Hofrichter sollten ebenso wie die von Johann Erhard geäußerte Beschuldigung, Grab habe das Ende einer ersten Mitadministration schon im Jahr 1806 durch Bestechung erreicht[40], polizeilich bzw. gerichtlich untersucht werden, Hofrichter Pflug müsse Höglwörth aber ebenfalls verlassen. Schließlich sollte ein Weltgeistlicher Administrator in spiritualibus werden.

Vor dem Beginn einer Umsetzung dieser Bestimmungen erläuterte Freiherr von Godin nochmals in sehr deutlichen Worten, was dem Kapitel im Einzelnen vorzuwerfen sei, nämlich die *gänzliche Abwesenheit aller klösterlichen Zucht und Ordnung, vollendete Insubordination, die Anmaßung eingebildeter Rechte und Erhebung über ihre Sphäre, planmäßiges Einschreiten zur Vereitlung der Wiederkehr alter Ordnung, Vernachlässigung des Studiums, der Schule und geringer seelsorglicher Eifer, teils erwiesener, teils mit großem Verdacht belegter Hang zur Veräußerung der dem Stift gehörigen Effekten, Selbsthilfe gegen ihren Vorstand, ohne die Verfügungen der Behörden abzuwarten, Unkenntnis oder Vernachlässigung aller Elemente des klösterlichen Standes und vollendete Umstürzung aller Statuten und Disziplin* sowie den *Mangel jener persönlichen Beschaffenheit, welche je eine Besserung oder Belehrungsannahme hoffen ließe*[41]. Das Konsistorium schlug in der Folge der Entschließung vor, Gilbert Grab nach Tittmoning zu versetzen, Petrus Kirchhofer zum Pfarrer in Anger zu ernennen sowie Virgil Unterrainer und Paul Müllbauer ins Klerikalseminar nach Salzburg zu beordern[42], was jedoch nicht geschah. Im Juni sollte auf Anweisung der Finanzdirektion zumindest Johann Erhard durch Petrus Kirchhofer als Mitadministrator ersetzt werden. Der offizielle Protest des Kapitels, das Erhard sein Vertrauen aussprach, blieb zwar offiziell erfolglos, in der Praxis übte Erhard seine Funktion jedoch offensichtlich weiterhin aus.

Das Generalkommissariat informierte die Finanzdirektion im Dezember 1816 von den aufgrund der Entschließung vom März tatsächlich getroffenen Maßnahmen: Peter Käser, der frühere Pfarrer von Obertrum, wurde trotz seiner Ablehnung zum Administrator ernannt und seine Einsetzung durch eine Kommission unter Leitung von Godin geplant, zwei Chorherren sollten nunmehr, den neuesten Territorialentwicklungen entsprechend, ins Seminar nach Landshut geschickt werden. Hofrichter Pflug, der hier die *erste Quelle aller Unordnung* genannt

Klassifikation der Höglwörther Chorherren Kirchhofer, Erhard, Müllbauer und Unterrainer, 1816
(Foto AEM)

wird, könnte entweder zur bloßen Rechnungsführung vor Ort belassen, besser aber ganz entfernt und seine Aufgaben vom Administrator oder gänzlich vom Rentamt Laufen übernommen werden. Gleichzeitig richtete das Finanzministerium einen Antrag an die allerhöchste Stelle, den Rentbeamten von Laufen zu beauftragen, dem Propst und Kapitel die Auflösung ihres Stiftes zu verkünden und dessen Vermögen zu beschlagnahmen. Das Innenministerium solle veranlassen, dass die Stiftsherren *nach vorgängiger Correction und Besserung in einem Priester-Seminar* anderweitig als Seelsorger eingesetzt würden. Über die Verwendung des stiftischen Vermögens könne erst nach Befriedigung aller Ansprüche und Fundation der ehemals zu Höglwörth gehörenden Pfarreien und Schulen abschließend befunden werden.

Auflösung und Abwicklung[43]

Im März 1817 plante die Finanzdirektion eine neue Kommission für Höglwörth, da Administrator Käser als derzeitiger Pfarrer in Waging 6 Stunden entfernt und das Rentamt in Laufen auch für die Administration des ehemaligen Kollegiatstiftes in Laufen zuständig sei[44].

Das Generalvikariat in Freising, das inzwischen für den bayerisch gebliebenen Teil[45] des vormaligen Salzachkreises und damit auch für Höglwörth zuständig war, befasste sich unabhängig davon wiederum mit der Umsetzung der Entschließung vom 31. März des Vorjahres. Man sah einen auswärtigen geistlichen Administrator für das Stift und den Erlass einer neuen Haus- und Tagesordnung für das Kapitel vor. Noch am 10. April schlug die geistliche

Stelle dem Innenministerium den in den Jahren 1807 bis 1809 als Hausprofessor in Höglwörth tätigen Joseph Reichthalhammer als Administrator vor.

Inzwischen war der „Fall Höglwörth" bis zum Staatsrat, dem höchsten Gremium im unmittelbaren Umkreis des Königs, gelangt. Von einem Mitglied des Staatsrats, Caspar von Neumayr, wurde ein Vortrag über die Auflösung Höglwörths vorbereitet. Darin gab er einen knappen Überblick über die schlechte finanzielle Situation des Stiftes, das nur noch Besitz und Kapitalien im jetzigen Bayern hatte, über die Unverträglichkeiten von Propst und Kapitel, über das unkooperative Verhalten Erhards als Mitadministrator und die durch die Trennung Salzburgs von Bayern noch gesteigerte Gefährdung des Stiftes. Letzte noch vom Innen-, Außen- und Finanzminister Maximilian Graf von Montgelas geäußerte Bedenken im Hinblick auf etwaiges ausländisches Stiftsvermögen waren, wie Neumayr weiterhin erläuterte, zerstreut worden[46]; durch die Verwendung des Stiftsfonds zur Dotation der Bischöfe hoffte man, etwaigen Einwänden der Geistlichkeit zu begegnen und auch die öffentliche Meinung positiv zu stimmen.

So wurde schließlich im Staatsrat über Höglwörth beraten, die entscheidende Sitzung fand am 30. Juni 1817 statt. Finanzminister Freiherr von Lerchenfeld und Innenminister Graf von Thürheim schlossen sich dem Referat von Neumayrs sofort an, Justizminister Graf von Reigersberg und Kriegsminister Graf von Triva stimmten unter der Bedingung zu, dass im Hinblick auf die Verwendung des Vermögens die Intentionen des Stifters von Höglwörth beachtet würden, woraufhin festgestellt wurde, dass keine Stiftungsurkunden mehr vorgefunden wurden. Außenminister Graf von Rechberg schlug vor, die Auflösung des Stiftes nicht explizit zu erklären, um die Konkordatsverhandlungen nicht zu beeinträchtigen, sondern lediglich die genannten Verfügungen über das Stiftsvermögen zu treffen und alles Übrige formell dem zuständigen Staatsministerium zu überlassen. Die Mehrheit im Staatsrat stimmte jedoch für die ausdrückliche und definitive Auflösung des Stiftes, die König Maximilian I., der sich zu diesem Zeitpunkt in Baden-Baden aufhielt, am 8. Juli 1817 genehmigte[47]. Unter demselben Datum erging das Aufhebungsreskript[48]. Darin wurde, wie im Referat für den Staatsrat schon vorgeschlagen worden war, drastisch formuliert, dass *dieses Kloster, welches keinem sittlichen oder literarischen Zwecke mehr entspricht, viel mehr in dem Zustande seiner Verdorbenheit Ärgerniß und Sittenlosigkeit durch schlechtes Beispiel verbreitet, ja schon an sich bei der über Hand genommenen Insubordination und geringen Anzahl seiner Mitglieder als Kloster nicht mehr bestehen kann*, sofort aufzulösen sei. Das Stiftsvermögen bzw. die Verkaufserlöse wurden für die Dotation der Bischöfe oder geistlicher Institutionen bestimmt und bis zur Extradition provisorisch verwaltet, die Pensionen für geistliches und weltliches Personal folgten den bereits *bei Auflösung der übrigen Abteien und Klöster gemachten Vorschriften*. Konkret erhielt die Finanzdirektion des Isarkreises den Auftrag, die Auflösung durch einen eigenen Kommissar zu vollziehen und Bericht zu erstatten. Letzteres galt auch für die separate Verwaltung des stiftischen Vermögens. Über die Pensionen war ein Gutachten anzufertigen.

Da das Rentamt Laufen weiterhin überlastet war und die Anwesenheit des Administrators unmittelbar vor Ort sinnvoll erschien, wurde diese Funktion mit dem ehemaligen Kameralbeamten Jakob Reisenegger aus Altötting besetzt, mit der Auflösung wurde der Münchner Regierungsassessor von Lottner betraut, der seine Tätigkeit in Höglwörth am 30. Juli 1817 aufnahm. Der an erster Stelle vorgesehene Rechnungsschluss der Erhard'schen Administration war jedoch nicht möglich, da eine Abrechnung für die letzten vier Monate fehlte[49] und auch der am 1. August von Erhard eingereichte Rechnungsabschluss wegen der *unordentlichen Journalisierung* nicht akzeptiert, sondern ihm zur Überarbeitung zurückgereicht wurde. Es blieb daher zunächst beim bloßen Kassensturz, dem die Anfertigung zahlreicher Inventare, Beschreibungen und Verzeichnisse folgte. Hinweise von Hofrichter Pflug, wonach Gilbert Grab einerseits bisher einbehaltene, jedoch dem Stiftsvermögen zustehende Geldbeträge restituieren könnte, andererseits aber in jüngster Zeit Teile der Fahrnis veruntreut haben sollte, wurden vom Kapitel als nicht unbegründet eingeschätzt. Daraufhin wurden einige Pretiosen, die an-

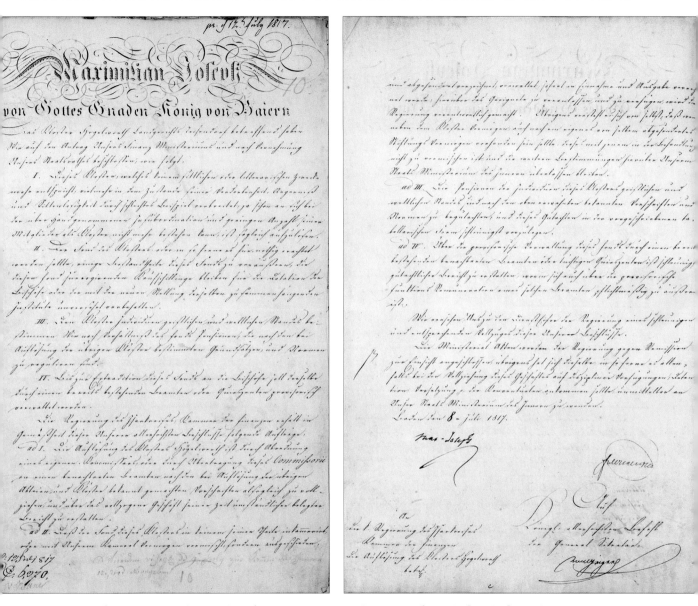

Aufhebungsdekret für Höglwörth von König Maximilian I. Joseph, Baden[-Baden], 8. Juli 1817
(Fotos StAM)

geblich zum Stiftsvermögen gehörten, von Grab zurückgefordert, von ihm aber zum Teil als Eigentum, zum Teil als für den Kauf von Lebensmitteln für das Stift verwendet reklamiert.

Am 14. August erhielt das Landgericht Nachricht von der für den 1. September angesetzten Mobilienversteigerung, bevor am 18. August Jakob Reisenegger sein Amt als provisorischer Verwalter, das heißt die Leitung der landesherrlichen Stiftsadministration und damit die Aufsicht über Grundbesitz, Rechte, grund- und zehntherrliche Renten sowie Aktiva und Passiva des aufgelösten Stiftes, über-

Die Klostergebäude von Höglwörth werden zur Versteigerung am 1. September [1817] ausgeschrieben (Foto StAM)

nahm. Mit dem 24. August endete die Naturalverpflegung der Chorherren, an deren Stelle Geldzahlungen zur Alimentierung traten. Als Erster sollte Johann Erhard Höglwörth verlassen und sich in das Priesterhaus in Dorfen begeben, jedoch nicht ohne sich für seine Tätigkeit als Mitadministrator, die Lottner erneut als voller *Unordnung und Unvollständigkeit* umschrieb, zu verantworten. Unter seiner Ägide waren in den letzten Monaten des Stiftes — wohl auf Anraten des Hofrichters und nach Erhards Aussage mit Genehmigung des zuständigen königlichen Rentamts — die beträchtlichen Getreidegilten des Stiftes abgelöst, jedoch nicht in den Rechnungen nachgewiesen worden, so dass man ihn bis zur Klärung des Sachverhalts am 27. August 1817 in das Priesterhaus in Dorfen in Gewahrsam verbrachte, wogegen er später gerichtlich vorging[50] und besonders beklagte, dass ihn aus Höglwörth der Gerichtsdiener von Teisendorf — selbst die Regierung äußerte später, die priesterliche Würde hätte die Begleitung durch einen Gerichtsbeamten oder doch zumindest durch den Gerichtsschreiber erfordert[51] — abgeholt hatte, was zu dem Gerücht geführt hatte, er habe ein *schweres Criminal-Verbrechen* begangen. Eigenmächtiges Vorgehen wurde ihm auch im Hinblick auf die Ausgaben während seiner Amtszeit unterstellt, dabei aber anerkannt, dass diese auch durch Reparaturen an den Gebäuden, die Verbesserung des Viehstandes, Unterstützungszahlungen an bedürftige Grundholden, die Begleichung alter Schulden und die Steuerforderungen des Staates begründet waren.

Des Weiteren erhielt Lottner den Auftrag, vorerst keine Bücher zu verkaufen bzw. einen eventuell schon begonnenen Verkauf wieder einzustellen und zunächst einen Bibliothekskatalog anzufertigen. Ein Verkauf hatte vor Ort allerdings noch nicht stattgefunden, weil Käufer für die in der Mehrzahl theologischen Werke dort nicht zu erwarten waren. Lottner schlug vor, die Bibliothek nach München zu transportieren, sie dort nach einer Sichtung durch die königlichen Bibliotheken schätzen zu lassen und danach öffentlich oder an einen Antiquar zu verkaufen[52]. Ebenso sollte Lottner Verzeichnisse über die mit dem Salzburger Kloster St. Peter getauschten Untertanen, über Silbergeräte und Pretiosen erstellen und drei für die königliche Brunnkapelle in Reichenhall vorgesehene Gemälde dorthin abgeben.

Inzwischen verfasste das Generalvikariat Freising ein Schreiben an das Generalkommissariat, in dem es bedauerte, dass das Stift — entgegen der Bestrebungen des Vorjahres — nun doch aufgelöst worden war und bat um die Mitteilung der Gründe, die dazu geführt hatten[53]. Matthäus Reiter, Pfarrer in Ainring, stellte in einem privaten Brief bedauernd fest, dass die Höglwörther Verhältnisse in München wohl in grellen Farben geschildert wurden und die Auflösung nicht stattgefunden hätte, wenn die von Lottner vorgefundene Ordnung in Gebäuden, Meierei und Verwaltung in der Hauptstadt bekannt gewesen wäre. Er fügte hinzu, dass man die Schuld am „Unglück" des Stiftes und seiner Angehörigen Gilbert Grab anlasten werde[54].

Bereits zum 1. Oktober stellte die Finanzdirektion Lottner, der mitgeteilt hatte, dass der Aufenthalt in Höglwörth als *einem Ort mit allen Arten von Lastern und Unordnung* ihn belaste, anheim, das *Klosteraufhebungsgeschäft* als beendet zu betrachten, trug ihm aber auf, die Untersuchungen gegen Johann Erhard und Hofrichter Pflug, dem unter anderem vorgeworfen wurde, für die Jahre 1805 bis 1809 keine Rechnung erstellt zu haben, vor Ort soweit vorzubereiten, dass eine Durchführung auch von München aus möglich wäre. Einstweilen beschloss das Finanzministerium, den Stiftswald, der sich in einem *versunkenen Zustand* befand und zunächst unter der Aufsicht des Stiftsförsters verblieb, jedoch gemeinsam mit dem gesamten Stiftsvermögen verwaltet worden war, vorerst provisorisch der Saline Reichenhall zu übertragen, wo er separat administriert und bewirtschaftet werden solle, bis im Rahmen einer definitiven Entschließung über das gesamte stiftische Vermögen ein endgültiger Übergang erfolgen konnte. Am 11. Oktober verfasste Lottner ausführliche Beschreibungen der dem Stift zustehenden Konzessionen und Rechte[55] — diese umfassten das Braurecht, die Tafernwirtsgerechtigkeit, das Mahlrecht auf der Gemachmühle, jedoch nur für den eigenen Bedarf, die Nutzung des Steinbruchs auf dem Zellberg, die niedere Jagd und die Fischerei auf dem Klostersee und einigen weiteren Gewässern — sowie aller zum Stift gehöriger Gebäude[56] und nahm die Übertragung der letzten noch nicht an die provisorische Stiftsadministration extradierten Vorräte, Rechte und Ausstände vor, deren Geschäftsführung künftig der Instruktion vom 24. März 1803 „für die aufgelösten Abteien" folgen sollte. Am 24. November verfasste er den Abschlussbericht über seine Tätigkeit vom 29. Juli bis zum 18. Oktober und gab darin auch den Gesamterlös aus den bisherigen Versteigerungen an, der deutlich höher als die Schätzungen ausgefallen war, was nach Lottners Meinung daran lag, dass *Einwohner der ganzen Gegend einen besonderen Werth darin setzten, Einrichtung des Klosters an sich zu bringen*[57]. Der Anteil an Vieh, Fahrnis und Einrichtung, auf die die Administration zunächst nicht verzichten konnte, war noch vor Ort geblieben.

Die lange untersuchte Grundgiltenablösung unter Erhard wurde im April 1818 für ungültig erklärt. Da die Ablösungssummen als zu gering befunden worden waren und auch eine Minderung der für die Dotation vorgesehenen Renten zu befürchten war, sollten die von den Untertanen bezahlten Summen diesen erstattet werden, was trotz finanzieller Verpflichtungen möglich erschien. Aber erst mehr als zwei Jahre später, im November 1820, wurde dieser Punkt endgültig abgeschlossen, als das Finanzministerium die Ablösung nachträglich doch genehmigte[58]. Der mehrfach wiederholten Bitte Erhards um Erteilung eines *Absolutoriums* über seine korrekte Amtsführung wurde jedoch weiterhin nicht entsprochen.

Gilbert Grab erhielt am 28. April 1818 den Befehl, sich mit einer jährlichen Pension von 600 fl — die geringe Höhe des ihm zugebilligten Jahresbetrags wurde durch die schlechte Verwaltung des Stiftsvermögens unter seiner Ägide gerechtfertigt — nach Burghausen zu begeben[59]. Seine Beschwerde blieb erfolglos, ebenso die Eingabe einiger Beauftragter der Pfarrgemeinde Anger, die um die Belassung Grabs als Pfarrer oder doch zumindest sein Verbleiben in der Pfarrei baten, und die Aufforderung wurde am 12. Juni 1818 wiederholt, so dass er

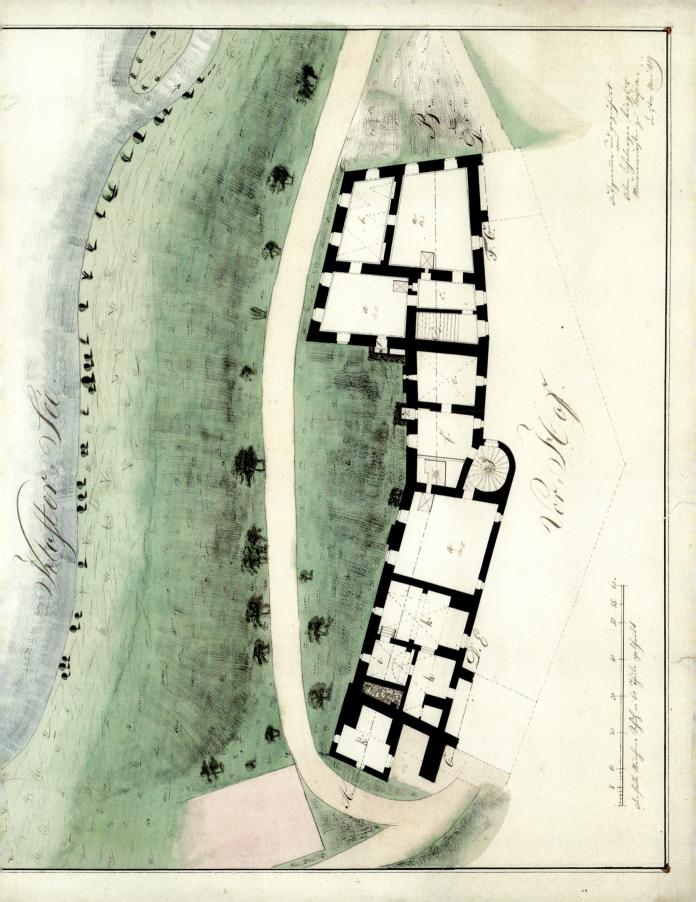

Vorhergehende Doppelseite: Grundrisse der einzelnen Stockwerke des Klostergebäudes Höglwörth, 1819

Rechts: Planaufnahme des Klostergebäudes von 1819 (Fotos BayHStA)

sich gezwungen sah, diese gegen seinen Willen zu befolgen[60]. Zu diesem Zeitpunkt, genau am 5. Mai, hatte schon ein ehemaliger Zisterzienser aus Raitenhaslach, Alois Plutz, die Pfarrei Anger erhalten[61]. Als dessen Wohnung wurde die neue Prälatur im Stiftsgebäude bestimmt, die 1819 um einige Räume erweitert wurde[62]. Als das Landgericht Reichenhall im Januar 1820 die Frage stellte, ob ein Umzug in das frühere Klosterrichterhaus nicht sinnvoll wäre, wurden Vor- und Nachteile abgewogen, während Plutz, der in Anger und Höglwörth offensichtlich wenig geschätzt war[63], bereits um seine Versetzung gebeten hatte.

Im Stift Höglwörth waren zunächst außer Gilbert Grab noch drei Chorherren anwesend. Virgil Unterrainer erhielt — ebenfalls im April 1818 — eine Hilfspriesterstelle in Reichenhall[64]. Paulus Müllbauer war kurze Zeit im benachbarten St. Zeno, bevor er Kurat in Tittmoning wurde, während Petrus Kirchhofer noch eine Weile in Höglwörth blieb, um dann nach Laufen versetzt zu werden. Benedikt Wölkl behielt seine Vikarsstelle in Piding[65].

Die im Oktober beabsichtigte krankheitsbedingte Ablösung Jakob Reiseneggers durch den bisherigen Stiftungsadministrator in Neumarkt, Nepomuk Kreßirer, scheiterte; am 22. Dezember 1818 übernahm der Hofkammerrat und quieszierte Rentbeamte Emanuel von Passauer die Administration des Stiftsvermögens. Dieser wurde aber am 9. April 1820 wegen *grober Dienstvernachlässigung* seines Amtes enthoben. Laut einer Untersuchungskommission waren seit Mai 1819 große Unregelmäßigkeiten vorgekommen, Passauer habe über die staatlichen Gelder wie über Privateigentum verfügt[66]. Da die Finanzdirektion jedoch zu dem Schluss kam, dass die *besondere Verwaltung in Höglwörth* nicht mehr von langer Dauer sein werde und die erneute Bestellung eines eigenen Stiftsadministrators deshalb nicht mehr notwendig sei, wurde der Rentbeamte Ferdinand Stöger in Laufen mit der Verwaltung des übrigen, ihm noch im April extradierten[67] Stiftsvermögens betraut, wozu er einmal pro Woche selbst nach Höglwörth reisen sollte, um das dort tätige Personal zu beaufsichtigen. Er ließ zunächst Pläne zur Verpachtung von Bräuhaus und Ökonomie wieder aufleben, zumal sich die Brauerei als Zuschussbetrieb erwiesen hatte. Nachdem sich jedoch kurz darauf herausstellte, dass der stiftische Besitz *nach den neuerlich hierüber ergangenen Bestimmungen* definitiv nicht mehr zur Dotation des neuen Erzbistums München und Freising verwendet werden solle, strebte die Regierungsfinanzkammer endgültig die schnellstmögliche Abwicklung des Höglwörther Besitzkomplexes an. Vom 16. bis 18. August wurden zu diesem Zweck sämtliche Grundstücke der Ökonomien Höglwörth und Vachenlueg einer neuerlichen Schätzung unterzogen. Auch die Überlegungen einer Übersiedlung des Pfarrers aus dem Klostertrakt in den Hofrichterstock wurden wieder aufgenommen und diesmal in die Tat umgesetzt.

Gemäß höchster Entschließung vom 4. September erging am 16. September 1820 die Bekanntmachung über den Verkauf der beiden Ökonomien, die umfangreiche Beschreibungen beinhaltete[68] und nicht nur vor Ort verlautbart, sondern auch in Zeitungen in München, Augsburg, Salzburg und Linz veröffentlicht wurde. Ihr war ergänzend zu entnehmen, dass grundsätzlich sowohl eine Verpachtung als auch ein Verkauf möglich waren, wobei die Regierungsfinanzkammer allerdings intern einen Verkauf deutlich vorzog. Die Versteigerung — an Gebäuden blieben nur die Stiftskirche und der jetzt als Pfarrerwohnung dienende Hofrichterstock davon ausgenommen — setzte das Rentamt auf den 17. Oktober dieses Jahres an. Am 30. September erhielt Stöger diesbezüglich nochmals eine aktualisierte Anweisung der Regierungsfinanzkammer, wonach einem Käufer auch Holzbezugsrechte eingeräumt werden sollten, um einen höheren Kaufpreis zu erzielen. Ebenso wurde die Möglichkeit eines separaten Verkaufs beider Ökonomien expli-

ziert und die Ergänzung des Versteigerungsgutes um einige für die königlichen Salinen unbrauchbare Waldstücke bei Vachenlueg bekannt gegeben sowie gesonderte Verfügungen über die Bibliothek und die übrigen Gerätschaften angekündigt.

Die ersten Versuche Stögers, bei der Versteigerung am 17. Oktober, die sich schließlich auch auf den 18. erstreckte, für die Ökonomie in Vachenlueg, das Bräuhaus in Höglwörth samt Zubehör oder die Ökonomie in Höglwörth bzw. alle Komponenten gemeinsam einen Käufer zu finden, scheiterten trotz der Anwesenheit vieler Kaufinteressenten unter anderem aus „Salzburg, Reichenhall, Berchtesgaden, Traunstein, Tittmoning, Laufen, Fridolfing und Teisendorf"[69]. Daraufhin wurden zunächst die einzelnen Objekte, also die zur Ökonomie gehörenden Güter, vor allem aber Felder, Wiesen, Moosgrundstücke und Waldteile, mit Erfolg separat versteigert. Nach Abschluss dieser Phase wurde nochmals der gesamte Komplex in Höglwörth um 27.000 fl aufgerufen. Diesen Preis erklärte Philipp Wieninger aus Teisendorf, dessen bereits 1817 unmittelbar nach der Aufhebung geäußerte Bitten, das Klosterbräuhaus pachten zu dürfen, um so den mit der Abtrennung Salzburgs von Bayern einhergehenden Verlust des Absatzgebietes für sein 1812 zu einem hohen Preis in Teisendorf ersteigertes Brauhaus auszugleichen, immer abschlägig beschieden worden waren, *nach einer langen Umfrage* für *viel zu hoch, da der Ertrag des Bräuhauses unbedeutend und die Gebäude einem Besitze mehr zum Nachtheil als Nutzen gereichen.* Dennoch entschloss er sich *als erstes und auch zugleich letztes Angeboth für die vorgetragenen sämtlichen Objekte* 9000 fl zu bieten. Nachdem trotz weiterer Aufrufe weder für einen Verkauf noch für eine Verpachtung neue Gebote eingingen, beendete Stöger die Versteigerung „um 8 Uhr abends".

Am 19. Oktober bot Moritz Neubauer, Kaufmann aus München, nachträglich 3000 fl für die Ökonomie in Vachenlueg[70]. Stöger betonte in seinem Antrag um die obrigkeitliche Genehmigung der Verkäufe deren Vorteile, vor allem die entfallenden Lasten für die Staatskasse und die im Gegenteil zu erwartenden Steuereinnahmen. Der Zustimmung durch allerhöchstes Reskript vom 20. November folgte die Weisung, wie Stöger mit den Käufern zu verfahren habe. Diese sollten zunächst die Hälfte des Kaufpreises bar bezahlen, worauf sie ihr erworbenes Objekt bereits in Besitz nehmen konnten und anschließend bis zu einem halben Jahr Zeit hatten, den zweiten Teil der Kaufsumme zu begleichen[71]. Ebenso wurde ihm dabei aufgetragen, die Versteigerung des noch vorhandenen Viehs durchzuführen — nicht jedoch der Paramente, Kirchenornate und der Bibliothek —, das Personal möglichst bald zu entlassen sowie die Ablösung der Fronen, also der zu erbringenden Arbeitsleistungen, zu beschleunigen. Letzteres sollte auch für die Extradition der Renten an die Rentämter Berchtesgaden, Traunstein und Laufen gelten. Vom 30. Dezember 1820 bis zum 1. Januar 1821 dauerte die formelle Übergabe der Stiftsgebäude an Philipp Wieninger, der im Februar ergänzend die Brauerei- und Bindereigeräte erwarb und im März darum bat, die Malzmühle für seinen eigenen Bedarf nutzen zu dürfen.

Während also das Schicksal der Konventsgebäude geklärt war, stellte sich die Frage, wie mit den Kirchenornaten und liturgischen Geräten, aber auch mit der weiteren Ausstattung der Stiftskirche und schließlich mit der Kirche selbst zu verfahren sei. Nachdem die beiden Regierungskammern zunächst übereingekommen waren, die *Klosterkirche [sei] allerdings entbehrlich, weil dieselbe eine Pfarrkirche weder ist noch eine solche werden wird*[72], änderten sie ihre Meinung, als sich die Gemeinden Högl und Stoißberg einerseits und Philipp Wieninger andererseits verpflichteten, den Unterhalt der Kirche unter der Bedingung, dass die vorhandene Einrichtung vor Ort belassen werde, aus eigenen Mitteln aufzubringen. Auch vor dem Hintergrund, dass *die Verschließung der Pfarrkirche [sic!] zu Höglwörth, dann die Abführung der dortigen Thurmglocken in der ganzen Umgegend eine üble Stimmung unter den Unterthanen verursachen würden*, wurde die ehemalige Stiftskirche gemäß Finanzministerialentschließung der Kirchenverwaltung *zum kirchlichen Gebrauche* übergeben[73].

Vom 29. April bis zum 4. Mai wurden die letzten Mobilien, Küchengerätschaften sowie die Futtervorräte, später im Juni noch einige zunächst nicht erfasste Grundstücke versteigert. Die Übergabe der Schlüssel zu den ehemaligen Stiftsgebäuden —

Nach der Aufhebung von Höglwörth gelangten einige wertvolle Stücke in den Besitz des Münchener Liebfrauen-Doms, wie dieser kostbare Kelch mit Edelstein- und Emaileinlagen von Propst Zacherl (Fotos Brandl)

weiterhin mit Ausnahme der Kirche und des Hofrichterstocks — an Philipp Wieninger am 14. Juni 1821 markierte für die Klosterinsel das endgültige Ende ihrer Funktion als Hort geistlichen Lebens.

Dennoch war auch dies kein Paukenschlag mehr, sondern nur noch einer der allerletzten Akzente in der formell bereits abgeschlossenen Geschichte des Chorherrenstiftes Höglwörth. Ihren letzten Nachhall fand diese unter anderem in der noch durchzuführenden Inkamerierung der Dominikalrenten, dem Verkauf weiterer zu spät aufgefundener Klostervorräte, der Schlussabrechnung aller Kommissionen und der Stiftungsadministration, in der Ablieferung aller für München bestimmter „Silbergeräte und Pretiosen" an das dortige Metropolitankapitel und aller Bücher an die königliche Hof- und Centralbibliothek bzw. an das Domkapitel in Freising und der Ablösung von Forstrechten und -dienstbarkeiten in den ehemals stiftischen Waldungen, in den unterschiedlichsten Maßnahmen also, die noch sehr viel weiter ins 19. Jahrhundert hineinreichen sollten.

Anmerkungen

1 AEM, Kl A 99.
2 *Geiß*, Högelwerd, S. 491; AEM Kl A 100.
3 AEM, Kl A 99.
4 Ebenda.
5 AStP, Hs A 78 (403).
6 Ebenda.
7 AEM, Kl A 105.
8 AEM, Kl A 106.
9 Ebenda.
10 AEM, Kl A 105.
11 AEM, Kl A 94.
12 AStP, Hs A 79.
13 AStP, Hs A 80.
14 AStP, Akt 291.
15 AStP, Akt 2182.
16 Vgl. BayHStA, Erzstift Salzburg — Pfleggericht Laufen 10606/3.
17 AStP, Akt 2182; BayHStA, KL Fasz. 282, Nr. 87.
18 BayHStA, Staatsrat 2102.
19 AStP, Hs A 80.
20 AEM, Kl A 94.
21 StAM, RFK 546 I.

22 AEM, Kl A 106; BayHStA, KL Fasz. 282, Nr. 87.
23 StAM, RFK 546 I.
24 StAM, RFK 546 IV.
25 Interessanterweise findet sich bei *Geiß*, Höglwerd, S. 518, gerade für das Jahr 1813 der Hinweis: „Propst Gilbert hatte ja schon im Jahre 1813 selbst die Aufhebung seines Conventes in Antrag gebracht." Dabei kann zwar nicht ausgeschlossen werden, dass der im Zweiten Weltkrieg zu Verlust gegangene Akt des Innenministeriums (BayHStA, MK 2343: Das Kloster Höglwerth, 1811–1848) ein solches Gesuch enthielt, es ist jedoch zumindest ungewöhnlich, dass es nicht auch in den Akten des Generalkommissariats des Salzachkreises nachzuweisen ist, da man annehmen müsste, dieses sei aufgefordert worden, Stellung zu nehmen oder vor Ort Nachfrage zu halten. Gleiches gilt für das Konsistorium in Salzburg, von dem ebenfalls keine Reaktion bekannt ist. Im umfangreichen Nachlass von Geiß, der sich als „Geissiana" im Eigentum des Historischen Vereins von Oberbayern befindet und im Stadtarchiv München verwahrt wird, sind die Manuskripte zu Höglwörth nicht festzustellen.
26 StAM, RFK 546 I.
27 StAM, Salzachkreis 850; BayHStA, KL Fasz. 278, Nr. 15.
28 StAM, LRA 113925.
29 StAM, RFK 546 II.
30 Protokolle in StAM, RFK 546 III.
31 Ebenda, leider jeweils ohne nähere Hinweise auf den Zeitpunkt des [angeblich?] eingereichten Gesuchs.
32 StAM, RFK 546 III, konkrete Namen werden nicht genannt.
33 Ebenda.
34 AEM, Kl A 106.
35 StAM, RFK 546 IV.
36 Ebenda: *was ich aber auf den Auftrag des Konvents nie thun werde* (Grab am 30.1.1816).
37 Ebenda.
38 Noch nach Auflösung des Stiftes beklagte er, dass keine entsprechende Resolution erfolgt war.
39 Ebenda, auch AEM, Kl A 106.
40 Ebenda, dieser Vorwurf konnte nicht erhärtet werden, es fanden sich jedenfalls keine Akten über eine Administration bereits im Jahre 1806.
41 StAM, RFK 546 IV.
42 AEM, Kl A 106.
43 Hierzu *Hunklinger*, Das Ende (1975); er geht besonders ausführlich auf das Schicksal der Bibliothek ein und gewährt einen Ausblick bis zum Neubau des Pfarrhofs in Anger 1863.
44 StAM, RFK 547.
45 Die Übergabe Salzburgs an Österreich fand am 1. Mai 1816 statt. Nach *Georg Schwaiger*, Die altbayerischen Bistümer Freising, Passau und Regensburg zwischen Säkularisation und Konkordat (1803–1817) (= Münchener Theologische Studien, I. Hist. Abt., Bd. 13) (München 1959), S. 176, ging auch die Diözesanhoheit im Hinblick auf die bayerischen Gebietsteile im Jahr 1816 von Salzburg auf Freising über.
46 Ein aus verwaltungstechnischen Gründen sinnvoll erscheinender Austausch von Grunduntertanen mit St. Peter in Salzburg hatte am 5. März 1816 stattgefunden (StAM, Salzachkreis 1093).
47 BayHStA, Staatsrat 409.
48 StAM, RFK 547.
49 StAM, RFK 548.
50 Nachdem der Verbleib der Einnahmen weitgehend geklärt war, wurde der Arrest am 12. Jan. 1818 aufgehoben und er erhielt im März 1818 eine Stelle als Hilfspriester in Scheyern, die er allerdings erst mit einer gewissen Verzögerung antreten konnte, da er zunächst noch bis zum Abschluss der Untersuchungen in Dorfen bleiben sollte.
51 StAM, LRA 113925.
52 Zur Geschichte der Bibliothek vgl. auch *Ruf*, Bibliothek; die Königliche Hof- und Centralbibliothek erhielt sowohl 1818 als auch 1823 Teile der Stiftsbibliothek.
53 AEM, Kl A 106, eine Antwort des Generalkommissariats ließ sich nicht feststellen.
54 Ebenda; zum Verfasser siehe *Geiß*, Höglwerd, S. 519.
55 StAM, RFK 548.
56 Ebenda (zu diesem Zeitpunkt: Klostergebäude mit alter und neuer Prälatur, Gast- und Konventstock, Klosterkirche, Brauhaus mit Fässer-Remise, Hühnerhaus, sogen. Neubau, Hofrichterhaus, Maierhaus mit Pferdestall, Ochsen- und Kuhstall mit Stadel, zwei Remisen für Wägen und Ackergeräte, Zehntstadel in Höglwörth und Piding, Mooshäusl, Eglreiterhaus, Wohnhaus in Ramsau mit Stall und Heustadel auf der Ramsauer Wiese, Altes Schloss in Vachenlueg, Viehstall mit Stadel, Stadel des Wirts und Klostermühle).
57 Ebenda.
58 StAM, RFK 547.
59 BayHStA, Staatsrat 2102.
60 Ebenda.
61 StAM, Finanzämter 1137.
62 StAM, RFK 555.
63 BayHStA, KL Fasz. 282, Nr. 87 (er wird als geiziger, unbeherrschter Einzelgänger und Spieler beschrieben).
64 StAM, LRA 113925.
65 *Geiß*, Höglwerd, S. 522f.
66 StAM, RFK 2595.
67 StAM, RFK 561.
68 StAM, Rentämter 3967.
69 Ebenda.
70 Neubauer verkaufte den größten Teil der Ökonomie unmittelbar nach Entrichtung des gesamten Kaufpreises an elf neue Eigentümer und behielt lediglich eine Wiese zurück (StAM, LRA 113926).
71 Die Kaufbriefe wurden schließlich unter dem 11. Aug. 1821 ausgefertigt (StAM, RFK 556).
72 StAM, RFK 557.
73 Ebenda; die Glocken der Kapelle in Vachenlueg wurden demgegenüber abgenommen, die kleinere wurde der Gemeinde Mühlberg (bei Waging), die größere der Gemeinde Teisendorf zugesprochen.

Jolanda Englbrecht

Die Wirtschaftsgeschichte des ehemaligen Augustiner-Chorherrenstiftes Höglwörth

Die schriftlichen Quellen

Über die Gründungsausstattung Höglwörths informiert uns der um 1175 verfasste Rechenschaftsbericht des Propstes Rupert und eine nicht mehr im Original vorhandene Bestätigungsurkunde des Grafen Liutold IV. von Plain[1]. Ein beträchtlicher Teil der 196 noch vorliegenden Klosterurkunden liefert Anhaltspunkte für die Fortentwicklung des Besitzes[2]. Leider sind viele Urkunden nur noch in Form von Regesten überliefert, deren Zuverlässigkeit der Überprüfung bedarf[3]. Einen Überblick über die Grundherrschaft des Stiftes bieten die Klosterliteralien, besonders die noch erhaltenen Urbare und Stiftbücher. Das älteste Stiftlibell wurde 1367 angelegt und bis 1396 fortgeführt, es erscheinen darin auch Güter im heutigen Österreich[4]. Ebenso verhält es sich mit dem nächsten Urbar, das aber erst aus den Jahren 1524–1527 stammt[5] (siehe Abb. S. 139). Die folgenden Stiftbücher von 1557 bis 1562 und 1621 bis 1646 enthalten keine ausländischen Besitzungen[6]. Die nächsten zwei Urbare der Propstei Höglwörth von 1647 und 1681 bis 1704 nennen noch einmal die *pürgischen* [im Gebirge gelegenen] Güter im Pinzgau[7]. Die jüngeren Stiftbücher von 1705, 1736, 1791 bis 1800 und ab 1807 verzeichnen nur den Besitz im heutigen Bayern[8]. Deshalb wurden auch Bestände aus Salzburger Archiven herangezogen, ein ca. 1655 entstandenes Urbar des Amtes Piesendorf[9], weitere Urbare und Fassionen von 1812 bis 1848 sowie ein Verzeichnis der Grundholden, die die Abtei St. Peter 1816 an Höglwörth vertauschte[10]. Beim Kauf des Sitzes Vachenlueg im Jahre 1722 erhielt der Propst auch ältere Urbare von 1589 bis 1605 (im Repertorium irrtümlich als Stiftbuch von Höglwörth geführt), 1619 bis 1654, 1622, 1665, 1671 und 1689. Er selbst legte 1722 ein Stiftbuch der erworbenen Güter an[11]. Dazu gibt es Inventare aus den Jahren 1564 und 1588 sowie Aufzeichnungen über den Küchendienst zum Schloss Vachenlueg 1622–1635, den Höglwörther Küchendienst ab 1784 und ein Höglwörther Kastenbuch 1799–1816[12]. Ferner finden sich in diesem Bestand Aufzeichnungen über den Wald von Vachenlueg (ca. 1765), die Weihsteuer von 1762 und einige wenige Klosterrechnungen von 1794[13]. Mehr über die Einnahmen und Ausgaben des Stiftes ist in den Höglwörther Klosterakten im Archiv des Erzbistums München zu erfahren. Hier finden sich Visitationsberichte, Inventare und Rechnungen von 1541 bis 1804, die zum großen Teil nach der Abtretung des Rupertiwinkels von Salzburg an Bayern abgegeben wurden[14]. Ein Restbestand blieb aber in Salzburg, vor allem Unterlagen zu Generalvisitationen, Inventare und Rechnungen des 17. Jahrhunderts[15]. Weitere Archivalien, beispielsweise Rechnungen der Verwaltung ab 1790, Unterlagen über die Aufhebung des Klosters und den Verkauf der Realitäten, gelangten ins Staatsarchiv München[16].

Die Verwaltung

Über die Anfänge der Verwaltung gibt es kaum Nachrichten. 1371 war der Maier (*villicus*) des Klostergutes Almeding noch für vier weitere Güter am Teisendorfer Högl zuständig[17]. Der weit gestreute Besitz verlangte aber eine regelmäßige Kontrolle. Zum Stifttag bzw. der Weinernte reisten Mitglieder des Konvents oder Beauftragte des Stiftes zu den fernen Gütern im Pinzgau und in Niederösterreich. Einige Untertanen waren z. B. in Oberarnsdorf in der Wachau zur „Nachtselde" verpflichtet, sie mussten die Männer beherbergen und sie wie auch ihre Pferde verpflegen[18]. Den Weingütern standen vor Ort Hofmeister vor, die für den Betrieb verantwortlich waren[19]. 1629 ritt der Höglwörther Kloster-

Das Höglwörther Hofrichterhaus (Foto Brandl)

richter auch in die Stift nach Saalfelden[20]; das war möglich, weil die Stifttage zeitlich weit genug auseinander lagen.

Höglwörth erlangte 1454 die gerichtliche Freiung für die vom See umgebene Insel, auf der die Kirche und die Klostergebäude standen[21]. Streitigkeiten unter seinen Dienern konnte der Propst seither selbst richten, bis dazu ein Klosterrichter bestellt wurde. Neben den Rechtsgeschäften waren die klösterlichen Urbarrichter auch mit der Verwaltung betraut. Seit 1585 sind ihre Namen und die Reihenfolge bekannt[22]. 1740 ist sogar eine Hofrichterin belegt, die Witwe des 1738 verstorbenen Hofrichters Jakob Zeyckhart[23]. Auf die längste Dienstzeit als

Richter brachte es Franz Hofmann (1659–1689); von ihm hat sich auch ein Porträt erhalten. In den Instruktionen zur Bestallung seines Nachfolgers Johann Kaspar Starzer von 1691 heißt es, dass er sich neben den Rechtsgeschäften auch um die Grundherrschaft zu kümmern und das Kastenamt zu versehen habe, ferner solle er ein Auge auf die Nutzung der Stiftswälder, die Fischerei, Müller, Bäcker, Tag- und Handwerker sowie die Maierschaft und Dienstboten werfen. Für diesen multifunktionalen Arbeitsbereich erhielt er einen Monatslohn von 11 fl 40 x, freie Wohnung, Holz, Kraut, Rüben, Salz, jährlich 8 Metzen Weizen, 18 Metzen Korn (Roggen), 2 Metzen Gerste und 6 Metzen Hafer, alles in Höglwörther Maß. Dazu kamen 50 Pfund Schmalz, 20 gemeine *Khüekääß* [Kuhkäse], 10 Pfund *Schotten* und 12 *Limperger Kääßl*, 18 Hennen und 100 Eier[24]. Als Schotten bezeichnete man Quark oder auch — hier wahrscheinlicher — einen trockenen, bröseligen Käse[25]. Unterstützt wurde der Richter von Schreiber und Amtmann. Wenn der Konvent stark genug war, wurde ein Chorherr zum Ökonomen (Wirtschaftsverwalter) bestellt; so erwarb sich der spätere Propst Patritius Pichler bis 1674 in dieser Funktion große Verdienste[26].

Um die Urbare einigermaßen übersichtlich zu gestalten, wählte man eine bestimmte Einteilung. In den ältesten Stiftbüchern von 1367, 1525 und 1557 sind die Grunduntertanen nach Pfarreien geordnet, ab dem *Urbarium zu der Brobstey Heglwerth* von 1621 nach den Gerichtsbezirken. Hier ist auch erstmals von „Propstei" die Rede, jenem Bezirk, in dem der Propst grundherrschaftliche Rechte ausüben konnte. In diesem Urbar werden zudem in einem eigenen Abschnitt jene Güter aufgeführt, deren Einkünfte dem *Capitl zu Heglwerth* gehörten und für die Oblai (für Jahrtage und Messen) bestimmt waren[27].

Leiheformen und Hofgrößen

Der Propst konnte zwischen unterschiedlichen Besitzrechten wählen, um dem Grunduntertan ein Gut zu verleihen. Die günstigste Möglichkeit war das Erbrecht, bei dem der Hof auf unbegrenzte Zeit in der Bauernfamilie weiter vererbt werden konnte, auch in weiblicher Linie. Ferner gab es das Leibrecht

Höglwörther Urbar, begonnen 1524, fortgeführt bis 1527
(Foto BayHStA)

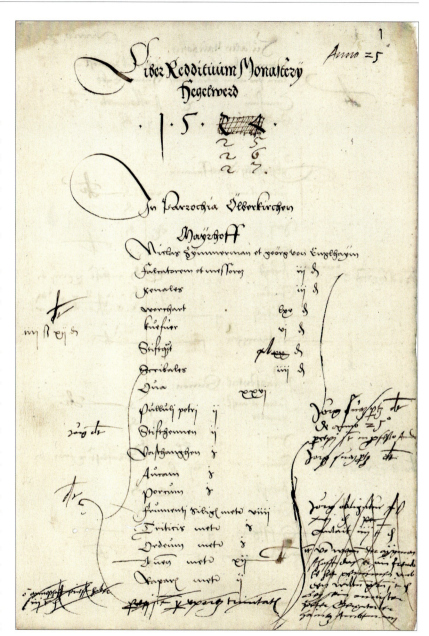

oder Leibgeding, bei dem der Landmann das Gut auf Lebenszeit besitzen durfte. Die älteste Leiheform war die Freistift oder Herrengnad, bei der der Grundherr den Bauern zu bestimmten Terminen „abstiften" konnte, meist sogar jährlich. Der Bauer musste dann den Hof verlassen. Dies geschah aber in der Praxis selten und nur bei schweren Vergehen, z. B. wenn der Beständer durch Misswirtschaft dabei war, das Gut zu ruinieren. Noch in der zweiten Hälfte des 14. Jahrhunderts gab Höglwörth seine Urbargüter im Rupertiwinkel zu Freistift aus[28], also zu ungünstigen Bedingungen.

Dazu kam, dass viele der Grundholden leibeigen waren (siehe unten „Die Leibherrschaft"). Das alles führte natürlich zu Spannungen und etliche Eigenleute des Stiftes suchten ihr Heil in der Flucht. So mussten nach dem ältesten Stiftbuch von 1367 viele Grundholden Bürgen stellen und mit ihnen zusammen bei der Verstiftung unter Androhung eines hohen Bußgeldes schwören, dass sie sich nicht vom Besitz entfernen oder anderswo ihr Recht suchen würden[29]. Deutlich sind dabei die Auswirkungen der großen Pestpandemie 1348/50 zu fassen, die ein Drittel der Bevölkerung hinweggerafft und die Bauern zu gesuchten Arbeitskräften gemacht hat. Auf Dauer half aber nur eine Verbesserung der Arbeitsbedingungen. So wurden die Güter immer häufiger zu Leibrecht ausgegeben — die älteste Höglwörther Leibrechts-Urkunde für den Rupertiwinkel stammt aus dem Jahr 1391[30] — und 1498 ist erstmals das Erbrecht belegt[31].

Diese besseren Rechte mussten die Untertanen jedoch käuflich um einen relativ hohen, nur selten genau genannten Geldbetrag erwerben. Aber noch 1809 verkaufte das Stift bisher als freies Eigentum besessene Moos- und Waldflecken für 5230 fl auf Erbrecht, um die damaligen hohen Kriegslasten tragen zu können[32]. Im Stiftbuch von 1557 (auch in den jüngeren) werden zwar nur vereinzelt Angaben zur Leiheform gemacht, aber Freistift findet sich damals im Rupertiwinkel fünfmal, Leibgeding siebenmal und das große Klostergut in Mayrhofen war sogar zu Erbrecht vergabt[33]. Das Höglwörther Leibrecht wurde aber nicht nur dem Bauernpaar, sondern auch deren Kindern verliehen, ähnelte also schon stark dem Erbrecht[34]. Später nahm das Erbrecht weiter zu, im Gericht Reichenhall hatten sogar alle Stiftsuntertanen diese günstige Leiheform[35].

Besser gestellt waren die Grundholden in Österreich. Im Pinzgau wird zwar Mitte des 17. Jahrhunderts noch vereinzelt eine Neustift bzw. *neue Stift*[36] erwähnt, sie betraf aber Grundstücke, die frisch ausgebrochen waren sowie neu erbaute Behausungen, ansonsten dominierte das Erbrecht. Ein Teil der Weinberge in der Nähe von Krems wurde schon 1332 zu Burgrecht (Weinbergrecht) ausgegeben, auch das Weingut des Klosters zu Oberarnsdorf im Jahr 1371[37]. Diese sehr günstige Leiheform, eine freie Erbleihe, sollte zur Neuanlage von Weinbergen anregen[38], als Gegenleistung verlangte man einen Geldzins. War der Ausbau erfolgt und der Weinberg lieferte Ertrag, wurde derselbe Besitz häufig zu Leibrecht gegen eine bestimmte Menge Wein verliehen; Leibrecht findet sich schon 1356 für Höglwörthische Weingüter und Weinberge[39]. Es gab auch eine Mischung aus diesen Rechten, wenn z. B. ein Grundholde einen alten, verwilderten Weinberg zu Burgrecht und die restlichen, wohl bestellten Güter zu Leibrecht erhielt[40].

Ein Burgrecht wird auch im Markt Teisendorf erwähnt, hier besteht jedoch kein Zusammenhang mit dem Weinbau, sondern mit dem Bürgerrecht. Schon nach dem Stiftbuch von 1369 mussten fünf freieigene Häuser, die aber auf Höglwörthischem Grund errichtet worden waren, dem Stift dafür ein jährliches Burgrecht in Form von Hühnern bezahlen[41]. 1736 dienten 7 Häuser zusammen 92 Hühner, 1804 waren sie in Geld abgelöst[42].

Übrigens waren die Grundholden erstaunlich mobil — ob aus eigenem Antrieb oder unter Zwang, bleibt im folgenden Beispiel offen: 1418 gab ein Beständer sein vom Stift gekauftes Leibrecht für Weinberge bei Oberarnsdorf in Österreich zurück und erhielt dafür ebenfalls zu Leibrecht den Hof zu Almeding im Gericht Raschenberg[43]. Wollte oder musste ein Grunduntertan samt Familie von einem Gut abziehen, verkaufte er Höglwörth sein Recht wieder für eine nur selten genannte Summe Geldes; so kostete das Burgrecht an einem vermutlich großen Weingarten 43 lb (Pfund) Wiener Pfennige, das Leibrecht für den erwähnten Hof zu Almeding 4 lb 6 ß (Schilling) Salzburger Pfennige[44]. Die von Höglwörth bezahlte Summe war sicher vom Zustand des Gutes abhängig. So wurde 1651 berichtet, dass der Bauer von Oberenglhäng *wegen etliche Jahr herumb erlüttnen Schauers, Umbfallung der Roß und somit schwer gehabten Zeiten* eine Schuldenlast von 620 fl angehäuft hatte und schließlich das Gut seinen *Creditores* zedierte. Nun wollte das Stift den alten Besitz wieder an sich bringen, aber nur 450 fl bezahlen, was dem Gutswert inklusive der Getreide- und Heuvorräte entsprach[45].

Über die Hofgrößen werden in den Stiftbüchern — wenn überhaupt — je nach Landesbrauch unterschiedliche Angaben gemacht. Bereits im 15. Jahrhundert finden sich im Herzogtum Bayern erste Hinweise über die Größe der Höfe. Diese Einteilung diente vor allem fiskalischen Zwecken. Seit Beginn des 18. Jahrhunderts bemühte man sich um eine einheitliche Klassifizierung nach dem bayerischen Hoffuß[46]. Es gab den ganzen Hof oder Maier ($1/1$), die Hube ($1/2$), das Lehen ($1/4$), die Bausölde ($1/8$), die Leersölde oder den Kobel ($1/16$) und noch kleinere Häusl oder Köberl ($1/32$). Gelegentlich kommen auch Zwischengrößen vor, so hatte der Bauer zu Almeding den Hoffuß $3/8$. Im Rupertiwinkel waren die Bezeichnungen Gut, Gütl, Sölde, Kleinhäusl und Häusl gebräuchlich, bei denen es nur zum Teil entsprechende Angaben in Hoffuß gibt. Im Amt Saalfelden im Pinzgau unterschied man zwischen Viertellehen, $3/4$ Viertellehen, $1/2$ Viertellehen, $1/3$ Viertellehen, $1/4$ Viertellehen und Kleinhäuslern, zu den restlichen Gütern fehlen entsprechende Einteilungen[47]. Über die Größe der Weingüter an der Donau, an der Pulkau und im Weinviertel finden sich ebenfalls keine genauen Angaben. Nur gelegentlich werden die Größen von Weinbergen in Jeuch, Joch oder

Jauchert angegeben[48]. Die Mühlen hatten alle keine Größenangaben, im Rupertiwinkel gehörten dem Stift immerhin elf. Bei den Höglwörthischen Gütern werden folgende Größen genannt:[49]

Bayerischer Hoffuß

$1/2$	$3/8$	$1/4$	$3/16$	$1/6$	$1/8$	$1/16$	$1/32$	o. A.
4	3	45	15	3	26	14	3	13
								Summe: 126

Ohne Hoffuß

Gut	Gütl	3 Sölden	$2^{1/2}$ Söl.	2 Söl.	$1^{1/2}$ Söl.	Kleinhäusl	o. A.
95	8	1	1	2	1	28	13
							Summe: 149

Saalfelden

Viertellehen	$3/4$ Vl.	$1/2$ Vl.	$1/3$ Vl.	$1/4$ Vl.	Kleinhäusler	o. A.
10	1	14	1	4	5	2
						Summe: 37

Abgaben und Dienste

Für jeden der Höglwörther Grundherrschaft unterworfenen Hof waren die jährlichen Abgaben an Geld und Naturalien festgeschrieben. Für die meisten Grunduntertanen war als Stifttag der 28. August festgesetzt, der Todestag des Grafen Liutold III. von Plain († 28. August 1219)[50], nur die 1722 erworbenen Vachenlueger und die ausländischen Grundholden stifteten wie meist üblich um Michaeli (29. September). Die Schweinestift musste aber am Andreastag (30. November) gereicht werden[51], das hing vielleicht mit dem gewöhnlichen Schlachttermin zusammen.

Die Geldabgaben unterschieden sich je nach Besitzgröße und Leiheform gewaltig. So waren für zwei Weingärten in Oberarnsdorf dortselbst am *Sand Michls Tag* 1417 für das Burgrecht 2 dn zu entrichten, während das große Gut zu Oberenglhäng am 28. August 1736 nach Höglwörth 12 fl leisten musste[52]. Viele Untertanen hatten dazu noch ein „Stiftviertel" Wein zu dienen, an dessen Stelle aber 15 x gegeben werden durften. Die gesamten Einnahmen Höglwörths an Stiftgeldern betrugen 1665 rund 420 fl[53]. Die großen Güter mit Getreideanbau — vorwiegend in den Gerichten Staufeneck, Raschenberg und Tittmoning — hatten zusätzlich eine Getreidegült zu leisten. Am häufigsten gedient wurden Korn (Roggen) und Hafer, gefolgt von Gerste. Weizen war etwas anspruchsvoller und gedieh nur in guten Lagen. Von einigen Anwesen kamen noch Futterrüben[54]. 1665 betrug der Getreidedienst 23 Metzen Weizen, $481^{1/2}$ Metzen Korn, 48 Metzen Gerste, 1051 Metzen Hafer sowie 48 Metzen Rüben[55].

Der mit Vachenlueg 1722 erworbene Batzenhof zu Teisenberg diente als einziger „Haar" (Flachs), damals aber bereits in Geld[56]. Auch Tiere wurden eingefordert, als kurioses Beispiel 1369 zwei *Krammetsvögel* (Wacholderdrosseln) aus Moosham, die aber schon bald in Geld (40 dn) abgelöst wurden[57]. Schweine, die seit dem Jahr 1628 40 Pfund wiegen sollten[58], dienten viele Untertanen, jedoch ab Ende des 18. Jahrhunderts nur noch in Geld; 1804 wurde ein Schwein mit 3 fl 1 x bewertet[59]. Dazu kam noch

Stift Höglwörth, Blick in die ehemalige Klosterküche (Foto Brandl)

der Küchendienst in Form von Eiern, Hühnern und Gänsen. 1665 ergab das insgesamt 52 1/4 Schweine, 38 1/2 Schafe, 436 Hennen, 468 Junghühner, 37 1/2 Gänse und 8719 Eier.

Von den Schwaigen — das waren ganzjährig bewirtschaftete Güter, die entweder mit Schafen oder mit Kühen besetzt waren und dementsprechend entweder Schafkäse und Loden oder Kuhkäse und Butterschmalz lieferten — und jenen Höfen, die den Sommer über Vieh auf die Almen trieben, kamen als haltbare Milchprodukte verschiedene Käse. Unterschieden wurde in *Khue Khäß*, wohl ein Halbhartkäse wie z. B. der Appenzeller, *Züger* (auch Ziger) oder Schotten, ein topfenähnlicher, bröseliger Käse[60], sowie *Limberger Khäsl*, benannt nach dem Herkunftsort, den Höglwörther Schwaigen am Limberg, jetzt Bruckberg südwestlich von Zell am See. Von dort und den Almen der Güter zu Jesdorf bei Niedernsill kam auch der Züger. Besonders beliebt war der Schneizlreuther Käse. Er wurde ausdrücklich nicht in eine Geldabgabe umgewandelt, weil er *von jeher der gesündern und bessern Art als alle übrigen* war[61]. Außerdem wurde dieser Käse auch bei der großen Spende an die Gemeinde beim Plainer Jahrtag am Freitag vor St. Thomas (21. Dezember) ausgeteilt[62].

1665 erhielt das Stift an Naturalabgaben 900 Pfund Kuhkäse, 204 Pfund Züger oder Schotten und 1100 kleine Limberger Käse. Daneben nahm das Stift auch 545 Pfund Butterschmalz ein und 4 Pfund Fische. Aus dem Pinzgau kamen 41 Ellen Loden, aus Stoißberg neben Käse 15 Kästen Schindeln (vormals auch Bohlenbretter), je 200 Zaunspelten und Zaunstecken[63]. Die Miesenbacher Güter hatten zusammen eine 5 Pfund schwere Eisenstange abzuliefern, aber schon 1525 als Ersatz 12 dn[64]. Für die zu Leibrecht ausgegebenen Weinberge in der Wachau musste häufig die Hälfte des Weins oder des Mostes, manchmal auch nur ein Drittel, an Höglwörth abgegeben werden[65].

Neben den jährlichen Abgaben fiel beim regulären Besitzwechsel an Sohn oder Erbtochter bzw. Schwiegersohn noch ein *Laudemium* (eine Besitzwechselabgabe) an. Der beim Antritt vom neuen Besitzer zu zahlende „Anfall" richtete sich nach der Schätzung des Anwesens. Gemäß dem Bayerischen Landrecht betrug er 5 Prozent vom Schätzwert der Gutsgerechtigkeit[66], wieviel es jedoch tatsächlich bei den Höglwörther Untertanen war, ist nicht überliefert. Die Beträge konnten aber offenbar von der Mitgift des Ehepartners bezahlt werden. War das Gut zu Leibgeding ausgegeben, musste die Besitzwechselabgabe übrigens auch für den Ehegatten bezahlt werden.

Die Weihsteuer gehörte wie die Laudemien zu den unregelmäßig anfallenden Abgaben. Sie wurde nach dem Tod eines Propstes erhoben und sollte die Aufwendungen für die Einsetzung und Weihe des Nachfolgers abdecken. 1762 sammelte man von den Höglwörther Untertanen einschließlich derjenigen im Pinzgau eine Weihsteuer von 1650 fl 34 x 1 dn ein, sie betrug etwa 1 Prozent vom Gutswert[67].

Zusätzlich zu den Abgaben hatten die Bauern noch Scharwerke (Frondienste) zu leisten. Fordern konnten diese vor allem der Grund- und Gerichtsherr, aber auch der Leibherr. Die Scharwerkspflicht durfte jedoch mit Einverständnis des Herrn in Geld abgelöst werden. 1665 leisteten die Höglwörther Untertanen 228 Robot- und Scharwerktage, wobei es vor allem diejenigen in der Nähe des Stiftes traf. Sie mussten z. B. beim Mähen und der Ernte auf den vom Stift selbst bewirtschafteten Gütern (Dominikalland) helfen.

Die Maßeinheiten für Abgaben und Dienste

Bei den Geldabgaben findet sich in den älteren Aufzeichnungen das Pfund Pfennig, das 8 Schilling (ß/sol von *solidus*, eine reine Rechnungseinheit) oder 240 Pfennig (dn von *denarius*) entsprach. In Bayern galten lange Zeit die Regensburger Pfennige, im Rupertiwinkel die Salzburger und im Raum Krems die Wiener. Spätestens seit der Mitte des 17. Jahrhunderts wurde anstatt mit Pfund (lb von *librum*) in Gulden gerechnet. Der Gulden (fl von *florentinus*) zählte 60 Kreuzer (x) oder 240 Pfennig (dn) oder 480 Heller (hl). Der Pfennig entsprach also 2 Heller.

Bei den Gewichten wog das Pfund in Salzburg wie in Bayern 0,56 kg. Als Hohlmaß für das Getreide dienten Schäffel und Metzen, die regional sehr unterschiedlich ausfielen. Häufig fasste der Schäffel (Schaff) 6–8 Metzen, der Salzburger Stadtmetzen hatte 36,37 Liter. Welches Metzenmaß das Stift Höglwörth selbst verwendete, ist nicht überliefert. Ein Salzburger Eimer fasste 56,6 l. Der Eimer hatte 36 Viertel, demnach rechnet sich das Viertel nach heutigem Maß mit 1,57 l. Das Viertel teilte sich in 2 Kändel, das Kändel enthielt folglich rund 0,79 l. Bei Tuchen maß 1 Elle in Salzburg 0,803 m, das Salzburger Längenmaß Schuh entsprach 0,296 m. Das Salzburger Joch hatte ca. 0,5 Hektar, das dürfte auch dem Jauchert in den Höglwörther Weinbergen entsprochen haben[68]. Ab dem Beginn des 19. Jahrhunderts hatte ein Tagwerk 0,341 ha[69]. Ein Klafter Holz umfasste etwa 3,13 Festmeter[70]. Bei Schindeln findet sich das Maß Kasten oder Käst, das war ein in Kastenform geschichteter Stoß von Scheitern[71].

Die Leibherrschaft

Zahlreiche Höglwörther Grundholden waren auch Leibeigene des Stiftes. Die Leibeigenschaft stellte eine Form der persönlichen Unfreiheit dar, die durch Geburt entstand. So musste ein Leibeigener unter anderem ein Gut bewirtschaften, das ihm vom Herrn bestimmt wurde und vor einer Heirat um Erlaubnis fragen[72] — selbst eine Zwangsehe ist im Jahr 1373 bei Höglwörther Eigenleuten belegt[73]. Der Leibeigene musste jährlich einen Leibzins zahlen, eine niedrige Geld- oder Naturalabgabe. Im Falle Höglwörths waren es Fastnachtshühner — auch Faschinghühner genannt, nach dem ursprünglichen Zinstermin. Wenn ein Leibeigener starb, durfte der Leibherr das beste Stück Vieh (Besthaupt) als Ersatz für dessen Arbeitskraft fordern. Nach dem Stiftbuch von 1736[74] dienten im Gericht Staufeneck 65 und im Gericht Raschenberg sogar 95 Untertanen, insgesamt also 160, zusammen 229 Fastnachtshühner. Acht Höfe (je zwei zu Allerberg, Babing, Großrückstetten und Traxl), die offensichtlich durch Teilung entstanden waren, mussten nur je 1/2 Huhn dienen, weil sich die Abgaben ebenfalls halbierten. Von 80 Anwesen kam je ein Huhn, 68 lieferten je zwei Hühner. Die zwei Güter zu Niederreit mussten zusammen drei Fastnachtshühner abgeben und der Wirt zu Piding sogar fünf. Im Laufe der Zeit verlor die Leibeigenschaft an Bedeutung und die soziale Stellung der Leibeigenen unterschied sich kaum von derjenigen der grundhörigen Bauern[75]. Die Abgaben von Fastnachtshühnern blieben jedoch und noch 1803 sollen einige leibeigene Höglwörther Untertanen das Besthaupt geleistet haben[76]. Die Leibeigenschaft wurde in den österreichischen Ländern 1781 und in Bayern 1808 aufgehoben.

Der Zehent

Ursprünglich war der Zehent gedrittelt, ein Drittel erhielt die Kirche zur Deckung ihrer Aufwendungen, ein Drittel der Pfarrer und das restliche Drittel war für die Armen. Diese alte Aufteilung wurde mehr und mehr verwischt. Außerdem konnte der Zehent verschenkt, verkauft und vertauscht werden und gelangte so auch in weltliche Hände. In Bayern spielte vor allem der große Zehent eine Rolle, die Abgabe von Feldfrüchten wie Getreide und Flachs[77]. Betroffen waren folglich nur diejenigen Anwesen, die auch Ackerbau betrieben. Die Menge war nicht genau fixiert, sondern es musste 1/10 der jährlich schwankenden Ernte abgegeben werden. Sowohl Höglwörth als auch die dem Stift inkorporierten Pfarreien Anger und Piding hatten beachtliche Einnahmen aus dem Zehent. Einen Teil des Zehents zu „Mos", wohl Moosleiten, der Lehen vom Salzburger Erzbischof war, erwarb das Stift 1511[78]. Im Jahr 1645 machte der „Högl- und Pidinger Zehent" 7 Schäffel 3 Metzen Weizen, 30 Schäffel 1 Metzen Korn (Roggen) und 51 Schäffel 6 1/4 Metzen Hafer aus; der Geldwert betrug damals 299 fl 7 ß 20 dn[79]. Um diese Abgabe gab es häufig Streit, so ab 1706 mit den Besitzern von Schloss Vachenlueg und ab 1761 wegen des Zehents zur Pfarrkirche in Anger[80]. 1817 hatte das Stift 269 Zehentholden, der Ertrag des Zehents wurde mit 1700 fl bewertet[81].

Die Vogtei

Nach dem Grundsatz, dass „die Kirche kein Blut vergießt" und sich weltlicher Rechtsgeschäfte enthalten sollte, musste diese Aufgaben ein vom Stift bestellter Anwalt (Vogt von *advocatus*) übernehmen[82]. Als Vogt wirkte ein möglichst mächtiger Adeliger, der das Kloster und seine Untertanen vor Gericht und bei Rechtsgeschäften vertrat und gegen

Befehl von Papst Urban VI., die dem Stift entfremdeten Güter wieder zu beschaffen — Orig.-Urkunde, Pergament, 22. Nov. 1384 (Foto BayHStA)

1817 das Stift 7 Schäffel 3 Metzen 1 Vierling 1/10 Vogthafer für die selbst bewirtschafteten Maierhöfe bezahlen[87].

Die Lehen

Das Lehen kam dem Inhalt nach dem Eigentum sehr nahe. Ursprünglich hatte der Lehensträger von Ritterlehen die Verpflichtung zum Kriegsdienst, musste aber keine jährlichen Zinszahlungen leisten. Später gab es jedoch auch Zinslehen, die mit regelmäßigen Abgaben verbunden waren[88]. Nach dem Lehenrecht musste beim Tod des Lehensherrn (Haupt- oder Herrenfall) und beim Tod des bisherigen Lehensinhabers (Neben- oder Mannfall) das Lehensverhältnis erneuert werden. Auch wenn sich keine Höglwörthischen Lehenbücher erhalten haben, so finden sich doch einige Urkunden zu Aktiv- und Passivlehen: Höglwörth gab Güter, die es von den Grafen von Plain erhalten hatte, als Lehen an den lokalen Landadel und auch an Geistliche aus. So belehnte Höglwörth beispielsweise 1258 Konrad von Teisenberg mit Gütern zu Oberteisendorf und Graben[89]. Dabei bestand aber die Gefahr, dass sich die Lehensträger ihr Lehen „ersaßen" und zum Eigen machten. So ist aus dem Jahr 1384 ein Befehl von Papst Urban VI. erhalten, dem Stift die durch Verleihungen an Geistliche und Laien in Verlust geratenen Zehente, Einkünfte, Besitzungen und Rechte wieder zu beschaffen[90]. Aber das zur Höglwörther Gründungsausstattung gehörende Gut Rottenaigen bei der Ortschaft Rottstätt in der Gemeinde Nußdorf am Haunsberg gelangte dennoch für immer an die Kirche Nußdorf (siehe unten).

Höglwörth war auch selbst Lehenträger. 1325 belehnte Erzbischof Friedrich III. den Propst Leopold

Übergriffe schützte. Aus dieser Schutzfunktion begründeten sich auch Ansprüche des Vogtes an die unter seiner Vogtei stehenden Klosteruntertanen: Sie mussten ihm Geldabgaben und zum Teil auch Naturalien wie Vogthafer und (Vogt-)Hühner leisten, oft auch scharwerken und den Vogt beherbergen — und das alles zusätzlich zu den Abgaben und Dienstleistungen an den Grundherrn. Die erbliche Vogtei über den Altbesitz des Stiftes hatten bis zu ihrem Erlöschen die Grafen von Plain als Klosterstifter inne. Dann ging sie an den Salzburger Erzbischof über, der im 13. Jahrhundert fast alle Vogteirechte einzog. Die Vogteiabgaben mussten die betroffenen Untertanen von nun an dem erzbischöflichen Burggrafen von Raschenberg leisten[83]. Aber es gab auch Ausnahmen: So erhielt z. B. das Stift 1249 die Vogtei in Großnondorf (nordwestlich von Hollabrunn im Weinviertel, Niederösterreich) und erwarb 1285 die Schwaige Schneizlreuth mitsamt der Vogtei[84]. In solchen Fällen durfte das Stift selbst die Vogteiabgaben einnehmen. Manche Güter wurden bei der Schenkung von der Vogtei befreit[85] und jüngere Erwerbungen unterstanden oft keinem Vogt. Im Kastenbuch von 1799 finden sich unter den Einnahmen nur 2 Metzen Vogthafer[86]. Sie waren also kaum nennenswert, hingegen musste noch

„in Ansehung der Armut des Stiftes" mit einem Hof zu Teisendorf[91], denn 1322 war die bereits 10 Jahre zuvor beschädigte Stiftskirche geplündert worden; sie wurde 1323 wieder eingeweiht[92]. Der Höglwörther Weinhof in Oberarnsdorf bei Spitz dürfte ebenfalls ein Lehen des Erzbischofs gewesen sein. Er wurde nicht nur „Lehen", genannt, es sollten von ihm auch jährlich 16 Eimer Wein an den erzbischöflichen Hof nach Salzburg geliefert werden[93]. Mit dem Erlös aus dem Verkauf des Besitzes zu Großnondorf erwarb Propst Wolfgang I. 1528 unter anderem von Peter Renn, Propst in Friesach sowie Pfarrer zu Engelsberg und Thalgau, ein Gut in der Fusch und ein Gut zu Bruck — beide waren Eigen des Renn — sowie ein Gut zu *Rewt in der Glemm* (Reit bei Saalbach), zwei Güter in Felding und ein Gut zu Langacker, diese vier waren Ritterlehen des Erzstiftes Salzburg[94]. Hier irrt Geiß, der behauptet, dass die Renn'schen Güter freies Eigen gewesen und dann in Lehen umgewandelt worden wären[95]. Sowohl im Kaufbrief als auch in den folgenden Lehenbriefen und -reversen steht, dass schon Renn die Güter zu Reit, Felding und Langacker von Salzburg zu Lehen besaß und dem Erzbischof aufgetragen hatte[96]; die Eigengüter blieben weiterhin Eigen. Höglwörth gab die Salzburger Lehengüter danach an Untertanen aus, soweit feststellbar zu Leib- oder Erbrecht.

Die Nutzung der Bodenschätze

Höglwörth besaß eigene Steinbrüche. Schon im Inventar von 1541 ist ein *Tuffbruch* erwähnt[97], der in der Nähe von Aufham lag. Einen Sandsteinbruch hatte das Stift bei seinem Kerschaidergut am Zellerberg. Auch am Oberhögl gab es Sandstein, dort hatte das Salzburger Domkapitel den Stroblbruch bei seinen beiden Anwesen Steinbrech und Strobl. Im 18. Jahrhundert räumte es Höglwörth Nutzungsrechte ein[98].

Eisenerz war in der Region ebenfalls reichlich vorhanden. Propst Wolfgang Griesstetter zählte zu den Gründern und Anteilseignern der Eisengewerkschaft Achthal-Hammerau, die 1537 von Erzbischof Matthäus Lang die Erlaubnis bekam, ein Eisenbergwerk zu bauen, innerhalb eines abgegrenzten Gebietes nach Eisen zu schürfen, Hochöfen (*Plahäuser*) und Hammerwerke einzurichten[99]. Den Energiebedarf deckten die Werke zu einem großen Teil aus den Höglwörther Waldungen, wofür das Stift jährlich das Stockrecht bekam (siehe Abschnitt „Wälder, Jagd und Fischrei"). Bei Aufhebung des Stiftes war sein Anteil an der Eisengewerkschaft um 1500 fl verpfändet, der jährliche Ertrag belief sich auf durchschnittlich 80 fl[100].

Die inkorporierten Pfarreien

Eine Nachricht über die formelle Inkorporation von Pfarreien ist nicht überliefert. Wahrscheinlich gehörte Anger mit den Filialen Aufham und Steinhögl schon seit der Gründung mit allen Rechten und Einkünften dem Stift, vielleicht auch schon die spätere „niedere Pfarr" zu Piding mit den Filialen Mauthausen und St. Johannshögl[101]. Mit der Inkorporation standen dem Stift die Einkünfte aus den Pfründen („Widum") zu, die zum Unterhalt des Pfarrers und des Pfarrhofs dienten. Dabei hatten die Wallfahrtskirchen die höchsten Einnahmen: 1701 waren das in Johannishögl 1520 fl, in der Pfarrkirche Anger 624 fl, in Steinhögl 481 fl, in der Vikariatskirche Piding 404 fl, in Aufham 256 fl und in Mauthausen 183 fl[102].

Die Gerichtsbarkeit

Höglwörth erlangte 1454 die Freiung für die vom Wasser umgebene Insel (siehe oben)[103]. Kleinere Vergehen seiner Dienern konnte der Propst selbst richten, für schwere Verbrechen war der Landrichter zuständig. 1645 wurden den Salzburger Prälaten, zu denen auch der Propst von Höglwörth gehörte, bestimmte Rechte in der Ausübung der grundherrlichen Gerichtsbarkeit über die Stiftsuntertanen zugestanden. Daraufhin kam es zu Differenzen mit dem Pfleggericht Staufeneck. Diese wurden 1668 mit einem Vergleich beendet und die Grunduntertanen der dem Kloster inkorporierten Pfarrkirchen samt Filialen den Stiftsuntertanen gleichgestellt[104]. Große Einnahmen waren mit der Niedergerichtsbarkeit nicht zu erzielen, 1671 betrugen die eingenommenen Strafgelder 15 fl[105].

Entstehung und Entwicklung der Grundherrschaft

Die nicht mehr im Original vorhandene Bestätigungsurkunde des Grafen Liutold IV. von Plain zur Gründungsausstattung ist zweimal überliefert[106], jeweils mit kleinen Abweichungen, was die Güter im Rupertiwinkel betrifft. Einigkeit besteht über die sieben großen Höfe und eine Mühle, bei den kleineren Besitzungen zeigen sich Unterschiede. 1826 zählte Koch-Sternfeld 84 Objekte auf, die in 46 Orten lagen. 1833 verzeichnete Filz 78 Objekte in 43 Orten, bei ihm fehlen Kressenberg, Hermannsberg und Johannishögl. Koch-Sternfeld bringt sechs weitere Güter in den genannten drei Orten und ein Gut mehr in Neulend, erwähnt jedoch die Kumpfmühle nicht. Wird alles zusammengezählt, kommt man bei den kleineren Besitzungen, die zur Zeit der Schenkung etwa Söldengröße gehabt haben dürften[107], auf 85 Güter in 47 Orten.

Einen Schwerpunkt der Gründungsausstattung bildet die heutige Gemeinde Anger, zu der auch Höglwörth gehört: Nahe beim Kloster lag ein großes Gut, das mit Mayrhofen zu identifizieren ist[108]. Eine Mühle und vier kleinere Besitzungen befanden sich in Pfaffendorf, heute ein Teil von Anger. Neun kleinere Güter lagen am Stoißberg, sechs in Holzhausen, je eines in Hadermarkt (Lingotzau) und in Zell. Ein weiterer Besitzschwerpunkt befand sich im Südosten in der früheren Gemeinde Högl. Ein großer Hof lag in Englhäng, der später in Ober- und Unterenglhäng geteilt wurde. Je eine der kleineren Besitzungen befand sich in Kröpfl (Dorfa) und Wadispeunt, je zwei in Hainham und Johannishögl, drei in Hermannsberg. Südöstlich schloss sich noch ein kleines Gut in Piding an. Im Südwesten werden vier kleine Güter in Inzell erwähnt, die als einzige schon im ältesten Stiftbuch nicht mehr erscheinen. Vermutlich liegt hier ein Tausch mit St. Zeno vor[109]. Noch etwas weiter westlich hatte Höglwörth drei kleine Anwesen in Miesenbach. Dieser Name findet sich in den jüngsten Stiftbüchern mit der genaueren Bezeichnung der Güter, sie lagen in Neustadl und Lohen (Gemeinde Ruhpolding) sowie in Ruhpolding selbst[110].

Im Norden erstreckte sich der Besitz in einem breiten Band von Neukirchen am Teisenberg bis nach Freilassing. Nicht weit vom Stift lagen die Güter in Roßdorf (Gemeinde Teisendorf). Hier häuften sich die großen Güter, es gab je eines in Almeding, St. Georgen und Wannersdorf. Je eine kleinere Besitzung lag in Irlach, Guggenberg, Lacken (später Zubaugut von Mayrhofen), Leitenbach, Pom und Weiher. Je zwei gab es in Pank, Thal und Windbichl, drei in Roßdorf selbst. Im Westen schloss sich der Besitz in der ehemaligen Gemeinde Freidling an, das war in großes Gut in Babing, vier kleinere Güter in Freidling selbst, zwei in Gröben und je eines in Obau und Kressenberg. Noch etwas weiter westlich lagen vier kleine Güter um Neukirchen am Teisenberg, nämlich Atzlbach, Schnaidt, Grub und Gabisch. Nördlich davon gab es drei kleinere Anwesen in Oberteisendorf und eines an der Sur, wohl Kirchsteg bei Oberteisendorf. Die Schlusslichter im Nordwesten bildeten je ein kleines Gut in Gastag und Großrückstetten (Gemeinde Teisendorf) sowie in Gumperting bei Holzhausen. Im Nordosten lag im Raum Weildorf noch einmal bedeutender Besitz: In Hörafing gab es ein großes Gut und ein kleines, je ein kleines auch in Kumpfmühle, Neulend und Straß, je zwei in Amersberg und Seeleiten. Noch weiter östlich stand in Schign, Gemeinde Saaldorf-Surheim, ein kleines Anwesen, es war aber schon 1372 ohne Bestandsmann und wurde aufgegeben[111]. In ziemlicher Randlage gab es noch einen Besitz in Lohen, Gemeinde Freilassing. Dort ist aber im Stiftbuch von 1525 lediglich ein Grundstück aufgeführt[112].

Außerhalb der heutigen Landesgrenzen besaß Hoglwörth das kleine Gut *Schrotsteten*, das später Rottenaigen genannt wurde und bei der Ortschaft Rottstätt in der Gemeinde Nußdorf am Haunsberg lag[113]. Es war schon 1525 als Lehen an die Kirche Nußdorf ausgegeben, die es sich schließlich „ersaß". Aber noch Anfang des 19. Jahrhunderts erhielt das Stift eine „Gattergilt" aus diesem Gut[114]. Somit hatte Höglwörth in zwei der angeführten Orte keinen Besitz mehr, in einem Ort besaß das Stift lediglich ein Grundstück und in einem Ort gehörte ihm nur noch eine Geldeinnahme. In den anderen 49 oben genannten Orten (42 mit kleinen Besitzungen, 6 mit großen Höfen, 1 Ort mit beiden) war Höglwörth bis zu seiner Aufhebung begütert.

Nach dem Rechenschaftsbericht von 1175 hat Propst Rupert bei den Gütern im Pinzgau den Ertrag um 1500 Käselaibe und 50 Ellen Lodentuch vermehrt. Diese Besitzungen wurden dem Stift um 1230 ebenfalls bestätigt. Sie lagen in und um Saalfelden, nämlich in Letting, Schmalenbergham, Rain an der Urslau, in Edt (Leogang) sowie in Grießen und in Jesdorf bei Niedernsill[115], also in acht Orten. In Österreich hatte Höglwörth damals schon Besitz in Großnondorf im Weinviertel[116] und drei Weinberge bei Krems. In den Pinzgauer Orten saßen noch bis zum Anfang des 19. Jahrhunderts Höglwörther Grunduntertanen, mit Ausnahme von Saalfelden selbst. Einige Anwesen lagen aber in der gleichnamigen Pfarrei. 1816 vertauschte das Stift seine Pinzgauer Untertanen an die Abtei St. Peter in Salzburg und erhielt dafür deren Güter im Rupertiwinkel[117]. Großnondorf wurde 1528 verkauft[118], von den Weingütern in Krems und Weinzierl trennte man sich schon im ausgehenden Mittelalter und betrieb den Weinanbau nur noch in Oberarnsdorf, das aber 1812 veräußert wurde[119].

Auch nach der um 1230 entstandenen Bestätigung der Gründungsausstattung bedachten die Grafen von Plain bis zu ihrem Erlöschen im Jahr 1260, deren Dienstmannen sowie vermögende Personen aus der Region das Stift noch mit Gütern und Geld, aber die Schenkungen nahmen im Laufe der Zeit ab. Die Pröpste versuchten natürlich durch Käufe — wie des Sitzes Vachenlueg 1722 — und Tauschgeschäfte die Grundherrschaft des Stiftes vorteilhaft abzurunden und setzten sich gegen Entfremdungen zur Wehr. In den vorausgehenden Abschnitten dieses Buches sind schon viele Details hierzu enthalten, außerdem wird die Entwicklung des Besitzstandes von Helga Reindel-Schedl im Historischen Atlas Laufen sehr gut zusammengefasst[120]. Deshalb werden in der folgenden Beschreibung nur die wichtigsten Änderungen erwähnt.

Die Zahl der dem Stift gehörenden Anwesen schwankte im Laufe der Zeit nicht nur durch Zukauf, Verkauf und Tausch, es wurden auch Güter geteilt. Durch Teilung konnten zwei selbstständige Höfe entstehen, manchmal wurde die Teilung aber später wieder rückgängig gemacht. Etliche große Anwesen wiederum bekamen ein kleines Gut — oder sogar mehrere kleine Güter — als Zubau. Bis 1779 waren z. B. 24 ursprünglich selbstständige Anwesen zu Zubaugütern geworden[121]. Andererseits wurden auf Höglwörthischem Grund weitere Anwesen errichtet, weil man wegen der Zunahme der Bevölkerung mehr Wohnmöglichkeiten benötigte. So stehen im Stiftbuch von 1736 zusätzlich zu den 351 bestehenden Gütern 8 in der Nähe des Stiftes sowie bei Anger gerade neu erbaute Häuser verzeichnet[122], 1816 waren es dann 372 Anwesen[123], 87 Prozent der Güter. Bis 1816 besaß das Stift im Pinzgau in den Gerichten Lofer, Lichtenberg, Zell, Taxenbach und Gastein zusammen 54 Anwesen[124], also 13 Prozent der insgesamt 426 Güter. Diese Pinzgauer Güter tauschte man 1816 gegen 84 Höfe im Rupertiwinkel ein, die der Abtei St. Peter gehört hatten[125]. Bei der Aufhebung Höglwörths im Jahre 1817 wurden 456 Grundholden gezählt[126]. In der folgenden Darstellung sind Orte, die zur Gründungsausstattung gehörten, mit * gekennzeichnet.

Der Besitz im Gericht Staufeneck

Die meisten Grunduntertanen hatte Höglwörth* im Gericht Staufeneck. Im Stiftbuch von 1736 werden 177 Anwesen, 8 neu erbaute Häuser und 105 Grundstücke aufgelistet[127]. Einen Schwerpunkt bildet die heutige Gemeinde Anger, zu der Höglwörth selbst gehört. Bereits 1122/23 werden zwei Höfe und drei Huben in Höglwörth erwähnt. 1736 lagen dort drei Güter, die zur Stiftsmaierei gehörten, das Wirtsgut und sein Zubaugut Abfalterreith sowie Untermayrhofen[128]. Der Vollständigkeit halber sind noch die Bauten auf der Insel Wörth zu nennen: Damals standen dort an der Brücke das Wirts- und Hofrichterhaus (siehe Abb. S. 138), dann die Stiftskirche, das Stiftsgebäude, Getreidekästen, Pferdestall und Wagenhütte, das Binderhaus, eine Fischer- und Bootshütte sowie die 1734 neu erbaute Brauerei

Gebäude und Grundstücke auf der Klosterinsel und in der näheren Umgebung — Plan von ca. 1816 (Foto BayHStA)

mit einer Pfanne[129]. Auf dem Festland gab es noch fünf kleine Häuser, in denen teils Tagwerker und Dienstboten des Klosters wohnten, die Hausnamen waren Gärtner, Boten, Moos, dazu die Einöden Eglreit und weiter nördlich Ramsau. Ebenfalls 1122/23 werden in Ramsau zwei Schwaighöfe und eine Mühle urkundlich erwähnt. Ende der 60er Jahre des 12. Jahrhunderts hatte Propst Rupert dort eine Mühle erbaut oder erneuert, die jedoch vor 1670 abgerissen wurde[130]. Schon mindestens seit 1541 stand am westlichen Seeufer eine Klostermühle mit 2 Gängen, für deren Antrieb sorgte der Schornbach. In der ersten Hälfte des 20. Jahrhunderts wurde sie abgebrochen, auf einigen alten Abbildungen ist sie noch zu sehen.

Im Süden schloss sich der Ort Anger an mit ausgedehntem Stiftsbesitz: Drei Güter und ein Gütl in Pfaffendorf*, darunter eine Schmiede und die noch stehende Mautmühle mit realer Säge-, Ölstampf- und Bäckergerechtigkeit sowie zwei Stein- oder Kugelmühlen (Abb. S. 150). In Anger selbst die Taferne und sechs kleine Häuser, darunter Bäcker, Metzger und Bader. Die Pfarrkirche Mariae Himmelfahrt war dem Stift inkorporiert. In Hadermarkt* ein Gut und zwei Häuser, eines war der Nagelschmied mit der realen Hufschmiedegerechtigkeit. Zu Holzhausen* besaß das Stift acht Güter und die Obermühle mit der Mahl-, Säge- und Ölstampfgerechtigkeit, dazu fünf Kleinhäusler, darunter wieder Bäcker und Metzger. Die Untermühle hatte das Stift 1722 zusammen mit Vachenlueg erworben (siehe unten). Am Irlberg gehörten ihm die Einöden Führ, Hölzelschuster, Irlach und Reuthen. Begütert war es auch in Stockham und Pfingstl, hier lag unter anderem eine Huf- und Werkschmiede. Am Stoißberg* hatte es Güter in Achen, Ammer, Dowies, Fallbach, Freienend, Gänsmoos, Göttenau, Hoched, Hütten, Nesselbrut, Neuhaus, Röhrenbach mit einer Gmachmühle, Ruezen, Stoiß, Traxl und Wolfahrtsau mit einer Säge- und einer Kugelmühle. Am Zellberg westlich des Höglwörther Sees lagen Güter in Bodengraben, Dornach, Gasteig, Geigenthal, Haft, Horn, Kerschaid, Leotal, Pirach, Priel, Zell* und Schorn — hier gab es eine Mautmühle mit realer Ölstampf- und Bäckergerechtigkeit sowie eine heute abgerissene Schleifmühle mit Waffenschmiedegerechtigkeit. Die altertümliche hölzerne Mautmühle steht noch (Abb. S. 150). Bei Kerschaid besaß das Stift einen Steinbruch mit Schleif- und Blattenstein.

In der ehemaligen Gemeinde Högl befand sich ebenfalls bedeutender Besitz: Im Südosten des Sees liegt der Weiler Thal, dort gehörten dem Stift Güter in Eggenholz, Hohlweg, Ober- und Unterenglhäng*, Praxenthal, Rothen, Schnecken und Schneewaid. In Steinhögl war dem Stift zunächst nur die Filialkirche St. Georg und Leonhard inkorporiert, bis es 1722 mit Vachenlueg zwei Güter in diesem Dorf erwarb (siehe unten). In Hainham* selbst hatte es drei Anwesen, dabei eine Ziegelstatt mit Ziegelofen, auch die Einöden Kröpfl* — eine Tafernwirtschaft (Abb. S. 150) — und Schlagschneider, östlich davon die Einöden Felber, Hermannsberg* sowie Wadispeunt*. Ebenfalls inkorporiert war die Filialkirche St. Johann in St. Johannshögl*, wo das Stift auch ein Gut besaß. Weiterer Besitz lag in Kleinhögl (Widmaishögl) sowie in den Einöden Galling, Innerwiesen und Schaumberg. Bei Prasting lag das Gut Kaltenkraut. Im Weiler Oberhögl hatte das Stift die Güter Haas und Hainbuch sowie in Steinbrech und Strobl die Nutzungsrechte an je einem halben Steinbruch; die Steinbrüche selbst gehörten zu Gütern des Salzburger Domkapitels.

In Aufham war dem Stift die Filialkirche St. Jakob inkorporiert, außerdem besaß es ein Gütl in diesem Kirchdorf, im gegenüber liegenden Jechling drei Anwesen, darunter eine Schmiede, sowie die umliegenden Einöden Großlehen, Kleinlehen, Reitmayr, Untergraben, Kastner, Nitzing und Stumpfegger. In Piding* war dem Stift die Kirche Mariä Geburt inkorporiert, auch hatte es dort zwei Güter, eines der Wirt, der auch eine Metsiederei betrieb. Im nahen Mauthausen standen noch zwei Stiftsgüter, ein Bader und Wagner, sowie die inkorporierte Filialkirche. In Lohen*, Gemeinde Freilassing, besaß das Stift wie schon oben erwähnt einen Krautgarten. Für diesen leistete 1804 der Neuwirt in Brodhausen, der

Die Mühle in Anger-Pfaffendorf

Die alte, hölzerne Mühle in Schorn

Der Kröpflwirt (Fotos Brandl)

das Lochnergütl in Lohen als Zubau hatte, 4 x 3 dn Jahresstift[131].

Nach dem 1736 angelegten Stiftbuch standen Höglwörth aus dem Gericht Staufeneck Einnahmen von 199 fl 25 x 1$^{1}/_{2}$ dn zu[132]. Darin waren aber noch „Willengelder" für Laubfall und Moos enthalten, also eine Gegenleistung für die Erlaubnis zum Sammeln von Laub- und Moosstreu. Auch die Genehmigung zur Errichtung einer neuen Vogeltenne (wo mittels Leimruten Vögel gefangen wurden) auf der Oberstoißer Höhe ließ sich das Stift bezahlen. Die acht neu gebauten, kleinen Häuser entrichteten übrigens insgesamt nur 2 fl 39 x. Die anderen Grundholden mussten außerdem dienen: 1804 Eier, 177$^{1}/_{2}$ Stiftshennen, 91 Fastnachtshühner, 63 Hühner, 7 Gänse, 24$^{1}/_{2}$ Schweine und 78 Stiftviertel Wein. Für das Viertel konnten aber auch 16 x gezahlt werden. An Getreide wurden gedient 72 Metzen Korn (Roggen), 135 Metzen Hafer, 2 Metzen Gerste und 2 Metzen Rüben. Der Getreidedienst kam von Untertanen aus Anger, Pfaffendorf, Holzhausen und Hainham, die Rüben nur aus Holzhausen. Die Stoißberger lieferten noch 9$^{1}/_{2}$ Kästen Schindeln, je 200 Zaunspelten und -stecken. Die Stoißer Bauern bewirtschafteten aber auch die Mitterstoißer und Stoißer Alpe[133], sie produzierten Käse und dienten davon 425 Laibe zu je 10 dn.

Im Jahr 1744 kaufte Propst Anian I. Höpfengraber um 1700 Gulden eine Alm am hinteren Staufenberg, genannt „Grueben"[134]. Wie schon mehrmals erwähnt, erwarb das Stift 1816 von der Abtei St. Peter im Tausch 84 Grundholden im Rupertiwinkel gegen die Untertanen im Pinzgau und in Großgmain[135]. Im Gericht Staufeneck erhielt Höglwörth damals Besitz zu Perach (Gemeinde Ainring), Hinterreit, Prasting und Steinhögl (alle Gemeinde Anger) und im Kirchdorf Straß.

Der ehemalige Adelssitz Vachenlueg

Etwas östlich von Höglwörth lag im Gebiet des Pfleggerichts Staufeneck auch der ehemalige Adelssitz Vachenlueg, zu dem Grundholden in den Gerichten Staufeneck und Raschenberg gehörten, in enger Nachbarschaft zu Höglwörther Besitz. Schon seit 1595 stritten sich die Haunsperger auf Vachenlueg mit Höglwörth wegen einer vom Stift aus Personalmangel vernachlässigten Benefizialstiftung in ihre Schlosskapelle[136]. Von 1706 bis 1710 folgte eine weitere Klage wegen der Aufteilung des Zehents[137]. Schließlich kaufte Propst Johann Baptist Zacherl 1722 von den Erben der Grafen von Haunsperg das Schloss mit vielen Zugehörungen um die Summe von 8000 fl[138]. Damit beendete er nicht nur die Streitigkeiten, sondern konnte auch den Stiftsbesitz arrondieren. Da der Propst jedoch kein adeliger Landstand war, ging Vachenlueg die Gerechtsame als gefreiter Sitz verloren[139]. Der Propst führte ein eigenes Vachenlueger Stiftbuch, in dem neben dem Schlossgut 24 Güter und 17 Grundstücke erscheinen, die sein freies Eigen waren[140]. Die Anwesen lagen in Vachenlueg selbst, wo neben dem Schloss die Taferne mit einem Zubau in Habertal, ein Maierhof und ein Weberhäusl standen. Dazu gehörten Fisch- und Jagdrechte sowie Wald am Teisenberg. Weiterer Besitz war die Untermühle in Holzhausen mit Backgerechtigkeit. Ursprünglich hatte sie auch eine Sägegerechtigkeit besessen, die aber schon 1717 auf die Höglwörther Mühle in Pfaffendorf transferiert worden war. Ferner gehörten dazu im Gericht Staufeneck zwei Guter in Steinhögl, eines in Rothen (ehem. Gemeinde Högl) und eines in Großgmain. Im Gericht Raschenberg-Teisendorf lagen sechs Anwesen in Vorderkapell, drei in Teisenberg, vier in (Nieder-)Teisendorf, darunter der Wirt im Markt, je ein Gütl in Gumperting und Thalhausen sowie ein Gut in Moosleiten.

Stifttag war am Montag nach Michaeli (29. September), die Einnahmen betrugen 78 fl 38 x 1 dn, dazu 22 Metzen Korn, 29 Metzen Hafer und 2 Metzen Gerste. Das Getreide kam aus Steinhögl und Vorderkapell, die Gerste nur aus letzterem Ort. Der Küchendienst, 638 Eier, 38 Hennen, 7 1/2 Gänse, 2 Schweine und 5 Pfund Haar, war bereits komplett in Geld abgelöst. Aber die Steinhögler mussten wegen eines alten Durchfahrtrechts noch 9 Robottage nach Vachenlueg leisten. Ursprünglich hatten zu Vachenlueg weitere Salzburger Lehengüter gehört, 22 Anwesen sowie Zehente, die von den Erben aber an andere Interessenten veräußert worden waren[141]. Schon 1737 warf Vachenlueg keinen nennenswerten Ertrag mehr ab, was aber nicht allein an dieser beträchtlichen Verkleinerung lag, sondern auch an schlechter Wirtschaftsweise[142]. Das Schloss wurde im Laufe der Zeit immer baufälliger, nach der Aufhebung des Stiftes veräußert und demoliert[143].

Besitz im Gericht Raschenberg-Teisendorf

Die Anzahl der Höglwörther Güter[144] war im Gericht Raschenberg-Teisendorf zwar geringer als im Gericht Staufeneck, sie dienten aber die größte Menge an Getreide. Im Jahr 1736 werden 129 Anwesen, 80 Grundstücke und 1 Steinbruch verzeichnet. Hoch über dem Ostufer des Höglwörther Sees lag das alte Gut Mayrhofen* mit seinem Zubaugut Lacken*, beide wurden zeitweise vom Stift in Eigenwirtschaft betrieben. In der sich nördlich anschließenden Gemeinde Teisendorf hatte Höglwörth Besitz in der Gemarkung Roßdorf: Almeding*, Egelham, Guggenberg*, Högl, Irlach*, Leitenbach*, Pank*, Pom*, Roßdorf*, St. Georgen*, Straß*, Thal*, Ufering, Wannersdorf*, Weiher*, Wernersbichl und Windbichl*.

Im Nordosten schließt die Gemarkung Weildorf an mit Höglwörther Gütern in Amersberg*, Hörafing* (unter anderem mit einer Schmiede), Kumpfmühle* (eine Mühle mit realer Mahlmühl- und Ölstampfgerechtigkeit), Neulend* und Seeleiten*. Das

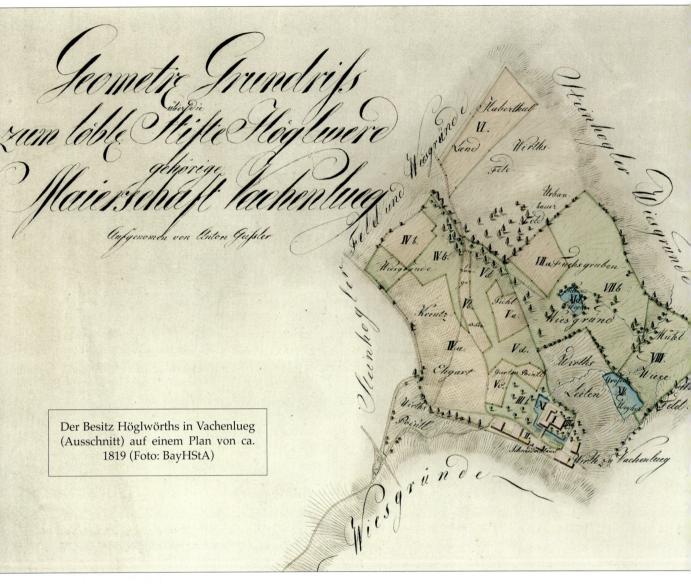

Der Besitz Höglwörths in Vachenlueg (Ausschnitt) auf einem Plan von ca. 1819 (Foto: BayHStA)

Vachenluegische Gut in Moosleiten wurde oben bereits erwähnt. Der nördlichste Besitz lag in der Gemarkung Holzhausen mit zwei Gütern in Gumperting* (eines davon wurde erst 1722 mit Vachenlueg erworben) sowie einem Gut in Wimmern. Daran schloss die Gemarkung Rückstetten an mit Stiftsgütern in Gastag*, Großrückstetten*, Irlach, Oberlehen, Vorderkapell und Wank. Ganz im Westen in der heutigen Gemeinde Surberg lag Besitz in Diesenbach und Surbergbichl. Weiter südlich in Neukirchen am Teisenberg hatte das Stift Güter in Adligstadt, Atzlbach*, Fuchssteig, Gabisch*, Grub*, Kastenlehen, Kendl, Krainwinkl, in Neukirchen selbst, Schnaidt*, Spittenreut und Wald. Das Gut Adligstadt (*Adolfhofstat*) hatte Propst *Jörgen* (Georg von Sauleneck) 1411 um eine nicht genannte Summe Geldes für die Oblai erworben; die Einkünfte gehörten dem Konvent und waren für Jahrtage und Messen bestimmt, von der Oblai ist erstmals 1365 die Rede[145].

In der angrenzenden Gemarkung Freidling massierte sich noch einmal Stiftsbesitz in Allerberg, Babing*, Beilehen, Freidling*, Graben, Gröben*, Haslach, Hochlehen, Hub, Klötzel, Kressenberg*, Kühberg, Maurach, Niederreit, Obau*, Oberreit und Point. (Die Vachenluegischen Güter in Teisenberg wurden schon erwähnt.) Dazu kamen noch drei Güter in Oberteisendorf, in Geislehen und Ried. Schon 1260 wurde dem Stift ein Viehhof in Ried übereignet[146]. In Teisendorf besaß das Stift ein Anwesen in Barmbichl (im Vormarkt) und im Markt zwei Häuser zusätzlich zu den bereits genannten Vachenluegischen Häusern. Mit einem Hof zu Teisendorf hatte Erzbischof Friedrich III. 1325 den Propst von Höglwörth in Ansehung der Armut des Stiftes belehnt[147]. Wie oben bereits erwähnt, waren sieben weitere freieigene Häuser im Markt auf Höglwörther Grund errichtet worden und mussten als Burgrecht jährlich Hühner dienen. Auch drei unbehauste Grundstücke waren mit dieser Abgabe belastet.

An Bargeld gingen 1736 im Gericht Raschenberg 200 fl 42 x 2 dn ein, darin enthalten waren auch Willengelder für Laubfall sowie für Steinbruch und „Schindlschlag", also für die Erlaubnis, Steine zu brechen und Schindelholz zu schlagen. An Naturalien wurden gedient 5272 Eier, 208 Stifthühner, 138 Fastnachtshühner, 214 Hühner, 92 Burgrechtshühner, 24 1/2 Gänse, 39 1/4 Schweine und 71 Stiftviertel Wein, außerdem mussten 112 1/2 Robottage geleistet werden. Der Getreidedienst betrug 22 1/2 Metzen Weizen, 334 1/2 Metzen Korn, 674 Metzen Hafer, 39 3/4 Metzen 1/2 Kübel Gerste und 27 3/4 Metzen Rüben. Korn, Hafer und meist auch Gerste dienten die Untertanen aus Allerberg, Amersberg, Babing, Egelham, Gröben, Hierolfing, Högl, Hub, Neulend, Obau, Oberreit, Pank, St. Georgen, Seeleiten, Wannersdorf, Weiher und Windbichl. Den anspruchsvolleren Weizen bauten und dienten nur Güter in Amersberg, Guggenberg, Hierolfing, Högl, Seeleiten, Wannersdorf und Weiher. Rüben kamen aus den Höfen zu Babing, Hierolfing, Högl und Wannersdorf.

1816 erhielt das Stift von der Abtei St. Peter im Tausch 84 Grundholden im Rupertiwinkel gegen die Untertanen im Pinzgau und in Großmain[148]. Im Gericht Raschenberg erhielt Höglwörth damals Besitz zu Arnolding, Kothbrünning, Offenwang und Stötten (Weildorf), in Weildorf selbst sowie in Gumperting (Holzhausen).

Besitz in anderen Gerichten

Gericht Laufen

Im Gerichtsgebiet gab es nur bescheidenen Höglwörthischen Besitz. Östlich von Laufen lag das Gut Rottenaigen* in der Gemeinde Nußdorf, das mit dem um 1230 aufgeführten *Schrotsteten* identisch ist (siehe oben). Höglwörth hatte mit diesem Gut (der spätere Hausname war Schmied) die Kirche in Nußdorf belehnt, die es sich schließlich ersaß[149]. Aber noch gemäß Stiftbuch von 1804 zahlte das Schmiedgut Rottenaigen an Höglwörth jährlich eine Gattergilt von 17 x 2 dn[150]. Zwischen Laufen und dem Abtsee hatte das Stift Besitz in Heining, drei Anwesen in Moosham und eines in Thannberg (Gemeinde Laufen) sowie weiter südlich ein Gütl in Breitenloh, Gemeinde Saaldorf-Surheim[151]. Das Stiftbuch von 1736 verzeichnet neben den fünf Anwesen noch acht Grundstücke, die zusammen eine jährliche Stift von 10 fl 15 x 3 dn einbrachten sowie 18 Hühner, 2 Stiftviertel Wein und 2 Robottage[152]. Aus Moosham kamen außerdem 23 Metzen Hafer.

Gericht Tittmoning

Zum Stift gehörte in Tengling* (Hofmark Törring und Tengling) ein Gut[153]. In Hausmoning, Brunn und Tyrlaching hatte es erst seit 1528 Besitz, den es nach dem Verkauf des Gutes Großnondorf im niederösterreichischen Weinviertel mit Zugehörungen erwarb (siehe unten)[154]. In Tyrlaching war das Stift jedoch seit 1728 nicht mehr begütert, weil damals sein dortiges Michlgut an Graf Kuenburg kam, im Tausch gegen das Hausschmiedgut zu Tyrlbrunn[155]. Im Stiftbuch von 1736 sind folglich insgesamt fünf Güter in Hausmoning, Brunn und Tyrlbrunn verzeichnet, die zusammen 16 fl 11 x und 2 1/2 Stifthühner, 3 Stiftviertel Wein sowie 1 1/4 Metzen Weizen, 32 1/4 Metzen Korn und 46 1/4 Metzen Hafer dienten. Korn und Hafer bauten die Güter in Brunn und Hausmoning, der Hof in Tyrlbrunn zusätzlich noch Weizen. Das alte Gut in Tengling musste zwei Robottage verrichten[156].

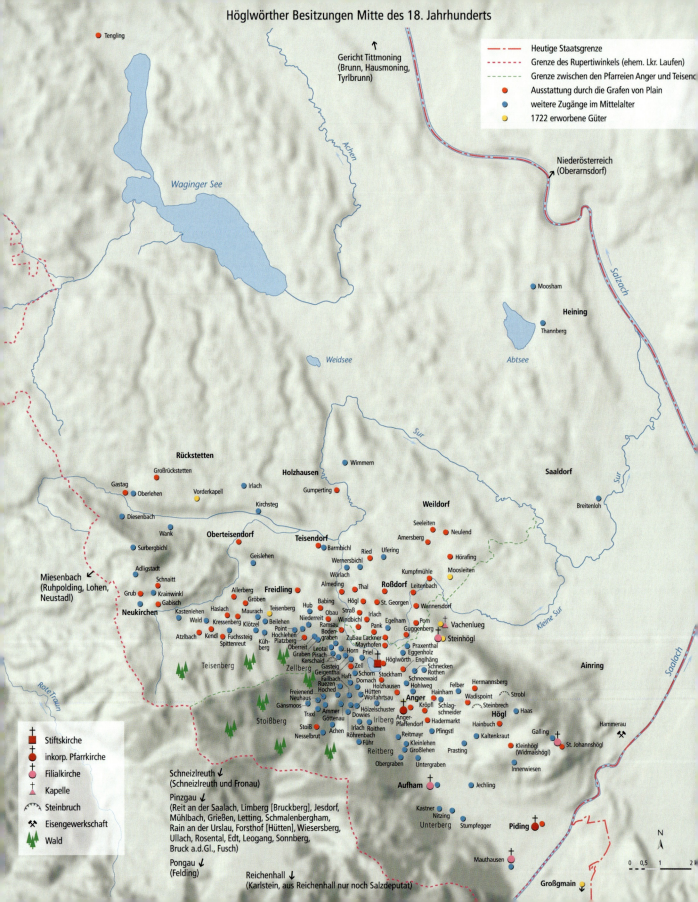

Gericht Traunstein

In der Gemeinde Ruhpolding besaß Höglwörth Güter, die durchgehend bis zum Stiftbuch von 1804 unter Miesenbach* geführt wurden[157]. Mitte des 18. Jahrhunderts waren dies drei in Lohen, eines in Neustadl und zwei in Ruhpolding[158], außerdem noch zwei Grundstücke. Im Jahr 1736 betrug die Stift 3 fl 8 x ½ dn, 15 Hennen und 7 Stiftviertel Wein[159]. Zusätzlich hatten die Miesenbacher eine 5 Pfund schwere Eisenstange zu dienen, die aber schon im 16. Jahrhundert in Geld abgelöst war.

Gericht Reichenhall

Einkünfte aus dem Amt Reichenhall erwähnt Propst Rupert bereits um 1175[160]. Im Jahr 1260 erhielt Höglwörth im Tausch das „Haus des Isenrick" zu Reichenhall sowie ein Lehen in Holzhausen von St. Zeno und gab diesem dafür ein Haus zu Krems[161]. Aus einem Schiedsspruch des Jahres 1480 erfahren wir, dass Höglwörth schon seit 1279 die Lieferung von 12 Fuder harten Salzes (Salzstöcken) jährlich aus einem Haus in Reichenhall beanspruchen durfte[162]. Das Stift hatte offenbar Besitz in Reichenhall gegen jährliche Salzabgaben aufgegeben[163]. 1609 bezog es aus Reichenhall 37 Fuder Salz, 1621 aus fünf Anwesen noch 32 Fuhren Salz, weitere 5 Fuhren „vom Krautgarten" wurden gestrichen[164]. 1665 werden als Höglwörthische Einnahmen immer noch 32 *Salzfueder* aufgeführt[165].

Im Stiftbuch von 1736 ist der *Reichenhallerische Salzdienst* genauer beschrieben:[166] Er *würdet jährlichen ersuecht umb Martini Tag und gibt erstlich der hochgebohren Churfürst und Herr wegen des Salzmayrs 12 Salzfueder. Mehr geben hechstgedacht Ihro Churfürstliche Durchlaucht aus weyland Wilhelmben Steinhauffens sel. Herrn Haus 5 Salzfueder. Mehr Hans Haas Sattler von seinem Haus 5 Salzfueder. Mehr Stephan Unvertinger Pöckh, dermalen aber Andreas Neumayr Weingastgeb 5 Salzfueder. Mehr Jacob Lengerer Pinder 5 Salzfueder. N. B. Bei Abholung vorbeschribnen Salzdienst zu Reichenhall werden 12 allhiesige Stüfftkäsl dahin abgesendet, als 4 für die Herrn Salzmayr, 3 den Herrn Cassier, 3 der Mauth in der Statt Reichenhall und 2 den Zollner zu Mauthausen. Wiederumb gibt man in Gelt bey den Herrn Ambtschreiber zu erwähnten Reichenhall 52 x 2 dn, bey der Mauth daselbst 6 x 2 dn, dem Hausknecht so das Salz hergibt 8 x, dem Aufleger aber vor ein jeden Salzfueder Aufleggeld 1 dn, die Zöhrung für den Pauman, Knecht und Pferdt extra*. Die 12 Fuder Salz bezog das Stift offenbar seit 1279 aus dem Haus des Salzmaiers zu Reichenhall, aus vier weiteren Anwesen kamen je 5 Fuder. Nach den Angaben von 1817 betrug die Salzlieferung aus Reichenhall jährlich 16 Zentner[167].

Seit 1285 hatte das Stift auch Besitz in Schneizlreuth. Damals erwarb Propst Ortwin dort eine Schwaige um 30 lb dn[168]. 1414 kaufte Propst Georg für eine nicht genannte Summe ein Gut in Fronau (Gemeinde Schneizlreuth) und stiftete damit zwei Jahrtage[169]. 1528 erwarb schließlich Propst Wolfgang I. neben anderen Anwesen Gut Langacker in der Hofmark Karlstein, das ein Salzburger Lehen war[170]. Im Stiftbuch von 1732 sind neben dem Salzdienst aus Reichenhall vier Höglwörthische Güter in Schneizlreuth aufgeführt, darunter die Taferne, zu denen auch die Alm „Thomasau" gehörte. Die Anwesen dienten zusammen 600 Pfund Schneizlreuther Käse, der wie oben bereits erwähnt wegen seines Geschmacks sehr geschätzt und auch bei der großen Spende am Plainer Jahrtag im Dezember ausgegeben wurde. Jedes Schneizlreuther Anwesen musste aber ursprünglich an *exaltatio crucis* (dem Fest der Kreuzerhöhung am 14. September) noch einen *Essen Fisch* von je 2 Pfund dienen, später zahlten sie meist am gewöhnlichen Stifttag pro Pfund Fisch 15 x[171]. Zusätzlich bezog Höglwörth von den Untertanen in diesem Gericht insgesamt eine Stift in Höhe von 6 fl 13 x 3 dn, 60 Eiern, 8 Stifthennen und 3 Stiftviertel Wein.

Wälder, Jagd und Fischerei

Schon 1249 schenkte Graf Liutold IV. von Plain dem Stift ein großes Forstgebiet[172], ein Teil davon war der Stoißberger Wald[173]; es schloss aber auch noch das angrenzende Gebiet am Zellberg und Teisenberg ein, wo Höglwörth den umfangreichsten Waldbesitz hatte. Durch kleinere Schenkungen und Käufe vergrößerte sich der Klosterwald noch etwas, zuletzt mit dem Erwerb von Vachenluig 1722, zu dem einige Waldungen gehörten, darunter das *Dei-*

senperger Aigen[174]. Nach dem Inventar von 1815[175] wurden der Zellberger und Teisenberger Forst mit einem Wert von 24.060 fl veranschlagt, der Stoißberger Wald mit 2930 fl. Kleinere Waldungen stufte man noch geringer ein, das Rothenholz (562 fl), das Holzhauser Gehölz (523 fl), das Windbichl Holz (482 fl), das Holz bei Kröpflau (277 fl), die Hohenleite (182 fl), die Seeleiten (152 fl), das Braunholz (135 fl), den Stockhamer Wald (120 fl) und das Steinhögler Holz (98 fl). Der gesamte Stiftswald um den Teisenberg und am Högl wurde demnach mit 29.521 fl bewertet und umfasste 5000–7000 Tagwerk (1700–2400 ha), die Aufhebungskommission schätzte ihn sogar noch höher ein[176].

Höglwörth war der größte Waldbesitzer in diesem Gebiet[177]. Das Stift vergab seit ältester Zeit unter anderem für Teile des Stoißberger Waldes das Nutzungsrecht an Stoißer Untertanen, die dafür — wie bereits erwähnt — jährlich Schindeln sowie Zaunspelten und -stecken dienen mussten. Schlagreife Waldungen verpachtete das Stift vorwiegend an die Eisengewerkschaft Achthal-Hammerau, aber auch an das Bräuhaus in Teisendorf gegen Zahlung eines Stockrechts. Diese Holzgebühr schwankte im Laufe der Zeit, 1672 betrug sie 4 x für das Klafter Scheiter, die kürzer als 3 Schuh waren, und 5 x für Scheiter bis 4 Schuh[178]. Die Einnahmen aus dem Stockrecht erbrachten etwa im Jahr 1700 insgesamt 508 fl 11 x 2 dn[179].

Aber Höglwörth konnte seine Waldungen nicht immer so nutzen, wie es gerne wollte. Auf dem Teisenberg verlief seit 1275 die Grenze zwischen Salzburg und Bayern und der größte Teil des Höglwörther Waldes lag auf dem Gebiet des Erzstiftes. Erzbischof Matthäus Lang hatte 1524 erstmals eine Waldordnung erlassen, nach der alle Schwarzwälder im Obereigentum des Landesfürsten standen[180]. Die salzburgischen *Obrist Waldmeister* wie auch die Pfleger von Staufeneck hatten darauf zu achten, dass an den Wäldern kein Raubbau getrieben wurde und machten Höglwörth immer wieder Schwierigkeiten. Nach Gründung der Eisengewerkschaft Hammerau (1537), die ihren Energiebedarf vorwiegend aus den Höglwörther Waldungen deckte, wurde 1545 sogar eine „Höglwörtherische Waldordnung" erlassen, die eine schonende Nutzung der Wälder vorschrieb und die Nutzungsrechte aufführte. Damals hatten 88 Untertanen einen *Holzbesuch* (Holzbezugsrecht)[181]. Später wurde die Ordnung noch mehrmals erneuert, was weitere Konflikte jedoch nicht verhinderte. So hieß es 1660, Propst Wolfgang II. *lasse die Klosterwaldungen zu Schaden des Klosters verhackeln*[182].

Schon 1651 war der Klosterwald „Schrofen" am Stoißberg für 30 Jahre den Gewerken zu Hammerau überlassen worden und das Stift hatte sich dafür von diesen 1200 fl geliehen. Mit dem Stockrecht sollte diese Summe abbezahlt werden. Aber 1661 musste der Propst auf Salzburger Geheiß in diesem Wald alle Forstarbeiten verbieten. 1671 hätte er am liebsten das Kloster an einem anderen Ort — bei der Kirche in Anger — neu erbaut, aber dafür fehlte das Geld, der Kostenvoranschlag lag zwischen 16.000 und 18.000 fl[183]. Er bot deshalb einen großen Teil des Teisendorfer Klosterwaldes, der auf 18.000 fl geschätzt worden war, um 16.000 fl Erzbischof Max Gandolf an. Dieser hatte kein Interesse, erlaubte jedoch einen Verkauf unter der Auflage, dass nur die Zinsen des Kaufschillings für den Klosterbau verwendet werden dürften[184]. Das hätte aber bei weitem nicht gereicht und so wurde weder der Wald verkauft noch das Kloster an anderer Stelle erbaut. Im Jahr 1798 stellte Propst Anian II. wegen des immer größer werdenden Holzmangels einen erfahrenen Forstaufseher und Jäger ein, der bisher in hochfürstlichen Diensten gewesen war. Dieser sollte 18 fl Jahressold und genau festgelegte Abschussgelder erhalten sowie freie Kost im Stift und Logis im Jägerhaus in der Ramsau[185].

Schon 1325 hatte Höglwörth von Erzbischof Friedrich III. auf den Klostergründen und Waldungen das Recht der niederen Jagd erhalten. Erzbischof Paris Lodron bestätigte 1635 dieses Privileg[186]. Aber 1672 entstand ein Streit mit dem erzbischöflichen Oberstjägermeister, der dem Stift dieses Recht nur in den nahe angrenzenden Wäldern zubilligen wollte. Schließlich kam es 1681 zu einem Vergleich. Das Kloster durfte die niedere Jagd (*Raisgejaid*) auf Vögel, Füchse und Hasen in einem genau beschriebenen Gebiet in den Pfleggerichten Staufeneck und Raschenberg ausüben, während die Jagd auf Rot- und Schwarzwild dem Oberstjägermeister-

Der Innenhof des Stiftes mit Johannes-Nepomuk-Brunnen und Fischkalter im linken Bildbereich (Foto Brandl)

amt zustehen sollte. Auf dieses Jagdrecht leistete Höglwörth gegen jährlich 2 Fass Rot- und 2 Fass Gamswild sowie eine bearbeitete Hirschhaut und zwei Gamshäute Verzicht[187]. Großen Wert legte man offenbar lange Zeit auf die Vogeljagd mittels Leimruten in sogenannten Vogeltennen. So hieß ein Haus in Stockham „Voglthenn", wo sich wohl auch eine solche befand. Noch 1779 bewilligte der Propst eine neue Vogeltenne auf der Oberstoißer Höhe[188].

Die Fischerei betrieb das Kloster 1785 auf seinem Höglwörther See, bei der Klostermühle in einem kleinen See, meist mit Hechten und Wallern besetzt, in einem Teich mit Forellen oberhalb der Mühle sowie in einem Weiher und Teich bei Eglreit, wo Karpfen eingesetzt wurden. Man fischte auch im Ramsauer Bach zwischen diesem Weiher und dem Höglwörther See sowie im Achenbach von der Pfaffendorfer Au bis *über die alte Saag hinauf*, außerdem im Bach und den Weihern bei Schloss Vachenlueg[189]. Die Höglwörther Fischrechte reichten aber für den täglichen Bedarf nicht aus, es wurde jedes Jahr für die Stiftsküche eine beträchtliche Menge an Fischen und Flusskrebsen zugekauft.

Die Eigenwirtschaft des Stiftes

Schon Propst Rupert berichtete um 1175, dass er in der Nähe des Klosters Neubrüche angelegt habe, die vermutlich vom Stift selbst bewirtschaftet wurden[190]. Auch habe er sich mit dem Bau von Mauern und Holzwänden große Mühe gegeben. Aus Holz bestanden wohl vor allem die Ökonomiegebäude. Graf Liutold IV. von Plain bestätigte unter anderem den Besitz eines Hofes *zunächst beim Kloster*, mit dem Mayrhofen gemeint sein dürfte[191]. Dieses Gut, zu dem auch noch Zubaugüter gehörten, bewirtschaftete das Stift lange Zeit selbst, noch 1613 findet sich ein entsprechender Vermerk[192]. Aber auch direkt beim Stift gab es eine Ökonomie. Schon im Inventar von 1541 wird unterschieden in Reitstall (nach späteren Inventaren lag dieser ebenso wie etliche Zehentstadel auf der Insel) und Viehstall[193], in dem 19 Kühe, 5 Kälber, 2 Stiere, 20 Schweine, 6 Mastrinder und 8 Mastschweine standen. Das Inventar von 1564 verzeichnet *5 Roß, 17 Melchkhue, 12 Kalben und Stier, 3 Mäst Ochsen, 12 Schwein, klain und groß, 12 Schaff, 7 Pfaben* (Pfauen)*, Khopaun* (Kapaun, kastrierter Gockel) *und Hennen ain zimbliche Anzall*. Bis 1588 hatte die Zahl der Kühe und Schafe noch zugenommen und man hielt zusätzlich Gänse. Selbst bewirtschaftet wurden damals die Stiftsökonomie mit dem Maierhof bei der Brücke zur Klosterinsel sowie die Güter Mayrhofen, Englhäng und Ramsau[194].

1593 hatte das Stift 24 Dienstboten, die wohl vorwiegend in der Landwirtschaft tätig waren[195]. 1629 wurde die Ökonomie für ein Quatembergeld von 25 fl auf jeweils drei Jahre verpachtet, es hat sich noch der Bestandsbrief erhalten[196]. Ab 1638 bewirtschaftete das Stift die Ökonomie wieder selbst[197]. 1645 erbrachte der Hofbau Höglwörths 23 Schäffel ³/₄ Metzen Weizen, 30 Schäffel 2 Metzen Korn (Roggen), 23 Schäffel 1 1/2 Metzen Gerste und 71 Schäffel 5 3/4 Metzen Hafer[198]. 1745 stand nicht nur im Stiftsmaierhof Vieh, man hatte auch 18 Kühe, 9 Schweine und 21 Schafe auf einer Alm (vermutlich die im Jahr zuvor erworbene Alm am Staufenberg), in der Ramsau 7 Stück Schlachtvieh und in Vachenlueg 1 Milchkuh, aber Englhäng und Mayrhofen waren nun verstiftet[199]. 1815 zählten zur Eigenwirtschaft auch noch Egelreit und das Mooshäusl, in dem vorwiegend Tagwerker des Stiftes wohnten. Vieh wird nur noch beim Maierhaus und in Vachenlueg verzeichnet: Das Maierhaus vor der Klosterbrücke hatte nun einen Pferdestall mit 8 Pferden, einen Ochsenstall mit 12 Ochsen, einen Hornviehstall mit 24 Kühen, 2 Stieren, 2 Kälbern und 6 Geißen sowie einen Schweinestall mit 1 Mutterschwein und 5 Ferkeln. In Vachenlueg gab es 10 Kühe, 4 Ochsen und 1 Stier[200]. Nach der Aufhebung und dem Verkauf an die Familie Wieninger wurde aus dem Maierhaus ein Wirtshaus[201], der heutige Klosterwirt.

Die Brauerei und die Taferne

Propst Johann Baptist II. Puechner erreichte 1733 die Erlaubnis, ein eigenes Bräuhaus erbauen zu dürfen. Allerdings musste er versprechen, das dort erzeugte Bier nur an den Konvent, die Ehehalten und den Hofrichter abzugeben, der als Hofwirt zugleich die *Hoftaperne* betrieb, sowie an den Kröpflwirt. Außerdem sollte das Stift eine jährliche Biersteuer von 100 fl an das Pfleggericht Staufeneck bezahlen. Das Bräuhaus begann 1734 mit dem Sieden, im selben Jahr wurde dem Propst gestattet, den besseren Teil der Weingüter in Österreich zu verkaufen[202].

Die reinen Baukosten für die Braustätte betrugen 3864 fl[203]; sie war im Südwesten der Insel situiert[204]. Der Braumeister hatte 1738 eine Besoldung von 1 fl 30 x wöchentlich — im Jahr 78 fl — und erhielt dazu unter anderem 50 x für jeden Eimer Bier, der in der Taferne verkauft wurde[205]. 1739 wurden 985 Eimer gesotten, 479 Eimer gingen an den Hof- und den Kröpflwirt, was Einnahmen von 1313 fl 37 1/2 x erbrachte. 372 Eimer wanderten in den Klosterkeller, denn die allerdings nie zahlreichen Konventualen hatten ein Anrecht auf 1 Kändl Bier pro Mahlzeit. Überdies wurden noch 14 Eimer Branntwein hergestellt und abgegeben. Dennoch überstiegen die Ausgaben für die Brauerei die Einnahmen um 1296 fl 24 x[206]. 1740 verschlechterte sich die Bilanz noch einmal um 457 fl. Allerdings lag das wohl daran, dass *jedermäniglich, der in das Kloster kommt, unser Bier verkostet, auch die Diener nur gar zu oft abends mit ganzen Pitschen zu einem Nacht-Trunk aus gar zu liberaler Verwilligung unseres Herrn Propstes gesehen werden*. Auf diese Weise „verflüchtigten" sich 129 Eimer Bier, für die niemand bezahlte. Außerdem tranken die Konventualen zu Tisch in diesem Jahr 141 Eimer[207]. Später kam das Bräuhaus dank einer umsichtigeren Wirtschaftsweise aus dem Defizit. Nach der Aufhebung des Klosters erwarb die Familie Wieninger auch die Brauerei, Ende des 19. Jahrhunderts hat man sie abgerissen.

Die Taferne im Stift ist weitaus älter als die Brauerei, sie wurde ebenso wie eine Pfisterei und die Klostermühle schon 1541 erwähnt und diente damals vor allem als Weinschenke[208]. Sie befand sich bei der Aufhebung des Stiftes im Richterhaus an der Brücke[209] und wurde dann von der Familie Wieninger in das frühere Maierhaus verlegt.

Die weiter entfernt gelegenen Güter

Besitz in der Stadt Salzburg

Das Stift besaß 1336 zwei Häuser und daneben eine Hofstatt im Kai in Salzburg, wovon es in diesem Jahr *durch etleich unsers Gozhaus Nöt* ein Haus und die Hofstatt um 37 Pfund verkaufte[210]. Das verbleibende Anwesen, „Höglwörther Hof" genannt, lag in der Kaigasse 17[211]. 1592 verpfändete es Propst Richard um 150 fl mit Vorbehalt der Wiederlösung und eines Wohnrechts. 1602 verkaufte Höglwörth das Haus um eine nicht genannte Summe an das Salzburger Domkapitel[212]. 1604 quittierte Propst Richard den Empfang von 200 fl, worin unter anderem auch der restliche Kautschilling enthalten war[213].

Besitz in der Wachau

Der älteste nachweisbare Besitz liegt in und um Krems. Schon um 1175 erwähnt Propst Rupert in seinem Rechenschaftsbericht, dass er von einem Verwandten einen Weingarten bei *Rehberc* (Rehberg nördlich Krems) bekommen habe[214]. 1230 bestätigte

Großnondorf im Weinviertel/Niederösterreich, Aufnahme von ca. 1940 (Foto Markus Jeitler)

Graf Liutold IV. dem Stift den Besitz von drei Weingärten in Krems mit allem Zubehör[215]. Bereits 1260 trennte man sich von einem Haus in Krems[216]. 1323 ist auch ein Weingarten in Stratzing nördlich von Krems und unweit von Rehberg belegt[217]. In Weinzierl, einem östlichen Vorort von Krems, hatte Höglwörth um 1383 einen Weingarten zu Burgrecht von Hans von Schönberg erhalten, der ihn dem Kloster aber mit Gewalt wieder entriss. Propst Zacharias klagte dagegen und erhielt eine Entschädigung[218]. 1409 werden dort zwei Juchart Weingärten erwähnt, die vormals Höglwörth gehört hatten, aber später vom Kloster Aldersbach *redlich kauft* wurden. 1416 und 1451 erscheint auch ein Höglwörther Hof in Weinzierl[219]. Dessen Dienst ging aber schon 1451 an Berchtesgaden. Er war also damals zumindest verpfändet und später wird kein Besitz mehr in und um Krems erwähnt. Ein angeblicher Schwerpunkt des Höglwörther Weinbaus in einem heute abgegangenen Ort Neundorf bei Unterrohrendorf im Osten von Krems[220] beruht auf einer Verwechslung mit dem Stiftsbesitz zu Großnondorf im Weinviertel.

Am längsten war das Stift in Oberarnsdorf gegenüber von Spitz in der Wachau begütert. Das *Lehen* genannte Gut des Klosters mit zugehörigen Weingärten wird 1356 erstmals erwähnt[221]. Die Bezeichnung weist darauf hin, dass dieses Gut ein Lehen des Erzstiftes Salzburg war, das dafür jährlich 16 Eimer Wein von Höglwörth erhielt. Salzburg hatte bereits 860 von König Ludwig dem Deutschen mit dem Königshof *ad Uuahauua* (Wachau) einen Großteil des Gebietes am rechten Donauufer in der Wachau erhalten, auf dem später die nach dem ersten Salzburger Erzbischof benannten Arnsdörfer angelegt wurden. Von den dort befindlichen umfangreichen Weingütern gaben die Erzbischöfe etliche an Klöster und geistliche Institutionen zu Lehen aus. Von Höglwörth wurde dieses Lehengut teils zu Leibgeding, teils zu Burgrecht an Arnsdorfer Bürger verdingt, die aber die geforderten Dienste nicht immer leisteten. Höglwörth verlangte von den Weinbergen teils den halben Most, teils ein Drittel und ersetzte einen Teil der Kosten für den Anbau. Häufig gab es *Mißwachs* und Wasserschäden, wie 1589. Damals bat der Propst den Erzbischof, ihm die Abgabe des Weins aus den 11 Joch Weingärten zu erlassen[222]. Der Gesamtbesitz dürfte aber noch größer gewesen sein, da immer wieder ausdrücklich von eigenen Grundstücken die Rede ist[223]. Die Transportkosten über Donau, Inn und Salzach bis Laufen waren enorm. So kam der eigene Wein in den häufigen schlechten Erntejahren dem Kloster teurer zu stehen als ein zugekaufter[224]. 1596 heißt es dazu, dass der Wein *gemainiglich schlecht und sauer* sei[225]. Schon 1678 wollte Propst Johann Adam Weber die defizitären Weinberge verkaufen, aber erst Propst Johann Baptist II. Puechner veräußerte 1734 einen Teil davon, der Rest folgte 1812[226].

Besitz im niederösterreichischen Weinviertel

Bereits 1230 wird der bedeutende Stiftsbesitz zu *Neundorf** genannt und in den päpstlichen Besitzbestätigungen für Höglwörth stets besonders aufgeführt. Graf Liutold übertrug 1249 dazu noch die Vogtei über *Neundorf* und einen Weingarten in *Pulka*[227], dem etwa 50 km nördlich von Krems gelegenen Pulkau. Dieser Weingarten musste 1412 als Dienst 2½ Eimer Wein in das Höglwörthische Eigengut *Großenneuendorf* liefern[228]. Im Frühjahr 1528 verkaufte Propst Wolfgang I. *etliche Guetter und Gult, so wir im Land Österreich auf dem Marchfeld gelegen gehabt*[229]. Daraus schloss man, dass „Neundorf" ein abgekommener Ort auf dem Marchfeld südöstlich von Wien gewesen sein müsse. Gegen diese Meinung spricht schon die Tatsache, dass die Lieferung von 2½ Eimer Wein von Pulkau in das gut 100 km entfernte Marchfeld keinen Sinn gemacht hätte.

Auf dem letzten Blatt des 1525 angelegten Stiftbuches ist nachgetragen, dass *Grossen Neundorf* an Georg Freiherrn zu Roggendorf um 1260 fl Rheinisch abgegeben wurde, weil dem Stift die Vogtei von den Grafen von Hardegg entzogen und eine hohe Steuer auf die Gült geschlagen wurde[230], so dass das Stift kaum noch Nutzen daraus ziehen konnte. Die „Grafschaft" Hardegg war nach dem Ende der Grafen von Plain-Hardegg 1260 im Erbweg an die Grafen von Maidburg-Hardegg aus dem Geschlecht der Burggrafen von Magdeburg übergegangen. Diese beanspruchten als Erben der Stifter von Höglwörth die Vogtei über die Stiftungsgüter, die einst zur Herrschaft Hardegg gehört hatten. Das trifft keinesfalls auf Güter im Marchfeld zu, wohl aber auf das etwa 15 km von Hardegg entfernte Pulkau und den Ort Großnondorf (nordwestlich von Hollabrunn im Weinviertel), der nur 10 km von Pulkau entfernt liegt; dorthin konnte man durchaus Wein aus Pulkau liefern. Diese Lokalisierung wird auch dadurch bestätigt, dass „Neuendorf" zur Pfarrei Sitzendorf gehörte und dieser Ort etwa 8 km westlich von Großnondorf liegt. Eine sorgfältig recherchierte Geschichte von Guntersdorf, zu dessen Gemeindegebiet Großnondorf heute gehört, hat diese Lokalisierung bestätigt[231]. Mit dem Erlös aus dem Verkauf von Großnondorf erwarb Höglwörth Besitz im Gericht Tittmoning[232], mit weiteren Geldern aus der Veräußerung im Mai 1528 von Peter Renn, Propst in Friesach, zwei Eigengüter sowie vier Höfe in Bruck und Fusch, die Salzburger Lehen waren[233].

Besitz „im Gebirg", im Pinzgau und Pongau

Besitz in sieben Pinzgauer Orten wurde dem Stift bereits 1230 bestätigt. Die Stiftbücher von 1647 bis 1704 verzeichnen noch einen beträchtlichen Zuwachs[234]. Wenn nichts anderes erwähnt wird, leisteten die Güter die Stift in Geld.

• Im Amt L o f e r besaß Höglwörth in Reit an der Saalach ein Maiergut, zwei große Güter, drei Gütl, eine Mühle, eine Behausung und Grundstücke sowie die Alm *Glanzental*.

• Im Gericht G a s t e i n, das heute zum Pongau gehört, lagen bei Hofgastein zwei Güter zu Felding, die Salzburger Lehen waren und 1528 erworben wurden, außerdem ein Ausbruchgut und Grundstücke.

• Im Amt S a a l f e l d e n hatte Höglwörth viel und alten Besitz: In Schmalenbergham* südlich von Saalfelden* lagen drei Güter und ein Haus. Noch etwas südlicher in Letting* verfügte das Stift über ein großes Gut. Südöstlich von Saalfelden besaß es in Rain* an der Urslau ein Gut mit Mühle und Säge. Im Nordwesten von Saalfelden lagen in Wiesersberg vier Güter, ein Gütl und Grundstücke. Weiter westlich besaß das Stift in Ullach ein Gut, in Rosental ein Gut, zwei Höfe, zwei Häusl und eine Badstube. Bei Leogang lag ein Gut, bei Edt* standen vier Höfe. Abermals westlich davon, am Sonnberg, befanden sich zwei Güter mit fünf „Grasalmen". Noch weiter westlich lag im heutigen Hütten die große Schwaige Forsthof, bestehend aus zwei Gütern, einem Gütl, einem Ausbruch und der Forsthofalm. 1249 hatte Graf Liutold IV. von Plain die Schwaige *Vorsthuebe* mit dem Vogtrecht geschenkt[235]. Im Westen davon lagen in Grießen* noch zwei weitere Güter. Als Abgaben dienten alle diese Güter neben Geld auch Schafe, die auf den Schwaigen und Gütern gehalten wurden. Butterschmalz — ein Hinweis auf Rinderhaltung — kam aus dem Forsthof, aus Leogang, Rain und Sonnberg, Käse aus dem Forsthof und aus Rain.

• Im Amt P i e s e n d o r f befand sich in Jesdorf* bei Niedernsill ein großer Komplex mit acht großen Gütern, vier Huben, einem Gütl, einer Mühle und der Alm *Tungerspach*. In Mühlbach südlich von Niedernsill gab es noch vier Lehen, einen Ausbruch, ein Badergütl und eine Mühle. Aus Jesdorf kamen Schafe, Käse, Züger und Loden. Oberhalb von Schüttdorf am Zeller See lag in Bruckberg das große, aus zwei Schwaigen bestehende Gut Limberg. 1229 hatte das Stift eine Hube *Lymperch* von Pfalzgraf Rapoto eingetauscht[236]. Von dort kamen der Limberger Käse und Züger.

• In Bruck (an der Großglocknerstraße) südlich des Zeller Sees lag ein Salzburger Lehen, das 1528 von Peter Renn erworben wurde. In der Fusch besaß Höglwörth ebenfalls seit 1528 ein Salzburger Lehen.

Um 1700 waren es *inner Gebirg* insgesamt 52 zum Teil sehr große Güter, eine Badstube, drei Almen und durch Ausbrüche aus dem alten Besitz eine ständig zunehmende Zahl von Grundstücken, auf denen bis 1816 noch zwei weitere Häuser errichtet wurden. Die Jahresabgaben für Stift und abgelöste Dienste betrugen 1807 139 fl 47 x, dazu 49 Stifthennen, 38 1/2 Schafe, 41 Ellen Loden, 2 Schäffel 5 Metzen 2 Viertel Hafer, 1409 Käse, 186 1/2 Züger sowie 505 Pfund (Butter-)Schmalz. Von 1802 bis 1807 erbrachten die Laudemien 4901 fl 56 x, die grundherrlichen Taxen aber 857 fl 12 x[237]. Um 1175 berichtete Propst Rupert, dass er die Einkünfte aus dem Pinzgau um 1500 Käselaibe und 50 Ellen Loden vermehrt habe. In Geld abgelöst wurden demnach auch Teile des Käse- und Lodendienstes. 1816 vertauschte das Stift schließlich seine Untertanen im Gebirg und in Großmain an die Abtei St. Peter in Salzburg und erhielt dafür 84 Güter im Rupertiwinkel[238]. Als Höglwörth aufgehoben wurde, hatte es im Ausland keinerlei Besitz mehr.

Besitz im Innviertel bis um 1200

Bereits vor 1164 verlieh Erzbischof Eberhard I. Propst Rupert die Neubruchzehente in der Pfarrei *Wippenheim* (Wippenham, Bez. Ried im Innkreis)[239], die auch in dem um 1175 entstandenen Rechenschaftsbericht erwähnt werden. Das Stift besaß dort noch 14 Lehen in *Murringe* und *Heppinge*, die jährlich 14 Schweine und 70 Metzen Hafer dienten. Um 1200 verkaufte das Stift den ganzen Besitz zum Preis von 100 Mark Silber an das Hochstift Passau[240].

Einnahmen und Ausgaben

Die Schwankungen der Einkünfte

Die in den Stiftbüchern verzeichneten jährlichen Einnahmen wurden nicht immer vollständig gedient. Häufige Ursachen für eine Minderung waren Unwetter und Missernten, wie der bereits erwähnte Hagelschauer von 1651 im Rupertiwinkel oder die Schäden durch Hochwasser in Oberarnsdorf. Gerade bei diesem Ort gewinnt man allerdings den Eindruck, dass die Untertanen die Schwierigkeiten Höglwörths mit der Verwaltung so weit entfernter Besitzungen zu ihrem Vorteil ausnutzten. Gelegentlich gab es Streit um die Höhe von Abgaben, wie 1628 mit Högler Bauern wegen des Schweinedienstes[241].

Bis zum 15. Jahrhundert musste das Stift oft gegen Entfremdungen ankämpfen. Besonders Güter, die als Lehen ausgegeben wurden, gingen häufig verloren. Darauf deutet der Befehl von Papst Urban VI. aus dem Jahr 1384 hin, dem Stift die durch Verleihungen an Geistliche und Laien in Verlust geratenen Zehenten, Einkünfte, Besitzungen und Rechte wieder zu beschaffen[242]. 1439 hatte ein *Niclas Chueperger* die Einöde Kühberg unrechtmäßig in seine Hand gebracht. Nachdem ihn der Pfleger von Raschenberg ins Gefängnis gelegt hatte, stellte Niclas das Klostergut zurück und versprach dem Propst, sich nicht für die Gefangenschaft zu rächen[243] (siehe einen ähnlichen Urfehdebrief von 1469 auf S. 49). Selbst 1528 wurde noch Besitz in Niederösterreich unter anderem deswegen verkauft, weil ein dort ansässiger Adeliger dem Stift die Vogtei entzogen hatte[244]. Auch Kriege brachten beträchtliche Einbußen, besonders schlimm müssen die Schäden zu Beginn des 14. Jahrhunderts gewesen sein. Im Gefolge von Kriegen kam oft die Pest, die 1650 und 1714/15 in und um Höglwörth Opfer forderte[245].

Eine Mehrung der regelmäßigen Einnahmen konnte das Stift durch Teilung und den Ausbruch von Gründen aus seinen Gütern erzielen, die dann oft als „walzende Grundstücke" separat verstiftet oder auf denen neue Anwesen gebaut wurden. So errichtete man laut dem Stiftbuch von 1736 im Rupertiwinkel zu den 351 damals schon bestehenden Anwesen 8 neue und gab 213 Grundstücke einzeln aus[246]. Im Pinzgau waren es 1816 sogar 54 Anwesen und 63 separat vergebene Grundstücke[247]. Das Stift hatte auch außerordentliche Einnahmen, so brachte z. B. 1713 der Konventuale Felix Schaidinger, Bierbrauersohn aus Teisendorf, dem Stift einen Erbteil von 1300 fl und etliche Silbergeräte zu[248].

Ökonomisches Geschick

Die Sorgfalt bei der Verwaltung der Güter spielte eine bedeutende Rolle. Sehr geschäftstüchtig war etwa Propst Wolfgang I. Griesstetter (1522–1541). Er trennte sich 1528 von unrentablen Besitzungen in Niederösterreich und erwarb von dem Erlös einträglichere Güter. Nach einer noch erhaltenen Inschrift ließ er 1530 auf der Insel ein neues Gebäude errichten. Auch war er 1537 einer der Mitbegründer der Eisengewerkschaft Achthal-Hammerau. Als er 1541 Propst von Berchtesgaden wurde, erschien im Höglwörther Inventar schon eine beachtliche Anzahl von Stiftsgebäuden auf der Insel, Viehställe und Vorratskeller waren gut gefüllt. Als krasses negatives Gegenbeispiel kann Propst Johann Baptist II. Puechner (1725–1743) dienen. Schon bei der Visitation 1737 wurden katastrophale Zustände festgestellt: Der Propst hinterging den Konvent, plünderte die Kirchen- und Bruderschaftskassen aller inkorporierten Pfarreien und ging mit Geld höchst verschwenderisch um. So betrugen 1731–1737 seine „unnötigen" Ausgaben unter anderem für Edelsteine und Ringe 185 fl, für Uhren 1060 fl, für kostbare Weine wie Tiroler und Neuburger Ausbruch 5465 fl sowie für Öfen, Malereien und Kutschen 1312 fl, insgesamt 11.314 fl[249]. Bei seinem Tod hinterließ er den Rekord-Schuldenberg von 31.402 fl[250].

Die Ausgaben des Stiftes

Der *nötige* Unterhalt des Stiftes verursachte Jahr für Jahr Kosten. Nach der Ausgabenliste von 1794[251] summierten sich die Jahreslöhne für 30 Bedienstete (Kammerdiener, Braumeister mit Brauhaushelfer, Pfister, Gärtner, Mesner, Förster, Binder, Schneider, Amann, Bote, Baumann mit sechs Knechten, drei Buben und vier Mägde, das Maier-Ehepaar zu Vachenlueg, zwei Köchinnen und eine Küchenmagd) auf 840 fl 40 x. Dazu kamen noch 140 fl für den Hofrichter. An *Trankgeld und Verehrungen* fielen 81 fl 59 x an, das waren kleine Aufmerksamkeiten für die (nichtstiftischen) Amtmänner im Pinzgau oder „Bediente" in Salzburg. Vieh erwarb man um 470 fl 15 x. Für Wildbret sowie Rind-, Kalb- und Schweinefleisch wurden 229 fl 37 x ausgegeben. Fische (darunter auch *Roll Hering*), Krebse und *Schneggen* wurden um 363 fl 20¼ x gekauft. *Specerey Waaren* (Zucker, Kaffee, Mandeln, Weinbeeren, Rosinen, Pfeffer, Muskat, Zimt, Mailändischer Reis, Dalmatinische Feigen, Zitronat, Kapern, Nelken, Limonen, Pomeranzen, Konfekt, Eierfarbe und *Tortenzierdn*) schlugen mit 133 fl 46 x zu Buche. Hopfen und Braugerste kosteten 1207 fl 21 x. Für Wein, Weinbau und Schiffsmiete wurden 691 fl 10 x ausgegeben, für Handwerker, Holzknechte und Taglöhner 716 fl 59¾ x, für Umbau und Reparaturen 565 fl 45¾ x. Insgesamt betrugen die Jahresausgaben damals 9867 fl 14 x 2 dn.

An Landsteuer musste das Stift nach Salzburg 318 fl 12 x zahlen sowie für den Besitz in Oberarnsdorf an Steuern, Kontributionen und Quartiergeld 38 fl 25 x. Als Kompositionsgeld von Bier und Brandwein gingen an das Ungeldamt Staufeneck 150 fl. Insgesamt summierten sich diese Steuern und Abgaben auf 523 fl 47 x. Noch kurz vor seiner Aufhebung 1817 musste das Stift übrigens von seinem Grundbesitz zum Königlichen Bayerischen Rentamt Steuern in Höhe von 1228 fl 40 x 1 dn zahlen[252].

Die finanzielle Lage des Stiftes

Das älteste Inventar stammt aus dem Jahr 1541, Schulden werden jedoch erstmals im Inventar von 1588 erwähnt[253]. Damals hatte der Schiffmeister zu Laufen für Wein noch 109 fl 4 ß 28 dn zu bekommen, für Schiffsmiete 60 fl 5 ß 10 dn. Außerdem war der Schulmeister noch mit 15 fl zu besolden. Dem stand aber eine Barschaft von 451 fl gegenüber. 1609 betrugen die Einnahmen an Stiftgeldern *in und außer des*

Gebirgs noch 287 fl[254]. Mit in Geld angeschlagenem Getreide- und Küchendienst, Stockrecht und Oberarnsdorfer Wein summierten sich damals die Einnahmen auf 3024 fl 52 x, denen 2699 fl 22 x Ausgaben gegenüber standen. Somit wurde ein Überschuss von 325 fl 30 x erzielt. Allerdings heißt es, dass das Kloster recht baufällig, nur die Kirche *zimblich fein erpaut, ausgeweist und mit Altären ziert* sei. Zwar hatten sich 1596 drei Konventualen unter anderem darüber beschwert, dass Propst Richard Schneeweis (1589–1609) viele und hohe Schulden mache[255] — was wohl mit den Baumaßnahmen an der Kirche zusammenhing —, aber in dem nach seinem Tod aufgestellten Inventar ist nichts darüber zu finden. Vom verstorbenen Propst Marquard von Schwendi (1610–1634) wird berichtet, er habe *nit allein alle auf der Propstey gelegene Schuldenlast und andere Bürden ganz und gar abgeledigt, sondern auch, wie die richtig befundenen Rechnungen ausweisen und schon der Augenschein zu erkennen gibt, viele tausend Gulden in die Propstey nützlich verbaut*[256]. Leider haben sich die erwähnten Rechnungen aber nicht erhalten.

Nach den in den folgenden Inventaren aufgestellten Rechnungen blieb jedes Jahr ein kleiner Gewinn übrig, der aber stetig abnahm. Dann forderten wohl vor allem die Baufälligkeit des Klosters, der Misswuchs in Oberarnsdorf und die Sondersteuern während des Dreißigjährigen Krieges ihren Tribut: 1644 hatte das Stift 2290 fl Schulden, 1645 schon 3774 fl[257]. 1650 stiegen sie weiter auf 5692 fl 32 x 3 dn[258]. 1659 betrugen die Einnahmen des Stiftes 4679 fl 5 x 24 dn, davon entfielen auf die Pfennigstift 367 fl 7 x 14 1/2 dn. Die Ausgaben summierten sich auf 4649 fl 4 x 26 dn, es blieb also ein Überschuss von 30 fl 28 dn[259]. 1663 hatte man immerhin 1127 fl 30 x an Schulden zurückbezahlt und dennoch einen kleinen Gewinn von 52 fl erzielt[260].

Dann folgte 1668 der Einsturz eines Teils der Kirche, die auf einer Seite zu sinken begann, ebenso das noch gar nicht so alte *Schwendische Gepäu*[261]. Angesichts des instabilen Untergrundes hätte man das Stift am liebsten oben in Anger neu errichtet, aber das war nicht zu finanzieren. Allein für die Kirche betrug der Kostenvoranschlag rund 7500 fl. Wegen der Finanzierung wandte sich Propst Wolfgang Zehentner (1652–1671) an das Konsistorium in Salzburg, das nach langem Feilschen 1670 die Leihe von 2000 fl von der Kirche in Weildorf genehmigte. 1673 schuldete man jedoch zusätzlich noch 1466 fl verschiedenen Privatleuten und Handwerkern[262]. 1678 berichtete Propst Johann Adam Weber (1676–1686), dass die Rechnungen für die *Schwendischen und Khürchen Gepeus* 6900 fl betrügen und alles außer 1350 fl gesammelten Geldes von des *Closters Mittln* hergenommen worden sei[263]. Die Arbeiten waren aber noch nicht abgeschlossen: Es fehlte noch an der Inneneinrichtung der Kirche, außerdem waren Richterhaus, Rossstall, Zehentstadel, Maierhaus, die Gebäude in Untermayrhofen, Eglreit und Ramsau sowie die Klostermühle zu reparieren oder teils neu zu erbauen. Der Kostenvoranschlag betrug 1680 für alle Maßnahmen 4560 fl, für das *notwendigste Gepeu* 2610 fl[264]. Offenbar lieh man sich dafür von einer *Wittfrauen in Salzburg* 2500 fl[265]. Beim Amtsantritt von Propst Patritius Pichler (1686–1691) betrugen die Schulden des Stiftes 3368 fl 13 x, es hatte aber auch Gelder in Höhe von 4120 fl verliehen, davon 3000 fl an die Salzburger Landschaft[266]. 1691 konnte die Stiftskirche geweiht werden und als Propst Patritius bald darauf starb, hinterließ er Schulden in Höhe von 3608 fl, die verliehenen Gelder blieben gleich. Wenn man bedenkt, welche Summen in die Baumaßnahmen gesteckt werden mussten, war dies eine beachtliche ökonomische Leistung[267].

In den folgenden Jahren wurden viele Schulden zurückgezahlt und auch die jährlichen Gewinne gesteigert. So standen 1705 den Einnahmen in Höhe von 4954 fl 10 x Ausgaben von 3797 fl 50 x gegenüber, das ergab eine *Remanenz* von 1156 fl 20 x[268]. 1722 konnte Propst Johann Baptist Zacherl (1691–1725) sogar Vachenlueg zum Preis von 8000 fl erwerben, wofür er sich jedoch von den inkorporierten Kirchen Geld vorstrecken ließ. Der Propst hinterließ Schulden in Höhe von 3117 fl, die verliehenen Gelder betrugen 5195 fl. Unter seinem Bett fand sich außerdem eine Truhe mit 6000 fl[269]. Von seinem Nachfolger Johann Baptist Puechner (1725–1743, ab 1741 Administrator Johann Adam Ranner) war oben bereits die Rede. Er hinterließ 1743 die Rekordmarke von 31.402 fl an Schulden, davon betrafen 10.583 fl die inkorporierten Kirchen. Das Geld in der Truhe war auch verschwunden, es konnte nicht herausgebracht werden, wohin[270]. Immerhin hatten seine Vorgänger mit nur etwa 10 Prozent der Schuldensumme beachtliche Baumaßnahmen finanzieren können. Puechner überließ dem Stift als bleibende Werte die 1733 erlangte päpstliche Infulationsbulle, die ihn auf ca. 2000 fl zu stehen gekommen war[271], sowie die 1734 erbaute Brauerei, wofür er sich jedoch von einem Teil der Weingüter trennte.

Propst Anian I. Höpfengraber (1743–1749) konnte die Passiva nur auf 31.150 fl reduzieren, 1744 hatte er eine Alm zum Preis von 1700 fl erworben[272]. Sein Nachfolger Augustin Eslinger (1749–1762) verringerte den Schuldenstand gegenüber Privatpersonen auf 7123 fl, die Schulden bei den inkorporierten Kirchen bestanden aber nach wie vor[273]. Unter dem besonders sparsamen Propst Anian II. Köllerer (1762–1803) wurde die Stiftskirche um 1765 stukkiert und ausgemalt, wozu sich leider keine Rechnungen erhalten haben. Im Inventar von 1785 gibt er eine Barschaft von 5845 fl 26 1/2 x an, verliehene Gelder in Höhe von 6180 fl sowie Ausstände in Höhe von 1080 fl 45 x. *Passiva* werden keine aufgeführt, es gab wohl tatsächlich keine mehr. Dies war durchaus erreichbar, wenn z. B. jährliche Überschüsse von ca. 1000 fl konsequent zur Tilgung der Schulden verwendet wurden. Trotz der Belastungen durch französische Truppen im Jahr 1796 war das Stift 1804 nicht nur schuldenfrei, es hatte sogar Kapitalien in Höhe von 23.950 fl verliehen[274].

Unter dem letzten Propst Gilbert Grab (1804–1817) erlebte Höglwörth während des Krieges von 1809 noch einmal schwere Zeiten. Um die großen Kriegslasten zu tragen, hatte das Stift Gründe, die bisher freies Eigen waren, um 5230 fl zu Erbrecht ausgegeben. Außerdem musste es 1809 *zum Besten des Landes* seine Güter für 35.000 fl einer Hypothek unterstellen — Salzburg hatte den Besitz der ständischen Klöster an ein Frankfurter Handlungshaus verpfändet[275]. Nach dem Übergang an Bayern kam es zu dem bereits erwähnten Verkauf der Weingüter 1812 und dem Tausch von Untertanen mit der Abtei St. Peter 1816. Bis 1817 hatte das Stift 12.294 fl zur Schuldentilgung und für die Verbesserung der Wirtschaftslage verwendet[276]. So kam die Aufhebung des Stiftes zu einer Zeit, als wieder eine gute ökonomische Basis vorhanden war. Damals standen Aktivkapitalien von 16.680 fl Passiva in Höhe von 5876 fl gegenüber. Insgesamt gehörten dem Stift 1817 etwa 258 Tagwerk (88 ha) Gärten, Äcker, Wiesen, Ötzen und Möser, es hatte 456 Grundholden und 269 Zehentholden[277]. Die Ökonomie, Brauerei, Taferne sowie die meisten Gebäude mit Ausnahme von Schloss Vachenlueg befanden sich in gutem Zustand. Der Gesamterlös bei der Versteigerung 1817 dürfte bei 47.000 fl gelegen haben[278].

Anmerkungen

1 *Hauthaler*, Rechenschaftsbericht, S. 53; *Koch-Sternfeld*, Beyträge III, S. 188 f., und *Filz*, Michaelbeuern, S. 757–759.
2 BayHStA, Höglwörth Urk. 1–196, außerdem Urkundenabschriften KL Höglwörth 37.
3 *Reindel-Schedl*, Laufen, S. 156 Anm. 2.
4 BayHStA, HL Salzburg 28.
5 BayHStA, KL Höglwörth 14.
6 Ebenda, 15 u. 17.
7 Ebenda, 18 u. 19.
8 Ebenda, 20–22, 24, 26 28.
9 SLA, Urbar Nr. 531 1/2.
10 AStP, Hs B 112, B 544 u. B 546.
11 BayHStA, KL Höglwörth 16, 29, 45, 31–34.
12 Ebenda, 41, 30, 23, 25.
13 Ebenda, 42, 44, 46.
14 AEM, KlA Höglwörth A 94–106, weitere Bestände einschließlich der Klosterchronik o. Sign.
15 AES, Klöster allgemein 11/3, Männliche Klöster 11/39, Generalvisitationen 11/72 u. 11/77.
16 StAM, LRA 136558; RFK 534, 541, 543 u. 556.
17 *Reindel-Schedl*, Laufen, S. 162 Anm. 32.
18 BayHStA, Höglwörth Urk. 25 u. 73.
19 Vgl. auch *Schroll*, Weingärten, S. 7 f.
20 AEM, KlA Höglwörth, Verschiedenes o. Sign., Bestandsbrief für den Mayrhof zu Höglwörth 1629.
21 *Reindel-Schedl*, Laufen, S. 456; vgl. auch den Beitrag von Joachim Wild in diesem Band.
22 *Geiß*, Högelwerd, S. 545 f.
23 AEM, KlA Höglwörth A 96, Brief Nr. 2 v. 1740 Okt. 14.
24 *Geiß*, Högelwerd, S. 547–549.
25 *Schmeller*, Bayer. Wörterbuch 1, Sp. 486 f.
26 *Geiß*, Högelwerd, S. 432.
27 *Reindel-Schedl*, Laufen, S. 172.
28 Ausführliche Angaben im Beitrag von Joachim Wild.
29 BayHStA, HL Salzburg 28, fol. 25ʳ.
30 BayHStA, Höglwörth Urk. 29.
31 Ebenda, 94.
32 *Geiß*, Högelwerd, S. 496.
33 BayHStA, KL Höglwörth 15, fol. 51.
34 BayHStA, Höglwörth Urk. 49, 55, 61 u. 74.

35 *Gruber-Groh,* Bad Reichenhall, S. 155.
36 BayHStA, KL Höglwörth 18.
37 BayHStA, Höglwörth Urk. 17 u. 25.
38 *Andreas Otto Weber,* Studien zum Weinbau der altbayrischen Klöster im Mittelalter. Altbayern — österreichischer Donauraum — Südtirol (= Vierteljahrsschrift für Sozial- und Wirtschaftsgeschichte, Beihefte 141) (Stuttgart 1999), S. 159.
39 BayHStA, Höglwörth Urk. 21.
40 Ebenda, 55.
41 *Reindel-Schedl,* Häuserbuch Teisendorf, S. 15.
42 BayHStA, KL Höglwörth 22, fol. 398ʳ–402ᵛ, KL Höglwörth 24, Anhang.
43 BayHStA, Höglwörth Urk. 48.
44 Ebenda, 17 u. 48.
45 AEM, KlA Höglwörth, A 95.
46 *Friedrich Lütge,* Die Bayerische Grundherrschaft (München 1949), S. 66; *Rainer Beck,* Unterfinning, Ländliche Welt vor Anbruch der Moderne (München 1993), S. 223.
47 AStP, Hs B 112.
48 1589 hatte das Stift 11 Joch Weingärten zu Oberarnsdorf, AEM, KlA Höglwörth A 95.
49 Heutiges Bayern: BayHStA, Kl Höglwörth 21 u. 22, sowie *Reindel-Schedl,* Laufen; Saalfelden: AStP, HS B 112.
50 *Reindel-Schedl,* Laufen, S. 457.
51 BayHStA, Höglwörth Urk.129.
52 Ebenda, 44, und KL Höglwörth 21, fol. 6. Oberenglhäng diente auch alle Naturalabgaben in Geld.
53 Diese und die folgenden Angaben aus dem Jahr 1665 aus AES, Generalvisitationen 11/77, Bd. 2, fol. 1.
54 BayHStA, KL Höglwörth 25.
55 Wie Anm. 53.
56 BayHStA, KL Höglwörth 34, fol. 42ʳ.
57 *Reindel-Schedl,* Laufen, S. 170 Anm. 104.
58 BayHStA, Höglwörth Urk. 129.
59 BayHStA, KL Höglwörth 24, Anhang.
60 „Ziger" war die Bezeichnung für Topfen, Schotten für Quark oder einen trockenen, bröseligen Käse; vgl. *Schmeller,* Bayer. Wörterbuch 2, Sp. 1094, u. 1, Sp. 486 f.
61 StAM, Rentämter 3958.
62 *Geiß,* Högelwerd, S. 336 u. 340 Anm. 38.
63 *Reindel-Schedl,* Laufen, S. 165.
64 BayHStA, KL Höglwörth 14, fol. 48.
65 Ebenda, 55 u. 74.
66 *Beck,* Unterfinning (wie Anm. 46), S. 405.
67 BayHStA, KL Höglwörth 44.
68 *Fritz Koller,* Das Salzburger Landesarchiv (Salzburg 1987), S. 183–189.
69 *Beck,* Unterfinning (wie Anm. 46), S. 577.
70 Ebenda, S. 578.
71 *Josef Schatz* u. *Karl Finsterwalder,* Wörterbuch der Tiroler Mundarten I (= Schlern-Schriften 120/1) (Innsbruck 1956), S. 327.
72 *Lütge,* Grundherrschaft (wie Anm. 46), S. 69 f.
73 Siehe den Beitrag von Joachim Wild.
74 BayHStA, KL Höglwörth 22.
75 *Lütge,* Grundherrschaft (wie Anm. 46), S. 69
76 *Reindel-Schedl,* Laufen, S. 457 Anm. 7.
77 *Lütge,* Grundherrschaft (wie Anm. 46), S. 150 f.

78 BayHStA, Höglwörth Urk. 98.
79 AEM, KlA Höglwörth A 102.
80 Ebenda, A 95 u. BayHStA, KL Höglwörth 49.
81 *Geiß,* Högelwerd, S. 524.
82 *Franz Martin,* Die kirchliche Vogtei im Erzstifte Salzburg, in: MGSL 46 (1906), S. 239–436; *Heinz Dopsch,* Recht und Verwaltung, in: Salzburg I/2, S. 882–886.
83 *Reindel-Schedl,* Laufen, S. 456.
84 BayHStA, Höglwörth Urk. 3a, u. Regesta Boica IV, S. 516.
85 BayHStA, Höglwörth Urk. 4.
86 BayHStA, KL Höglwörth 25, fol. 5.
87 *Geiß,* Högelwerd, S. 524.
88 *Lütge,* Grundherrschaft (wie Anm. 46), S. 77.
89 *Geiß,* Högelwerd, S. 337 Anm. 27.
90 BayHStA, Höglwörth Urk. 28.
91 *Martin,* Reg. III, S. 53 Nr. 525.
92 *Geiß,* Högelwerd, S. 347; *Martin,* Reg. III, S. 36 Nr. 356.
93 BayHStA, Höglwörth Urk. 25.
94 Ebenda, 108.
95 *Geiß,* Högelwerd, S. 381.
96 *Chmel,* Notizenblatt, S. 323 f. Nr. III; BayHStA, Höglwörth Urk. 115.
97 AEM, KlA Höglwörth A 97.
98 *Reindel-Schedl,* Laufen, S. 629 u. 631.
99 *Geiß,* Högelwerd, S. 380; *Reindel-Schedl,* Laufen, S. 492 f.; *Georg Mussoni,* Die Eisengewerkschaft Achthal, 1537–1919, in: MGSL 60 (1920), S. 2; *Max Wieser,* 450 Jahre Eisenwerk Stahlwerk Annahütte (Hammerau 1987), S. 24 f. Das Archiv der Eisengewerkschaft Achthal-Hammerau befindet sich jetzt im Staatsarchiv München.
100 StAM, Rentämter 3959; *Geiß,* Högelwerd, S. 524.
101 *Reindel-Schedl,* Laufen, S. 158.
102 AEM, KlA Höglwörth A 103, Visitation 1702.
103 *Reindel-Schedl,* Laufen, S. 456.
104 *Geiß,* Högelwerd, S. 425.
105 AEM, KlA Höglwörth, A 102.
106 *Koch-Sternfeld,* Beyträge III, S. 188 f., und *Filz,* Michaelbeuern, S. 757–759.
107 *Reindel-Schedl,* Laufen, S. 162 Anm. 35.
108 Diese und folgende Identifizierungen ebenda, S. 161–169.
109 Ebenda, S. 171 Anm. 107.
110 BayHStA, KL Höglwörth 28, fol. 22–26.
111 *Reindel-Schedl,* Laufen, S. 168 Anm. 84.
112 Ebenda, S. 168 Anm. 83.
113 Ebenda, S. 168 Anm. 85.
114 BayHStA, KL Höglwörth 28, fol. 9; nach *Schmeller,* Bayer. Wörterbuch 1, Sp. 957, haftet eine Gattergült nicht als Grundgült oder Laudemium auf einem Gut, sondern wird in Folge anderweitiger Übereinkommen gereicht.
115 AStP, Hs B 112 u. B 544.
116 Bei der Belehnung mit den Renn'schen Lehen 1528 und 1541 ist der vorausgegangene Verkauf von Gütern auf dem Marchfeld erwähnt, vgl. dazu den Abschnitt „Besitz im niederösterreichischen Weinviertel".
117 AStP, Hs B 112 u. B 544; StAM, Salzachkreis 1093.
118 BayHStA, KL Höglwörth 14, fol. 130; Höglwörth Urk. 115.
119 StAM, Salzachkreis 847.

120 *Reindel-Schedl*, Laufen, S. 155–173.
121 Vgl. die Angaben ebenda, S. 624–631, 639, 645–662, 698 f., 707 u. 716.
122 BayHStA, KL Höglwörth 21, fol. 202ʳ–206ᵛ.
123 Ebenda, 26–28.
124 AStP, Hs B 112.
125 Ebenda, Hs B 112 u. B 544; StAM, Salzachkreis 1093.
126 *Geiß*, Högelwerd, S. 524.
127 BayHStA, KL Höglwörth 21.
128 Vgl. auch *Reindel-Schedl*, Laufen, S. 624–631.
129 AEM, KlA Höglwörth, A 97.
130 *Reindel-Schedl*, Laufen, S. 160–162 u. 641 Anm. 13.
131 BayHStA, KL Höglwörth 28, fol. 1.
132 Ebenda, 21, dort wurden aber keine Gesamtsummen gebildet.
133 *Reindel-Schedl*, Laufen, S. 164 Anm. 52.
134 BayHStA, Höglwörth Urk. 178 u. 179.
135 AStP, Hs B 112 u. B 544 (die Liste der an Höglwörth abgegebenen Güter ist unvollständig); StAM, Salzachkreis 1093; *Geiß*, Högelwerd, S. 523 f.
136 *Geiß*, Högelwerd, S. 402 f.
137 AEM, KlA Höglwörth, A 96.
138 BayHStA, Höglwörth Urk. 171.
139 *Reindel-Schedl*, Laufen, S. 460.
140 BayHStA, KL Höglwörth 34.
141 *Reindel-Schedl*, Laufen, S. 459.
142 *Geiß*, Högelwerd, S. 469.
143 *Reindel-Schedl*, Laufen, S. 460.
144 Ebenda, S. 645–661; BayHStA, KL Höglwörth 22.
145 BayHStA, Höglwörth Urk. 38 und AEM, KlA Höglwörth A 94; *Geiß*, Högelwerd, S. 352 (1365).
146 *Geiß*, Högelwerd, S. 339.
147 *Martin*, Reg. III, S. 53 Nr. 525.
148 AStP, Hs B 112 u. B 544 (die Liste der von Höglwörth erhaltenen Güter ist unvollständig); StAM, Salzachkreis 1093; *Geiß*, Högelwerd, S. 523 f.
149 *Reindel-Schedl*, Laufen, S. 168 Anm. 85 u. S. 610.
150 BayHStA, KL Höglwörth 28, fol. 9.
151 *Reindel-Schedl*, Laufen, S. 595–597.
152 BayHStA, KL Höglwörth 22, fol. 406–416.
153 *Reindel-Schedl*, Laufen, S. 735.
154 Ebenda, S. 173.
155 Ebenda, S. 173 Anm. 126, S. 688, 698 f. u. 707.
156 BayHStA, KL Höglwörth 22, fol. 418–423.
157 Ebenda, 28, fol. 22–26.
158 *Richard van Dülmen*, Traunstein (HAB, Teil Altbayern, Heft 26) (München 1970), S. 133.
159 BayHStA, KL Höglwörth 22, fol. 436ᵛ–443ʳ.
160 *Hauthaler*, Rechenschaftsbericht, S. 53.
161 *Geiß*, Högelwerd, S. 338.
162 Ebenda, S. 373.
163 *Gruber-Groh*, Bad Reichenhall, S. 131.
164 AEM, KlA Höglwörth A 98; BayHStA, KL Höglwörth 17, fol. 332ʳ–337ʳ.
165 AES, Generalvisitationen 11/77.
166 BayHStA, KL Höglwörth 22, fol. 432ʳ–435.
167 *Geiß*, Högelwerd, S. 524.

168 Ebenda, S. 340.
169 Ebenda, S. 358.
170 BayHStA, Höglwörth Urk. 108.
171 BayHStA, KL Höglwörth 22, fol. 431ʳ.
172 BayHStA, Höglwörth Urk. 3a.
173 *Reindel-Schedl*, Laufen, S. 165.
174 Ebenda, S. 248 Anm. 30.
175 StAM, Salzachkreis 850.
176 *Backmund*, Chorherrenorden, S. 91; *Geiß*, Högelwerd, S. 524.
177 *Reindel-Schedl*, Laufen, S. 492.
178 AEM, KlA Höglwörth, A 95, Vertrag v. 3. Aug. 1672.
179 Ebenda, A 103. Eine Zusammenstellung der von der Gewerkschaft Hammerau von 1609 bis 1808 an Höglwörth entrichteten Gebühren für Holz und Kohle aus den Höglwörthischen Waldungen findet sich in: StAM, App. Ger. 5472.
180 *Reindel-Schedl*, Laufen, S. 165 u. 493.
181 AEM, KlA Höglwörth A 94 und Verschiedenes o. Sig.; *Geiß*, Högelwerd, S. 385 f.
182 Diese und folgende Angaben aus AEM, KlA Höglwörth A 95.
183 AES, Generalvisitationen 11/77, Bd. 2.
184 AEM, KlA Höglwörth, A 95, Brief v. 23. Juli 1671.
185 AEM, KlA Höglwörth, Verschiedenes o. Sign., Bestallungsbrief v. 1798 Hornung 12.
186 SUB IV, S. 356 f. Nr. 313; *Geiß*, Högelwerd, S. 433; AEM, KlA Höglwörth A 95.
187 BayHStA, Höglwörth Urk. 153.
188 BayHStA, KL Höglwörth 21, fol. 160ʳ.
189 AEM, KlA Höglwörth A 97.
190 *Hauthaler*, Rechenschaftsbericht, S. 53.
191 *Koch-Sternfeld*, Beyträge III, S. 188 f., und *Filz*, Michaelbeuern, S. 757–759.
192 *Reindel-Schedl*, Laufen, S. 162 Anm. 34.
193 AEM, KlA Höglwörth A 97.
194 BayHStA, KL Höglwörth 41.
195 AEM, KlA Höglwörth A 102.
196 AEM, KlA Höglwörth, Verschiedenes o. Sign.; *Geiß*, Högelwerd, S. 409–411.
197 *Geiß*, Högelwerd, S. 415.
198 AEM, KlA Höglwörth A 102.
199 Ebenda, A 97.
200 StAM, Salzachkreis 850.
201 StAM, Kataster 1917, Haus Nr. 140.
202 *Geiß*, Högelwerd, S. 469.
203 AEM, KlA Höglwörth, A 96.
204 Ebenda, Beschreibung von 1794 für die Brandassecuranz.
205 Ebenda, A 103.
206 AES, Generalvisitationen 11/30.
207 AEM, KlA Höglwörth A 96, Brief v. 1740 Okt. 14.
208 Ebenda, A 97.
209 StAM, Kataster 1911 Nr. LXIV.
210 *Martin*, Reg. III, S. 102 Nr. 1018; *Geiß*, Högelwerd, S. 350.
211 *Franz V. Zillner*, Geschichte der Stadt Salzburg, Geschichtliche Stadtbeschreibung 1 (Salzburg 1885), S. 245 u. 293.
212 *Geiß*, Högelwerd, S. 395 u. 403; *Chmel*, Notizenblatt, S. 324 f. Nr. IV.

213 SLA, Domkapitel, Propstei Högelwerd C 1/2.
214 *Hauthaler,* Rechenschaftsbericht, S. 53.
215 *Koch-Sternfeld,* Beyträge III, S. 188 f., und *Filz,* Michaelbeuern, S. 757–759.
216 *Geiß,* Högelwerd, S. 338.
217 BayHStA, Höglwörth Urk. 17.
218 *Chmel,* Notizenblatt, S. 322 f. Nr. II.
219 Stadtarchiv Krems, Urk. 185 (1416) nach *Schroll,* Weingärten, S. 2; BayHStA, Höglwörth Urk. 37 u. 69.
220 Das behauptet *Schroll,* Weingärten, S. 2.
221 BayHStA, Höglwörth Urk. 21.
222 AEM, KlA Höglwörth A 95.
223 BayHStA, Höglwörth Urk. 55.
224 AEM, KlA Höglwörth A 95 u. A 97; vgl. auch *Schroll,* Weingärten, S. 9.
225 AEM, KlA Höglwörth A 102.
226 *Geiß,* Högelwerd, S. 433 f. u. 523.
227 BayHStA, Höglwörth Urk. 3a.
228 Ebenda, 39.
229 *Chmel,* Notizenblatt, S. 323 f. Nr. III; ebenso der Lehenbrief von 1641: BayHStA, Höglwörth Urk. 115.
230 BayHStA, KL Höglwörth 14, fol. 130ʳ⁻ᵛ. Im Marchfeld ist kein Ort namens Neuendorf bekannt, deshalb wurde vermutet, dass er abgegangen sei.
231 Vgl. dazu *Markus Jeitler,* Herrschaftsbildung und wirtschaftlicher Misserfolg — Guntersdorf im Spätmittelalter (1258–1476), S. 65 f. u. 75–78, in: *Anton Eggendorfer* (Hg.), Guntersdorf und Großnondorf. Die Geschichte der Marktgemeinde Guntersdorf (Horn/Wien 2008). Für die Übermittlung des Textes schon vor dem Erscheinen des Buches ist Herrn Dr. Jeitler herzlich zu danken. Jeitler geht davon aus, dass das Marchfeld als räumlicher Begriff zumindest zeitweise auch Guntersdorf umfasste. Bedenkt man aber, dass das als „Marchfeldschlacht" bekannte kriegerische Treffen bei Dürnkrut und Jedenspeigen seinen Namen nach einem lokalen Gelände führte, das ebenfalls als Marchfeld bezeichnet wurde, weil der Name Markfeld-Marchfeld häufig benützt wurde, dann ist auch bei Großnondorf und den Gütern im „Marchfeld" vielleicht an eine lokale Verwendung dieses Namens zu denken.
232 *Reindel-Schedl,* Laufen, S. 173.
233 BayHStA, Höglwörth Urk. 108.
234 BayHStA, KL Höglwörth 18 u. 19; zur Identifikation des Besitzes: AStP, Hs B 112, B 544 u. B 546.
235 BayHStA, Höglwörth Urk. 3a.
236 AEM, Klosterchronik Höglwörth Nr. 4 (fol. 5ʳ).
237 AStP, Hs B 544.
238 Ebenda, B 112 u. B 544; StAM, Salzachkreis 1093.
239 *Hauthaler,* Rechenschaftsbericht, S. 53; SUB II, D Nr. 55.
240 *Geiß,* Högelwerd, S. 330; *Reindel-Schedl,* Laufen, S. 171.
241 BayHStA, Höglwörth Urk. 129.
242 Ebenda, 28.
243 Ebenda, 60.
244 BayHStA, KL Höglwörth 14, fol. 130.
245 *Geiß,* Högelwerd, S. 421 u. 455. Vgl. auch die Veröffentlichung des Tagebuches des nach Anger exponierten P. Benno Hardter von Höglwörth 1714/15 in: *Lechner,* Anger, S. 49–63, bzw. *Lechner/Roth,* Die Pest.
246 BayHStA, KL Höglwörth 22.
247 AStP, Hs B 112.
248 AEM, KlA Höglwörth, Verschiedenes o. Sign.
249 AEM, KlA Höglwörth, A 96, Brief v. 1740 November 22.
250 Ebenda, A 97.
251 BayHStA, KL Höglwörth 46.
252 *Geiß,* Högelwerd, S. 524.
253 BayHStA, KL Höglwörth 41.
254 AEM, KlA Höglwörth A 98.
255 *Geiß,* Högelwerd, S. 403.
256 Ebenda, S. 412.
257 AEM, KlA Höglwörth A 102.
258 Ebenda, A 97.
259 Ebenda, A 94.
260 AEM, KlA Höglwörth, Rechnungen 1636–1742.
261 Ebenda, Bausachen 1668–1689 (früher 114 813 201).
262 Ebenda.
263 Ebenda, Brief v. 1678 April 23.
264 Ebenda, Designation vom März 1680.
265 Ebenda, Brief 1680 Februar.
266 AEM, KlA Höglwörth A 97.
267 Ebenda und *Geiß,* Högelwerd, S. 439.
268 AEM, KlA Höglwörth A 103.
269 *Geiß,* Högelwerd, S. 458.
270 AEM, KlA Höglwörth A 96.
271 *Geiß,* Högelwerd, S. 460–464.
272 BayHStA, Höglwörth Urk. 178 u. 179.
273 *Geiß,* Högelwerd, S. 476.
274 AEM, KlA Höglwörth A 97.
275 *Geiß,* Högelwerd, S. 496 f.
276 Ebenda, S. 522.
277 Ebenda, S. 524.
278 Ebenda, S. 526.

HANS ROTH

Seelsorge und religiöses Leben im Stiftsland Höglwörth*

Mit der Gründung des Augustiner-Chorherrenstiftes Höglwörth um 1122/25 verband Erzbischof Konrad I. mit der von ihm gezielt betriebenen Kirchenreform den Ausbau eines einheitlichen Pfarrnetzes mit der Organisation der Seelsorge. Der seelsorgliche Zuständigkeitsbereich des Stiftes Höglwörth erstreckte sich — ob bereits von Anfang an ist ungewiss — auf das Gebiet von der Saalach im Südosten bis zum nördlichen Ausläufer des Teisenberges, begrenzt im Süden von dem 1136 entstandenen Stift St. Zeno desselben Ordens für das Reichenhaller Becken, dann dem schon früh erwähnten Pfarrsitz Teisendorf mit der Kirche St. Andreas im Südwesten und, einen Teil des Högls einschließend, von Ainring mit der Kirche St. Laurentius im Osten.

Zur Zeit der Gründung des Chorherrenstiftes bestand mit *Ellenpurchirchen*, dem heutigen Anger, und dem unterhalb davon gelegenen *Phafindorf* (Pfaffendorf), dem Widum und ursprünglichen Sitz eines Pfarrers, ein kirchliches Zentrum im Raum der Stoißer Ache, mit den Nebenkirchen Aufham, Steinhögl, St. Johannshögl, Mauthausen und Piding, später als *nider* oder *untere Pfarr* genannt, die dem Stift inkorporiert wurden. Pfarrkirche für das relativ kleine Stiftsland war die Marienkirche in Anger, erstmals 987 als *Ellinpurgochircha* erwähnt, eine Ortsbezeichnung, die sich zu *Ölperskhürichen* weiterentwickelte und im offiziellen Schriftverkehr bis ins späte 18. Jahrhundert als Ölbergskirchen aufscheint, nicht selten mit der Beifügung „auf dem Anger", womit die bis ins frühe 20. Jahrhundert genutzte Weidefläche auf dem weitläufigen, dreiseitig steil abfallenden alteiszeitlichen Nagelfluhgelände namengebend wurde.

Auf die Entstehung und bauliche Entwicklung der Pfarrkirche in Anger und deren fünf Filialkirchen, die wohl zum Teil aus adeligen Eigenkirchen hervorgegangen sein dürften, wird im nachfolgenden Beitrag von Walter Brugger ausführlich eingegangen. Für Anger bestellte der Propst einen Chorherrn als Vikar, der sich entweder Pfarrer von Höglwörth oder von *Elperskirchen* nannte und seinen offiziellen Pfarrsitz dort hatte. Wegen der weiten Entfernung vom Stift bzw. von Anger wurde 1690 Piding zur Expositur erhoben und dort 1704 ein Pfarrhof für den Expositus errichtet.

Über die praktizierte Seelsorge und das pfarrliche Leben gewähren die frühen Stiftungen, die Funktionarien für den geregelten Vollzug der gestifteten Jahrtage und kirchlichen Feiern sowie die Kirchen- und Bruderschaftsrechnungen einen lebensnahen Einblick, der den Wandel der Frömmigkeitsäußerungen vom Spätmittelalter bis zum beginnenden 19. Jahrhundert nachvollziehen lässt. Zugleich gibt die jährliche Rechnungslegung der einzelnen Kirchen Auskunft über deren Vermögensstand, der wiederum Rückschlüsse sowohl auf die Finanzkraft aufgrund ihrer Dotationen als auch vereinzelt auf deren volksreligiöse Bedeutung als lokale Wallfahrtsstätten zulässt.

Die Jahrtags- und Wochenmess-Stiftungen

Die Seelgerätstiftungen in Form von Geld oder Grundbesitz an das jeweilige Gotteshaus bildeten das finanzielle Fundament für die Gewährleistung regelmäßiger gottesdienstlicher Verrichtungen sowie den Unterhalt von Bau und Ausstattung der Kirchen.

In der Stiftskirche Höglwörth werden 1643 zwölf gestiftete Jahrtage gefeiert. Das tägliche Konventamt gilt dem Gedenken der Grafen von Plain als Stifter entsprechend der Haustradition. Das feier-

---

* Die Fotos auf S. 181 u. 182 fertigte Erhard Zaha an, alle anderen stammen von Anton Brandl.

Höglwörth, Gesamtanlage — Bleistiftzeichnung, datiert 4. Oktober 1886, in Privatbesitz

liche Seelamt für die Stifter, die hier ihre Grablege hatten, wird am Freitag vor St. Thomas (21. Dezember) begangen, verbunden mit einer großen Spende aus Brot und Käse, die unter der teilnehmenden Bevölkerung verteilt wurde[1]. Weitere Jahrtage kommen später noch hinzu, wie z. B. für die Teisendorfer Bierbrauerfamilie Schaidinger und für Fürsterzbischof Sigmund Christoph Graf Schrattenbach[2].

Für Anger reichen die Stiftungen bis 1349 zurück. So bestimmt der Staufenecker Richter Tobias von Aufham, dass in der Marienkirche jeden Sonntag, am 1. und 6. Januar und an den vier Marienfesten zwei Messen, davon jeweils eine in der *untern Pfarr* Piding, gefeiert werden sollen. 1352 folgt die Jahrtagsstiftung des Hans Weibhauser, die mit Geläut, Vesper, Vigil und Seelenmesse zu begehen ist. Entsprechend der vertieften spätmittelalterlichen Frömmigkeitshaltung stellen sich in rascher Folge materielle Zuwendungen und Legate ein. So stiften

1408 Adelheid, Friedrich des Zingleins Witwe, in Anger eine Wochenmesse am Dienstag und 1415 die Brüder Martin und Hans von Haunsperg zu Vachenlueg für ihre Geschwister und ihre beiden Hausfrauen eine Wochenmesse, die jeden Mittwoch zu St. Jakob in Aufham zu feiern ist. Die Högler Bauern errichten 1479 eine Stiftung, wonach jeden Freitag eine ewige Wochenmesse in der St. Johannskirche und eine Jahresmesse auf deren St.-Wolfgang-Altar am Fest dieses Heiligen zu feiern ist, was besagt, dass die Kirche zu dieser Zeit bereits über zwei Altäre verfügte[3].

Die Jahrtags- und Messstiftungen, die sich in den folgenden Jahrhunderten in unterschiedlicher Intensität fortsetzen, sprechen nicht nur für die Vermehrung der gottesdienstlichen Verrichtungen, sondern zeigen auch die Schwierigkeiten des Stiftes auf, bei verminderter Zahl der Chorherren den Verpflichtungen gegenüber den Stiftern gerecht zu werden.

Votivbilder aus Steinhögl (links) und Piding, jeweils zweite Hälfte 18. Jahrhundert

Ablassverleihungen zur Intensivierung des religiösen Lebens

Das Augustiner-Chorherrenstift war bemüht, Ablässe für einzelne Kirchen zu erreichen, um — wie aus dem Text der Ablassverleihungen hervorgeht — vor allem deren baulichen Unterhalt zu fördern, aber auch das religiöse Leben zu intensivieren. So verlieh 1312 Bischof Werner von Lavant mit Erlaubnis des Salzburger Erzbischofs Konrad IV. anlässlich der Neuweihe der Stiftskirche Höglwörth und der Kirchen zu Aufham, Mauthausen und St. Johannshögl sowie der Kirche zu Piding einen erzbischöflichen Ablass und einen weiteren auf die Kirchweihfeste der neugeweihten Kirchen für alle Sonn- und Feiertage[4], ebenso Bischof Ulrich von Chiemsee 1323[5]. Ablässe wurden gewährt 1443 der Kirche des hl. Georg und Leonhard auf dem *Stainhegl* (Steinhögl)[6], 1447 (Ablassurkunde siehe S. 54), 1464 und 1485 der Marienkirche in Anger, letzterer verbunden mit der Verleihung eines dreitägigen Kirchweihmarktes am vierten Sonntag nach Ostern durch Erzbischof Johannes von Gran, den Administrator des Erzstiftes. Dieser Kirchweihmarkt diente der materiellen Versorgung der Bevölkerung im weiten Umkreis und hat alle Zeiten überdauert; er findet noch heute, nun auf zwei Tage beschränkt, statt[7]. Wie für viele Kirchen in der Region wurde im Heiligen Jahr 1500 noch ein römischer Ablass für die Pfarrkirche Anger und die Filialkirche Aufham gewährt[8].

Finanzielle Verhältnisse der Kirchen im Stiftsland

Nicht das Stift sorgte für Bau, Ausstattung und Unterhalt der Pfarrkirche Anger und ihrer Filialen, sondern die Kirchengemeinden verwalteten das Vermögen selbst durch die von ihnen bestimmten Zechpröpste und führten bauliche Veränderungen aus eigenen Mitteln durch. Neben den Dotationen zur Zeit ihrer Entstehung und der weiteren Vermehrung des Grundbesitzes kamen die gestifteten Jahrtage hinzu, deren Feier aus den Zinsen des Stiftungsvermögens bestritten wurde. Die Einnahmen der Kirchen bestanden neben den Sammlungs- und Opferstockgeldern, die zu einem Drittel dem Pfarrer von Anger oder Vikar von Piding bzw. dem Stift zuflossen, vorwiegend aus Kapitalerträgnissen, also aus den Zinsen gewährter Darlehen. Denn die Kirchen stellten ab dem 16. Jahrhundert, als das kirchliche Zinsverbot aufgehoben worden war, so etwas wie Banken dar, die bei entsprechender Absicherung in der Regel gegen fünfprozentige Verzinsung der Bevölkerung Darlehen gewährten. So führt die Kirchenrechnung von Piding 1637 verliehenes Kapital in Höhe von 554 Gulden auf, während sich die Einnahmen in diesem Jahr auf 241, die Ausgaben

Das Hauptbild des Placidus-Altares zeigt ein Beispiel praktizierter Volksfrömmigkeit: Der heilige Märtyrer wird nicht nur von Höglwörther Chorherren verehrt, sondern auch vom einfachen Volk angerufen

auf 76 Gulden belaufen. Zu den Ausgaben zählen die Vergütungen für Klerus, Mesner und für die „Kirchensänger", für den Bauunterhalt von Kirche, Mesnerhaus und Friedhof, für Kirchenwäsche und für einzelne Sonderleistungen der Geistlichkeit. Ein Beispiel aus Piding vom Jahr 1632: *So muss man jährlich am Heiligen Weihnachtstag dem Priester von Verrichtung der Metten und Frühmesse geben 2 ß [Schilling] 24 x [Kreuzer], am Lichtmesstag wegen der Khorzenweihe 12 x, am grienen Donnerstag für Nachtmall 2 ß, zu Ostern für die Mittagspredigt, an Osterfeiertagen, wann man umb die Pfarr gehet, 2 ß, für die Umgänge zu Pfingsten und Jacobi 1 ß 2 x.*[9]

Die bescheidene Kirche zu St. Johann am Högl zählte zu den Kirchen mit dem größten Vermögen, dessen Ursprung noch zu untersuchen wäre. Das verliehene Kapital beträgt im Jahr 1679 mehr als 3000 Gulden, die Einnahmen an Zinsen belaufen sich auf 490 Gulden. Neben den hohen Kapitalerträgnissen erweisen sich die Einnahmen aus den Sammlungen mehr als bescheiden: Am *Osterdienstag 9 x, Pfingstdienstag 9 x, Kirchenstock 1 fl [Gulden] 10 x, Stock am Portal 15 x, Stock im Wald 45 x, am Patrozinium gesammelt 1 fl 44 x.* Ein solcher Wohlstand weckte die Begehrlichkeiten. So musste St. Johann immer wieder den umliegenden Kirchen mit zinslosem Darlehen aushelfen oder gar zinslose Beiträge für Baumaßnahmen des Klosters leisten. Da lautet ein Konsistorialbefehl vom 11. Juli 1679: *dem Propst zum Kirchengebäu in Höglwörth 200 fl*[10]. 1758 verfügte St. Johann über ein Vermögen von 4438 Gulden, davon verliehenes Kapital in Höhe von 2251 Gulden[11]. In diesem Jahr vermerkt die Jahresrechnung, dass seit 1738 das Kloster 2709 Gulden, Anger 369 Gulden und Piding 541 Gulden nach St. Johann schulden. Als 1722 das Stift Schloss Vachenlueg erwirbt, leistet die Filiale wiederum 500 Gulden[12]. Ebenso mussten 1780 die Kirchen der Pfarrei entsprechend ihrem Vermögen einen anteilsmäßigen Beitrag zum Bau der Kirche St. Anton in Hallein und zum Wiederaufbau der 1781 durch Brand zerstörten Kirche in Radstadt leisten.

Dagegen zählen die Stolgelder für Taufen, Trauungen und Beerdigungen sowie für sonstige kirchliche Verrichtungen zu den Einnahmen des Stiftes. So belaufen sich 1663 die Einnahmen des Stiftes aus der Pfarrei Anger auf 202 Gulden, aus dem Vikariat Piding einschließlich der Jahrtage und Wettermessen auf 79 Gulden[13]. Durch Bewilligung des Erzbischofs war ab 1780 dem Propst von Höglwörth ein jährliches Deputat von allen Kirchen zu reichen, von Anger 5 Gulden, von Piding 7 Gulden 30 Kreuzer, von den Filialen entsprechend weniger[14].

Religiöses Leben und liturgische Verrichtungen im 17. Jahrhundert

Über die während des Kirchenjahres außer der Stiftskirche in den einzelnen Gotteshäusern regelmäßig anfallenden gottesdienstlichen Verrichtungen geben die erhaltenen Funktionarien des Stiftes aus den Jahren 1609[15], 1643[16] und um 1671[17] Auskunft und vergegenwärtigen das ausgeprägte religiöse Leben im Stiftsland.

Die drei Funktionarien, nach Kirchen gegliedert, fasste Georg Hunklinger zu einem jährlichen Festkalender[18] zusammen, der auszugsweise und nach Monaten geordnet hier vorgestellt wird. Die gestifteten Jahrtage bleiben in diesem Zusammenhang unberücksichtigt, ebenso die Vergütung der Kleriker für die jeweiligen liturgischen Handlungen. Dagegen soll auf die liturgischen Feiern der einzelnen Feste des Kirchenjahres und die damit verbundenen brauchtümlichen Handlungen aus volkskundlichem Interesse näher eingegangen werden. An den Sonntagen und hohen kirchlichen Festtagen besuchen die Filialgemeinden den Gottesdienst in der Pfarrkirche Anger oder in der *untern Pfarr*, der Vikariatskirche in Piding. Ebenso war es Pflicht der Gläubigen, sich an den gemeinsamen Bittgängen und Wallfahrten sowie an der „Danksagung", der Prozession nach der Erntezeit, zu beteiligen.

Januar: In Anger und Piding wird am 1. Oktavtag von Weihnachten die „Sing" gehalten, worunter eine von den Kirchensängern mitgestaltete Messe zu verstehen ist. Am Fest der Erscheinung des Herrn wiederum gesungene Messe in beiden Kirchen. — Tag der hll. Fabian und Sebastian (20. Januar) - am Vorabend in Anger Vesper am Sebastiansaltar bei der Kanzel; in Mauthausen gesungene Messe. In Piding Messe, erste Vesper und Officium am Sebastiansaltar bei der Sakristei. (Anmerkung im Jahr 1671: Feiertag nach Belieben, mehr aus Devotion gegen die Pest.) — Vinzentius und Anastasius (22. Januar) - an diesem Tag pflegt man in Anger den Holzknecht- und Köhlerjahrtag zu feiern.

Februar: Zu Lichtmess gesungene Messe in Anger und Piding. Kerzenweihe in Anger. Das Officium von der Sel. Jungfrau wird gebetet, von Propst Benedikt Trauner (1435–1478) eingeführt. Segnung der Leuchter und Kerzen mit Prozession. In Piding ebenso, aber ohne Vesper. — Am Tag des Apostels Matthias (25. Februar) Gottesdienst mit Predigt in Aufham. — Den 2. Sonntag in der Fasten die Quatembervigil zu Anger, den Sonntag danach Seelamt für die Verstorbenen der Armen-Seelen- und Sebastiani-Bruderschaft, wobei deren Namen von der Kanzel verlesen werden. — Am Aschermittwoch Aschenweihe, Feiertag bis Mittag.

März: Fest des hl. Josef (19. März) - Feiertag, Gottesdienst in der Pfarrkirche, Predigt nach Gutdünken des Priesters, ebenso in Mauthausen. — Mariä Verkündigung gesungene Messe in Anger und Piding ohne Vesper. — Am Rupertustag, *als er verschaiden ist* (27. März), gesungene Messe in Piding, kein Feiertag.

Karwoche und Ostern: Nach dem Funktionarium von 1643 wird ab dem dritten Fastensonntag am Nachmittag bis zum Palmsonntag in der Klosterkirche eine Predigt gehalten. Mittwoch in der Karwoche in Anger Matutin mit Laudes um 4 oder 5 Uhr, in der Mittwoch-Nacht 1609 auch eine Mette. Gründonnerstag in der Pfarrkirche gesungener Gottesdienst mit Predigt über den ersten Teil der Passion und „Sing" in Mauthausen, von wo die hl. Hostien für den folgenden Karfreitag nach Piding getragen werden. Karfreitag in Anger Predigt über den übrigen Teil der Passion „samt Akt" (Zeremonien), ebenso in Piding. Karsamstag Weihe des Taufwassers und des Feuers, ebenso in Höglwörth, 1671 nur noch in Anger. 1609 wird noch eine 12-Uhr-Predigt in Höglwörth aufgeführt. Gründonnerstag, Karfreitag und Karsamstag gelten nicht als Feiertage. Erstmals 1645 ein Hinweis auf ein bestehendes Heiliges Grab in Höglwörth: *umb 16 Pfund Paumöll zum Grab 4 fl 16 x*[19].

Das Osterfest wird nach dem Funktionarium von 1643 in Anger gefeiert am Ostersonntag mit Gottesdienst, in der Nacht Matutin und Laudes, um 8 Uhr gesungenes Officium, Predigt am Nachmittag um 1 Uhr und danach Vesper. Ostermontag Gottesdienst mit Predigt, in Steinhögl findet ein Pferdeumritt statt, der 1774 erstmals überliefert wird, aber wohl viel weiter zurückreicht[20]. Osterdienstag gesungene Messe in St. Johann am Högl. Ostermittwoch in Höglwörth um 5, 6 oder 7 Uhr Messe, darauf Bittgang durch die ganze Pfarrei, wobei die vier Evangelienanfänge gesungen werden, zunächst außerhalb des Klosters, dann am Johannshögl, in

Zwei Votivbilder aus Piding von 1761 bzw. 1778

Mauthausen und in Anger. Dem begleitenden Pfarrer von Anger wird in jeder Kirche ein kleiner Geldbetrag gereicht, dem man auch *2 Mäßchen Wein schuldet*.

April: St. Georgstag (23. April) - gesungene Messe samt beiden Vespern in Steinhögl, von Anger und Mauthausen zieht man mit dem Kreuz dorthin. Am 2. Sonntag nach Ostern wird dort auch das Kirchweihfest begangen. — Markustag (25. April) - gesungene Messe in Autham. Bittgang beider Pfarreien, womit Anger und Piding gemeint sind, mit dem Kreuz dorthin. — 3. Sonntag nach Ostern - Bittgang nach Weildorf zur dortigen Kirchweih, ebenso ist auch ein Bittgang nach Perach bei Ainring gebräuchlich.

Mai: Fest Philippus und Jakobus (1. Mai) - gesungene Messe in Aufham, wohin man von Anger und Piding mit dem Kreuz zieht. — Fest der Kreuzauffindung (3. Mai) - gesungene Messe in Anger, Gottesdienst in Piding; gebotener Feiertag in beiden Pfarreien[21]. — Fest des hl. Johannes vor der lateinischen Pforte (6. Mai) - gesungene Messe in St. Johann. — Am 4. Sonntag nach Ostern Kirchweihfest in Anger mit beiden Vespern und Predigt. Verkündigung des Kreuzganges auf den *St. Pongrazenberg* in Karlstein. Von Piding Bittgang nach Anger. — Am 5. Sonntag nach Ostern Oktav der Kirchweih und Kirchweihfest auf dem St. Johannshögl, am Vorabend Vesper. Beide Pfarreien ziehen dorthin, auch die benachbarte Ainringer Pfarrei. — Der große Bittag wird mit einem Kreuzgang begangen von Anger und Piding nach Aufham. — Am Bitt-Mittwoch ziehen 1609 beide Pfarreien *herein nach Höglwörth*, wo das Officium gesungen wird. — Zu Christi Him-

Kasel aus dem Paramentenbestand der Schlosskapelle Vachenlueg, heute Anger — Wappen der Stifter, links Sebastian von Haunsperg zu Vachenlueg und Neufahrn († 1608), rechts seiner Ehefrau Magdalena, geb. Alt († 1624)

melfahrt gesungene Messe in Anger und Piding, am Nachmittag Predigt, danach die „Zeremonie der Himmelfahrt Christi", der die gesungene Vesper folgt. In Piding ebenfalls am Nachmittag der „Akt der Himmelfahrt". 1631 wird *ain Pilt kauft zu der Auffahrt*, also eine Figur[22]; gleichzeitig scheint alljährlich eine Ausgabe auf *zu den Auffahrt Christi umb Himblprot geben*, worunter ein Gebildbrot zu verstehen sein dürfte. — Am darauffolgenden Freitag Kreuzgang beider Pfarreien nach Johannshögl. — Fest des hl. Urban (25. Mai) in Steinhögl, Kreuzgang dorthin mit gesungener Messe, am Vorabend Vesper[23]. — Am 6. Sonntag nach Ostern Kirchweih der Seitenaltäre der Pfarrkirche Anger. Vigil des Pfingstfestes, 1609 mit Taufwasserweihe zu Höglwörth und Anger; 1643 wird Höglwörth nicht mehr erwähnt, was besagt, dass die Taufen nur noch in Anger und Piding stattfanden.

Juni: Pfingstfest: Gesungene Messe in Anger und Piding, beide Vespern in Anger, am Nachmittag Prozession mit dem Hochwürdigsten Gut über die Äcker, wobei die vier Evangelienanfänge gesungen werden. Am Pfingstmontag gesungene Messe in Anger und Mauthausen, ebenso Pfingstdienstag. — Mittwoch Kreuzgang *auf die Gmain* (Großmain). — Am Dreifaltigkeitssonntag Quatembervigil in Anger, am Tag darauf Seelenamt für die verstorbenen Mitglieder der Sebastiani-Bruderschaft und Officium am Sebastiansaltar.

Fronleichnam: Gesungene Messe in Anger, anschließend Prozession nach Höglwörth. In der Klosterkirche wird das Officium gesungen, dann das erste Evangelium in der Kirche, das zweite außerhalb des Klosters, das dritte *auf dem Anger* und das vierte in der Pfarrkirche (1643). Anschließend wird das Sakrament unter Begleitung der ganzen Pfarrgemeinde nach Höglwörth zurückgetragen. Sonntag in der Fronleichnamsoktav - Bittgang von Anger nach Teisendorf, wo das Kirchweihfest gefeiert wird. Innerhalb dieser Oktav werden die kanonischen Horen vor ausgesetztem Allerheiligsten verrichtet. Am Oktavtag von Fronleichnam Prozession in Anger. — Am 3. Sonntag nach Pfingsten Bittgang von Anger und Piding nach Inzell, wo das Kirchweihfest begangen wird. — Fest St. Vitus (15. Juni) - gesungene Messe zu Mauthausen. Von Anger und Piding eine Wallfahrt nach St. Wolfgang am Abersee. — Markustag (18. Juni) - die Brotspende zu Mauthausen, wofür dem Kloster 70 Kreuzer gereicht werden, mit Vigil und Seelenamt. — Fest Johannes des Täufers (24. Juni) - gesungene Messe zu St. Johann am Högl mit erster Vesper. Kreuzgang dorthin von beiden Pfarreien. Feiertag. — Fest Johannes und Paulus (26. Juni) - Bittgang beider Pfarreien für die Erhaltung der Feldfrüchte nach Feldkirchen bei Ainring. Der Pfarrer von Anger liest die Messe in Piding, der Vikar von Piding in Feldkirchen. — Fest der Apostel Petrus und Paulus (29. Juni) - Patrozinium im Kloster mit gesungener Messe samt beiden Vespern; Bittgang der Gemeinden Anger und Piding dorthin, am Sonntag darauf ziehen dieselben wiederum mit dem Kreuz nach Höglwörth.

Juli: Mariä Heimsuchung (2. Juli) - gesungene Messe in Anger. — Hl. Heinrich (15. Juli) - 1609 gebotener Bittgang wegen der Engerlinge-Plage nach Maria Eck, 1642 abgeschafft. — Fest hl. Maria Magdalena (22. Juli) - gesungene Messe in Aufham, Bittgang beider Pfarreien dorthin. — Fest des Apostels Jakobus (25. Juli) - Patrozinium in Aufham, Bittgang beider Pfarreien dorthin. — Fest hl. Anna (26. Juli) - Feiertag, gesungene Messe in Anger und Piding.

August: Fest des hl. Laurentius (10. August) - Patrozinium in Mauthausen, Bittgang von Anger und Piding dorthin. — Mariä Himmelfahrt (15. August) - Feiertag, Patrozinium in Anger, am Sonntag darauf Kirchweih in Mauthausen, Bittgang der Pfarrei Piding dorthin. — Fest des hl. Bartholomäus (24. August) - Kirchweih in Höglwörth, wohin beide Pfarreien mit dem Kreuz ziehen, ebenso am nächsten Sonntag. Gottesdienst in Höglwörth. — Fest des hl. Augustinus (28. August) - Stiftrecht zu Höglwörth. Alle Gottesdienste werden im Kloster verrichtet. — Fest der Enthauptung des hl. Johannes des Täufers (29. August) - gesungene Messe in St. Johann.

September: Fest des hl. Ägidius (1. September) - gesungene Messe in Piding. — Sonntag vor Mariä Geburt - Kirchweihfest in Piding, wohin ein Bittgang von Anger zieht. — Mariä Geburt (8. September) - Patrozinium in Piding, gesungene Messe zu Piding und Anger mit beiden Vespern. — Fest Kreuzerhöhung (14. September) - Feiertag in Anger, aber nicht in Salzburg und Teisendorf, 1643 kein Feiertag mehr. — Fest des Apostels Matthäus (21. September) - gesungene Messe in Aufham, 1609 kein Bittgang mehr, die Pidinger kommen ohne Kreuz dorthin. — St. Rupertus (24. September) - Feiertag, gesungene Messe mit Predigt. — Fest des Erzengels Michael (29. September) - Feiertag, gesungene Messe in Anger.

Oktober: Kirchweihfest in Aufham mit Bittgang von Anger bzw. mit Prozession von Piding her. Die Aufhamer errechnen ihren Bittgang mit dem zweiten Sonntag nach dem Fest des hl. Michael, die Pidinger mit dem Sonntag nach St. Dionisius (das letzte Mal 1643), was auf denselben Tag hinausläuft, da beide Namenstage nur zehn Tage auseinander liegen. — Fest des hl. Wolfgang (31. Oktober) - Messe in St. Johann.

November: Allerheiligen - gesungene Messe zu Anger und Piding, beide Vespern in Anger, am Nachmittag Totenvigil mit Ablesung der Namen der Verstorbenen. Am Allerseelen-Gedenktag in Anger mit dreimaligem Umgang um die Kirche, Predigt über die Armen Seelen im Fegfeuer. — Fest des hl. Leonhard (6. November) - gesungene Messe in Steinhögl. — Fest des hl. Martin (11. November) - gesungene Messe in Mauthausen und Anger. — Fest der hl. Katharina (25. November) - gesungene Messe in Höglwörth und Mauthausen. — Fest des hl. Andreas (30. November) - Feiertag, Messe in Aufham, wohin die Pidinger ohne Kreuz ziehen.

Dezember: Fest der hl. Barbara (4. Dezember) - Patrozinium in Anger und Höglwörth (Altäre). — Fest des hl. Nikolaus (6. Dezember) - gesungene Messe in Anger und Mauthausen. — Fest Mariä Empfängnis (8. Dezember) - gesungene Messe zu Anger und Piding für die dortige *Kharrer-Bruderschaft*. — Am 4. Sonntag im Advent Quatembervigil. In Piding gestiftete Vigilien für die verstorbenen Brüder und Schwestern der Bruderschaft. — Fest des hl. Thomas (21. Dezember) - gesungene Messe in Aufham.

Weihnachten (25. Dezember): Gesungene Messen in Höglwörth, Anger und Piding, in Anger und Piding Mette. 1643: Gottesdienst in Anger mit 1. Vesper, nachts 12 Uhr Matutin, nach deren Beendigung erste Messe, dann Laudes, um 6 Uhr zweite Messe auf dem Sebastiansaltar, um 8 Uhr Officium, am Nachmittag um 1 Uhr Predigt, nach deren Ende zweite Vesper[24]. Ähnlich in Piding. — Fest des hl. Stephanus (26. Dezember) - gesungene Messe in Höglwörth und Mauthausen mit Salz- und Wasserweihe. — Fest des Evangelisten Johannes (27. Dezember) - gesungene Messe in Höglwörth und St. Johann, dort Weinweihe. — Fest der Unschuldigen Kinder (28. Dezember) - gesungene Messe in Aufham. In Anger erstellen die Zechpröpste von Anger, Johanneshögl, Steinhögl und Aufham ihre Jahresrechnung.

Die erste Nachricht über das Bestehen einer Weihnachtskrippe in Höglwörth überliefert die Kirchenrechnung von 1645: *Matheusen Müller, Malern in Salzburg, für etlich gemachter Sachen zum Krippl 4 fl*[25]. Für 1679 ist eine Krippe in Anger belegt: *aus*

Skapulierbild in Aufham

dem Khripl Stöckl ist erhebt worden 1 fl 40 x[26]. 1673 werden erstmals Ausgaben für *unterschiedliche Partheyen Sternsinger* in Höhe von 2 fl 30 kr aufgeführt, ebenso wird den hochfürstlichen Trompetern aus Salzburg und *etlichen Parteien Thurnern* [Türmer] 1 fl 50 kr und 2 fl 54 kr für das Neujahr-Anblasen gereicht[27]. Und 1672 erfahren wir von einem Osterbrauch, als Ausgaben *umb unterschidliche Farben zum ayr färben*[28] ausgewiesen werden — ein Brauch, der wohl nicht nur im Kloster, sondern auch bei den Familien des Stiftslandes verbreitet gewesen sein dürfte.

Bruderschaften

Die im Spätmittelalter entstandenen Bruderschaften als Gebetsgemeinschaften von Laien und als Zusammenschluss von Angehörigen des Handwerks prägen in hohem Maße das religiöse Leben durch die Beteiligung an Prozessionen mit ihren Fahnen, durch Quatembergottesdienste und Totenmessen für die verstorbenen Mitglieder sowie durch soziale Leistungen an Witwen, Waisen und kranke Mitglieder sowie den Unterhalt bestimmter Altäre in den Kirchen.

Zur ältesten nachweisbaren Bruderschaft im Stiftsgebiet zählt die Bruderschaft „Maria vom Guten Rat" in Piding, die 1486 von Propst Christoph I. Maxlrainer errichtet wurde. Beim Bruderschaftsfest am 8. Dezember wird der im abgelaufenen Jahr verstorbenen Bruderschaftsmitglieder gedacht und alle *Brueder und Schwestern geben und raichen den Zins von 12 Pfennig*[29]. In dieser Bruderschaft waren später die Salzfuhrleute — Karrer genannt — integriert, denn 1638 wird sie als *Löbliche Confraternität und Bruderschaft U. L. Fr. Kharrer* bezeichnet[30]. 1561 wird eine „Armen-Seelen-Bruderschaft" in Höglwörth errichtet und 1631 erneuert. 1678 folgte die „Corpus-Christi-Bruderschaft" in Anger mit monatlichem *Lobamt zu Ehren und Erbauung des hl. Altarsakraments mit Predigt und Prozession*, mit 12 Messen für die Verstorbenen und vier Quaterberämtern. Die seit Mitte des 18. Jahrhunderts in Anger und Piding bestehende „Christenlehr-Bruderschaft" mit dem Ziel der Vertiefung des Katechismuswissens[31], wurde mit Konsistorialbefehl von 22. Mai 1778 aufgehoben und die Hälfte des Vermögens zum Besten der Normalschule in Salzburg verwendet, die andere Hälfte verblieb dem Gotteshaus Anger, das waren etwas mehr als 91 Gulden[32].

Nah- und Fernwallfahrten

Neben den vielen Bitt- oder Kreuzgängen ab dem 17. Jahrhundert, in die alle Filialgemeinden eingebunden waren und die am Mittwoch nach Ostern begannen und bis Ende Oktober reichten, die aber Ende des 18. Jahrhunderts durch oberhirtliche Anordnungen stark reduziert wurden, gehörten die regelmäßigen gemeinschaftlichen Besuche benachbarter oder weiter entlegener Wallfahrtsstätten. Dazu zählten die Marien-Gnadenbilder in Weildorf, Feldkirchen, Großgmain, dann St. Michael in Inzell und St. Pangraz in Karlstein. Schon um 1470 wird eine jährliche Prozession der Pfarrei *Elperskirchen* nach Surheim erwähnt[33]. Im 18. Jahrhundert kamen noch als lokale Wallfahrts- oder Bittgangsziele hinzu Steinbrünning, Saaldorf (noch 1754), Salzburghofen, Ainring (1760, 1780).

Zu den mehrtägigen Wallfahrten zählten Salzburg und St. Wolfgang am Abersee. Schon 1376 besuchten in der Pfingstwoche jährlich 37 Kreuzvölker die Gräber der Bistumspatrone im Salzburger Dom, dann St. Peter und Nonnberg, ab 1633 auch das Marienheiligtum auf dem Dürrnberg. Am Pfingstdienstag waren dies unter anderem die „Kreuztrachten" aus Höglwörth, Teisendorf und Ainring[34]. Die jährliche Wallfahrt nach St. Wolfgang machte Station in Hof und in *St. Ägydi* (St. Gilgen), ebenso auf dem Rückweg, und zog durch das Linzer-Tor in Salzburg ein, wo man in der Kirche St. Sebastian noch ein Gebet verrichtete.

Im Abstand von mehreren Jahren führte eine Wallfahrt nach Altötting, meist am Samstag nach Christi Himmelfahrt (1631)[35], mit Stationen in Petting und Asten und auf dem Rückweg in Tittmoning und Petting. Begleitet wurde diese Wallfahrt vom Angerer Pfarrer mit Kreuz und Fahne sowie von den Vorsängern. Beim Einzug in die genannten Orte wurde jeweils dem Mesner der Kirche ein „Läutgeld" entrichtet. Nach dem Verbot von Fernwallfahrten wurde deshalb 1781 der *ehemalige Creuzgang nach Altötting zu Aufham verricht*[36].

In Anger selbst wurde die Pietà, eine spätgotische Holzplastik um 1510 (siehe Abb. S. 220), auf dem Tabernakel des Hochaltars (heute am linken Seitenaltar) wallfahrtsmäßig verehrt. Schon 1682 beziffert die Kirchenrechnung *an dem Schatzgeld, so an ULF Bildnus gehangen*, mit 175 Gulden[37]. Hierher pilgerten zur „Danksagung" die Kreuztrachten von Ainring[38], Salzburghofen, Steinbrünning, Saaldorf und Reichenhall. Das handschriftliche *Geistliche Liederpuech*, zusammengestellt von Franz Parmbichler 1744, enthält ein mehrstrophiges Wallfahrtslied für Anger:

1. Wer ein Hilf und Trost will genießen
wer sein Leiden will versießen,
der laß ihms nit fallen schwer,
komme heint in Anger her ...
5. Liebste Muetter zu Ölpergskürchen!
Thue uns unser Heil stets würken,
lege deine Fürbitt ein,
so wird Gott uns gnädig sein ...[39]

Auch ein gedruckter Gebetszettel *Andächtiges Gebet zu der schmerzhaften Mutter Gottes zu Oelbergskirchen am Anger* zeugt noch von der ehemaligen Verehrung des Gnadenbildes. Ein anderes *Lied von dem Kindlein Jesu zu Oelpergskirchen*[40] für ein Jesulein in einem Schrein, das am 15. Januar 1747 am rechten Seitenaltar „mit Flitterkranz" aufgestellt worden war, belegt dessen lokale Verehrung — nicht nur zur Weihnachtszeit.

Kapellen und Bildstöcke im Stiftsgebiet

Zur „geistlichen Landschaft" zählen als prägende Elemente die Feld- und Sühnekreuze[41], die Bildsäulen und Bildstöcke, die Nischenkapellen und Kapellenbauten, wie sie die Frömmigkeitshaltung der Menschen zum Schutz der Fluren, an Orten geschehenen Unglücks oder aus Dankbarkeit für verhüteten Schaden entstehen ließ. Viele dieser Zeugnisse sind der Vergänglichkeit des Materials oder dem Unverständnis nachfolgender Generationen zum Opfer gefallen. Nur aus alten Grundstücksbeschreibungen sind die ehemaligen Standorte noch überliefert; da heißt es 1758: *4 Akhern bey dem hohen Creuz ob der Kuhwampen*, dessen Standort am Högl nicht mehr zu lokalisieren ist[42]. Kleine Kapellenbauten dürften in Bildstöcken mit einem Opferstock ihren Ursprung gehabt haben, wie die zu Anger, beim Kröpflwirt, in Piding[43], zu Aufham und Mauthausen, hier wird eine *S. Notburgae Capellen in der Au* erwähnt[44]. So wird 1732 das *Würthskapellenstöckl* in Anger genannt, dessen Einkünfte der Pfarrkirche zuflossen. Dagegen verblieb das Opfergeld des 1722 erstmals genannten *Stöckl an der Creuzsaullen* beim Mesnerhaus in Mauthausen zur Hälfte bei der Filiale Aufham. Bereits 1677 wird ein *Würtshaus-Stöckl* in Aufham überliefert. Die von Propst Johann Baptist Zacherl 1701 erbaute St. Johanniskapelle am Johannshögl gehörte zur Kirche in Piding. Diese und die Kapelle im *Streichelwald*, die Strailach-Kapelle, auch Doppler-Kapelle genannt, an der Staufenbrücke sollte 1786 auf Befehl des Salzburger Konsistoriums geschlossen werden[45].

Von den zahlreichen Flurkapellen im ehemaligen Stiftsland seien neben der Waldkapelle am St. Johannshögl[46] nur fünf aus lokalhistorischem Interesse näher beschrieben:

Die abgekommene Feldkapelle in Aufham; Federzeichnung von 1928

Die Weng-Kapelle in Reitberg
„Jungfrau Maria und St. Sebastian"

Der Überlieferung nach ist sie eine Pestkapelle, die nach der Epidemie von 1714/15 errichtet wurde. Eine hölzerne Inschrifttafel berichtet: *Im Jahre 1714 brach in dieser Gegend die Pestkrankheit aus. In mehreren Häusern starben fast alle Bewohner derselben. Dieselben wurden im Pestfriedhof bei der Au begraben. Vom Kloster Höglwörth wurde der Hochw. P. Benno Hardter zu den Pestkranken gesendet. Er musste im Weiherhäusl bei Stockham wohnen, wo er auch celebrierte. Der Arzt Daniel Dörwanger aus München starb auch an der Seuche. Von den Überlebenden wurde diese Kapelle zu Ehren der allerseeligsten Jungfrau Maria und der hl. Sebastian und Rochus erbaut, um durch ihre Fürbitte bei Gott Hilfe zu erlangen. Durch milde Beiträge wurde diese Kapelle renoviert und zu einer Lourdes-Grotte gestaltet i. J. 1892.*[47] Vier Votivbilder zeugen noch von der lokalen Verehrung (Ende 19. Jahrhundert, 1923 und 1968).

Die ehemalige Kapelle in Aufham zum
„Christus als Apotheker"

Diese an der Straße von Bad Reichenhall nach Teisendorf gelegene Kapelle hatte in Folge des Autobahnbaues und der dadurch erfolgten Straßen-

"Christus als Apotheker", Ölbild in der Kirche zu Aufham

Die Figur der hl. Helena beim Kröpflwirt

verlegung keinen Zugang mehr und verfiel zusehends. Die Gemeinde verfügte 1955 deren Abriss. Die Ausstattung, ein barockes Altärchen mit vier Säulen sowie den Figuren Petrus und Paulus, vielleicht das Modell eines Altares, dann ein Ecce homo und eine Mater dolorosa aus dem 18. Jahrhundert wurden an einen privaten Sammler veräußert[48].

An der rechten Seitenwand hing ein Tafelbild „Unser Herr in der Apotheke", wohl um 1850/60 vom Maler Johann Georg Weibhauser (1806–1879) geschaffen, das die pharmazeutischen Asta-Werke in Brackwede erwarben und das sich heute in der Sammlung der Baxter Oncology GmbH in Halle/Westf. befindet[49]. Diese seltene Darstellung wurde zum Gegenstand einer lokalen Wallfahrt. Noch 1927 befanden sich dort mehrere wächserne Votivgaben: Körper, Hände, Füße, Augen, Rinder und Pferde, auch war bekannt, dass noch zu dieser Zeit alljährlich Frauen aus Großgmain dorthin pilgerten, wohl um ein Gelübde zu erfüllen, und Kerzen sowie einen Kranz opferten. Auch war die Kapelle Station für den Flurumgang. Die Aufhamer gingen an den Kartagen zur Kapelle *in den Ölberg*, denn eine liegende Christusfigur befand sich in der Nische des Altartisches.

In der Aufhamer Kirche befindet sich noch ein Ölbild mit der Darstellung des „himmlischen Arztes" vom Teisendorfer Maler Josef Hitzinger (1834–1913), datiert mit 13. 10. 1853. Bei der Restaurierung 1971 wurde festgestellt, dass es sich hier um die Übermalung eines älteren Bildes handelt, das aber aus konservatorischen Gründen nicht freigelegt wurde. Die Aufhamer Kirche verwahrt auch ein kleines Votivbild von 1782 mit der Darstellung einer im Bestuhl knienden Frau, darüber in Wolken Christus mit einem Medizinfläschchen in der ausgestreckten Rechten.

Die Annahme, dass sich der Kult „Christus als Apotheker" von der Filialkirche in die Flurkapelle verlagert habe, dürfte nicht zutreffen, denn weder in den Visitationsprotokollen noch in den Pfarrakten ergeben sich Hinweise auf eine ursprüngliche Verehrung des Kultbildes in der Aufhamer Kirche[50]. Allerdings ist noch bis 1921 im Verkündbuch der Filialkirche eine „hl. Messe zu Ehren des göttlichen Arztes" verzeichnet[51].

Die Ölbergkapelle bei Anger

Detail aus der Ölbergkapelle — Engel mit Kelch

Die Kröpflwirts-Kapelle „St. Helena"

Eine Kapelle neben dem an der Teisendorfer Straße gelegenen Kröpflwirt wird bereits 1643 erwähnt, die 1686 und 1760[52] eine bauliche Erneuerung erfahren hat. Die jährlichen Einnahmen aus dem dortigen Opferstock ergaben 1758/1768 zwischen 5 und 6 Gulden, was für die Verehrung spricht, dagegen verminderten sich im späten 18. Jahrhundert die Einnahmen. Wann die Kapelle abgebrochen wurde, wohl im 19. Jahrhundert, ist nicht bekannt. Heute befindet sich am Wirtshaus zur Straßenseite eine vergitterte Nische mit einer Holzfigur der hl. Helena.

Die Ölberg-Kapelle am Höglwörther Weg bei Anger

In einer Nagelfluhgrotte auf der Höhe des vielbegangenen Fußweges von Anger nach Höglwörth befindet sich eine Ölberg-Gruppe aus Holz aus dem späten 17. Jahrhundert, die wohl ursprünglich in der Fastenzeit oder in den Kartagen zur Feier „der Angst" in der Pfarrkirche Anger oder in der Stiftskirche Höglwörth diente; einzelne Vorrichtungen an der Rückseite des Heilands und des Engels lassen auf eine frühere Verwendung in einem Altar schließen. Die ursprünglich in Privatbesitz befindliche Kapelle wurde der Kirchenstiftung Anger übereignet und aus Anlass des Europäischen Denkmalschutzjahres 1975 umfassend und fachgerecht restauriert[53].

Die Kapelle zu „Unserer Lieben Frau" in Vachenlueg

Der bald nach 1415 von den Brüdern Martin und Hans von Haunsperg errichtete wehrhafte Ansitz zu

Ruine Vachenlueg mit der hölzernen Kapelle, der Vorgängerin des heutigen Steinbaues —
Aquarell des Königl. Bauinspektors Leimbach von 1842 (vgl. auch die Abb. S. 234)

Vachenlueg, nach dem sich ein Zweig dieser Familie spätestens 1527[54] nannte, verfügte wohl von Anfang an über eine Kapelle im ersten Stock des Bauwerks (zu den Messstiftungen sowie zur Entwicklung der Ausstattung siehe den Beitrag von Walter Brugger).

Die Entstehung als lokale Wallfahrtsstätte zu einer Kopie des Altöttinger Gnadenbildes dürfte wohl erst nach dem 1722 erfolgten Erwerb des Schlosses durch das Stift Höglwörth erfolgt sein, das nun den Gläubigen der Umgebung den regelmäßigen Besuch der Kapelle ermöglichte. Eine Parallele für die weit verbreitete Verehrung dieses Gnadenbildes bietet die 1664 von Hans Jakob II. Auer zu Winkl in der Form der Altöttinger Gnadenkapelle errichtete Schlosskapelle zu Gessenberg, deren Gnadenbild-Kopie ebenfalls die lokale Wallfahrt auslöste[55]. Zwar wird in der zweiten Hälfte des 18. Jahrhunderts von Votivbildern und Opfergaben berichtet, aber weder Mirakelaufzeichnungen noch andere Bildzeugnisse sind überliefert.

Mit der Auflösung des Stiftes 1817 und der Einziehung der Stiftungskapitalien durch den bayerischen Staat fanden auch die Wochenmessen ein Ende, das Schloss und damit das Inventar der Kapelle gingen in privaten Besitz über. Der 1824 erwähnte ruinöse Zustand des Schlosses war ausgelöst worden, nachdem durch Herausnahme und Verkauf mehrerer tragender Balken der Dachstuhl einstürzte und dabei das Innere des Baues zerstörte. Nach dem Bericht von Joseph Ernst Ritter von Koch-Sternfeld musste man durch das Fenster einsteigen, um wenigstens das Altarbild zu retten, das noch unversehrt geblieben war: „Ein Balken hatte sich über den Altar gelegt, der nachfolgende Trümmer ableitete,

Votivbild und Reliquientafel aus Vachenlueg

so daß ... nicht einmal das Glas des Kastens zerbrach, in dem das Gnadenbild stand."⁵⁶ Nachdem das Gnadenbild zunächst 14 Tage lang im Stall des Schloßmayrgutes untergebracht, dann im Schneiderhäusl zur Verehrung aufgesucht wurde und schließlich auf dem Seitenaltar in Steinhögl eine vorübergehende Aufstellung fand, wurde auf dem Schlossgelände von Theres Sigl beim Rentamt Laufen der Bau einer Kapelle mit hölzernem Türmchen erwirkt, das der Teisendorfer Dekan Franz Benedikt Steinwender am 10. April 1826 benedizierte. Es dürfte sich um einen bescheidenen Bau gehandelt haben, denn bereits 1848 wurde anstelle der schon baufälligen Kapelle auf Veranlassung des Pfarrers Thomas Christlmayr von Anger und des damaligen Gemeindevorstandes Joseph Traxl eine neue und größere Kapelle errichtet, die am 9. Oktober vom Dekan und Pfarrer von Teisendorf, Joseph Reichthalhammer, benediziert wurde.

Das älteste, aber undatierte Votivbild der Kapelle dürfte bald danach entstanden sein, denn es zeigt den südwestlich der Schlossruine errichteten Neubau. Insgesamt 36 Votivbilder unterschiedlicher Qualität und Aussage sind noch erhalten, vorwiegend aus der zweiten Hälfte des 19. Jahrhunderts⁵⁷.

Die Kapelle neben der noch hoch aufragenden Schlossruine war nicht nur eine von den Gläubigen der Umgebung gerne aufgesuchte Wallfahrtsstätte, sondern erwies sich auch als eine Sehenswürdigkeit.

So besuchten 1855 der Münchener Erzbischof und spätere Kurienkardinal Karl August von Reisach und Graf Laroche, Hofmarschall König Ludwigs I., 1890 Erzbischof Antonius von Thoma und 1909 Seine kaiserliche Hoheit Ludwig Viktor von Habsburg die Kapelle.

Als Hauptfeste der Kapelle gelten der Montag nach dem zweiten Sonntag nach Ostern, dem Gedächtnistag der Einweihung der ältesten Kapelle, dann der 9. Oktober als Weihe der gegenwärtigen Kapelle; das Patrozinium wird am 21. November (Mariä Opferung) gefeiert.

Die nahezu 800-jährige seelsorgliche Betreuung des Landstrichs zwischen Högl und dem Hochstaufen durch die Augustiner-Chorherren des Stiftes Höglwörth hat sich prägend nicht nur auf das religiöse und geistige Leben der Bevölkerung ausgewirkt, sondern auch das künstlerische und kunsthandwerkliche Schaffen dieses Kulturraumes ganz wesentlich mitbestimmt. Dass nach Ende des Stiftes diese im Volk stark verankerte religiöse Gesinnung noch nachwirkte, zeigen die Weihen von Neupriestern aus der Gemeinde, die 1825 mit der Primiz des Lehrersohnes Engelbert Schwaiger einsetzten und im Jahr darauf mit Wolfgang Schmied, Bauernsohn von Untergraben, fortgesetzt wurde, worauf eine beachtliche Zahl weiterer Priester und Ordensleute bis zur Gegenwart folgte. Nur einer der vielen sei genannt: P. Eusebius Frommer, ein Barmherziger

Bruder, geboren 1840 als armer und früh verwaister Schuhmachersohn aus dem Ortsteil Hadermarkt. Nach einer Lehre beim Vater trat er in den Orden der Barmherzigen Brüder in Neuburg a. d. Donau ein, ließ sich dort als Apotheker ausbilden, erkämpfte sich förmlich die Priesterweihe in Rom und wirkte unter zwei Päpsten als Apotheker des päpstlichen Haushalts. Schließlich war er im Heiligen Land und in mehreren Klöstern Italiens als Prior tätig. Am 4. März 1907 starb er in der Lagunenstadt Venedig[58].

Die Seelsorger in Anger und Piding nach Aufhebung des Stiftes Höglwörth

Mit der Auflösung des Stiftes Höglwörth war auch die Organisation der Pfarrseelsorge neu zu regeln, denn mit dem Abzug des letzten Propstes Gilbert Grab, der nach dem Tod des Chorherrn Placidus Schulz von 1810 bis 1817 auch die Funktion eines Pfarrvikars in Anger wahrnahm, war die Pfarrei verwaist. Bisher nutzte der jeweilige Pfarrer von Anger zwei Zimmer im 1727 erbauten Schul- und Mesnerhaus als Wohnung. Nun wurde das ehemalige Klosterrichterhaus in Höglwörth als Sitz des Vikars von Anger bestimmt, bis es 1861 zum Bau eines Pfarrhauses auf dem Dorfplatz in Anger kam. Anger wurde erst 1836 offiziell zu einer Pfarrei erhoben.

Piding, die *untere Pfarr*, wurde wegen der Entfernung von Höglwörth 1690 Expositur. Das 1704 neu erbaute Mesner- und Schulhaus diente zugleich dem Expositus als Wohnung. Mit der Erhebung von Anger zur Pfarrei wurde Piding 1836 Pfarrkuratie und erst 1893 Pfarrei.

Die Pfarrvikare, ab 1836 Pfarrer von Anger

1818–1824: Georg Aloys Plutz, ehemaliger Zisterzienser von Raitenhaslach, ab 1803 Hilfspriester zu Neuötting (* 29.3.1771 in Offenstätten bei Abensberg, Bistum Regensburg, † 21.10.1844 als freiresignierter Pfarrer in Oberammergau);

1824–1828: Kajetan Josef Marius Thurnberger (Thumberger), ehemaliger Franziskaner (* 31.5.1778 in Schwabmünchen, Bistum Augsburg, † 1836), aus der Erzdiözese ausgeschieden, Pfarrer in Merching, Diözese Augsburg;

1828–1831: Rupert Krug, ehemaliger Augustiner-Chorherr in St. Zeno, dann Hilfspriester in Inzell, ab 1827 Pfarrer in Schönau, Dekanat Steinhöring (* 7.6.1777 in Mariapfarr/Lungau, † 24.10.1832 in Salzburg);

1832–1853: Thomas Christlmayr, Weltpriester (* 16.12.1788 in Oberwalchen, † 21.12.1853 in Anger);

1854–1865: Matthias Sailer, vorher Pfarrer in Ruhpolding (* 23.2.1807 in Waging, † 28.11.1865 in Anger);

1866–1893: Martin Sailer (Bruder des Vorigen), vorher Pfarrer in Egmating bei Miesbach (* 8.11.1817 in Wonneberg bei Waging, † 29.6.1893 in Anger);

1894–1913: Johann Evangelist Friedl, vorher Vikar in Neukirchen bei Teisendorf (* 18.1.1839 in Petershausen, † 6.2.1923 als Kommorant in Höglwörth);

1913–1931: Willibald Lechner, vorher Pfarrer in Baumburg (* 7.7.1861 Neumarkt an der Rott, † 7.1.1945 als Kommorant in Bad Reichenhall);

1931–1936: Michael Rehrl, vorher Pfarrer in Altfrauenhofen, später Pfarrer in Saaldorf (* 14.8.1875 in Fridolfing, † 20.4.1945 als freiresignierter Pfarrer in Saaldorf);

1936–1954: Matthias Kern, vorher Kanonikus in Laufen (* 2.2.1914 in Babing bei Teisendorf, † 6.4.1961 in Schönbrunn, beerdigt in Teisendorf);

1954–1970: Georg Sollacher, vorher Priester in Volkmannsdorf (* 16.2.1905 in Stocka bei Bergen, † 16.12.1979 als Pfarrer i. R. in Anger);

1970–1988: Max Kolbeck, Prälat, vorher Direktor im Studienseminar in Traunstein (* 9.8.1920 in Knogl bei Frauenneuharting, † 17.8.1988 als Pfarrer i. R. in Anger);

1988–1999: Johann Bierling, vorher Pfarrer in Farchant bei Garmisch (* 24.6.1929 in Rottenbuch), Pfarrer i. R., Seelsorgsmithilfe in Peiting;

1999–2001: Fabiao Amortegui, vorher Kaplan in Teisendorf und Zürich (* 23.11.1945 in Anolaima/Columbien);

Ab 2001: Michael Kiefer, Priesterweihe 1998, seit 2005 Dekan, vorher Diakon in Fridolfing und Kaplan in Moosburg (* 3.6.1968 in Freising).

Die Pfarrvikare, ab 1836 Pfarrkuraten und ab 1893 Pfarrer von Piding

1801–1836: Benedikt Wölkl, ehemaliger Augustiner-Chorherr zu Höglwörth (* 17.6.1768 in Laufen, † 7.12.1837 als Kommorant in Laufen);

1836–1840: Johann Ev. Bahngruber (* 24.12.1797 in Reichenhall, † 6.4.1880 als Kommorant in Jettenbach);

1840–1860: Michael Bauer (* 12.10.1804 in Reichenrott, Pfarrei Schönberg, † 19.8.1881 als Kommorant in Kraiburg);

1860–1862: Johann Bapt. Fuchs (* 5.4.1817 in Hetzles, Bistum Bamberg, † 1883 als freiresignierter Pfarrer in Engelsberg);

1863–1867: August Remmele (* 13.2.1821 in Ziemetshausen, † 14.12.1887 als freiresignierter Pfarrer von Inzell);

1867–1874: Johann Bapt. Seidl (* 25.5.1804 in Schliersee, † 16.7.1877 als Kommorant in Schliersee);

1874–1890: Julius Köck (* 16.4.1826 in Möhrn, Bistum Eichstätt, † 12.11.1890 in Piding);

1891–1898: Nikolaus Hundsdorfer (* 5.2.1828 in München, † 24.4.1898 in Piding);

1898–1911: Josef Huber, später Pfarrer in Taching (* 21.3.1854 Untertaching, † 20.8.1926 als Kommorant in Eggstätt);

1911–1936: Karl Heurung (* 13.7.1870 in Grimolzhausen, Bistum Augsburg, † 16.11.1936 in Piding; sein Bruder Adolf Heurung, Pfarrer in Taching, † 26.11.1936);

1937–1941: Stephan Flötzl (* 23.3.1888 in Lohen, † 21.11.1965 als freiresign. Pfarrer in Kirchstein);

1941–1947: Karl Kienmoser (* 29.4.1901 in Walkersaich, † 5.4.1975 als Pfarrer i. R. in Walkersaich);

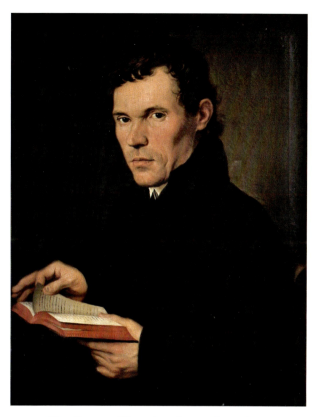

Der Angerer Pfarrvikar Georg Aloys Plutz

1947–1977: Ludwig Klöck (* 24.1.1909 in München, † 20.10.1991 als Pfarrer i. R. in München);

1977–1979: Werner Köfferlein (* 2.6.1939 in Bad Reichenhall, † 17.6.2001 als Pfarrer in München-St. Heinrich);

1979–2001: Konrad Mühlbauer (* 12.8.1941 in Langacker bei Ainring), Pfarrer i. R., seit 2001 Pfarrer in Schwindkirchen, Pfarradministrator von St. Wolfgang und Schönbrunn;

Seit 2001: Josef Koller (* 2.1.1951 in Obergrafendorf/Ndb.).

Anmerkungen

Für wertvolle Ergänzungen der Reihenfolge der Pfarrer von Anger und Piding habe ich Herrn Prälaten Dr. Walter Brugger, Wies bei Freising, und Herrn Hubert Schmidlechner, Bad Reichenhall, herzlich zu danken.

1 *Reindel-Schedl*, Laufen, S. 156.
2 Während die zur Feier in der Klosterkirche bis 1780 errichteten Jahrtagsstiftungen mit der Aufhebung des Stiftes erloschen, bestanden die für die Pfarrkirche Anger und die Filialen bestimmten noch weiter, wurden im 19. Jh. sogar noch beträchtlich vermehrt, bis das Stiftungsvermögen durch die Inflation 1923 stark reduziert werden musste, so dass bis heute nur noch wenige fortleben.
3 *Geiß*, Högelwerd, S. 372.
4 *Dopsch*, Kirchweihmarkt, S. 80.
5 *Wallner*, Bistum Chiemsee, S. 166.
6 *Geiß*, Högelwerd, S. 363; *Lechner*, Anger, S. 44.
7 *Dopsch*, Kirchweihmarkt, S. 80.
8 *Geiß*, Högelwerd, S. 375.
9 PA Piding, Kirchenrechnung 1632, 1637.
10 BayHStA, Pfleggericht Staufeneck, Amtsbücher 520.
11 Ebenda, Amtsbücher 521.
12 Ebenda, Amtsbücher 541.
13 AEM, Höglwörth, Kirchenrechnung 1663.
14 BayHStA, Pfleggericht Staufeneck, Kirchenrechnung 1780.
15 BayHStA, HL Salzburg 258a, Bl. 1751–1752.
16 BayHStA, KL Höglwörth 35.
17 AES, 11/77 Nr. 17.
18 *Hunklinger*, Kirchliches Leben (1985), S. 103 ff., besonders S. 108–120.
19 AEM, Höglwörth, Kirchenrechnung 1645.
20 BayHStA, Pfleggericht Staufeneck, Amtsbücher 452. — Diese Umritte wurden 1786 grundsätzlich verboten; vgl. *Josef Schöttl*, Kirchliche Reformen des Salzburger Erzbischofs Hieronymus von Colloredo im Zeitalter der Aufklärung (= Südostbayerische Heimatstudien 16) (Hirschenhausen 1939), S. 113–116.
21 In den Funktionarien sowie im Schriftverkehr wird Piding als „untere Pfarr" oder gemeinhin als Pfarr bezeichnet.
22 PA Anger, Kirchenrechnung 1630 u. 1632; nach den Kosten von 3 fl sicher eine kleine Figur, 1632 wird dem Maler Hanns Fellnstainer 1 fl bezahlt, *so er das Pild zu der Auffuhrth gemalen hat*.
23 Wohl ein Hinweis auf den ehemaligen Weinanbau.
24 Es war üblich, am Weihnachtstag drei Messen zu besuchen in Erinnerung an die dreifache Geburt Jesu.
25 PA Anger, Kirchenrechnung 1645.
26 Ebenda, 1679.
27 AEM, Höglwörth, Kirchenrechnung 1673.
28 Ebenda, 1672.
29 PA Piding, Bruderschaftsrechnung 1585 ff. mit Abschrift der Urkunde von 1486.
30 1704 verfügte die Bruderschaft über einen eigenen Opferstock in der Kirche; 1764 Stiftung von jährlich fünf Bruderschaftsandachten mit Prozession nach persönlichen Bitten; PA Anger, Lit. A, Nr. 2.
31 *Rupert Klieber*, Bruderschaften und Liebesbünde nach Trient ... am Beispiel Salzburg (Frankfurt/M. 1999), S. 533.
32 BayHStA, Pfleggericht Staufeneck, Amtsbücher 453 (Kirchenrechnung Anger mit Filialen, 1778).
33 AEM, Agende der Pfarrei Salzburghofen, um 1470, fol. 12 u. 13.
34 *Johannes Neuhardt*, Wallfahrten im Erzbistum Salzburg (München 1982), S. 43.
35 PA Piding, Kirchenrechnung 1631.
36 BayHStA, Pfleggericht Staufeneck, Amtsbücher 456.
37 PA Anger, Kirchenrechnung 1682.
38 Am 5. Samstag nach Ostern „ex voto propter tempestates" (1780); AES, 22/78.
39 Handschrift im PA Anger, S. 461.
40 Ebenda, S. 313.
41 So in Oberhögl, in der Kapelle des Lachlbauern.
42 BayHStA, Pfleggericht Staufeneck, Amtsbücher 433.
43 Über die „Kapellen und Flurdenkmäler" im Gemeindegebiet Piding vgl. *Wieser*, Pidinger Heimatbuch, S. 185–190.
44 BayHStA, Pfleggericht Staufeneck, Amtsbücher 452.
45 *Geiß*, Högelwerd, S. 486; die Kapelle, 7 m lang, 4 m breit und 5 m hoch, wurde 1923 und zuletzt 1973 erneuert.
46 Bau- und kunsthistorische Würdigung durch Walter Brugger in diesem Band.
47 Vgl. dazu *Lechner/Roth*, Die Pest, S. 91–102.
48 Der damalige Vorstand des Finanzamtes Laufen, Dr. jur. Helmut Gorber, zuletzt Finanzpräsident in München, hatte die Ausstattung erworben. Nach dessen Tod ist das Altärchen durch Vermittlung von Hans Roth als Schenkung wieder an die Kirchenstiftung Aufham gelangt und befindet sich links im Altarraum der Kirche.
49 *Fritz Krafft*, Christus ruft in die Himmelsapotheke. Kat. der Ausstellung im Museum Altomünster (Altomünster 2002), Abb. 39.
50 *Hunklinger*, Bildmotiv (1973), S. 106–111; derselbe, Ehemalige Feldkapelle (1978), S. 33–39; *Wolfgang-Hagen Hein*, Christus als Apotheker (Frankfurt 1974), S. 14 f.; derselbe, Bildzeugnisse.
51 PA Anger, Verkündbuch Aufham.
52 BayHStA, Pfleggericht Staufeneck, Amtsbücher 435.
53 *Hunklinger*, Ölberg (1976), S. 29 f.
54 In diesem Jahr führt Martin von Haunsperg zum ersten Mal zum Namen den Zusatz „zu Vachenlueg".
55 *Hans Roth*, Die Marienkapelle in Gessenberg, ehemalige Schloßkapelle, in: Heimatbuch des Landkreises Traunstein, V: Der nördliche Rupertiwinkel (Trostberg 1990), S. 318 f. — Das gleiche gilt für die Loreto-Kapelle in Aich, die der Hofmarksherr Hieronymus Graf Lodron 1731 außerhalb des Schlosses Lampoding erbauen ließ; ebenda, S. 319 f.
56 *Koch-Sternfeld*, Wallfahrts-Kapelle u. Schlossruine Vachenlueg, S. 5.
57 Inventar von *Fuchs*, Votivbilder.
58 *Roth*, Eusebius Frommer, S. 47–59.

WALTER BRUGGER

Bau- und Kunstgeschichte des Stiftes Höglwörth und seiner Kirchen*

I. Kirche und Kloster Höglwörth

Die Entstehung des Augustiner-Chorherrenstiftes Höglwörth auf der Insel „Werde" um 1125 ist auf das Zusammenwirken des Salzburger Erzbischofs mit dem Domkapitel und den Grafen von Plain zurückzuführen: Mit der Kirchenreform Erzbischof Konrads I. kam es zur Gründung von zahlreichen Augustiner-Chorherrenstiften in der ganzen Kirchenprovinz. Das Salzburger Domkapitel als Zentrum der Reform war bestrebt, „Tochterklöster" ins Leben zu rufen, die ihm direkt unterstellt waren. Die größte Bedeutung kam aber der Initiative der Grafen von Plain zu, sich in Sichtweite ihrer Stammburg Plain bei Großgmain im eigenen Herrschaftsgebiet ein Haus- und Begräbniskloster zu schaffen. Die Hauptinitiatoren dieser adeligen Stiftsgründung waren Graf Werigand († 1122/23) und dessen Sohn Graf Liutold I. († 1164)[1]. Von Anfang an behielt sich allerdings das Salzburger Domkapitel das Präsentationsrecht für den jeweiligen Propst von Höglwörth vor, wie auch später noch für die Chorherrenstifte Suben am Inn (südlich von Schärding) seit 1142[2] und Weyarn an der Mangfall seit 1133 bzw. 1159[3]. Beim Provinzialkonzil in Laufen am 31. Juli 1129, an dem zahlreiche Bischöfe, Äbte und Pröpste der Salzburger Kirchenprovinz teilnahmen, findet sich auch der erste Propst von „Werde", Tagibert, als Unterzeichner des Synodalaktes[4].

Eine erste wichtige Nachricht über den Bau von Kirche und Kloster enthält ein um 1175 verfasster Rechenschaftsbericht des Propstes Rupert, der sich mit der Errichtung der Gebäude aus Stein und Holz große Mühe gemacht und die Glocken verbessert hatte[5]. Dabei ging es eindeutig um den allmählichen Ausbau des Klosters auf dem begrenzten Raum der kleinen Insel, der sich nach dem Beispiel von Berchtesgaden[6] und Baumburg[7] auch hier einschließlich der Kirche über mehrere Jahrzehnte hinzog.

Liutold III. Graf von Plain und Hardegg, ein Urenkel des Stifters Werigand, nahm am Kreuzzug von 1217 bis 1219 teil, wurde während der 18-monatigen Belagerung der Hafenstadt Damiette an der Nilmündung schwer verwundet und starb auf der Rückreise in die Heimat am 28. August 1219 in Treviso (nördlich von Venedig)[8]. Als sich Erzbischof Eberhard II. von Salzburg 1239 bei Kaiser Friedrich II. im Winterquartier in Treviso aufhielt, empfing er die Gebeine Graf Liutolds III., brachte sie nach Höglwörth und setzte sie dort in Anwesenheit Bischof Rüdigers von Passau feierlich bei. Zugleich weihte er damals die Klosterkirche[9]. Das Patrozinium von Kloster und Kirche war zunächst St. Peter[10], wurde aber gegen Ende des 13. Jahrhunderts mit dem Völkerapostel Paulus zum Doppelpatrozinium St. Peter und Paul erweitert[11].

Über die äußere und innere Form des Kirchbaues aus der ersten Hälfte des 13. Jahrhunderts lässt sich wegen des Neubaus im letzten Viertel des 17. Jahrhunderts und mangels gezielter archäologischer Untersuchungen wenig aussagen. Aufgrund der wohl noch bestehenden romanischen Breiten- und Längenmaße des Kirchenschiffes und dem Entwurf von Michael Spingru[e]ber für den Neubau von 1675[12] kann man entweder eine Saalkirche mit Halbrundapsis im Osten und einer (bemalten?) Holzflachdecke samt einem oder zwei Türmen annehmen — schon um 1175 werden Glocken erwähnt[13] —, oder man entscheidet sich, bei einer Schiffbreite von 12 Meter, für eine dreischiffige Basilika. Im letzten

---

* Alle Fotos dieses Beitrags stammen — sofern nichts anderes angegeben ist — von Anton Brandl.

„Beweinung Christi", um 1510 —
Andreas Lackner, Hallein (?)
(Foto Erhard Zaha)

Fall wären dann wohl nach den Maßverhältnissen der romanischen Bauweise dieser Zeit die Seitenschiffe je 2,50 Meter und das Mittelschiff 5 Meter breit, was dem üblichen Verhältnis von 1:2:1 entsprochen hätte. Die Ostpartie dieses Baues hätte dann mit drei Apsiden gestaltet oder die Seitenschiffe gerade abgeschlossen werden müssen. Abgesehen von den Kosten eines solchen Baues bei den ohnehin beschränkten wirtschaftlichen Verhältnissen des kleinen Stiftes, ist vor allem von den beengten Raumverhältnissen und dem abfallenden Gelände nach Osten hin der Saalkirche mit einer Apsis der Vorzug einzuräumen. Alle anderen Kirchen der romanischen Epoche in der näheren und weiteren Umgebung konnten unter anderen Voraussetzungen größer und aufwendiger gebaut werden, wie beispielsweise St. Nikolaus in Reichenhall[14] und selbst die auf einer Insel liegende Klosterkirche Seeon[15].

Vom Bestehen sowohl der Klosterkirche als auch den inzwischen dem Stift Höglwörth inkorporierten Kirchen und Kapellen informieren zwei Nachrichten über die erneute Weihe der durch Kriegseinflüsse geschändeten Gotteshäuser. Dazu gehörten außer der Stiftskirche Peter und Paul die Pfarrkirche Anger (Ellenpurchirchen) sowie die Kirchen Aufham, Mauthausen, Piding und Johanneshögl. Die erste Rekonziliation nahm Bischof Werner von Lavant mit Erlaubnis Erzbischof Konrads IV. von Salzburg am 22. Januar 1312 vor[16]. Elf Jahre später, am 29. Mai 1323, vollzog an den eben genannten Kirchen Bischof Ulrich von Chiemsee mit Erlaubnis des Salzburger Erzbischofs Friedrich III. von Leibnitz die „durch die Zwietracht der im Lande wohnenden Fürsten" (Schlacht bei Mühldorf, 1322) notwendig gewordene Rekonziliation und bestimmte dabei auch die Kirchweihfeste für Anger (Sonntag Cantate, 4. Sonntag nach Ostern), Johanneshögl (Sonntag Vocem iucunditatis, 5. Sonntag nach Ostern), Piding (Sonntag vor Mariä Geburt, 8. September), Mauthausen (Sonntag nach Mariä Geburt) und Aufham (Sonntag nach Dionysius, 9. Oktober)[17].

Die Nachrichten über die Bestattung der Pröpste in der Klosterkirche setzen mit Georg von Sauleneck (1406–1417) ein, der vor dem Katharinenaltar unter einer Marmorplatte beigesetzt wurde. Sein Nachfolger Christan Wildecker (1417–1435) fand in der Mitte der Kirche seine letzte Ruhestätte, ebenso Benedikt Trauner (1435/39–1477) mit dem Zusatz „vor der Kanzel" und unter einem Marmorstein. Im Gegensatz dazu bestattete man Propst Wilhelm Steinhauff (1477–1480) beim Eingang der Kir-che, bedeckt mit einer Marmorplatte, während dessen Nachfolger Christoph I. von Maxlrain (1480–1512) wieder beim Katharinenaltar auf der Evangelienseite der Kirche beerdigt wurde[18].

Haben sich die Pröpste Christan Wildecker und Benedikt Trauner hauptsächlich um den Um- oder Neubau der Pfarrkirche Anger und der Filialkirchen Steinhögl, Aufham, Mauthausen sowie St. Johann am Högl angenommen, so scheint sich nach der derzeitigen Forschungslage Propst Christoph I. nachhaltig für den Umbau der Klosterkirche eingesetzt zu haben.

Für das gesamte Bauwesen auf dem Gebiet der Propstei Höglwörth und darüber hinaus zeichnen in der zweiten Hälfte des 15. Jahrhunderts die Baumeister Christian Intzinger und sein Sohn Peter verantwortlich[19]. Unter Propst Benedikt Trauner war Christian Intzinger bereits in den 60er Jahren zum Umbau der Filialkirche Aufham und der Pfarrkirche Anger zugezogen worden. Die Verbindung zwischen Propst Christoph I. und Intzinger reicht in jene Zeit zurück, als der Maxlrainer von 1467 bis 1480 Chorherr in Berchtesgaden war[20], während Intzinger unter den dortigen Pröpsten Bernhard Leoprechtinger (1446–1473) und Erasmus Pretschlaipfer (1473–1486) das Langhaus der Berchtesgadener Stiftskirche einwölbte und das Nordportal erbaute[21], den Umbau der Pfarrkirche St. Andreas einleitete[22] und den Neubau der Augustinerinnenkirche am Anger (der späteren Franziskanerkirche) begann[23]. Was lag näher, als dass Propst Christoph I. den erfahrenen Baumeister und vielleicht auch dessen Sohn Peter von Salzburg aus zur Einwölbung der Klosterkirche und zum Anbau eines gotischen Chores im 3/8-Schema bestellte und sie diesen Bau ausführen ließ. In der ersten Skizze (S. 202) von Michael Spingruber für den Neubau von 1675 ist dieser Chor noch klar erkennbar und deutlich als eigenes Bauglied vom älteren Kirchenschiff abgesetzt[24].

Das Kloster hatte in dieser Zeit sicher einen romanischen Kreuzgang, der nicht nur als Verbindungsgang zu den einzelnen Bauteilen des Stiftes — dem Dormitorium an der Ostseite, dem Refektorium an der Südseite und der Propstei an der Westseite —, sondern auch als Meditationsraum und Begräbnisstätte der Chorherren einschließlich des vom Kreuzgang umschlossenen Kreuzgartens diente. Dem Baugelände entsprechend war er als unregelmäßiges Trapez angelegt und möglicherweise unter Propst Christoph I. in gotischer Form verändert worden, wie es ähnlich in St. Zeno in Reichenhall geschehen ist[25]. Später wurde der Kreuzgang aus Raumzwängen durch Einbauten zweckentfremdet und unkenntlich gemacht und ist heute nur noch mühsam rekonstruierbar.

Fresko von Franz Nikolaus Streicher über dem Nordportal der Stiftskirche: links der „Stifter" von Höglwörth, Graf Luitold III. von Plain mit seiner Gemahlin Heilwig, rechts der „Gründer", Graf Werigand von Plain und der erste Propst Tagibert (um 1765)

In die Zeit der Gotisierung der Stiftskirche unter Propst Christoph I. Maxlrainer fällt auch der Auftrag für die Holzrelieffigur Graf Liutolds III. als Mitstifter von Höglwörth. Dargestellt ist ein Ritter in spätgotischem Harnisch, das Schapel auf dem Lockenhaar, die Beine gespreizt, die Linke an das Schwertkreuz gelegt, in der Rechten das Banner der Grafen von Plain (Abb. S. 34). Das heute an der Seite angebrachte zusätzliche Wappen der Plainer ist als Helmzier ausgearbeitet und war ursprünglich über dem Haupt des Ritters situiert. Das Relief hing in unmittelbarer Nähe der Begräbnisstätte Liutolds an der Wand der Kirche und war auf keinen Fall Deckplatte eines marmornen Hochgrabes[26]. Die dazu

Stiftskirche Höglwörth, Langhaus und Presbyterium

überlieferte lateinische Inschrift, wohl unter der Figur angebracht, lautet in der Übersetzung: „Liutold genannt, aus gräflichem Geschlecht geboren, einst erhaben durch den Ruhm seiner glänzenden Eltern und an Sitten ausgezeichnet, ruht er in diesem Grab. Er war großzügig im Geben und im Trösten der Armen. Er kleidete die Nackten, gab den Armen neuen Mut, erwies uns hier durch seine Geschenke viele Wohltaten, weshalb Christus von uns allen gepriesen werden soll." Das Relief entstand um 1490, die Zuschreibung an den oberösterreichischen Bildhauer Lienhart Astl ist ungewiss[27], wie auch der Künstler der etwas derberen „Beweinung Christi" (Sakristei), um 1510 geschaffen, unbekannt ist. Möglicherweise war diese bemalte Holzgruppe einmal die Predella eines spätgotischen Hochaltars der Stiftskirche[28].

Die Bau- und Kunstgeschichte Höglwörths ist im 15. und in der ersten Hälfte des 16. Jahrhunderts eng mit Berchtesgaden verbunden und von dort — wie auch von der Metropole Salzburg — mitgeprägt. Mehr als ein Jahrhundert lang, von einer kurzen Unterbrechung abgesehen, kamen die Höglwörther Pröpste aus dem Stiftskapitel von Berchtesgaden, so die schon genannten Benedikt Trauner und Christoph I. Maxlrainer, danach Christoph II. Trenbeck (1512–1522) und Wolfgang I. Griesstetter (1522–1541), der anschließend zum Fürstpropst seines Professklosters avancierte († 1567).

Die durch die Pröpste von Berchtesgaden und St. Zeno bei Reichenhall „hoffähig" gewordenen Baumeister Christian und Peter Intzinger arbeiteten erst recht im Gebiet der Propstei Höglwörth, ihrer angestammten Heimat. Die Maler Rueland Frueauf

Stiftskirche Höglwörth, Langhaus und Orgelempore

der Ältere oder der Meister von Großgmain erhielten Aufträge für Piding, nachdem sie schon das Tympanonbild für das Nordportal der Stiftskirche in Berchtesgaden und den Altar der Hauskapelle im Berchtesgadener Hof in Salzburg hergestellt hatten[29]. Sicher wurden auch die Steinmetze, die besonders in Berchtesgaden seit Peter II. Pienzenauer († 1522) und Wolfgang Lenberger († 1542) die qualitätvollen Grabsteine und Grabdenkmäler geschaffen hatten, für die immer wieder bei den Bestattungen der Pröpste von Höglwörth erwähnten Steine und Epitaphien hinzugezogen[30]. Ist seit der Beisetzung des Propstes Georg von Sauleneck (Sauteneck) 1417 in der Stiftskirche ein Katharinenaltar genannt, so weihte Bischof Berthold Pürstinger von Chiemsee am 6. April 1518 zwei Altäre zu Ehren der Gottesmutter Maria und des hl. Nikolaus[31]. Bei der

Beisetzung von Propst Urban Ottenhofer 1564 werden noch ein Kreuzaltar erwähnt sowie ein Epitaph, das wohl — ähnlich wie in Berchtesgaden — an der Kirchenwand in der Nähe der Begräbnisstätte war und beim Neubau der Kirche im 17. Jahrhundert zugrunde gegangen ist. Damals wurde nur ein kleiner Teil der Grabsteine aus der Kirche in den Kreuzganghof transferiert und dort an den Wänden eingemauert (siehe dazu den Beitrag von Ferdinand Steffan).

So gesehen hatte die Stiftskirche im 16. Jahrhundert mit dem Hochaltar insgesamt fünf Altäre, die für die Feier der Gottesdienste für den ohnehin kleinen Konvent ausreichten, da ja einige Chorherren für die Gottesdienste in den inkorporierten Kirchen und Kapellen eingesetzt werden mussten; diese hatten beispielsweise wegen der Stiftung von fünf

Wochenmessen in Vachenlueg und in Steinhögl durch Jakob von Haunsperg 1500 ohnehin sehr zugenommen[32]. Vorher (1408) waren bereits eine „ewige" Dienstagsmesse in Anger (Elpurchirchen), eine Mittwochsmesse in St. Jakob in Aufham[33] und eine Freitagsmesse in St. Johann am Högl gestiftet worden[34], dazu kamen noch Jahrtagsstiftungen und Jahrtagsmessen.

Auf die Bautätigkeit von Propst Wolfgang Griesstetter verweist eine Bautafel, die heute im Kreuzganghof (Ostwand) eingelassen ist mit dem Hinweis: ... *hat disen paw lassen machen Im 1530 Jar*, mit Stifts- und Propstwappen (Abb. S. 272). Diese Tafel bezieht sich wohl nicht auf den dahinter liegenden Konventstock, das ehemalige Dormitorium, sondern auf einen Neubau, der im Inventar von 1541 aufgeführt wird, dessen Situierung vorläufig aber offen bleiben muss. Als man beim Wechsel von Propst Griesstetter von Höglwörth nach Berchtesgaden 1541 dieses Verzeichnis zusammenstellt, werden bereits drei Tore genannt, das nördliche, das mittlere und das Tor, das zum Hof hinabführt. Außerdem werden neben der Propstei die Räume für die Chorherren und die „Jungherren", Gastzimmer, Kammern für das Dienstpersonal, Küche, Bäckerei und Mühle, mehrere Keller, Ökonomiegebäude, eine Taferne und im mittleren Turm neben der Kirche die Mesnerwohnung erwähnt[35]. Wahrscheinlich waren alle diese Räume nur ebenerdig angelegt, mit Ausnahme der Turmzimmer und dem angeführten Neubau als Obergeschoss.

Die romanisch-frühgotischen Stiftsbauten erforderten damals schon aufgrund ihres Alters längst eine Verbesserung, von den gestiegenen Ansprüchen an zeitgemäßes Wohnen im 16. Jahrhundert ganz zu schweigen. Aber selbst in dem viel größeren und wirtschaftlich entschieden besser gestellten Stift Berchtesgaden ging man auch erst im 15. und 16. Jahrhundert an den Ausbau der Klostergebäude, wobei sich Propst Griesstetter von 1541 bis 1567 als großer Bauherr noch einmal bleibende Verdienste erwarb. Bei der Ratifizierung des Inventars von 1541 erfährt man auch von einem Höglwörth gehörenden Herrenhaus in Salzburg „im Kai" gelegen. Es darf wohl im Bereich Kaigasse/Krotachgasse/Chiemseegasse vermutet werden, wo auch der Propst von Berchtesgaden und die Bischöfe von Chiemsee, Lavant und Gurk eigene Höfe besaßen.

Eine zweite Bautafel von Propst Balthasar Peer mit der Jahreszahl 1564, ebenfalls im Kreuzganghof an der Ostseite eingesetzt (Abb. S. 272), kann sich nur auf den Abschluss des von Griesstetter begonnenen Neubaus beziehen, da Peer — übrigens ebenfalls aus dem Konvent von Berchtesgaden stammend — zunächst als Administrator und Koadjutor (ab 1561) für Propst Urban Ottenhofer eingesetzt war und 1564 wirklicher Propst von Höglwörth wurde. Über Baumaßnahmen an der Kirche oder Veränderungen ihrer Einrichtung ist in dieser Zeit nichts bekannt.

Fasst man die Bau- und Kunstgeschichte für das 16. Jahrhundert in Höglwörth zusammen, so kann man wohl sagen, dass mit der Zeit von Wolfgang Griesstetter gleichsam die Weichen gestellt wurden, die für eine Verbesserung der Wohnverhältnisse des Konvents sorgten, vornehmlich durch den sogenannten Neubau, aber auch durch die Innenausstattung gewisser Räume, die dann als „bemalte Zimmer" oder „Säle" bezeichnet werden. Diese „Griesstetterische Initialzündung" wurde zunächst von Propst Urban Ottenhofer (1541–1561/64) aufgegriffen und fortgeführt, konnte aber offensichtlich erst vom Administrator Balthasar Peer zwischen 1561 und 1564 abgeschlossen werden, wie die Bautafel für dieses Jahr ausweist[36].

Der 1568 auf einen Chorherrn zusammengeschmolzene Konvent ließ jedoch weitere Um- und Ausbauten der Klostertrakte zur Farce werden und der kränkelnde und resignierende Propst Balthasar war nicht mehr willens viel zu unternehmen. Die dadurch bedingte Administration des aus St. Nikola in Passau herbeigeholten Chorherrn Georg Rosenberger[37] brachte zwar zwischen 1580 und 1588 die bereits zerrütteten Finanzen wieder in Ordnung, bauliche Maßnahmen in Kirche und Kloster lassen sich jedoch in dieser Zeit nicht nachweisen. Allerdings zählt das Inventar von 1588[38] beim Wechsel der Administration des Kanonikers Rosenberger auf den Berchtesgadener Chorherrn Richard Schneeweis insgesamt 32 Räume des „Inselstiftes" auf, einschließlich der Keller, der Ökonomiegebäude und der Getreidespeicher, aber deren Zustand wird nicht

Das „Inselstift" Höglwörth

erwähnt. In der Kirche sind möglicherweise die gotischen Altäre Schritt für Schritt entfernt und durch „zeitgemäße" Renaissance-Altäre ersetzt worden, so wie die nachgewiesene gotische Sakramentsnische in der Wand, die nach den Anweisungen des Konzils von Trient (1545–1563) durch einen Tabernakel auf dem Hochaltar ersetzt wurde[39].

Mit Richard Schneeweis holte man nach Urban Ottenhofer und Balthasar Peer[40] den dritten Berchtesgadener Kanoniker zunächst als Administrator, dann als Propst nach Höglwörth, ein Hinweis auf die Qualität des Berchtesgadener Konvents und das Vertrauen des präsentierenden Salzburger Domkapitels zu Berchtesgaden. Von Propst Schneeweis wird berichtet, dass er in seiner Amtszeit (1589–1609) wohl als Schutzmaßnahme die Dächer und Röhren sanierte und wir erfahren auch — was aufhorchen lässt —, dass die Kirche *zimblich fein erbaut, ausgeweißt und mit Altären ziert worden* sei[41]. Es liegt auf der Hand, dass die Kirche damals nicht neu erbaut worden ist. Die Altäre hingegen wurden teilweise erneuert oder einfach durch Renaissance-Altäre ersetzt. Ob dabei Hans Waldburger beteiligt war, ist mehr als fraglich[42].

Nach dem Tod von Propst Richard Schneeweis am 24. Oktober 1609 stellte eine im Dezember desselben Jahres entsandte erzbischöfliche Kommission fest, dass das Dormitorium (Schlafhaus) nur fünf Zellen besaß, finster, eng und *alterspaufellig* war und man es erweitern und verbessern solle. Außerdem sei ein Refektorium (Speisesaal) zu bauen, das nicht — wie das jetzige — zu nahe bei der Klosterpforte liegt, *darin Jedermann aus- und einläuft*. Schließlich wird noch bemängelt, dass die Sakristei eng ist, die Ornate schlecht und nur wenige *geistliche Kleinodia* vorhanden sind, überhaupt ist das ganze Kloster *ziemlichermaßen abkommen und paufellig*[43]. Der Personalstand an geistlichen Herren lag ähnlich darnieder: zwei Chorherren und ein Weltpriester, Philipp Aspacher, der die Pfarrei Anger versorgte[44]. In Salzburg drängte man daraufhin auf eine Wende.

Diese Wende führte man herbei, indem sowohl Erzbischof Wolf Dietrich von Raitenau als auch das Domkapitel entgegen dem geltenden Kirchenrecht — nur ein Augustiner-Chorherr konnte und sollte Propst eines solchen Stiftes werden[45] — den Salzburger Domherrn Marquard von Schwendi[46] Ende 1609 zum Propst von Höglwörth bestimmten. Er wurde im Januar 1610 offiziell unter den üblichen Zeremonien eingesetzt und im Februar wurde ihm die Jurisdiktion in geistlichen und weltlichen Angelegenheiten übertragen. Seine Aufgabe war es, das Stift aus den Schulden herauszuführen und für die Seelsorge taugliche Priester einzustellen. Freilich, die Wahl zum Passauer Domdekan (1612) und das Amt eines Pfarrers von St. Ägidius in der Innstadt, später der gewaltige Einsatz für „Mariahilf" mit der Erbauung der Kapelle auf dem Schulerberg (1622), der Kirche (1624–1627), des Kapuzinerhospizes und des Dekanstöckls (1630)[47] und dazu noch die Bistumsadministration für die österreichischen Erzherzöge Leopold und Leopold Wilhelm (ab 1627) ließen ihm nicht mehr viel Zeit für Höglwörth. Die Einsetzung eines salzburgischen Inspektors für die Verwaltung und zweier Weltpriester für die Seelsorge sollten die häufige Abwesenheit Schwendis abfangen. Immerhin gelang es Propst Marquard nicht nur den großen Schuldenberg abzubauen, sondern zur Behebung der desolaten Wohnverhältnisse auch einen Neubau zu errichten, der nach ihm *Schwendibau* benannt wurde.

Bei der Inventur am 3. Januar 1610 werden für die Kirche außer dem Hochaltar noch der Frauenaltar (bei der Sakristei), der Augustinusaltar, der Katharinenaltar und der Stephansaltar genannt, auch werden mehrere Antependien aufgeführt, eines für den Augustinusaltar mit der Darstellung der Verklärung Christi. Beim Hochaltar wird der Chor erwähnt, wobei höchstwahrscheinlich das Chorgestühl hinter dem Hochaltar stand, da bei einer späteren Visitation darüber geklagt wird, dass das Presbyterium so eng sei, *dass Patres während des Chores mitten unter dem Volk sitzen mussten*[48]. Immer noch gibt es auch eine untere und obere Sakristei, in der letzteren finden sich unter den aufgezählten „Kleinodien" ein silbernes Brustbild des hl. Petrus sowie die (Kopf-)Reliquie der heiligen Eulalia. Als Beweis für die Bautätigkeit Propst Marquards dient ein Schreiben seines Bruders und Erben Maximilian — Domdekan Schwendi war am 29. Juli 1634 in Passau verstorben[49] — an Erzbischof Paris Graf von Lodron mit den Worten: ... *wie die richtig befundenen Rechnungen ausweisen und schon der Augenschein zu erkennen gibt, viele tausend Gulden in die Propstey nützlich verbaut.*[50] Dies ist umso verwunderlicher, da der Großteil der Amtszeit von Propst Marquard in die Zeit des Dreißigjährigen Krieges fällt und die von den Schweden bedrängten Ordensleute in die östlich des Inns gelegenen Stifte und Klöster flohen, darunter auch mehrere Augustiner-Chorherren vom Stift Hl. Kreuz in Augsburg.

Nachdem die Pröpste von Au am Inn, Baumburg, Herrenchiemsee, Gars und St. Zeno/Reichenhall mehrfach bei Erzbischof Paris Lodron in Salzburg vorstellig geworden waren, wieder einen Chorherrn zum Vorsteher von Höglwörth zu ernennen, kam dieser 1634 dem Wunsch nach und erhob den aus Augsburg geflüchteten Leonhard Feustlin zum neuen Propst von Höglwörth. Ihm waren in diesem Amt nur vier Jahre beschieden, nach seinem Tod (1638) wurde noch einmal ein Mitbruder aus Augsburg, Felix Faber, als Propst von Höglwörth vom Domkapitel präsentiert und von Erzbischof Paris am 2. Dezember 1638 bestätigt. Auch er konnte nur sechs Jahre die Propstwürde und -bürde tragen, er starb am 10. November 1644. Sein Nachfolger war der amtierende Dechant und Profess von Baumburg, Kaspar Hofinger; auch ihm waren als Propst nur etwas über fünf Jahre gegeben, im Juli 1650 fand er in der Klosterkirche seine letzte Ruhestätte.

Die mit dem häufigen Propstwechsel verbundenen Visitationen und Inventaraufnahmen zeigen kein rosiges Bild: Die Schulden hatten wieder zugenommen, das oft geforderte Krankenzimmer war immer noch nicht eingerichtet, das Dormitorium bestand nach wie vor aus fünf engen Zellen, es fehlte an Paramenten und Büchern für das Chorgebet (1638)[51]. Das Inventar Anfang 1645 beschreibt die Propstei, den Neubau mit großen und kleinen Kammern, ein Priester- und Doktorstübl, mehrere Kammern, die Küche mit den dazugehörigen Gewölben, die Keller, die Getreidekästen und die Ökonomie mit Ross-, Ochsen-, Kuh-, Schaf- und Schweinestall, dazu ein Stadl und die Hütten für die Kutschen und Wägen. An Kleinodien und Paramenten werden in den Sakristeien aufgeführt: Fünf Kelche, eine Monstranz, ein *silbernes Haupt St. Petri*, mehrere *schwarz gebeizte Altärlein, Bilder und Taflein zur Altarzier*, das Haupt der hl. Eulalia, silberne Kruzifixe für die Altäre, 17 Antependien, Vorhänge für den Choraltar und 4 Seitenaltäre, teilweise mit vergoldetem Leder, 23 Messgewänder und 4 Pluviale. Gemessen an früheren Inventaren ein bedeutender Zuwachs der — so scheint es — hauptsächlich auf Propst Marquard von Schwendi zurückzuführen ist und natürlich der Entwicklung der Liturgie in dieser Zeit und dem gesteigerten Schmuckbedürfnis in den Kirchen und auf den Altären, besonders zu Festzeiten, entgegenkommt[52]. Eine Besichtigung durch eine salzburgische Kommission am 7. Februar 1645 mahnt zur Ausbesserung der Dächer und der gefährdeten Hauptmauer des Refektoriums *am Eckh in Garten hinaus* (Südostecke) und vor allem der Fundamentmauer der Kirche, die *ruinös* [ist] *und ausgebessert werden solle*. Zuletzt wird noch das Richterhaus erwähnt, das nicht nur einstürzen kann, sondern auch feuergefährdet ist und am besten abgerissen werden und einem kleineren Gebäude Platz machen soll[53]. Keine leichte Aufgabe für Propst Kaspar, der soeben sein Amt angetreten und Schulden abzutragen hatte.

Kopfreliquie der hl. Eulalia am Katharinenaltar

Hat man sich nach dem Tod von Propst Kaspar Hofinger (1. Juli 1650) bei der Inventaraufnahme noch mit der Beschreibung sämtlicher Räume begnügt[54], so beklagte man 1656 den insgesamt ruinösen Zustand der Klostergebäude, der sich schon 1645 deutlich genug abgezeichnet hatte[55]. Inzwischen war allerdings ein neuer Propst ernannt worden, dem im Gegensatz zu seinen Vorgängern nicht nur eine längere „Regierungszeit" vergönnt war (1652–1671), sondern der auch gewillt war, die inneren und äußeren Probleme im Stift mit Tatkraft anzugehen und nach Möglichkeit zu beheben. Es war dies Wolfgang II. Zehentner, Profess aus Baumburg, am 4. Mai 1652 vom Domkapitel präsentiert

Höglwörth, ehemaliges Refektorium mit einfacher Stuckdecke, um 1669

und am 28. Juni desselben Jahres von Erzbischof Paris Lodron bestätigt.

Propst Wolfgang musste sich von Anfang an mit den baufälligen Klosterbauten beschäftigen. Am bedrückendsten für ihn war aber folgende Tatsache: *die kaum vollendeten Mauern* (des Schwendi-Baues) *drohten nach wenigen Jahren in einen noch größeren Verfall zu geraten als früher und so ein das Leben der Menschen gefährdendes Unglück* zu sein[56]. Möglicherweise war dafür die zu schwache Fundamentierung schuld. Dies führte sogar dazu, dass man ernsthaft erwog, die Insel zu verlassen und neben der Pfarrkirche in Anger ein neues Kloster zu bauen, was jedoch an der Finanzierung scheiterte. Zur Verbesserung der Finanzlage erhielt der Höglwörther Konvent 1661 von Erzbischof Guidobald Graf Thun die Erlaubnis, die erledigte Pfarrei Teisendorf zu versehen und die bedeutenden Pfründeerträgnisse für die geplanten Neubauten einzuziehen[57]. Der Versuch von den benachbarten Augustiner-Chorherrenstiften weitere Zuschüsse oder Darlehen für die anstehenden Bauunternehmungen zu erhalten, scheiterte kläglich; nur St. Zeno war bereit, aus *nachbarlicher Liebe* 300 fl vorzuschießen.

Als nun für das Schlafhaus (= Zellentrakt), das noch benützt wurde, *höchste Gefahr und Unheil* bestand, begann man im Herbst 1667 mit dem Neubau des Osttraktes, zog dazu den Hofmaurermeister und andere Bauverständige zu Rate und führte das Unternehmen im Frühjahr 1668 weiter, während man parallel verzweifelt um die Finanzierung des Ganzen bemüht war. Die dazu beantragten 2000 fl sollten von den Kirchen des Dekanates Teisendorf als Darlehen aufgenommen werden[58], da die Gewährung einer Bausteuer von Salzburg aus abgelehnt wurde. Dann ging es in den Jahren 1668 und 1669 Schlag auf Schlag: Teilweiser Aushub der Fundamente, Einsturz der Eckmauer zum Refektorium, nächtliche Räumung der noch bewohnten drei Zellen, Abbruch des südöstlichen Kirchturms wegen Gefahr des Einsturzes und der damit verbundenen möglichen Zerstörung des begonnenen Neubaues[59]. Dies wiederum hatte zur Folge, dass *ain grossen Stuckh Mauer der Khürchen bei St. Augustini Altar eingangen*, das Kirchengewölbe aber dadurch *zerkhloben* und der Einsturz desselben jederzeit erfolgen konnte. Propst Wolfgang II. erbittet vom Konsistorium die Erlaubnis zur Entfernung des Allerheiligsten aus der gefährdeten Kirche und deutet dabei auch den eiligen Neubau des ebenfalls ruinösen Gotteshauses an[60].

Beim Neubau des Zellentraktes handelt es sich um den noch heute bestehenden Osttrakt, der mit den beiden Untergeschossen und den drei Obergeschossen insgesamt fünf Stockwerke aufweist. Verständlich, dass sich dieser „Großbau" über die beiden Sommer der Jahre 1668 und 1669 erstreckt. Die einfachen Stuckdecken aus dieser Zeit sind auch heute noch in den ehemaligen Zellen und im Refektorium erhalten. Die Finanzierung sollte mittels eines Darlehen von 2000 fl von der hochvermögenden Wallfahrtskirche Weildorf im Dekanat Teisendorf erfolgen, da deren jährlicher Überschuss durchschnittlich bei 1400 fl lag und das Gesamtvermögen

14.380 fl (!) aufwies⁶¹. Das Jahr 1670 verbrachte man wohl mit der Fertigstellung des Schlafhauses, der Absicherung der gefährdeten Kirche und der Beschaffung von Mitteln für den Weiterbau der anderen Klostertrakte. Propst Wolfgang resignierte dabei mehr und mehr und kränkelte zusehends.

Der am 30. Juli 1668 neu gewählte Salzburger Fürsterzbischof Max Gandolf Graf von Kuenburg ordnete in diesem Zusammenhang am 25. Februar 1671 eine Visitation für Höglwörth an⁶². Dabei werden außer personellen Veränderungen der Bau eines neuen Getreidekastens, des Schlafhauses sowie der Studierstuben angemahnt, auch seien keine Zellen für weitere Chorherren vorhanden. Das gleichzeitig angefertigte Inventar zählt erneut alle Räume des Stiftes auf, wobei zwischen dem „Schwendischen Neubau" und dem „jüngsten Neubau" mit der neuen Rekreationsstube unterschieden wird. Durch die unsystematische Beschreibung sind die einzelnen Räume nur schwer den verschiedenen Trakten und Stockwerken zuzuordnen⁶³.

Wegen des völligen Um- und Neubaues werden ab Mai 1671 Verhandlungen mit anderen Augustiner-Chorherrenstiften über die Aufnahme von Chorherren aus Höglwörth für die Dauer der Bauarbeiten geführt, die dann auch im Herbst zum Tragen kommen. Herrenchiemsee nimmt zwei, Gars am Inn zwei, Au einen, Baumburg einen und St. Zeno/Reichenhall ebenfalls einen Religiosen aus Höglwörth auf⁶⁴. Fast gleichzeitig resigniert am 9. Oktober 1671 Propst Wolfgang II. Zehentner und zieht sich nach Salzburg zurück. Die Chorherren Augustinus Griesacher und Patritius Pichler verbleiben zur Aufrechterhaltung der Seelsorge in Höglwörth, letzterer übernimmt zusammen mit dem Klosterrichter Franz Hofmann bis auf weiteres die Administration⁶⁵. Aus einer Rechnungslegung der beiden vom 6. Oktober 1672 geht hervor, dass die Ausgaben für die Bauten stagnierten, offensichtlich wollte man keine vollendeten Tatsachen schaffen und dem nächsten Propst nicht vorgreifen. Ende Februar 1673 erging allerdings vom Salzburger Konsistorium eine klare Weisung an den Administrator Pichler, dass die baufällige Kirche und das *schwendische Gebeu* abzutragen seien und das daraus gewonnene Material gut aufbewahrt werden sollte. Der nun beigezo-

Der Augustinus-Altar mit Bildern von Nikolaus Streicher, um 1760; rechts an der Wand das Holzrelief des Grafen Liutold III. von Plain

gene Hofmaurermeister Hans Nußdorfer rät, das „schwendische Gebäude" nach Möglichkeit zu erhalten, aber den Neubau der gefährdeten Kirche sofort in Angriff zu nehmen und mit dem Abbruch des Daches zu beginnen.

Am 23. Mai 1673 bestimmte der den Stiften und Klöstern sehr gewogene Erzbischof Max Gandolf von Kuenburg den ehemaligen Jesuiten und nunmehrigen Chorherrn von Neustift bei Brixen, DDr. Adam Weber, zum Administrator von Höglwörth⁶⁶;

vorher hatte sich Weber allerdings genau über den Zustand des Stiftes erkundigt und Bedenken angemeldet. Dem neu ernannten Administrator, mehr wissenschaftlich interessiert als in Bausachen versiert, blieb nichts anderes übrig, als die vom Vorgänger begonnenen Bauten weiterzuführen und den Neubau der Stiftskirche einzuleiten. Vordringlich war dabei die Fertigstellung des Schlaf- und Zellenbaues, um die „versprengten" Konventualen aus den sie beherbergenden Stiften wieder zurückholen zu können. Schon im Herbst 1673 wurde dem neuen Dormitorium das Dach aufgesetzt. Offensichtlich hat man dann aber den seinerzeitigen Rat Nußdorfers vom Frühjahr 1673, das *schwendische Gebeu* zu erhalten, nicht befolgt, da laut den Baurechnungen von 1674 zunächst der Abbruch des alten (Mai/Juni) und der Bau des neuen Refektoriums (Juni bis August) sowie der Abbruch des „Schwendibaues" (Juli/August) und dessen Neubau (August–November) Hand in Hand gingen[67].

Im Herbst 1674 konnten die Chorherren — mit Dekan Patritius Pichler sechs an der Zahl — wieder ein gemeinsames Leben aufnehmen, das Chorgebet aber nur im *Capellzimmer* verrichten, da die Klosterkirche zu dieser Zeit *unbrauchbar* war und vor dem Abbruch stand. Nach dem Tod des seit Juli wieder im Kloster wohnenden alten und hinfälligen Propstes Wolfgang II. Zehentner am 2. Dezember 1674[68] wurde Ende Januar 1675 ein Inventar erstellt. Es wurden sämtliche Räume des Stiftes beschrieben, darunter auch wieder das Kapellzimmer, Priester- und Doktorstübl, im unteren und oberen Schlafhaus je drei Zimmer und andere mehr. Überraschend dabei ist, dass die Bezeichnung *Schwendisches Gepeu* beibehalten wird. Nachdem so im Wesentlichen der neue Klosterbau abgeschlossen war, konnte endlich mit dem Kirchenbau begonnen werden.

Bereits die Generalvisitation von 1671 hatte nach Besichtigung der schon erledigten und noch durchzuführenden Bauten sowie der Zusammenstellung der bis dahin aufgelaufenen Kosten und der geschätzten für die nächsten Jahre, deutlich genug formuliert: *Mueß die bereits zu Thail eingefallene Khirch alda völlig abgetragen und da es gnädigst verwilligt, von neuem ... gewölbter erpauth werden,* Kostenschätzung 8000 fl, ohne Gewölbe mit einem *Täfelpoden* (Holzflachdecke) 6000 fl. Da im selben Protokoll[69] auch die Maße der neuen Kirche angegeben werden (Langhaus: Länge 24 m, Breite 11,40 m; Chor: Länge 7,40 m, Breite 6,60 m), muss schon 1671 ein Riss oder eine Visierung der neuen Kirche vorgelegen haben. Das könnte damit zusammenhängen, dass den von Adam Weber zur Information über das ihm zur Administration angetragene Stift Höglwörth gesammelten Akten auch ein Bericht von Michael Spingruber beilag, der nun die weiteren Arbeiten in die Hand nahm.

Spingruber, der Planer und Erbauer der Klosterkirche Höglwörth, hatte damalst die höchste Stufe seiner Karriere erklommen. 1616 geboren, 1642 Hofkastenschreiber, 1652 Hofkastner, 1664 Inspektor der Hofgärten, 1665 Fischmeister, 1671 Inspektor der Hofbrauerei Kaltenhausen (bei Hallein), 1674 Hofbaukommissar, gestorben am 17. Februar 1694 mit 78 Jahren[70]. Als Hofkastner leitete er ab 1666 zusammen mit dem Hofmaurermeister Hans Nußdorfer den Aufbau einer Hofbrauerei in Teisendorf ein[71] und kam bereits damals mit Höglwörth in Berührung. Beim Bau des Jagd- und Lustschlosses Gandolfswörth (Weitwörth bei Oberndorf) erwarb er sich bei Max Gandolf große Verdienste und stand mehr und mehr in hoher Gunst bei ihm[72]. Entscheidend wirkte er als Hofbaukommissar mit beim Bau des neuen Kanonikalhofes (1682–1687), den beiden Zuccalli-Kirchen St. Kajetan und St. Erhard (1685–1689) und dem Franziskanerkloster (1686–1689)[73], weitgehend ein Bau von seiner Hand. Pirckmayer nennt ihn einen Mann „von großer Geschäftsgewandtheit und zielbewusster Beflissenheit". Nach ihm waren die Hofbaukommissäre „jene Männer, welche — ohne gerade selbständig zu schaffen — an den Werken ihrer Zeit dadurch Anteil nahmen, dass sie ihre Kräfte der Aufgabe widmeten, durch Rat, Anordnung, Leitung und Beaufsichtigung die Ausführung jener Werke förderten und die Entwürfe der Meister der Baukunst verwirklichten"[74].

Anfang März 1675 übersendet der Administrator Adam Weber einen Riss (Entwurf) zum Kirchenbau, aus welcher Hand wissen wir nicht, an das Konsistorium in Salzburg. Die von Weber gewünschte Kommission, bestehend aus dem Hofbaukommissar Michael Spingruber und dem Stadtmaurermeister

Deckenfreskos mit den vier Jahreszeiten im Fürstensaal, die zugleich die Lebensabschnitte des Menschen aussagen — Bilder von Franz Nikolaus Streicher, Stuck von Benedikt Zöpf (um 1769)

Oratorium an der Südseite der Stiftskirche, bezeichnet als „Winterchor", errichtet 1678/79

(oder Stadtzimmermeister?) Rupprecht Hueber[75], trifft Ende April in Höglwörth ein, nimmt Augenschein, bespricht sich mit dem Konvent und überreicht am 11. Mai dem Konsistorium zwei Pläne (siehe Abb. auf der folgenden Doppelseite) mit der Bezeichnung Lit. A und Lit. B samt einem Kostenüberschlag für beide Pläne (Lit. C; ohne Abb.). Der Vergleich der beiden Entwürfe zeigt bei Lit. A deutlich die Übernahme der alten Mauern einschließlich des gotischen 3/8-Schlusses aus dem 15. Jahrhundert, Treppenaufgang zum Nordturm, den Hochaltar an die Wand, die Seitenaltäre in die Ecken gedrückt. Lit. B zeigt den vollständigen Neubau mit dünneren Außenmauern, neuem Presbyterium, abgesetztem Hochaltar, besser situierten Seitenaltären, allerdings abgeschnittenem Westteil mit Orgelempore[76]. Der Vorschlag Spingrubers zur Verringerung von Kosten, vor allem durch ein Rohr- statt eines Ziegelgewölbes, Ersparung der Turmtreppe und den Gewinn von viel Baumaterial (Tuffstein) für den Neubau und den weiteren Klosterausbau bei Gesamtkosten von 7500 fl führte in Salzburg und Höglwörth zur Entscheidung für einen gänzlichen Neubau laut Lit. B bzw. nach einem *vom Paucommissar letztlich gezeichnetem Visier*[77].

Nach Vorlage eines Finanzierungsplans gab das Konsistorium am 26. Juni 1675 grünes Licht für den Neubau. Ende Januar 1676, anlässlich einer Visitation durch Propst Bernhard II. Rottenwalder von St. Zeno/Reichenhall[78], wird der Westabschluss der Kirche massiv bemängelt, weil er *dem Gottshaus nit ein gering Unform geben würdt* und deshalb gefordert, trotz der schon aufstrebenden Mauern mit geringen Mehrkosten den Westabschluss anders zu gestalten, wodurch die Klostereinfahrt nun nicht mehr behindert würde wie zuvor.

Höglwörth ist der einzige nachweisbare Kirchenbau von Michael Spingruber. Er ist sowohl im Grundriss als auch in der Außengestaltung in keiner Weise vergleichbar mit ähnlichen Bauten der Zeit, etwa der Kajetaner- und Erhardskirche von Kaspar Zuccalli in Salzburg. Eher noch stand die Wallfahrtskirche Maria Plain von Giovanni Antonio Dario — mit dem Spingruber seit Jahren eng zusammenarbeitete —, erbaut 1671–1674, Pate für Höglwörth. Die Anweisung des Visitators wurde jedenfalls befolgt und damit auch die vom Konvent so dringend geforderte Sänger- und Orgelempore gerettet.

Während des ganzen Jahres 1676 wurde weitergebaut. Im März wurde Administrator Adam Weber vom Domkapitel zum Propst vorgeschlagen und von Erzbischof Max Gandolf bestätigt[79]; letzterer hatte übrigens die Stiftung des Hochaltars zugesagt und bereits drei Messgewänder nach Höglwörth geschenkt[80]. Im Frühjahr 1677 berichtet Propst Weber, dass die Gewölbe geschlossen, der Dachstuhl aufgesetzt, beim Abbruch der alten Kirche aber so viel Steinmaterial übrig geblieben sei, dass er wegen der Verwendung desselben anfrägt; darauf erhält er die Erlaubnis, alle Steine für das Kloster zu verwenden. Ende 1677 ist der Kirchenbau soweit vollendet, dass man bereits Anfang Januar 1678 an den drei Altären — da noch nicht konsekriert, wenigstens auf Altarsteinen (Portatile) — Messe feiern und das Aller-

"Dieser berühmte Architekt" Michael Spingrueber — Öl auf Leinwand, Franziskanerkloster Salzburg (Foto Johann Adlmanseder)

heiligste im Tabernakel einsetzen kann. Nachdem bereits 6900 fl verbaut worden sind, beginnt wieder das Feilschen um die weitere Finanzierung. Für eine Darlehensaufnahme werden die vermögenden Kirchen St. Leonhard am Wonneberg, die Wallfahrtskirche in Weildorf und St. Sebastian in Hof, Pfarrei Thalgau, vorgeschlagen. Nebenbei wird noch erwähnt, dass der Kirchturm um *8 Schuech* (2,40 m) höher geworden sei als geplant war.

Parallel zum Kirchenbau errichtete man 1678/79 ein Oratorium im Obergeschoss an der Südseite der Kirche, das als Winterchor und Zelebrationsmöglichkeit für kranke Priester vorgesehen war. Ausgestattet wurde dieser Raum mit einem Chorgestühl, einem erst später errichteten Altar, schwerem italienischem Stuck und mit Fresken, die der Laienbruder Christoph Lehrl geschaffen hat[81]. Das Altarbild zeigt Heilige und Selige des Augustinerordens oder mit ihnen verbundene Ordensangehörige, wie z. B. die hl. Theresia von Avila[82] (siehe Abb. S. 353). Für den Stuck kommen vielleicht die Graubündener Meister Francesco und Carlo Antonio Brenno sowie Antonio Carabelli in Frage, die mit Spingruber an der Kajetaner- und Erhardskirche in Salzburg zusammenarbeiteten.

Wegen Geldmangels musste die Weiterführung des Baues zunächst eingestellt werden, bis man Gelder von den inkorporierten Kirchen beibrachte. Eine Anfrage erwähnt eine Sakristei, in der ein Altar steht. Unter dem 28. Februar 1680 stellte Propst Adam alles zusammen, was *noch unentberlich erpaut werden soll*, darunter zwei Seitenaltäre, die Orgel, die Grüfte, Pflasterung, Gestühl, Kästen in beiden Sakristeien und nicht zuletzt das marode Richterhaus sowie die Verlegung und Neuerbauung der Ökonomiegebäude, Gesamtkosten 4560 fl. Dazu genehmigte das Konsistorium eine Darlehensaufnahme von 2000 fl zu 5 Prozent in Weildorf[83]. Offensichtlich sind die notwendigen Baumaßnahmen und die Einrichtung der Kirche samt Nebenräumen in den nächsten Jahren mühsam genug weitergeführt worden, da das kleine Stift Höglwörth wirtschaftlich und finanziell immer zu kämpfen hatte. Propst Adam Weber starb darüber am 14. Oktober 1686 und wurde wie sein Vorgänger, da die Grüfte in der Stiftskirche noch nicht fertig gestellt waren, in der Pfarrkirche Anger in der Mitte des Chores beigesetzt. Die ausgemauerte Gruft wurde 1986 aufgefunden[84].

Nach dem Tod von Propst Adam Weber präsentierte das Domkapitel relativ rasch am 29. Oktober 1686 den bisherigen Dekan, Patritius Pichler, zum neuen Propst, der am 7. November von Erzbischof

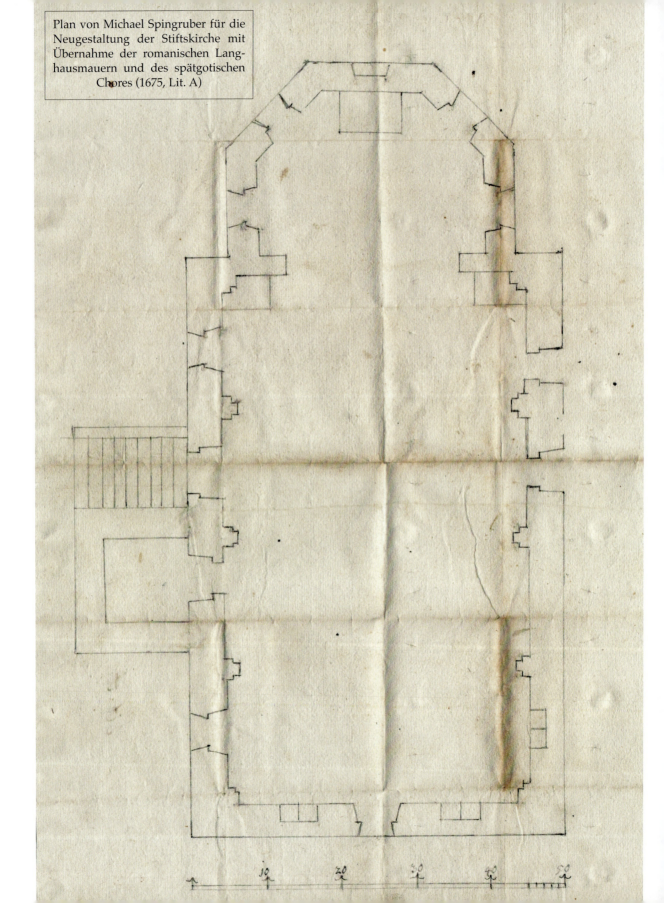

Plan von Michael Spingruber für die Neugestaltung der Stiftskirche mit Übernahme der romanischen Langhausmauern und des spätgotischen Chores (1675, Lit. A)

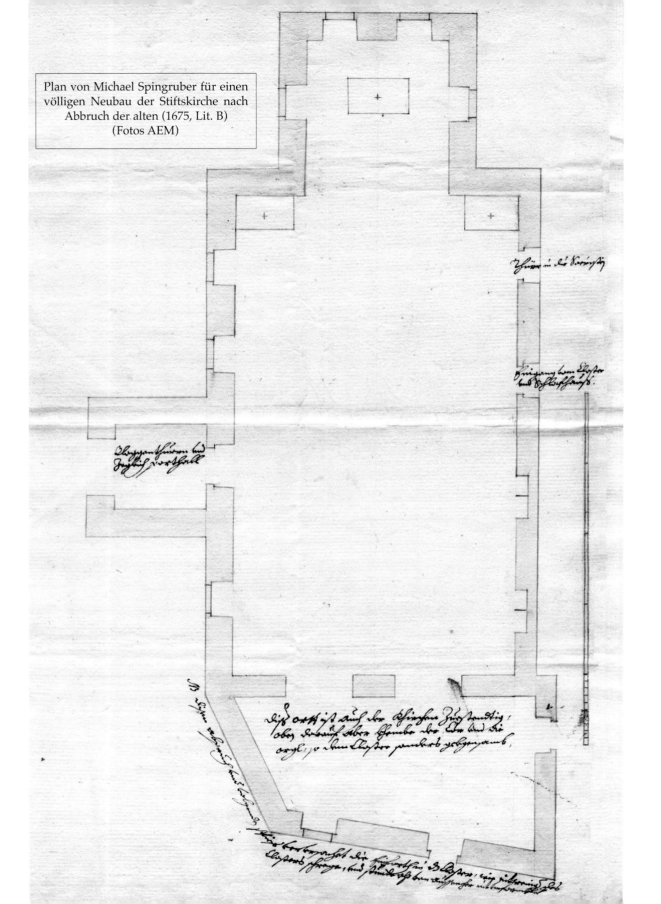

Plan von Michael Spingruber für einen völligen Neubau der Stiftskirche nach Abbruch der alten (1675, Lit. B) (Fotos AEM)

Hochaltar mit dem Bild „Verklärung Christi" von Francesco Vanni, Siena, von 1601 (siehe auch Abb. S. 269)

zimblicher Enge des Chors[86] im *Logiament und Wohnzimmer* des Salzburger Kommissars durchgeführt. Anschließend geleitete man den neuen Propst zu seinem Stuhl im Winterchor und dann in die Kirche zur Überreichung des Ringes. Am 3. Mai 1687 starb der große Mäzen Höglwörths, Erzbischof Max Gandolf in Salzburg. Er hatte die Stiftung des Hochaltars für die dortige Stiftskirche zugesagt. Möglicherweise entstand in den Jahren bis zur Weihe der Kirche (1689) der neue Hochaltar, der in einer Mappe für eine Totenrotel des Stiftes Höglwörth um 1700 abgebildet ist[87].

Mit großer Wahrscheinlichkeit hat der Reichenhaller Bildhauer Johann Schwaiger den Hochaltar der Stiftskirche um 1685 geschaffen. Er war bereits 1681/82 für die Herstellung des Hochaltars in Anger zugezogen worden[88], wo Pichler damals Pfarrvikar war. Außerdem errichtete er eben zu dieser Zeit auch den Hochaltar für die neu erbaute Kirche St. Pankraz in Karlstein[89]. Diese Wallfahrtskirche war dem Augustiner-Chorherrenstift St. Zeno/Reichenhall inkorporiert. Zugleich mit den dortigen Altären ist auch der Altar von Aufham (1724), der ebenfalls von Johann Schwaiger errichtet wurde, ein wichtiger Hinweis auf die Anfertigung des Höglwörther Hochaltars durch diesen Künstler. Das Hochaltarbild könnte ein Werk des Laienbruders Christoph Lehrl sein, das schon damals oder in der ersten

Max Gandolf bestätigt wurde. Bereits als Administrator (1671–1673) und erst recht als Dekan (seit 1674) des oft verhinderten Propstes Weber hat er den Um- und Neubau des Klosters und besonders den Neubau der Klosterkirche hautnah erlebt, deren Fertigstellung nun für ihn vordringlichste Aufgabe war. Seine Installation durch den „Schneeherrn"[85] Simon Faber am 18. November 1686 wurde *wegen*

Hälfte des 18. Jahrhunderts im Sinne eines Wandelaltars, der je nach Bedarf (Totenmesse) oder dem Kirchenjahr entsprechend mit dem Bild der Verklärung Christi von Francesco Vanni versehen werden konnte (siehe dazu den nachfolgenden Beitrag von Johannes Neuhardt).

Seit Erzbischof Eberhard II. 1239 den Mitstifter Liutold III. in Höglwörth begraben und dabei die Stiftskirche geweiht hatte, hat kein weiterer Salzburger Erzbischof die „Klosterinsel" betreten. Propst Patritius ersuchte nun den am 30. Juni 1687 neu gewählten Erzbischof, Johann Ernst Graf von Thun, die Weihe der eben fertiggestellten Stiftskirche vorzunehmen. Unter dem 27. Juli 1689 antwortet darauf das Salzburger Konsistorium, dass auf diese Bitte hin *ihro hochfürstliche Gnaden unser gnädigster Fürst und Herr geruht am Sonntag 7. August die Klosterkirche zu weihen*. Man kann sich vorstellen, mit welchem Pomp dieser Weihetag gefeiert wurde und noch am selben Tag bedanken sich Propst Patritius und der ganze Konvent bei Erzbischof Johann Ernst für die Weihe; da der Fürst auf die hohe Weihetaxe verzichtet hatte, verspricht man für ihn 500 Messen zu lesen[90]. Das Fest der Kirchweihe wird aber nach wie vor am Tag des Apostels Bartholomäus (24. August) begangen.

Am 9. Mai 1691 stirbt Propst Patritius Pichler und wird als Erster in der dafür vorgesehenen Gruft vor dem linken Seitenaltar, der Gottesmutter Maria geweiht, beigesetzt[91]. Bereits zehn Tage später präsentiert das Domkapitel dem Erzbischof Johann Ernst Graf Thun den Höglwörther Konventualen Johann Baptist Zacherl als neuen Propst, der umgehend (26. Mai) vom Erzbischof bestätigt wird[92]. — Auch alle folgenden Pröpste kamen aus dem Konvent von Höglwörth.

Bei der Visitation im März 1692 erfährt man, dass der Laienbruder und Maler Christoph Lehrl (49 Jahre, davon 23 Professjahre) sich um den Weinkeller zu kümmern hat, für die Kranken Sorge trägt und noch viele andere Dienste im Kloster leistet[93]. Wohl das größte Fest, das Propst Johann Baptist I. Zacherl und sein Konvent feiern konnten, war die Einholung der Gebeine des römischen Märtyrers Placidus am 28. Oktober 1694. Dazu hielt der Dekan von St. Zeno/Reichenhall, Johann Copeindl, eine

Placidus-Altar mit dem Reliquienschrein des hl. Märtyrers (klassizistisch, um 1790)

große „Lob- und Ehren-Predigt", die 1695 im Druck erschien[94]. Propst Zacherl hat zu Ehren des hl. Placidus eine eigene Kapelle mit Altar in der Klosterkirche errichten lassen, zu der sich bald eine bedeutende Wallfahrt entwickelte[95].

Zu den Reliquien des hl. Märtyrers Placidus ist folgendes anzumerken: Die Erhebung der Gebeine aus der Katakombe der hl. Cyriaca bei San Lorenzo fuori le Mura in Rom[96] wurde von Jacobus Elephantutius (Giacomo Fantuzzi)[97] vorgenommen. Die Übergabe der Reliquien an den Salzburger Domherrn Franz Ferdinand von Kuenburg[98] mit Ausstellung einer Authentik erfolgte am 27. April 1677, die geschenkweise Aushändigung der Gebeine

Der Kreuzaltar (um 1790), Kreuzgruppe (1710), Tabernakel (1722)

des Heiligen an das Stift Höglwörth im selben Jahr. Während des Kirchenbaues und darüber hinaus blieb der Holzsarg *verobsigniret und verschlossen*[99]. 1694 kam es zur Überführung des Sarges nach Salzburg, wo er von einer Kommission des Konsistoriums geöffnet wurde. Es folgte die Überprüfung des Inhalts mit Aufzählung der verschiedenen Reliquienteile und die Beifügung eines Pergamentstreifens mit der Inschrift *Corpus S. Placidj Martyris* als Authentik[100]. Anschließend wurden die Reliquien zur öffentlichen Verehrung freigegeben und in einem Zinksarg nach Höglwörth überführt[101].

Aus der Predigt von Dekan Copeindl erfahren wir noch, dass Placidus bei seinem Tod 17 oder 18 Jahre alt war und sein Name von Papst Innozenz XI. (1676–1689) festgelegt wurde[102]. 1695 erteilte Papst Innozenz XII. (1691–1700) für den Placidustag einen vollkommenen Ablass[103]. In der Sakristei befindet sich auch ein Glasschrein mit der Figur des hl. Placidus (Abb. S. 215), die wohl an den Festtagen aufgestellt und bei Prozessionen mitgetragen wurde.

Einer Notiz[104] ist zu entnehmen, dass sich Propst Zacherl um die Vervollständigung der Klostereinrichtung und die weitere Ausgestaltung der Räume bemühte. Dazu gehörten auch das Sandsteinportal beim Eingang zur Propstei mit seinem Wappen (Abb. S. 273) und die Ausschmückung der bereits 1671 erwähnten neuen Kanzlei im nördlichen Erdgeschoss des Westbaues mit seinem Wappen an der Stuckdecke[105]. Nicht zu vergessen sind die vier Messgewänder, ebenfalls mit dem Wappen des Stifters versehen[106]. Als größere Baumaßnahmen zu verzeichnen sind der Neubau der Klostermühle (1701), die nach dem Zweiten Weltkrieg abgerissen wurde (siehe den Beitrag von Ferdinand Steffan), sowie des Vikariatshauses und des neuen Zehentstadls in Piding (1704)[107].

Es fällt auf, dass das Konsistorium in Salzburg ziemlich oft Visitationen für Höglwörth anordnete und damit die Oberaufsicht des den Propst präsentierenden Domkapitels von Salzburg bekräftigte. Die umfangreichen Visitationsakten enthalten wertvolle Hinweise auf den Zustand des Stiftes in spiritueller, wirtschaftlicher und baulicher Hinsicht. So hatte z. B. bei der Visitation 1699 der Laienbruder und Maler Lehrl geklagt, *dass er zu seiner Malerey keine rechte Gelegenheit habe,* während bei der Visitation 1702 nicht nur die Stiftskirche mit ihren fünf Altären[108], sondern auch die Klosterräumlichkeiten genau beschrieben werden, darunter nun auch ein Krankenzimmer und das „Museum" im Südtrakt anstelle des späteren „Fürstensaales". Bei der schon 1706 erneut vorgenommenen Visitation werden außer den fünf Altären drei Beichtstühle, drei Opferstöcke, die drei Grüfte und der Chor mit einer Orgel erwähnt, wobei beim Krankenzimmer der Blick in die Kirche zu den zwei Seitenaltären betont wird. Das Dormitorium (Schlafhaus) besitzt drei

Stockwerke mit drei Zellen im Erdgeschoss, fünf im ersten und vier im zweiten Obergeschoss, insgesamt wohnen im Kloster elf Personen, während im Hofrichterhaus und im Westtrakt die zahlreichen Dienstleute untergebracht sind[109].

Propst Johann Baptist Zacherl hatte in Erinnerung an den früheren Kreuzaltar in der alten Kirche um 1710 ein großes geschnitztes Kreuz an einer Seitenwand aufhängen lassen und plante nun dafür einen eigenen Altar zu errichten. 1720 hat ihm ein gewisser *benefactor*[110] einen Kreuzpartikel mit römischer Authentik verehrt. Der Propst wollte diesen in den geplanten Kreuzaltar zur öffentlichen Verehrung einsetzen und bat dazu um die oberhirtliche Erlaubnis, die unter dem 4. September 1720 erteilt wurde. Der dafür geschaffene Tabernakel mit dem Wappen Zacherls steht heute noch auf dem Kreuzaltar samt dem älteren Kreuz in der Nische[111]. 1721 erteilte Papst Innozenz XIII. (1721–1724) für den Kreuzaltar in der Stiftskirche einen Ablass[112]. Die konsolidierten Finanzen des Stiftes und die zinslosen Darlehen der inkorporierten Kirchen und Kapellen erlaubten Propst Zacherl am 14. März 1722 die Hofmark Vachenlueg von den Erben des letzten Haunsperger Grafen Franz um 8000 fl zu erwerben[113]. Am 30. Januar 1725 verstarb Johann Baptist I. Zacherl und wurde neben seinem Vorgänger in der Gruft vor dem Marienaltar beigesetzt[114].

Am 2. März 1725 bestätigte Fürsterzbischof Franz Anton von Harrach den bisherigen Dekan Johann Baptist Puechner als neuen Propst von Höglwörth[115]. Das in diesem Zusammenhang von Georg Lohner angefertigte Inventar[116] zeigt eine deutliche Zunahme der Silbergeräte in der Sakristei, darunter wertvolle Kelche der Chorherren Johann Wolfgang Schluderpacher und Philipp Jakob Hochpichler, der schon vor 1681 500 fl zur Anschaffung einer Orgel gestiftet hatte[117], und einen Kelch der Gebrüder Zächerl. Erwähnenswert sind auch noch ein ganzer (weißer) Ornat von Erzbischof Max Gandolf sowie sein Kardinalsbirett.

Die Visitation von 1733[118] zählt sechs Altäre auf und vermerkt auf dem Hochaltar das Bild der Verklärung Christi von Francesco Vanni, am Kreuzaltar den Kreuzpartikel, im Placidusaltar die Reliquien des verehrten Blutzeugen und auf dem Katharinen-

Franz Nikolaus Streicher: Berufung des Fischers Petrus (Presbyterium, Nordwand)

altar das Haupt der hl. Eulalia[119]. Im selben Jahr beantragt Propst Puechner erfolgreich den Gebrauch der Pontifikalien (Stab, Mitra, Ring) für sich und seine Nachfolger[120]. 1734 wird der Bau eines eigenen Bräuhauses außerhalb des Klosters an der Südseite zum See hinab in Angriff genommen, 1735 ein Kreuzweg mit 16 Stationen für die Kirche angeschafft und von den Franziskanern eingeweiht[121], 1737 einer der prachtvollen gusseisernen Öfen in Auftrag gegeben[122]. Außerdem wurden in diesen Jahren zahlreiche Bücher, Malereien, standesgemäße Kutschen, Fayencekrüge, Pokale und — ein Hob-

Gusseiserner Prunkofen von Propst Puechner (1735) — Stiegenhaus der Propstei mit Wappen von Propst Puechner (1725–1743)

by des Propstes — 20 Sack-, Hänge- und Stockuhren angeschafft. Das alles mit hohem Kostenaufwand und wachsender Verschuldung, freilich auch ein Zug der Zeit und Kennzeichen vieler Barockprälaten.

Die Visitation von 1737[123] brachte ein böses Erwachen: Eine Gesamtkapitalaufnahme von 18.400 fl, große Schulden, Verschwendung an allen Ecken und Enden. Eine von Salzburg eingesetzte Kontrolle in den Jahren 1738–1740 führte 1741 zum Entzug der Temporalienverwaltung für den Propst, zur Einsetzung des Dekans als Administrator und zu einer weiteren Visitation im Jahr 1742. Am 9. Juni 1743 starb der verschwenderische und glücklose Propst Johann Baptist II. Puechner, begraben in der Propstgruft zu Höglwörth[124].

Bei der Visitation 1742 werden am Hochaltar in der Stiftskirche neben dem Bild der Verklärung Christi auch zwei Figuren der Apostel Petrus und Paulus erwähnt, außerdem wird mitgeteilt, dass für den Tag der Translation der Gebeine des hl. Placidus am Fest der Apostel Simon und Juda (28. Oktober) der Schrein mit den Reliquien öffentlich zur Verehrung aufgestellt und ein vollkommener Ablass gewährt wird[125]. Der Winterchor wird als Kapelle aller Heiligen der Augustiner-Chorherren bezeichnet, außerdem unterscheidet man zwischen alter und neuer Propstei (Obergeschoss, Westtrakt). Über dem Winterchor befindet sich die Kleiderkammer; das „Museum" wird als „obskurer Raum" kritisiert, es handelt sich dabei wohl um das in dieser Zeit üb-

Fresko im Chorraum der Stiftskirche „Letztes Abendmahl" von Franz Nikolaus Streicher (um 1767)

liche „Kuriositätenkabinett" oder auch die „Kunst- und Wunderkammer"; eine solche war in Salzburg bereits unter Erzbischof Guidobald (1654–1668) angelegt worden[126].

Wegen der völlig zerrütteten Finanzen wartete das Domkapitel ziemlich lange mit der Präsentation eines Propstkandidaten, denn erst am 23. September 1743 schlug es dem Erzbischof Leopold Anton Freiherrn von Firmian den Höglwörther Konventualen Anian Hoepfengraber als neuen Propst vor. Wohl aufgrund des gerade tobenden bayerisch-österreichischen Erbfolgekrieges dauerte es bis zur erzbischöflichen Bestätigung nochmals über sechs Wochen. Diese erfolgte am 9. November, am 10. November wurde Hoepfengraber benediziert und am 17. November 1743 in Höglwörth installiert. Propst Anian I. konnte es in seiner kurzen „Regierungszeit" nicht gelingen, den großen Schuldenberg seines Vorgängers — es waren über 30.000 fl — abzubauen, geschweige denn, größere Renovierungsmaßnahmen oder gar Neubauten durchzuführen. Bereits am 22. April 1749 beendete der Tod seine irdische Lebensbahn, die Beisetzung in der Prälatengruft nahm wie immer der Propst von St. Zeno vor, auch dieses Mal wieder — wie schon bei den Pröpsten Zacherl und Puechner — Floridus I. Penker (1720–1757)[127]. Die Propstgruft vor dem Marienaltar begann sich langsam zu füllen.

Auch der folgende Propst, Augustin Eslinger, kam aus dem Höglwörther Konvent. Am 10. Mai 1749 vom Domkapitel präsentiert, am 12. Juli bestätigt und instituiert und am 13. Juli von Erzbischof Andreas Jakob Graf von Dietrichstein (1747–1753) unter der Assistenz der Pröpste Joachim Fischer von Baumburg (1748–1761), Patritius Zwick von Au am Inn (1749–1761) und des Abtes Anselm I. Passauko von St. Paul im Lavanttal (1748–1768) persönlich benediziert[128]. Auffallend, dass alle diese Würdenträger ihre Stifts- bzw. Abteikirche im Stil des blühenden Rokoko im dritten Viertel des 18. Jahrhunderts aus- und umgestalteten, am stärksten Joachim Fischer in Baumburg[129].

Sprang der Funke über oder war es einfach nur „zeitgemäß"? Propst Eslinger sah in dieser Hinsicht sein Aufgabenfeld mehr in der Filialkirche Piding, zu der er durch eine zweijährige Seelsorgstätigkeit in der dortigen Liebfrauenkirche persönliche Verbindungen hatte[130]. So wurde die Pidinger Kirche zwischen 1756 und 1760 umgebaut, ausstuckiert und mit einer prächtigen Rokoko-Ausstattung versehen. Am 25. Juli 1760 weihte Erzbischof Sigmund Christof Graf von Schrattenbach (1753–1771) die Kirche und drei Altäre[131]. 1759 erwirkte Propst Eslinger von Papst Clemens VIII. (1758–1769) zwei Ablässe, darunter einen für die Stiftskirche, den er — weil die Wahl des Privilegiums offen stand — dem Kreuzaltar zuordnete[132]. Als Propst Eslinger

Fresko im Langhaus der Stiftskirche: die „Familie der Heiligen" und die „Gründerfamilie"

Voraussetzung für den späteren Fürstensaal geschaffen war[133]. Am 14. Juli 1762 präsentierte das Salzburger Domkapitel den langjährigen Dekan und Novizenmeister Anian Köllerer[134] als neuen Propst, am 27. Juli bestätigte Fürsterzbischof Sigmund Christof diese Wahl, am Sonntag, 1. August, erfolgte die Benediktion und am 8. August installierte ihn der beauftragte Kommissar Ignaz Johannes Nepomuk Kuchardseck in feierlicher Form *in spiritualibus et temporalibus* zum Propst von Höglwörth[135]. Äußerst sparsam gegenüber dem Konvent, was bis zu Zerreißproben mit den Chorherren führte, war sein Hauptanliegen die Ausstattung und Einrichtung der Klosterkirche. Die Totenrotel von 1803 fasst das so zusammen: „Er liebte die Zierde des Hauses Gottes; er erneuerte nämlich unsere Stiftskirche, ließ alle Altäre aus Marmor machen, stellte das Pflaster wieder her und brachte das Aussehen der Kirche in die beste Form."[136] Um dieses ehrgeizige Ziel zu erreichen, bedurfte es auch bester Künstler. Es waren dies der Stuckator Benedikt Zöpf[137], der Maler Franz Nikolaus Streicher[138], der Steinmetz Johann Högler[139] und der Bildhauer Lorenz Härmbler[140]. Außerdem waren dazu Beziehungen zu benachbarten Augustiner-Chorherrenstiften wichtig und vor allem die Freundschaft mit Abt Beda Seeauer von St. Peter in Salzburg (1753–1785), der schon ab 1754 begonnen hatte, Kirche und Abtei im Rokoko-Stil umzugestal-

49-jährig durch einen Schlaganfall während einer Wallfahrt nach Maria Eck am 23. Mai 1762 starb, war der vorhandene Schuldenberg nicht wesentlich abgebaut. Bei dem in diesem Zusammenhang erneut erstellten Inventar mit Aufzählung aller *Localitäten* fällt auf, dass das „Kuriositätenkabinett" zum Fürstenzimmer umgewandelt wurde und damit die

Deckenfresko über der Orgelempore mit Ambrosius, Augustinus, David, Cäcilia, Hieronymus und Gregor d. Gr.

ten und dazu vor allem Benedikt Zöpf über zehn Jahre lang (1756–1766) mit Aufträgen überhäufte[141]. Die Beziehung Köllerers zu den Benediktinern lässt sich auf seinen Geburtsort Mondsee zurückführen, wo Abt Bernhard Lidl (1729–1773) ebenfalls als Barockprälat Kirche und Kloster „modernisierte" und außerdem mit Beda Seeauer nahe verwandt war[142]. Cordula Böhm und Anna Bauer-Wild haben es in einem anderen Zusammenhang so formuliert: „Es gab regelmäßig Besuche und Austausch nicht nur im Blick auf die ikonographischen Programme, sondern auch auf die ausführenden Künstler."[143]

Dieser „Austausch" der Künstler begann wohl schon unter Propst Eslinger, von dem Abt Beda Seeauer bei dessen Tod in seinem Tagebuch notierte: „Ein guter und lieber Nachbar, einst mein Mitschüler."[144] Bald nach seiner Wahl nahm Propst Anian II. Köllerer die Ausstattung der Stiftskirche und deren Einrichtung in Angriff. Die erste Etappe umfasste die Stuckierung und Freskierung der Klosterkirche, des Fürstensaales sowie der Wohnräume des Propstes (1763–1769), die zweite betraf die Erstellung der neuen Altäre im Presbyterium (1766–1771), die dritte Etappe umfasste die Errichtung der westlichen Seitenaltäre, des Kreuzaltars und des Nordportals (1784–1795). Benedikt Zöpf stuckiert fast parallel zur Stiftskirche St. Peter in Salzburg zusammen mit seinen Gesellen, mit dem Schwerpunkt 1764, die Klosterkirche in Höglwörth einschließlich der Kanzel und des Oratoriums[145]. Wie ein Netz spannt sich der Stuck über den ganzen Raum, das intensive Grün hebt sich pointiert vom Gold der Kanzel und des Oratoriums ab und zentriert sich im Chorbogen mit der Uhr, mahnendes Symbol von Zeit und Ewigkeit, flankiert von den Wappen des Stiftes und von Propst Anian Kölle-

Deckenfresko über dem Katharinenaltar mit der „Wessobrunner Madonna" und zehn weiblichen Heiligen

rer[146]. Nach der Stuckierung füllte Streicher die umrahmten Flächen mit seinen Fresken, zuerst im Chor (1764), dann im Langhaus (1765), an den Seitenwänden und zuletzt — vielleicht erst 1766 — im Westteil unter der Orgelempore, wobei diese Arbeiten immer von der Jahreszeit und der jeweiligen Einrüstung abhängig waren. So entstand im Presbyterium über dem Hochaltar das letzte Abendmahl, bei dem Petrus als Patron der Kirche, bewusst von den anderen Aposteln abgesetzt, links vorne in demütiger Haltung dargestellt ist.

Das Hauptfresko im Kirchenschiff lässt deutlich drei Zonen erkennen, die göttliche der Dreieinigkeit, die Zone der Heiligen, die durch Maria — aufgenommen in den Himmel — mit der göttlichen in Verbindung steht[147], und der irdische Bereich am unteren Rand mit den Stiftern von Höglwörth, Mönchen, Nonnen und Chorherren. Am untersten Bildrand auf dem Stein im Vordergrund hat Streicher signiert und datiert: „F. St. pin 1765". Nachdem das sonst übliche „invenit" fehlt, muss ihm der Entwurf vorgegeben worden sein, sei es aus dem Kreis des Konvents von Höglwörth, sei es aus Salzburg. Die Schönheit, Duftigkeit und der Aufbau dieses Hauptfreskos lassen die Nähe zu Johann Baptist Zimmermann nicht nur erahnen, sondern werfen die Frage nach der Ausbildung von Franz Nikolaus Streicher neu auf[148].

Das dritte Deckenfresko über der Orgelempore bringt noch einmal die Dreieinigkeit ins Spiel, über den Namen Gottes (Jahwe) zu Jesus (IHS) hin zum Heiligen Geist (Taube am Ohr Papst Gregors) und verbindet dies mit der Verkündigung der Offenbarung Gottes durch die vier Evangelisten (Symbole um Jahwe) und die vier lateinischen Kirchenlehrer (Augustinus, Ambrosius, Gregor, Hieronymus), im Zusammenwirken mit den Patronen der Kirchenmusik, David und Cäcilia.

Von der Abfolge her hat Streicher nach den Deckenfresken wohl zunächst die Wandfresken im Kirchenschiff ausgeführt. So das Bild über dem Kreuzaltar an der Südseite mit dem Thema „Darstellung Jesu im Tempel" (Lk 2, 22–35). Wiederum dominiert die Dreieinigkeit, vom Geist über Gottvater zum Mensch gewordenen Sohn Gottes, als Kind in den Armen Simeons, der als Hoherpriester dargestellt wird, während vor ihm Maria kniet, mit dem geweissagten Schwert im Herzen, rechts, ebenfalls kniend, Joseph mit den vom Gesetz geforderten Turteltauben als Gegenopfer für den Erstgeborenen[149]. Als Hinführung zum gegenüberliegenden Kreuzaltar malte Streicher in das Tympanon des inneren Nordportals eine Ölbergszene, die Todesangst Christi am Tag vor seiner Hinrichtung am Kreuz. An der Nordwand des Kirchenschiffes, gegenüber der Darstellung Jesu im Tempel, schuf Streicher das Bild von der Schlüsselübergabe an Petrus in der oberen Hälfte und die Gründung Höglwörths im unteren

Deckenfresko im Fürstensaal von Franz Nikolaus Streicher (um 1769)

Bereich. Oben noch einmal die Dreieinigkeit, Vater, Sohn, Geist, wobei Jesus dem knienden Petrus die Schlüssel des Himmelreiches übergibt (Mt 16, 19), hinter dem Apostel das umgekehrte Kreuz als Hinweis auf seinen Tod. Unter dieser Szene in der Mitte die Ansicht von Höglwörth nach einem Stich von 1687, rechts davon in Ritterrüstung Graf Werigand von Plain und der erste Propst Tagibert; links Graf Liutold III. mit seiner Gattin Heilwig von Leuchtenberg[150] (siehe Abb. S. 189).

Die letzten Fresken Streichers im Westteil der Stiftskirche zeigen — in der Katharinenkapelle unterhalb des apokalyptischen Lamms — das Wessobrunner Gnadenbild mit zehn weiblichen Heiligen, links Katharina, Barbara, Lucia[151], Eulalia[152] und Margaretha, rechts Theresia von Avila, Klara, Scholastika, Ursula und Rosa von Lima. In der Placiduskapelle mit der Pietà im Zentrum finden sich im Deckenfresko auf der linken Seite Stephanus, Sebastian, Laurentius und Georg, am Fels von Golgatha hingekauert Hieronymus, daneben Placidus, dessen Reliquien in der Mensa des Altars aufbewahrt sind[153]. Das Fresko in der Vorhalle mit dem Thema „Petrus heilt den Gelähmten an der ‚Schönen Pforte' des Tempels in Jerusalem" (Apg. 3, 1–8) will den Eintretenden mit Hoffnung erfüllen, im Haus Gottes Heil zu erlangen[154].

Wohl noch zu Lebzeiten von Benedikt Zöpf († 17. Dezember 1769) oder durch seine Werkstatt wurde der sogenannte Fürstensaal im Südtrakt der Propsteigebäude stuckiert und von Streicher mit Fresken versehen. Das zentrale Thema des großen Mittelbildes ist Brot der Erde und Brot des Himmels, dargestellt durch eine Ernte und den Mannaregen vom Himmel unter Mose (Ex 16, 4–36; rechte Bildhälfte), sowie Ähren und Trauben als Symbole für die Eucharistie (Bildmitte). Da der Mensch aber nicht nur vom Brot allein lebt[155], sondern von jedem Wort Gottes und letztlich vom Leib Christi (Monstranz), gilt das für den Bettler (Armut) ebenso wie für den König (Macht) und für die fürstliche Frau (Reichtum, Bildhorizontale unten), gleichermaßen Versuchungen für jeden Menschen[156]. In die vier

Die Sakristei; Schränke und Stuck um 1680

Stuckkartuschen in den Ecken des Saales malte Streicher die vier Jahreszeiten (Abb. S. 199), dargestellt von Männern — nicht Kindern —, die der Zeit entsprechend ihre Arbeit verrichten. In den dazu gehörenden Schriftkartuschen wird der Psalm 65 zitiert, ein Dankhymnus auf die Gaben Gottes.

Nach der Stuckierung und Freskierung der Stiftskirche Höglwörth ging es um die Aufrichtung neuer Altäre, zunächst im Presbyterium in den Jahren 1766/67[157]. Um den Hochaltar an die Wand versetzen zu können, musste das Ostfenster zugemauert und die dadurch entstandene Nische an der Außenwand mit einem Kreuz und einer schmerzhaften Muttergottes gefüllt werden. Die Marmoraufbauten des Hochaltars (Verklärung Christi) und der beiden Seitenaltäre, Aufnahme Mariens in den Himmel (links) und hl. Augustinus (rechts), schufen der Bildhauer Lorenz Härmbler und der Steinmetz Johann Nepomuk Högler gemeinsam, die auch fast alle Altäre in St. Peter in Salzburg gestaltet haben. Das Hochaltarbild von Francesco Vanni aus Siena von 1601 wurde von Franz Nikolaus Streicher 1771 restauriert, wie eine bei der letzten Restaurierung aufgefundene Signatur erkennen ließ[158]. Die Bilder der Seitenaltäre, Aufnahme Mariens in den Himmel und Joseph mit dem Jesuskind (Oberbild), sowie die Apotheose des hl. Augustinus mit Maria, Joachim und Anna (Oberbild) malte Streicher, ebenso die Berufung und Bekehrung sowie das Martyrium der beiden Apostel Petrus und Paulus an den Wänden des Presbyteriums. Die flankierenden Figuren an den Seitenaltären, Johannes Nepomuk und Theresa von Avila (links) sowie Monika und Maria Magdalena (rechts), schuf Lorenz Härmbler[159].

Holzschrein des hl. Placidus in der Sakristei mit Herzöffnung für Berührungs-Reliquien (Detailaufnahme siehe S. 91)

Zur Errichtung von weiteren Seitenaltären kam es zunächst nicht, man begnügte sich mit den bis dahin schon vorhandenen (Kreuzaltar, Katharinenaltar, Placidusaltar). Propst Anian II. Köllerer kümmerte sich stärker um die Einrichtung eines Oratoriums neben dem Krankenzimmer im Erdgeschoss des Nordtraktes der Stiftsgebäude[160], zentrierte dafür die Sakristei im Erdgeschoss des Konventtraktes (Osttrakt) und erbaute in den 70er Jahren das sogenannte Stöckl außerhalb des Klosterhofes auf der Südwestecke der Insel gegenüber der schon bestehenden Brauerei. In diesem Neugebäude wurden Stallung, Fleischbank, Binderstube und einige Wohnzimmer (Obergeschoss) eingerichtet. Grund dafür war der ruinöse Zustand des Westgebäudes, in dem bisher die eben genannten Zweckeinrichtungen untergebracht waren[161]. Parallel dazu liefen Stuckierung, Freskierung und Einrichtung des Fürstensaales sowie mehrerer Räume in der Propstei, um „standesgemäß" wohnen und hohe Gäste würdig empfangen und bewirten zu können. Dies alles brauchte Zeit und Geld, bevor man an die weitere Ausstattung der Stiftskirche mit neuen Altären gehen konnte. Der Tod von Lorenz Härmbler (1782), die Überbeanspruchung von Johann Nepomuk Högler in St. Peter in Salzburg sowie der Umbruch vom Rokokozeitalter zum Klassizismus verlangten neue Entwürfe und andere Künstler, allein Streicher wurde für die Altarbilder beibehalten.

Der Katharinenaltar und der Placidusaltar unter der Orgelempore entstanden gleichzeitig 1783/84 schon ganz im klassizistischen Stil. Die Entwürfe dafür soll der hochfürstliche Hofbauverwalter Wolfgang Hagenauer geliefert haben[162], die Ausführung lag bei dem in Himmelreich bei Salzburg tätigen Steinmetz Joseph Doppler[163], die Bildhauerarbeiten besorgte Franz de Paula Hitzl[164], die Altarbilder, darstellend die Glorie der hl. Katharina und die Verherrlichung des hl. Placidus hineingestellt in die Landschaft um Höglwörth, schuf Franz Nikolaus Streicher. Für die Bilder, die Fassung und Vergoldung dieser beiden Altäre erhielt Streicher insgesamt 244 fl[165]. Der Salzburger Gürtler Peter Paul Berger fertigte noch 1784 für die beiden Altäre kupferne, vergoldete, durchbrochene *Thürl* für die Nischen der Reliquienschreine in den Mensen. Zuletzt ließ Propst Anian II. den Kreuzaltar und das gegenüberliegende Nordportal errichten. 1795 holte man wieder Joseph Doppler aus Himmelreich zum Bau der Marmorretabel des nun ganz klassizistisch geprägten Kreuzaltars, Kapitelle und Putten sind Arbeiten von Franz de Paula Hitzl, während die Fassung Dominikus Plasisganik aus Piding besorgte. Die Kreuzigungsgruppe wurde vom alten Kreuzaltar übernommen, ebenso der von Propst Johann Baptist Zacherl 1722 gestiftete Tabernakel. Der neue Altar kostete „nur" 419 Gulden 24 Kreuzer[166].

Propst Anian II. Köllerer starb am 28. November 1803 und wurde in der Propstgruft neben seinen Vorgängern beigesetzt[167]. Ihm verdanken wir das Aussehen der ehemaligen Stiftskirche, wie sie sich seit der Renovierung von 1976 bis 1986 in ihrer ganzen Schönheit wieder darstellt. Am 28. Januar 1804 präsentierte das Domkapitel in Salzburg den Höglwörther Konventualen Gilbert Grab zum neuen Propst, den Erzbischof Hieronymus Graf Colloredo am 23. Februar von Wien aus, wohin er vor den

Höglwörther Brustkreuz, heute im Museum in Anger (18. Jahrhundert)

Goldbestickte Mitra aus Höglwörth (München, Metropolitankirche U. L. Frau)

Franzosen geflüchtet war, bestätigte. Die Auswirkungen der Aufklärung, die politischen Wirren der Zeit, der dauernde Wechsel der Landesregierung und mehrere andere Gründe führten im Jahr 1817 zur Auflösung des Stiftes und zur Inbesitznahme durch den bayerischen Staat. Im selben Jahr kam es zu einer ersten Versteigerung der Mobilien aus den Stiftsräumen, 1821 zum Verkauf der Immobilien. Die Stiftsgebäude auf der Insel — mit Ausnahme der Kirche und des Klosterrichterhauses — gingen für 9000 fl in den Besitz der Brauerei Wieninger über und blieben es bis heute[168].

Von kunstgeschichtlichem Interesse ist die Verbringung von wertvollen Gegenständen aus der Sakristei im Jahr 1817 nach München, wovon das meiste 1825 als „königliches Geschenk" dem neu gegründeten Metropolitankapitel übergeben wurde, darunter goldgestickte Mitren, Kelche, eine Monstranz und ein Propststab[169]. In der Sakristei der jetzigen Filialkirche Höglwörth befinden sich noch drei Messgewänder mit dem Wappen von Erzbischof Max Gandolf, eines mit der Jahreszahl 1675, fünf mit dem Wappen von Propst Johann Baptist Zacherl, außerdem drei einfache Mitren. Der aus Holz gefertigte Schrein mit der Figur des hl. Placidus scheint ein Geschenk des Stifters der Reliquien, Franz Ferdinand von Kuenburg, zu sein. Zusätzlich ist hier noch Christus mit dreizehn Aposteln als kleine Holzfiguren mit Reliquiensockeln aufbewahrt, die möglicherweise dem alten Chorgestühl zuzuordnen sind. Auch stehen noch vier Bozetti (Petrus, Paulus, Johannes der Täufer und Johannes Evangelist) auf dem Sakristeischrank, die als Entwürfe für die Figuren am Hochaltar aus der Hand von Lorenz Härmbler zu deuten sind. Ebenfalls in Höglwörth finden sich noch alte Rituale und Missale aus dem 17. und 18. Jahrhundert. Über verschlungene Wege kam ein Brustkreuz nach Anger[170], wie auch eine ganze Reihe von Kunstgegenständen auf dem Versteigerungsweg in Privatbesitz gelangte. Durch Um- und Einbauten hat sich das Innere der ehemaligen Stiftsgebäude teilweise wesentlich verändert, während die äußere Erscheinung der „Klosterinsel" nach wie vor zu den schönsten Ensembles des Rupertiwinkels zählt und — so hoffen wir — auch in Zukunft zählen wird.

II. Die Pfarrkirche Anger mit den Filialkirchen und Kapellen Aufham, Steinhögl und Vachenlueg

Die Pfarrkirche Anger

Von Anfang an bot sich der bekannte und markante Höhensporn von Anger für einen Herrensitz an, der — in welcher Form auch immer — dem jeweiligen Landesherrn oder dem entstehenden Adel zur Beherrschung des tiefer gelegenen Umlandes dienen konnte. Anfang des 10. Jahrhunderts errichtete hier am südlichen Ende des Höhenrückens die dem bayerischen Hochadel entstammende Frau Ellanpurg[171] eine Eigenkirche, die dann über Jahrhunderte ihren Namen weitertragen sollte[172]. Unterhalb der Kirche hatte sich das „Pfaffendorf" gebildet, mit Besitzverbindungen zu St. Peter in Salzburg[173]. Die Kirche der edlen Frau Ellanpurg, die um 927 in das Adelsstift Nonnberg eintrat, war — wie fast alle Kirchen dieser Zeit — ein Holzbau, der erst in der Romanik durch einen Steinbau ersetzt wurde.

Neben der älteren Kirche in Piding mit dem Patrozinium Mariä Geburt bildete die Kirche auf dem Höhenrücken von Anger bald einen zweiten Seelsorgemittelpunkt, der dann durch die Gründung des Augustiner-Chorherrenstiftes Höglwörth Anfang des 12. Jahrhunderts die Funktion einer Pfarrkirche bekam, während Piding nur die Stellung eines Vikariats blieb. Zwar lag von Anfang an das Taufrecht bei der Klosterkirche Höglwörth, aber schon wegen der Enge der Insel war eine Pfarrkirche mit all ihren Funktionen, einschließlich dem Begräbnisrecht mit Friedhof, in Höglwörth nicht möglich, darum knüpfte man gerne an die schon vorhandenen Möglichkeiten in Anger an.

Wohl um diese Zeit entstand dann auch ein romanischer Saalbau mit Halbrundapsis, von dem Reste bei Grabungen in den Jahren 1970 und 1971 gefunden wurden[174]. Durch die weitere Entwicklung des Chorherrenstiftes, Ausbau der Seelsorge und Zunahme der Bevölkerung, wurde der romanische Kernbau möglicherweise im 14. Jahrhundert vergrößert, was ebenfalls die Grabungsbefunde von 1970/1971 nahe legen.

Erst in der zweiten Hälfte des 15. Jahrhunderts kam es zu jenem spätgotischen Neubau, der bis heute den Außenbau und den Innenraum prägt. Baumeister dieser imposanten Landkirche war Christian Intzinger. Alle Anzeichen deuten darauf hin, dass Intzinger — wenn nicht als Geselle — sicher in engster Verbindung mit der Bauhütte des Stephan Krumenauer in Salzburg stand. Dort hatte der „Dom- und Hofbaumeister" nach dem Tod des Hans von Burghausen (1432) den Chor der Marienkirche (Franziskanerkirche) weiter gebaut[175] und den Hof der Pröpste von Berchtesgaden an der Kaigasse vorangetrieben (1459)[176]; in Tittmoning führte er den von seinem Vater Hans Krumenauer begonnenen Chorbau der Stadtpfarrkirche im Wesentlichen zu Ende[177]. Stephan Krumenauers Hauptwerk war die Stadtpfarrkirche St. Stephan in Braunau, wo er 1461 starb und begraben wurde[178].

Christian Intzinger, aus Aufham bei Anger stammend, ist ab 1458 in Berchtesgaden tätig und wird 1468 unter Propst Bernhard Leoprechtinger (1446–1473) *unser paumeister und dienär* genannt[179]. Die Verbindung von Propst Benedikt Trauner (1435/39–1477) nach Berchtesgaden als ehemaliger Chorherr dieses Stiftes, die Aufgabenstellung des Bauwesens für Intzinger in seiner Heimat Aufham-Anger, die Ausstellung von Ablassbriefen 1447[180], 1448[181], und 1464[182] einschließlich der Hochaltarweihe 1470[183] lassen die eigentliche Bauzeit der Pfarrkirche Anger auf 1450 bis 1470 einengen und den Schüler Krumenauers und Baumeister Berchtesgadens, Christian Intzinger zusammen mit seiner Werkstatt, zwingend als planenden und durchführenden Meister der spätgotischen Kirche Mariä Himmelfahrt in Anger festlegen.

Die Kirche wurde vom Chor über das Langhaus mit dem Turm einschließlich des südlichen Vorzeichens in der Mitte des Langhauses in einem Guss erbaut, wie der Grundriss[184], die Maßverhältnisse und Parallelbauten der Zeit ergaben. Die von Hunklinger angenommenen Baumeister Konrad und Os-

wald Pürkel von Schnaitsee scheiden dafür aus[185]. Für die Raumgestaltung der Pfarrkirche war die Idee des Dreistützenraumes („Sechseckkirche") maßgebend, die sich von der Spitalskirche in Braunau ausgehend rasch im ganzen Inn-Salzach-Gebiet ausbreitete[186]. Leider wurde in der Barockzeit in dieser Spitalskirche — ähnlich wie in Anger 1717[187] — der Mittelpfeiler entfernt, so dass die Urform nicht mehr erkennbar ist. Die besten Beispiele des Dreistützenraumes sind noch in Burgkirchen am Wald (östlich von Tüßling) und in Eggelsberg (westlich von Mattighofen in Oberösterreich) vorhanden und vermitteln so einen guten Eindruck vom früheren Aussehen der Pfarrkirche in Anger[188]. Vielleicht können die geschnitzte Türe des südlichen Vorzeichens, zwischen 1490 und 1500[189], sowie die älteste Glocke von 1492, wohl von Meister Erhart in Salzburg gegossen, einen Hinweis auf die Beendigung der Bauzeit für die Pfarrkirche darstellen. Die ornamentierte, mit 39 meist quadratischen Kassetten gestaltete Eichentüre gehört zu den kunsthistorischen Schmuckstücken der ganzen Gegend und hatte früher ein Gegenstück in der Pfarrkirche zu Saaldorf[190].

Der spätgotische Bau wurde mehrfach durch An- oder Umbauten verändert. So entstand östlich des Vorzeichens Anfang des 16. Jahrhunderts[191] eine Sakristei, wie sie durch die Hebung des Gottesdienstes und der liturgischen Entwicklung allgemein erforderlich wurde. Um 1660 schufen einheimische Meister den heutigen Sakristeianbau, der sich nahtlos mit dem gotischen Vorzeichen verband. Westlich des Vorzeichens benötigte man wegen der Zunahme der Bevölkerung einen Karner, der später zur Ölbergkapelle bzw. Arme-Seelen-Kapelle umgestaltet wurde[192]. Der 51,40 Meter hohe Turm, in der Achse des Mittelschiffes im Westen angesetzt, wurde durchgehend im 15. Jahrhundert erbaut, ursprünglich mit einem gotischen Spitzhelm und vier Ecktürmchen versehen, ähnlich wie in Laufen und Petting. Durch Witterungseinflüsse und Blitzschläge stark in Mitleidenschaft gezogen, bekam der Turm um 1660 einen achteckigen Aufsatz, ähnlich wie ihn Giovanni Antonio Dario[193] 1671/72 am Turm der Stiftskirche in Tittmoning zusammen mit dem Salzburger Maurermeister Hans Nußdorfer gefertigt hatte[194]. Möglicherweise hatten die beiden auch schon in Anger „Teamarbeit" geleistet? 1738 wurde der achteckige obere Aufbau abgetragen und nach „Riss" und Modell des Hofmaurermeisters Tobias Kendler aus Salzburg vom Salzburger Zimmermeister Mathias Kern und vom Spenglermeister Thomas Pinzenhofer aus Teisendorf 1739 ausgeführt[195]. Dazu kam 1738 aus der Glockengießerei Johannes Hackhl in Salzburg eine neue Glocke mit einem Gewicht von 1910 Pfund. Die Gesamtkosten von 2362 fl konnten durch Darlehen der vermögenden Filialkirchen Johanneshögl und Steinhögl teilweise abgedeckt werden. Kendler hatte schon vorher die ganz ähnlich gestalteten Türme der Pfarrkirchen Lofer[196] und Gnigl (beide 1732)[197] sowie der Wallfahrtskirche St. Leonhard bei Grödig (1738) gestaltet; charakteristisch dafür sind die Doppelzwiebelhelme und die Anbringung der Uhren unter dem Dachansatz. Später folgten noch die Türme der Kirchen in Thalgau (1746)[198], Großgmain (1751) und St. Georgen an der Salzach (1753)[199]. Tobias Kendler ist als Hofmaurermeister von 1732 bis 1754 nachweisbar und arbeitete eng mit dem Hofbauverwalter Johann Kleber zusammen, der auch als Architekt und Stukkateur tätig war und 1757 aus dem Hofdienst ausschied. Der Vollständigkeit halber muss für die Planung und Durchführung von Um- und Neubauten vieler Kirchen dieser Zeit auch noch der aus dem Schottenkloster in Regensburg stammende Benediktiner Bernhard Stuart (1706–1755) genannt werden, der als Hofbaudirektor und Professor an der Universität Salzburg eine bedeutende Rolle im Salzburger Bauwesen spielte und häufig mit Kleber (und Kendler?) zusammenarbeitete[200].

Selten wurde der Innenraum einer Pfarrkirche so oft umgestaltet wie der von Anger, freilich nicht immer zu seinem Besten. Baulich war es die Entfernung der Mittelstütze 1717, die aus dem bisherigen Dreistützenraum einen Hallenraum schuf. Bald

Hauptportal, bestehend aus 39 Kassetten aus Eichenholz (um 1490, Frührenaissance)

nach 1803, unter Propst Gilbert Grab, wurde die gemauerte gotische Westempore von zwei hölzernen Einbauten abgelöst, die als Leut- bzw. Orgelempore dienen sollten, jedoch — an die zwei Weststützen angehängt — nun den alten Dreistützenraum endgültig zerstörten. Geraume Zeit vorher hatte man schon die seitlichen Chorfenster verbreitert und das Mittelfenster zugemauert[201]. Auch war es keine Bereicherung für den gotischen Chorraum, dass man 1825 an der Süd- und Nordseite ein Oratorium einbaute[202].

Noch willkürlicher als mit dem Innenraum ging man mit der Ausstattung der Pfarrkirche vor. Von

Spätgotische Pietà vom linken Seitenaltar (um 1510)

Spätgotisches Relief hl. Sebastian vor Kaiser Diokletian (Presbyterium, Südwand)

der gotischen Einrichtung haben sich drei gemauerte Mensen mit den Deckplatten erhalten, von denen die der Seitenaltäre noch an der ursprünglichen Stelle stehen. Die Hauptaltarmensa wurde 1976 um 1 Meter zum Kirchenschiff vorgerückt, damit man nach den liturgischen Vorschriften des Zweiten Vatikanischen Konzils (1962–1965) zum Volk hin zelebrieren konnte.

Zu den Resten der gotischen Einrichtung gehört noch ein Relief um 1510: Der hl. Sebastian vor Kaiser Diokletian, höchstwahrscheinlich aus der Werkstatt von Andreas Lackner aus Hallein, dem Meister des Abtenauer Altars von 1518[203]. Die Pfarrei Abtenau war und ist bis heute der (Erz-)Abtei St. Peter in Salzburg inkorporiert. Im Gegensatz zu Hunklinger glaube ich nicht, dass das Relief einen Teil des gotischen Flügelaltars für den Hochaltar darstellt, sondern einem Sebastianszyklus zuzuordnen ist, der den Altar des Pestheiligen zierte und bei der Tiefe der Mensa (1,28 Meter) auch als Flügelaltar

denkbar wäre. Auch die wohl vom selben Meister geschaffene Pietà ist nicht für eine Predella im Hochaltar zu denken, sondern ein eigens geschaffenes Kunstwerk für die in dieser Zeit immer mehr aufkommende Frömmigkeit zur schmerzhaften Muttergottes, deren Verehrung ja auch in der Folgezeit in Anger nachweisbar ist[204]. Nach dem Visitationsbericht von 1614 besaß die Pfarrkirche damals vier Altäre: den Hochaltar zu Ehren der Gottesmutter, mit den beiden Schreinfiguren Katharina und Barbara, den rechten Seitenaltar zu Ehren des hl. Sebastian, den linken Seitenaltar zu Ehren des hl. Ägidius und einen Magdalenenaltar, vielleicht in der Vorhalle situiert[205].

Auffällig ist die Häufung von Ablasserteilungen in der zweiten Hälfte des 17. Jahrhunderts, die sicher mit dem Neubau der Sakristei und der Arme-Seelen-Kapelle zusammenhängt, aber auch mit der „Modernisierung" der Altäre. So erteilen nacheinander die Päpste Alexander VII. (1655–1667) 1665,

Den Gestaltungswandel von Innenraum und -ausstattung der Pfarrkirche Anger im 19. und 20. Jahrhundert zeigen diese Dokumentarfotos (alle von Erhard Zaha)

Links: Zustand nach Ausmalung 1905 — einheitliche neugotische Ausstattung

Rechts: Um 1940 immer noch neugotische Ausstattung, jedoch wurde die Ausmalung von 1905 entfernt (besonders erkennbar in den Zwickeln); die Beichtstühle wurden neben dem Hochaltar aufgestellt

Umgestaltung 1957–1960: Nur der neugotische Hochaltar ist (bis auf die Fialen) erhalten, die Pietà kam auf den linken Seitenaltar, die Beichtstühle wanderten ins Langhaus

Rechts: 1962 wurde der neugotische Hochaltar abgetragen und durch einen neubarocken ersetzt, der von Holzfiguren der hll. Korbinian (mit dem Bären) und Rupert (mit Salzfass) flankiert wird; die Madonna hat jetzt drei Rosenkränze und hängt über dem Hochaltar

So präsentiert sich das Kircheninnere von Anger heute (letzte Umgestaltung 1976): Der neubarocke Hochaltar musste einem Volksaltar aus Tuffstein weichen, die Kanzel ist völlig verschwunden und die Figuren von Korbinian und Rupert wurden an die Wände des Langhauses versetzt

Clemens X. (1670–1676) 1672 und 1675 sowie Innocenz XI. (1676–1689) 1677[206] jeweils Ablässe, die mit dem Besuch und der Erhaltung der Pfarrkirche in Verbindung stehen[207].

Die treibende Kraft für einen neuen Hochaltar war der damalige Dekan und Pfarrvikar Patritius Pichler, ab 1686 Propst von Höglwörth[208]. Vorausgegangen waren die Erweiterung der seitlichen (gotischen) Chorfenster und die Zumauerung des Mittelfensters. Trotz der Vorlage eines „Visiers" von Johann Martin Schaumberger aus Salzburg bekam der erst 24-jährige Reichenhaller Bildhauer Johann Schwaiger den Auftrag für den Hochaltar der Pfarrkirche[209]. Zusammen mit seinen Gesellen, den Zimmermeistern Michael Kern aus Salzburg und Adam Fallwickl aus Teisendorf, dem Fassmaler Rupert Elsässer aus Teisendorf[210] sowie Christoph Lehrl aus Höglwörth, schuf er 1681/82 sein erstes Meisterwerk barocker Altarkunst, dem noch viele folgen sollten[211]; so besonders auch der Hochaltar der Stiftskirche Höglwörth um 1685, als Folge des „gefälligen" Werks in der Pfarrkirche. Übrig geblieben von Schwaigers Werken ist in Anger nur noch die prachtvolle Rosenkranzmadonna mit Kind und sechs Putten; 1976 um zwei weitere Rosenkränze ergänzt, hängt sie heute im Chor über dem Hochaltar. 1686 und 1698 verdrängten Barockaufbauten die gotischen Retabeln an den beiden Seitenaltären, höchstwahrscheinlich auch von Johann Schwaiger geschaffen[212].

Das 18. Jahrhundert ging kunstgeschichtlich gesehen fast spurlos an der Pfarrkirche vorüber, was wohl mit der Konzentration aller Mittel auf die Innenausstattung der Stiftskirche in Höglwörth zusammenhängt. Lediglich ein neues Kirchenpflaster, das der Steinmetz Georg Höglauer von Högl 1706 verlegte, eine neue Uhr um 300 fl, die 1724 der Hofuhrmachermeister Joseph Christoph Schmidt aus Salzburg lieferte, sowie die neue Kanzel, die der Traunsteiner Bildhauer Johann Dietrich 1751 gestaltete und Anton Elsässer aus Teisendorf fasste, sind zu nennen. Auffallend ist, dass sich so bedeutende Meister wie der Maler Franz Xaver König aus Salzburg nicht zu schade waren, 1762 ein *Fahnenblättl* für die Kreuzfahne in der Pfarrkirche um 3 fl herzustellen[213].

Umso turbulenter ging es mit der Gestaltung der Inneneinrichtung Unserer-Lieben-Frau-Kirche im 19. Jahrhundert zu, was mit der Auflösung des Stiftes (1817), mit dem ganzen Umbruch in den Stilrichtungen, mit der Zugehörigkeit zu Bayern (1816) und der Erzdiözese München und Freising (1817) sowie der Neufestlegung der Pfarrei samt der Besetzung mit Weltpriestern (1818) zusammenhing.

Unter Pfarrer Thomas Christlmayer (1832–1853) wurde 1839/40 ein riesiger klassizistischer Hochaltar errichtet: Der Schreiner Josef Bachmair aus Haslach bei Traunstein[214] erhielt dafür 300 fl, der Maler Georg Sollinger aus Traunstein 530 fl[215]. 1841 folgte eine neue Orgel von Josef Pröbstl aus Füssen, die 1891 durch ein Nachfolgeinstrument von Franz Borgias Maerz aus München ersetzt wurde[216]. 1848 wurde die Pfarrkirche völlig neu gepflastert, wofür Johann Hocheder aus Kerschaid bei Anger 145 fl und Georg Häusl aus Teisendorf 284 fl erhielten.

Zu Stiftszeiten und auch nach 1817 wohnte der jeweilige Pfarrvikar von Anger in Höglwörth, in Anger gab es nur ein Schul- und Mesnerhaus mit einem Zimmer für den Vikar. Nach der Pfarrorganisation durch König Ludwig I. 1836 und der Genehmigung durch die Regierung und das erzbischöfliche Ordinariat in München 1858 kam es 1861 zum Pfarrhofbau in Anger unter Pfarrer Mathias Sailer (1854–1865)[217]. Dessen Bruder und Nachfolger Martin Sailer (1866–1893) vollzog in den Jahren 1869

Kelch aus dem Angerer Kirchenschatz
(Salzburg, 1684)

bis 1871 bzw. 1883/84 die Regotisierung der Pfarrkirche nach Plänen von Johann Marggraff aus München. Mit der Ausführung waren der Architekt Bernhard Mayr aus Anger[218], der Bildhauer Johann Christian Hirt aus München[219] und der Maler Josef Hitzinger aus Teisendorf betraut[220]. 1884/85 folgten — wiederum im neugotischen Stil — die Seitenaltäre zu Ehren des hl. Franz Xaver und des hl. Sebastian von Bernhard Mayr und Josef Hitzinger;

Figur „Guter Hirte" aus dem 18. Jahrhundert
(Langhaus, Südwand)

Kasel von Propst Johann Baptist Zacherl
(1691–1725)

diese Bilder sind noch heute in der Pfarrkirche in Verwendung. Mit einer neuen Kanzel war 1885 die völlige Neugotisierung abgeschlossen. Ein letztes Relikt dieser Epoche ist der Altar in der Arme-Seelen-Kapelle mit dem Thema „Die Frucht der Eucharistie für die armen Seelen", den Bernhard Mayr und Josef Hitzinger 1891 anfertigten.

Heute stellt sich die Inneneinrichtung der Pfarrkirche Anger als ein Konglomerat aller Jahrhunderte und aller Stilrichtungen dar: Vom Anfang des 16. Jahrhunderts (Pietà, Sebastianrelief) über das 17. (Rosenkranzmadonna) und 18. Jahrhundert (Martin, Virgil, Guter Hirte) sowie das 19. Jahrhundert (Seitenaltarbilder von Hitzinger, 1879) bis zum 20. Jahrhundert (Tabernakel, Rupert und Korbinian von Hans Richter aus Berchtesgaden 1962, Volksaltar 1976). Die Pfarrei besitzt einen Johannesbecher für die Austeilung des geweihten Weines am Fest des Johannes Evangelist (27. Dezember) aus dem frühen 17. Jahrhundert sowie Kelche von Salzburger und Augsburger Goldschmieden, einschließlich einer Monstranz (17./18. Jahrhundert) und eines Kreuzpartikels von Johann David Saler aus Augsburg (1693/1724).

Aufham, Filialkirche Jakobus der Ältere

Die Endsilbe -ham (früher -heim) und ein in der Nähe gelegenes bajuwarisches Gräberfeld aus dem 7. Jahrhundert einschließlich römischer Gebäudereste legen für Aufham eine frühe Besiedlung in der Spätantike und eine wachsende Bedeutung in den anschließenden Jahrhunderten nahe. Dazu kam die Lage an der alten Salzstraße von Reichenhall nach Teisendorf, die *Ufheim* (= das obere Heim) im Mittelalter bald zum Interessengebiet der bayerischen und salzburgischen Landesherren machte. 1158 erstmals urkundlich erwähnt, findet sich hier im 13. Jahrhundert eine Zollstätte und im 14. Jahrhundert ein Gerichtssitz. Außerdem war Aufham als Forstgebiet für die nahen Salzsiedestätten ein begehrtes Objekt[221]. Genau in diese letzte Zeit fällt die erste Erwähnung der Kirche in Aufham im Zusammenhang mit der Rekonziliation des Gotteshauses durch Bischof Werner von Lavant 1312 und noch einmal durch Bischof Ulrich von Chiemsee 1323, der dabei das Kirchweihfest für den Sonntag nach Dionysius (9. Oktober) festlegte[222]. Damit wird ein Kirchenbau des 13. Jahrhunderts bestätigt, der sich als romanischer Saalbau mit Halbrundapsis und Westturm mit einer Glocke darstellt[223]. Dieser Bau erfährt wohl durch Christian Intzinger um 1450 eine Einwölbung des Langhauses anstelle der bisherigen Flachdecke, einen Chorneubau und eine Aufstockung oder einen Neubau des Westturmes[224]. Die dort hängende Glocke aus dem Jahr 1453 gibt einen zeitlichen Rahmen für den gotischen Umbau, der allerdings erst 1470 seine Weihe durch Bischof Bernhard von Chiemsee erhielt[225], verbunden mit der am nächsten Tag erfolgten Altarweihe in der Pfarrkirche Anger. Eine derartige „Spätweihe" war damals durchaus üblich. Das bei der Weihe genannte Patrozinium St. Jakob muss nicht das ursprüngliche gewesen sein[226]. Sakristei und Portalvorbau wurden im 17. Jahrhundert der Südseite der Kirche vorgeblendet[227], 1929 baute man an der Nordseite aus Platzmangel ein überdimensionales Seitenschiff an, das die Proportionen des Gesamtbaues empfindlich stört. Die Visitation von 1614 berichtet außerdem von einer Zelle, in der ein unbekannter Eremit in

Innenansicht der Filialkirche Aufham mit Hochaltar von Johann Schwaiger, Reichenhall (1724)

Spätgotischer Schlussstein mit hl. Petrus

Chorgewölbe mit dem verfälschten rechten Wappen

Stifterinschrift auf dem Fußwaschungs-Bild (1612)

Lünettenbild im Seitenschiff mit Johannes Gonzalez

einem Hochgrab beigesetzt war. Dabei hatte sich inzwischen ein Volkskult gebildet, dessen Berechtigung zu überprüfen war[228].

Der Innenraum der Kirche von Aufham ist heute noch von der Schwere der romanischen Langhausmauern des 13. Jahrhunderts geprägt, die nur teilweise von dem im 20. Jahrhundert angebauten nördlichen Seitenschiff gemildert wird. Anders wirkt der lichtdurchflutete gotische Chor aus dem 15. Jahrhundert. Stammen die Fresken im Langhaus mit bemalten Schlusssteinen (Pietà, Maria mit Kind, Petrus, Paulus, Johannes)[229] noch aus dem 15. Jahr-

hundert, so sind die Renaissance-Malereien im Chor auf die Zeit um 1610 zu deuten (am Chorbogen findet sich die Jahreszahl 1612). Das über dem Hochaltar angebrachte Stiftswappen wurde bei einer Renovierung verfälscht und kann nur in der rechten Hälfte auf die Pröpste Richard Schneeweis (1589–1609) oder Marquard von Schwendi (1609–1634) verweisen[230].

Die Inneneinrichtung ist beherrscht vom Hochaltar von 1723/24, gestaltet vom Bildhauer Johann Schwaiger aus Reichenhall[231], dem Maler Anton Elsässer[232] und dem Tischler Tobias Schuster[233], die

Kreuzpartikel-Monstranz
(18. Jahrhundert)

Virgil angeordnet. Zwei Besonderheiten finden sich noch im Chorraum: Zwei kleine Altäre für die jeweiligen Apostelfeste mit Wechselbildern von Franz Nikolaus Streicher (zweite Hälfte 18. Jahrhundert)[234] und ein Kultbild mit dem Thema „Christus als Apotheker" (Abb. S. 180), das 1853 von Josef Hitzinger aus Teisendorf übermalt wurde. Der religiöse Hintergrund ist Jesus als Heilender mit himmlischen Arzneien, darunter zentral — so auch beim Bild im Heimatmuseum in Anger — die Eucharistie[235]. Dieser Kult war im Ort auch noch an eine Kapelle gebunden, die 1956 abgebrochen wurde[236].

Ein besonderes Glanzstück der Einrichtung ist ein Votivbild, das von Longinus Walther von Walterswil zu Türnbach, Pfleger von Staufeneck (1606–1620) und seiner Gattin Juliana von Haunsperg für Aufham gestiftet und 1612 errichtet wurde, da Walterswil als häufiger Santiagopilger der Jakobskirche besonders verbunden war. Die Fußwaschung Jesu an den Aposteln (Joh. 13, 1–11) zeigt möglicherweise im rechten Vordergrund den Stifter selbst, der Maler ist sicher dem Salzburger Kunstkreis zuzuordnen[237]. Die Kanzel (17. Jahrhundert) trägt am Kanzelkorb Christus als guten Hirten und die vier Evangelisten. Das gegenüberliegende Kruzifix (18. Jahrhundert) war früher als Hängekreuz am Chorbogen angebracht.

Im angebauten Seitenschiff steht an der Ostwand der Skapulieraltar mit dem Bild der Krönung Mariens durch die Dreifaltigkeit und der Übergabe des Skapuliers an alle Standesgruppen der damaligen Gesellschaft (17. Jahrhundert; Abb. S. 177); seitlich davon die beiden Johannesskulpturen des 18. Jahrhunderts. An der Westwand hängt ein Lünettenbild (17. Jahrhundert). In einer Landschaft mit Ruinen steht auf der linken Bildseite Johannes Gonzalez a S. Facundo (1430–1479) aus Sahagun (nördlich von Valladolid in Nordspanien), ein Augustiner-Eremit und Patron der Stadt und Diözese Salamanca; dargestellt ist er mit Kreuz und Kelch. Das Bild steht entweder im Zusammenhang mit dem Santiagopilger Walther von Walterswil oder mit der Eremitage neben der Kirche. In der Sakristei befinden sich zwei Kelche des 18. und 20. Jahrhunderts (1916) sowie ein Kreuzpartikel mit den zwölf Aposteln und dazu eingesetzten Reliquien.

beide aus Teisendorf stammten. Die Gesamtkosten für den Hochaltar betrugen 281 fl. Die Figuren stellen den Kirchenpatron Jakobus, Christophorus als Patron gegen den jähen Tod und den Pestpatron Sebastian dar, im Auszug ist der hochverehrte Prager Wasserpatron Johannes Nepomuk zu sehen. Der überdimensionale Tabernakel von 1930 beeinträchtigt eindeutig das Kunstwerk von 1724; seitlich davon sind die Salzburger Bistumspatrone Rupert und

Steinhögl, Filialkirche St. Georg

Funde aus der Jungsteinzeit[238], römische Gebäudereste[239], ein Steinkistengrab eines Angehörigen einer bajuwarischen Adelsfamilie aus dem 8. Jahrhundert[240] sowie die exponierte Höhenlage des Steinhögl (575 m) mit bedeutender Fernsicht und guter Verteidigungsmöglichkeit lassen auf eine ununterbrochene Besiedelung dieser Gegend schließen und legen die Annahme eines befestigten Ansitzes nahe. Erhärtet wird diese Hypothese noch durch die Nennung eines Volmar von Högl (1147–1193), dessen Sitz — nach Reindel-Schedl — in Steinhögl anzunehmen ist[241]. Vielleicht stand hier zunächst ein römischer Wachtturm zum Schutz der Salzstraße[242], den dann die Bajuwaren übernahmen und ausbauten, der später aber zum „Herrensitz" mit Lehenshöfen ringsum avancierte. Die Herren von Staufeneck übergaben 1310 ihren Knecht Heinrich den Steiner[243], den Reindel-Schedl ebenfalls in Steinhögl sesshaft macht, zusammen mit Elsbeth und ihren Kindern an das Salzburger Domkapitel.

Da Steinhögl als Ortsname erst 1325 genannt wird[244] und die Kirche dort bei den Rekonziliatsvorgängen 1312 und 1323 neben Höglwörth, Anger, Aufham, Piding, Mauthausen und Johanneshögl nicht aufscheint[245], kann man baugeschichtlich eine Kirche zu Ehren des hl. Georg auf dem Steinhögl erst für die Mitte des 14. Jahrhunderts als romanische Saalkirche mit Apsisanlage ansetzen. Ein Vorgängerbau als Burgkapelle eines möglichen „Herrensitzes" ist — schon vom Patrozinium her — nicht ganz auszuschließen. Die Mauerung des Langhauses und eines Teils des später angebauten gotischen Chores ist hauptsächlich mit sorgfältig behauenen Quadersteinen aus den römischen bzw. mittelalterlichen Gebäuderesten erfolgt[246], ein Vorgang, der auch in vielen anderen Kirchen unserer Gegend feststellbar ist[247].

Unter dem baufreudigen Propst Benedikt Trauner (1435/39–1477) wurde der romanische Saalbau mit Halbrundapsis und Flachdecke um 1450[248] durch eine gotische Einwölbung sowie den Anbau eines Chores im 5/8-Schluss und einer Sakristei entscheidend verändert. Zum Abschluss dieser Baumaßnahme setzte man noch einen Dachreiter mit Spitzhelm in die Westwand, der bis heute in dieser Form erhalten ist. Um im 17. Jahrhundert ein Bein-

Innenansicht der Filialkirche Steinhögl

Die Figuren von Johannes Nepomuk, Johannes der Täufer, Johannes Evangelist und Antonius von Padua in der Sakristei Steinhögl

haus (Karner) an der Südwand — die ursprünglich mit gotischen Fresken geschmückt war — erbauen zu können, verlegte man den alten Eingang der romanischen Kirche (Breite 1,65 m)²⁴⁹ nach Osten; heute ist dieser Karner eine Marienkapelle. Spätestens um diese Zeit wurden alle Bauteile unter einem gemeinsamen Dach mit Holzschindeln vereint.

Hatte schon die Ablassurkunde von 1443 das erweiterte Patrozinium St. Georg und St. Leonhard festgeschrieben, so kam durch die Intervention des Jakob von Haunsperg 1489 im Zusammenhang mit der Festlegung der Kirchweihfeste für Steinhögl und Vachenlueg auch noch Johannes Evangelist als weiterer Patron für die ursprüngliche Georgskirche hinzu²⁵⁰. Sicher hatte die Steinhögler Kirche schon damals mehrere spätgotische Altäre, die dann wohl „im Zuge der Zeit", wie auch in allen anderen Kirchen im Stiftsbereich, im 17. und 18. Jahrhundert

Blick zur Orgelempore mit neugotischer Brüstung

durch barocke Aufbauten ersetzt wurden. Die Visitation von 1614 nennt neben dem Hochaltar (St. Georg) noch zwei Seitenaltäre zu Ehren des hl. Leonhard und der hl. Barbara[251], wobei um 1700 ein Marienaltar den Leonhardsaltar verdrängte. Das alles wurde durch eine neugotische Einrichtung in den Jahren 1856–1872 eliminiert. Nacheinander entstanden so der Kreuzweg (1856), Hochaltar, Kirchenstühle, Sakramentskästen und Beichtstuhl (1859), Leuchter, Kanontafeln, Figuren (1860), Seitenaltar (1864), Kanzel und Emporenbrüstung (1866), Seitenaltar (1872)[252]. Ausführende Künstler waren der Bildhauer Matthäus Kern aus Eichham bei Weildorf[253], der Maler Mathias Baumgartner aus Tengling bei Waging und der Fassmaler Johannes Hitzinger aus Teisendorf[254]. Hervorragende Gemeinschaftswerke von Kern und Hitzinger finden sich noch in Petting und Weildorf[255]. In Steinhögl

Bild der Vertreibung der Händler aus dem Tempel in der Sakristei Steinhögl

Die Legendentafeln vom Martyrium des hl. Georg im Chorraum von Steinhögl

haben sich von der bedeutenden neugotischen Einrichtung nur noch die Kanzel und die Emporenbrüstung erhalten. Der heutige Hochaltar im neubarocken Stil um 1900 stammt aus dem Herz-Jesu-Kloster in Salzburg-Liefering[256], die Schreinfigur, St. Georg im Kampf mit dem Drachen (um 1750), kommt aus Ruhpolding, wahrscheinlich ein Werk des Traunsteiner Bildhauers Johann Dietrich. Der Altar wurde 1939 in dieser Form zusammengesetzt.

An den beiden Chorwänden hängt je eine Legendentafel mit den insgesamt zwölf Stationen aus dem Leben des hl. Georg mit dem Schwerpunkt der verschiedenen Martyrien, die im Einzelnen beschrieben werden (18. Jahrhundert, später übermalt). Die neugotische Kanzel zeigt den auferstandenen Herrn umgeben von den lateinischen Kirchenlehrern (von links nach rechts: Ambrosius, Hieronymus, Gregor, Augustinus). Erwähnenswert ist noch ein Glaskasten mit 25 wächsernen Pferden, die an den zweiten Patron St. Leonhard und den früheren Pferdeumritt am Ostermontag erinnern. Aus der barocken Einrichtung haben sich mehrere Bilder, Kreuze, Figuren und Messgewänder erhalten, aber auch solche aus dem 19. Jahrhundert[257]. Im Turm hängen heute zwei Glocken, eine von 1631, gegossen von Jakob Lidl aus Salzburg, die sich früher in Anger befand, die zweite von 1750, gegossen von Caspar Immendorfer, ebenfalls aus Salzburg, die früher in der Stephans- und Urbanskirche in Sur bei Thundorf hing[258].

Vachenlueg, Wallfahrtskapelle zu Unserer Lieben Frau

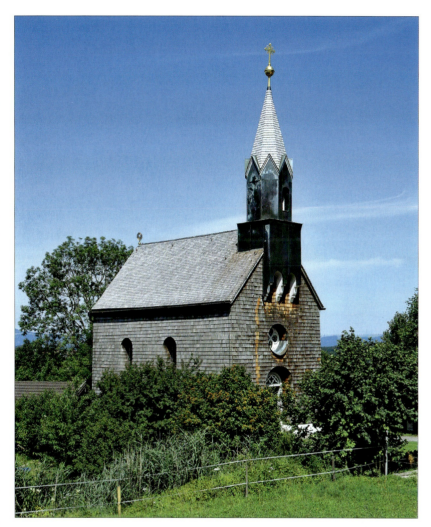

Der Name „Vachenlueg" heißt so viel wie ein abgemessener Platz, der abwärts gelegen ist und gute Fernsicht hat[259]. Die Besitzgeschichte und der Burgbau in Vachenlueg sind engstens mit dem Geschlecht der jüngeren Haunsperger verbunden, zuerst Ritter, dann Freiherren, 1670 in den Grafenstand erhoben und 1699 im Mannesstamm ausgestorben. Die Haunsperger waren Schiffherren in Laufen, Burggrafen und vor allem Pfleger und Richter auf den umliegenden erzbischöflichen Burgen Staufeneck, Halmberg und Raschenberg[260]. Außerdem waren drei von ihnen Äbte des Benediktinerklosters Michaelbeuern[261], in dessen Stiftskirche das Geschlecht in einer eigens gestifteten Kapelle im Mittelalter sein Erbbegräbnis hatte.

Die Besitzgeschichte von Vachenlueg stellt sich in Kurzform so dar: Von den drei Söhnen des Laufener Schiffherrn Michael von Haunsperg († 1404), Martin, Hans und Hartneid, erwarben die beiden älteren 1413 auf dem Tauschweg das Gut Vachenlueg und begannen dort mit dem Burgbau. Bei der Güterteilung 1418 verblieb dem Martin Vachenlueg, dem Hans Schloss Goldenstein (in Elsbethen bei Salzburg) und dem Hartneid Schloss Haunsperg in Oberalm (bei Hallein)[262]. Martin von Vachenlueg († 1433)[263], der mit Wandula Trauner verheiratet war, beendete 1427 den Burgbau mit Torbau, Zwinger, Hauptbau mit einer Kapelle zu Unseren Lieben Frau sowie Wirtschaftsgebäuden auf dem eingefriedeten Platz. Das Erbe übernahm der Sohn Georg von Vachenlueg († 1483), der mit einer Barbara vermählt war. Er erwarb 1459 von Kaiser Friedrich III. das Privileg, bei der Burg eine Taferne zu unterhalten und verpflichtete alle seine Grundholden und Hintersassen dort ihre Hochzeiten zu feiern. Sein Nachfolger Jakob I. war mit Barbara von Paulsdorf verheiratet[264]. Unter ihm wurde 1489 das Kirchweihfest der Kapelle Unserer Lieben Frau auf Montag nach dem zweiten Sonntag nach Ostern festgelegt, am Tag vorher war es in Steinhögl. Außerdem erhielt er auf seine Bitte hin die Erlaubnis, das Allerheiligste in der Burgkapelle aufzubewahren und errichtete dafür in der Mauer, rechts vom Altar, ein Sakramentshaus. 1500 stiftete Jakob noch fünf Wochenmessen, davon sollten vier am Montag, Dienstag, Donnerstag und Frei-

Neben der Wallfahrtskapelle die Mauerreste von Schloss Vachenlueg, um 1930 (Foto Erhard Zaha)

tag in der Burgkapelle und eine am Samstag in Steinhögl von den Chorherren von Höglwörth gefeiert werden; die Stiftung wurde reich dotiert[265]. Auf Jakob I. folgte dessen Sohn Wilhelm, Pfleger in Laufen[266]. Dasselbe Amt nahm auch Wilhelms Sohn, Hans von Haunsperg zu Vachenlueg († 1548) wahr[267]. Einen enormen wirtschaftlichen Aufschwung erlebten die Haunsperger zu Vachenlueg unter Wolf, dem Sohn des Hans, der durch den Reichtum seiner Gattin Gertrud Weitmoser die Schlösser Neufahrn (südlich Mallersdorf) und Neuburg erwerben konnte[268]. Als Pfleger von Laufen wurden Wolf von Haunsperg zu Vachenlueg und Neufahrn († 1564) und Gertrud Weitmoserin († 1575) in der dortigen Stiftskirche begraben, ebenso schon früher die Frau des Wilhelm, Anna, geborene Notthafft († 1536)[269]. Der Sohn und Erbe des Wolf von Haunsperg, Jakob II., verfasste 1587 eine bedeutende Chronik seines Geschlechts, starb aber kinderlos 1590[270]. Sein Bruder Sebastian, vermählt mit Magdalena Alt[271] und bekannt als Erbauer von Schloss Schwindegg, übernahm Vachenlueg als Erbe. Sebastian von Haunsperg († 1608) *zu Vachenlueg und Neufahrn auf Schwindegh* wurde in Obertaufkirchen bestattet[272], seine Frau Magdalena († 1624) in der Kirche der Augustinerinnen in Niederviehbach (westlich von Dingolfing)[273]. Nach dem frühen Tod ihres Sohnes Ferdinand von Haunsperg *zu Fahenlug und Neufahrn auf Schwindegck*, der 1616 im Alter von 27 Jahren starb[274], schenkte Magdalena von Haunsperg das Schloss Vachenlueg ihrem Neffen Wolf Sigmund von Haunsperg, Regierungsrat in Landshut[275]. Von ihm erbte es Hans Jakob von Haunsperg, Viztum zu Landshut, der 1670 in den Grafenstand erhoben wurde und 1677 starb[276]. Mit seinem Sohn, Franz Graf von Haunsperg zu Neufahrn, Oberköllnbach (nordwestlich Mallersdorf) und Vachenlueg erlosch 1699 das Geschlecht der Haunsperger im Mannesstamm. Von den Neffen des letzten Haunspergers, den Grafen Johann und Gabriel von Arco und Freiherr Franz Karl von Ow, erwarb 1722 Propst Johann Baptist Zacherl um 8000 fl den erheblich verkleinerten Besitz für das Stift Höglwörth[277]. Das Schloss verfiel in den nächsten Jahrzehnten zusehends, war 1785 bereits baufällig, wurde nach der Auflösung des Stiftes 1820 verkauft und wechselte häufig den Besitzer. Im 19. Jahrhundert wurde es mehr und mehr zur Ruine, besonders ein Erdrutsch im Jahr 1899 ließ nur noch wenig aufgehendes Mauerwerk übrig, das man 1954 bis auf unbedeutende Reste sprengte[278].

Die Burg- und spätere Schlosskapelle war von Anfang an Maria geweiht, mit dem Patrozinium Mariä Opferung (21. November), das allerdings nie besonders gefeiert wurde. Sie lag im ersten Stock und war für die Bevölkerung nicht ohne weiteres erreichbar, was prompt zu Beschwerden beim Konsistorium in Salzburg führte. Die Visitation von 1614 findet in der Burgkapelle den Hauptaltar zu Ehren der Gottesmutter und einen Nebenaltar zu Ehren

Der Heiland mit der Schulterwunde als Konsolenfigur an der rechten Kapellenwand

Blick zum Hochaltar

Blick zur Empore

des hl. Hieronymus[279]. Im Jahre 1704[280] wird dies noch dahingehend ergänzt und konkretisiert, dass der Nebenaltar auf der *Porkirchen* (Empore) stand und drei Figuren der heiligen Hieronymus, Erasmus und Florian enthielt[281], während auf dem Hauptaltar das Gnadenbild von Genazzano, die „Mutter vom Guten Rat", verehrt wurde[282]. In Verbindung mit dem Erwerb des Schlosses durch das Stift Höglwörth 1722 bemühte sich Propst Johann Baptist I. Zacherl die „ruinose Kapelle" wieder her-

Die Altar-Mensa von Vachenlueg mit Reliefs der Kindsheitgeschichte Jesu

zustellen, der Bevölkerung zugänglich zu machen und durch die Einsetzung einer Kopie des Gnadenbildes von Altötting der schon bestehenden Wallfahrt einen neuen Impuls zu geben. Durch den Verfall des Schlosses, die Auflösung des Stiftes Höglwörth (1817) und den häufigen Besitzerwechsel war das Ende der 400-jährigen Kapelle besiegelt. Ein Holzkirchlein auf dem Schlossgrund wurde 1826 geweiht, wegen Baufälligkeit aber wieder abgerissen, um einem größeren und schöneren Steinbau Platz zu machen[283]. Am 9. Oktober 1848 benedizierte Joseph Reichthalhammer, Dekan von Teisendorf, den gelungenen Neubau[284].

Die heutige Marienkapelle ist baulich eine Mischung von Neuromanik und Neugotik[285]. Die Einrichtung ist ebenfalls geprägt durch eine Mischung von den übernommenen Resten der alten Schlosskapelle aus dem 18. Jahrhundert, während der größte Teil der zweiten Hälfte des 19. Jahrhunderts angehört, besonders erkennbar am Hochaltar mit dem alten Gnadenbild.

Wertvoll sind auch die vielen Reliquien und Devotionalien in der Wandverkleidung und in den Schreinen des Langhauses[286], die möglicherweise noch auf eine Sammlung der Haunsperger für ihre Burgkapelle zurückzuführen sind. Die beiden Bischöfe am Hochaltar waren zunächst wohl Rupert und Virgil[287]. Ebenso sind die 1980 neu gefassten Figuren zweier Benediktinerinnen ursprünglich auf Walburga und Erentrudis zurückzuführen, da die selige Irmengard vor ihrer Seligsprechung 1928 nur eine lokale Verehrung im Chiemgau besaß. Bemerkenswert sind noch die Reliefs der Kindheitsgeschichte Jesu an der Mensa von Bernhard Mayr[288] sowie die Bilder an den Durchgangstüren zur Sakristei von Johann Georg Weibhauser[289], bedeutende Werke der häufig viel geschmähten Neugotik im 19. Jahrhundert. Nicht übersehen sollte man die Historienbilder an der Orgelempore und die interessanten Votivtafeln beginnend mit dem Jahr 1834. Von den beiden Glocken stammt eine noch aus der alten Schlosskapelle, gegossen 1666 von Johann Eisenberger in Salzburg[290], wohl das älteste Erinnerungsstück aus der Zeit der Haunsperger von Vachenlueg.

III. Die Vikariatskirche Piding mit den Filialkirchen und Kapellen Mauthausen, Schlosskapelle Staufeneck, Strailachkapelle, St. Johann am Högl und St. Johann im Wald

Die Vikariatskirche, später Pfarrkirche, Piding, Mariä Geburt

Die kontinuierliche Besiedlung um den Högl und beiderseits der Saalach seit urdenklichen Zeiten, die römische Bezeichnung *villa*, die Zugehörigkeit zu den „-ing"-Orten der frühen baiuwarischen Besiedlung und der Fund von Reihengräbern aus dieser Epoche heben Piding neben (Reichen-)Hall in den Rang eines bedeutenden Ortes für die ganze Gegend[291]. Diesen Rang bestätigt auch die Tatsache, dass Piding „noch vor dem Jahr 700 eine der ersten Erwerbungen Bischof Ruperts" für Salzburg war, ob durch Kauf oder Schenkung durch Herzog Theodo von Bayern spielt dabei nur eine untergeordnete Rolle[292]. Helga Reindel-Schedl folgerte daraus mit Recht: „eine Kirche dort dürfte selbstverständlich sein"[293]. Dazu passt auch das Patrozinium der Pidinger Kirche Mariä Geburt, das zu den Frühpatrozinien der agilolfingischen Zeit zählt, ebenso wie in Traunwalchen oder im Freisinger Dom, um nur einige weitere Beispiele zu nennen. Wenn auch St. Laurentius in Mauthausen aus der Spätantike überdauerte und wegen seiner Höhenlage über der Saalach die ältere Seelsorgskirche darstellt, so bekam Piding schon wegen seiner frühen Bindung an die Salzburger Kirche vor der Eigenkirche Ellenburgkirchen (Anger) und lange vor der Gründung des Augus- tiner-Chorherrenstiftes Höglwörth seinen eigenen Schwerpunkt. Erst später sollten sich die Gewichte zu Gunsten von Mariä Himmelfahrt in Anger entscheidend verlagern[294]. Waren die ersten Kirchen — wie in dieser Zeit üblich — reine Holzbauten, so drängte man spätestens nach der Errichtung des Chorherrenstiftes Anfang des 12. Jahrhunderts auf den Ausbau der verschiedenen Gotteshäuser in

Spätgotisches Südportal, um 1510

„Anna Selbdritt" im Pfarramt Piding (15. Jahrhundert)

Stein, was auch dem aufkommenden Stil der Romanik voll entsprach.

Bedingt durch den Bau von Kloster und Kirche in Höglwörth — Weihe der Klosterkirche St. Peter und Paul 1239 — und den Ausbau der Ellenburgkirche (Anger) zur Pfarrkirche im 12./13. Jahrhundert wird man die Errichtung einer romanischen Saalkirche mit Ostapsis in Piding wohl in der zweiten Hälfte des 13. Jahrhunderts ansetzen müssen. Vielleicht haben dabei auch die Gefolgsleute der Grafen von Plain, Konrad[295] und dessen Sohn Nikla[296], die ihren Ansitz in Piding hatten, „ihre Hand im Spiel", wie auch später die Marienkirche bei der Ausstattung mit Altären und als Begräbnisort für die Pfleger und Pflegsverwalter von Staufeneck und deren Verwandten eine Rolle spielt. Bei den schon öfter erwähnten Neueinweihungen von 1312 und 1323[297] wird Piding ausdrücklich genannt und seine Kirchweihe auf Sonntag vor Mariä Geburt (8. September) — dem Patroziniumsfest — festgelegt. Dieser romanische Saalbau wurde analog zu Anger im letzten Drittel des 15. und Anfang des 16. Jahrhunderts um- bzw. neu gebaut. Mit großer Wahrscheinlichkeit fügte man auch hier an das romanische Langhaus zunächst einen spätgotischen Chor an und stellte in ihn einen prachtvollen Altar[298] mit Bildern des bekannten Malers Rueland Frueauf d. Ä., der in dieser Zeit (1470–1478) in Salzburg tätig war. Diese Bilder,

Innenansicht der Kirche Mariä Geburt zu Piding

eine Madonna im Ährenkleid und ein leidend-auferstandener Heiland, befinden sich heute im Nationalmuseum bzw. in der Alten Pinakothek in München[299]. Im Anschluss an den Chorbau wurde auch das Langhaus gotisch umgebaut, wovon das Südportal um 1510 heute noch sprechendes Zeugnis ablegt[300]. Offensichtlich zog sich der spätgotische Neubau sehr in die Länge, was außer den finanziellen Gründen auch an den Bauaktivitäten bei der Stiftskirche in Höglwörth und fast allen anderen Gotteshäusern im Stiftsbereich lag. Verantwortlich waren dafür besonders die beiden baufreudigen Pröpste Benedikt Trauner (1439–1477) und Christoph I. von Maxlrain (1480–1512).

Mit großer Sicherheit darf man für den gotischen Neubau in Piding auch die beiden einheimischen Baumeister Christian und Peter Intzinger annehmen, beide seit 1484 Bürger von Salzburg. Im Chorbereich besaß die Kirche auf der rechten Seite ein eigenes Sakramentshaus, in welcher Form auch immer. Einen relativen Schlusspunkt setzte die Weihe eines Seitenaltars durch Bischof Berthold Pürstinger zu Ehren der hll. Johannes Evangelist, Erasmus und Anna am 5. Juni 1519, einschließlich einer Rekonziliation von Kirche und Friedhof[301]. Im Visitationsbericht von 1614 steht für diesen Bau der überschwängliche Satz: *Ecclesia quae structura eleganti.*[302]

Diese Aussage macht verständlich, dass man im weiteren Verlauf des 16. Jahrhunderts keinerlei Veränderungen am Bau oder an der Einrichtung der Liebfrauenkirche in Piding vornehmen musste, ganz abgesehen von den finanziellen und personellen Engpässen im Stiftsland und den geistig-religiösen Umbrüchen der Reformationszeit. Auffallend ist, dass ab Mitte und gesteigert gegen Ende des Jahrhunderts in der Kirche Bestattungen vorgenommen wurden, hauptsächlich von Angehörigen der Pfleger von Staufeneck[303] (siehe Beitrag Steffan). Die älteste, heute noch vorhandene Glocke von 1598

Maria und Johannes, romanische Figuren aus St. Johann am Högl

trägt die Inschrift *Gloria in excelsis Deo*[304]. Die Wende setzte dann geistesgeschichtlich mit dem Konzil von Trient (1545–1563) und der damit eingeläuteten Gegenreformation ein und kunstgeschichtlich mit dem Übergang von der Gotik zur Renaissance, der im Vikariatsbereich Piding zunächst in St. Johann am Högl einsetzte, um dann erst in der zweiten Hälfte des 17. Jahrhunderts auch die Marienkirche selbst zu erfassen.

Die Visitation von 1614 stellt neben dem Hochaltar zu Ehren der Gottesmutter einen Seitenaltar zu Ehren des hl. Wolfgang (rechts) und einen zu Ehren des hl. Rupert (links) fest, der offenbar den 1519 geweihten Johannesaltar ersetzt hat. Wenig später (1619) erklärt man den Hochaltar für baufällig, baut 1631 eine neue Sakristei und verlegt den Karner nach Westen. 1663 wird der „baufällige" gotische Hochaltar mit den Bildern Frueaufs durch einen neuen, der Zeit entsprechenden Renaissance-Altar ersetzt, der Stifter ist der Plainer Richter Reichart Schenauer (Schönauer)[305]. Sieben Jahre später (1670) folgte ihm als Stifter einer Tafel der Pflegsverwalter von Staufeneck, Michael Kopeindl[306], gemeinsam mit seiner Frau Maria Sidonia Katharina, geb. Pflanzmann[307]. Das Bild mit Maria als Rosenkranzkönigin zusammen mit Dominikus und Katharina

Der Rokoko-Hochaltar, geweiht 1760

von Siena samt den 15 Rosenkranzgeheimnissen und den Bildern der Stifter einschließlich Widmungsinschrift ist heute am rechten Seitenaltar eingesetzt und so der einzige Rest der Renaissance-Einrichtung des 17. Jahrhunderts[308]. Kopeindl stiftet 1673 zusätzlich noch einen Jahrtag in die Marienkirche zu Piding für 100 fl.

1685 mahnt man zum ersten Mal den Neubau der bereits baufälligen Kirche an. Zuvor aber errichtet man an Stelle eines Holzbaues 1704 ein gemauertes Vikariatshaus (den späteren Pfarrhof), in dem auch der Mesner, der Lehrer und die Schule untergebracht werden[309]. Auffallend für diese Zeit bis zum Neubau der Kirche ist der häufige Wechsel der Patrozinien der Seitenaltäre. So finden sich 1614 der Wolfgangaltar (rechts) und der Rupertaltar (links), um 1700 die Auferstehung Christi (rechts) und die Himmelfahrt Mariens (links), abgelöst um 1740 von Josef (rechts) und Magdalena (links)[310]. Ob dabei über den gemauerten und konsekrierten Mensen jeweils alle Aufbauten verändert oder nur die Bilder bzw. Statuen ausgewechselt wurden, muss offen bleiben. Die Weihe von 1760 brachte dann neben dem immer gleichen Hochaltar zu Ehren Mariens für längere Zeit rechts den Josefsaltar und links den Altar zu Ehren der Eltern der Gottesmutter, Joachim und Anna.

Nachdem schon 1685, dann wieder 1702 und erneut verstärkt 1752 die Baufälligkeit der romanisch-gotischen Kirche erwähnt wurde, entschloss sich der junge, tatkräftige Propst Augustin Eslinger

Rechter Seitenaltar mit dem Stifterbild von Michael und Maria Sidonia Katharina Kopeindl samt Inschrift von 1670

schen Gewölbes und der Nordmauer (1755) — die Südmauer mit der Sakristei und dem gotischen Portal wurde beibehalten und nach Westen mit einer Bruderschaftskapelle verlängert — wurde der noch bestehende Kirchenraum von 1756 bis 1758 im Rokoko-Stil errichtet. Das Konsistorium in Salzburg bewilligte für den Dachstuhl *221 Stämme aus den anliegenden Freywaldungen mit Nachlass der Stockrechtsgebühren*[311].

In den folgenden Jahren bemühte man sich um die Innenausstattung, wenigstens um die Errichtung des Hochaltars, der beiden Seitenaltäre und der Kanzel[312]. Wegen fehlender Kirchenrechnungseinträge für die Zeit zwischen 1755 und 1765 können wir weder über den planenden Architekten, die Bauleitung und erst recht über die Künstler der Innenausstattung (Stukkator, Bildhauer, Maler etc.) keinerlei belegbare Aussagen machen. Der für die Altäre und die Kanzel immer wieder angeführte, in Piding ansässige Tischlermeister Dominikus Plasiganik (geb. um 1725, † 1812) kommt selbst mit (1749–1762), ohnehin mit der Liebfrauenkirche durch eine zweijährige Seelsorgstätigkeit nach seiner Priesterweihe enger verbunden, zusammen mit dem Vikar Gilbert Taurer (Danner), der in Piding von 1752 bis 1787 wirkte, einen Neubau durchzuführen. Nach Abbruch des Dachstuhls, des goti- einer Werkstatt für diese prachtvollen Rokoko-Bauten allein nicht in Frage, eine Zusammenarbeit mit dem Bildhauer Lorenz Härmbler aus Salzburg (* um 1707, † 1782) oder mit Johann Georg Hitzl (* um 1706, † 1781), ebenfalls Salzburg, ist mehr als nahe liegend[313]. Am 25. Juli 1760 weiht Erzbischof

Kelch und Monstranz im Pfarramt Piding (18. Jahrhundert)

Sigmund Christof Graf von Schrattenbach die Vikariatskirche und drei Altäre, nämlich zu Ehren der Gottesmutter Maria (Hochaltar), ihren Eltern Joachim und Anna (Seitenaltar links) und des hl. Josef (Seitenaltar rechts), mit Angabe der dabei verwendeten Reliquien[314]. Am Chorbogen hat sich der Bauherr, Propst Augustin Eslinger von Höglwörth, mit seinem Wappen „verewigt". Die 1763 von Caspar Immendorfer, Salzburg, gegossene, heute aber nicht mehr vorhandene Glocke mag einen gewissen Endpunkt des Neubaues und der Einrichtung der Marienkirche in der Mitte des 18. Jahrhunderts darstellen.

Die Aufklärungszeit, der „Bildersturm" unter Erzbischof Hieronymus Colloredo (1772–1812), mit massiven Eingriffen in die Ausstattung der Kirchen in der Erzdiözese Salzburg, die napoleonischen Wirren, die Auflösung des Augustiner-Chorherrenstiftes Höglwörth (1817) und die dadurch notwendige Neuordnung der Seelsorge im alten Stiftsgebiet führten für Piding 1836 zur Erhebung zu einer Kuratie, was eine größere Selbstständigkeit gegenüber der Pfarrei Anger mit sich brachte. Äußerer Ausdruck dafür war ein Taufstein, den der kurzzeitige Vikarverweser Dr. Alois Matthäus Vogel 1840 in der Pfarrkirche setzte[315]. Noch unter Kurat Michael

Kelch von 1589, gestiftet vom Salzburger Domdekan Johann Anton von Thun

Bauer (1840–1860) musste 1859 der baufällige Turm der Kirche bis auf die Fundamente abgetragen werden und fast neun Jahre lang gab es für Piding eine „turmlose Zeit".

In den folgenden Jahren, näherhin von 1860 bis 1868, unter den Kuraten Johann Baptist Fuchs (1860–1862), August Remmele (1863–1867) und Johann Baptist Seidl (1867–1874), kam es zu entscheidenden Veränderungen des Kirchenbaues und teilweise der Innenausstattung. Neben dem Turmneubau (3000 fl) in der heutigen Form wurde die Kirche nach Westen um ein Joch (5,40 m) erweitert und eine neue Empore eingebaut. Aus den Seitenaltären wurden die Bilder der Rokokozeit entfernt und unter Beibehaltung der Patrozinien Bilder der Nazarenerepoche eingesetzt[316]. Zehn Jahre vorher (1855) hatte Johann Georg Weibhauser im nachempfundenen Barockstil eine Pietà mit den sieben Schmerzen Mariens und dem Gnadenstuhlmotiv für die Kirche gemalt[317]. 1868 ist dann leider „eine Muttergottesstatue in sehr kümmerlichem Maßstab" durch eine Madonna mit dem Jesuskind im Nazarenerstil ersetzt worden[318]. Eine Turmuhr von 1872 (Firma Johann Mannhardt) und ein neuer Kreuzweg von 1898 (A. Müller, Innsbruck) „nach Führich" schließen im Wesentlichen die Umgestaltungen an Kirche und Inneneinrichtung im 19. Jahrhundert ab. 1893 wurde Piding zur Pfarrei erhoben und damit ein völlig selbstständiger Seelsorgsbezirk.

Das 20. Jahrhundert ist, was Bau und Einrichtung der Pidinger Marienkirche anbelangt, weniger „spektakulär" als die vorausgehenden Jahrhunderte. Es wurde neu angeschafft, ergänzt, verbessert und verloren (Frueauf). Es begann mit einer neuen Orgel (1909/10, Max Koulen, Augsburg), die dann mehrfach umgebaut (1930/31, Michael Weise, Plattling) und erweitert wurde (1959/60, Alois Wölfl, Unterflossing)[319]. Hatte man 1936 noch den etwas unförmigen Tabernakel in den Hochaltar eingepresst, so betrieb Pfarrer Stephan Flötzl (1937–1941) die Renovierung der Figuren der Seitenaltäre und der Kanzel, finanziert von Pfarrangehörigen[320], ließ das Pietàbild von Weibhauser in die Strailachkapelle „verlagern", besorgte eine neue Kommunionbank und entdeckte 1938 hinter dem Altarbild des linken Seitenaltars die Frueauf-Bilder vom gotischen Hochaltar, die dann 1939 an die Staatlichen Gemäldesammlungen nach München veräußert wurden[321]. Pfarrer Ludwig Klöck (1947–1977) musste nach dem Zweiten Weltkrieg zuerst neue Glocken beschaffen (Carl Czuduochowsky, Erding, Glockengießerei)[322], ließ 1955 an der Chorscheitel-Außenwand von Georg Gschwendtner das Fresko Mariä Himmelfahrt anbringen und nach Entfernung der Nazarenerbilder in den rechten Seitenaltar das Stifterbild von Michael und Sidonia Kopeindl einsetzen, außerdem als „Gegenbild" für den linken Seitenaltar von Gschwendtner die Verkündigung an Maria mit 15 Symbolen der Lauretanischen Litanei malen (signiert und datiert 1959)[323]. Gleichzeitig wurde die Orgelempore erneuert mit Übernahme der Eucharistiesymbole. Das Engagement von Pfarrer Ludwig Klöck für die Renovierung der Filialkirche Mauthausen (1951) und St. Johann am Högl (1947, 1967) verhinderte weitere „Einsätze" für die Pfarrkirche selbst.

Die letzte Renovierung von 1979 bis 1982 unter Pfarrer Konrad Mühlbauer (1979–2001) brachte neben dem Volksaltar und Ambo (Josef Hamberger, Rosenheim) die Versetzung von vier Grabsteinen aus der Vorhalle in den Chorraum unter Entfernung der beiden Beichtstühle aus dem Presbyterium sowie verschiedene, vom Landesamt für Denkmalpflege angeordnete Verbesserungen und Veränderungen[324].

Mauthausen, Filialkirche St. Laurentius

Zum altbesiedelten Raum um den Högl und um die Saalach beiderseits ihres Laufes von Reichenhall bis zur Mündung in die Salzach gehört in besonderer Weise auch Mauthausen. Funde aus der frühen Bronzezeit (1800–1600 v. Chr.)[325], der Urnenfelderzeit (1250–750 v. Chr.) und der Römerzeit (1–400 n. Chr.)[326] bis hin zu einem bajuwarischen Gräberfeld des 7. Jahrhunderts[327] bestätigen vollauf diese Annahme. Das spätantike Patrozinium St. Laurentius und die sichere Höhenlage oberhalb des Überschwemmungsgebietes der Saalach rückt die Kirche von Mauthausen in den Bereich der ältesten Gotteshäuser dieses Gebietes[328]. Ob ihre Errichtung mit einer vorchristlichen Kultstätte zusammenhängt — wie es bei St. Johann am Högl eindeutig der Fall ist —, muss mangels archäologischer Untersuchungen Vermutung bleiben. Häufig finden sich bajuwarische Reihengräberfelder in der Nähe einer Kirche bzw. eines christlichen Friedhofs, was für die beiden Laurentiuskirchen in Mauthausen sowie Niederheining bei Laufen nachgewiesen wurde[329].

Wie in all diesen Fällen waren die „Erstkirchen" Holzbauten, die erst im Hochmittelalter, näherhin in der Romanik, durch Steinbauten ersetzt wurden. Der Bau der romanischen Kirche in Mauthausen könnte mit dem Bau der Staufenbrücke, der Errichtung einer Mautstelle an der Grenze zwischen Bayern und Salzburg, sowie dem Bau der Burg Staufeneck durch die Grafen von Plain zum Schutz von Grenze und Maut zusammenhängen, geschehen in der ersten Hälfte des 13. Jahrhunderts. Die romanische Saalkirche mit Flachdecke, quadratischer Choranlage und Dachreiter knüpfte an einer Turmanlage an, deren Alter und Verwendung nach wie vor unklar sind, auch die 1949 und 1984 im Chorbereich erfolgten Grabungen brachten darüber kein Ergeb-

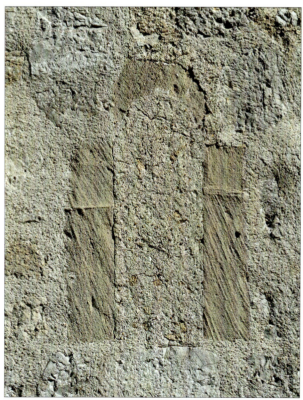

Zugemauertes romanisches Fenster (Südwand)

Innenansicht von St. Laurentius in Mauthausen

nis. Auffällig ist und bleibt die stark erhöhte Lage des Presbyteriums, zu vergleichen mit Urschalling bei Prien, einer Kirche, die um 1200 in Verbindung mit einem älteren Wehrturm erbaut wurde[330]. Drei vermauerte Fenster auf der Südseite und eines auf der Ostseite lassen den romanischen Bau aus der ersten Hälfte des 13. Jahrhunderts mühelos rekonstruieren. Bei den schon mehrfach genannten Rekonziliationen im Kirchensprengel des Stiftes Höglwörth 1312 und 1323 wird Mauthausen eigens genannt und das Kirchweihfest auf den Sonntag nach Mariä Geburt (8. September) festgelegt[331].

Gegen Ende des 14. Jahrhunderts erfolgte eine erste Ausmalung des noch flachgedeckten Chores und eines Teiles der Langhauswand, von der sich noch einige Reste erhalten haben. So finden sich im Presbyterium an der Nordwand in einer Dreigliederung der leidend-auferstandene Heiland, dessen Blut sich in einen Kelch ergießt (links)[332], Maria mit dem Kind, verknüpft mit der Schutzmantelmadonna (Mitte) und der hl. Valentin als Patron gegen die Fallsucht, besonders für Kinder (rechts). An der Ostwand eine „sprechende" Darstellung der Huldigung der drei Weisen vor Maria mit dem Kind, die beide unter einem baldachinartigen Gebäude die Anbetung entgegennehmen, primär durch den knienden Alten, der seine Krone abgelegt hat, während die beiden anderen in ausdrucksvoller Geste auf den weisenden Stern deuten[333]. Auf der rechten Seite der Ostwand war eine Kreuzigungsdarstellung vorhanden, die aber bei der Freilegung nicht mehr erhalten werden konnte[334]. An der Südwand

Barocke Pietà am Kreuzaltar

Linker Seitenaltar (um 1795)

sieht man den hl. Virgil mit dem Salzburger Dommodell und den hl. Vitus mit Barett[335]. An der Südwand der Kirche findet sich aus gleicher Zeit (um 1390) eine Darstellung von Kain und Abel, jedoch nur noch fragmentarisch erhalten[336]. Entweder unter Propst Christan Wildecker (1417–1435) oder spätestens unter Propst Benedikt Trauner (1435/39–1477) wurde der Chorbereich eingewölbt und mit Fresken versehen, die den wiederkehrenden Herrn, thronend auf Regenbogen und Weltkugel, zeigen, aus dessen Mund Schwert und Lilie kommen, Symbole für Ablehnung und Einladung[337]. Umgeben ist Christus von den vier Evangelistensymbolen mit Spruchbändern[338]. Das Höglwörther Allianzwappen über dem Altar wurde bei der Restaurierung verfälscht[339]. Unter dem baufreudigen Propst Christoph I. von Maxlrain (1480–1512) erfolgte die Einwölbung des Langhauses von St. Laurentius — nach der Bauinschrift im Chorbogen um 1500 — und die Bemalung der Nordwand mit den 15 Nothelfern[340] in Freskotechnik. Nach von Bibra[341] sind frappierende Ähnlichkeiten mit den Heiligendarstellungen in Abtsdorf bei Laufen (Presbyterium, Nordwand) unverkennbar und lassen so möglicherweise auf denselben Meister schließen[342]. Einen gewissen Abschluss der Einwölbungen und Ausmalungen stellt die Hochaltarweihe zu Ehren der hll. Laurentius, Vinzentius und Margaretha am 5. April 1518 durch Bischof Berthold Pürstinger von Chiemsee dar[343].

Die Inneneinrichtung der Mauthausener Kirche wurde im Laufe der Jahrhunderte häufig verändert. Hatte die romanische Kirche zunächst nur einen schmucklosen Tischaltar, so entstand spätestens um 1518 ein gotischer Schrein- (Flügel-)altar, von dem der hl. Laurentius und der hl. Sebastian in den späteren Rokokoaltar übernommen wurden. Die Visitation von 1614 nennt bereits zwei Seitenaltäre zu Ehren der Muttergottes (rechts) und des hl. Vitus

Fresken mit 15 Nothelfern an der Nordwand; links noch erkennbar die holzgeschnitzte Empore, datiert 1661

Links des Hochaltares das Fresko mit der Huldigung der drei Weisen vor Maria und dem Kind (um 1390)

(links)[344]. 1661 wurden im Langhaus die gotischen Rippen abgeschlagen, die man im 20. Jahrhundert durch eine gemalte Netzfiguration ersetzte, ferner eine — vielleicht schon als „Herrensitz" bestehende — Empore erweitert sowie an deren vertäfelter Brüstung Schablonenmalereien im Sinne von imitierten Intarsienarbeiten aufgetragen. Die Visitation von 1702 benennt als Seitenaltäre neben dem Marienaltar einen 14-Nothelfer-Altar, ebenso 1733 und 1742, wobei jetzt der Marienaltar „bei dem Wunderbaum" bezeichnet wird[345].

Unter dem rührigen Chorherrn und Vikar von Piding Gilbert Taurer (1752–1787) bekam St. Laurentius den prachtvollen Hochaltar mit den beiden Erzmärtyrern Laurentius (Rom) und Stephanus (Jerusalem) im Auszugsbild sowie dem Pestpatron Sebastian (links) und dem Feuerpatron Florian (rechts). Von besonderem Interesse sind auch die kulissenartig gemalten Seitenaltäre (klassizistisch, 1795/ 1800) mit einem Maria-Hilf-Bild, im Auszug das Marienmonogramm und auf der Mensa zusätzlich das Altöttinger Gnadenbild, flankiert von modernen *Maybüschen*. Der rechte Seitenaltar ist als Kreuzaltar konzipiert, der im Auszug mit dem Dreieinigkeitssymbol die alte Idee des Gnadenstuhls aufleuchten lässt. Aus einem älteren Altar stammt die Pietà auf der Mensa, ebenfalls mit zwei neuen *Maybüschen* eingerahmt[346]. St. Laurentius besaß wohl schon von Anfang an einen Friedhof für das umliegende „Kirchdorf" und auch in Anknüpfung an das in der Nähe liegende bajuwarische Gräberfeld. Die Kirche ist durch ihr Alter, durch ihre Fresken und ihre Altäre eine der bedeutendsten kunstgeschichtlichen Perlen im Rupertiwinkel, vielleicht zu wenig beachtet.

Die Schlosskapelle in Staufeneck

Die Staufenecker, herausgewachsen aus dem Geschlecht der Burggrafen von Plain, erbauten in der ersten Hälfte des 13. Jahrhunderts auf einem eiförmigen Hügel am Fuß des Staufens ihre Burg zum Schutz der Salzstraße von Reichenhall nach Teisendorf und als Waffenplatz. Über den Verpfändungsweg und anschließenden Verkauf durch die letzten Inhaber, den Vettern Wilhelm und Heinrich von Staufeneck, gelangte der gesamte Besitz mit Gericht, Jagd, Weide, Fischerei und Burg an Salzburg[347]. In diesem Zusammenhang wird baulich sehr genau zwischen Burg und Turm unterschieden, so dass man bei der Erstanlage nur von einem Wohnturm und späteren Annexbauten ausgehen darf[348]. Von 1306 bis 1803 war Staufeneck Pflegschloss der Salzburger Erzbischöfe, auch Gerichtssitz und teilweise Wohnung der Pfleger oder Pflegsverwalter[349].

In unmittelbarem Zusammenhang mit dem Umbau und der Erweiterung der Festung Hohensalzburg durch Erzbischof Leonhard von Keutschach (1495–1508)[350], im engeren Zeitraum von 1498 bis 1508, wurden der schon bestehende Turm und die Burg Staufeneck umgebaut, erweitert und in die heutige Form gebracht, wobei nun vom „Schloss" die Rede ist. Verantwortlich für diesen Umbau, der fast einem Neubau gleichkam, waren außer den Pflegern Caspar Panicher (1495–1512) und Wolfgang Pacheimer (1512–1521) vor allem die am Ort anwesenden Richter Hans Echaimer (1503–1506) und Georg Mülbacher (1506–1516)[351]. Notizen über den Bau und Baufortschritt finden sich besonders in den Jahren 1506 und 1507[352]. Die abschließende Bauinschrift über dem inneren Tor lautet: *Erczb. Lienhart zu Salcb. Hat das Slos paut und volbracht Anno dom(in)i 1513 Jar.*

Die Schlosskapelle, nach dem Zwinger hinter dem inneren Tor gegenüber dem Turm auf der linken Seite situiert, kann beim spätgotischen Umbau hier eingerichtet oder auch vom „Altbau" an dieser Stelle übernommen worden sein (laut Grundriss). Sicher hat sie damals einen kleinen gotischen Altar besessen, der dann spätestens Ende des 17. Jahrhunderts entfernt und durch einen barocken Altar er-

Altar der Schlosskapelle (um 1700)

setzt wurde. Die Errichtung des heutigen Stuckaltares lässt sich auf die Jahre 1698 (Weiheinschrift über dem Altarbild mit römischen Ziffernzeichen) und 1701 (Widmungsinschrift unter dem Altarbild) festsetzen. Letztere lautet: *Johann Graff Diepold von Danberg Hoch Fürstlicher Salczburgischer Hoffrath, der Zeit Pfleger zu Stauffenegg, Blain und Glan etc. dan Seine Hausfrau Maria Elisabetha Dipoldin von Danberg Gebohrene von Silveri, den 6. Merczen Anno 1701.*[353] Über der Weiheinschrift ist das Wappen von Diepold von Danberg, seitlich über den Durchgängen zur Sakristei finden sich je zwei gleiche Allianzwappen. Der Stuck verweist auf die Carlone-Gruppe in Passau, näherhin auf Diego Francesco Carlone und Paolo de Allio, die gemeinsam ab 1705 in der Kollegienkirche in Salzburg nachweisbar sind[354]. Ein gleichartiger Stuck findet sich auch in der Waldkapelle St. Johannes am Högl, erbaut 1701.

Strailachkapelle
(Kreuzwegkapelle)[355]

Die Kapelle entstand als Stiftung der Witwe Walburga Moßmüller im Pfleggericht Reichenhall, der das Konsistorium in Salzburg nach Anfrage und Untersuchung am 3. August 1709 erlaubte, *eine Capellen mit dem biltnuß des fahls Christi unter dem Creuz zwischen Mauthausen und der Stauffenbruggen Pidinger Pfarr ... aufrichten lassen möge*[356]. Die so 1709/10 errichtete Kapelle (7 m lang, 4 m breit, 5 m hoch) wurde dem Laurentius-Gotteshaus in Mauthausen mit *Lasten und Nutzen* inkorporiert. Ihre Lage in der Nähe der alten Staufenbrücke über die Saalach und an der ehemaligen Salzstraße war bewusst gewählt, um mit dem Blick auf den kreuztragenden Christus „zur Meditation über Leid und Unrecht in der Welt und den Mitvollzug des Leidenswegs Christi einzuladen"[357]. Im Zuge der Aufklärung sollte die Kapelle 1785, als überflüssig erklärt, abgerissen werden, was am Protest der Bevölkerung und der Intervention des Propstes von Höglwörth, Anianus II. Köllerer, scheiterte. Renovierungen in den Jahren 1923, 1973 und besonders 2004/2005 retteten das barocke Kleinod vor dem Verfall und gestalteten den Innenraum jeweils neu. So zeigt sich heute der kreuztragende Jesus auf einem Podest, flankiert von zwei Leuchtern, die die Stelle von zwei Schergen einnehmen, die ursprünglich zur Kreuzwegskulptur gehörten und 1973 einem Diebstahl zum Opfer fielen. Die Plastik stammt vom Anfang des 18. Jahrhunderts, die Leuchter von 1642. Hinter dem

Bild der Grablegung Christi als Antependium (um 1700) ist eine Nische erkennbar, die wohl in der Karwoche einem „Grabchristus" dienen sollte. Das vorübergehend in der Kapelle hängende Bild der „Sieben Schmerzen Mariens" von Georg Weibhauser befindet sich heute in der Pfarrkirche Piding[358].

Die Filialkirche Johannes der Täufer am Högl

Seit Papst Gregor der Große (597–604) im Zuge der Christianisierung Englands um 600 an Bischof Augustinus von Canterbury die Anweisung gab, man soll die Altkulte nicht ausrotten, sondern taufen, hielt man sich auch andernorts weitgehend an diese Regel. Es betraf besonders die Baum-, Stein- und Quellkulte der keltischen Epoche, an denen auch bei uns die einheimische Bevölkerung hing und die man nicht so schnell — trotz Christianisierung — ausmerzen konnte. Die einsame Lage der Kirche auf dem Högl, der nahe gelegene Brunnenschacht, der Erwerb der *Villa Piding* durch Rupert und die Grundherrschaft Nonnbergs für den umliegenden Wald[359] sprechen sehr dafür, dass hier eine alte Kultstätte von Salzburg aus „getauft" und möglicherweise schon im 8. Jahrhundert hier oben ein Holzbau errichtet wurde. Was lag dabei näher, als das Patrozinium Johannes der Täufer zu wählen.

Seelsorglich wurde diese Kirche wohl von Anfang an von Piding aus betreut, bis sich durch die Gründung des Augustiner-Chorherrenstiftes Höglwörth Anfang des 12. Jahrhunderts auch hier neue Zuständigkeiten ergaben. Der Grenzstreit zwischen Nonnberg und Höglwörth um dieses Gebiet wurde 1246 beendet und der Propstei das Vorkaufsrecht für das nahe gelegene nonnbergische Gut eingeräumt[360].

Erst nach dieser Klärung hat sich Höglwörth um den Bau einer romanischen Kirche in der zweiten Hälfte des 13. Jahrhunderts auf dem Högl bemüht, was sich auch mit den beiden noch erhaltenen Figuren einer Kreuzigungsgruppe, Maria und Johannes, decken lässt[361]. Ebenso sollte der hl. Christophorus an der südlichen Außenwand (über den Passionsszenen) am Ende des 13. Jahrhunderts angesetzt werden. Die Nennung der Johanneskirche bei den schon oft genug zitierten Rekonziliationsprozessen von 1312 und 1323 bezeugt auch urkundlich die Existenz dieses frühen Gotteshauses. Bischof Ulrich von Chiemsee legt dabei das Kirchweihfest für die Johanneskirche auf den fünften Sonntag nach Ostern fest (1323). Die wachsende Wallfahrt zur „Täuferkirche", die zunehmenden Bittgänge aus den verschiedenen Kirchen des Stiftslandes, die Förderung durch die Pröpste und Chorherren von Höglwörth, aber auch durch Laien, lassen die Einnahmen sprunghaft ansteigen und machen so die Filialkirche von Piding schon im späten Mittelalter zu einem der

Innenansicht von St. Johann der Täufer am Högl

vermögendsten Gotteshäuser weit und breit. Das führte auch zu laufenden Anleihen der anderen Kirchen bei ihren Reparationen oder Um- und Neubauten. Für die Johanneskirche selbst schlug sich dies zunächst in einer reichen Freskenausstattung der südlichen „Schauwand" nieder. Die 1947 entdeckten und freigelegten Malereien (Pfarrer Ludwig Klöck; Kirchenmaler Georg Gschwendtner)[362], die 1967 noch einmal überarbeitet wurden, stellen in zwei Zonen die Georgslegende, die Enthauptung eines Heiligen (Dionysius?) und den Märtyrer Erasmus dar, um 1400, während links davon ein lebensgroßer Christophorus und die Passionsszenen (Ölberg und Kreuzigung), um 1450, eine Einheit bilden[363].

In der zweiten Hälfte des 15. Jahrhunderts wurde nach Abbruch der romanischen Apsis ein gotischer Chor angebaut, das (romanische) Langhaus eingewölbt und die Kirche mit spätgotischen Altären ausgestattet, von denen noch mehrere Einzelstücke vorhanden sind. Im Zusammenhang mit der Stiftung einer „ewigen" Freitagsmesse und einer Jahresmesse, die auf dem St.-Wolfgang-Altar zu lesen ist, hören wir 1479 von der Existenz zweier konsekrierter Altäre in der Täuferkirche[364]. Für die Stiftung dieser Gottesdienste machte sich besonders auch Wilhelm Steinhauff, Rat und Siedeherr in Reichenhall, verdient. Durch den Anbau einer Sakristei, einer Vorhalle und einer Kapelle auf der Südseite wurden die dortigen Fresken verdeckt und unsichtbar, so verwendete man dafür die Großflächen an der Nord- und Südwand des Langhauses im Inneren der Kirche. Bewusst gegenübergestellt sind so im ersten Joch eine „Kreuzigung im Gedränge" (Südwand) und die Wiederkunft Christi beim Jüngsten Gericht (Nordwand). Dabei ist der auferstandene Herr in der Mandorla umgeben von den zwölf Aposteln, unter ihnen Maria und Johannes der Täufer als Fürbitter für die aus den Gräbern herauskommen-

Die durch den Anbau der Sakristei verdeckten und nicht mehr zugänglichen romanischen und gotischen Fresken

den Menschen. Diese Fresken, um 1510 entstanden[365], weisen starke oberitalienische Züge auf, was bei den vielen Wanderkünstlern der Zeit nicht überrascht. Das durch den Ausbruch eines Fensters fast zerstörte Fresko im zweiten Joch der Nordwand lässt nur noch einen heiligen Bischof (links) und den hl. Sebastian (rechts) erkennen. Gegenüber (oberhalb des Eingangs) der Drachenkampf des hl. Georg, von einer völlig anderen Hand gemalt und mit frühbarocken Zügen, einschließlich einer Stifterfigur (links unten); diese könnte mit dem Vikar von Piding, Georg Wegwart (1630–1637)[366], in Verbindung gebracht werden, da eine freigelegte Jahreszahl 1636 eindeutig darauf verweist.

Die schon im 15. Jahrhundert erwähnten Altäre waren dem Patron der Kirche Johannes dem Täufer (Hochaltar) geweiht, der Seitenaltar auf der Evangelienseite dem hl. Wolfgang[367]. Diese gotischen Altäre wurden Schritt für Schritt durch „zeitgemäße" Aufbauten ersetzt. Zuerst stiftete Propst Wolfgang Griesstetter (1522–1541) um 1530 einen neuen Hochaltar, gekennzeichnet durch die Wappen von Propst und Stift. Leider unten verstümmelt, bedingt durch die spätere Aufstellung in der Vorhalle, steht er jetzt als Seitenaltar gegenüber der Kanzel an der Nordwand der Kirche. Geschaffen in der Werkstatt von Gordian Guckh in Laufen († zwischen 1541 und 1545)[368], zeigt er im Aufbau eine Mischung von go-

Fresko „Kreuzigung im Gedränge" (um 1510)

tischem Flügelaltar und einer Renaissance-Retabel. Die Schreinfiguren, Maria mit Kind, Johannes der Täufer und Johannes Evangelist, tragen die Züge

Seitenaltar an der Nordwand, Frührenaissance, um 1530, mit geöffneten Flügeln; im Hintergrund Fresko „Christus in der Mandorla"

der Leinbergerschule, die Flügelbilder Petrus und Paulus (geöffnet) sowie Rupert und Wolfgang (geschlossen)[369] verweisen auf Guckh selbst, ebenso das Auszugsbild Johannes auf Patmos. Gegen Ende des Jahrhunderts (1589) wurde der Johanneskirche ein wertvoller Kelch gestiftet, der ein Wappen und die Initialen IA VT (= Johann Anton von Thun, Salzburger Domdekan) trägt (siehe Abb. S. 244). Wenig später ließ Freiherr Hans Caspar von Kuenburg zusammen mit seiner Ehefrau Susanna 1616 einen neuen Wolfgang-Altar errichten, dieses Mal ein reines Renaissance-Retabel mit dem Titelheiligen im Hauptbild und Anna Selbdritt im Auszug, unten die Stifterinschrift[370]. Heute steht dieser Altar in der Vorhalle. Dort finden sich auch noch zwei Epitaphe, das eine von Felix Zillner *Saltzpurgischer Holtzmaister*, das andere von Katharina Fürst zu Salzburg von 1623[371].

Erst gegen Ende des 17. Jahrhunderts bemühte sich Propst Johann Baptist I. Zacherl (1691–1725), der Kirche seines Namenspatrons eine Kanzel mit den Bildern der vier Evangelisten zu beschaffen, unbekümmert darum, wie scharf sie in das gotische Raumgefüge eingreift und einschneidet. Dafür sind die sechs Bilder heiliger Eremiten umso origineller, die ebenfalls Propst Zacherl an der Emporenbrüstung anbringen ließ, wohl als Hinweis auf den „Ureremiten" Johannes den Täufer in der Wüste. Dargestellt sind die Einsiedler Gallus, Ivan, Disibode, Marco, Arnulphus und Arsenius, gemalt von Dominico Aichele, Meran, später Teisendorf. Als Krönung der „zeitgemäßen" Einrichtung der Täuferkirche ließ Propst Zacherl 1693 einen neuen Hochaltar errichten und berief sich dabei auf eine

Die Empore mit den sechs Eremiten-Bildern, rechts das Augustinus-Epitaph

Ehemaliger St.-Wolfgang-Altar von 1616 und zwei Stifterepitaphe, heute in der Vorhalle der Kirche

schon seinem Vorgänger Propst Patritius Pichler (1686–1691) erteilte Genehmigung durch das Konsistorium in Salzburg. Ausführende Künstler dieses prachtvollen Werkes waren Adam Fallwickl, Schreinermeister in Teisendorf, Simon Högner, Bildhauer in Tittmoning, und Dominico Aichele, Maler in Teisendorf[372], ursprünglich aus Meran stammend und zuständig für die Fassung des Altares und seiner Bilder. Die Gesamtkosten beliefen sich auf 320 fl. Auch existieren noch zwei Entwürfe für den Tabernakel, in den Kosten variierend zwischen 80 fl und 100 fl. Reizvoll ist auch das Antependium mit dem jugendlichen Johannes im Kranz der Rosen, ganz ähnlich dem Antependium im Winterchor des Stiftes Höglwörth[373]. Die alte Mensa musste für diesen Altar um 30 cm verbreitert werden.

Bleibt noch der „Fremdkörper" des Augustinusbildes (Ende 17. Jahrhundert) an der Nordwand. Nach Hunklinger früher im Refektorium des Augustiner-Chorherrenstiftes in Höglwörth hängend[374], trägt es ein bemerkenswertes (lateinisches) Zitat des Ordensgründers, das angeblich am Rand der Speisetafel im Bischofshof von Hippo eingeschnitzt war[375].

Ursprünglich besaß die Johanneskirche nur einen Dachreiter, erst unter Propst Puechner entschloss man sich ab 1733 zum Bau eines Turmes, der 1736 im Wesentlichen abgeschlossen war[376] und heute noch in dieser Form besteht. Eine letzte durchgreifende Renovierung erfolgte 1982–1987[377]. Der südlich gelegene Bauernhof, heute Gaststätte „Rieger Luggi", war über Jahrhunderte mit dem Mesnerdienst an der Kirche verbunden[378].

Johanneskapelle im Wald —
Capella S. Johannes Baptista in Sylva Hegl

Auf der Straße von Piding zum Johanneshögl, etwa 500 Meter unterhalb der Kirche, steht mitten im Wald die Kapelle, die „als Denkmal besonderen Wert hat und eine der schönsten im ganzen Bezirk Berchtesgaden ist"[379]. 1624 wurde hier eine erste Kapelle errichtet[380], höchstwahrscheinlich unter Propst Marquard von Schwendi als Marienkapelle, als kleines Gegenstück zu der von ihm ab 1622 in Passau auf dem Schulerberg erbauten „Maria-Hilf-Kapelle" zu Ehren einer Kreuzgruppe, die zuerst an einem Baum, dann in einem Bildstock und zuletzt in der Johanneskirche untergebracht war. An ihren alten Platz zurückgekehrt, erfuhr sie immer größere Verehrung durch die Gläubigen[381]. Propst Johann Baptist Zacherl erbaut 1701 an dieser Stelle seinem Namenspatron unterhalb der Hauptkirche eine eigene Kapelle, gleichsam als Einstimmung, Vorbereitung und Hinführung zum eigentlichen Heiligtum, wie andernorts auch mehrere Kapellen zum Hauptheiligtum „hinführen", beispielsweise auf den Kapuzinerberg in Salzburg oder nach Maria Plain. Die neue Kapelle wurde als Ovalbau gleichsam in den Wald und Berg hineingeschoben, was in den darauffolgenden Zeiten durch den umgebenden Baumbestand und die Feuchtigkeit des Bodens zu erheblichen Schäden führte[382].

Der Altarraum wurde 1701 prachtvoll ausstuckiert und auch der Form nach offensichtlich vom selben Meister wie in der Schlosskapelle Staufeneck. In die Nische wurde der Patron, Johannes der Täufer, eingesetzt[383]. Bei der Visitation 1702 wird Propst

Zacherl angekreidet, dass er die *Capella in Sylva Hegl* ohne Erlaubnis des Salzburger Konsistoriums erbaut und für den eingesetzten Opferstock nur er allein den Schlüssel habe. Die Kapelle wird dabei eindeutig als Johanneskapelle bezeichnet mit einem Bild des Täufers über dem Altar[384]. 1742 legt dieselbe Behörde noch einmal Wert darauf festzustellen, dass die *capella Johannes Baptista vulgo in Waldhögl* nicht konsekriert sei und auch keine heilige Messe in ihr gefeiert werden darf[385].

Nach Auflösung des Augustiner-Chorherrenstiftes Höglwörth (1817) und den damit verbundenen gravierenden Veränderungen in rechtlicher und seelsorglicher Hinsicht, verwundert es nicht, dass Kurat Michael Bauer (1840–1860) 1856 die Kapelle den Högler Bauern kurzerhand zum Geschenk machte, was sich allerdings im Grundbuch nicht niedergeschlagen hat und die Kapelle nach wie vor bis heute im Eigentum der Filialkirchenstiftung Johanneshögl verblieb[386].

Anmerkungen

1 *Tyroller*, Genealogie, S. 115–128 Stammtaf. 7.
2 SUB II, S. 306 f. Nr. 208.
3 SUB II, S. 234–236 Nr. 158; S. 475 f. Nr. 340.
4 *Heinz Dopsch*, Von der Adelsherrschaft zur erzbischöflichen Verwaltung, in: Laufen und Oberndorf, S. 93–115, hier S. 96–98; *Hauthaler*, Rechenschaftsbericht, S. 49.
5 *Hauthaler*, Rechenschaftsbericht, S. 54.
6 *Walter Brugger*, Die bildende Kunst, in: Berchtesgaden I, S. 1036 f.
7 *Walter Brugger*, Bau- und Kunstgeschichte, in: Baumburg, S. 245–285, hier S. 246–248.
8 Reclams Kunstführer Italien, Bd. II (Stuttgart 1965), S. 446–475.
9 AEM, Klosterchronik Höglwörth, fol. 3ʳ. — Die in der bisherigen Literatur immer wieder behauptete Weihe einer Krypta mit Johannesaltar durch Bischof Karl von Seckau am 10. Feb. 1219 in Höglwörth und der Weihe der Hartwigkapelle samt Altar am 9. Okt. 1219 durch Bischof Rudiger von Chiemsee beziehen sich beide auf den Dom von Salzburg und haben mit Höglwörth nichts zu tun; vgl. *Franz Pagitz*, Quellenkundliches zu den mittelalterlichen Domen und zum Domkloster in Salzburg, in: MGSL 108 (1968), S. 119 u. 135 Anm. 22; Rüdiger (Rudiger) von Bergheim-Radeck war von 1216 bis 1233 Bischof von Chiemsee und wurde am 27. Juni 1233 von Papst Gregor IX. zum Bischof von Passau ernannt. Er wurde damit Nachfolger des resignierten Grafen Gebhard von Plain, einem Bruder Liutolds III., so dass die Anwesenheit Rüdigers bei der Beisetzung Liutolds erklärbar wird. — Zu Bischof Rüdiger: *Gatz*, Bischöfe 1198–1448, S. 553; zu Karl von Seckau: ebenda, S. 716.
10 BayHStA, KU Höglwörth 3 (1245) u. 3a (1249).
11 Ebenda, 4 (1294).
12 AEM, 114 813 201, Lit. A.
13 *Hauthaler*, Rechenschaftsbericht, S. 45: … *campanas melioravi* … Die älteste Glocke, die in Höglwörth nachweisbar ist, trägt in romanischen Majuskeln die Namen der vier Evangelisten und stammt aus dem 12./13. Jh.: *Matthias Seeanner*, Die Glocken der Erzdiozese München und Freising, in: *Deutinger*, Beyträge 11, S. 325.
14 *Walter Brugger*, Die Kirchen der Pfarrei St. Nikolaus Bad Reichenhall (= Schnell-Kunstführer Nr. 2053) (²2007), S. 5.

15 *Walter Brugger*, Kirche und Kloster Seeon (= Schnell-Kunstführer Nr. 91) (²⁴1999), S. 3.
16 BayHStA, KU Höglwörth 12a; *Martin*, Regesten II, Nr. 1047; *Geiß*, Högelwerd, S. 345.
17 BayHStA, KU Höglwörth 14; *Martin*, Regesten III, Nr. 356; *Geiß*, Högelwerd, S. 347, wobei irrtümlich für 1312 eine „neu erbaute Klosterkirche" angenommen wird; *Gatz*, Bischöfe 1198–1448, S. 130.
18 AEM, KA Höglwörth 1595–1849, o. Sign.
19 Aus Aufham stammend war Christian Intzinger „gesell" des Stephan Krumenauer beim Chorneubau der Stadtpfarrkirche (heute Franziskanerkirche) in Salzburg (1432–1450) und beim Neubau des Berchtesgadener Hofes in Salzburg ab 1452, 1468 „paumeister" in Berchtesgaden, 1484 Bürger von Salzburg, 1494 Bürger von Reichenhall: *Brugger*, Bildende Kunst (wie Anm. 6), S. 1051–1055; *Franz Wagner*, „Spätgotik" in der Stadt Salzburg. Zu einigen Problemen der kunstgeschichtlichen Forschung, in: Salzburg Archiv 32 (2007), S. 63 f. u. 96 Anm. 88 (mit weiterführender Literatur).
20 *Peter F. Kramml*, Der Konvent von Berchtesgaden im Hoch- und Spätmittelalter, in: Berchtesgaden I, S. 928.
21 *Reinhard Weidl*, Stiftskirche Berchtesgaden (= Christliche Kunst in Bayern Nr. 9) (Salzburg 2002), S. 9.
22 *Walter Brugger*, Kirchen und Kapellen der Pfarrei St. Andreas Berchtesgaden (= Schnell-Kunstführer Nr. 2242) (²2003), S. 4–6.
23 *Walter Brugger*, Franziskanerkirche Berchtesgaden (= Schnell-Kunstführer Nr. 2371) (1999), S. 4 f.
24 Vgl. Anm. 12.
25 *Walter Brugger*, Bad Reichenhall St. Zeno (= Schnell-Kunstführer Nr. 157) (²2008), S. 39 f.
26 Kunstdenkmale von Bayern 1/IX, S. 2986 f. — Davon abhängig *Hunklinger/Wegner*, Höglwörth, S. 4; Dehio, Bd. IV: München und Oberbayern (München 1990), S. 437; *Hans Roth*, Pfarrkirche Anger, Kuratie und Kirche St. Jakobus Aufham (= Schnell-Kunstführer Nr. 553) (⁶2005), S. 15; *Kiefer/Zaha*, Ehemalige Stiftskirche, S. 6. Selbst die viel größeren Stiftskirchen Berchtesgaden und St. Zeno in Reichenhall besaßen keine Hochgräber, sondern nur Liegesteine und hochstehende Epitaphien aus Marmor, die Zusammenstellung eines Grabdenkmals aus Holz und Marmor ist unbekannt und auch sehr unwahrscheinlich.

27 In Frage kämen dafür eher der in Salzburg ansässige Bildhauer Gabriel Häring und dessen Werkstatt, dazu können als Vergleich die Schreinwächter des gotischen Hochaltars von St. Johann in Fridolfing um 1490 herangezogen werden. Vgl. Spätgotik in Salzburg, Ausstellungskat. (Salzburg 1976), S. 119 f.; Nr. 242, 243, Abb. 197.

28 Dafür käme, wie auch für die Reliefs und die Pietà in der Kirche Anger, der in Hallein ansässige Bildhauer Andreas Lackner in Frage, der 1518 den Abtenauer Hochaltar geschaffen hat: Spätgotik (wie Anm. 27), S. 119, Nr. 283–292, Abb. 213 u. 216b.

29 *Brugger*, Bildende Kunst (wie Anm. 6), S. 1060 u. 1090 f.; Abb. S. 1061, 1044, 1091.

30 Ebenda, S. 1040, Abb. S. 460 (Pienzenauer), S. 511 (Ulrich II.), S. 517 (Balthasar Hirschauer), S. 541 (Gregor Rainer), S. 545 (Wolfgang Lenberger).

31 *Oskar Veselsky*, Das Konsekrationsprotokoll des Bischofs Berthold Pürstinger von Chiemsee, in: Quellen zur geschichtlichen Landeskunde der Steiermark 20 (Graz 2005), S. 70, S. 119 Nr. 347 f.

32 PA Anger, Urk. 40.

33 Ebenda, Urk. 13 u. 16.

34 BayHStA, KU Höglwörth 82.

35 AEM, Höglwörth KlA 97, Inventar von 1541.

36 Kunstdenkmale von Bayern 1/IX, S. 2988. (Siehe auch den Beitrag von Ferdinand Steffan.)

37 *Geiß*, Högelwerd, S. 393.

38 BayHStA, KL Höglwörth 41.

39 AEM, Höglwörth A 98 (Pröpste).

40 *Sabine Falk-Veits*, Katalog der Chorherren (1500–1803), in: Berchtesgaden I, S. 1126, Nr. 53 u. 57; S. 1129, Nr. 76, hier irrtümlich „im Kreuzgarten begraben"; bis auf die beiden Bautafeln von 1530 und 1564 wurden alle hier eingemauerten Grabsteine beim Neubau der Kirche von dort hierher übertragen.

41 Vgl. Anm. 33.

42 *Blankenauer*, Augustiner-Chorherrenstift Höglwörth, S. 54.

43 Vgl. Anm. 39.

44 *Geiß*, Högelwerd, S. 403 f.

45 Erzbischof Konrad I. unterstellte 1122 das Salzburger Domkapitel der Augustinusregel und dieses war darum selbst ein Augustiner-Chorherrenstift (bis 1514). Danach gehörten dem Kapitel aber nur noch Weltpriester an.

46 *Ludwig Heinrich Krick* (Bearb.), Das ehemalige Domstift Passau und die ehemaligen Kollegiatstifte des Bistums Passau. Chronologische Reihenfolge ihrer Mitglieder von der Gründung der Stifte bis zu ihrer Aufhebung. Mit 9 Anhängen (Passau 1922), S. 14; derselbe, Stammtafeln, S. 257 f. Nr. 166; *Gottfried Schäffer*, Passauer Kirchenfürsten (Freilassing 1985), S. 22 f.; *Franz Mader*, Tausend Passauer (Passau 1995), S. 214 f.

47 *Walter Hartinger*, Mariahilf ob Passau (Passau 1985), S. 9–11.

48 *Geiß*, Högelwerd, S. 415.

49 Nach eigener Anordnung wurde Domdekan von Schwendi im Kapuzinerkloster in der Innstadt im einfachen Kapuzinerhabit mitten unter den Kapuzinern begraben. Seit dem Abbruch des Klosters 1803 ist die Grabstätte verschollen.

50 *Geiß*, Högelwerd, S. 412.

51 Ebenda, S. 415.

52 AEM, Höglwörth KlA 102.

53 Für diesen Hinweis und viele andere Mitteilungen bin ich Frau Jolanda Englbrecht zu großem Dank verpflichtet.

54 AEM, Höglwörth KlA 97.

55 *Geiß*, Högelwerd, S. 423.

56 AEM, Klosterchronik Höglwörth. — Nach Meinung von Joachim Wild hat Propst Wolfgang II. Zehentner diese Chronik selbst geschrieben.

57 AEM, KlA Höglwörth 114 813 201; *Geiß*, Högelwerd S. 424 f.

58 Die dazu durchgeführte Erhebung ergab als jährlichen Überschuss von diesen Kirchen für Weildorf 1567 fl, Teisendorf-St. Andreas 829 fl, Mehring-St. Johannes der Täufer 315 fl, Oberteisendorf-St. Georg 213 fl, Wimmern-St. Lorenz 146 fl, Neukirchen-St. Ulrich 89 fl, Holzhausen-Hl. Kreuz 72 fl.

59 Über diesen Vorgang wird deutlich, dass der romanisch gotisierte Kirchenbau an der Ostpartie zwei Chortürme gehabt haben muss, die jeweils seitlich von der romanischen Apsis bzw. vom gotischen $^3/_8$-Chorabschluss standen.

60 AEM, Höglwörth Bauakten.

61 Schriftwechsel zwischen Propst Wolfgang und dem Konsistorium (von Dez. 1669 bis März 1670).

62 *Geiß*, Högelwerd, S. 426; AEM, Höglwörth KlA 102; AES, 11/77 Bd. 2.

63 AEM, Höglwörth KlA 97.

64 Hier wird auch der Laienbruder Christoph Lehrl genannt, der nach Gars geschickt wird.

65 *Geiß*, Högelwerd, S. 427.

66 AEM, Höglwörth KlA 98.

67 AEM, KlA Höglwörth (114 813 201), Bauakten.

68 Zehentner wurde wegen der Baufälligkeit der Stiftskirche in der Pfarrkirche Anger begraben, höchstwahrscheinlich im Chorbereich parallel zur Nordmauer (freundl. Mitteilung von Erhard Zaha, Anger). Mit der Brunnenschale im größeren Klosterhof von 1669 setzte sich Zehentner ein bleibendes Denkmal.

69 AES, 11/77 Bd. 2, Generalvisitation Höglwörth fol. 12, Protokoll Nr. 11 (freundl. Hinweis von Jolanda Englbrecht); die hier angegebenen Maße für die neu zu erbauende Kirche decken sich weithin mit dem heutigen Bau.

70 SLA, Frankkartei (Spingruber), für die Mithilfe bin ich Frau Dr. Ulrike Engelsberger zu größtem Dank verpflichtet; SLA, Alte Bauakten Lit. D Nr. 1/1; *Christian Willomitzer*, Geschichte des Baudienstes im Land Salzburg (= Schriftenreihe des Landespressebüros, Sonderpublikation Nr. 53) (Salzburg 1995).

71 *Reindel-Schedl*, Häuserbuch Teisendorf, S. 59 f.

72 *Andreas Mudrich*, Die Riedenburg, in: MGSL 95 (1955), S. 6.

73 Ein im Franziskanerkloster in Salzburg befindliches Porträt von Michael Spingruber nennt ihn *Praeclarus hic Architectus ...*, ÖKT IX, S. 75; vgl. auch Abb. S. 201 in diesem Band.

74 *Friedrich Pirckmayer*, Notizen zur Bau- und Kunstgeschichte Salzburgs, in: MGSL 43 (1903), S. 191–340.

75 Rupprecht Hueber, Salzburg, hatte zusammen mit Maurermeister Rueppen Eder und Zimmermeister Stephan Schmidt, beide Anger, 1674 den Klosterbau bewerkstelligt mit detaillierten Abrechnungen vom 19. Mai bis 24. November.

76 AEM, Höglwörth Bauakten.

77 Diese Visierung ist leider nicht erhalten. Ein Grundrissplan des Landbauamtes Traunstein von 1948 zeigt, dass alle Mauern des Langhauses, des Turmes und des beinahe quadratischen

Chores 1,30 m Stärke besitzen und damit einen einheitlichen, durchgehenden Neubau bestätigen. Abbruchteile der alten Kirche wurden selbstverständlich für den Neubau verwendet, z. B. auch gotische Rippen.

78 AEM, Höglwörth KlA 102.
79 *Geiß,* Högelwerd, S. 433.
80 Diese Messgewänder sind noch vorhanden, sie tragen alle das Wappen des Erzbischofs, eines auch die Jahreszahl 1675.
81 *Hermann Bauer, Frank Büttner* u. *Bernhard Rupprecht* (Hg.), Corpus der barocken Deckenmalerei in Deutschland, Bayern. Bd. 11, Landkreise Traunstein, Berchtesgadener Land und Ebersberg (München 2005), S. 232–236; *Zaha,* Höglwörth Winterchor; *Standl,* Kloster Höglwörth, S. 86–88.
82 Die auf dem Altarbild im Vordergrund gezeigte Gruppe kann nur (von links nach rechts) auf Augustinus, Alypius, Patrick, Thomas Becket von Canterbury als Bischöfe (Mitren) und Papst Gelasius (Tiara) gedeutet werden. Becket wurde in der neueren Literatur (*Hunklinger, Standl*) mit Patrizius (Patrick) verwechselt, der aber kein Märtyrer war, während Erzbischof Thomas ermordet wurde (Schwert). Im Erzbistum Salzburg wurde er früh verehrt, da Erzbischof Konrad III. von Wittelsbach gemeinsam mit Thomas Becket in Rom im Exil war und bereits 1178 ihm zu Ehren eine Felsenkapelle im Friedhof von St. Peter in Salzburg weihte. Im linken Hintergrund sind auch noch Trudo, Peter Fourerius und Ubald von Gubbio erkennbar. Vgl. *Max Schrott,* Versuch eines Bilderverzeichnisses des Stiftes Neustift, XVII. Jh., in: *Josef Huber,* Aus der Chronik des Chorherrenstiftes Neustift bei Brixen (Neustift 1956), S. 47–49.
83 AEM, Höglwörth Bauakten (früher 114 813 201).
84 Freundl. Mitteilung von Erhard Zaha, Anger.
85 1631 wurde im Salzburger Dom das „Schneeherrenstift" als Kollegiatstift (BMV ad nives) gegründet.
86 AEM, KlA Höglwörth 98 (Pröpste), und *Geiß,* Högelwerd, S. 437. Das Presbyterium der neuen Klosterkirche (s. Skizzen Spingruber) war gegenüber dem früheren gotischen Anbau mit ca. 3 m schmäler.
87 *Huber,* Sechs Pergamentmalereien (OA 126), S. 181 f.; *dieselbe,* Sechs Pergamentmalereien (Salzfass 37), S. 8–10, Abb. 4.
88 *Hunklinger,* Künstler und Handwerker (1974), S. 54; *derselbe,* Anger und seine fünf Kirchen III (1982), S. 141 f.
89 *Brugger,* St. Nikolaus (wie Anm. 14), S. 32–34, Abb. S. 33 u. 35; *Roth,* Pfarrkirche Anger (wie Anm. 26), S. 21, Abb. S. 22.
90 AEM, Höglwörth Bauakten. — *Geiß,* Högelwerd, S. 438 f.
91 AEM, Höglwörth 1595–1849 o. Sign.: *et primus in Ecclesia neo consecrata in specu laterali ad Altare B.V.M. tumulatur.*
92 *Geiß,* Högelwerd, S. 439.
93 Außer den Fresken und dem Altarblatt im Winterchor im Stift schuf Lehrl die Fresken in Ranshofen 1697/98 (ÖKT XXX, S. 116), die Ölgemälde für die Sakristei der Stiftskirche in Berchtesgaden (1710) und die Fresken in Maria Gern (1710); † 15. Nov. 1718, begraben wohl im Kreuzganghof, neben der Kirche; vgl. Corpus der barocken Deckenmalerei (Landkreis Berchtesgadener Land) (wie Anm. 81), S. 381.
94 Aufgefunden wurde diese „Festpredigt" in der Badischen Landesbibliothek Karlsruhe.
95 AEM, Höglwörth 1595–1849, o. Sign.; *Geiß,* Högelwerd, S. 440.

96 Reclam Kunstführer Rom (Stuttgart 1994), S. 198.
97 BayHStA, KU Höglwörth 151; Giacomo Fantuzzi stammte aus einem Geschlecht in Ravenna, Dr. iur. 1639, Subdiakon-, Diakon- und Priesterweihe 1653, kurzzeitig Generalkommissar der apostolischen Kammer, Bischofsweihe 12. Sept. 1677 Rom, Bischof von Cesena, † 29. Nov. 1679 in Cesena (südl. von Ravenna); vgl. *Konrad Eubel,* Hierarchia Catholica V (Passau 1952), S. 134 Anm. 3. Für diesen Hinweis bin ich P. Korbinian Birnbacher und Christine Maria Grafinger, Rom, zu großem Dank verpflichtet.
98 Domherr in Salzburg 1670, Bischof von Laibach 1700–1711, Erzbischof von Prag 1711–1731; vgl. *Johann Riedl,* Salzburgs Domherren 1514–1806, in: MGSL 7 (1867), S. 147 Nr. 114.
99 AEM, KlA Höglwörth, Bauakten.
100 BayHStA, KU Höglwörth 162 (9. Okt. 1694); anwesend: Salzburger Räte, Propst Zehentner, Notar Wolfgang Kerschbauer, Chirurg Paul Gmähl; aufgezählt werden sieben verschiedene Reliquienteile sowie zwei Glasfläschchen und Pergamentzettel.
101 Dieser Zinksarg mit den Reliquien befindet sich heute in der Mensa des Placidusaltars, der um 1783 entstanden ist.
102 Placidus triumphans, Das ist: Lob- und Ehren-Predig jenes Herrlichen Triumphs / und Translation deß Glorwürdigsten / Romanischen Martyrers / und Blut Zeugens Christi PLACIDI ... (Salzburg 1695).
103 BayHStA, KU Höglwörth 163.
104 AEM, 1595–1849, o. Sign. ... *totusque Monasterium necessaria suppellectili instruxit.*
105 Für diesen Hinweis danke ich Erhard Zaha (Anger).
106 BayHStA, KL Höglwörth 282/84.
107 *Geiß,* Högelwerd, S. 459.
108 Aufgezählt werden der Hochaltar zu Ehren der hll. Petrus und Paulus, die beiden Seitenaltäre zu Ehren der Muttergottes (links) und des hl. Augustinus (rechts), ferner auf der Evangelienseite der Altar der hl. Katharina mit dem Haupt der Märtyrerin Eulalia und auf der Epistelseite in der Kapelle der Altar mit den Gebeinen des hl. Placidus.
109 AEM, KlA Höglwörth, Visitation 103.
110 Der „Wohltäter" hatte den Kreuzpartikel unfreiwillig an Propst Zacherl ausgehändigt, da er ihn seiner Heimatkirche in Anger geben wollte. Es handelt sich dabei um den Theatinerbruder Balthasar Obauer, der seinerseits vom verstorbenen Theatinerpater Ferdinand Maria Zuccalli, Bruder von Henrico Zuccalli und Beichtvater des Kurfürsten Max Emanuel, diese Reliquie erhalten hatte, mit der Auflage, ihn einer Kirche zu geben, in der er verehrt wird. Die Zechpröpste von Anger, Hans Rehrl und Hans Streibl, klagten darum beim Konsistorium in Salzburg um Herausgabe des Partikels gegen den Propst von Höglwörth, allerdings ohne Erfolg. Der Streit zog sich bis zum 24. Okt. 1721 hin.
111 AEM, Höglwörth KlA 94 (alte Sign. 114 814 104).
112 BayHStA, KU Höglwörth 170.
113 Ebenda, 171.
114 *Geiß,* Högelwerd, S. 458.
115 BayHStA, KU Höglwörth 172; *Geiß,* Högelwerd, S. 459.
116 AEM, Höglwörth KlA 99.
117 *Geiß,* Högelwerd, S. 541.
118 AEM, KlA Höglwörth, Visitation 103 (1733).
119 Hier bezeichnet als Jungfrau und Märtyrerin aus der Gefolgschaft der hl. Ursula (*ex societate S. Ursulae*).

120 Ausführl. dargestellt im Beitrag v. Karin Precht-Nußbaum.
121 AEM, KlA Höglwörth (alte Sign. 114 814 105).
122 *Hunklinger/Wegner,* Höglwörth, S. 22, Abb. S. 23.
123 AEM, KlA Höglwörth, Visitation 103 (1737); ausführlich *Geiß,* Högelwerd, S. 465–471.
124 *Geiß,* Högelwerd, S. 471–474.
125 AEM, KlA Höglwörth, Visitation 104 (1742).
126 *Nora Wattek,* Sinn und Aufgabe der Kunst- und Wunderkammer, in: *Johannes Neuhardt* (Hg.), Dommuseum zu Salzburg (Salzburg 1974), S. 26–30.
127 *Geiß,* Högelwerd, S. 475.
128 Ebenda. Hier ist als Weihbischof irrtümlich der nachmalige Salzburger Erzbischof Sigmund Christof Graf von Schrattenbach (1753–1771) eingesetzt.
129 *Walter Brugger,* Rokoko in Baumburg, in: Baumburg, S. 266–274; *derselbe,* Zelle, Kloster und Augustinerchorherrenstift Au am Inn (Lindenberg 2004), S. 27 f.; *Johannes Gut* u. *Bruno Rader,* Die Äbte des Benediktinerklosters St. Paul im Lavanttal, in: Schatzhaus Kärntens. Landesausstellung St. Paul 1991 (Klagenfurt 1991), S. 756 (Anselm I. Passau[c]ko).
130 Vgl. Anm. 122, S. 37.
131 BayHStA, KU Höglwörth 189; *Schäfert/Reuter,* Pidinger Kirchenführer, S. 5: irrtümlich 4. April 1761; S. 6 Wappen von Propst Augustin Eslinger, nicht von Propst Anian (statt Adrian) Hoepfengraber.
132 BayHStA, KU Höglwörth 188.
133 *Geiß,* Högelwerd, S. 476.
134 Anian Köllerer als Bräuerssohn am 11. Mai 1728 in Mondsee geboren, Studium in Salzburg, 1750 Profess in Höglwörth, Priesterweihe, 1758–1761 Pfarrvikar in Anger, unter Propst Eslinger Dekan 1754–1762.
135 AEM, Höglwörth KlA 99.
136 Corpus Deckenmalerei (wie Anm. 81) S. 220.
137 Benedikt Zöpf stammte aus der weit verzweigten Wessobrunner Stuckatorenfamilie Zöpf, wohnte von 1730 bis 1740 in Stadtamhof, ⚭ 1731 mit Sabine Pernstötter in Friedburg bei Mattighofen, seit 1740 in Salzburg ansässig, † 17. Dez. 1769 Salzburg. Werke sind nachgewiesen oder zugeschrieben in Heiligenstadt (1731), Au am Inn (1737), Ampfing (1739), Seekirchen (1741), Obertrum (1746), Marzoll (1748/49), Salzburg-St. Sebastian (1751/52), St. Georgen (1754), Berchtesgaden-Fürstenstein (1754), Salzburg-St. Peter (1756–1766), Höglwörth (1763–1765) u. a.; vgl. *Hugo Schnell* u. *Uta Schedler,* Lexikon der Wessobrunner (Regensburg 1988), S. 358 f.; Corpus Deckenmalerei (wie Anm. 81), S. 218; Festschrift St. Peter zu Salzburg 582–1982 (Salzburg 1982), S. 657–666, bes. S. 664.
138 Franz Nikolaus Streicher, geb. 9. Sept. 1736 in Trostberg, ⚭ 20. Juni 1763 mit Maria Klara Frießenegger in Salzburg, seit 1763 in Salzburg ansässig, † 20. Mai 1811 Salzburg. Fresken Höglwörth (1764–1766), Michaelbeuern, Abteisaal (1771), Salzburg, Rathaussaal (1775); zahlreiche Altarbilder, Porträtmaler. Vgl. Corpus Deckenmalerei (wie Anm. 81), S. 220 f. u. 383; *Adolf Hahnl,* Zur Bau- und Kunstgeschichte des Klosters und der Kirche, in: Benediktinerabtei Michaelbeuern (Michaelbeuern 1985), S. 159 f. Tafel IV; VIa; Abb. 41, 42.
139 Johann Högler, Vater von Johannes Nepomuk Högler, bürgerl. Steinmetzmeister in Salzburg seit 1727, arbeitet für Mattsee (1733), Zellhof (1733), Köstendorf (1733), Salzburg-Nonnberg (1734), Salzburg-Mülln (1735); vgl. *Thieme-Becker,* Bd. 17 (Nachdruck München 1992), S. 200, wo nicht zwischen Vater und Sohn unterschieden wird; Johannes Nepomuk Högler, *? in Salzburg?, † 22. Dez. 1797 Salzburg. Arbeitet für Berndorf (1751), Seeham (1757), Wagrain (1765), Salzburg-St. Michael (1770), Mühldorf (1774), Mattsee-Laurentiuskirche (1778), Stuhlfelden (1783), Salzburg-St. Blasius (1785), Oberalm (1786), Goldegg (1790), dazu die Großaufträge in Salzburg-St. Sebastian (1751/52), Höglwörth (1764) und besonders Salzburg-St. Peter (1761–1790), dabei engste Zusammenarbeit mit Benedikt Zöpf, Lorenz Härmbler (Hörmbler); Johann Anton Högler, *? in Salzburg?, † 1. Okt. 1825 Salzburg, Sohn des Johannes Nepomuk Högler, führte die Werkstatt des Vaters weiter. Arbeitet für Badgastein (1791), Grödig (1809), Maria Plain (1817). In der Gruft im Friedhof St. Peter Nr. XLIV sind acht Mitglieder der Familie Högler begraben. Vgl. *Conrad Dorn* u. *Andreas Lindenthaler,* Der Friedhof zu St. Peter in Salzburg (Salzburg 1982), S. 196 f.
140 Lorenz Härmbler (Hörmbler), * um 1707 in Wels, seit 1742 in Salzburg, † 1782. Arbeitet für Holzhausen bei St. Georgen (1748), Strobl (1760), Dorfbeuern (1767), Siezenheim (1769), Salzburg-Nonnberg (1769), Großauftrag in Salzburg-St. Peter für die ganze Altarausstattung (1761–1782), besonders der Hochaltar (1777–1780).
141 *Rupert Feuchtmüller,* Die spätbarocke Umgestaltung der Stiftskirche unter Abt Beda Seeauer, in: Festschrift St. Peter (wie Anm. 137), S. 653–671, Abb. S. 672–693.
142 *Adolf Hahnl,* Prandtauer, Munggenast und Kassian Singer, in: Kat. Das Mondseeland, Geschichte und Kultur (Linz 1981), S. 173.
143 Corpus der barocken Deckenmalerei in Deutschland, Bd. 8 (München 2002), S. 54.
144 *Hunklinger/Wegner,* Höglwörth, S. 37.
145 *Feuchtmüller,* Umgestaltung der Stiftskirche (wie Anm. 141), S. 659.
146 Die neuere Literatur hat das Wappen irrtümlich auf Propst Eslinger (1749–1762) bezogen.
147 Im unteren Rand des „Heiligenkreises" hält ein Engel ein aufgeschlagenes Buch mit den Worten: „Die diese Regel befolgt haben." Dies gilt aber nicht nur für die Orden, die auf die Augustinerregel zurückzuführen sind, hauptsächlich die Augustiner-Chorherren, Augustiner-Eremiten und Praemonstratenser, wie *Anna Bauer-Wild,* in: Corpus der Deckenmalerei Bd. 11 (wie Anm. 81), S. 222, angenommen hat, sondern auch für die Karmeliten und die Benediktiner, vertreten durch Theresia von Avila und Benedikt von Nursia am rechten Bildrand, die mit der Augustinerregel nichts zu tun haben, sondern ganz eigene Ordensrichtungen verkörpern. Den „Heiligenkreis" schließen die Kirchenpatrone Peter und Paul zu Maria hin ab und geben der „Regel" noch einmal einen anderen Sinn.
148 Corpus Deckenmalerei (wie Anm. 81), S. 383, sieht eine Möglichkeit der Zusammenarbeit des 17-jährigen Streicher mit Zimmermann bei der Ausmalung von Margarethenberg ab 1753.
149 Vgl. Ex 13, 11–15; Lev 12,8.
150 *Tyroller,* Genealogie, Stammtaf. 7; *Dopsch,* Adelsherrschaft (wie Anm. 4); bis in die neueste Literatur wurde als Gattin Liutolds III. Sophia, Gräfin von Neuhaus, angegeben.

151 Lucia wird fast immer mit Palme und Buch als Attributen dargestellt; vgl. Lexikon der christlichen Ikonographie, 7. Bd. (Wien 1974), S. 415; *Walter Brugger,* Wallfahrtskirche Maria Gern (= Schnell-Kunstführer Nr. 1469) (⁶2002), S. 17.

152 Eulalia, deren Kopfreliquie über Jahrhunderte bis heute in Höglwörth verehrt wird, war eine Gefährtin der hl. Ursula von Köln und nicht Eulalia von Merida, wie Corpus Deckenmalerei Bd. 11 (wie Anm. 81), S. 225, vermutet; es ist undenkbar, dass das Haupt einer der meist verehrten Märtyrerinnen Spaniens nach Höglwörth gekommen wäre. Vgl. *Vera Schauber,* Pattloch Namenstagskalender (Augsburg 1994), S. 393.

153 Der noch auf dem Fresko dargestellte jugendliche Märtyrer im Messgewand mit dem Schwert im Kopf wurde im Corpus Deckenmalerei Bd. 11 (wie Anm. 81), S. 225, als Petrus Martyr definiert. Da dieser Blutzeuge aber Dominikaner war und kaum ein Verehrungsbezug erkennbar ist, muss von dieser Deutung Abstand genommen werden, ebenso wenig sind die noch dargestellten drei weißhaarigen älteren Männer ohne Attribut erklärbar; der Versuch, sie als Propheten oder Kirchenväter zusammen mit Hieronymus zu identifizieren, bleibt Hypothese.

154 Detaillierte Angaben zu den Fresken finden sich im Corpus Deckenmalerei Bd. 11 (wie Anm. 81), S. 222–231 mit Abb.; über Franz Nikolaus Streicher ebenda, S. 383.

155 Die Schriftstellen dazu (Dt 8,3; Mt 3,4; Lk 4,3) beziehen sich auf Wüste und Versuchung, dort das auserwählte Volk, hier Jesus. Im Speisesaal des Stiftes sollte durch dieses allegorische Bild allen — ob Konventsangehörige oder fürstliche Gäste — die Versuchungen durch Armut, Macht und Reichtum vor Augen gestellt werden. Dazu passen auch die beiden großen Tafelbilder (Südwand) der hll. Trudo († 695) und Guarinus († 1159), die großzügig auf ihrem Eigenbesitz ein Kloster bzw. ein Hospital gegründet hatten. Ein Vergleich mit den Grafen von Plain für Höglwörth liegt nahe.

156 Corpus Deckenmalerei Bd. 11 (wie Anm. 81), S. 237, deutet den König auf David, was zwar möglich, aber nicht zwingend ist, ebenso könnte man König Salomo und die Königin von Saba (1 Kge 10, 1–13) deuten.

157 AEM, KlA Höglwörth (alte Sign. 114 814 107).

158 *Hunklinger,* Anger und seine fünf Kirchen V (1985), S. 165–167.

159 Für die beiden Altarbilder malte Streicher Bozzetti bzw. Modellbilder, die heute im Heimatmuseum Reichenhall (Augustinus) und in der Brunnhauskapelle ebenda (Aufnahme Mariens) aufbewahrt werden.

160 AEM, KlA Höglwörth (alte Sign. 114 814 108).

161 *Geiß,* Högelwerd, S. 482.

162 *Hunklinger/Wegner,* Höglwörth, S. 40; Beiträge zur Salzburger Familiengeschichte, Hagenauer, in: MGSL 78 (1938), S. 148–156, Nr. 51; Wolfgang Hagenauer, * 16. Okt. 1726 Amangut in Straß, † 16. Dez. 1801, begraben St. Peter, Gruft Nr. LII. Vgl. *Dorn/Lindenthaler,* Friedhof St. Peter (wie Anm. 139), S. 214 f.

163 Joseph Doppler, * 1732, † 1803 Salzburg. Vgl. *Thieme-Becker,* Künstlerlexikon Bd. 9, S. 350; *Saur,* Allgemeines Künstlerlexikon Bd. 29 (München/Leipzig 2001), S. 28.

164 Franz de Paula Hitzl, * 1738, † 22. Jan. 1819 Salzburg, Sohn des Johann Georg Hitzl, * um 1706, † 16. Juli 1781 Salzburg. Franz de Paula wurde ausgebildet in Wien, Berlin/Potsdam, Dresden, Eichstätt und Augsburg. Bedeutende Werke in Salzburg (Kapuzinerberg, St. Peter, St. Blasius) und Tamsweg; vgl. *Thieme-Becker,* Künstlerlexikon Bd. 17, S. 155; Franz, Sohn des Franz de Paula, * 25. Mai 1791, † 29. Jan. 1856.

165 Corpus Deckenmalerei (wie Anm. 81), S. 220; *Hunklinger,* Künstler und Handwerker (1976), S. 89.

166 *Hunklinger/Wegner,* Höglwörth, S. 44.

167 In der Propstgruft wurden beigesetzt Patritius Pichler († 1691), Johann Baptist I. Zacherl († 1725), Johann Baptist II. Puechner († 1743), Anian I. Hoepfengraber († 1749), Augustin Eslinger († 1762), Anian II. Köllerer († 1803) und in der Konventgruft (Presbyterium Mitte) wurden nach einem Gruftplan (Landbauamt Traunstein, Erhard Zaha, 25. Nov. 1982) 18 Chorherren beigesetzt, von Johann Wolfgang Schluderpacher († 1708) bis Rupert Seywald († 1814). Für wertvolle Hinweise bin ich Herrn Erhard Zaha sehr dankbar.

168 *Geiß,* Högelwerd, S. 523 u. 528.

169 Schematismus der Erzdiözese München und Freising 1826, S. 108.

170 Hier gebührt der Dank für Hinweise, Hilfe und Unterstützung den Pfarrern von Anger, Dekan Michael Kiefer, von Piding, Josef Koller, der Mesnerfamilie Fegg von Höglwörth sowie den Mesnern und Mesnerinnen von Anger, Piding, Aufham, Steinhögl und Vachenlueg.

171 *Dopsch,* Kirchweihmarkt, S. 69.

172 Traditionen St. Peter Nr. 1, S. 254 „Ellinpurgochircha" (987). — BayHStA, KU Höglwörth 5 „Ellenburchirchen" (1304). — Dann in Unkenntnis des Stifternamens: BayHStA, KU Höglwörth 40 „Ölpergchirchen" (1447). — AEM, Visitation 1702, „Oelpergskürchen vulgo Anger".

173 SUB I, S. 146 Nr. 84a „Phafindorf" (931). — Traditionen St. Peter Nr. 1, S. 254 „Phaffindorf" (987).

174 *Hunklinger,* Anger und seine fünf Kirchen III (1982), S. 131 (Grabungsbefund Juli u. Oktober 1971).

175 *Hans Puchta,* Quellen zu den spätgotischen Baumeistern Hans und Stephan Krumenauer in: Ars Bavarica, Bd. 39/40 (München 1986), S. 99 u. 116. — *Volker Liedke,* Stefan Krumenauer, Dom- und Hofbaumeister zu Salzburg, in: ebenda, S. 128–141.

176 *Franz Pagitz,* Zwei Beiträge über das Wirken Stephan Krumenauers in Salzburg, in: MGSL 106 (1966), S. 141–180.

177 *Walter Brugger* u. *Hans Roth,* Die Kirchen der Pfarrei Tittmoning (= Schnell-Kunstführer Nr. 643) (²1991), S. 9 f.

178 ÖKT XXX, S. 77 f. Nr. 75, Abb. 243 (Grabstein).

179 *Brugger,* Bildende Kunst (wie Anm. 6), S. 1054.

180 BayHStA, KU Höglwörth 64.

181 PA Anger, Urk. Nr. 24.

182 Ebenda, Nr. 32.

183 *Hunklinger,* Anger und seine fünf Kirchen III (1982), S. 135.

184 Kunstdenkmale von Bayern 1/IX, S. 2868.

185 *Walter Brugger,* Die Bau- und Kunstgeschichte von Seeon, in: Kloster Seeon (Weißenhorn 1993), S. 261. — Konrad Pürkel starb 1426, sein Vetter, Oswald Pürkel, ist bis ca. 1440 tätig. In Salzburg, Berchtesgaden, Reichenhall und Umgebung sind Bauten der Pürkel nicht nachweisbar, hier dominierten die Bauhütten von Hans von Burghausen und Stephan Krumenauer.

186 *Walther Buchowiecki,* Die gotischen Kirchen Österreichs (Wien 1952), S. 307–312; *Günter Brucher,* Gotische Baukunst in Österreich (Salzburg/Wien 1990): Der Dreistützenbau S. 149–160; Stephan Krumenauer S. 160–165.

187 *Hunklinger,* Anger und seine fünf Kirchen III (1982), S. 137; *Roth,* Pfarrkirche Anger, S. 4.

188 Burgkirchen: Kunstdenkmale von Bayern 1/VIII, S. 2505–2511, Grundriss S. 2507. — Eggelsberg: ÖKT XXX, S. 136–142, Grundriss S. 137.

189 Die Datierung schwankt zwischen 1450 (Saaldorf) und 1550 (Anger, *Hunklinger* bzw. *Roth*). Der Ansatz zwischen 1490 und 1500 ergibt sich aus dem Vergleich mit Kastentruhen dieser Zeit, mit ähnlich gestalteten Feldern wie bei den beiden Türen. — *Friederike Prodinger,* Gotische Möbel aus Salzburg, in: Spätgotik in Salzburg (wie Anm. 27), S. 180–182; Abb. 267 u. 268.

190 Jetzt in: Diözesanmuseum Freising, Kataloge und Schriften, Bd. 2, S. 20, Abb. S. 21.

191 Ein Rotmarmorbecken mit den Buchstaben C P I H verweist wahrscheinlich auf „Christoph Propst in Höglwörth" (= Christoph II. Trenbeck, 1512–1522).

192 *Hunklinger,* Der Ölberg (1976), S. 29 f. Diese Ölberggruppe war wohl ursprünglich in der Ölbergkapelle in Anger.

193 *Thieme-Becker,* Künstlerlexikon Bd. 8 (Leipzig 1913 [1992]), S. 402 f.; *Saur,* Allgemeines Künstlerlexikon Bd. 24 (München/Leipzig 2000), S. 282.

194 *Brugger/Roth,* Tittmoning (wie Anm. 177), S. 10.

195 *Hunklinger,* Anger u. seine fünf Kirchen III (1982), S. 147 f.

196 *Sebastian Hinterseer,* Heimatchronik Lofer-St. Martin (Lofer 1982), S. 183.

197 ÖKT XI, S. 84.

198 ÖKT X/1, S. 231.

199 ÖKT X/2, S. 442.

200 *Adolf Hahnl,* Die bauliche Entwicklung der Stadt Salzburg von Markus Sittikus bis zur Säkularisation (1612–1803). Von Firmian bis Schrattenbach (1727–1760) — Salzburger Rokoko, in: Salzburg II/4, S. 2183–2240, hier S. 2223 f.

201 *Hunklinger,* Anger und seine fünf Kirchen III (1982), S. 135; *Roth,* Pfarrkirche Anger, S. 6.

202 *Hunklinger,* Künstler und Handwerker (1976), S. 91. Den Einbau führte Philipp Staller, Jechling, durch.

203 *Anton Legner,* Salzburger Bildnerei 1500–1530, in: Spätgotik in Salzburg (wie Anm. 27), S. 147–149, Abb. 213–216b; *derselbe,* Plastik, in: Die Kunst der Donauschule 1490–1540, Ausstellungskat. (Linz 1965), S. 265 f., Abb. 51. — Möglicherweise lässt sich auch eine Verbindung zu Reliefs von Gordian-Guckh-Altären herstellen.

204 *Hunklinger,* Anger und seine fünf Kirchen III (1982), S. 138–141.

205 AEM, S 2, fol. 494ʳ (Visitation 1614).

206 BayHStA, KU Höglwörth 138 (1665), 144 (1672), 145 (1675) u. 148 (1677).

207 Die Namen in den Ablassbriefen reichen von „Ölbergskirchen" über „Unsere Liebe Frau in Anger Pfarrei Oelperskirchen", „Eperskirchen" bis „Unsere Liebe Frau de Rosario in Eppeskirchen".

208 *Geiß,* Högelwerd, S. 539 u. 544.

209 *Hunklinger,* Künstler und Handwerker (1974), S. 58.

210 *Reindel-Schedl,* Häuserbuch Teisendorf, S. 162 (Fallwickl), S. 40 (Elsässer).

211 Johann Schwaiger, * 17. Juni 1657, † 10. Mai 1734 Reichenhall. Hauptwerke in Großgmain; Karlstein-St. Pankraz; Aufham; Dienten; Alm; Bruck; Einzelwerke in Seeon, Baumburg, Grassau, Niederachen/Inzell und Umratshausen. — Großgmain: ÖKT XI, S. 120 f.; St. Pankratz: *Brugger,* St. Nikolaus (wie Anm. 14), S. 32 f.; Alm, Dienten, Bruck: ÖKT XXV, S. 94, 188 u. 251.

212 *Hunklinger,* Anger und seine fünf Kirchen III (1982), S. 142.

213 *Hunklinger,* Künstler und Handwerker (1974), S. 91.

214 *Josef Rosenegger,* Die Pfarrei Unserer Lieben Frau zu Haslach (Traunstein 1963), S. 114.

215 *Hunklinger,* Anger und seine fünf Kirchen III (1982), S. 142.

216 *Georg Brenninger,* Orgeln in Altbayern (München 1982), S. 129 (Pröbstl), S. 114 (Maerz).

217 *Hunklinger,* Das Ende (1975), S. 17 f.

218 Marggraff war Begründer und Inhaber eines vielbeschäftigten Ateliers für kirchliche Kunst. Der Auftrag für Anger wirkte wie eine Initialzündung für weitere Planungen und Ausführungen, so 1872–1876 für Schellenberg-St. Nikolaus, 1875/76 Reichenhall-St. Zeno und 1884 Reichenhall-Karmelitenkirche. — Bernhard Mayr („Lechner-Hartl") * 19. Aug. 1832, † 19. Okt. 1899.

219 Hirt arbeitete auch für das Schloss Herrenchiemsee.

220 *Reindel-Schedl,* Häuserbuch Teisendorf, S. 214 Nr. 101b (Malerhaus).

221 SUB II, S. 465 f. Nr. 334 (1158); SUB IV, S. 87 f. Nr. 84 (1275), S. 356 f. Nr. 313 (1325), S. 358 f. Nr. 315 (1325).

222 *Martin,* Regesten II, S. 121 Nr. 1047 (1312); III, S. 36 Nr. 356 (1323).

223 Diese Glocke stammt aus dem 13. Jh. und trägt die Inschrift „Lucas und Johannes"; *Seeanner,* Die Glocken (wie Anm. 13), S. 325.

224 Christian Intzinger, aus Aufham gebürtig, war in dieser Zeit Geselle bei Stephan Krumenauer in Salzburg, leitete gerade den Umbau der Pfarrkirche in Anger ein und ist ab 1458 als Baumeister in Berchtesgaden tätig. Entscheidend für die Karriere Intzingers war der baufreudige Propst Benedikt Trauner von Höglwörth, früher Chorherr in Berchtesgaden.

225 PA Anger, Urk. Nr. 35; Weihe am 2. Dez. 1470.

226 Für das ursprüngliche Patrozinium St. Maria sprechen die bemalten Schlusssteine im Langhaus und die Inschrift der Glocke von 1453 „Ave maria ..." Ein Patroziniumswechsel erfolgte relativ oft, so z. B. in Urschalling oder als bestehendes Doppelpatrozinium wie in Grissian. — *Walter Brugger,* Urschalling (Pannonia-Reihe Nr. 228) (Raubling ³2003), S. 6.

227 Bei einer Restaurierung 1973/75 wurden an der südlichen Außenwand der Kirche gotische Freskenreste entdeckt, die auf eine generelle Bemalung der Südwand der Kirche schließen lassen.

228 AEM, S 2 (Visitationen). — Der Standort dieser Zelle und das Grab des anonymen Einsiedlers sind unbekannt bzw. verschollen. Eine genauere Überprüfung und Nachforschung steht hier noch aus.

229 Diese Bemalungen verweisen höchstwahrscheinlich auf die beiden hochverehrten Marienbilder in der Pfarrkirche Anger,

während Petrus und Paulus für Höglwörth, Johannes für den Högl stehen.

230 Ein ähnlicher Vorgang zeigt sich auch in Mauthausen mit dem dortigen Allianzwappen des Stiftes Höglwörth, wobei die seinerzeitigen Restauratoren in Unkenntnis der Stiftsgeschichte und der Propstwappen nur eine ungefähre Wiedergabe des freigelegten Befundes ermöglichen konnten. Eine Deutung auf Katharina Pflanzmann beim Aufheimer Wappen scheitert schon an den Lebensdaten der Gattin von Michael Kopeindl.

231 *Hunklinger,* Anger und seine fünf Kirchen III (1982), wohl der letzte Altarbau Schwaigers († 1734).

232 *Reindel-Schedl,* Häuserbuch Teisend., Haus Nr. 34, S. 114.

233 Heimatbuch Teisendorf — Markt und Land, hg. v. d. Marktgemeinde Teisendorf (Teisendorf 2001), S. 457 f.

234 *Hunklinger,* Anger und seine fünf Kirchen II (1981), S. 135.

235 Lexikon der christlichen Ikonographie, 1. Bd. (Freiburg 1968), Sp. 177 („Geistlicher Apotheker").

236 *Hunklinger,* Ein seltenes Bildmotiv (1973), S. 106–111; *derselbe,* Ehemalige Feldkapelle (1978), S. 33–39.

237 SLA, Frank-Beamtenkartei: Longinus Walther von Walterswil diente als Soldat in Spanien, Italien und den Niederlanden, später in kaiserlichem Kriegsdienst in Ungarn, trat 1602 in den Dienst des Salzburger Erzbischofs Wolf Dietrich von Raitenau, wurde Gardehauptmann, Pfleger zu Thalgau, Stadthauptmann, Pfleger zu Staufeneck und zuletzt Pfleger zu Radstadt (1620–1624). — *Hunklinger,* Anger und seine fünf Kirchen II (1981), S. 136–138, Abb. S. 137. Die Auffassung Hunklingers, hier ein Werk Christoph Millers, Salzburg, zu sehen ist aus mehreren Gründen nicht nachvollziehbar. Die Rahmung ist später erfolgt, möglicherweise war es das Hochaltarbild eines früheren Altars in Aufham, Anfang 17. Jh.

238 *Roth,* Pfarrkirche Anger, S. 17.

239 *Reindel-Schedl,* Laufen, S. 12.

240 *Zaha,* Steinkistengrab.

241 *Reindel-Schedl,* Laufen, S. 367.

242 *Marinus Maier,* Früher Georgskult im altbayerischen Raum, in: Abhandlungen der bayerischen Benediktinerakademie, Bd. IX (München 1965), S. 54.

243 *Reindel-Schedl,* Laufen, S. 237 f.

244 Ebenda, S. 238, Anm. 35.

245 *Martin,* Regesten (wie Anm. 222).

246 *Hunklinger,* Anger und seine fünf Kirchen I (1981), S. 76 f.

247 *Walter Brugger,* Baugeschichte der Steinbrünninger Kirche, in: Das Salzfass, 7. Jg. (1973), S. 51–54; ÖKT X/2, St. Pankraz am Haunsberg, S. 574.

248 PA Anger, Urk. Nr. 22, Ablassbrief von 1443 für die Kirche St. Georg und St. Leonhard.

249 Schreiben des BLfD München (Dr. Walter Sage) vom 5. Juni 1975.

250 *Geiß,* Högelwerd, S. 374.

251 AEM, Visitationen S 2 (1614).

252 *Hunklinger,* Künstler und Handwerker (1976), S. 88.

253 Matthäus Kern, * 12. Sept. 1809, † 23. Okt. 1882, Studium an der königlichen Akademie der Künste in München.

254 Johannes Ev. Thomas Hitzinger, Sohn des Malers Thomas Hitzinger u. der Maria Schwarz, * 21. Dez. 1803, † 10. Aug. 1873, Teisendorf.

255 *Hans Roth,* Kirchen der Pfarrei Petting (= Schnell-Kunstführer Nr. 2075) (1994), S. 5–7; *derselbe,* Maria Himmelfahrt Weildorf (= Schnell-Kunstführer Nr. 1829) (1990), S. 14 f. — *Yvonne Schmidt,* Die Ausstattung der Kirchen, in: Heimatbuch des Landkreises Traunstein, V. Der nördliche Rupertiwinkel (Trostberg 1990), S. 252–254 (Petting).

256 Der Erwerb des Altares 1939 war bedingt durch die Beschlagnahme des Missionshauses durch das Militär 1938; siehe: *Walter Dorfer* u. *Peter F. Kramml* (Red.), Liefering. Das Dorf in der Stadt (Salzburg 1997), S. 471.

257 *Hunklinger,* Anger u. seine fünf Kirchen I (1981), S. 78–80.

258 Jakob Lidl, Sohn des Balthasar Lidl, führte eine Gusshütte von 1621 bis 1647 (†). — Caspar Immendorfer, Sohn des Johann Melchior Immendorfer und der Walburga Neumayr, führte die Gusshütte seines Vaters von 1750 bis 1788 (†). — *Augustin Jungwirth,* Die Glocken und Glockengießer Salzburgs, in: MGSL 75 (1935), S. 11–32, hier S. 18 (Lidl), bzw. S. 26 (Immendorfer). Vor den Weltkriegen stammten die zwei Glocken von Johann Oberascher, Salzburg (1805) und Anton Oberascher, Reichenhall (1844).

259 *Schmeller,* Bayer. Wörterbuch 1, Sp. 699. — *Hunklinger,* Anger und seine fünf Kirchen IV (1983), S. 94, Anm. 1.

260 *Reindel-Schedl,* Laufen, S. 457–460.

261 Conrad II. 1331–1353, † 1355; Marchwart 1353–1365; Ulrich II. 1418–1440; *Berthold Egelseder,* Reihenfolge der Äbte von Michaelbeuern, in: Benediktinerabtei Michaelbeuern (1985), S. 132. — Grabsteine für Conrad II., Marchwart und Ulrich II. in der Klosterkirche Michaelbeuern, in: ÖKT X/2, S. 518 Nr. 3, S. 519 Nr. 22.

262 *Friederike Zaisberger* u. *Walter Schlegel,* Burgen und Schlösser in Salzburg, Bd. 2: Flachgau und Tennengau (St. Pölten/Wien 1992), S. 36 (Goldenstein), S. 172 f. (Oberalm).

263 ÖKT X/2, Grabstein S. 518 Nr. 6 in Michaelbeuern.

264 Ebenda, Grabstein S. 518 Nr. 10 in Michaelbeuern.

265 PA Anger, Urk. Nr. 40.

266 Laufen und Oberndorf, S. 568 (Pfleger).

267 ÖKT X/2, Grabstein S. 518 f. Nr. 11 in Michaelbeuern.

268 *Reindel-Schedl,* Laufen, S. 406, Anm. 70.

269 Kunstdenkmale von Bayern 1/IX, S. 2723 u. 2748 (Grabsteine).

270 *Reindel-Schedl,* Laufen, S. 459 u. 405, Anm. 65. Trotz dieser wichtigen Grundlage einer Hauschronik gibt es bis heute noch keine Untersuchungen über die Hausperger.

271 Beiträge zur Salzburger Familiengeschichte, in: MGSL 77 (1937), Nr. 31 Alt, S. 117, IVa)2. — Magdalena Alt war eng verwandt mit Salome von Altenau (1568–1633). — Dank einer Stiftung der Magdalena von Haunsperg in Höhe von 56.000 fl, ermöglicht durch den Verkauf der Hofmarken Schwindegg, Hofgiebing und Innertegernbach, konnte 1621 der Grundstein für das Jesuitenkolleg mit Kirche in Landshut gelegt werden; *Hans Bleibrunner,* Landshut die altbayerische Residenzstadt (Passau 1971), S. 132.

272 Kunstdenkmale von Bayern 1/VII, S. 2237. — Sebastian von Haunsperg war Träger des Ordens vom Hl. Grab und des Katharinenordens.

273 Kunstdenkmale von Bayern, Niederbayern I, S. 111.

274 Wie Anm. 272, S. 2238.

275 OA 53/2 (1910), S. 521 f. — Wolf Sigmund von Haunsperg, in Jerusalem zum Ritter geschlagen, gründete 1606 die „Grab-Christi-Bruderschaft" bei St. Martin in Landshut.
276 Ebenda, S. 486. — *Reindel-Schedl*, Laufen, S. 459.
277 Zum Erwerb gehörten das Schloss, die Taferne, der Maierhof, die Mühle, umliegendes Gehölz, Fisch- und Jagdrecht, Wald am Teisenberg und 37 Grundholden mit ihren Gütern.
278 *Reindel-Schedl*, Laufen, S. 460.
279 AEM, S 2 (Visitationen).
280 AEM, S 16 (Visitationen).
281 Daraus ergibt sich, dass die Kapelle einen eigenen „Herrensitz" mit einem kleinen gotischen Altar besaß, auf dem man nur für die Familie allein den Gottesdienst feiern konnte.
282 *Remigius Bäumer* u. *Leo Scheffczyk* (Hg.), Marienlexikon, 2. Bd. (St. Ottilien 1989), S. 613 f. Die Verbreitung dieses Gnadenbildes erfolgte vor allem durch die Augustiner-Eremiten, die in Salzburg-Mülln ein Kloster hatten und in Verbindung mit Vachenlueg standen.
283 *Hunklinger*, Anger und seine fünf Kirchen IV (1983), S. 87 f.
284 *Roth*, Die Pfarrer von Teisendorf, in: Heimatbuch Teisendorf (wie Anm. 233), S. 146.
285 *Hunklinger*, Anger und seine fünf Kirchen IV (1983), S. 90–94 (Vachenlueg).
286 *Roth*, Pfarrkirche Anger, S. 18–20 (Vachenlueg).
287 Da die Figuren keine Attribute tragen und das Herz des Augustinus eindeutig später angefügt wurde, sind wohl die beiden Salzburger Bistumspatrone wahrscheinlicher.
288 „Lechner Hartl" (wie Anm. 218).
289 *Georg Hunklinger*, Kunstmaler Johann Georg Weibhauser von Fridolfing 1806–1879, in: Das Salzfass, 8. Jg. (1974), S. 44–49; *derselbe*, Kunstmaler Joh. Georg Weibhauser von Fridolfing (1806–1879) (Fortsetzung), in: Das Salzfass, 11. Jg. (1977), S. 100–104; *derselbe*, Bedeutende Fridolfinger: I. Johann Georg Weibhauser (1806–1879), in: Das Salzfass, 12. Jg. (1978), S. 138–141.
290 *Jungwirth*, Glocken (wie Anm. 258), S. 18 (Johann Eisenberger).
291 *Reindel-Schedl*, Laufen, S. 16 f. u. 20 f.
292 Salzburg I/1, S. 121 u. 130.
293 *Reindel-Schedl*, Laufen, S. 27.
294 Dies geschah durch die Inkorporierung der schon bestehenden Pfarrei Anger in das neu gegründete Augustiner-Chorherrenstift Höglwörth mit sämtlichen Kirchen und Kapellen im Stiftsland, wozu neben Piding auch Mauthausen, Aufham, Steinhögl und St. Johann am Högl gehörten, später kamen noch die beiden Burgkapellen in Staufeneck und Vachenlueg dazu.
295 *Martin*, Regesten IV, S. 11 Nr. 12 (Konrad 1250).
296 *Reindel-Schedl*, Laufen, S. 237 (Nikla 1285).
297 BayHStA, KU Höglwörth Nr. 12a u. 14.
298 Ein Allianzwappen am unteren Bildrand der Ährenmadonna verweist auf den Stifter des Altars, Ruprecht Nußdorfer, vermählt mit einer Meiting zu Radegg, der nach *Geiß*, Högelwerd, S. 553, von 1458 bis 1484, nach *Wieser*, Heimatbuch, S. 391, von 1453 bis 1486 Pfleger in Staufeneck war. — Für wertvolle Hinweise bin ich Joachim Wild und Matthias Weniger, Bayerisches Nationalmuseum, zu großem Dank verpflichtet. — Eine Ährenkleidmadonna befindet sich auch in der Franziskanerkirche in Berchtesgaden, siehe *Brugger*, Franziskanerkirche (wie Anm. 23), S. 18.
299 Bei einer Renovierung 1938 hinter dem linken Seitenaltar entdeckt, wegen großer Schadhaftigkeit um 1000 RM renoviert, wurden sie 1939 um 6000 RM an die Staatlichen Gemäldesammlungen in München verkauft, nicht zuletzt, um die anstehenden Renovierungskosten der Kirche finanzieren zu können.
300 Kunstdenkmale von Bayern I/9, S. 3008, Maße S. 3007, Steinmetzzeichen S. 3006.
301 *Veselsky*, Konsekrationsprotokoll (wie Anm. 31), S. 131 Nr. 536 f.
302 AEM, Höglwörth Visitationen S 2 (1614).
303 Es handelt sich dabei um die Grabsteine der Sabine Kaldes, Ehefrau des Pflegers Hans Pilgrim von Kaldes und der Söhne der Pfleger Hieronymus Meiting zu Radegg und Longinus Walther von Walterswil.
304 *Seeanner*, Die Glocken (wie Anm. 13), S. 327.
305 AEM, Nachlass Bomhard 102.
306 SLA, Frank-Beamtenkartei: Michael Kopeindl, * 1611, † 1679 Hallein; 1626–1629 Schreiber beim Pfleggericht Mattsee; 1642 Oberpfannhausmeister in Hallein; 1645 Verwalter des Landgerichtes Lofer; 1650 Umgeher in Laufen; 1666 bis 1675 Pflegsverwalter in Staufeneck; 1675 Stadtrichter und Umgelter in Hallein.
307 Maria Sidonia Katharina, Tochter des Ludwig Pflanzmann und der Barbara Karlin, war zusammen mit Michael Kopeindl in der Zeit von 1650 bis 1666 Taufpatin der Kinder von Friedrich Rottmayr und dessen Frau Margarethe Magdalena, geb. Zehentner, darunter der spätere kaiserliche Hofmaler Johann Michael Rottmayr (* 1654, † 1730), der seinen Taufnamen Michael von seinem Paten ableitete.
308 *Schäfert/Reuter*, Pidinger Kirchenführer, S. 8; *Wieser*, Heimatbuch, S. 159 f.
309 Bauinschrift auf der Südseite über dem Eingang: *Haec aedificata fuit anno 1704 sub Joanne Baptista Praeposito Högelwertensis*. Unter Propst Johann Baptist (Zacherl) von Höglwörth wurde dieses Gebäude 1704 errichtet.
310 AEM, Höglwörth Visitation 103, 104.
311 *Geiß*, Högelwerd, S. 475.
312 Leider finden sich in den Kirchenrechnungen im PA Piding von 1755 bis 1765 unter der Rubrik „Gebäu-Reparaturen" keine Eintragungen, sondern nur der lapidare Satz: „Diese Ausgaben werden seinerzeit in einer besonderen Rechnung eingetragen." Diese „besondere Rechnung" ist unauffindbar oder wurde gar nicht erstellt.
313 Der einzige Großauftrag (zwei Seitenaltäre, 250 fl) für Plasisganik in Zusammenarbeit mit Härmbler ist 1769 für die Kirche Siezenheim bei Salzburg nachweisbar; ÖKT XI/1, S. 449.
314 BayHStA, KU Höglwörth Nr. 189. — Der seit *Geiß*, Högelwerd, S. 475, angeführte und von der neuesten Literatur übernommene Weihetermin, 4. April 1761, beruht auf einer Verwechslung mit der Stiftung von zwei Jahresmessen mit einem Kapital von 100 fl unter diesem Datum durch Erzbischof Schrattenbach für die Kirche in Piding.
315 Die Inschrift lautet: *Catechumenis suis Pidingensis Auctore Dr. M. A. Vogel MDCCCXL.*

316 Im Joachim- und Annaaltar (links) das Bild: Die Eltern Mariens unterweisen ihre Tochter Maria in der Hl. Schrift; im Josephsaltar (rechts) das Bild: Joseph und Maria mit dem Jesusknaben, der ein Lamm trägt und ein Kreuz malt; beide Bilder sind noch vorhanden.
317 *Hunklinger*, Kunstmaler Weibhauser (wie Anm. 289), S. 44–49 (mit Selbstporträt). Ob das Bild als Gegenstück zum Stifterbild von Kopeindl (1670) oder eigens für die Armenseelenkapelle gedacht war, ist nicht mehr eruierbar.
318 PA Piding, Schreiben v. 25. Jan. 1868 von Pfarrvikar Johann Baptist Seidl an Fürstin zu Löwenstein, geb. Lichtenstein, um eine Spende für diese Skulptur.
319 PA Piding, Akten.
320 Notburga und Isidor durch Maria Heurung; Franziskus und Antonius durch Mathias Traxl sen.; Kanzel durch Reichenberger (Amalia und Walburga?).
321 Renovierung durch Henry Völlert, München, 1000 RM, Ankauf durch Dr. Ernst Buchner, München, 6000 RM.
322 Die ersten drei Glocken wurden am 1. Adventssonntag 1949 von Weihbischof Johann Neuhäusler geweiht, die vierte folgte 1957.
323 *Hans Roth*, Georg Gschwendtner (1904–1991) — Kirchenmaler und Restaurator, in: Das Salzfass, 26. Jg. (1992), S. 36; *Fritz Hofmann*, Leben und Werk Georg Gschwendtners, in: ebenda, S. 37–46, Abb. S. 43.
324 Gutachten des Bayerischen Landesamtes für Denkmalpflege vom 25.6.1979 (Dr. Sigmund Benker) und 9.2.1989 (Dr. Klaus Kratzsch).
325 *Gruber-Groh*, Bad Reichenhall, S. 4.
326 *Reindel-Schedl*, Laufen, S. 8, 11, 13 u. 19; Skizzen Nr. 1, S. 11; Nr. 2, S. 17.
327 *Schäfert/Reuter*, Pidinger Kirchenführer, S. 10.
328 Ähnlich Tittmoning, Stadtpfarrkirche St. Laurentius: *Brugger/Roth*, Tittmoning (wie Anm. 177), S. 2 u. 9.
329 *Reindel-Schedl*, Laufen, S. 19.
330 *Peter von Bomhard*, Die Kunstdenkmale der Stadt und des Landkreises Rosenheim, II. Teil: Die Kunstdenkmäler des Gerichtsbezirkes Prien (Rosenheim 1957), S. 113–119, Grundriss S. 117; siehe auch *Brugger*, Urschalling, (wie Anm. 226), S. 3 (Presbyterium).
331 BayHStA, KU Höglwörth Nr. 12a u. 14.
332 Daraus ergibt sich ein eucharistisches Symbol, in Verbindung mit einer damals bereits aufkommenden Herz-Jesu-Verehrung.
333 *Marina von Bibra*, Wandmalereien in Oberbayern 1320–1570, in: Neue Schriftenreihe des Stadtarchivs München, Heft 25 (1970), S. 21 f.; ähnliche „Sacra Conversazione" in Urschalling (wie Anm. 226), S. 46 f.
334 *Hofmann*, Leben und Werk (wie Anm. 323), S. 44. Die Freilegung aller Fresken in Mauthausen erfolgte 1951 durch Georg Gschwendtner, Reichenhall (1904–1991).
335 Lexikon der christlichen Ikonographie, Bd. 8 (1976), S. 579–583 (Vitus).
336 Diese Darstellung von Annahme und Ablehnung des Opfers durch Gott findet sich häufig am Beginn des Presbyteriums, ebenso wie die klugen und törichten Jungfrauen, als Symbol der Bereitschaft für das Hochzeitsmahl.

337 *von Bibra*, Wandmalereien (wie Anm. 333), S. 91 f.
338 Engel für Matthäus, Löwe für Markus, Stier für Lukas, Adler für Johannes.
339 Die Schlüssel stehen für das Stift Höglwörth, die rechte Seite trug ursprünglich höchstwahrscheinlich das Wappen von Propst Christan Wildecker, das bei der Freilegung 1951 nicht mehr erkannt und wegen Ähnlichkeit willkürlich durch das Wappen der Grafen von Plain ersetzt wurde, das jedoch aus mehreren Gründen vollkommen ausscheidet. Ein ähnlicher Vorgang liegt in Aufham vor.
340 Abweichend von der traditionellen Zahl 14 ergab sich durch die Dreiteilung die Zahl 15, wobei an Stelle des hl. Cyriacus in Bayern bis 1520 meist der hl. Leonhard (Viehpatron) als Nothelfer eingesetzt wurde und in Mauthausen ergänzend der hl. Nikolaus (Wasserpatron) dazukam: LThK3, Bd. 7 (2006), Sp. 924 f.
341 *von Bibra*, Wandmalereien (wie Anm. 333), S. 64.
342 *Hans Roth*, Die St. Jakobskirche in Abtsdorf, in: Das Salzfass, 5. Jg. (1971), S. 20–22.
343 *Veselsky*, Konsekrationsprotokoll (wie Anm. 31), S. 70 u. 118 Nr. 346 (Ostermontag).
344 1622 werden diese drei Altäre neu gefasst, während 1621 Bänke, Betstuhl und Beichtstuhl angeschafft werden: PA Piding, Kirchenrechnung Mauthausen.
345 AEM, Visitationen S 2 (103, 104).
346 *Schäfer/Reuter*, Pidinger Kirchenführer, S. 12–17. — In einem Visitationsdekret aus dem Jahr 1794 sind noch der Marienaltar („Wunderbaum") und der Nothelferaltar genannt, so dass die heutigen Seitenaltäre nach 1794 entstanden sein müssen.
347 *Herbert Klein*, Die Stauffenecker mit Stammbaum, in: MGSL 67 (1927), S. 18–29; Kunstdenkmale von Bayern I/9, S. 3017–3019, Abb. S. 3019–3025, Grundriss S. 3021.
348 Ähnliche Anlagen finden sich z. B. in Schwaz, Burg Freundsberg, in: Dehio Tirol (Wien 1980), S. 710 f., und in Sargans (St. Gallen), in: Reclam Kunstführer Schweiz (Stuttgart 1966), S. 610 f.
349 *Wieser*, Heimatbuch, Schloss Staufeneck, S. 390–393.
350 *Richard Schlegel*, Die Baugeschichte der Festung Hohensalzburg, in: 900 Jahre Festung Hohensalzburg, hg. v. *Eberhard Zwink* (Salzburg 1977), S. 16.
351 *Wieser*, Heimatbuch, S. 391 u. 394.
352 *Peter F. Kramml*, Marginalien zur Baugeschichte der Burgen Lebenau und Staufeneck, in: Das Salzfass, 25. Jg. (1991), S. 162–164.
353 *Wieser*, Heimatbuch, S. 393. — Johann Ernst Diepolt von Tannberg (* um 1672, † 7. 8. 1742), 1697 hochfürstl. Rat, Pfleger von Staufeneck (1697–1701), Pfleger zu Kaprun (1701–1710), Pfleger zu Mattsee (ab 1710), vermählt mit Elisabeth von Silvery (Villach), † 1732: SLA, Frank-Kartei.
354 *Saur*, Allgemeines Künstlerlexikon, Bd. 2 (München 1992), S. 535 f. (de Allio); ebenda, Bd. 16 (München 1997), S. 436 f. (Carlone).
355 Die Herkunft des Namens ist umstritten. Im Kataster von 1818 steht Streulach, 1848 Streilach in Verbindung mit dem Streichelwald, der sich heute als „Strailachwald" bis Nonn hinzieht. In einem Schreiben von 1825 wird die Kapelle „in Weichberg"

situiert, ohne nähere Bezeichnung. Im Dehio von Oberbayern wird sie nicht erwähnt.

356 PA Piding (Aktenbestand).

357 *Schäfert/Reuter,* Pidinger Kirchenführer, S. 27.

358 Für wertvolle Hinweise bin ich besonders Herrn Stefan Gruber, Piding, sehr dankbar.

359 *Reindel-Schedl,* Laufen, S. 152 u. Anm. 28.

360 SUB III, S. 627 Nr. 1082.

361 Die Gewandgestaltung bei Maria und die Haartracht bei Johannes Evangelist lässt mehr für das Ende des 13. Jh. plädieren, was auch mit den beginnenden Aufsätzen auf romanischen Steinaltären vereinbar ist.

362 *Wieser,* Heimatbuch, S. 179 f.; *Schäfert/Reuter,* Pidinger Kirchenführer, S. 24 f.

363 Die Bildeinheiten lassen sich durch die gleichen trennenden Bordüren bzw. durch die Gleichgestaltung der Bäume festlegen. Hier stellt sich jedoch auch die Frage nach der Deutung des Christophorus um 1280, da eine Verdoppelung desselben Heiligen nebeneinander schwer erklärbar ist und die ältere Malerei früher vielleicht übertüncht war.

364 BayHStA, KU Höglwörth Nr. 82–84; Siegler der Stiftsurkunde sind Rupprecht Nußdorfer, Pfleger zu Staufeneck, und Georg Haunsperger, Pfleger zu Tettlham.

365 Dehio Bd. IV, München und Oberbayern (1990), S. 542.

366 *Geiß,* Högelwerd, S. 545.

367 Reste davon, darunter auch eine Anna Selbdritt, befinden sich im Depot der Pfarrei Piding.

368 *Siegfried Schamberger,* Gordian Guckh (Pannonia-Reihe, Heft 8) (Freilassing 1969), S. 41–44; *Hans Roth,* Gordian Guckh, in: Jahrbuch des Vereins für christliche Kunst, Bd. 8 (1974), S. 34–40.

369 Petrus und Paulus betreffen die Patrone des Stiftes Höglwörth, Wolfgang ist der Namenspatron von Propst Griesstetter.

370 Die Inschrift lautet: *Zu Lob und Ehr der allerheiligsten Junckfrawen Maria Muetter Gottes, hat der Wolgeborn herr Hannss Caspar Freyherr von Khuenburg auf Prunsee und Trabutschgen Hochfür: Saltzburg: Rath Hofraths Praesident Hoffmaister und Cammerer und sein fraw Gmachl fraw Susana ein geborne Frein Khuenburg disen Altar machen lassen. Im 1616 Jar.*

371 Die Inschrift lautet: *Zu Ehrn der H: Dreifaltigkhait unnd Marie der Mueter Gottes auch S. Johann den Tauffer hat Katerina Fürstin Witib zu Saltzburg Dises EPITAPHIUM so sy sunderlichen allhero verlobt und aufrichtn lassen. Im 1623.*

372 *Hans Roth,* Bedeutende Persönlichkeiten und Künstler in und aus der Marktgemeinde Teisendorf, in: Heimatbuch Teisendorf (wie Anm. 233), S. 457.

373 AEM, Pfarrakten Piding, Johanneshögl; Schriftwechsel von Propst Zacherl mit dem Salzburger Konsistorium, 29. Jan. 1693 bis 3. April 1693; Kostenvoranschläge von Fallwickl, Högner und Aichele, zwei Tabernakelvisiere.

374 *Hunklinger,* Höglwörth/Pannonia (1978), S. 40.

375 Die Übersetzung lautet: „Wenn du es liebst, mit Worten über das Leben der Abwesenden zu kritisieren, dann soll er wissen, dass es ihm auch so gehen kann."

376 AEM, Höglwörth Visitationen 1733 (103) u. 1742 (104).

377 Pfarramt Piding, Gutachten des Landesamts für Denkmalpflege, München (Dr. Klaus Kratzsch) v. 30.6.1982 und 30.3.1987, unter Pfarrer Konrad Mühlbauer.

378 *Wieser,* Heimatbuch, S. 448–451.

379 PA Piding, Schreiben des Bezirksamtmanns Bad Reichenhall v. 27.7.1926.

380 AEM, Nachlass Bomhard 202.

381 AEM, Pfarrakten Piding, Johanneshögl 1624–1850. — Treibende Kräfte waren dabei Anna Motter, Salzburg, und die ganze Nachbarschaft am Högl.

382 Renovierungen erfolgten in den Jahren 1856, 1926–1929 und 1962/1963 (Kosten 6000 DM), zuletzt 2002/2003 (Kosten 27.000 Euro) unter Pfarrer Josef Koller, Initiator Stefan Gruber, Piding.

383 Bei der letzten Renovierung wurde aus dem Handel eine Ersatzskulptur angeschafft, die Originalfigur ist aus Sicherheitsgründen im Depot des Pfarramts Piding und wird jeweils zu den Festtagen der Johanneskirche wieder eingesetzt.

384 AEM, Höglwörth Visitationen 1702 (103).

385 Ebenda 1742 (104).

386 PA Piding, Umfangreicher Schriftwechsel über die verschiedenen Renovierungen, die beteiligten Firmen und über Eigentumsübergabe der Kapelle an die Högler Bauern, näherhin an Peter Eder, Schwaigerbauer (1923), und der ablehnenden Entscheidung des Ordinariats des Erzbistums München und Freising (1925).

Johannes Neuhardt

Francesco Vanni: Die Verklärung Christi — Wie kam das Hochaltarbild nach Höglwörth?

Um in die im Titel gestellte höchst komplexe und zur Gänze wahrscheinlich niemals endgültig zu klärende Frage ein wenig Licht zu bringen, sei die Vorgeschichte kurz dargelegt.

Am 2. März 1587 wählten die damals anwesenden 13 Domherren in Salzburg den erst 28-jährigen Wolf Dietrich von Raitenau aus ihrer Mitte zum neuen Erzbischof[1]. Schon ein Jahr später unternahm er eine Reise nach Rom, um Papst Sixtus V. seine Aufwartung zu machen und das Pallium entgegenzunehmen. In der Münzsammlung des Vatikan wird heute noch der zwanzigfache Dukaten verwahrt, den Wolf Dietrich dem Papst überreicht hat. Auf dieser Reise begleitete ihn sein Privatsekretär Prälat Agostino Tondi. Dieser war aus einer der noblen Sienenser Familien gebürtig und kannte Wolf Dietrich vermutlich schon aus dessen Studienjahren am Germanicum in Rom (1576–1581). Tondi starb 1596 in Salzburg und liegt im Petersfriedhof begraben. Das Dommuseum zu Salzburg zeigt in der Kunst- und Wunderkammer sein Epitaph[2]. Vermutlich war dieser hohe Geistliche die Schlüsselfigur, die den Fürsten nicht nach Florenz, sondern in seine Heimat Siena geleitete, wo er ihn in das Atelier des bedeutenden Künstlers Francesco Vanni (gleich neben San Domenico) führte. Ob diese Begegnungen auf der Hin- oder Rückreise stattfanden, lässt sich natürlich nicht mehr erweisen.

Nach diesen Vermutungen zurück zur Realität. In Salzburg befanden sich zu Beginn des 17. Jahrhunderts drei Ölgemälde des bedeutenden Sienenser Spätmanieristen:
1. Der gegeißelte Heiland vor den weinenden Frauen von Jerusalem, die sich um seine in Ohnmacht gefallene Mutter bemühen. Dieses Bild ist datiert und signiert *FRANC.VANNIUS.SENENS.F. 1596*. Es befindet sich heute in Wien, wohin es 1805 gelangte (jetzt Kunsthistorisches Museum)[3].
2. Das Altarbild „Anbetung der Hirten" in der zweiten nördlichen Seitenkapelle des Chores der Franziskanerkirche zu Salzburg. Es ist datiert und signiert *FRANC.VANNI.SENENSIS.F.A. MDC*[4].
3. Das Hochaltarbild von Höglwörth, darstellend die Verklärung Christi, ist datiert und signiert *FRANC.VANN'S.SEN fecit et invenit MDCI*. Dieses Gemälde ist unser Thema.

Aus dem bisher Gesagten wird folgendes klar: Francesco Vanni (1563–1610) war nie in Salzburg. Erzbischof Wolf Dietrich muss bei seinem Besuch in Siena von seinen Arbeiten begeistert gewesen sein, denn sonst hätte er nicht von Salzburg aus Bestellungen vorgenommen. Dass diese nicht bereits in Siena getätigt sein können, ergibt sich vor allem aus dem Anlass zu Bild Nr. 2 in der Franziskanerkirche. Dieses wurde nämlich in Auftrag gegeben, weil die Schwester Wolf Dietrichs, die verehelichte Caecilia Gräfin Kuen-Belasy, 1592 bei der Geburt ihres ersten Kindes verstarb. Deshalb hat der Bruder hier das Geburtsthema der Heiligen Weihnacht bestellt. Die Verewigte liegt neben dem Altar bestattet.

Das Passionsbild (Nr. 1) kann wohl nicht für einen Altar gedacht gewesen sein, denn seine Maße (106,5 × 115 Zentimeter) lassen eher an ein Galeriebild denken. Gleiches gilt auch für das Höglwörther Gemälde. Wenn Wolf Dietrich 1601 die Verklärung Christi bestellt, so kann er das schwerlich für seine Kathedrale tun, denn zu diesem Zeitpunkt existiert diese nicht. Nach dem Brand von 1598 beginnt ja konsequent der Abbruch des Münsters und des gesamten mittelalterlichen Domklosters. Aber es würde gut in das Charakterbild des in seinen Entschlüssen so sprunghaften Renaissance-Menschen passen, wenn er dieses Bild in Siena sozusagen „auf Lager" bestellt hätte. Dies tat er ja auch bei zahlreichen anderen Kunstgegenständen, die er in Nürnberg oder Augsburg für eine neue Bischofskirche bestellte, die er nicht mehr erleben sollte. Dass sich in den Beständen des Salzburger Museums erst seit einigen Jahrzehnten eine lavierte Federzeichnung auf Papier befindet, die einen Altarentwurf mit dem Wappen Wolf Dietrichs zeigt, passt gut in diesen Zusammenhang, denn die Zeichnung, die als Altarbild die Geburt Christi darstellt, ist eindeutig als Werk Francesco Vannis anzusprechen[5].

Wenn wir also von der — gleichfalls unbewiesenen — Annahme ausgehen, dass der Auftraggeber für die Verklärung Christi in Höglwörth nicht das kleine Stift, sondern der Erzbischof von Salzburg war, muss die nächste Fragen lauten: Für welchen Ort war es ursprünglich gedacht? Aber auch diese Frage ist so nicht lösbar, denn Wolf Dietrichs Ende kam schneller als er dachte. Im Jahr 1612 zum Verzicht auf die Regierung des Hoch- und Erzstiftes gezwungen, verbrachte er die letzten Lebensjahre als Gefangener des Papstes auf der Festung Hohensalzburg. Dort verstarb er am 16. Januar 1617[6].

Sein Nachfolger, Markus Sittikus Graf von Hohenems, ließ ein ganz anderes Domprojekt verwirklichen, auf das Wolf Dietrich keinen Einfluss besaß und auch vermutlich mit der von ihm geplanten Ikonografie nichts mehr zu tun hatte[7]. Das Thema der Verklärung Christi ist nunmehr an der Fassade am zentralen Punkt des Mittelgiebels dargestellt. Bei der Einweihung des Domes — bereits unter Markus Sittikus' Nachfolger — am 25. September 1628 waren wohl die drei großen Altäre vollendet, nämlich der Hochaltar mit der Auferstehung Christi, der Madonnenaltar mit dem Fest Maria Schnee und der sogenannte Sakramentsaltar, der das Fest der Portiunkula mit der Ablassspende von Assisi zum Thema hat. Die acht Kapellen des nördlichen und südlichen Seitenschiffes waren nur mit provisorischen Holzaltären ausgestattet. In seinem letzten Regierungsjahr hat Erzbischof Paris Graf Lodron (1652) für die Patrozinien dieser acht definitiv zu errichtenden Altäre ein eigenes Programm entwickelt. Es ist erstaunlich, dass er sich darin weitgehend an die Titel der Altäre des alten Domes anlehnt. Ein Altar zur Verklärung Christi findet sich darin nicht. Seine Nachfolger haben dann konsequenterweise diese Steinaltäre aufstellen lassen, Guidobald Graf Thun die ersten drei und Max Gandolf Graf Kuenburg die restlichen fünf.

In der älteren Literatur wird immer wieder behauptet, das heute am zweiten Seitenaltar des Nordschiffes eingebaute Altarbild der Verklärung Christi sei der Ersatz für jenes, das nach Höglwörth gekommen ist[8]. Dies ist aus vielen Gründen unmöglich. Zum einen ist der Autor dieses in der Qualität sehr bescheidenen Bildes, das ja eine Kopie von Francesco Vanni darstellt, der Salzburger Maler Johann J. Fackler; er verstarb 1745[9]. An die Stelle des jetzigen Altares gelangte dieses Gemälde erst 1828 im Zuge des mehrere Veränderungen umfassenden Umbauprogramms, das Erzbischof Augustin Gruber anlässlich des 200-Jahr-Jubiläums der Domweihe durchführen ließ. Er hat die Verklärung Christi an die Stelle eines bis dorthin vorhandenen Gemäldes von Johann Heinrich Schönfeld gegeben[10]. Dieses Bild hatte als Thema die Heiligen, deren Reliquien im Altar dieser Kapelle verwahrt werden: Vinzenz von Saragossa, Florian, Oswald und Erasmus. Die Fackler-Kopie hing bis zu diesem Zeitpunkt in der (inzwischen abgebrochenen) Kirche der Schwarzen Bruderschaft im Kai. Mangels aller archivalischen Quellen ist nicht festzustellen, wann Fackler den Auftrag für das in Frage stehende Gemälde erhielt.

Nun aber kommt die entscheidende Frage: Wie gelangte das Original Vannis nach Höglwörth? Auch hier ist es um der historischen Wahrheit willen zunächst nötig, das Umfeld auszuleuchten.

Die Verhältnisse im kleinen Augustiner-Chorherrenstift auf der Insel im Höglwörther See waren im 17. Jahrhundert äußerst desolat[11]. Schon 1609 musste von Salzburg aus der Dompropst Marquard von Schwendi als Stifts-Administrator entsandt werden. Aber da sich nach dessen Tod (1634) aus dem Stift niemand bereit fand, die Propstwürde zu übernehmen, musste wiederum von Salzburg aus Abhilfe geschaffen werden. Erst Erzbischof Max Gandolf Graf von Kuenburg gelang es 1673 in der Person des aus dem Augustiner-Chorherrenstift Neustift bei Brixen berufenen hochgelehrten Johann Adam Weber, einen tatkräftigen Mann zu finden. Der in Aschaffenburg geborene Franke hatte ein äußerst bewegtes Leben. Zunächst Jesuit, wirkte er später als Professor der Theologie in Franken und

Francesco Vanni: Verklärung Christi — Hochaltarbild in der Stiftskirche Höglwörth
(Foto Erhard Zaha)

Tirol; Chorherr wurde er erst 1665 in Neustift bei Brixen, von wo ihn der Salzburger Erzbischof nach Höglwörth berief[12]. Als er 1673 dort eintraf, war er über die Zustände offenbar sehr schockiert, so dass er sich erst 1676 zum Propst weihen ließ.

Es fehlte an allen Ecken und Enden am Nötigsten. Als Zeichen des guten Willens übersandte 1675 Erzbischof Max Gandolf drei Messkleider an das Stift, da er auch dort die neu vom Konzil von Trient vorgeschriebene Mode verwirklichen wollte. Bedeutender war, dass Max Gandolf seinen Hofbaukommissar Michael Spingrueber nach Höglwörth entsandte, um einen Plan für den Neubau der baufälligen Stiftskirche zu entwerfen[13]. Bereits 1677 konnte Propst Weber nach Salzburg berichten, dass die Kirche eingewölbt und bis auf den Turm fertiggestellt sei. Nun folgten die Innenausstattung, die Sakristei, die Orgel, zwei Seitenaltäre, das Gestühl und die Gruft. Das alles schuf Johann Adam Weber noch in seinen letzten Lebensjahren. Nur die Kirchweihe, die Erzbischof Johann Ernst Graf Thun am 7. August 1689 selbst vollzog, hat bereits Webers Nachfolger Patritius Pichler erbeten. Nun war das Ärgste überwunden, von jetzt ab konnte das Stift seine Leitungspositionen wieder aus den eigenen Reihen besetzen.

Fragt man sich also, wann und aus welchen Ursachen ein solches Bild nach Höglwörth kommen konnte, so ist die Überlegung wie folgt abzuschließen: Da die Apostelfürsten Petrus und Paulus Kirchenpatrone von Höglwörth sind, hat sich wohl von diesem Thema her ein derartiges Bild angeboten. In der Notzeit unter Johann Adam Weber ist eine solche Schenkung in höchstem Maße wahrscheinlich. Erzbischof Max Gandolf wusste, dass es kein Zurück gab und die Sanierung des Stiftes genau damals gelingen musste. Mangels aller archivalischer Nachrichten müssen das jedoch Spekulationen bleiben. Aber wenn Propst Anian Köllerer (1762–1803) die Mittel besaß, die Stiftskirche von den Salzburger Künstlern Benedikt Zöpf (Stuck), dem Steinmetz Johann Högler, den Bildhauern Lorenz Hörmbler und Franz von Paula Hitzl sowie dem Salzburger Hofmaler Franz Nikolaus Streicher ausstatten zu lassen, musste er gute Gründe haben, letzterem nicht auch die Herstellung des Hochaltarbildes anzuvertrauen. Wäre die Verklärung Christi damals noch nicht in Höglwörth gewesen — einem konsolidierten Stift brauchte man nichts mehr zu schenken!

Es ist auch auffallend, dass das Hochaltarbild einen gleichartigen von einem Kunsttischler hergestellten Schnitzrahmen aufweist wie die übrigen Bilder der Kirche. Es besteht also die begründete Vermutung, dass aus der herzlichen Verbindung, die sich Erzbischof Max Gandolf von Kuenburg mit Propst Johann Adam Weber aufbauen konnte, die Schenkung eines Gemäldes aus der großen Galerie bei Hof damals Sinn macht. Höglwörth wurde in einer Stunde größter Not ein Bild geschenkt, das europäischen Rang hat und das das einzige in der heutigen Bundesrepublik Deutschland vorhandene Gemälde des Francesco Vanni bedeutet.

Nur durch die Forschungen des Heidelberger Ordinarius Peter Anselm Riedl und des so verdientsvollen Heimatforschers Pfarrer Georg Hunklinger in Ainring sind wir über diese Zusammenhänge unterrichtet. Die geistige Strahlkraft, die wahrhaft entmaterialisierte duftige Farbigkeit dieses Taborbildes soll jeden Betrachter in seinen Bann ziehen und ihm zeigen, dass sich der Weg in die ewige Heimat noch nicht auf dieser Welt vollenden kann.

Anmerkungen

1 *Johann Paarhammer*, Wolf Dietrich, Erzbischof und Metropolit, in: Fürsterzbischof Wolf Dietrich von Raitenau — Gründer des barocken Salzburg. Katalog der 4. Landesausstellung (Salzburg 1987), S. 104–112, hier S. 104.
2 *Peter Anselm Riedl*, Salzburg und Siena, in: Salzburger Museumsblätter, Jg. 38 (1977), Nr. 2, S. 17.
3 Ebenda, S. 13–18.
4 *Adolf Hahnl*, Anbetung der Hirten, in: 400 Jahre Franziskaner in Salzburg, Katalog der VIII. Sonderschau des Dommuseums zu Salzburg (Salzburg 1983), S. 79 f.
5 *Franz Wagner*, Eine Handzeichnung und ihre Probleme, in: Salzburger Museumsblätter, Jg. 39 (1978), Nr. 2, S. 16 f.
6 *Reinhard R. Heinisch*, Wolf Dietrichs Sturz und Gefangenschaft, in: Kat. Wolf Dietrich (wie Anm. 1), S. 79–82, hier S. 82.
7 *Johannes Neuhardt*, Der Dom zu Salzburg (Regensburg ²1998).
8 Vgl. dazu *Hunklinger*, Höglwörther Hochaltarblatt (1979).
9 *Franz Martin*, Kunstgeschichte von Salzburg (Wien 1925), S. 144.
10 ÖKT IX, S. 34.
11 *Hunklinger/Wegner*, Höglwörth.
12 *Anselm Sparber*, Das Chorherrenstift Neustift in seiner geschichtlichen Entwicklung (Brixen 1953), S. 32.
13 *Hunklinger/Wegner*, Höglwörth, S. 28 ff.

FERDINAND STEFFAN

Epigraphische Zeugnisse im Stift Höglwörth und seinen Pfarreien

Wer als Besucher des Stiftes Höglwörth umfangreiche Zeugnisse der Grabplastik wie in anderen Klöstern, etwa Seeon, Raitenhaslach oder Baumburg, mit lebensgroßen Epitaphien infulierter Pröpste oder Äbte, adeliger Stifter und zahlreicher Konventualen erwartet, sieht sich rasch enttäuscht. Nur etwas über zwanzig mehr oder weniger gut erhaltene Inschriften lassen sich im Bereich des ehemaligen Klosters und seiner inkorporierten Pfarreien finden, die nur kurze Abschnitte des 16. und 17. Jahrhunderts abdecken, aber weder in das Mittelalter zurückreichen noch — mit einer einzigen Ausnahme — das 18. Jahrhundert tangieren.

Gründe dafür mögen ebenso im oft nur wenige Geistliche umfassenden Konvent wie in der geringen materiellen Ausstattung des Stiftes, im Fehlen eines Friedhofs auf der Insel selbst, in der kaum ausgeprägten Bautätigkeit und einer üblichen Sekundärverwendung von Grabsteinen zu suchen sein. Für alle diese Aspekte lassen sich entsprechende Belege anführen. So existieren in der Stiftskirche drei Grüfte, von denen die rechte leer ist, in der mittleren die Chorherren bestattet wurden und in der linken die Pröpste ab Patritius Pichler ruhen[1]. Die an den Wänden und sicher auch am Boden vorhandenen Grabplatten wurden sekundär in den Kreuzganghof übertragen. Weltliche Bedienstete fanden in der Regel in Anger ihre letzte Ruhestätte, da Höglwörth keinen eigenen Friedhof besaß. Dabei wurden die Grabdenkmäler offensichtlich auch hier nach Kirchenrenovierungen in der sogenannten Portalkapelle des südlichen Eingangs zusammengefasst, aber auch als willkommenes Baumaterial verwendet. Es finden sich dort vor allem die Grabsteine der Urbar- und Hofrichter, aber auch die einen Propstes und eines Kanonikers. Geistliche in den Außenstationen wie Piding dürften an ihrer unmittelbaren Wirkungsstätte begraben worden sein. Daneben wurden Inschriftplatten aufgelassener oder bei Kirchenrenovierungen entfernter Grabstätten als Stufen und Antritte wiederverwendet, wie der exakt behauene Grabstein des Hofrichters Schnedizeni, vor drei Jahrzehnten in Zellberg noch vorhanden, mittlerweile aber als Fundament einer Hausgred eingemauert, belegt.

So entfallen auf die Kirche in Anger neun epigraphische Zeugnisse, auf Piding drei[2], auf Zellberg ehemals eines und auf Höglwörth selbst elf. In Mauthausen, Johanneshögl, Steinhögl und Vachenlueg ließen sich keine Inschriften finden. Im einzelnen verteilen sich die inschriftlichen Denkmäler auf:

— Vier Bauinschriften, wozu noch das Stiftswappen auf dem Brunnen, zwei Wappensteine über Türstürzen und die Jahreszahl auf dem Fischkalter als mehr oder weniger anonyme Belege gezählt werden könnten,
— drei oder möglicherweise vier[3] Grabdenkmäler für Pröpste,
— fünf Inschriften für Geistliche oder Kanoniker,
— vier Inschriften für Kloster- und Hofrichter,
— ein Grabdenkmal der Ursula von Haunsperg auf Vachenlueg, geb. von Watzendorff,
— zwei Grabdenkmäler für Verwandte des Propstes bzw. Ehefrauen von Klosterbediensteten,
— ein Grabdenkmal für das Kind des Gervasius Fabrici und seiner Frau Felicitas Alt,
— ein Grabdenkmal für den Hofwirt von Anger und seine Familie.

Dass es weit mehr Grabdenkmäler in den Kirchen gegeben haben muss, belegt eine Notiz im Visitationsprotokoll von 1614, worin kritisiert wird, dass der Propst seine Konkubine im Gotteshaus von Anger begraben und ihr einen Grabstein mit einer Inschrift, die Anstoß erregte, hatte errichten lassen[4]. Da die geringe Zahl von inschriftlichen Denkmälern keine eigene Monographie erlaubt, werden diese Dokumente im Rahmen des Klosterbandes hier epigraphisch aufbereitet und wiedergegeben.

Bauinschriften

Wohl mit einer einzigen Ausnahme befinden sich die meisten Zeugnisse baulicher Tätigkeit nicht mehr an Ort und Stelle. Eine Inschrift wurde nach dem Abbruch des Gebäudes an einem nahe gelegenen Haus verbaut. Die beiden ältesten Steine befinden sich im Kreuzganghof jeweils an der Ostwand des Gevierts und wurden vermutlich sekundär hier in die Wand eingelassen. Welcher Trakt von den Pröpsten Griesstetter und Peer errichtet wurde, lässt sich wegen der sekundären Anbringung nicht ermitteln.

Bauinschrift des Propstes Wolfgang I. Griesstetter (1522–1541) von 1530

Wolfgang Griesstetter alhie / Brabst hat disen paw las / sen Machn·Im·1·5·30·Jar

Die obere Hälfte der quadratischen Rotmarmorplatte (82 × 82 cm) zeigt das Stiftswappen und das persönliche Wappen von Propst Wolfgang I. Griesstetter[5] vor dem Hintergrund von zwei Engeln als Schildhalter, von denen jedoch nicht die Füße, sondern Blätter oder Flügelspitzen unter den Schilden hervorschauen. Zwischen beiden Wappen steht eine Vase mit einem Fuß aus ähnlichen Blättern und einer einzelnen Blüte im Gefäß.

Bauinschrift des Propstes Balthasar Peer (1564–1589) von 1564

Walthasar peer alhie / brabst hat dise paw / machen lassen Im / 1564. iar.

Die hochrechteckige Platte[6] aus rotem Marmor (70 × 99 cm) trägt im oberen Teil unter einem flachen Bogen, der auf seitlichen Säulchen mit Basis und Kapitell ruht, drei Wappen: Das der Grafen von Plain, das Stiftswappen und das persönliche Wappen des Propstes, einen halben Bären mit erhobenen Tatzen[7]. Der Hintergrund seitlich des Plainer Wap-

pens wird von Ranken- und Blütenwerk bedeckt, die Zwickel füllen Engelsköpfe mit gespreizten Flügeln. Ein einfacher Rahmen umgibt die Tafel und trennt Bild- und Textteil, der zusätzlich seitlich von Blättern eingefasst ist. Das Wappen des Propstes Peer ist das am häufigsten vorkommende Familienwappen im Kreuzganghof.

Bauinschrift von Propst Johann Baptist I. Zacherl (1691–1725) von 1701 am Haus 37a in Höglwörth

HÆC DOMVS ÆDIFICATA FVIT / ANNO 1701 SVB IOANNE BAPTISTA / PRÆPOSITO HÖGELWERTHENSI
„Dieses Haus ist erbaut worden im Jahr 1701 unter Propst Johannes Baptist von Höglwörth".

Die querrechteckige, oben leicht geschwungene Platte (60 × 30 cm) aus Untersberger Marmor war ursprünglich an der Klostermühle, die südwestlich des Sees stand und nach dem Zweiten Weltkrieg abgerissen wurde, angebracht. Die Mühle trug im Volksmund den Namen „Geistermühle"[8]. Sekundär wurde die Inschrift an der Straßenseite des Anwesens 37a eingemauert.

Bauinschrift von Propst Johann Baptist I. Zacherl (1691–1725) von 1704 am alten Pfarrhof in Piding

HÆC DOMVS ÆDIFICATA / FVIT ANNO 1704 SVB / IOANNE BAPTISTA PRÆ /POSITO HOGELWERTEN / SI.
„Dieses Haus ist erbaut worden im Jahr 1704 unter Propst Johannes Baptist von Höglwörth".

Die Inschrift auf einer hellroten, querrechteckigen Marmorplatte (43,5 × 33 cm) ist auf der Ostseite des alten Pfarrhofs in Piding, Petersplatz 2, über der Tür eingemauert. Sie weist Propst Zacherl einerseits als eifrigen Bauherrn aus, andererseits zeugt sie davon, dass die Lateinkenntnisse in jener Zeit nicht mehr sehr groß waren, denn in beiden Texten wird die im klassischen Latein unübliche Form *aedificata fuit* statt korrekt *aedificata est* verwendet.

Wappen des Propstes Johann Baptist I. Zacherl (1691–1725) über einem Portal des Klosterhofes

Dieses Lilienwappen ist keine Bauinschrift im strengen Sinn, weist aber den Propst ein weiteres Mal als tüchtigen Bauherrn eines Klostertraktes aus. Ein weiteres Wappen von Propst Zacherl befindet sich im Trakt unmittelbar rechts des ersten Klostertores im Erdgeschoss, wo vermutlich die Kanzlei des Stiftes lag.

Wappen des Propstes Johann Wolfgang II. Zehentner (1652–1671) am Nepomuk-Brunnen

Das Wappen von Joh. Wolfgang Zehentner mit der Getreidegarbe[9] unterhalb des Stiftswappens am Brunnentrog des Klosterhofes ist auch keine direkte Inschrift, aber ein klarer Hinweis, unter welchem Propst der Nepomuk-Brunnen errichtet wurde.

Baudatierung am Fischkalter

In ähnlicher Weise geben die jeweils drei ineinander verschlungenen Fische und die Jahreszahl 1764 Auskunft über Errichtung und Verwendung des steinernen Troges. Als Auftraggeber kommt Propst Anian II. Köllerer (1762–1803) in Frage. (Die Abbildung des Fischkalters siehe S. 157.)

Grabdenkmäler für Geistliche

Die wenigen Grabdenkmäler konzentrieren sich auf neun Geistliche, davon drei (vielleicht auch vier) Pröpste. Nachdem es erst ab dem 17. Jahrhundert Porträts der Höglwörther Pröpste und Kanoniker gibt, kommt den drei Reliefbrustbildern von Balthasar Peer (früher Urban Ottenhofer zugeschrieben), Wolfgang Kerschaider und Stephan P(erger?) eine besondere Bedeutung zu. Da die Grabdenkmäler aus der Kirche entfernt und im Kreuzganghof willkürlich je nach Größe und vorhandenem Platz sekundär verbaut wurden, ist eine Zuordnung der Fragmente schwierig. So dürften das Relief eines Propstes, ein Textteil und eine Bekrönung mit der jeweils gleichen Breite von 68 cm ursprünglich zusammen gehört haben. Gleichzeitig lassen die Datierungen der Fragmente durch das Fehlen charakteristischer kunsthistorischer Details großen Spielraum, so dass mehrere Interpretationen möglich sind.

Drei Fragmente des Grabdenkmals für Propst Balthasar Peer (1564–1589, gest. 1591)

An der Ostwand des Kreuzganghofes ist eine hochrechteckige Rotmarmorplatte (82 × 68 cm) mit dem Relief eines Propstes eingelassen. Da der zugehörige Textteil bei der Transferierung vom Relief getrennt wurde und etwaige hinweisende Wappen auf dem Stein fehlen, ist die Zuordnung dieses besonderen Denkmals umstritten, zumal die Datierungen voneinander abweichen[10]. Hunklinger gründet seine Identifikation dieses Reliefs mit Propst Urban Ottenhofer offensichtlich auf der Datierung des Fragments „Mitte des 16. Jahrhunderts" (genauer müsste man wohl „Anfang zweite Hälfte 16. Jh." sagen) und der Amtszeit von Propst Urban Ottenhofer (1541–1564)[11]. Die „Kunstdenkmale" hatten seinerzeit allerdings keine Zuordnung zu einem bestimmten Propst vorgenommen. Ottenhofers Grabdenkmal befand sich ursprünglich in der Stiftskirche vor dem Hl. Kreuzaltar auf der Evangelienseite an der Wand (*ante altare S. Crucis condignus honore*

repositus est). Die Chronik von Michael Kuen[12] vermerkt dazu noch, dass Ottenhofer im Jahr 1566, also zwei Jahre nach seinem Tod, mit einem eigenen Grabdenkmal geehrt wurde (*cum proprio epitaphio honoratus anno 1566*). Diese Notiz verschiebt einerseits die Anfertigung des Denkmals deutlich in die Amtszeit von Propst Peer und könnte andererseits auch so interpretiert werden, dass es vor diesem Epitaph noch keine individuellen Grabsteine für die Höglwörther Pröpste und Chorherren gegeben hat.

Da jedoch von verschiedener Seite eine Datierung des Reliefs gegen Ende des 16. Jahrhunderts in Erwägung gezogen wird und die Breite des Steins mit der von jenen zwei Fragmenten übereinstimmt, die dem Grabdenkmal für Propst Balthasar Peer zugeordnet werden, dürften die drei Teile mit exakt gleicher Breite zusammengehören. Da es außerdem am Relief oder an der Bekrönung keinerlei Hinweise auf Ottenhofer gibt, ist es glaubhafter und logischer diese Stücke gleicher Breite einer durch Namen und Wappen bestimmten Person zuzuweisen.

Das einst sicher imposante Grabmal für Propst Balthasar Peer — die originale Grabstelle in der Kirche ist nicht bekannt — wurde bei seiner Versetzung in den Innenhof in mehrere Teile zerlegt, wobei das Mittelstück mit dem Relief des Verstorbenen an der Ostwand vermauert wurde, während das halbkreisförmige Abschlussstück (42 × 68 cm)[13] heute in die Mitte der Nordwand über einem Fenster und der Text mit dem redenden Wappen (46 × 68 cm) unter diesem Fenster eingelassen ist, so dass es zu einer falschen Zuordnung kommen konnte[14].

Der Verstorbene trägt ein bis zur Hüfte reichendes Almutium, dessen in kleinen Wellenlinien angedeutete Oberflächenstruktur einen Pelz wiedergibt, der in der Länge aus drei zusammengesetzten Streifen besteht[15]. Gleichzeitig wird durch sanfte Kanneluren eine wellenförmige, steife Formgebung suggeriert, die keine Körperkonturen, wie etwa die zum Gebet zusammengeführten Unterarme, erkennen lässt, so dass der Dargestellte eine unförmige, „bullige" Gestalt erhält, zu der das fein und detailreich ausgearbeitete Gesicht in Kontrast steht. Den unteren Abschluss dieses Almutiums mit Außenfell, wie es von Chorherren getragen wird, bilden beidseits je sieben kurze, zopfartige Gebilde[16]. Das Kleidungsstück wird auf der Brust durch eine Spange zusammengehalten und hat eine Kapuze. Bartwuchs ist um das Kinn, an den Wangen und auf der Oberlippe angedeutet, das Haupthaar fällt in zwei Wellen bis zu den Ohren. Eine Haube bedeckt den Kopf. Um den voluminösen Hals, der durch das Doppelkinn sichtbar ist, schmiegt sich ein gerüschtes Untergewand. Einige Perlen und eine Quaste unter den gefalteten Händen könnten zu einem Paternoster gehören. Dieses unbeweglich wirkende Brustbild füllt fast die gesamte Fläche und lässt nur in den Zwickeln für zwei etwas unproportionierte Engel Platz, welche die Attribute eines Geistlichen bzw. Propstes halten. Der linke Engel mit einem etwas in die Breite gezogenen Kopf hält in der einen Hand einen Kelch mit einer überdimensionierten Cuppa und in der anderen einen Propststab (Pastorale), um den sich ein Band (Velum) windet[17]. Die andere Assistenzfigur trägt ein Missale. Obwohl der Steinmetz versucht hat, die Stofflichkeit und Machart des Umhangs wiederzugeben, wirkt die Kleidung etwas plump und auch die Engel lassen auf eine einfachere Bildhauerwerkstatt, vermutlich in Salzburg, schließen.

Die Bekrönung, die zu diesem Relief gehört, zeigt eine Darstellung der Trinität, wobei Gottvater als Halbfigur dem Betrachter zugewandt ist, während Christus und der Heilige Geist einander anblickend ohne sichtbaren Sessel einfach auf einer durchgehenden Wolkenbank sitzen und dabei die Beine leicht nach vorne ausstrecken. Alle drei Personen tragen jeweils die gleiche Krone und einen Mantel, wobei der Oberkörper Christi unbedeckt ist. Christus hält ein Kreuz, der Hl. Geist unterstützt Gottvater beim Halten der Weltkugel. An den Wolkenenden stehen sich zwei Köpfe mit angelegten Flügeln gegenüber, wohl stilisierte Winde. Die Mitte der Wolkenbank wird von einem Engelsköpfchen mit gespreizten Flügeln betont.

Die Inschrifttafel, die einst den unteren Abschluss des Denkmals gebildet hat, ist zunächst rechteckig, schwingt dann bogenförmig ein und wird vom Wappenschild abgeschlossen. Die Bögen waren ursprünglich mit wolkenähnlichen Gebilden und Blumen verziert, die jedoch entweder abgeschlagen oder durch das Mauerwerk bis auf geringe Ansätze verdeckt sind. Für eine vollständige Rekonstruktion des Epitaphs fehlen leider einige gliedernde Architekturstücke, die zwischen den noch vorhandenen Teilen oder seitlich davon zu denken sind.

Der elfzeilige, stellenweise beschädigte lateinische Text lautet:

DEO OP[<timo>...]:S·REVERENDVS·IN·CHRISTO·PATER·AC·DOMINVS·D·BALTHAZER
EX·NOB[<ili et a>]NTIQVA·VRSORVM·AB·
EBERSBERG,·SVPERIORIS·BAVARIÆ·FAM[I]
LIA·ORIVNDVS·INCLYTI·ET·CLARI·HVIVS·
LOCI·PRÆPOSITVS·SINCERÆ·RELIGIO
NIS·ET·ÆQVITAT[(is)]·OBSERVANTISS(ismus):
ATQVE·HVMANITATE·AC·BENEFICENTIA
DOMI.FORISQVE,·OMNIBVS·CHARVS·HIC·
CVBAE(t)·QVI·PIE·EX·HAC·MISERIA*
VALLE·IN·CŒLESTEM·PATRIAM·A·CHRISTO·
SALVATORE·NOSTRO·CVI

[S]VA·M·ANIMAM:C̄OMENDAVIT,·EV[oc]ATVS
·EST·ANNO·SALVTIFERI·PAR
TVS·IN·TERRIS·FILY·DEI,·M·D·L·XXXXIDIE·
VIII·MENSIS=
=DECEMBRIS
HVIC·TV·QVI·TRANSIS·PAC[<EM>]·REQVIEMQVE·
P̄[<re>]C̄[<are>]·
AC·VITÆ·NVMERANS·TEMPORA·DISCE·MORI

* Müsste eigentlich *MISERA* heißen, doch ist der Buchstabe I deutlich lesbar!

Es handelt sich bei dem Text um typische Formulierungen des Kirchenlatein der Spätrenaissance mit der abschließenden Aufforderung an den Leser, sowohl für das Seelenheil des Verstorbenen zu beten als auch das eigene Ende in den Blick zu nehmen. In freier Übersetzung lautet der Text:

„Dem allmächtigen Gott[...] Der in Christus ehrwürdige Vater und Herr, Herr Balthasar aus dem edlen und alten Geschlecht der Bären aus Ebersberg in Oberbayern stammend, Propst dieses ehrwürdigen und berühmten Ortes, der reinen Religion und der Gerechtigkeit strengster Hüter und durch Menschlichkeit und Wohlwollen im Kloster und außerhalb bei allen beliebt, liegt hier, <und> der fromm aus diesem elenden Tal in die himmlische Heimat von Christus unserem Retter abberufen worden ist, dem er seine Seele anvertraut hat, im Jahre der heilbringenden Geburt des Gottessohnes auf Erden 1591 am 8. Tag des Monats Dezember Du, der du vorübergehst, bitte für ihn um Frieden und Ruhe und lerne zu sterben, indem du die Zeit des Lebens bedenkst."

Wenn die Inschrift die Abstammung des Propstes vom vornehmen und altehrwürdigen Geschlecht der Peer von Ebersberg, latinisiert *ursus* = Bär, betont, so kann Balthasar Peer tatsächlich auf eine lange Ahnenreihe zurückblicken[18]. Bereits um 1410 taucht ein Georg Beer[19] in den Urkunden auf; Hector Beer ist Klosterrichter in Ebersberg und erscheint in der Landtafel Herzog Albrechts, er stirbt 1492; auch sein Sohn Hanns Beer, verheiratet mit einer Margaretha Seuer von Eisendorf, fungiert als Klosterrichter. Auf ihn folgt Christoph Beer, verheiratet seit etwa 1512 mit Ursula Gündersdorfer von Pöring, der außer Klosterrichter auch Forstmeister ist.

Christoph Beer, der seine Ebersberger Ämter bis Ende 1559 ausübt, und Ursula Gündersdorf, auf die weiter unten eingegangen wird, sind die Eltern von Georg Beer, einem weiteren Klosterrichter, und Balthasar Beer, dem späteren Stiftspropst von Höglwörth. Zunächst begegnet uns Balthasar 1556/58 als Chorherr des Stiftes Berchtesgaden, ehe er von 1561 bis 1564 als Administrator und Koadjutor für Propst Ottenhofer nach Höglwörth berufen wird. Im März 1564[20], nach anderen Quellen erst 1566[21], wird er selbst Propst in Höglwörth. Seine Leistungen werden an anderer Stelle gewürdigt, hier wird nur auf die wichtigsten Daten, die mit den Inschriften zusammenhängen, eingegangen. Einer seiner Mitbrüder als Canonicus und Dekan (Vorsteher) des Konvents ist Wolfgang Kerschaider, der 1570 stirbt und dessen Grabmal erhalten ist. Wegen seines hohen Alters erhält Propst Balthasar später Administratoren beigeordnet. Anfangs übt dieses Amt von 1580 bis 1588 Georg Rosenberger, Regularkanoniker von St. Nikola bei Passau, aus[22]. Als dieser in sein Stammkloster zurückkehrt, wird Richard Schneeweis 1588/89 zunächst Koadjutor und, als Propst Balthasar im April 1589 resigniert, ab 9. Mai 1589 dessen Nachfolger[23]. Näheres zu ihm folgt bei der Vorstellung seines Epitaphs.

Epitaph für Ursula Peer, geb. Gündersdorf, die Mutter des Propstes, gest. 1568[24]

Propst Balthasar Peer scheint seine Mutter Ursula nach dem Tod des Vaters und seinem Amtsantritt als Propst zu sich nach Höglwörth genommen zu haben. Dies und die Tatsache, dass er ihr unter Einschluss des Vaters ein respektables Grabdenkmal errichten ließ, zeugen von seiner Fürsorge und seinem Familiensinn. In der sekundären Anbringung an der Westwand des Kreuzganghofes besteht das Rotmarmorepitaph aus zwei Teilen, einem Segmentbogen (22 × 66 cm, linkes Eck weggebrochen) mit dem Wappen der Peer und einer hochrechteckigen Inschriftplatte (86 × 70 cm), die in der unteren Hälfte einen Engel als Wappenhalter aufweist. Diese

am Segmentbogen der Eindruck entsteht, als sei der Abschluss breiter gewesen als die Schriftplatte selbst, so dass die beiden Teile ursprünglich gar nicht zusammen gehörten.

Grabdenkmal für Kanonikus und Dekan Wolfgang Kerschaider, gest. 1570[25]

Die hochrechteckige Grabplatte aus Rotmarmor (81 × 70 cm) für den Kanonikus und Dekan Kerschaider ist eines von drei Denkmälern für Geistliche/Konventualen im Untersuchungsgebiet, wobei ihm in zweierlei Hinsicht eine Sonderrolle zukommt: Zum einen ist der Priester im Brustbild dargestellt, zum andern trägt der Stein neben dem persönlichen Wappen Kerschaiders auch das seines Propstes Peer[26]. Interessanterweise war Wolfgang Kerschaider zum Zeitpunkt seines Todes der einzige Konventuale im Kloster, das heißt, der ganze Konvent bestand offensichtlich nur noch aus dem Propst und ihm. Hunklinger geht davon aus, dass Kerschaider der Namensähnlichkeit wegen vom Kerschallerhof auf dem Zellberg stammt[27]. Sein Wappen ist geteilt und zeigt oben drei Kirschen an Stielen zwischen zwei Blättern auf einem stilisierten Gelände und ist unten zweimal geteilt[28].

Figur ist in eine flache Nische eingetieft, die den Umrissen des Engels folgt und seitlich von angedeutetem Mauerwerk flankiert wird. Eine schmale Leiste fasst den unteren Teil ein, während das Schriftfeld rahmenlos ist. Der achtzeilige Text lautet:

Anno Dom 1568 den 29 Februarij Ist gest=
orben die Ehrnvest und Tugenthafft Fraw Ursula
weilund des Edlen und vesten Christoffen peers
gewesten vorstmaister und hoffmarch Richter zu
Eberstperg seligen nachgelassne eheliche widfraw
derē baidē sambt allē Christglaübigē seelē Gott
der Allmechtig genedig vnd Barmherzig
*sein welle   Ame*n

VENERABILIS, $\overline{D}$(omi)$\overline{N}$(u)$\overline{S}$, WOLPHGAN-
_GVS KERSCHAIDER
$\overline{PBR}$[29]·$C\overline{A}$(n)$\overline{O}$(n)$\overline{IC}_{9(us)}$ AC DECA(n)$_{9(us)}$ IN
HEGLWERD·$\overline{A}$(nn)$\overline{O}$·ÆTATIS·SVÆ
LXV·IN SVI·MEMORIĀ·F(ieri)·F(ecit)·QVI·
$\overline{A}$(nn)$\overline{O}$·INCARNATIONIS
$\overline{D}$(omi)$\overline{N}$(i)CÆ MDLXX EX·HOC·CORPVS-
CVLI· DOMICILIO
AD·AVLAM·CELESTĒ·DEMIGRAVIT HVIC·TV·
QVI· TRANSIS
PRECES[...]

„Der ehrengeachtete Herr Wolfgang Kerschaider Presbyter, Kanoniker und Dekan in Höglwörth hat im 65. Jahr seines Alters zu seinem Gedächtnis (diesen Grabstein) machen lassen, der im 1570. Jahr der Geburt des Herrn aus dieser irdischen Wohnstatt in die himmlische Herrlichkeit hinüber gegangen ist. Du <Wanderer>, der du vorübergehst bete <für ihn …>"

Etwas befremdend wirkt die Doppelung des Wappens, zumal durch das Fehlen des linken Ecks

Der Stein ist stark ausgewittert und weist viele kleine Ausbrüche auf, so dass der markante Kopf von Wolfgang Kerschaider geradezu modern wirkt. Der Geistliche trägt ein Messgewand (Manipel am linken Arm), das seinen Hals ringförmig umschließt und offensichtlich am Rücken in eine Kapuze übergeht. Ein gerüschter Kragen (wie bei seinem Propst Peer) schaut am Hals heraus. Ein leichter Bartwuchs ist angedeutet. Die Frisur mit seitwärts bis über die Ohren reichenden Haaren und einem Pagenschnitt über der Stirn wirkt wie aus unseren Tagen. Die markante Nase verleiht dem Halbrelief individuelle Züge. Die linke Hand hält den Kelch, während die rechte im Segensgestus darüber liegt.

Epitaph für Propst Richard Schneeweis im Kreuzganghof von Höglwörth[30], gest. 1609

Nachdem Georg Rosenberger sein Amt als Administrator für Propst Balthasar Peer niedergelegt hatte und in sein Stammkloster zurückgekehrt war, übernahm diese Aufgabe von 1588 bis zur Resignation Peers Richard Schneeweis. Am 9. Mai 1589 wurde er zum neuen Propst bestellt und wirkte bis zum 24. Oktober 1609. Sein Grabstein ist heute in die Nordwand des Kreuzganghofes eingelassen, Schneeweis war aber ursprünglich — wie auch die anderen Pröpste und Kleriker vor dem Bau der Grüfte — in der Kirche unter dem Pflaster *in medio ecclesiae sub marmore* bestattet[31]. Der hochformatige Rotmarmorstein (224 × 114 cm) fällt nicht nur durch seine Größe, sondern auch durch die besondere Art seiner Gestaltung auf. Rollwerk, unterbrochen von drei Blüten und einem Köpfchen, umgibt die Platte, die unterhalb dieses gerahmten Feldes vier Wappenschilde aus der Familie des Propstes zeigt, die auf einem schmalen Streifen namentlich erklärt werden. Der unmittelbar am oberen Rahmen beginnende siebenzeilige Text füllt die Fläche bei weitem nicht, sondern lässt darunter Platz für ein nahezu gleichschenkeliges Kreuz frei.

HIC SEPVLTVS REVERENDVS·
PATER·NEC·NON NOBILIS·
D(omi)N(u)S DOMINVS RICHARDVS
SCHNEEWEIIS PRÆPOSITVS IN
HÖGLWËRD·QVI OBIIT ANNO
MDCVIIII·VICESIMO QVARTO
DIE OCTOBRIS CVIVS ANIMA
DEO VIVAT

„Hier liegt begraben der ehrengeachtete Vater und durchaus vornehme Herr Herr Richard Schneeweis, Propst in Höglwörth, der gestorben ist im Jahr 1609 am 24. Tag des Oktobers, dessen Seele in Gott ruhen möge."

Während der Text in lateinischer Antiqua geschrieben ist, sind die vier Wappenschilde in deutscher Fraktur beschriftet:

Schneweisisch paumann Leobenegg Neuhausischer Goldstain ischen erischen aus der ötsch

Man vermisst, wie schon beim Grabstein seines Vorgängers, das Stiftswappen. Auch die sogenannte Ahnenprobe fällt mit zwei Generationen relativ kurz aus. Eine Schwester von Propst Schneeweis soll Äbtissin des Klosters Nonnberg gewesen sein[32]. Mit Richard Schneeweis reißt die Reihe der Propstgrabsteine leider zunächst ab. Marquard von

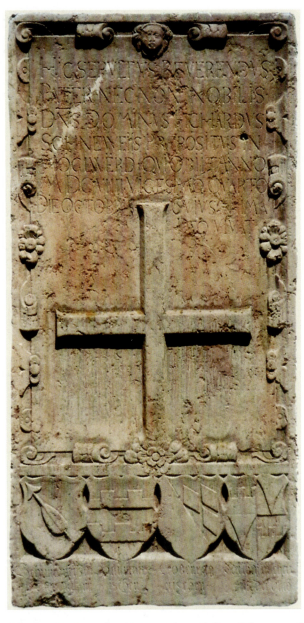

Grabmal für einen Geistlichen Stephanus P(erger?) in der Pfarrkirche Piding[34], gest. 1598
Zum Standort siehe Skizze S. 303, Nr. 4

Der Stein hatte, wie auch die drei anderen, als Bodenbelag in der Vorhalle gedient und ist dementsprechend stark abgeschliffen, so dass vom neunzeiligen Text nur wenige Zeilen bzw. Worte entzifferbar sind. Die hochrechteckige Platte (165 × 70,5 cm) zeigt in einer Nische mit Bogenabschluss und seitlichen Pfeilern samt Kapitellen einen Geistlichen mit Buch und Kelch. Der Verstorbene, als Kniestück wiedergegeben, ist dem Betrachter frontal zugewandt. Auf dem Kopf trägt er ein Birett. Ein Wappen mit einem Laubbaum auf Dreiberg lehnt am linken Pfeiler.

HOC SVB MARMORE SITVS EST
VENERABILIS D(omi)N(u)S STEPHANVS P[...]
[...] PRA[...]IV IN H[EG]LWERT
[...] C I CH ANNIS
[...] PP [E]T VIT V. DIE
MARTY AN(n)O MDXCVIII
[...]TS SVAM(SVVM)....CORPOR
EIS VI [...] I I C V [...]
[...] CON[...] T

„Unter diesem Marmor(stein) liegt der ehrwürdige Herr Stephanus P(...) [...] Pr? in Höglwörth ... am 5. Tag des März im Jahre 1598 ..."

Der Vorname des Verstorbenen, der Ortsname Höglwörth und das Todesdatum sind, wenn auch schwierig, sicher lesbar. Vermutlich handelt es sich um das Grabdenkmal für P. Stephanus Perger aus dem Augustiner-Chorherrenstift Gurk in Kärnten, der 1588/90 als Frater im Alter von 23 Jahren vom Salzburger Weihbischof Sebastian Catteneus zum Akolythen geweiht worden war[35]. Als Geistlicher dürfte er die Seelsorge in Piding übernommen haben, starb aber schon nach wenigen Jahren. Nach seinen Weihedaten erreichte er nur ein Alter von 31 bis 33 Jahren, was auch mit dem jugendlichen Gesicht auf dem Relief übereinstimmt. Das Wappen mit einem Baum auf einem Dreiberg könnte durchaus auf den Familiennamen „Perger" bezogen werden[36]. Zwar betreuten wegen der geringen Zahl von Chorherren oft auch Weltgeistliche die Seelsorgstationen, doch weist in diesem Fall die Ortsangabe

Schwendi, Leonhard Feustlin, Felix Faber und Kaspar Hofinger wurden entweder nicht im Stift und seinen zugehörigen Kirchen begraben[33] oder ihre Grabstätten gingen verloren.

In die Amtszeit von Propst Schneeweis gehört aber noch das Grabmal eines Geistlichen, der die Pfarrei Piding betreut hat und dort auch begraben wurde.

IN HEGLWERT auf einen Konventualen hin, was mit der Angabe, dass Stephanus Perger aus dem Augustiner-Chorherrenstift Gurk stammt, zusammenpassen würde.

Grabplatte für Propst Johann Wolfgang II. Zehentner in der Portalkapelle von Anger, gest. 1674 (ohne Abb.)

Darüber, warum die Reihe der Grabdenkmäler nach Richard Schneeweis wieder abbricht und warum Propst Zehentner nicht in seinem Kloster, sondern in der Pfarrkirche von Anger begraben ist, kann man trefflich streiten. Waren es Baumaßnahmen in Höglwörth selbst[37] oder war der Verstorbene so unbeliebt? Wer nun im späten 17. Jahrhundert einen üppigen Grabstein für einen Barockprälaten erwartet, sieht sich getäuscht. Eine schlichte Rotmarmorplatte (150 × 78 cm) mit einem umfangreichen Text deckte die Grabstelle, über die unzählige Füße Jahrhunderte lang hinweggegangen sind, so dass die Oberfläche abgeschliffen ist und viele kleine Stellen ausgebrochen sind. Kein Wappen, ja nicht einmal ein Kreuzzeichen schmückt die schlichte Platte, die auch heute wieder in der Portalkapelle von Anger als Bodenbelag dient und links von der Außenwand und rechts oben vom Antritt des Altares überdeckt wird, so dass Teile des Textes nicht lesbar sind, was für die Würdigung des Propstes einige Schwierigkeiten bereitet. Sicher befand sich das Grab ursprünglich in der Kirche selbst, bei der Transferierung ist dann der Stein zusätzlich in der Mitte zerbrochen, so dass er nicht wie manch andere an den Wänden befestigt, sondern wieder auf dem Boden verlegt wurde, wo er kaum auffällt.

HIC
SVB HOC LAPIDE
[IN]TVS IACET
[REVER]ENDISSIMV(s) D(omi)NVS
[JOHA]NNES WOLFGANG[VS]
[ZEH]ENTNER BAVMBVURG[ENSIS]
[PROFES]SVS CAN. REG: IN HOGLW[ERTH]
[PER] 19 AN(nos) PRÆPOSITVS IN
[...]RIS 1674 OBIVIT* IN D(omino)

* fälschlich statt *obiit*.

Grabplatte für Augustinus Griesacher

[AETA]TIS SUÆ 52 ANNORVM
[...]CVM VITA QVAM POST[...]
[...]IN LIBRIS CONSVMPSIT [...]
[...]ENE SIMVL CVM VIT[...]
[...]SIT VALE LECTOR [...]
[...]AELI CANAT CLASSICV L[...]
[...]QVOD VT LAETVS [...]
[...]TV IAM PRECARI [...]
MDCL[...]   [drei schräge Hasten noch erkennbar, wohl 1674]

„Hier unter diesem Stein liegt <drinnen> der hochwürdigste Herr Johann Wolfgang Zehentner, der in Baumburg seine Profess als Regularkanoniker abgelegt hat, in Höglwörth durch 19 Jahre hindurch Propst war ... 1674 im Herrn starb im Alter von 52 Jahren ... mit Büchern verbracht ... leb wohl, Leser, ..."

Die wichtigsten Daten zu Propst Zehentner lassen sich mit den Angaben bei Geiß[38] abgleichen: Geboren am 25. Dezember 1622 in Weilheim, Profess am 12. März 1641 im Kloster Baumburg, präsentiert als Propst von Höglwörth am 4. Mai 1652, zum Propst bestellt am 28. Juni 1652, resigniert krankheitshalber am 9. Oktober 1671, darf außerhalb des Klosters leben, zunächst in St. Peter zu Salzburg, dann im St.-Johanns-Spital. Da dem Kloster Höglwörth die Pflegekosten zu hoch werden, verlangt es die Rückkehr — am 17. Juli 1674 wird er in einer Sänfte nach Höglwörth zurückgebracht, dort lebt er krank und hinfällig noch knapp ein halbes Jahr. Er stirbt am 2. Dezember 1674 von seinen Strapazen/Leiden aufgezehrt (*laboribus suis fessus a. d. IV. Nonas Decembres*).

Obwohl am Zeilenbeginn nur jeweils vier bis fünf Buchstaben fehlen — am Zeilenende könnten es mehr sein —, lässt sich der lobende Schlusstext nicht sinnvoll ergänzen. Als einziges Faktum ist mit Sicherheit zu entnehmen, dass er eine gewisse Zeit seines Lebens mit der Beschäftigung mit Büchern zugebracht hat. Ob man daraus schließen kann, dass er die Stiftsbibliothek erweitert hat, ist fraglich.

Grabplatte für Augustinus Griesacher, Kanoniker in Höglwörth und Vikar von Piding, in der Portalkapelle in Anger, gest. 1677

Während die Grabplatte seines Propstes an die Außenwand der Portalkapelle anschließt, liegt das Epitaph (150 × 79,5 cm) von Augustinus Griesacher parallel zur Südwand der Kirche. Beiden ist gemeinsam, dass sie als Bodenbelag dienen, teilweise von den Altarstufen überdeckt werden und keinerlei Schmuck oder Symbole ihres Standes und der Vergänglichkeit aufweisen. Einzig ein umfangreicher und noch gut lesbarer Text gibt Auskunft über den Kanoniker und Vikar von Piding:

SISTE ET PERLEGE
VIATOR=
HIC IACET SVB MAR
[MO]RE $\widetilde{R}$(everen)$\widetilde{D}$9(us) D(omin)$\widetilde{N}$(u)S
     AVGVSTINV9(us)
[GR]IESACHER TEISENDORFFEN

[SIS] OLIM CAN: REG: HÖGL=
[W]ERTHENSIS ET VICARIV9(us)
[PI]DINGENSIS QVEM D̃(omi)Ñ(u)S
[DE]VS EX HAC LACRIMA=
RVM VALLE ANNO D̃(omi)NI
1677 DIE 3 APRILIS ÆTA
[TIS S]VÆ 54 AD ÆTERNA[M]
[QVIE]TEM AVOCAVIT PRO
CVIVS ANIMÆ SALVTE
QVISQVIS ES EX CHRISTIANA
[...] DIC PATER ET AVE.

„Bleib stehen und lies, Wanderer (= der du vorbeikommst)! Hier liegt unter dem Marmor der ehrengeachtete Herr Augustinus Griesacher aus Teisendorf, einst Regularkanoniker in Höglwörth und Vikar von Piding, den der Herrgott aus diesem Tal der Tränen im Jahre des Herrn 1677 am 3. Tag des April im Alter von 54 Jahren zur ewigen Ruhe abgerufen hat. Für dessen Seelenheil — wer auch immer du bist — bete aus christlicher (Frömmigkeit) ein Vaterunser und ein Ave Maria."

Die wenigen Buchstaben, die verdeckt (siehe Abbildung) oder stark abgetreten sind, lassen sich leicht ergänzen mit Ausnahme des Anfangs der letzten Zeile, wo ein *PIETATE* oder sinngemäß auch ein *FIDE* denkbar wäre. Ebenso wäre in der viertletzten Zeile ein *REQVIEM* statt *QVIETEM* passend — je nach Interpretation der senkrechten Haste als I oder T — was jedoch letztendlich denselben Sinn ergeben würde.

Nach Geiß[39] hat der aus Teisendorf stammende Augustinus erst 1671 — also als Endvierziger — die Gelübde abgelegt und kann daher kaum schon von 1670 an bis zu seinem Tod 1677 als Vikar von Piding[40] gewirkt haben, wo man seine Grabstätte eher vermuten sollte. Geiß gibt außerdem entgegen dem auf dem Stein deutlich lesbaren Todestag den 5. April als Sterbedatum an.

Augustinus Griesacher ist das letzte Mitglied des Höglwörther Konvents, das epigraphisch fassbar ist. Es fällt auf, dass von 1677 bis zur Klosteraufhebung 1817 weder ein Propst noch ein Chorherr oder ein Weltgeistlicher, der in Anger oder Piding gewirkt hat, dort durch ein Grabdenkmal verewigt ist. Es ist zu vermuten, dass ab dieser Zeit wohl mit der Fertigstellung der neuen Kirche in Höglwörth ein Systemwechsel stattgefunden hat und die dortigen Grüfte belegt wurden. In der Chronik von Kuen ist allerdings belegt, dass außer Propst Zehentner auch sein Nachfolger Propst Johann Adam Weber in der Kirche von Anger beerdigt war (*Johann Adam Weber anno 1686 in antedicta paroechiali ecclesia Oespergensi maximo omnium comploratu reconditus*). Entweder ist sein Grabstein bei der Transferierung in die Portalkapelle verloren gegangen oder er liegt unzugänglich unter dem Altar samt Antritt dieser Kapelle verborgen.

Eine gewisse Sonderstellung nehmen zwei Konventmitglieder ein, die in der Endzeit des Stiftes und auch nach seiner Aufhebung als Seelsorger in Piding gewirkt haben. Es handelt sich um den Chorherrn Paul Trauner und den Kanoniker Benedikt Wölkl, denen die Pfarrgemeinde zum ehrenden Andenken je eine Tafel gewidmet hat. Beide Ehrentafeln sind links und rechts in die Außenwand der südlichen Eingangsvorhalle unmittelbar neben der Tür bündig in die Wand eingelassen. Wegen ihres schlechten Erhaltungszustandes sind sie kaum lesbar und fallen nicht auf.

Ehreninschrift für den Chorherrn Paul
Trauner, Pfarrvikar von Piding, an der
Außenwand der südlichen Eingangsvorhalle
von Piding, gest. 1801
Zum Standort siehe Skizze S. 303, Nr. 5

Die schmucklose Rotmarmorplatte (58 × 38,5 cm) für Paul Trauner befindet sich rechts vom Eingang. Durch Witterungseinflüsse sind zahlreiche Sprünge mit kleinflächigen Ausbrüchen entstanden, so dass der Text stellenweise sinngemäß ergänzt werden muss.

Zum Andenken unseres un-
Vergeslichen Seelenhürten
Paulus Trauner
reg: Chorh(err) von Högelwerd
gest: den 21. Juliy 180[1 in/zu]
Wildbad Gastein im 62.
[J]ahre seines Alters.
Errichtet von Einigen [<der>]

*Treuesten aus seiner so sehr
Geliebten Pfarrgemeinde.
R.I.P.*

Paul Trauner wurde am 29. Januar 1739 in Saalfelden geboren, legte 1760 die Gelübde ab und wurde am 5. Juni 1762 zum Priester geweiht. Ab 1784 war er seelsorgerisch in Piding tätig, von 1787 bis 1801 war er Vikar. Gleichzeitig übte er bis 1790 das Amt des Dekans von Höglwörth aus. Er starb am 21. Juli 1801 in (Bad) Gastein und dürfte auch dort begraben worden sein[41].

Seine Nachfolge hat der Kanonikus Benedikt Wölkl angetreten, dem die Pfarrgemeinde Piding ebenfalls eine Ehreninschrift gewidmet hat.

Ehreninschrift für Benedikt Wölkl, Kanonikus und Pfarrvikar von Piding, an der Außenwand der südlichen Eingangsvorhalle von Piding, gest. 1837
Zum Standort siehe Skizze S. 303, Nr.6

Die helle, unverzierte Marmortafel (38,5 × 33,5 cm) links vom südlichen Seiteneingang ist sehr stark ausgebleicht, die Schrift ist wegen der Verwitterungsspuren nur schwer lesbar.
*Denkmal
für den Hochwürdigen Wohlgebornen Herrn
BENEDIKT WÖLKL
Kanonikus von Höglwerd, der durch 37 Jahre
als Pfarrer in Piding thätig in* Weinberge des
Herrn wirkte. Derselbe ward geboren am 17.ten
Juniy 1768 Zu Laufen, wo er auch am 7.ten
December 1837** in das bessere
Jenseits hinüberging.
Friede seiner Asche*

---

  * Müsste korrekt „im" lauten.
  ** Die Endziffer ist verschlagen, so dass auch eine 8 gelesen werden könnte.

Benedikt Wölkl war in Laufen am 17. Juni 1768 geboren worden, legte 1790 die Profess ab und erhielt am 22. September 1792 die Priesterweihe. Von 1801 bis 1836 war er unermüdlich als Vikar von Piding tätig. Geiß merkt an, dass er sich ausschließlich auf die Seelsorge seiner Gemeinde beschränkt und nicht in die Querelen unter dem letzten Propst Gilbert eingemischt hat. Durch seine Leistungen stellte er seine Gemeinde in jeder Weise zufrieden. Obwohl Höglwörth aufgelöst war, legte er sein Ordenskleid nicht ab, um etwa als Weltgeistlicher der Seelsorge nachzugehen. 1836 zwang ihn Gebrechlichkeit zur Aufgbe des Amtes. Er starb im Genuss der Ordenspension am 7. Februar 1837 in Laufen, wo er auch seine letzte Ruhestätte gefunden haben dürfte[42].

Grabdenkmäler für Richter und Laien

Selbst Ortsansässigen ist das aus dem Rahmen der üblichen Darstellungen fallende Grabmal für das Töchterchen des Kammerrates und Oberstwaldmeisters Gervasius Fabrici von Klesheim am Haus Nr. 42 im Klosterweg zu Höglwörth, östlich des Stiftes, kaum bekannt.

Grabstein für das nicht namentlich bezeichnete Kind des Gervasius Fabrici und der Felicitas Alt, gest. 1616

Der hochrechteckige Stein aus scheckigem Adneter Marmor (77 × 46 cm, Stärke ca. 8 cm) ist in die Holzverkleidung der Südostfassade von Haus Nr. 42 am Klosterweg eingelassen und dürfte sich früher im Kreuzgang, dem ursprünglichen Westtrakt des Stiftes, befunden haben. Der fünfzeilige Text steht in einem Feld, dessen Rahmen mit gestreckten Voluten geziert ist.

> Hie ligt begraben deß Edlen Vessten
> Herrn GERVASI FABRICI aüch
> Seiner Haüsfraüen FELICITATIS
> Alttin Eheliche Tochter Ires
> Alters 9 Wochen Ao 1616

Die oberen zwei Drittel des Steines füllt die Darstellung des verstorbenen Mädchens, das ähnlich wie Pröpste, Bischöfe und Ritter am Ende des 15./Anfang des 16. Jahrhunderts auf einem Kissen mit einem entsprechenden Unterbett aufgebahrt ist[43]. Vom Unterbett oder einer Decke nimmt man nur die seitlichen Fransen wahr, während das querrechteckige Kissen durch vier Knoten mit Quasten an den Ecken betont wird. Kopf und Oberkörper des Kindes sind leicht in das Kissen eingesunken. Das Mädchen trägt ein bis zu den Füßen reichendes

(Toten-)Hemd mit einer Halskrause. Das Gesichtchen ist auffallend rund und wird von langem Haar

gerahmt, was für einen 9 Wochen alten Säugling unmöglich erscheint. Die Hände des Kindes sind so gefaltet, dass sich nur die Fingerspitzen berühren. Das Ganze wirkt etwas wie ein stehendes barockes Jesuskind[44], so dass man von einer idealisierten Darstellung ausgehen kann.

Zu Füßen der Verstorbenen, von der weder der Vorname noch das genaue Sterbedatum angegeben ist, lehnen die barocken Wappenschilde der Eltern: Vom Betrachter aus links das des Gervasius Fabrici von Kles(s)heim (fünfmal schräg links geteilt, überhöht von drei nebeneinander liegenden Sternen im Querbalken), rechts das der Felicitas Alt (Fisch im schrägen Band). Die Mutter Felicitas, geboren 1592, starb im Alter von 28 Jahren am 8. Mai 1620 und wurde in der Alt'schen Familiengruft in der Hl.-Geist-Kapelle in St. Peter zu Salzburg begraben. Sie hatte 1615 Gervasius Fabrici geheiratet. Das verstorbene Mädchen war offensichtlich das erste Kind beider. Gervasius Fabrici, der 1644 starb, war Kammerrat und Oberstwaldmeister. Welche Funktion er im Bereich des Stiftes inne hatte, ist unbekannt. Ein Tobias Fabrici wird ab 13. Juni 1601 als Rat und Pfleger von Staufeneck aufgeführt, ehelicht am 11. Februar 1602 Kordula Thenn und wird am 4. März 1605 Pfleger im Gericht Raschenberg bei Teisendorf. Er stirbt am 12. November 1607[45].

Mit den Denkmälern für die Urbar- und Hofmarkrichter beginnt eine Reihe barocker Texte, die einen reizvollen Einblick in die Auseinandersetzung mit Leid und Tod in jener Zeit geben, wobei von der Familie Hofmann eine ganze Genealogie erstellt werden kann. Mit einer Ausnahme befinden sich alle diese Grabmäler in Anger.

„Daß Leben Fliest ohne bestandt: wie Doch in der Reiß Uhr der Sand", lässt sich mit einem Zitat aus dem Text für Elisabeth Hofmann das Kapitel überschreiben.

Grabstein für den Hofmarkrichter Caspar Morhart von Offenwang in Höglwörth, gest. 1608[46]

Der hochrechteckige Stein (150 × 82 cm) aus Rotmarmor ist in die Nordwand des kleinen Kreuzganghofes bündig eingemauert. Die Platte ist genau

hälftig geteilt, oben steht der Text, der von einer dünnen Rille eingerahmt wird, unten ist in einem vertieften Kreis das Wappen des Verstorbenen angebracht. Von den Zwickeln sind nur die oberen zwei durch Engelsköpfchen gefüllt, deren Flügel der Rundung der Wappenrahmung folgen.

Hie ligt begraben der Edl vnd Vesst
Caspar Morhart von Offenwang des
Wierdigen Gottshauß vnd Closter
Höglwörd 23 Jahr gewester Hofrichter

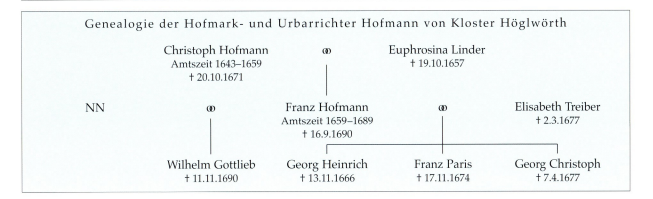

*Der den 16 Maij Ano 1608 in Gott
Seeligkhlich verschiden deme vnd
Allen Christglaubigen seelen gott der
Allmechtig ain Freliche Aufersteh
ung verleichen welle Amen*

Der Verstorbene führt den Oberkörper eines gekrönten Mohren ohne Arme im Wappen. Geiß lässt die Reihe der Klosterrichter erst 1585 mit Caspar Morhart von Offenwang beginnen.

Ebensowenig wie die Grabmalreihe der Pröpste, ist auch die der Hofmarkrichter vollständig. Sie findet erst mit Christoph und Franz Hofmann zwischen 1643 und 1689 eine Fortsetzung. Da für deren Ehefrauen jeweils eigene Grabsteine existieren und zusätzlich vier Kinder verzeichnet sind, ergibt sich ein kleiner Stammbaum der Hofmann über zwei Generationen (siehe oben).

Wenn auch Geiß keinerlei Nachrichten über die Amtsführung der Hof- und Urbarrichter bringt, die im Richterhaus, dem späteren Pfarrhof von Höglwörth, ihren Amts- und Wohnsitz hatten, zeichnen doch die barocken Texte ein gewisses Bild, wenn nicht nur der Todestag, sondern auch die Sterbestunde angegeben wird, wenn die Kinder in jungem Alter noch vor den Eltern sterben und wenn die Hoffnung auf ein Wiedersehen im Jenseits, die *freliche Auferstehüng*, den tröstenden Schlusssatz bildet. Offensichtlich wurden die Grabplatten auch hier sekundär als Baumaterial in der Portalkapelle verwendet, wenn etwa die Rotmarmorplatte (93,5 × 58 cm) für Christoph Hofmann die Standfläche für den Schulterwunden-Heiland im Kerker am Eingang zur Kirche bildet.

Grabtafeln für Christoph Hofmann in der Portalkapelle in Anger, gest. 1671, und Euphrosina Linder, seine Ehefrau, ebendort, gest. 1657 (Abb. folgende Seite)

*Alhie Ligt begraben der Ehrnvest
Und Wolfürneme herr Christoph
Hofman der Loblichen Brobstey
Und Closter Hoglwörth in die 18
Jahr gewester hof: und Urbars
Richter welcher den 20. Octo:
ber Anno 1671 Zwischen 12:
und 1 Uhr Nachmittag in Gott
seeligclich entschlaffen deßen und
aller Christglaübigen Seelen
Gott der Allmechtige genedig sein
und am Jüngsten Tag ain Fre
liche Auferstehüng verleichen
wolle. Amen.*

*Alhie ligt begraben die Ehrntüg
entsamb Fraü Eüphrosina Lin
derin Christophen Hofmans Hof:
und Urbar Richters Zü Hoglwert
geweste Eheliche haüßfraü welche den
19. October Anno 1657. Zwischen 9.
und 10. Uhr vormittag in Gott See
ligclich verschiden deren und allen
Christglaübigen Seelen Gott der
Allmechtig genedig sein: und am
Jüngsten Tag mit allen aüßerwoh
lten ein Freliche aüferstehüng ver
leichen wolle Amen.*

Da Euphrosina Linder (1657) 14 Jahre vor ihrem Gatten (1671) starb, erhielt sie einen eigenen Grabstein (93 × 57,5 cm), der heute in die Südwand der Portalkapelle eingelassen ist. Darstellungen der Verstorbenen fehlen auf beiden Platten ebenso wie Symbole der Vergänglichkeit oder Auferstehung, lediglich eine profilierte Rahmenleiste fasst die Texte ein.

Grabstein für Elisabeth Treiber, die Gattin des Franz Hofmann, und das Kind Georg Christoph in der Portalkapelle in Anger, gest. 1677

Als Christoph Hofmann 1659 sein Richteramt niederlegte, übernahm dessen Sohn Franz diese Aufgabe und stand von 1659 bis 1689 in den Diensten des Klosters. Er war verheiratet mit Elisabeth Treiber, die ihm mehrere Kinder (mindestens drei) gebar, die aber alle noch vor oder fast gleichzeitig mit ihrer Mutter starben. Auf dem Grabstein (100 × 79 cm) der Elisabeth Treiber ist ihr letztes Kind Georg Christoph mit verzeichnet, das die Mutter nur um einen Monat überlebte.

Daß Leben Fliest ohne bestandt:
wie Doch in der Reiß Uhr der Sand.
Fragst Dü Leßer wer da Rüehe ~ ach Traürige ant:
Wortt ~ nit allein die Hertzliebste Ihres Ehewürts und
Khindern sonder aüch die Liebste der Eltern ia die Liebs:

rung des Hofrichters selbst, aber sie zeigt, wie man das Leid zu bewältigen versuchte, indem man die Zeilen stellenweise reimte oder programmatische Texte an den Anfang stellte.

Grabstein für zwei Kinder von Hofrichter Franz Hofmann, gest. 1666 bzw. 1674

Die Familie Hofmann hatte bereits zwei Söhne in jungem Alter verloren — ein beredtes Zeugnis für die hohe Kindersterblichkeit in jener Zeit —, deren Grabplatte (77,5 × 56,5 cm) auf dem Boden der Portalkapelle liegt und unmittelbar an die Kirchenwand anschließt.

Alhie ligen begraben Herrn
Frantzen Hofmans Hof: und
Urbar Richters Zü Höglwörth
und Elisabethæ Treiberin seiner

te Ihrer geschwistriget: Nemblich die Ehrntügent:
reiche Frau ELISABETHA Hofmanin geborne
Treiberin Dißes Liebvandl hat der Todt Zertrent
den 2. MARTY ANNO 1677. Höre wünder.
Eß Lassen auf Todes gebott
die Khinder Zür Muetter ins Khot.
Den 7. Aprilis Hernach würd gelegt Zu der
Muetter ins Grab Ihr Söhnlein GEORGIVS CHRI
STOPHORVS. Diese gedechtnüs hat gesetzt Herr
FRANCISCVS Hofman Hofrichter in Höglwörth
Hindterlassner betriebter Wittiber.
Nün winsche den ewigen friden
dißen allen so seelig verschiden.

Ein rührender Text, der die Vorzüge der Verstorbenen hervorhebt, ihr gutes Verhältnis zum Gatten, den Kindern, den Eltern (die offensichtlich noch leben) und Geschwistern betont und das Leid für den Vater schildert, als er kurz nach dem Tod der geliebten Gattin auch das Kind zur Mutter in die Erde betten musste. Zwar bringt die Inschrift nichts für die Geschichte des Klosters oder die Amtsfüh-

*Haüßfraüen Ehelich erworbene
2 Söhnl Namens Georg Hain
rich Seines alters 16. Monath
welcher gestorben den 13. Novem
ber A. 1666 und Frantz Paris
des alters 13. Monath so verschi
den ist den 17. November A. 1674.*

Franz Hofmann hat nach dem Tod seiner Frau Elisabeth und dreier Kinder nochmals geheiratet. Der Name der zweiten Gattin ist (ohne spezielle Nachsuche in den Matrikelbüchern) unbekannt. Sicher ist, dass er mit ihr weitere Kinder/ein weiteres Kind hatte, das kurz nach seinem Tod ihm nachfolgte — ähnlich wie bei der ersten Gattin —, worauf der Text Bezug nimmt. Dass der Vorname des jüngsten Kindes auf den Salzburger Erzbischof Paris Lodron Bezug nimmt, ist sicher nicht von ungefähr.

Ein weiteres Mitglied der Familie Treiber findet sich epigraphisch in Piding belegt, wo im Südeingang eine Grabplatte an Ursula Treiber, Gerichtsschreiberin von Staufeneck, erinnert[47].

Grabinschrift für Franz und Wilhelm Gottlieb Hofmann in der Portalkapelle in Anger, gest. 1690

Die rahmenlose hochrechteckige Inschriftplatte aus Rotmarmor (100,5 × 79,5 cm) ist in der Portalkapelle in die Innenwand zur Kirche hin bündig eingelassen. Der Text beginnt mit einem Spruch, der einerseits auf das Amt des Hofrichters und andererseits auf das Jüngste Gericht Bezug nimmt.

*Wann Gott sitzet Zü gericht
will er haben daß Recht gewicht.
Fragest du Lieber Leßer wer alda Hier Zue abge-
    fordert
worden ach: der Ehrnvesste und Edl Hochfürneme
    Herr
Franz Hofman in die 30. Jahr des Loblichen
    Closters
Höglwörth gewester Hof. und Urbar Richter wel-
    cher den 16.
SEPTEMBRIS Anno 1690 in Gott seelig Ent
schlaffen. Höre Weithers dan*

*Gleich Wie der Muetter schon vor Jahren
Ein Söhnlein baldt ist Nachgefahren
Also hat auch Seinen Lieben Vattern nit Lang
    Alleinig
in dißen Grab Ruehen Lassen wollen dessen
    Söhnlein
Wilhelbm Gottlieb so den 11. NOVEMBER Gleich
Hinach Verschiden Diße nün und alle
    Abgestorbne
Christgläubige Seelen wolle
Die Sonne der Gerechtigkeit
Bescheinen in all Ewigkeit ~.*

Grabsteinfragment für Josef Casimir von Schnedizeni, gest. 1758

Nach diesem fast lückenlosen Exkurs über die Familie Hofmann als Hof- und Urbarrichter von Höglwörth klafft wieder eine Überlieferungslücke von etwa 60 Jahren, bis mit einem Grabsteinfragment für Josef Casimir von Schnedizeni[48] nochmals ein Richter epigraphisch greifbar wird. Hunklinger hatte bei seiner Bestandsaufnahme 1976 am Hof Kerschall in Zellberg Nr. 36 (damals Hs.-Nr. 16) das Bruchstück einer beschrifteten Rotmarmorplatte aus den Steinbrüchen vom Untersberg dokumentiert und war davon ausgegangen, dass der Stein in der Mitte auseinander gebrochen sei. Die glatte und bearbeitete Bruchkante deutet jedoch darauf hin, dass der durch irgendwelche Umstände frei gewordene Stein als willkommenes Material sekundär für eine Antrittstufe verwendet und artifiziell „auf Maß" (118 × 48 cm) getrennt wurde. Die Herkunft konnte schon Hunklinger nicht mehr ermitteln und vermutet deshalb entweder den Kreuzganghof von Höglwörth oder die Portalkapelle von Anger, nachdem an beiden Orten Grabsteine von Hof- und Urbarrichtern vorhanden sind. Mittlerweile wurde das Fragment „aus Sicherheitsgründen, damit es nicht entwendet werden könnte" als Unterbau für eine Gred des Hofes genützt und ist somit nicht mehr zugänglich. Hunklinger hat nur eine Teilansicht fotografisch überliefert, so dass vor allem vom Unterteil etwaige Verzierungen unbekannt sind. Einer anderen Epoche entsprechend beginnt der Stein oben mit einem Totenschädel und gekreuztem Gebein, flankiert von zwei kleinen Kreuzen, von denen nur das linke erhalten ist. Der Text lässt sich auf Grund der bekannten Daten und Formulare gut ergänzen:

Alda L[<iegt begraben>]
der Wohl=Edlgeb[<orne>]
und Hochgelehr[<te Herr Josef>]
Caßimir von S[<chnedizeni des>]
Löbl. Stüffts C[<losters>]
Högelwerth Ho[<f und Urbar>]
Richter, welche[<r am 26. April>]
Anno 1758
[<Im Alter vo>]n 47 ist [<verstorben>]
[<Dem>] Gott [<genedig sein wolle.>]

Die Familie von Schnedizeni war mit den Mozarts befreundet. Josef Casimir von Schnedizeni starb zwei Jahre, nachdem Wolfgang Amadeus Mozart in Salzburg geboren worden war.

Der Vollständigkeit halber seien noch zwei weitere epigraphische Denkmäler in der Portalkapelle von Anger erwähnt, die Personen zuzuordnen sind, die nicht unmittelbar mit dem Kloster zu tun hatten: Zum einen handelt es sich um den Grabstein für die Gemahlin von zwei Herren, die in der ersten Hälfte des 17. Jahrhunderts in den Diensten des bayerischen Kurfürsten standen, und zum anderen um den Grabstein des Angerer Hofwirts und seiner Familie.

Grabstein der Hofwirtsfamilie Jogl[49] von Anger, gest. 1581 bzw. 1604

Dieser hochformatige Rotmarmorstein (112 × 93 cm) ist in die südliche Kirchenaußenwand innerhalb der Portalkapelle von Anger eingelassen und befindet sich auf der Höhe der Altarmensa. Es ist das einzige Steindenkmal des Klosterbereichs, das uns Mitglieder aus der Bevölkerung in ihrer Feiertagskleidung zeigt. Dargestellt ist die gesamte Familie, die nach Geschlechtern getrennt unter einem Kreuz kniet. Die Männer knien auf einem Schemel, die Frauen auf ihrem Gewandbausch oder einem Kissen. Im Hintergrund sind zwei stilisierte hohe Berge angedeutet, wobei auf dem linken, wie auf einem Vorberg, eine fünftürmige Burg- oder Kirchenanlage steht. Die Szene wird von zwei über Eck gestellten Pfeilern mit vorspringenden, verzierten Konsolen mit Gesims begrenzt, über die sich ein flacher Segmentbogen spannt, dessen Zwickel von zwei Engelsköpfen mit ausgebreiteten Flügeln gefüllt sind. Etwas mehr als ein Drittel der Gesamtfläche nimmt das mehrfach profilierte, gerahmte Schriftfeld ein.

Hie ligt begraben der Erbarr und Wol geacht Wolff Jogll wierdt Alhie auf dem Annger welicher in gott ent
schlafen ist den 15 May im 1604 Jar. Mer ligt begrabē
Sein erste eheliche hausfrau Magdalenna Pöslin Weliche
gestorben ist 1581 der Allmechtig gott wele Jnen und unß Allen am Jüngsten Tag Ein Freliche Auf Ehrsteung verleichen Amen.

Wenn man der üblichen Aufteilung solcher Familiendarstellungen folgt, so stellen die äußeren, mit einem Kreuz über ihrem Kopf versehenen Personen den im Text genannten Wolf(gang) und seine erste Gattin Magdalena Pösl dar. Die zweite und dritte Frauengestalt mit den Initialen A und M über den Köpfen wären demnach seine zweite Frau namens A(...) und die überlebende Tochter M(...), während ein Mädchen mit Kreuz als bereits verstorbenes Kind gekennzeichnet ist.

Gleiches gilt für die „Männerseite", wo auf den Vater Wolf ein Sohn mit dem Namen I(...) S(...) und zwei schon verstorbene Söhne — einer mit Bart, einer noch bartlos — folgen. Die Männer tragen Kniehosen und einen halblangen Umhang, um den Hals einen gerüschten Kragen. Die Hände sind zum Gebet gefaltet. Die Frauen sind ebenso schematisch wiedergegeben mit gleichen Röcken und Mantillas, Krägen und gefalteten Händen mit Rosenkränzen. Die drei älteren Frauen haben als Kopfbedeckung einen flachen, schmalkrempigen Hut, während das Kind — alters- und standesgemäß — sein offenes, unbedecktes Haar zeigt und sich auch hinsichtlich der Halskrause von den anderen unterscheidet. Es ist zu bedauern, dass es nicht mehr trachtenkundlich aussagekräftige Grabdenkmäler im Untersuchungsgebiet gibt.

Fragment eines Grabsteins für Eva
Ayenschmalz (erste Hälfte 17. Jahrhundert)
in der Portalkapelle von Anger (ohne Abb.)

Das breitrechteckige Fragment aus hellem Stein mit der Grabinschrift ist als Bodenplatte in der Portalkapelle an der südlichen Außenwand verlegt (44 × 66,5 cm). Der Text nennt die Verstorbene und zwei ihrer Ehemänner, ist sonst aber schmucklos. Eine Datierung kann nur über Bernhard Sasser erfolgen, an den 1623 Wolf Schrefel schreibt und ihn „sein Brudern", vielleicht Schwager, nennt[50]. Sasser ist kurfürstlich bayerischer Hofkammersekretär und Registrator. Das als RESPECTIVE zu ergänzende letzte Wort = „beziehungsweise/oder" würde auf einen weiteren Dienstherrn des Bernhard Sasser verweisen.

> *Alhie ligt begraben die Edl und*
> *Ehrntugentreiche Frau Eva Ayen*
> *schmalzin Weilandt im Leben des Ed*
> *len und Gestrengen Herrn*
> *Wolfgangen Zechentners dann auch dess*
> *Bernharden Sassers Ihro Chür*
> *frtl. Drtl. in Bayrn RESPECTIV*[E]
> *[…]*.

Die Familie Ayenschmalz / Ayrmschmalz / Ayrnschmalz lässt sich in der Liste der Beamtenschaft mehrfach nachweisen, so als Mautgegenschreiber von Burghausen, als Pflegsverwalter von Marquartstein bzw. Tölz oder als Rat und Sekretär in Landshut, um nur einige Belegstellen zu nennen. Welche Funktion Wolfgang Zechentner oder Bernhard Sasser bzw. deren Frau in den Raum um Höglwörth verschlagen hat, ist unbekannt. Die Namensähnlichkeit Zechentner/Zehentner könnte auf Beziehungen zu den beiden Pröpsten gleichen Namens in Baumburg und Höglwörth hinweisen.

Grabstein für Ursula von Haunsperg,
geb. von Watzenstorff, gest. 1564,
in der nördlichen Eingangsvorhalle
der Stiftskirche Höglwörth

Die Herren der nahe gelegenen Burg Vachenlueg besaßen zwar eine eigene Kapelle, jedoch keine Se-

pultur zur Burg, so dass sie in Höglwörth und Michaelbeuern ihre letzte Ruhestätte fanden. Obwohl die Herren von Haunsperg, ab 1636 Freiherren, ab 1675 Grafen, von 1413/14 bis 1722 diese Burg bzw. das Schloss und die Hofmark besaßen[51], hat nur ein einziger Grabstein die Zeiten überdauert[52]. Ursprünglich war dieses monumentale Denkmal (197 × 101 cm) im Ostflügel des Kreuzganges im Kloster angebracht, 1913 beantragte das Pfarramt Anger seine Versetzung, was 1914 genehmigt wurde. Seither ist es mauerbündig im (meist verschlossenen) nördlichen Seiteneingang eingesetzt.

Eine Ahnenprobe mit je acht Wappen samt zugehörigen Namen auf Schriftbändern flankiert das Textfeld, unter dem sich das Allianzwappen der Verstorbenen befindet, links das ihres Gatten Hans von Haunsperg zu Vachenlueg, rechts ihr eigenes, das heißt, das derer von Watzensdorf. Die Wappen stehen unter je einer Arkade, die äußeren Bögen ruhen auf Pfeilern mit Kapitellen, die inneren auf einem Konsolstein. Der Gatte und die Söhne Hans Christoph Sebastian sowie Wolf Sigmund haben der Ehefrau und Mutter — auf eigene Kosten, wie sie ausdrücklich betonen — den Grabstein errichten lassen.

*Hie ligt begraben die Edl und Tugenthafft
Frau Ursula von Haunsperg geborene von
Watzenstorff, so des Edlen und vessten Herrn
Hannsen von Haunsperg Zu Vachenlueg
seligen haůsfrau Auch der Edlen und gestrengen Herrn Hanß Christophen Sebastian
und Wolff Sigmundt von Haunsperg
Zu Vachenlueg und Neufarn etc gebrüe=
der Anfrau gewesen ist und obgemelten
dreÿ Herrn von Haunsperg etc gebrüeder
haben Zu Christlicher und löblicher ge=
dechtnus bemelter Irrer Anfrauen selig
disen stain hie herr Richten und auf Iren
Cossten machen lassen welche den 25. tag
Aprillis Im · 15 · 64· Jar In Gott seligclich ver
schiden ist Gott well Irr und allen Christglaü=
bigen sellen ain freliche Auferstee̊ung verleichen*[53]

Ahnenprobe:

Haunsperg	*Watznstorff*
Trauner	*Fletnitz*
Christoff	*Pfäffing*
Puechwerg	*Truchtling*
Paullstorff	*Tanberg*
von der Khürn	*Korr*
Egger	*Truchtling*
Rambsperg	*Lambpolting*

Der Datierung nach handelt es sich um eine gute Arbeit wohl eines Salzburger Meisters aus der Renaissance-Zeit. Eine solche Grabplatte ist dem adeligen Rang der Familie durchaus angemessen und man hätte sich mehr solche Epitaphien mit Bestand der inschriftlichen Zeugnisse von Höglwörth gewünscht.

Anhang

Die epigraphische Aufarbeitung der Inschriften von Höglwörth und seiner Kirchen wäre unvollständig, wollte man nicht noch auf die Grabsteine eingehen, die sich in der Pfarrkirche Piding befinden und wegen ihres schlechten Erhaltungszustandes bislang nur unzureichend gewürdigt wurden. Unzählige Füße, die im Laufe der Jahrhunderte darüber geschritten sind, haben die Reliefs und die Inschriften stark abgewetzt, zusätzlich gibt es stellenweise Ausbrüche, so dass eine Lesung nur bedingt möglich war.

Die Standorte der einzelnen Denkmäler sind in einem Plan auf S. 303 vermerkt.

Grabmal für ein Mitglied der Familie Meiting(en) auf Radegg an der Chorinnenwand zu Piding (auf der Plan-Skizze Nr. 2)

In der Pfarrkirche Piding ist links vom Hochaltar ein hochrechteckiges Grabdenkmal (173 × 90 cm) mit Haken an der Wand befestigt, das bei der Kirchenrenovierung von 1982 mit drei weiteren Epitaphien vom Boden der südlichen Vorhalle gehoben und gut sichtbar und vor weiterem Abrieb geschützt an die Chorwand versetzt worden war. Da es ebenfalls ein „Bärenwappen" trägt, könnte es leicht mit dem des Propstes Peer und seiner weitverzweigten Verwandtschaft, z. B. in Rosenheim

Grabstein Meitingen auf Radegg, Ausschnitt
(unterer Teil mit Wappenbild)

und Wasserburg, verwechselt werden. Allerdings hat dieser Bär ein breites Band mit einem Ring um seinen Hals und ist somit der adeligen Familie Meiting/Meuting aus Augsburg zuzuordnen. Ein Hieronymus Meitting zu Radegg (gest. 1593), der 1568 eine Anna Rehling(en), ebenfalls aus einer Augsburger Adelsfamilie gebürtig, geheiratet hatte, war unter anderem fürstlicher Stadtrichter von Salzburg und Pfleger auf Staufeneck. Die Inschrift von Piding bezieht sich auf einen Sohn wohl dieses Hieronymus Meiting/Meitting:[54]

H[<ie/ir ligt be>] gra[<ben> …]
[…]
Vessten [<H>]errn Mei/ai(?)[…]
Zu Radegg und [F?]rauenk[…]
F Salzburg[(ischer)] Rhat […]
Zue Stauffenegg und Plain […]
Sohne wel[<i>]cher in led[…<seines>]
Alters 23 Jare de 30. [August/Oktober]
Seliglich entschlaffe[<n>] […]
glaube seel. genedig sein [<welle Amen.>]

Unter dem einfach gerahmten Schriftfeld befindet sich das Wappenbild. Zwei Säulen mit Kapitellen begrenzen das Feld, darüber spannt sich ein flacher Segmentbogen, dessen Mitte ein „Punkt" betont, die Zwickel füllen je eine Blüte. Der Schild mit dem Bärenwappen und der Helmzier ist verschliffen, so dass Details nur schwer auszumachen sind.

Das Todesjahr und der Name des Verstorbenen sind nicht lesbar. Die Herren zu Meitting auf Radegg führen das ererbte „Bärenwappen", nicht das sonst übliche Wappen von Radegg. Ein weiteres „Bärenwappen" erscheint auch auf dem Tafelbild der Ährenkleidmadonna von Piding, doch ist es einer Gattin des Rupert Nußdorf(er), Pfleger auf Staufeneck, zuzuordnen, nämlich Margaret(h) Truchsess von Emmerberg (Oststeiermark).

Grabstein für Anna Sabina von Kaldes, geb. Prant, gest. 1587 (auf der Plan-Skizze Nr. 3)

Rechts vom Hochaltar, innen.
Der hochrechteckige Rotmarmorstein (183 × 83 cm) besitzt eine zehnzeilige Inschrift, die stark abgetreten ist, so dass nur annähernd Fragmente erkennbar sind, die aber ihre Bestätigung durch das Wappen der Prant von Aibling finden.

[<Hie ligt be>]graben [<die>] Wo[<l>] und [<Edl>]
[…] Anna Sabina […]
[…<ge>]borne Prantin des […]
[…]orm   u … C I
[…] alhie Seli
[…] 87 … selig[…]

Die Zeilen 7, 8, 9 und 10 sind so gut wie nicht erhalten.

Ein Balken trennt Text und Bildteil, auf dem ein Engel unter einem Bogen, der auf seitlichen Säulen mit Kapitellen ruht, die Familienwappen hält. Rechts vom Betrachter aus gesehen befinden sich das Wappen der Verstorbenen, nämlich das der Prant/Prandt von Aibling, eine Adlerklaue und zwei gekreuzte Fackeln in wechselnden Feldern.

Links steht das Wappen des Gatten Hans Pilgrim von Kaldes, ein goldener Balken auf blauem Grund[55].

Sabina Prant war in erster Ehe mit einem Hohenthanner verehelicht, in zweiter Ehe heiratete sie Hans Pilgrim von Kaldes (auch Kaltes, Khaltes), wohl aus einem Tiroler Adelsgeschlecht. Kaldes war 1587 salzburgischer Pfleger der Burg Staufeneck[56]. Die erhaltenen Ziffern „87" in Zeile 6 stimmen mit dem für Sabina Prant belegten Todesjahr überein. Da sie kinderlos geblieben war, hatte sie schon 1574 das Heiliggeistspital in Mühldorf als Universalerben eingesetzt. In der Spitalkirche sowie im Rathaus von Mühldorf soll es ein auf Holz gemaltes Bild aus dem Jahr 1591 zur Erinnerung an die großzügige Wohltäterin gegeben haben[57]. Ein weiteres Familienmitglied der Prant von Aibling, nämlich Conrad Prant, war 1534 Dekan von Höglwörth[58].

Grabstein für den Chorknaben Hans Leonhart Walther von Waltertzwil, gest. 25. April 1616 (Abb. Seite 297, links)
Zum Standort siehe die Skizze S. 303, Nr. 1

Der Grabstein (118 × 69 cm) ist mit Haken links außen vom Hochaltar in Piding an der Wand befestigt. Bis auf wenige Buchstaben ist die Inschrift für den siebenjährigen Chorknaben gut entzifferbar, im Wesentlichen fehlt nur die Zahl der Tage.

> *Hie Ligt*
> *Begraben* Hanns*
> *Leonhart Walther*
> *von Waltertzwil Ein*
> *Chorkhnab welicher ge*
> *storben den 25. Apriliß A[(nn)o]*
> *1616 alß er 7 iar und*
> *[...] tag alt war deme Gott*
> *genaden welle. Ame[n.]*

Der Text steht auf einer rundovalen hervorgehobenen Tafel innerhalb eines gerahmten Schriftteils, darunter befinden sich die beiden Familienwappen. Der Vater des so jung verstorbenen Chorknaben war Hans Longinus Walther von Waltherswill, vom 28. Dezember 1612 bis zum 15. Januar 1619 Pfleger von Staufeneck[59].

---

* Das Wort könnte auch mit einem Kleinbuchstaben beginnen.

Fragment eines Grabdenkmals vermutlich für Johann Friedrich von Grimming, Söhnchen des Pflegers Johann Josef Gottlieb von Grimming auf Staufeneck, in der Maria-Hilf-Kapelle der Pfarrkirche Piding, gest. 1738
Zum Standort siehe die Skizze S. 303, Nr. 7

Das Bruchstück aus hellem Marmor (47,5 × 34 × 7 cm) ist mit Haken an der Rückseite der Eingangswand zur Maria-Hilf–Kapelle, rechts vom Eingang (Blickrichtung zum Ausgang), befestigt. Von der einst wohl quadratischen oder querformatigen, relativ kleinen Grabplatte ist nur die linke Hälfte erhalten geblieben. Die einzige Zier stellt unterhalb des Textes ein gleichschenkliges Kreuz mit Kreisen über den Armen dar.

Hier Liget [<der>...]
Wohlgebohrn[e <Herr>...]
Friderich Grim[ing] [<auf>]
Niderrain und [...]
lieb, so gelebet 3[<3>...]

Nach Geiß sind mehrere Mitglieder der Familie von Grimming als Pfleger auf Staufeneck tätig gewesen: Christoph Adam Grimming (16. Juni 1702–30. Dezember 1704), Bonaventura Friedrich Grimming, nur mit dem Datum 11. April 1711 verzeichnet, sowie Johann Gottlieb von Grimming (29. Juli 1734–9. April 1737)[60].

Wieser dagegen nennt schon für 1604/1605 einen Judas Thaddäus von Grimming als Pfleger und Gardehauptmann, Christoph Adam Grimming tritt bei ihm bereits am 30. Mai 1701 in Erscheinung[61], am Ende folgt Johann Josef Gottlieb von Grimming, dessen Amtszeit im Gegensatz zu Geiß bereits am 30. Februar 1733 beginnt und 1742 endet, als er Pfleger zu Moosham im Lungau wird. Dieser Pfleger, Kammerer, Hofkammerrat und Landmann war mit Maria Violanda von Dekart verheiratet. Aus der Ehe gingen drei Kinder hervor, von denen ein am 3. Mai 1738 geborener Sohn Johann Friedrich schon am 4. Juni desselben Jahres verstorben ist. Möglicherweise bezieht sich das Grabplattenfragment auf dieses Kind, da eine ausführliche Titulatur des Verstorbenen fehlt und die Angabe *so gelebet 33 <Tag>*, wobei von der zweiten Ziffer nur die linke Hälfte vorhanden ist, mit der Lebenszeit des Kindes Johann Friedrich übereinstimmen würde.

Mutmaßlicher Grabstein für Georg Grindl, Pflegsverwalter zu Plain und Staufeneck, seine Frau Elisabeth Gschwendtner und zwei der Söhne, in der Maria-Hilf-Kapelle zu Piding, 1664 oder etwas später
Zum Standort siehe die Skizze S. 303, Nr. 8

In der Maria-Hilf-Kapelle, an der Wand zur Kirche, ist der helle Rotmarmorstein (96 × 51,5 × 9 cm) mit Haken befestigt. In seiner Zweitverwendung als Bodenbelag muss die Platte an einer exponierten Stelle gelegen sein, da die linke Hälfte stark abgetreten ist und auch in der Mitte Fehlstellen vorhanden sind. Die Inschrift bestand vermutlich aus 14 Zeilen, von denen nur Fragmente erkennbar sind. Das Textfeld war wohl ursprünglich von einem schmalen Laubkranz gerahmt.

Mit Hilfe der Angaben bei Wieser und Geiß lässt sich das Textfragment einigermaßen entschlüsseln und zuordnen.

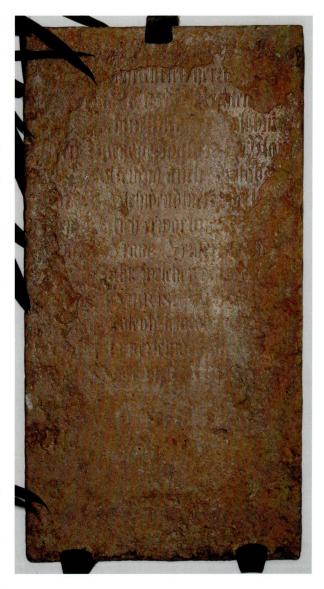

1 [...]
2 [*<hoc>*]*hgelehrten herrn* [...]
3 [...] *Rechten* [...]
4 [...]*verwalter* [...] *Saltzburge* [...]
5 [...] [*<Pfl>*]*egeverwalter Zu Plain*
6 [*<Stau>*]*ffenegg auch lobe* [...]
7 [...] [*<G>*]*schwendtner* [*<in>*] [*<dessen/deren>*]
8 [...] [*<ehe>*]*lich erworbne* [...]
9 [...] *Frantz Frider*[*<ich>*] [...]
10 [...*<J>*]*ahr welcher d*[*<en>*]
11 [...]*MBRIS A*[*<nno>*]
12 [...] *Joseph seiner* [...]
13 [...] *verschiden* [*<ist>*]
[...] *AMEN*

Der in Zeile 7 vorkommende Familienname Gschwendtner lässt sich dem Pflegsverwalter Dr. Georg Grindl zuordnen, der am 4. Februar 1649 zunächst unter den Richtern, Gerichts- und Amtsschreibern von Staufeneck genannt wird[62] und am 5. August 1649 als Pflegsverwalter erscheint[63]. Geiß nennt ihn „Georg der Graindel" mit den Daten 13. Januar 1652 und 4. Juli 1662[64].

Aus der Ehe mit Elisabeth Gschwendtner gingen sechs Kinder hervor, wobei der in Zeile 9 genannte „Frantz Friderich" mit Sicherheit mit Franz Friedrich, geboren am 15. September 1664, identisch ist, während der Name „Joseph" in Zeile 12 vermutlich mit Georg Joseph, geboren am 9. März 1663, gleichzusetzen wäre. Möglicherweise sind diese Kinder früh gestorben, so dass der Grabstein frühestens 1664 entstanden sein dürfte und auch die Namen der Eltern getragen hat.

Grabstein für Virgenwolf von Karling,
in der Maria-Hilf-Kapelle zu Piding,
gest. 1544
Zum Standort siehe die Skizze S. 303, Nr. 9

In der Maria-Hilf-Kapelle, an der Wand zur Kirche, ist die Rotmarmorplatte (105 × 56 × 6,5 cm) mit Haken befestigt. Zwar ist die Oberfläche abgetreten, doch lässt sich die Inschrift bis auf wenige fehlende Buchstaben lesen. Einziger Schmuck ist der von einer doppelten Kreislinie umgebene Wappenschild mit seitlich und oben vertieften Ausschnitten. Das Wappen ist viergeteilt und zeigt eine stilisierte Lilie auf einem Stängelstück mit gekreuzten Fackeln im Wechsel.

Hie ligt [\<der E\>]dl Virgen
wolf vō Karling dē der
[\<all\>]mechtig got dē [...]
aprilis Im 1544. Jar
allhie Zu piting aus
disē Jamertall gefode[\<rt\>]
hat   ame[\<n\>]
         Wappen

Geiß führt einen Hans von Karlingen unter den Pflegern von Staufeneck zwischen 11. Juni 1541 und 11. Juni 1544 auf[65]. Da der auf dem Grabstein genannte Virgenwolf bereits im April 1544 (der Tag ist leider nicht lesbar bzw. ausgebrochen) gestorben ist, kann er nicht mit dem Pfleger Hans von Karlingen identisch sein. Die verwandtschaftlichen Beziehungen zwischen beiden konnten nicht geklärt werden.

Grabplatte für eine/n N. N. Delbenauer (?),
seine Ehefrau (?) und einen Sohn Augustin
in der Maria-Hilf-Kapelle zu Piding, Todesjahr
eines der Verstorbenen 1660
Zum Standort siehe die Skizze S. 303, Nr. 10

Die auf der linken Hälfte völlig abgetretene Grabplatte (71 × 50,5 × 9 cm) aus hellem Marmor ist in der Maria-Hilf-Kapelle mit Haken an der rechten Wand befestigt.

Da auch von der rechten Inschrifthälfte nur ein Teil lesbar ist, bleibt der Inhalt rätselhaft. Als Zier hat sich die kreisförmige Umrahmung eines Wappens unterhalb der Inschrift noch teilweise erhalten.

Vermutlich handelt es sich bei den genannten Verstorbenen um einen (Pflegs?-)Verwalter Delbenauer (?), seine Ehefrau, die offensichtlich im März 1660 gestorben ist, und deren beider Sohn N. N. Augustin, der kurfürstlicher Zollner/Mautner war, also in bayerischen Diensten stand. Geiß führt nur einen Landrichter „Wichard d. Schemenauer" zwischen 6. Januar 1636 und 24. März 1642 an, auf den die zweite Hälfte des Familiennamens „... enauer" zutreffen könnte[66].

[...] in Gott Fra
[...] Delbenauer (?)
[...] in Lebē
[...] verwalter
[...] Reichardten   (= nicht mit Sicherheit zu entziffern)
[...] See: Ehefrauē
[...] Marty A 1660
[...] dere Eheleiblich
[...] Augustin
[...] [ch]urfr. Zollner
[...] allen Gott
[...] wolle Aamē.

Die beiden am besten erhaltenen Grabdenkmäler für Verwaltungsbeamte von Staufeneck befinden sich in der südlichen Vorhalle der Pfarrkirche von Piding, links und rechts vom Eingang zur Maria-Hilf-Kapelle. Während der für die Gerichtsschreiberin Ursula Treiber ohne Schwierigkeiten entzifferbar ist, stellt die lateinische Inschrift für den Pflegsverwalter Khelmberger die Interpreten vor einige Schwierigkeiten.

Grabdenkmal für Johann Franz Khelmberger, Vicepräfekt von Staufeneck,
in der südlichen Vorhalle der Pfarrkirche Piding,
gest. 13. März 1695
Zum Standort siehe die Skizze S. 303, Nr. 11

Das aus weißem und rotem Marmor zusammengesetzte Denkmal (99 × 64 cm) in der Vorhalle zum südlichen Portal in die Pfarrkirche ist links vom Eingang zur Maria-Hilf-Kapelle bündig in die Wand eingelassen. Als Zeichen der Vergänglichkeit befinden sich in einem gerahmten und vertieften Rotmarmorfeld vor den gespreizten Flügeln des Chronos eine Sanduhr mit Totenschädel und Gebein aus hellem Marmor. Das ovale Schriftfeld, umgeben von einem Kranz von Laubwerk, ist ebenfalls aus hellem Marmor. Der lateinische Text auf deutlich vorgezeichneten Linien enthält ein Chronogramm auf das Todesjahr des Verstorbenen, obwohl das genaue Todesdatum samt Jahr ohnehin angegeben ist. Ein kleines Weihwasserbecken schließt das Denkmal nach unten ab.

DECRETVM VNIVERSALE
MORIENTES NON VIVANT*   Isaias 26
            HINC
DECRETVM HAVD TIMVIT MORTIS/ADESSE/
   SVAE
(ff** NOBILIS AC INGENVVS D: IOANNES
   FRANCISCVS
KHELMBERGER VICE: PRAEFECTVS IN
   STAVFFEGG ff)**
           QVIA
SVO OFFICIO   SAPIENTER
SOLI   SIBI
           VIXIT
DEO***   PROXIMO
   MENSE MART Die XIII****
         ANNO
      M:DC:LXXXXV

Allgemeiner Grundsatz:
Die Sterbenden sollen nicht leben!
             Deshalb
fürchtete die Entscheidung, dass sein Tod bevorstehe,
der edle und wohl geborene Herr Johann Franz
Khelmberger, Vizepräfekt in Staufeneck, nicht,
                        weil er
in seinem / für sein Amt   weise,
für Gott allein,   der ihm am
                  nächsten stand,
        gelebt hat.
[<Er starb>] im Monat März am 13. Tag
           im Jahre
            1695

Khelmberger, auch Khellenberger geschrieben, war zunächst Amtsschreiber, ab 13. Juli 1693 Pflegsverwalter = Vicepräfekt[67]. Auffallend ist, dass man dem Beamten eine solch aufwendige, mit Wortspielen und Chronogramm ausgestattete lateinische Inschrift gewidmet hat.

---

   * Die beiden programmatischen Zeilen gehören eigentlich nicht zusammen. Die wörtliche Übersetzung des aus Isaias 26,14 entnommenen Verses „Die Menschen/Sterblichen mögen nicht leben" ergibt zunächst keinen Sinn. Der Kommentar zu dieser Textstelle verweist jedoch darauf, dass es um Wiedergeburt und Auferstehung geht. Daher kann der Betroffene ohne Angst seinem Tod entgegen sehen.
   ** Am Anfang dieser Zeile und am Ende der nächsten Zeile steht ein Sonderzeichen, bestehend aus einem C / runde Klammer und zwei tiefergestellten Zeichen, die wie ein „f" aussehen.
   *** Vermutlich ist der Text folgendermaßen zusammenzuziehen: *quia suo officio sapienter, soli deo, [qui] sibi proximo [fuit], vixit*.
   **** Für die letzten drei Zeilen des Textes fehlt das Verbum, so dass ein *obiit* zu ergänzen ist, sofern man nicht die Aussage *decretum mortis suae adesse non timuit* mit dem Todesdatum zusammenziehen will.

Grabdenkmal für die Gerichtsschreiberin
von Staufeneck Ursula Treiber, gest. 1737
Zum Standort siehe die Skizze auf S. 303, Nr. 12

Das bis auf das Weihwasserbecken bestens erhaltene Grabdenkmal ist in der südlichen Vorhalle, rechts vom Eingang in die Maria-Hilf-Kapelle eingemauert. Rahmen und Zierteile bestehen aus Rotmarmor, die Schrifttafel aus hellem Marmor (149 × 91/92 cm).

Den Aufsatz mit Voluten und Rundbogen bildet ein stehendes Oval aus hellem Marmor mit einer Sanduhr über gekreuzten Gebeinen. Das untere Zierteil ist mehrfach geschwungen und mit Voluten versehen. Die Ecken des profilierten Rahmens des Schriftfeldes betonen vier gedrückte Voluten. Der Weihwasserkessel ist abgeschlagen.

*Alhier Ligt begraben die
wohl Edl Vest: und Ehrtugend
reiche Frau Maria Ursula Treib=
erin, gebohrne Obervichlerin*, im Leb=
en geweste Gerichtschreiberin Zu Stauf=
fenegg, welche den : 3 : Februarÿ Año:
1737 : umb : 8 : Uhr abendts, im: 36: Jahr
Ihres alters, das Zeitliche mit dem Ewi=
gen Leben verwexlet hat, diser, und allen
Christglaubigen Seelen wolle der
Allmechtige Gott eine Fröliche auf=
erstehung verleichen, Amen. ≈
Hertzliebster Leser, ich bitte dich,
Nur ain Vatter unser bett vor mich,
Beschenckhe mich auch mit diser gab,
Besprenge mit weÿhbrun offt mein grab.*

Die Verstorbene war seit 8. Januar 1726 mit Johann Paul Treiber, Subpräfekt, Gerichtsschreiber und Umgelder von Staufeneck, vorher in Bischofshofen, verheiratet und gebar ihrem Gatten acht Kinder[68]

---

* wohl Oberpichlerin

Saxa loquuntur —

Auch wenn es gelungen ist, den stummen Zeugen der Vergangenheit einige Aussagen zu entlocken und sie in einem neuen Kontext erscheinen zu lassen, bleiben doch Fragen offen, die vielleicht Spezialuntersuchungen einmal werden lösen können, ehe die Inschriften und Wappen gänzlich verwittert und abgeschliffen sind.

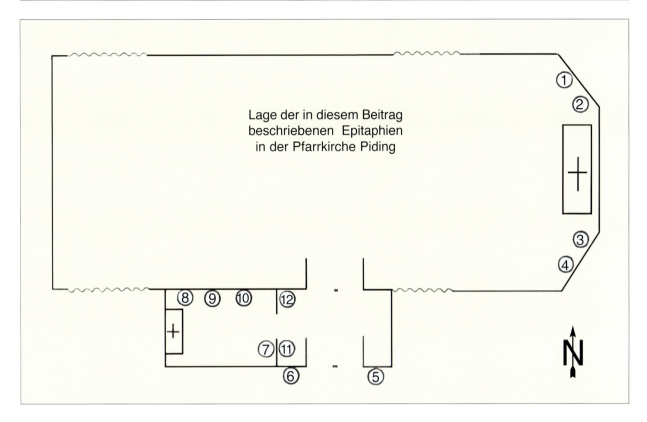

Lage der in diesem Beitrag beschriebenen Epitaphien in der Pfarrkirche Piding

Anmerkungen

Die Fotos auf den Seiten 272, 273 (linke Sp. u. rechte Sp. unten) sowie 275 (linke Sp.) machte Anton Brandl, das Foto auf Seite 285 fertigte Erhard Zaha an, dasjenige auf Seite 291 stammt von Hans Roth; alle anderen Fotos stellte der Autor zur Verfügung.

Die vorliegende Bearbeitung epigraphischer Zeugnisse in Höglwörth und den inkorporierten Pfarreien beschränkt sich auf die vorhandenen Grabdenkmäler. Aufschriften an Altären, Kanzeln, Bildern und Wandmalereien werden hier ausgeklammert. Die Wiedergabe der Inschriften erfolgt buchstaben- und zeilengetreu. Abkürzungen, Interpunktionen und Sonderzeichen entsprechen den Vorgaben auf den Grabplatten. Übersetzungen versuchen die Wortfolge der Zeilen beizubehalten. Verwendete Zeichen:

[...] = nicht erhaltene Buchstaben
(...) = Auflösung von Abkürzungen
<...> = Ergänzungen fehlender Worte/Buchstaben durch den Bearbeiter
| = Zeilenumbruch

Als Grundlage für die Erfassung der epigraphischen Denkmäler diente *Georg Hunklinger,* Inventarblätter zur Erfassung der Grabdenkmäler (1975, unvollendet) aus dem Archiv des Historischen Vereins Rupertiwinkel, freundlicherweise von Hans Roth zur Verfügung gestellt.

1 Frdl. Mitteilung von Prälat Dr. Brugger. Nach seiner Meinung ist davon auszugehen, dass nach Vollendung der neuen Stiftskirche alle Pröpste ab Patritius Pichler in Höglwörth bestattet wurden. Die ursprünglichen Grüfte müssten sich nach *Geiß,* Högelwerd, S. 439, nördlich des Kreuzaltares erstreckt haben und daher jetzt außerhalb des heutigen Kirchengebäudes liegen.

2 In Piding befinden sich ferner zwei Grabinschriften im südlichen Eingang und vier in der angrenzenden Maria-Hilf-Kapelle, die jedoch auf Verwaltungsbeamte von Staufeneck Bezug nehmen. Vier ältere Rotmarmordenkmäler sind paarweise links und rechts des Hochaltares angebracht, von denen sich aber nur einer mit Höglwörth in Verbindung bringen lässt. Der Vollständigkeit halber werden die epigraphischen Zeugnisse für Staufeneck im Anhang gebracht. Zwei Ehreninschriften für Geistliche aus Höglwörth sind links und rechts vom südlichen Vorhallenportal.

3 Das unbeschriftete und ohne kennzeichnendes Wappen versehene Relief eines Propstes im Kreuzganghof wurde von Hunklinger dem Propst Urban Ottenhofer zugeschrieben. Der Verfasser versucht den Nachweis, dass es sich jedoch um das Mittelstück des Grabdenkmals für Propst Balthasar Peer handelt.

4 AEM, S 2 Visitationsprot. Höglwörth v. 27.2.1614, S. 493 u. 511; vgl. *Kerstin Lengger,* Die Salzburger Pfarreien im Spiegel des Protokolls der Generalvisitation der Jahre 1613/14, in: Das Salzfass, 40 Jg. (2006), S. 1–20, hier S. 20.

5 Vgl. *Karl-Otto Ambronn,* Die Fürstpropstei Berchtesgaden unter den Pröpsten Wolfgang Lenberger, Wolfgang Griesstetter

und Jakob Pütrich (1523–1594), in: Berchtesgaden I, S. 559–586; dort auch mehrere Abb. seines Wappens; *Geiß*, Högelwerd, S. 377–383; Kunstdenkmale von Bayern 1/III, S. 2988; AEM, Fasc. 1595–1849 (o. Sign.).

6 Kunstdenkmale von Bayern 1/III, S. 2988; AEM, Fasc. 1595–1849 (o. Sign.).

7 Nach *Otto Titan v. Hefner* u. *Gustav Adelbert Seyler*, Die Wappen des bayerischen Adels, J. Siebmacher's großes Wappenbuch, Bd. 22 (Neustadt a. d. Aisch 1996), S. 29, handelt es sich um einen aus dem Schildfuß hervorwachsenden Bären. Bei den in Höglwörth vorkommenden Wiedergaben wächst der Bär, meist mit gerade abgeschnittenen Tatzen, aus einem Dreiberg.

8 *Geiß*, Högelwerd, S. 459.

9 Vgl. dazu das Wappen von Propst Johann Baptist Zehentner in Baumburg bei *Sigrid Düll*, Die Inschriftendenkmäler im Augustiner-Chorherrenstift Baumburg, Jahrbuch des Vereins für christliche Kunst in München XIX (1993), S. 190, Kat. Nr. 87.

10 Kunstdenkmale von Bayern 1/III, S. 2988, gibt „Mitte des 16. Jahrhunderts an", in AEM, Fasc. 1595–1849 (o. Sign.), ist von einem „Propst ohne Inful ca. 1500 ohne Inschrift" die Rede, was sicher falsch ist.

11 *Hunklinger*, Inventarblätter (1975).

12 *Kuen*, Collectio scriptorum (frdl. Hinweis von Prälat Dr. Brugger).

13 Die Maßangaben dazu in Kunstdenkmale von Bayern 1/III, S. 2988 (H. ca. 0,50 m, Br. 0,30 m), sind nachweislich falsch!

14 Kunstdenkmale von Bayern 1/III, S. 2988; AEM, Fasc. 1595–1849 (o. Sign.). — Unübersehbar ist, dass das mutmaßliche Relief für Propst Ottenhofer mit 68 cm Breite exakt zwischen die Fragmente des Grabdenkmals für Propst Peer passt. Für eine Zusammengehörigkeit des Dreifaltigkeitsreliefs mit der Propstdarstellung spricht auch die gleiche schmale Randleiste, die beide einfasst. Setzt man beide Fragmente übereinander, so kommt es nur an den Ecken zu einer Doppelung der Leiste, da die Wolken, auf denen die Trinität ruht, die Leiste verdecken. Außerdem wäre auch an ein Architekturteil als Zwischenstück zu denken. An der Inschrift für Peer fällt auf, dass die letzten Ziffern der Jahreszahl stark komprimiert sind, während die Buchstabenabstände sonst regelmäßig sind und es keine Überlagerungen gibt. Sollte der Propst das Grabmal schon bei Lebzeiten in Auftrag gegeben haben? Für eine spätere Ergänzung bzw. zweite Handschrift scheint auch der Buchstabe M in DECEMBRIS zu sprechen, der senkrechte Hasten aufweist, während im übrigen Text die Hasten bei M schräg gestellt sind.

15 Vgl. dazu das Grabdenkmal von Propst Toblhaimer von 1578 in Baumburg, bei *Düll*, Inschriftendenkmäler (wie Anm. 9), S. 167, Kat. Nr. 72.

16 Bei dem Vergleichsobjekt in Baumburg sind die Anhänger Fehschwänze.

17 Vgl. Grabmal von Propst Johannes II. von 1414 in Baumburg bei *Düll*, Inschriftendenkmäler (wie Anm. 9), S. 111, Kat. Nr. 14.

18 Vgl. dazu *Lieberich*, Landstände, S. 51; ebenso *Gottfried Mayr*, Ebersberg — Gericht Schwaben (= HAB, Teil Altbayern, Heft 48) (München 1989), S. 178 f.

19 Die Schreibweise variiert zwischen Beer und Perr.

20 Nach *Geiß*, Högelwerd, S. 386–394 u. 537.

21 *Eduard Zimmermann*, Bayerische Klosterheraldik (München 1930), S. 91; *Johann Michael Wilhelm Prey*, Bayrische Adls Beschreibung, Bd. 3 (Freising 1740), fol. 88–90 (Bayer. Staatsbibliothek, Cgm 2290, Bd. III).

22 *Geiß*, Högelwerd, S. 393 f. u. 537.

23 Ebenda, S. 394–404 u. 537.

24 Kunstdenkmale von Bayern 1/III, S. 2988; *Geiß*, Gerichts- und Verwaltungs-Beamte, S. 49; *Geiß*, Högelwerd, S. 391; AEM, Fasc. 1595–1849 (o. Sign.).

25 *Hunklinger*, Inventarblätter (1975); Kunstdenkmale von Bayern 1/III, S. 2988; AEM, Fasc. 1595–1849 (o. Sign.).

26 Die Annahme in AEM, Fasc. 1595–1849 (o. Sign.), dass Propst Peer das Grabmal für seinen Dekan in Auftrag gegeben habe, lässt sich aus der Inschrift selbst nicht ableiten, wo es klar heißt, dass Kerschaider den Stein zu seinem Andenken *fieri fecit* = hat machen lassen.

27 *Hunklinger*, Inventarblätter (1975).

28 Hunklinger interpretiert fälschlicherweise das Wappenbild als drei Rosenknospen mit zwei Blättern auf einem dreigipfeligen Berg, was als „sprechendes Wappen" keinen Sinn macht. Vielmehr sind die lanzettförmigen Blätter Kirschblätter, die Rosenknospen in Wirklichkeit Kirschen und der vermeintliche Dreiberg eine wellige Landschaft, so dass sich daraus „Kerschaid" = Kirschen auf der Heide zusammensetzen lässt.

29 Hunklinger bietet an dieser durch Ausbruch verderbten Stelle die Lesung PPR an, die jedoch für die Auflösung „Presbyter" nicht üblich ist.

30 *Hunklinger*, Inventarblätter (1975); AEM, Fasc. 1595–1849 (o. Sign.); Kunstdenkmale von Bayern 1/III, S. 2988.

31 *Mezger*, Historia Salisburgensis, S. 1243; AEM, Fasc. 1595–1849 (o. Sign.).

32 Vgl. *Esterl*, Stift Nonnberg, S. 110.

33 Auch Vorgängerpröpste scheinen außerhalb des Stiftes ihre letzte Ruhestätte gefunden haben. So soll sich der Grabstein für Propst Trenbeck, gest. 1522, angeblich in Nonnberg befinden, doch bezieht sich der Text auf einer Platte mit Kreuzigungsrelief allgemein auf die ewige Ruhe aller Verstorbenen und nicht speziell auf den Propst, der laut Initialen und Wappen als Stifter ausgewiesen ist. *Gib ebig rue allen hie und / uberall begrabn das sy in / ewiger rwe sein durch die / heilign funff wunden dein C T B zu heglwerdt* (= Christoph Trenböck / Trenbeck Brobst), vgl. ÖKT VII, S. 43–45. Zur Person des Propstes vgl. Berchtesgaden I, S. 952 Nr. 255. Eine Schwester des Propstes, Benigna Trenbeck, ist unter den Klosterfrauen von Nonnberg zu Beginn des 16. Jh. nachweisbar, vgl. *Esterl*, Stift Nonnberg, S. 84. — Propst Marquard von Schwendi ist in der Passauer Kapuzinerkirche begraben worden. Mit dem Abbruch dieser Kirche ist auch sein Grabmal verloren gegangen (siehe Beitrag Brugger).

34 *Schäfert/Reuter*, Kirchenführer, S. 5, und *Wieser*, Heimatbuch, S. 156, zählen diesen Priestergrabstein kurzerhand unter die „weltlichen Herren Pidings, die Pflegsverwalter und Richter im Dienste Salzburgs, die auf Staufeneck residierten", wie auch die anderen drei Steine nur indirekt mit Staufeneck in Verbindung zu bringen sind.

35 Für diese Angabe habe ich P. Dr. Korbinian Birnbacher OSB herzlich zu danken. — AES, 10/81, Priesterhaus Catalogus ordinandorum 1588–1617, fol. 8^v.

36 Der spätere Propst Johann Baptist II. Puechner (1725–1743) führte zwar auch einen Laubbaum auf einem Dreiberg in seinem Wappen, jedoch mit verschiedenen Zusätzen versehen. Ein Mitglied der Familie Puechner ist am Ende des 16. Jh. allerdings weder in Höglwörth noch in Salzburg unter den Geistlichen nachweisbar.

37 Angeblich sollen die Pröpste Zehentner und Weber, gest. 1686, wegen des gerade vorgenommenen Umbaus von Höglwörth in Anger bestattet worden sein. Das Grab Webers in Anger ist bei *Kuen*, Collectio scriptorum, zwar belegt, muss aber als verschollen gelten.

38 *Geiß*, Högelwerd, S. 421–427.

39 Ebenda, S. 541.

40 Ebenda, S. 545, wo Geiß ihn fälschlich „Gaisacher" nennt.

41 Ebenda, S. 542 u. 539. — Der Angabe von Geiß, Trauner sei „zu Anfang des Jahres 1802" verstorben, steht das genaue Todesdatum auf der Ehreninschrift entgegen. Auch sein Lebensalter von 62 Jahren weist auf 1801 als Todesjahr. Dieses Datum wird auch durch den Beginn der Amtszeit seines Nachfolgers gestützt.

42 Ebenda, S. 523 u. 543.

43 Vgl. z. B. *Düll*, Inschriftendenkmäler (wie Anm. 9), Kat.-Nr. 14, 48, 54 u. 63.

44 Im Gegensatz zu dieser Darstellung stehen zwei annähernd zeitgleiche Kindergrabsteine in der Pfarrkirche St. Andreas in Berchtesgaden, jetzt in der nördlichen Chorkapelle, wo z. B. das am 26.4.1624 verstorbene Kind des Christoph Wecker (Landgerichtsverwalter, Urbarrichter, Gerichtsschreiber und Steuereinnehmer von 1613 bis 1622) als Wickelkind in einem Steckkissen abgebildet ist.

45 *Geiß*, Högelwerd, S. 551; *Wieser*, Heimatbuch, S. 392.

46 *Hunklinger*, Inventarblätter (1975); Kunstdenkmale von Bayern 1/III, S. 2988; AEM, Fasc. 1595–1849 (o. Sign.); *Geiß*, Högelwerd, S. 545, dort Hörbart genannt. Vgl. *Lieberich*, Landstände, S. 154.

47 *Wieser*, Pfarrkirche Piding. — Auf die Beamtenschaft von Stauffeneck wird im Zusammenhang mit dieser Arbeit aus Platzgründen nicht weiter eingegangen.

48 *Hunklinger*, Inventarblätter (1975); *Geiß*, Högelwerd, S. 545 u. 471; Sterbematrikel Anger 1758.

49 *Hunklinger*, Postwirt am Anger (1985), S. 87–90, gibt als Familiennamen „Eggl" an und verweist darauf, dass am Grabstein fälschlicherweise „Fogll" stehe. Dies ist zu korrigieren, da der erste Buchstabe des Namens eindeutig ein „J" ist, wie es auch bei „Jnen", „Jar" und „Jüngsten" vorkommt, während der Buchstabe „E" in „Erbarr" oder (Auf-)„Ehrsteung" völlig anders geschrieben ist. Auch das „F" in „Freliche" verbietet die Lesung „Fogll". Der zweite Buchstabe des Namens ist ein „o". Ebenso lautet das Todesdatum der Ehefrau nicht 1585, sondern 1581. Hunklinger schließt von der Nennung eines Wirtes Christian Egkhl im Urbar von Höglwörth von 1557, „der das Gasthaus als Lehen auf Leibgeding vom Kloster besaß, also zur Nutznießung auf Lebenszeit", darauf, dass auf dem Grabstein ein Schreibfehler vorliege. Eine Überprüfung der Namen im Urbar wäre höchst wünschenswert.

50 *Ferchl*, Behörden und Beamte, S. 479. Sasser kommt bei Ferchl nur in diesem Zusammenhang vor, Wolfgang Zechentner/Zehentner wird nicht genannt.

51 *Michael W. Weithmann*, Inventar der Burgen Oberbayerns (München ²1994), S. 416–418.

52 Kunstdenkmale von Bayern 1/III, S. 2988; AEM, Fasc. 1595–1849 (o. Sign.); Ortsakte BLfD (frdl. Mitteilung Jolanda Englbrecht).

53 Der Text weist kaum Interpunktionen auf, ein Schlusspunkt fehlt.

54 Mit Sicherheit handelt es sich nicht um den Grabstein für Hieronymus Meiting wie *Wieser*, Heimatbuch, S. 155, vermutet.

55 Für die Entschlüsselung des Wappens habe ich Frau Claudia Mannsbart vom BayHStA München und Herrn Prof. Dr. Joachim Wild herzlich zu danken.

56 Nach *Geiß*, Gerichts- und Vewaltungs-Beamte, S. 129: Pfleger vom 11.3.1572 bis 25.2.1574 und vermutlich später nochmals.

57 Kunstdenkmale von Bayern 1/VII, S. 2211 f.

58 *Geiß*, Högelwerd, S. 538.

59 Ebenda, S. 553.

60 Ebenda; *Geiß*, Gerichts- und Verwaltungs-Beamte, S. 129. — Geiß hat möglicherweise Bonaventura Friedrich von Grimming mit dem Nachfolger des Christoph Adam von Grimming verwechselt, das war jedoch Bonaventura Friedrich Gottlieb Reichsfreiherr von Prank zu Seeburg; siehe bei *Wieser*, Heimatbuch, S. 393.

61 *Wieser*, Heimatbuch, S. 393.

62 Ebenda, S. 394, hier „Grindtl" geschrieben.

63 Ebenda, S. 392.

64 *Geiß*, Högelwerd, S. 554.

65 Ebenda, S. 553; *Geiß*, Gerichts- und Verwaltungs-Beamte, S. 129.

66 *Geiß*, Gerichts- und Verwaltungs-Beamte, S. 129; *Geiß*, Högelwerd, S. 554. — *Wieser*, Heimatbuch, hat keinen ähnlich klingenden Namen.

67 *Geiß*, Gerichts- und Verwaltungs-Beamte, S. 128 f., führt Khelmberger nicht in seiner Liste, jedoch *Wieser*, Heimatbuch, S. 392.

68 *Wieser*, Heimatbuch, S. 393; bei *Geiß*, Högelwerd, S. 554, nicht erwähnt.

Robert Münster

Die Musik im Stift Höglwörth

Der Musikpflege des Augustiner-Chorherrenstiftes Höglwörth war wegen des stets geringen Personalstands notwendigerweise Grenzen gesetzt. Dennoch konnte sich das Stift in der zweiten Hälfte des 18. Jahrhunderts neben vergleichbaren bayerischen Stiften damit sehen lassen.

Wie überall in den Augustiner-Chorherrenstiften waren auch in Höglwörth die täglichen Konventämter während der Woche dem Choralgesang vorbehalten, während an den Sonn- und Feiertagen mehrstimmige Messen mit Instrumentalbegleitung aufgeführt wurden. Dies blieb auch nach der Wende zum 19. Jahrhundert so. Im Jahr 1806 war Propst Gilbert Grab verboten worden, ohne höhere Erlaubnis Kandidaten aufzunehmen. Im Januar 1808 musste er auf seine Bitte um Genehmigung einer Neuaufnahme hin nachweisen, *daß die Obliegenheiten des Klosters von den noch vorhandenen Conventualen nicht erfüllt werden konnten.* Seiner Begründung zufolge mussten *nebst dem täglichen Chor und dem täglich abzusingenden Conventamte für die Stifter des Klosters ... in der Klosterkirche an allen Sonn- und Feyertagen drey Messen gelesen und unter dem Jahre viele eigens gestiftete Anniversarien gehalten werden.*[1]

Als Beispiel für den Choralgesang kann ein Ausschnitt aus einem im Pfarrarchiv Anger erhaltenen, 1686 auf Befehl des Fürsterzbischofs Max Gandolf gedruckten „Rituale Salisburgense ad usum Romanum" dienen, bestimmt für die sakramentalen Feiern, die nicht im Missale zu finden sind, etwa für Prozessionen[2].

Über die Praxis der Figuralmusik — der mehrstimmigen Musik — vor dem 18. Jahrhundert fehlen Quellen aus Höglwörth. Erfahrungsgemäß wurden überall in den Klöstern die nicht mehr benötigten älteren Musikalien laufend ausgeschieden, so dass sich ein Bestand nach einem Zeitraum von etwa 50 Jahren weitgehend erneuert hat. Daher besitzen wir keine Kenntnis vom Höglwörther Musikrepertoire im 17. Jahrhundert. Im süddeutschen Raum sind lediglich aus einem einzigen ehemaligen Augustiner-Chorherrenstift Musikalien dieses Jahrhunderts überliefert. Es handelt sich um zwei gegenseitig sich ergänzende Teilbestände aus dem schon 1783 aufgehobenen Augustiner-Chorherrenstift Indersdorf, die sich heute in der Musikabteilung der Bayerischen Staatsbibliothek und im Pfarramt Indersdorf befinden[3]. Um eine Vorstellung zu gewinnen, was damals für das Höglwörther Repertoire hätte in Betracht kommen können, ist das erhalten gebliebene, im Neudruck veröffentlichte Musikalieninventar des Salzburger Kollegiatstiftes Tittmoning aus dem Jahr 1657 besser geeignet[4]. Wie sich hier zeigt, scheinen im 17. Jahrhundert mehr Musikdrucke als Musikhandschriften verwendet worden zu sein. Was Tittmoning betrifft, sind die dort vorhandenen Drucke in Augsburg, Innsbruck, Konstanz, München und Salzburg verlegt worden. Unter den Komponisten waren mehrere in Salzburg tätig. Stefano Bernardi (ca. 1585–1636) stand seit 1624 im Dienst des Salzburger Fürsterzbischofs, Andreas Hofer (1629–1684) war Salzburger Vizekapellmeister und Abraham Megerle (1607–1680) fungierte von 1640 bis 1651 als fürsterzbischöflicher Kapellmeister. Johann Stadlmayr (ca. 1575–1648) war von 1604 bis 1607 fürsterzbischöflicher Kapellmeister in Salzburg, bevor er als Hofkapellmeister nach Innsbruck ging. Stadlmayr stand mit seinen Kompositionen in Tittmoning zahlenmäßig weitaus an der Spitze. Weitere Komponisten, die das Inventar nennt, waren in Wasserburg am Inn, München, Innsbruck, Bamberg und Konstanz tätig. Vor allem Musik der in Salzburger Diensten stehenden Komponisten dürfte zu ihrer Zeit in Höglwörth erklungen sein. Das Tittmoninger Inventar nennt zudem eine größere Anzahl an „Antiqui autores", Vertreter der alten Vokalpolyphonie vor der um die Mitte des 17. Jahrhunderts vollzogenen Stilwende zum frühbarocken geistlichen Konzert. Die Musik

Rituale Salisburgense aus Höglwörth, gedruckt 1716 unter Fürsterzbischof Franz Anton von Harrach (Foto Erhard Zaha)

aus den ersten Jahrzehnten des Jahrhunderts stand 1657 im Kollegiatstift offenbar nicht mehr im Gebrauch. In dieser Gruppe sind im Inventar noch mehrere frühe venezianische Musikdrucke verzeichnet.

Laut Georg Hunklinger[5] fuhr am 11. Februar 1762 Fürsterzbischof Sigmund von Schrattenbach mit Abt Beda Seeauer von St. Peter und dem späteren Propst Anian Köllerer von Höglwörth nach Raitenhaslach. Er fragte damals Anian, ob sie in Höglwörth auch gute Musik hätten, was dieser bejahen konnte. Im Tagebuch von Abt Seeauer findet sich jedoch an diesem Tag kein entsprechender Eintrag über eine Reise[6]. Möglicherweise fand diese an einem anderen Tag statt.

Leider fehlen Nachrichten über das Höglwörther Musikleben dieser Jahre. Der Hauptakzent der klösterlichen Musikpflege lag verständlicherweise auf der regelmäßigen Ausgestaltung der Liturgie mit Messen, Vespern, Litaneien und kleineren Kirchenwerken. Dass in Höglwörth daneben auch sonstige festliche Anlässe mit Musik gefeiert wurden, muss als sicher angenommen werden, lässt sich aber nur aus einer erhaltenen Festpredigt erschließen.

Franz Ferdinand von Kuenburg, Domherr zu Salzburg und Passau, hatte aus Rom die Reliquien des Märtyrers Placidus nach Salzburg verbracht und 1677 dem Kloster Höglwörth geschenkt. Nach dem erfolgten Neubau der Klosterkirche wurden diese am 28. Oktober 1694 feierlich in die Klosterkirche überführt. Johann Copeindl, Stiftsdekan des Augustiner-Chorherrenstiftes St. Zeno, hielt zu diesem Anlass eine 1695 im Druck erschienene würdige „Lob- und Ehren-Predig" und betont darin, dass die Gebeine in die dem Heiligen gewidmete Kapelle *mit grosser Solemnitat transferiret* wurden. Festlicher Trompetenschall, wie ihn Copeindl ausdrücklich erwähnt, durfte dabei nicht fehlen: *Ey dann, was machet ihr hell-schallente Trompetten? Es will sich in allweg geziemen / daß sich bey einer solch herrlichen Festivität / wo alles in Freuden und Jubel gleichsamb schwimmet / euch munter hören lasset: Io Applaudite &c.*[7] Derartige Überführungen und Anlässe erfolgten stets mit einer Prozession in Begleitung von Sängern und Instrumentalisten, wobei auch Trompeter und Pauker mitzogen (vgl. dazu Abb. S. 309). Analog sind etwa die Jahrhundertfeier der Erhaltung des Gnadenbildes in der Klosterkirche der Zisterzienserabtei Gotteszell 1729[8] oder die 500-Jahr-Feier der Übergabe der Blutreliquie durch Kaiser Rudolf I. an das Prämonstratenser-Kloster Weissenau 1783[9]. In beiden Fällen wurden auch geistliche Theaterstücke mit Musik aufgeführt, was aber in Höglwörth des geringen Personalstandes wegen wohl kaum der Fall gewesen sein dürfte.

Jubiläen wie Jubelprofessen sind aber sehr wahrscheinlich in Höglwörth, wie anderswo, mit Musik begangen worden. Dass die Höglwörther Chorherren beim Besuch von Gästen auch mit Tafelmusik aufgewartet haben, belegt ein Tagebucheintrag des P. Beda Hübner aus der Benediktinerabtei St. Peter zu Salzburg. P. Beda, Bibliothekar in St. Peter, unternahm am 19./20. Juni 1766 mit einigen Mitbrüdern einen Ausflug zu dem nahen Kloster: [...] *man hat uns zu Högelwerth mit allen Freuden empfangen, und mit allen Ehren überhäufft: wir bliben auch allda über Nacht: Wir haben anheüt zu Mittag und zwar in dem refectorio gespeiset, aber es wurde dispensiret*[10]*, und die geistliche hatten uns in dem refectorio eine musique gemacht.*[11] Sinfonien, Divertimenti und Kammermusikwerke, wie sie üblicherweise bei klösterlicher Tafelmusik erklungen sind, waren laut Musikinventar 1820 in Höglwörth vorhanden.

Um den musikalischen Erfordernissen Genüge zu leisten, wurde in den meisten Klöstern darauf Wert gelegt, dass neu aufzunehmende Kandidaten eine gute Gesangsstimme besaßen bzw. ein oder mehrere Instrumente beherrschten. Von den ausübenden Sängern und Musikern unter den Höglwörther Chorherren sind leider nur wenige mit Namen belegt. Doch allein schon der einst im Kloster verhältnismäßig umfangreiche Bestand an Instrumentalmusik und die 1817 vorhandenen Instrumente erforderten Interpreten in ausreichender Anzahl. Als Klostermusiker aus dem 18. Jahrhundert werden namentlich genannt:

Felix Jungermayr (Taufname Johannes), geboren 1723 in Pfaffenhofen, Kapellknabe in Freising, Einkleidung 1746, Profess 28. Oktober 1747, Primiz 28. Oktober 1749. Nach dem Studium der Philosophie in Salzburg war er in Höglwörth Organist und Bassist sowie Lehrer für Latein und Musik. Jungermayr war auch Komponist und verstarb schon früh am 13. März 1758. Laut der Totenrotel war er *Musicae vocali et Musis mansuetioribus incumbens.*[12]

Virgil Ludwig, geboren um 1752 in Salzburg, Eintritt ins Kloster um 1782, Priesterweihe um 1786, gestorben am 13. Dezember 1797. Dem Eintrag in der Totenrotel — *Deum laudans in chordis et organo* — entsprechend war er offenbar Geiger und Organist[13].

Wenceslaus Benedict Michael Greissing, geboren am 29. September 1735 in Salzburg, Profess 1759, Priesterweihe 1. März 1760, als guter Musiker belegt. Greissing trat 1784 mit päpstlicher Dispens in den Weltpriesterstand über und war danach in der Seelsorge tätig. Seit 1796 lebte er als Kommorant in Laufen[14].

Anton Pez, geboren am 25. Januar 1736 in Laufen, Profess 2. Juli 1759, Primiz 13. April 1760. Gestorben 13. November 1800. Der Vermerk in der Totenrotel: *laudes divinas cecinit in chordis et organo* lässt darauf schließen, dass auch er Geiger und Organist war[15].

Guarin Reinprechter, geboren um das Jahr 1725 in St. Pankraz in der Steiermark, Klostereintritt um 1747, Priesterweihe um 1749, gestorben am 20. Dezember 1792. Totenrotel: *In musicis apprime versatus.*[16]

Ildephons Vonderthon (Taufname Ignaz) aus einer Musikerfamilie, geboren um 1756 in Schellenberg, 1769 Rudimentist in St. Peter, dort 1770–1777 Stiftsmusiker (Bassist), Profess um 1783, Priesterweihe um 1784, gestorben am 27. Februar 1807[17].

Joseph Virgil Unterrainer, geboren am 17. Februar 1781 in Salzburg, Profess 19. Februar 1805, Priester 21. September 1805. „Er hatte als guter Musiker schon in Seeon kurz vor der Aufhebung dieses Klosters die Aufnahme in das Noviziat erhalten." Am 22. Juni 1849 starb er als Pfarrer in Marzoll bei Reichenhall[18].

Stimme eines Trompetenaufzugs im typischen Format im Porträt des Propstes Johann Baptist Zacherl (1691–1725) (Foto Brandl)

Der Teisendorfer Musikalienbestand im Jahre 1921

1921 untersuchte Dr. Franz Lehrndorfer sen.[19], damals Chorregent an der Kirche St. Andreas in Teisendorf, im Zuge der von Prof. Dr. Adolf Sandberger, dem Ordinarius für Musikwissenschaft an der Universität München, initiierten Inventarisierung älterer Musikalienbestände in Bayern den Teisendorfer Notenbestand. Über seine Tätigkeit berichtete er Sandberger am 7. November 1921:[20] „Die Musikalien, die lediglich in der Pfarrkirche zu Teisendorf in ganz vernachlässigtem, zum Teil dem Vermodern nahen Zustand sich vorfanden, oben auf dem Musikalienkasten lagernd, gehörten alle der 2. Hälfte des 18. und dem Anfang des 19. Jahrhunderts an. Vermutlich fiel den großen Bränden von 1682 und 1815, von welchen auch die Kirche betroffen war, älteres Material zum Opfer. [...] Nach freilich wenig verlässlichen Aussagen eines Bürgers dürften auch Chorregenten zu Anfang und um die Mitte des 19. Jahrhunderts manches ihrem Privatbesitz einverleibt haben. [...] Die hier vorhandenen Musikalien wurden getrocknet, gereinigt und im Musikalienschrank am Chor getrennt von dem übrigen Material verlässig aufbewahrt."

Lehrndorfer fand 1921 insgesamt noch 116 Handschriften und 52 Musikdrucke vor und erstellte ein ausführliches, 23 Seiten umfassendes Verzeichnis der Musikalien. Er versah die Handschriften mit neuen Signaturen und nahm die Titel und Besetzungsangaben mit zusätzlichen Bemerkungen in diese Liste auf. Lehrndorfers Verzeichnis wurde 2002 teilweise im Druck veröffentlicht[21]. Fünf weiter unten genannte Handschriften waren mit dem Besitzvermerk des Stiftes Höglwörth versehen.

1968 konnte Msgr. Alois Kirchberger, damals Chordirektor an St. Oswald in Traunstein, in Teisendorf im Rahmen der 1957 gemeinsam mit dem Verfasser begonnenen Erfassung von älteren Kirchenmusikalien in Bayern in Teisendorf gerade noch 32 Handschriften und 7 Musikdrucke vorfinden. Nach bald 50 Jahren waren von den Musikhandschriften rund 75 Prozent, von den Drucken gar 85 Prozent nicht mehr vorhanden! Sie müssen als verloren gelten, darunter auch Musikalien aus dem ehemaligen Stift Höglwörth.

Höglwörths Notenbestand zur Zeit der Aufhebung des Stiftes

Nach der Aufhebung des Stiftes Höglwörth sind drei Listen von Musikalien aus dem Besitz des Klosters erstellt worden[22].

1. Ein undatiertes „Verzeichnis der im Styfte Hegelwerd noch vorhandenen Kirchen Musikalien" von unbekannter Hand, erstellt vor dem 28. November 1819. (= Verzeichnis A)

2. Eine am 28. November 1819 von dem Teisendorfer Schullehrer Sebastian Mutzl[23] verfasste Liste „Von der K. Administration zu Hoegelwoerth sind der Kirche Teisendorf nachstehende

Musikalien zum einstweiligen Gebrauch verliehen worden." (= Verzeichnis B)

3. Ein „Verzeichniß Ueber die bei dem aufgelösten Kloster Högelwerd vorhandenen Musikalien, welche an die nunmehrige Administration zur Verwahrung übergeben worden, abgefaßt den 26 April 1820". Unterzeichnet: *v. Stefenelli / Stöger*[24] */ v. Passauer*[25] */ In fidem copiae am 20 Mai 1820 / Königl. Regierungs Commission.* (= Verzeichnis C)

Diese drei Verzeichnisse enthalten zum Teil dieselben Komponistennamen und Werke, zum Teil aber auch voneinander abweichende Einträge. Da die angeführten Musikalien alle aus dem Kloster Höglwörth stammen, ergänzen sich die Verzeichnisse gegenseitig. Nachstehend sind deshalb alle drei zusammengefasst, wobei in der rechten Spalte durch Buchstaben gekennzeichnet ist, in welchen Verzeichnissen die entsprechenden Einträge enthalten sind. Innerhalb der Gattungen wurden die Einträge alphabetisch geordnet und vereinheitlicht. Soweit es sich um Musikdrucke handelt, ist dies vermerkt.

Messen

Brixi, Franz Xav.: 2 Missae ex C und C	(A)
Delesnich: 2 Missae ex C und A	(A)
Ditters, Carl: Missa ex C	(A, C: hier fälschlich unter „Karl")
Endzholzer, Ulrich: 6 Missae [Druck: Salzburg 1785]	(A, C)
Gatti: Missa	(C)
Groll [Kroll!]: 6 Missae [Druck: op. 2, Augsburg 1798]	(C)
Haydn, Joh. Michael: solenne lateinische Messen	(B: 5 Messen, C: 7 Messen)
Haydn, Joh. Michael: zweimal Gloria und Credo	(C)
Herkhammer: Missa	(C)
Hueber: Missa	(C)
Ivanschiz, Amand: 4 Missae solemnes C, G, A [Nr. 4: Tonart?]	(A, C)
Jungermair, Felice: Missa pastoralis	(A)
Krottendorfer: Missa Brevis	(A, C)
Lederer, Jos.: 6 Missa Ruralis [Druck: Augsburg 1776, 2. Aufl. 1781]	(A)
Lipp, Francisco: 8 Missae	(A, C)
Mozart: 4 Missae	(C)
Novotni: 2 Missae ex A und A	(A, C)
Paris: 3 Missae ex C und C	(A, C)
Pausch: Missa	(C)
Reutter, Georg: Missa Brevis	(A, C)
Schenk, Aegid.: 3 Missae ex F, F und G	(A)
Siber, Andrä: Missa pastoralis ex G	(A, C)
Steindl: Missa	(C)

Gesamtzahl: mindestens 68

Vespern

Fasold: Vesperae de Dominica	(A, C)
Geisler [Gajsler!], Bened.: Vesperae ex A	(A)
Giulini: Vesperae de Dominica	(A)
Kaiser: 3 Vesperae Solemn.	(A, C)
Kobrich: Vesperae Solemnes	(A)
Lederer: 5 Vesperae [Druck: Ulm 1780]	(A)
Madlseder, Nonnoso: Vesperae Solemnes	(A)
Pausch: Vesperae	(C)
Pausch: 32 Vesperpsalmen [Druck: op. 3, Augsburg 1797]	(B)
Zach: Vesperae ex C	(A)

Gesamtzahl: 15 Vespern, 32 Vesperpsalmen

Litaneien

Adlgasser: 4 Lytaniae	(C)
Brixi: Lytaniae	(C)
Delesnich: 2 Lytaniae	(A, C)
Eberlin, Ernesto: Lytaniae	(A)
Eberlin: 13 Lytaniae	(C)
Haydn [Joh. Michael]: 3 Lytaniae	(C)
Kriner: Lytaniae	(C)
Lipp, Francisco: Lytaniae	(A: 3 Lytaniae, B: 12 Lytaniae)
Manschinger: Lytaniae	(C)
Mozart: Lytaniae	(C)
Paris: 3 Lytaniae	(A, C)
Scheicher, Georg: Lytaniae	(A)
Stökl: Lytaniae	(C)
Westermaier: Lytaniae	(C)
Wrastill, Florian: 2 Lytaniae	(A, C)
Ungenannte Komponisten: 10 Lytaniae	(C)

Gesamtzahl: 46

Miserere

Kobrich: 6 Miserere
    [Druck: op. 11, Augsburg 1753] (A)
Madlseder: 5 Miserere mit 1 Stabat mater
    [Druck: op. 3, Augsburg 1768] (A, C)
Vogler: Miserere (C)
    Gesamtzahl: 12

Requiem

Haiden [Johann Michael] (C)
Reinprechter (C)

Te Deum laudamus

Dreyer: Te Deum (B, C)
Haiden [Johann Michael?]: 3 Te Deum[26] (C)
Haydn, Johann Michael: Te Deum (B)
Mozart: Te Deum (C)
    Gesamtzahl: 6

Offertorien und Graduale etc.

Buch [Buchwieser?]: Offertorium (C)
Haydn, Johann Michael: 11 Offertorien
    und Graduale (B: 11, C: 28)
Hueber: Offertorium oder Graduale (C)
Kaiser, Isfrid: 24 Offertoria
    [Drucke: op. 5 u. 6, Augsburg 1748 u. 1750] (A)
Madlseder: 15 Offertoria de festis Sanctorum
    [Druck: op. 2, Augsburg 1767] (A)
Madlseder: 15 Offertoria
    [Druck: op. 1, Augsburg 1765] (A, C)
Mozart: Offertorium oder Graduale (C)
Mozart: Offertorium (B)
Haiden, Johann Michael: Veni
    creator Spiritus (B, C)
Paris: 8 Tantum ergo (C)
    Gesamtzahl: 78

Salve Regina

Delessnich: 2 Salve Regina (A)
Paris: Salve Regina (A)
Schenk: Salve Regina (A)

Benedictiones

Kaiser: 15 (C)

Höglwörther Missale, Buchrückseite,
Pfarrarchiv Anger (Foto Brandl)

Simphonien

Dreyer: 6 Symphonien
    [Druck: op. 21, Augsburg 1808] (B)
Von verschiedenen Meistern: 64, alt und
    ohne Werth (C)
    Gesamtzahl: 70

Divertimenti

Gasmann: 6 Divertimenti (C)
Haiden, Joseph: 2 Divertimenti (C)
Pitz [? Pichl]: 6 Divertimenti
    [? Druck: op. 5, Berlin 1781] (C)
Hofmann: 3 Divertimenti (C)
Hafeneder: Concert (C)
    Gesamtzahl: 18

Quartette
17 Parth [Stimmensätze] von
  verschiedenen Meistern (C)

Trios
10 Parth von verschiedenen Meistern (C)

Duette
3 Parth von verschiedenen Meistern (C)
Gesamtzahl: 30

[Bearbeitung?]
Paisiello: Il re Theodoro (C)

Insgesamt ist in den Verzeichnissen ein Höglwörther Bestand von mindestens 259 Sakralwerken und 100 Instrumentalwerken genannt, von dem heute nur noch ganz wenige Einzelstücke erhalten sein dürften. Die 17 einst in Teisendorf vorhandenen Musikalien, die in Mutzls Liste (B) genannt sind, müssen alle als verloren gelten.

Mit dem Besitzvermerk „Ad Chorum Höglwerth/Haeglwerth" bzw. „Ad Chorum Colliswerdensum" nannte Lehrndorfer 1921 in seinem Teisendorfer Musikalienverzeichnis fünf Handschriften:

Johann Michael Haydn:
1. Litaniae de B.V.M. ex F (zuvor dem Augustiner-Chorherrenstift St. Zeno gehörend)
2. Offertorium de tempore Paschali

Franz Ignaz Lipp:
Lytaniae lauretanae ex C

Bonifaz Stöckl OSB:
1. Offertorium de omni tempore in H
2. Offertorium pro omni tempore in F

Aus anderen Klöstern stammend verzeichnet Lehrndorfer zusätzlich zwei weitere Handschriften aus dem Höglwörther Bestand:

Anton Kajetan Adlgasser:
Litaniae Nr. 3 de B.V.M. (1786, aus dem Augustiner-Chorherrenstift St. Zeno)

Johann Hassmayr:
Vesperae de Dominica ex F (1788, aus dem Augustiner-Chorherrenstift Herrenchiemsee)

Mit beiden Klöstern wurden — wie allgemein üblich — offenbar Musikalien ausgetauscht. Keine der genannten Handschriften ist heute in Teisendorf noch vorhanden.

Die einzige mit Sicherheit aus dem Kloster Höglwörth überlieferte Handschrift, eine Missa solemnis in C[27] von *Johann Ernst Eberlin*, gelangte 1859 in einem vom Münchener Antiquariat Jakob Oberdorfer angekauften Bestand von 105 Musikhandschriften in die Münchener Hof- und Staatsbibliothek. Es handelte sich um einen Teil des umfangreichen Nachlasses des Altöttinger Kapellorganisten Max Keller (1770–1855). Andere Teile des Keller-Nachlasses waren in Altötting verblieben[28]. Keller hatte für sich mehrere Handschriften aus aufgehobenen Klöstern erworben.

Aus Höglwörth könnten möglicherweise folgende noch erhaltene Handschriften stammen, auch wenn sie keinen Besitzvermerk aufweisen:

Franz Ignaz Lipp: Lytaniae lauretanae in C, Abschrift um 1780 (TEI 140)

Franz Nikolaus Novotni: Missa ex C, Abschrift um 1780 (TEI 144)

Georg Reutter: Missa C-Dur, Abschrift um 1760 (TEI 150)

Anton Ferdinand Paris: Missa C-Dur, Autograph um 1800 (TEI 145)

Eugen Pausch: Missa ex D, Abschrift um 1790 (TEI 147)

Bonifaz Stoeckl: Lytaniae lauretanae C-Dur, Abschrift um 1790 (TEI 157)

Anonym: Lytaniae lauretanae C-Dur, Abschrift F. J. Weindl um 1790 (TEI 165)

Anonym: Missa B-Dur, Abschrift um 1790 (TEI 157)

Außerdem kommen noch die unten in Zusammenhang mit den Schreibern genannten Kompositionen von *Johann Michael Haydn* in Betracht.

Abgesehen von den 6 gedruckten Sinfonien von *Johann Melchior Dreyer* sind leider die Namen der Komponisten der übrigen 64 handschriftlichen Sinfonien nicht überliefert. Bemerkenswert ist deren relativ große Zahl. Auch die Autoren der einst vorhanden gewesenen Kammermusikwerke, der Duette, Trios und Quartette, sind nicht genannt. Diese Instrumentalwerke lassen auf ein reges Musizieren

Missale Novum Romanum, Kempten: Johann Mayr 1734, Pfarrarchiv Anger, aus ehemaligem Höglwörther Besitz (Foto Brandl)

der Chorherren zur Tafel und in der Rekreation schließen.

Von den zehn Drucken aus dem Höglwörther Bestand blieben nur die 6 Messen von *Ulrich Endzholzer*, die Messen op. 2 von *Evermodus Groll* und die 5 Miserere op. 3 von *Nonnosus Madlseder* erhalten. Unklar ist, worum es sich bei der wohl im Druck vorgelegenen Oper „Il re Theodoro in Vienna" von *Giovanni Paisiello* gehandelt hat. Diese war am 23. August 1784 in Wien uraufgeführt worden. Verschiedene Bearbeitungen der Oper oder einzelner Teile daraus sind im Druck erschienen. So veröffentlichte das „Musikalische Magazin auf der Höhe" zu Braunschweig ein Arrangement *ridotto in quartetti per due violini, viola e basso*, das möglicherweise in Höglwörth vorhanden war[29].

Die im Höglwörther Bestand vertretenen Komponisten

In den Inventaren sind Werke von insgesamt 45 Komponisten verzeichnet:

Adlgasser, Anton Cajetan (1729–1777), Hoforganist in Salzburg

Brixi, Franz Xaver (1732–1771), Domkapellmeister in Prag

Buch (? ob Buchwieser, Balthasar [1763–nach 1808], Hofsänger in Koblenz, später Kapellmeister in Wien)

Delessnich, Joseph (1765–1814), Chorregent in Reichenhall

Ditters von Dittersdorf, Karl (1739–1799), Kapellmeister des Bischofs von Großwardein, später des Bischofs von Breslau

Dreyer, Johann Melchior (1746–1824), Stiftskapellmeister in Ellwangen

Eberlin, Johann Ernst (1701–1762), fürsterzbischöflicher Hofkapellmeister in Salzburg

Endzholzer, Ulrich (2. Hälfte 18. Jh.), Augustiner-Eremit in Mülln bei Salzburg

Fasold, Benedikt (1712–1766), Benediktiner in Fultenbach (Schwaben)

Gassmann, Florian Leopold (1723–1772), Ballettkomponist und Hofkapellmeister in Wien

Gatti, Luigi (1740–1817), fürsterzbischöflicher Hofkapellmeister in Salzburg

Geisler, Benedikt (1696–1772), Augustiner-Chorherr in Triefenstein (Franken)

Giulini, Andreas (1723–1772), Domkapellmeister in Augsburg

Groll, Evermodus (1756–1809), Prämonstratenser in Schäftlarn

Hafeneder, Joseph (1746–1784), Violinist in der Salzburger Hofmusik

Haydn, Franz Joseph (1732–1809), Kapellmeister des Fürsten Esterházy zu Eisenstadt, seit 1790 in Wien

Haydn, Johann Michael (1737–1806), fürsterzbischöflicher Konzertmeister in Salzburg

Herrkammer, Joseph. Er erscheint als Schreiber der Handschrift TEI 114 (Komponist: Norbert Hauner?) um 1820

Hofmann, Leopold (1738–1793), Hoforganist, Domkapellmeister in Wien
Hueber, Georg (?)
Ivanschitz, Amandus (ca. 1730–ca. 1790), Paulanermönch in Maria Trost in Graz
Jungenmayr, Felix (1723–1758), Augustiner-Chorherr in Höglwörth
Kayser, Isfrid (1712–1771), Prämonstratenser in Obermarchtal
Kobrich, Anton (1714–1791), Stadtpfarrorganist in Landsberg am Lech
Kriener, Johann Michael (1759–1818), Augustiner-Chorherr in Wettenhausen (Schwaben)
Krottendorfer, Joseph (1741–1798), seit 1772 Tenorist in der Wiener Hofkapelle
Lederer, Joseph Anton (1733–1796), Augustiner-Chorherr im Stift zu den Wengen (Ulm)
Lipp, Franz Ignaz (1718–1798), 1746 bis 1654 Organist in Laufen, dann Domorganist in Salzburg
Madlseder, Nonnosus (1730–1797), Benediktiner in Andechs
Manschinger (?)
Mozart, Leopold (1719–1787) oder *Wolfgang Amadeus* (1756–1791)
Novotni, Franz Nikolaus (1744–1773), Organist des Fürsten Esterházy in Eisenstadt
Paisiello, Giovanni (1741–1816), Kapellmeister in St. Petersburg, Neapel, Paris
Paris, Anton Ferdinand (1744–1809), Hoforganist in Salzburg
Pausch, Eugen (1758–1838), Zisterzienser in Walderbach
Pitz [?*Pichl, Wenzel* (1741–1805), Geiger im Wiener Hoftheater]
Rainprechter, Johann Nepomuk Franz Seraph (1757–1812), seit 1773 Chorregent in St. Peter in Salzburg
Reutter, Georg (1708–1772), Hofkomponist und Hofkapellmeister in Wien
Scheicher, Johann Georg (1746–nach 1776), 1771–1775 Organist in St. Peter, wurde 1776 Sekretär des Präsidenten der oberösterreichischen Landstände
Schenk, Aegidius (1719–1780), Minorit, Organist in Kloster Mariahilf bei Graz
Siber, Andrä (?)
Steindl, Johann (1713–1782), Augustiner-Chorherr in St. Zeno/Reichenhall
Stoeckl, Bonifaz (1745–1784), Benediktiner in Mallersdorf (Niederbayern)
Vogler, Georg Joseph (1749–1814), Hofkapellmeister in München, Stockholm und Darmstadt
Zach, Johann (1699–1773), bis 1756 Domkapellmeister in Mainz, dann auf Reisen

Unter den Klosterkomponisten waren fünf Augustiner-Chorherren, vier Benediktiner, zwei Prämonstratenser und je ein Zisterzienser, Augustiner-Eremit, Minorit und Paulaner. Von den übrigen Komponisten waren die meisten, nämlich zehn, in Salzburg und sechs in Wien tätig.

Salzburg als musikalischer Bezugsort

Die Verzeichnisse spiegeln inhaltlich deutlich die Orientierung am Salzburger Musikleben wider. Im Bestand vertretene Salzburger Komponisten waren Adlgasser, Eberlin, Endzholzer, Gatti, Hafeneder, J. M. Haydn, Lipp, Mozart (Vater und Sohn?), Paris, Rainprechter und Scheicher. Zu den meisten dieser Personen dürften direkte persönliche Kontakte bestanden haben. Für Mozart gibt es diesbezüglich keinen Beleg, doch für Johann Michael Haydn wird dies durch P. Beda Hübner von St. Peter bezeugt. In seinem ausführlichen Nachruf auf Haydn berichtet er: „[...] nichts war ihm lieber, als der Besuch geistlicher Orte, vorzüglich der Klöster, Dechantereyen, und Pfarreien, theils in Salzburg, Michaelbayern, Högelwerth, in Bayern die Klöster Chiemsee, Baumburg, Seeon, in Oestreich Mondsee, Lambach und vorzüglich Kremsmünster [...]"[30]. In der Abtei St. Peter waren die im Höglwörther Bestand als Komponisten vertretenen Johann Nepomuk Rainprechter als Chorregent, Johann Georg Scheicher als Organist sowie als Bassist zeitweise der Höglwörther Chorherr Ildephons Vonderthon tätig.

Salzburger Notenkopisten

Enge Bezüge zu St. Peter belegen die Schreiber mehrerer der in Teisendorf noch erhaltenen Musikhandschriften. Vier Schreiber von Handschriften

Missale 1734, aufgeschlagene Doppelseite „Erscheinung des Herrn" (Foto Brandl)

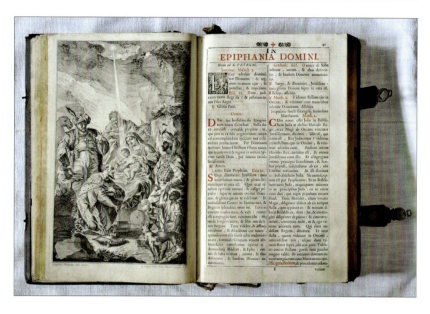

im Bestand erscheinen auch in Handschriften des Musikalienarchivs von St. Peter. Es sind dort die anonymen Schreiber 13 (1776), 89 (um 1790), 135/136 (um 1790) und 144 (um 1800)[31].

Von diesen Schreibern finden sich zum Teil auch Abschriften in Beständen der Salzburger Kollegiatstifte Laufen und Tittmoning, wie auch in anderen oberbayerischen Kirchenbeständen. In Laufen ging der Musikalienbestand 1824 bei einem Brand der Stiftskirche verloren, in Tittmoning war er schon beim Brand 1815 untergegangen. Nach den Totalverlusten wurden in beiden Stiften die Bestände neu aufgebaut, was überwiegend mit Handschriften aus Salzburg geschah. Die damals neu erworbenen Handschriften stammten zum Teil aus der Abtei St. Peter. Dies trifft sehr wahrscheinlich auch für die heute in Laufen und Tittmoning befindlichen Abschriften durch die Schreiber zu, die im Musikalienbestand der Erzabtei festzustellen sind.

Nachstehend sind die einschlägigen Teisendorfer Signaturen, durchwegs Abschriften von Kompositionen Johann Michael Haydns, genannt.

Schreiber St. Peter Nr. 13 = Schreiber 3 in Teisendorf von J. M. Haydns: „Constitues eos principes" TEI 124, „Locus iste" TEI 126 und „Nunc dimittis" TEI 129. Der Kopist erscheint auch als Schreiber Nr. 15 in Laufen.

Schreiber St. Peter Nr. 89 = Schreiber in Teisendorf von J. M. Haydns „Ab ortu solis" TEI 116, „Benedictus es Domine" TEI 123 und „Felix es sacra Virgo" TEI 125. Er erscheint auch als Schreiber Nr. 5 in Laufen, Schreiber Nr. 10 in Tittmoning, Schreiber Nr. 8 in St. Jakob zu Wasserburg am Inn und als Schreiber Nr. 7 in Tegernsee.

Schreiber St. Peter Nr. 135/136 = Schreiber 5 in Teisendorf von J. M. Haydns „Missa Sancti Joannis Nepomuceno" TEI 127, auch Schreiber Nr. 10 in Laufen.

Schreiber St. Peter Nr. 144 = Schreiber 6 in Teisendorf der anonymen Missa nach Mozarts „Zauberflöte" TEI 166. Diese Handschrift gehörte wohl nicht zum Höglwörther Klosterbestand.

In der Handschrift TEI 125: J. M. Haydn, „Felix es sacra Virgo" ist als zweiter Schreiber auch der Salzburger Domvikar Nikolaus Lang (1772–1837), ein wichtiger Haydnkopist, vertreten.

Schreiber der anonymen Lytaniae C-Dur TEI 165 ist Franz de Paula Weindl (1743–1812), der von 1807 bis 1812 als Dom- und Stadtpfarrorganist in Salzburg tätig war. Schreiber der anonymen Missa B-Dur TEI 167 ist identisch mit Schreiber Nr. 9 in Laufen und Schreiber Nr. 1 in Tittmoning. So bestehen hier bemerkenswerte Zusammenhänge mit Salzburg.

Notenpapier aus Salzburg

Wasserzeichen in den für die Musikhandschriften verwendeten Papieren vermitteln generell wichtige Anhaltspunkte zu deren Lokalisierung. Ein größerer Teil der Handschriften im Teisendorfer Restbestand verweist diesbezüglich auf Salzburg. Auf Papier aus der Papiermühle Hofmann in Lengfelden bei Salzburg aus der Zeit zwischen etwa 1780 und 1815[32] sind u. a. die Handschriften der oben genannten J. M. Haydn-Kompositionen TEI 121, TEI 123–125, TEI 127 sowie auch TEI 130: „Timete Dominum" geschrieben. Auf italienisches Papier, wie es in Salzburg auch verwendet wurde, sind die ebenfalls bereits genannten Haydn-Werke TEI 126 und TEI 129 geschrieben. Inwieweit sich unter den auf Salzburg verweisenden Handschriften aufgrund der Schreiber oder der Wasserzeichen solche aus dem ehemaligen Stift Höglwörth befinden, lässt sich nicht mit Sicherheit nachweisen[33].

Wegen der Schreiber und Wasserzeichen spricht einiges dafür, dass zumindest die nachfolgend genannten Handschriften ursprünglich zum Höglwörther Musikalienbestand gehört haben:

Johann Michael Haydn: Beatus vir (TEI 121), Benedictus es Domine (TEI 123), Constitues eos principes (TEI 124), Felix es sacra Virgo (TEI 125) und Missa Sancti Nepomuceni C-Dur (TEI 127)

Anonym überliefert: Lytaniae lauretanae C-Dur (TEI 165) und Missa B-Dur (TEI 167).

Der zwischen ca. 1790 und ca. 1820 im Bestand Teisendorf nachweisbare Schreiber 1 mit Abschriften von Kompositionen von Balthasar Buchwieser, Joseph Haydn, Johann Michael Haydn (7 Abschriften), Joseph Lederer, Johann Gottfried Schicht und eines anonymen Segensliedes (TEI 162) könnte gegebenenfalls in Höglwörth oder Teisendorf tätig gewesen sein[34].

Das Instrumentarium

An Instrumenten des Stiftes wurden nach der Aufhebung fünf Hörner, zwei Trompeten, vier Violinen, eine alte Viola, ein Violoncello und ein alter Violon (Kontrabass) versteigert[35]. Es müssen auch Oboen vorhanden gewesen sein, da diese für die Aufführung der meisten Kompositionen von Johann Michael Haydn erforderlich waren. Das Instrumentarium dürfte der regulären Höglwörther Besetzung bei den Kirchenwerken und Sinfonien entsprochen haben: zwei erste Violinen, zwei zweite Violinen, eine Viola, ein Violoncello und ein Kontrabass, bei den Kirchenwerken dazu Orgelbegleitung. Dazu kamen je nach Bedarf je zwei Hörner (die in verschiedenen Stimmungen vorhanden waren), zwei Trompeten und Pauken. Zwei kupferne Kesselpauken, die Georg Hunklinger in Höglwörth noch gesehen hatte, sind, wie auch manche Instrumente auf anderen Kirchenchören, inzwischen nicht mehr vorhanden. Leider ist seitens der Erzdiözese München-Freising nie eine Inventarisierung der Instrumente auf den Kirchenchören erfolgt. So sind die alten Instrumente nach und nach fast überall verschwunden.

Die angegebene Instrumentalbesetzung entspricht den Gegebenheiten der überlieferten Handschriften und Drucke, die für jedes Instrument jeweils nur eine Stimme enthalten. Die zusätzlichen Instrumentalstimmen in manchen der Drucke (Dreyer op. 21: zwei Flöten, zwei Klarinetten; Kobrich op. 11: eine Bassposaune; Madlseder op. 3: drei Posaunen; Pausch op. 3: zwei Oboen, zwei Flöten oder Klarinetten) waren ad libitum gesetzt, konnten also wegbleiben. Die Chorbesetzung dürfte nicht über ein Doppelquartett hinausgegangen sein. Die Vokal- und Instrumentalbesetzung war in Höglwörth sicherlich nur klein.

Für den Bau einer Orgel hatte Philipp Jakob Hochpichler aus Hallein vor seiner Profess am 17. März 1680 einen Betrag von 500 Gulden gestiftet[36]. Das Instrument besaß laut Inventar von 1815 zehn Register, teils zinnerne, teils hölzerne Pfeifen, vier Blasbälge und wurde 1681 vermutlich von einem Mitglied der Salzburger Orgelbauerfamilie Egedacher erbaut[37]. Infrage kommt der Salzburger Hoforgelmacher Christoph Egedacher (1641–1705). Im Jahr 1952 wurde durch die Firma G. F. Steinmeyer in Oettingen hinter dem erhaltenen originalen Prospekt eine neue Orgel erstellt[38].

Von der Praxis der Musikpflege des Augustiner-Chorherrenstiftes Höglwörth künden heute im Wesentlichen nur noch wenige Quellen. Glücklicherweise vermögen die überkommenen Inventare noch eine Vorstellung davon zu vermitteln, welche Klänge die Kirche und das idyllisch gelegene Kloster erfüllt haben.

Anmerkungen

1 *Geiß,* Högelwerd, S. 494.
2 *Hunklinger,* Das Ende (1975), S. 11. — Abb. S. 307.
3 *Robert Münster,* Zur Musikpflege im Augustiner-Chorherrenstift Indersdorf. Der überlieferte Bestand an mehrstimmiger Musik des 16.–18. Jahrhunderts, in: Amperland 40 (2004), Heft 3, S. 437–439.
4 *Robert Münster,* Das Musikrepertoire des Kollegiatstifts Tittmoning zur Zeit des Frühbarock, in: Das Salzfass, 24. Jg. (1990), S. 29–44.
5 *Hunklinger,* Das Ende (1975), S. 12.
6 Freundliche Mitteilung Mag. Gerald Hirtner, Archiv der Erzabtei St. Peter.
7 *Johann Copeindl,* Placidus / triumphans / Das ist: / Lob- vnd Ehren-Predig / Jenes / Herrlichen Triumphs / vnd Translation / deß Glorwürdigsten / Romanischen Martyrers / vnd Blut-Zeugens Christ / Placidi [...], Saltzburg: Johann Baptist Mayr 1685. — Eine Kopie des Drucks in der Badischen Landesbibliothek Karlsruhe machte mir freundlicherweise Prälat Dr. Walter Brugger zugänglich.
8 *Robert Münster,* Zur Musikpflege in der Zisterzienserabtei Gotteszell im 18. Jahrhundert, in: Kirchenmusikalisches Jahrbuch 84 (2000), S. 101–105.
9 *Ludwig Wilss,* Zur Geschichte der Musik an den oberschwäbischen Klöstern im 18. Jahrhundert (Stuttgart 1925), S. 30 (= Veröffentlichungen des Musik-Institutes der Universität Tübingen, 1).
10 Die Chorherren waren hier vom Gebot des Stillschweigens beim Mahl befreit.
11 *Petrus Eder,* Ein Mönch als Zeitgenosse — das Diarium des ... Beda Hübner, in: Das Benediktinerstift St. Peter zur Zeit Mozarts (Salzburg 1991), S. 50.
12 Freundliche Mitteilung P. Dr. Korbinian Birnbacher OSB, Erzabtei St. Peter. — *Geiß,* Högelwerd, S. 542.
13 Freundliche Mitteilung P. Dr. Korbinian Birnbacher. — *Geiß,* Högelwerd, S. 543.
14 *Geiß,* Högelwerd, S. 542.
15 Wie Anm. 12. (Bei Geiß lautet der Name Anton Polz mit falschem Todesjahr 1801.)
16 Wie Anm. 12. Guarin Reinprechter war möglicherweise verwandt mit dem Chorregenten von St. Peter, Johann Nepomuk Franz Seraph Rainprechter (1757–1812).
17 *Petrus Eder,* Die Sankt Petrischen Musikanten, in: Das Diarium des ... Beda Hübner, in: St. Peter zur Zeit Mozarts (wie Anm. 11), S. 97, und freundliche Mitteilung P. Dr. Korbinian Birnbacher. — *Geiß,* Högelwerd, S. 352 u. 543.
18 *Geiß,* Högelwerd., S. 522 u. 542; *Josef Knab,* Nekrologium der kathol. Geistlichkeit in der Kirchenprovinz München-Freising (München 1894), S. 72.
19 Lehrndorfer (1889–1954) hatte in München 1920 bei Sandberger mit einer Dissertation über den Passauer fürstbischöflichen Hofkapellmeister Benedikt Anton Aufschnaiter promoviert.
20 Bericht über die Inventarisationsarbeiten für die Denkmäler der Tonkunst in Bayern zu Teisendorf, Teisendorf 7.XI.1921. Ms. in der Musikabteilung der Bayerischen Staatsbibliothek.
21 *Robert Münster,* Teisendorf, Pfarrkirche St. Andreas, in: *Ursula Bockholdt* u. a., Die Musikhandschriften der Kollegiatstifte Laufen und Tittmoning, der Pfarrkirche Aschau, der Stiftskirche Berchtesgaden und der Pfarrkirchen Neumarkt-St. Veit, Teisendorf und Wasserburg am Inn (ergänzender Bestand). Mit einer Einleitung über Geschichte und Inhalt der Bestände von *Robert Münster* (München 2002) (= Kataloge bayerischer Musiksammlungen, 10), S. XLV–L.
22 StAM, KL 282/84.
23 Sebastian Mutzl (1772–1839) aus Mariapfarr besuchte das Gymnasium in München und studierte in Passau Philosophie und Theologie. Vor 1803 war er für kurze Zeit Novize im Augustiner-Chorherrenstift Baumburg. Nach Lehrtätigkeit in Lofer und anschließend in Radstadt wirkte er seit April 1816 als anerkannt tüchtiger Lehrer in Teisendorf. Vgl. *Bernhard Walcher,* Sebastian Mutzl (1772–1839) und sein Wirken als Lehrer in Teisendorf, in: Das Salzfass, 5. Jg. (1971), S. 45–47, und *Held,* Altbayerische Volkserziehung, S. 385.
24 Ferdinand Stöger war Rentbeamter in Laufen.
25 Emmanuel von Passauer war bayerischer Hofkammerrat und ehemaliger Rentbeamter in Landau.
26 Von Johann Michael Haydn sind an anderen Orten insgesamt 5 Te Deum-Vertonungen bekannt, von Joseph Haydn zwei.
27 Bsb, Mus.ms. 1296.
28 *Robert Münster,* Zur Geschichte der handschriftlichen Konzertarien W. A. Mozarts in der Bayerischen Staatsbibliothek, in: Mozart-Jahrbuch 1971/72 (Salzburg 1973), S. 162 f.
29 Exemplar in der Österreichischen Nationalbibliothek Wien.
30 *Ernst Hintermeier,* P. Beda Hübner, Nachrichten über das Ableben des großen Tonkünstlers Johann Michael Haydn, in: St. Peter zur Zeit Mozarts (wie Anm. 11), S. 208.
31 *Manfred Hermann Schmid,* Die Musikaliensammlung der Erzabtei St. Peter in Salzburg. Kat. Erster Teil: Leopold und Wolfgang Amadeus Mozart, Joseph und Michael Haydn (Kassel 1970) (= Schriftenreihe der Internationalen Stiftung Mozarteum 3/4), S. 29 u. 34. Die Schreiber 135/136 und 144 sind nur im Manuskript dieses Katalogs in der Erzabtei St. Peter verzeichnet.
32 Buchstaben AFH bzw. FAH: Papierer Antonius Fidel Adam Hofmann (1736–1773) und Nachfolger Ignatius Hofmann (gest. 1809); FAH: Papierer Franz Anton Paul Hofmann (1809–1852).
33 Bezüglich näherer Angaben zu den Schreibern und Wasserzeichen sei auf *Münster,* Teisendorf (wie Anm. 21), und *Bockholdt,* Die Musikhandschriften (ebenda), verwiesen, hier speziell auf die Kataloge des Teisendorfer und des Laufener Bestandes mit den Schreiber- und Wasserzeichen-Verzeichnissen.
34 Detaillierte Angaben zu diesen Handschriften bei *Bockholdt,* Die Musikhandschriften, Katalog Teisendorf (wie Anm. 21), S. 219–232 u. 293.
35 *Hunklinger,* Das Ende (1975), S. 12.
36 *Geiß,* Högelwerd, S. 441 u. 541.
37 Wie Anm. 35.
38 *Georg Brenninger,* Orgeln in Altbayern (München ²1982), S. 170.

Matthias Blankenauer

Studium und Bibliothek

I. Theologiestudium und Ausbildung zur Seelsorge

Bis zum Konzil von Trient gab es für die theologische Unterweisung der künftigen Priester — von wenigen Ausnahmen abgesehen — keine speziellen Ausbildungsstätten. In der Regel ging ein Priesteramtsanwärter bei einem erfahrenen Seelsorger „in die Lehre", empfing auf dessen Vorschlag und Befürwortung vom zuständigen Bischof die Priesterweihe und diente dann bei seinem „Ausbildungs-Pfarrherrn" als „Gsellpriester", bis ihm zuweilen erst nach vielen Jahren eine Stelle als Kooperator, als Vikar oder als Pfarrer übertragen wurde. Der Besuch der theologischen Fakultäten an den Universitäten war nur Personen aus den wohlhabenden Kreisen des niederen Adels und des städtischen Bürgertums möglich, für die ein Führungsamt in der Kirche vorgesehen war oder die selbst ein höheres Amt in der kirchlichen Hierarchie anstrebten[1].

In den Klöstern der Augustiner-Chorherren erfolgten die theologische Unterweisung und die Ausbildung zum Seelsorger im eigenen Haus. Zuweilen wurden Professen zur „speziellen Ausbildung" auch in ein anderes Kloster des eigenen Ordens oder sogar an eine Universität geschickt. Ein derartiger Fall ist jedoch aus dem Kloster Höglwörth vor dem Konzil von Trient nicht bekannt. Es muss vielmehr angenommen werden, dass die spirituelle und die theologische Vorbereitung für den Einsatz in der Pfarrei Anger und im Vikariat Piding hauptsächlich durch den Novizenmeister, durch erfahrene Mitbrüder, durch den Bibliothekar und durch die Vorgesetzten erfolgte. Während für den Weltklerus durch die Bestimmungen des Konzils von Trient[2] und vor allem durch die Provinzialsynoden 1569 und 1573 in der Erzdiözese Salzburg sowie in der gesamten Kirchenprovinz mit der Einrichtung von Priesterseminaren die Ausbildung der künftigen Seelsorger völlig neu geregelt wurde, blieb die theologische Ausbildung der Ordenspriester weiterhin den Klöstern überlassen. Wenn allerdings der Professe als geweihter Priester im Seelsorgedienst eingesetzt werden sollte oder wollte, musste er zuvor in den theologischen Fachbereichen eine schriftliche Prüfung, das sogenannte Examen *pro cura animarum*, ablegen[3]. Das Theologiestudium war durch die Vorgaben der genannten Provinzialsynoden auf die Bereiche Predigt, Messopfer, Gebet (Breviergebet) und Spendung der Sakramente ausgerichtet, denen wohl folgende theologische Fächer zugeordnet werden können:

Predigt: Exegese, Homiletik, Moraltheologie, Pastoraltheologie

Messopfer: Liturgik, Rubrizistik, Dogmatik, Kanonisches Recht

Gebet: Psalmen, Lesungen aus dem Alten und Neuen Testament

Spendung der Sakramente: Liturgik, Dogmatik, Kanonisches Recht, Rubrizistik

Die Rahmenbedingungen des Konzils von Trient und die Anordnungen der Provinzialsynoden von 1569 und 1573 wurden in Höglwörth unter den Pröpsten Balthasar Peer (1564–1589) und Richard Schneeweis (1589–1609) kaum beachtet[4]. Unter dem Mandatar-Propst Marquard von Schwendi (1610–1634) hatte ein Ordensleben in Höglwörth bis zur Aufnahme der „schwäbischen Flüchtlinge" aus dem Kloster Hl. Kreuz in Augsburg ab dem Jahre 1630 de facto nicht existiert. Unter Propst Leonhard Feustlin (1634–1638) wurde jedoch wiederholt um die Zulassung *ad examina pro cura animarum* beim Konsistorium in Salzburg angesucht. Außerdem musste vom Propst versichert werden, dass bei den Weihekandidaten keine Hindernisse für die Zulassung zu den niederen und den höheren Weihen bestehen[5]. Unter dem gelehrten Propst Johann Adam Weber (1676–1686), dem die gute theologische Ausbildung

Druckgrafik des Stiftes Höglwörth, 1687 — die Beschriftung mit einem Propst „Bernhard" ist jedoch falsch, damals stand Patritius Pichler dem Konvent vor, wie es auch sein Porträt beweist (Foto Diözesanbibliothek des Erzbistums München und Freising [= DEM])

seiner Professen sicherlich ein wichtiges Anliegen war, dürfte auch die Vorbereitung der Konventualen auf ihre Arbeit in der Seelsorge reformiert worden sein. Außerdem waren mit dem bereits seit 1582 bestehenden Priesterseminar und der 1622 gegründeten Universität die wissenschaftliche, die spirituelle und die praktische Ausbildung der angehenden Seelsorger festgelegt worden. In Höglwörth hatte man sich dafür entschieden, dass die Konventualen hauptsächlich im eigenen Kloster in der Theologie und für die *cura animarum* ausgebildet werden sollten[6].

Bis zur Amtszeit von Propst Gilbert Grab (1804–1817) ist nur ein Konventuale bekannt, dem als Professe ein Studium an der Universität gestattet wurde, nämlich Felix Schaidinger. Er war der Sohn des Bierbrauers Johann Michael Schaidinger aus Teisendorf. Die Erlaubnis zum Studium in Salzburg erhielt er vom Konsistorium am 12. November 1714[7]. Diese Ausnahme ist auf eine Vereinbarung zurückzuführen, die das Kloster mit dem Ehepaar Schaidinger getroffen hatte, als dessen Sohn Felix im Jahre 1713 seine Profess ablegte[8].

Während bei der Visitation im Jahre 1593 Sebastian Cattaneus, Bischof von Chiemsee und Generalvikar des Erzbischofs Wolf Dietrich von Raitenau, noch feststellte, „von literarischen Schätzen zeigt sich keine Spur"[9], scheint die Klosterbibliothek für ein Theologiestudium seit der Amtszeit von Propst J. A. Weber durchaus angemessen ausgestattet gewesen zu sein; sonst wären in den Statuten die folgenden Anweisungen für die Benutzung der Bibliothek gegenstandslos gewesen:

Die Studenten sollen sich hüten, dass sie für ihren Durst nach gediegener gelehrter Bildung aus verbotenen Büchern das Gift eines abscheulichen Irrtums in sich aufnehmen. Aus diesem Grund dürfen in der Bibliothek keine verbotenen Bücher zwischen die nicht verbotenen Bücher gestellt werden, sondern jene sind von diesen gemäß dem Wortlaut der Verzeichnisse der verbotenen Bücher separat an irgend einem verschlossenen und für die Regularen, die keine Erlaubnis zum Lesen verbotener Bücher haben, unzugänglichen Platz aufzubewahren. Außerdem müssen alle Konventualen die Regeln des Verzeichnisses der verbotenen Bücher lesen, deren Beachtung unter der Strafe der Todsünde und der Exkommunikation in der weit verbreiteten Bedeutung vorgeschrieben ist. Die Studierenden sollen in die Bücher, die sie benützen, nichts hineinschreiben und keine Einmerkungen oder irgendeine Notiz mit einem Schreibrohr, einem Bleistift etc. machen. Und wenn einem irgendein Fehler begegnet, der korrigiert werden soll, so obliegt die Korrektur nicht diesem selbst, sondern dem Vorgesetzten.[10]

Propst Weber achtete nicht nur auf die Ausbildung seiner studierenden Konventualen gemäß den Vorgaben des Konsistoriums, sondern es war ihm die permanente Fort- und Weiterbildung des gesamten Konvents ein großes Anliegen. Mit einer Anweisung für die Form und die Inhalte einer praxisorientierten Weiterbildung entschied er, dass jeweils am Montag, am Mittwoch und am Donnerstag unter der Leitung eines geeigneten Professen Übungen in Moraltheologie und in Gewissensfällen gehalten wurden, in der man jeweils über drei Fälle diskutierte, die am Tag davor bekannt gegeben wurden. Die einzelnen Konventualen mussten sich dazu aus der Bibliothek entsprechende Bücher besorgen, um sich ein fundiertes Urteil bilden zu können. In den Disputationen mussten sie dann ihre Meinung zu dem jeweiligen Fall so überzeugend vortragen, dass die Zweifel der übrigen Konventualen aufgehoben und die eventuellen Gegenargumente widerlegt wurden[11]. Es ist anzunehmen, dass Propst Johann Adam zumindest in den ersten Jahren seiner Amtszeit diese Disputationen selbst leitete. Mit Andreas Oswald Hieber, der mit päpstlicher Erlaubnis im Jahre 1682 in den Orden der Augustiner-Chorherren eintrat, nachdem er vorher 18 Jahre lang Kapuziner gewesen war, befand sich ein bedeutender Prediger und gut ausgebildeter Theologe in Höglwörth, dem wohl auch die Leitung der Disputationen übertragen wurde.

Das Theologiestudium und die pastorale Ausbildung scheinen unter Propst Johann Baptist II. Puechner entweder etwas vernachlässigt oder die Prüfungen unter Fürsterzbischof Leopold Anton Freiherrn von Firmian und seinen Nachfolgern etwas strenger geworden zu sein, denn am 19. Februar 1736 wird Propst Puechner folgendes mitgeteilt: *Demnach hat Fr. Antonius Swoboda, Professus des Ihme gnädigist anvertrauten Klosters in dem pro S. Presbyteratis ordinis anheunt alda gehaltenen examine mit seinen responsionibus die verhoffte satisfaction nit gegeben.*[12] Diese Nachricht bedeutete, dass der Professe Anton Swoboda das Examen für die Priesterweihe nicht bestanden habe und dass dieser für die Wiederholung der Prüfung zum fleißigen Studium der Theologie anzuhalten sei. Manchmal wurde auch mitgeteilt, dass ein Kandidat das Examen zwar bestanden habe, dass aber z. B. das Studium der Moraltheologie noch *fernershin fleissig zu continuieren sei*.[13]

In einem anderen Fall wurde Propst Anian II. Köllerer (1762–1803) verständigt, dass die Erlaubnis für einen seiner Konventualen nur mit Einschränkung erteilt wurde[14]. Am 24. Dezember 1764 gab das Konsistorium an Propst Köllerer die Anweisung, dass die Konventualen Benedikt Greissing, Paulus Trauner und Felix Tiefenbrunner vor allem in der Moraltheologie besser auszubilden seien. Am 26. November 1765 wurde für Benedikt Greissing und Paulus Trauner nach der Wiederholung des Examens die *Concessio ad curam animarum* nur für ein Jahr erteilt[15].

In der zweiten Dekade der Regierungszeit des Salzburger Fürsterzbischofs Hieronymus Graf Colloredo wurden auch Reformen für die Ausbildung des Klerus vorgenommen. Erstmals wurden neben der Philosophie und der Theologie auch die humanwissenschaftlichen Fächer, unter anderem die Pädagogik, besonders aber die Pastoraltheologie und die Katechetik in den Studienplan aufgenommen[16]. Den Klöstern wurde aufgetragen, einen eigenen Hausprofessor anzustellen, der gehalten war, nach dem Lehrplan der theologischen Fakultät der Universität zu lehren und zu unterrichten. Der Hausprofessor hatte auch dafür zu sorgen, dass im jeweiligen Kloster die gleichen Bücher wie an der Universität angeschafft und benutzt wurden.

Die Anstellung eines Hausprofessors

Nach längerer Suche nach einer Person, die das Konsistorium als Hausprofessor für geeignet hielt, war man übereingekommen, diese Aufgabe einem Pater aus dem Augustiner-Eremitenkloster in Mülln zu übertragen. Am 30. Mai 1785 teilte das Konsistorium dem Propst von Höglwörth und dem Prior zu Mülln mit, dass Barthlmer Kofler so bald wie möglich nach Höglwörth gesandt werden und die Aufgabe des Hausprofessors übernehmen solle[17]. Der Müllner Prior nahm mit Höglwörth Kontakt auf und machte dann sicherlich im Auftrag des Barthlmer Kofler an das Konsistorium und an den Propst in Höglwörth folgenden Vorschlag zur Organisation des Lehrbetriebes:

Bey dieser bestehenden Ordnung kann als Vormittag von ¾ auf 8 bis gegen 9 Uhr, Nachmittag von ½1 bis ½2 und von ¾4 bis 5 Uhr Lektion seyn. Da Vormittag kaum eine einzige Stunde, nämlich nach ½10 bis ½11

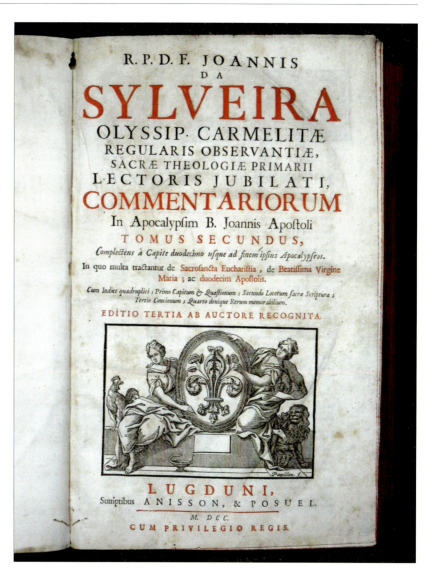

Zweiter Band der Kommentare zur Apokalypse des Apostels und Evangelisten Johannes von Joannis da Sylveira; Lyon 1700 (Foto Erhard Zaha)

Uhr zur Vorbereitung auf die nachmittägigen Lektionen übrigbleibet, und diese nicht erklecklich zu sein scheint, so därfte wohl mit der h. Messe um 7 Uhr eine Abänderung getrofen werden, wo hernach um diese Stunde die Lektion den Anfang nehmen könnte. Sollten die Konferenzen ebenfalls von dem aufzustellenden Professor domestiko abgehalten werden, so könnte um ¼ nach 2 bis gegen 3 Uhr am Montage und am Freytage die bequemste Zeit seyn. Die Disputations Stunde aber in Gegenwart des ganzen Stiftes soll seyn am Dienstage und am Samstage von 10 bis ½11 Uhr. Außer der Lektions Zeit erbittet sich der aufzustellende Professor domestus zu nichts gehalten zu seyn.

Plan wird der nämliche /:so viel es von einem Manne thunlich und die Zeit gestattet:/ beybehalten, der auf einer hiesigen Universität vorgeschrieben ist. Schulbücher werden ebenfalls die nämlichen vorgelesen. Die Art ist etwas unterschieden, da der Professor domestus das vormittag Erklärte durch Prüfungen und Repetitionen nachmittag, wie es in unseren Kloster gewöhnlich, zu erneuern und einzuschärfen gedenket. Das Schuljahr gedenket man nach der allen Orten gewöhnlichen Einrichtung auf den 1. September zu enden und nach dem Feste aller Heiligen anzufangen.[18]

Das Konsistorium teilte dem Prior Alipius Gartner am 21. Juni 1785 mit, dass man mit dieser Organisation des Studiums in Höglwörth einverstanden sei[19]. Am 24. Juni 1785 wurde Gartner vom Konsistorium aufgefordert, *die Einteilung der theologischen Fächer den Tagen und Stunden nach noch etwas umständlicher anzusetzen.* Fr. Alipius Gartner meldete darauf am 11. Juli 1785 an das Konsistorium: *Um so viel es die Möglichkeit gestattet den hiesigen Universitätsplan zu befolgen und doch auch die in unserem Kloster üblichen Prüfungen und Repetitionen, welche besonders in den ersten Jahren unentbehrlich scheinen, nicht zu unterlassen, stelle ich den ganzen Plan in beiliegender Tabelle vor.*[20] In einem Schreiben vom 1. Juli 1785 wurde dann der Vorschlag gemacht, dass im ersten Schuljahr bereits das Fach

Moraltheologie statt der Exegetik *vorgenohmen werden sollte.*

Nach dieser Studienordnung wurde also 3 bis 4 Stunden Lektion gehalten, dies entsprach auch im Durchschnitt der Anzahl der Vorlesungsstunden an der Universität, so dass nach Abzug der Gebets- und Gottesdienstzeiten, der Mahlzeiten und der Rekreationszeiten noch 2½ Stunden zur Vorbereitung auf Prüfungen, Repetitionen und Disputationen übrig blieben[21]. Am 8. Juli 1875 wurde vom Konsistorium dem Propst und dem Kapitel von Höglwörth die Genehmigung des Studien-Planvorschlages mitgeteilt. Offensichtlich war nach Allerheiligen mit der Ausbildung der studierenden Konventualen begonnen worden, denn am 23. Oktober 1786 meldete der Propst an das Konsistorium, dass der Studienplan genau eingehalten worden sei[22].

Der bereits genannte Augustiner-Eremit Barthlmer Kofler scheint nach dem Schuljahr 1788/89 seine Lehrtätigkeit vermutlich wegen fehlender Studierender aufgegeben zu haben, denn am 9. Juni 1790 teilte das Konsistorium dem Propst in Höglwörth folgendes mit: *Auf den vom Herrn bereits unterm 22ten Jänner d. J. anher erstatteten Bericht verwilligen wir nunmehr, daß derselbe dem anher in Vorschlag gebrachten Konventual des ihm g'digst anvertrauten Klosters Pr Rupert Seywald nicht nur als Hausprofessor für die dermaligen zween Novitzen aufstellen, sondern ime Pr Rupert auch die Direktion der unnachsichtlich abzuhaltenden Kloster Konferenzen aus der Sitten- und Pastoral-Lehre übertragen möge und solle.*[23] Über die Dauer der Amtszeit des Rupert Seywald als Hausprofessor kann nur festgestellt werden, dass er das Amt im Jahr 1806 nicht mehr ausübte, denn damals wurde Vital Mener, ehemaliger Professor in Salzburg, als Hausprofessor berufen, der aber Höglwörth bereits nach einem Jahr wieder verließ. Der Grund wird wohl wieder das Fehlen von studierenden Konventualen gewesen sein, denn der nun berufene Hausprofessor Josef Reichthalhammer hatte nur noch fünf Inkuratpriester des Klosters auf das Examen *pro cura animarum* vorzubereiten. Er war zu dieser Zeit Koadjutor in Teisendorf, begann mit seiner Tätigkeit am 20. Juli 1807 und hielt zunächst zweimal wöchentlich für seine Inkuratpriester im Pfarrhof in Teisendorf einen Vortrag. Ab August fanden dann die Vorträge im Kloster statt. Reichthalhammer beendete seine Tätigkeit am 15. Dezember 1809 und stellte seinen Zöglingen ein gutes Zeugnis aus[24]. Über den weiteren Fortgang des Studiums der Theologie und die Vorbereitung auf das Examen *pro cura animarum* schweigen die Quellen. Vermutlich hat diese Ausbildung ab 1810 nicht mehr stattgefunden.

Beispielhafte Fragen zum mündlichen Examen pro cura animarum[25]

Im Bestand der Klosterliteralien Stift Höglwörth des Bayerischen Hauptstaatsarchivs in München sind zahlreiche Fragen überliefert, die zum mündlichen Examen gestellt wurden und einen guten Einblick in den Bildungsstand der Konventualen ermöglichen.

Fragen zum Fach „Heilige Schrift und Tradition"
1. Warum und wie sollen die Geistlichen als Priester und Volkslehrer die ganze Hl. Schrift studieren? Wie vielfach ist der biblische Sinn und welche Bücher sind im historischen, welche im prophetischen und welche im poetischen Sinn geschrieben?
2. Ob Lia oder Rachel die rechtmäßige Gemahlin des Jakob war? Ob alle Kinder Jakobs, auch jene, die er aus den Mägden der Lia und der Rachel zeugte, nach dem jüdischen Gesetz „legitimi" waren? Welche Gesetze bestehen in den Büchern des Moses und in den Büchern des Neuen Testamentes *contra polygamiam et divertium* (Vielweiberei und Ehescheidung)?
3. Ob die Offenbarungen, welche nach der Schrift im Traum und nachts geschehen, wirkliche Offenbarungen waren? Warum denn solche Offenbarungen gemeiniglich im Traum geschehen?
4. Was die Tradition sei im katholischen Sinn? Was ist die Ursache, dass unsere Protestanten die Tradition nicht annehmen?

Fragen zum Fach Dogmatik (sie wurden in lateinischer Sprache gestellt)
1. Was sind die Beweise und Gründe für den Glauben, dass Gott der Gründer der christlichen Lehre ist?

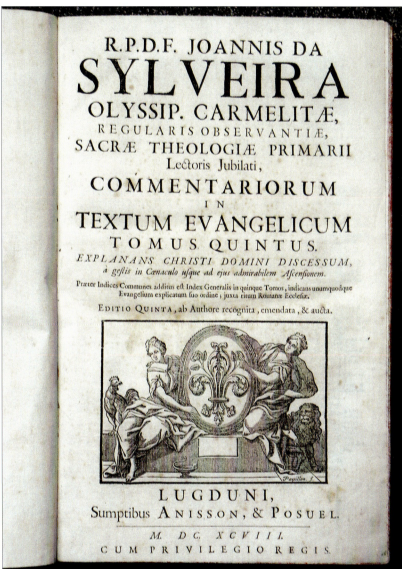

Fünfter Band der Kommentare der Evangelien-Texte von Joannis da Sylveira, Lyon 1698 (Foto Erhard Zaha)

2. Weder aus den Büchern des Neuen Testaments, noch aus der Überlieferung, noch aus der Kirchengeschichte ist bekannt, dass die Apostel und die allerseligste Jungfrau Maria getauft wurden. Da die Taufe aber nach dem neuen Gesetz unmittelbar zur Erlangung des ewigen Heiles notwendig ist, fragt man sich, wann die Apostel und Maria, die die ewige Glückseligkeit erlangt haben, getauft worden sind?
3. Ob etwa die Taufe, die einem Erwachsenen gespendet wurde, der sich dagegen wehrt oder der nicht bei Sinnen ist, gültig ist, während doch die Taufe der unmündigen Kinder gültig ist?
4. Ob ein einfacher Priester mit Bewilligung des Bischofs firmen kann? Ob das Chrisma (Salböl) für die Firmung von entscheidender Bedeutung ist?

Fragen zur Moraltheologie (ebenfalls in lateinischer Sprache gestellt)
1. Ob eine Handlung in Gedanken (des Intellekts), wenn der Akt des freien Willens ausgeschlossen ist, dann ein menschlicher Akt sei und von sich aus fähig sei zum Verdienst oder zur Sünde?
2. Ein Anwalt, der sich in einem Fall nicht gut auskennt, hat die Rechtsvertretung in einer ungerechten Sache übernommen; kann er, wenn später der Irrtum entdeckt ist, ein Salär nichtsdestoweniger verlangen, und ist es ihm danach noch erlaubt, der gegnerischen Seite Rechtsbeistand zu leisten?
3. Wenn ein Diener mit den Geldern seines Herrn in eigenem Namen durch Wechselgeschäfte Geld verdient, wem gehört dann der Gewinn?
4. Worin liegt der Unterschied zwischen einer Schenkung zwischen lebenden Männern (zu Lebzeiten von Menschen) und einer Schenkung aufgrund eines Todesfalles?
5. Kann eine Schenkung, die wegen des bevorstehenden Todes von einem Kranken gemacht wurde, zurückverlangt werden, wenn dieser wieder

gesund wird? Man fragt sich ob einer, der eine wertvolle Schenkung gemacht hat, und zwar aus dem Grund, dass er keine gesetzlich vorgeschriebenen Erben hat, diese Schenkung widerrufen kann, wenn ihm nachher ein Sohn geboren wird?

6. Der katholische Soldat Paulus hat in einem protestantischen Gericht die Paulina geheiratet, eine Tochter seines väterlichen Vorfahren, die ebenfalls katholisch ist. Nachdem Paulus verstorben war, heiratete Paulina ihren Stiefsohn Peter, der ein Sohn des verstorbenen Ehemannes war. Was ist von diesen Eheschließungen zu halten? Werden die üblichen Schemata (Vorschriften) entweder bei der ersten oder bei der zweiten oder bei beiden Eheschließungen eingehalten?

Fragen aus der Homiletik, der Katechetik und der Pädagogik

1. Was hat die Gemeinde von ihrem Prediger zu erwarten? Woran hat sich der Prediger zu halten? Was soll den wesentlichen Inhalt seiner Predigten ausmachen? Nach welchem Plan hat er sie zu bearbeiten und nach welcher Ordnung vorzutragen?
2. Welches sind die Volksfehler der Verehrung der Heiligen, der Bilder, der Reliquien und anderer geweihten Sachen und wie soll man denselben entgegen arbeiten?
3. Welches ist der Zweck der Katechetik?
4. Kurze Geschichte der Katechetik.
5. Welche Pflichten hat der Seelsorger gegen Schule, Schüler und Schullehrer? Wie hat er mit den Schullehrern umzugehen?

Fragen aus dem Kanonischen Recht

1. Der Kleriker ist auch Staatsbürger. Hat er als solcher gemeinschaftliche und sonderheitliche Pflichten?
2. Ist es notwendig, dass eben jetzt zwischen den Staatsoberhäuptern und der Kirche neue Konkordate abgeschlossen werden?
3. Wenn die kirchliche Hierarchie gänzlich beseitigt würde, kann dann die Kirche noch weiter bestehen? (Die Fragen Nr. 2 und 3 wurden aus dem Lateinischen übersetzt.)
4. Wie hat man sich gegen fremde Religionsparteien, dann gegen einen solchen Protestanten zu verhalten, der zur katholischen Religion übertreten will?

Beispielhafte Fragen bei einer schriftlichen Prüfung[26]

1. Frage:

Was hauptsächlich hat der Seelsorger zu thun und zu meiden, um seine anvertraute Gemeinde nicht zu ärgern, sondern zu erbauen?

— Er muß erstens besorgt seyn, seinen Schäflein mit gutem Beyspiel vorzugehen; er muß sich befleißen einen unsträflichen Lebenswandel zu führen; er muß sich zur Seelsorg beruffen finden, und zwar von Gott muß er berufen seyn, wie Aaron; er muß ferners bereitwillig seyn, die Unwissenden zu lehren; er muß bei der Gemeinde in den nöthigen Glaubenswahrheiten, in den Geheimnussen in Sachen, welche die Sitten Verbesserung betreffen, in den Predigten, in den Unterricht der Kleinen, einen ziemlichen Fortgang gemacht haben; kurz, er muß Gelehrsamkeit in seinen Pflichten, Heiligkeit in seinen Sitten, alle Leutseligkeit besitzen.

— Hauptsächlich aber hat er in Vortragung des Wort Gottes zu beachten, daß er ihnen nur das reine Wort Gottes vortrage, und nicht theils Exempel Predigten, welche in der Schrift keinen Grund haben, auch nicht Sachen vortragen, welche in sein Fach nicht einschlagen oder welche gar nur Verachtung gegen Obrigkeiten äußern. Übrigens muß er alle übertriebenen Zuneigungszeichen oder anstössige Schmeicheleien meiden. Er muß nicht eigennutzig, nicht von Vorurtheilen eingenommen, nicht zu herablassend seyn, welches nur Verachtung bey der Gemeinde erwirken würde statt Erbauung, sondern er muß wohlmeinend unermüd schöpflig; sein Eifer muß biegsam, gemäßigt, sittsam und seinen Kräften angemessen seyn.

Zweite Frage:

Worin bestehen die Gebrechen der Sünder, welche den Anfang der Buße hindern oder die Wirkung der angefangenen Buße meiden?

— Sie bestehen erstens in der kaltsinnigen Betreibung des Heils Geschäft. Zweitens in der weichlichen Gemütsbeschaffenheit, welche in den Gelüs-

Sechster Band der Kommentare zu den Evangelien von Joannis da Sylveira, Lyon 1725 (Foto Erhard Zaha)

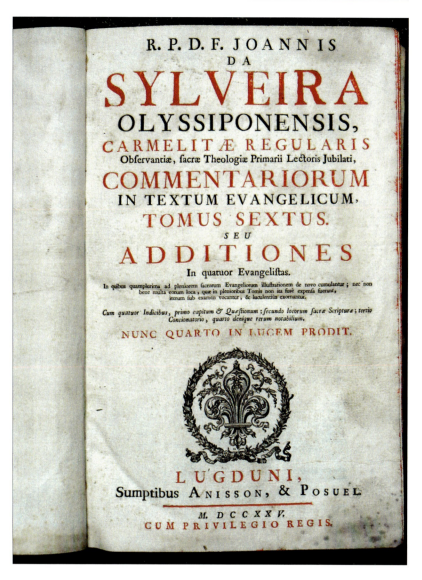

ten des Fleisches gar zu sehr verstrickt ist, wozu auch noch alles dieses gehört, was die Buße beschwerlich machet, nämlich die Furcht für dem Richter und Rächer, die Schamm vor der Bekenntnuß, der Stolz der Verborgenheit liebet die Beschwerlichkeit, sein Gewissen zu erforschen. Jene, welche sich die Beichtpflicht gar zu leicht vorstellen, die Verschiebung der Buße, oder jene, welche glauben, sie werden auf dem Todbette noch Zeit genug haben, sich zu dem Herrn zu bekehren, und endlich die Verstockung. Zur zweiten Gattung gehören die Finsternuß in den Verstand, die Unbeständigkeit des Willens, die Sünden in dem eigenen Leibe, die Sünden der schlimmen Gesellschaft, die Ansteckungs Sünden, welche aus enger Verbindung durch fremde Beyspiele entspringen, die Sünden der Hoffart und des Neides, der hang zu den zeitlichen, welcher sich auf Ungerechtigkeiten gründet, Gelüsten des Fleisches und eheliche Untreu. Weiters bestehen die Gebrechen hauptsächlich in Wankelmüth, Fesseln des Fleisches, Tanze und lockere Gespräche, ungerechter Besitz, ehrenrurische Beleidigungen, Haß und Feindschaften, Scrupulatismus und Schwelgerey.

Dritte Frage

Wie sind diese Gebrechen von dem Beichtvater als Seelenarzt zu heilen? Bei der kaltsinnigen Betreibung des Heilsgeschaft hat er ihnen vor stellig zu machen, jene ewige Nacht, in welcher niemand mehr etwas gutes würken kann für die Seeligkeit. Zweitens jene schreckliche Anspruch Christi in Evangelio, weil du weder lau noch kalt bist, so wil ich anfangen dich aus meinen Munde zu speuen. Drittens daß alle Müheseligkeiten und Drangsalen dieses Lebens für nichts zu achten sind gegen der künftigen Glory, die in uns wird offenbar werden. Bey der weichlichen Gemuths beschapfenheit hat er inen anzurathen ein eufriges Gebeth, eine stäte Wachsamkeit der Augen, Nichternheit in Speiß und Trank, Sittsamkeit und Eingezogenheit in der Kleidung und äußerlichen Gebährden nicht minder alle Vermeidung des Umgangs mit anderen Geschlecht.

Betrifft es nun Sünden, die er in seinen eigenen begangen, so ist fürwahr eines der tauglichsten Mittel, als e. g. macerationes, vigiliae, jejunia etc. [z. B. Kasteiungen, durchwachte Nächte, Fasten usw.] Sind es Sünden, die andere durch Lockungen oder sonst auf irgend eine Weise zur Sünde verleiten, so hat er sie mit tauglichen Mitteln zu verwahren, er muß ihnen den schrecklichen Ausspruch Christi vor Augen stellen. Wer einen von diesen kleinen ärgert, dem wäre es besser, daß ihm ein Mühlstein an den Hals gehänget würde, und so in die Tiefe des Meers versenket würde, er muß dem Sünder noch mehr begreiflich machen, daß es sehr schwär hält, wenn man über seine eigenen Sünden vor dem Richterstuhl Gottes schon genaue Rechenschaft wird ablegen müssen, um wie viel mehr wird es ihm schwer ankommen, wenn er auch über fremde Gebrechen Gott wird Rechenschaft ablegen müssen, und da er noch dazu durch sein böses Beyspiel und böse Anschläge andern mit in das Verderben gestürzet hat. Sie und Sünder, welche sich über Hoffart und Neid anklagen, so muß man ihnen Vorstellen die Kenntnuß seiner selbst, die öftere Betrachtung der Straffen, welche die Hoffärtigen und Stolzen noch auf dieser Welt erwartet, nämlich Gott widerstehet den Hoffärtigen, dem demütigen aber giebt er seine Gnade, der öftere Umgang mit demüthigen und besonders aber das Beyspiel Christi, welcher die Gestalt eines Knechtes, eines Sünders angenohmen und bis zum Tod des kreutzes seinen himlichen Vater gehorsam gewesen. Über den Neid hat man ihnen zu sagen, daß sie keines wegs dadurch anderen schaden, sondern nur ihnen selbst, indem entweder das zeitliche oder geistliche Gut des Nächsten durch seinen Neid doch nicht beraubet wird.

Über den hang zu dem zeitlichen muß man ihnen sagen, daß eine Zeit kommen werde, in welcher sie alles werden verlassen müssen, was sie in der Zeit unordentlich werden geliebt haben. Gründet sich dieser Hang auch auf Ungerechtigkeiten, so ist für sie Pflicht, dieses alles zu ersetzen, womit sie ihren Nächsten durch Zurückhaltung des zurückstellenden Guts indem sie auf eine ungerechte Art die Nächstenliebe verletzen und daß sie so lang keine Verzeihung ihrer Sünden von Gott hoffen können, wenn sie nicht trachten würden, dieses Unrecht gutzumachen. Über ehrenrührigische Beleidigungen, oder betrifft es die zufällige Beraubung des guten Namens, so muß die Warnung des Beichtvaters alles zur Besserung des Herzens zu leiten wissen. Denn es kann wohl geschehen, daß man auf einer Seite unschuldig angeklagt, auf der anderen Seite aber die wahren Fehler verborgen bleiben, indessen ist es gewies, daß die Ehre oder der gute Namen nicht von eines jeden Gutachten abhanget. Haß und Feindschaften kann der Seelsorger keine Fristen ausweisen, sondern gleich zur Ablegung anhalten. Er hat noch überhin die drei in Evangelio vorgeschriebene Stuffen der brüderlichen Bestrafung anzuwenden, um hieraus die Dauer und die Schärfe der Strafe zu ermessen, dieses alles muß nach den Umständen der Persohn, der Zeit und des Ortes sich richten. Er muß sich also der Worte Christi bedienen und dem schuldigen vorstellen, daß er sich keineswegs so lang mit Gott aussöhnen könne, bis er nicht zu vor hingehet und sich mit seinen Bruder wieder vereinbaret.

Über den Skrupulatismum hat er noch zu merken, daß er den schuldigen zurechtweise, daß er sein Urtheil einem bescheidenen Mann unterwerfe, daß er alle Skrupel und unrichtigen Zweifel und Angstigkeiten verachte und aus seinen Gemüth verbanne. Über Schwelgerey muß er besonders das Beispiel Christi anwenden, um den schuldigen von diesen Laster abzumahnen, nämlich Christus hat für uns einen unleidentlichen Durst für uns gelitten.

II. Die Bibliothek in Höglwörth

Bei Klosterbibliotheken denken wir unwillkürlich an einen in barocker Pracht ausgestatteten Bibliothekssaal mit Tausenden gedruckten Werken aus allen Bereichen der Wissenschaft und der Literatur. Wir finden dort als Spiegel der zeitgenössischen Kultur Hunderte von Inkunabeln und zahlreiche mittelalterliche Handschriften mit sehr schön gestalteten Initialen, die uns immer wieder in bewunderndes Staunen versetzen. Die Bibliothek des Klosters Höglwörth fällt im Vergleich zu großen Klöstern wie Melk, Kremsmünster oder Admont sehr bescheiden aus, aber sie ist doch eine wichtige und ergiebige Quelle, aus der wir Informationen über die Bildung und das kulturelle Spektrum der Augustiner-Chorherren erfahren.

Die Entwicklung der Bibliothek von den Anfängen bis zur Auflösung des Stiftes

In seinem ökonomischen Rechenschaftsbericht schreibt Propst Rupert von Höglwörth (ca. 1159–1177), er habe den Bücherstand vergrößert[27]. Daraus kann wohl gefolgert werden, dass in Höglwörth Handschriften der Heiligen Schriften, der Gründungsdokumente und der Bücher zur Feier der hl. Messe und zum Spenden der Sakramente vorhanden waren. In den folgenden vier Jahrhunderten liegen keine schriftlichen Nachrichten über die Bibliothek vor. Erst im Jahre 1564[28] und bei der Visitation 1593[29] wird die Bibliothek erwähnt und festgestellt, dass der Bücherbestand nicht wesentlich vergrößert worden sei bzw. dass von *literarischen Schätzen sich keine Spur zeige*. Bei dieser Visitation wurden vom Chiemseer Bischof Sebastian Cattaneus zum ersten Mal auch die Anordnung des Konzils von Trient und die Bestimmungen der Provinzialsynode von 1569 erwähnt, dass für die Ausübung der Seelsorge die Approbation des Konsistoriums vorliegen müsse. Diese Vorschrift und die Herstellung von Büchern mit der Technik des Buchdrucks führten auch in Höglwörth zu größeren Anschaffungen für die Bibliothek.

Nach dem Ableben von Propst Leonhard Feustlin (1634–1638) lassen sich im Inventarverzeichnis bereits 420 Bände und 2 Handschriften nachweisen[30]. Von den rund 650 Büchern, die im Katalog von 1671 aufgelistet sind[31], wurde wohl der größte Teil von Propst Johann Wolfgang Zehentner angeschafft, der sich dabei offenbar den Propst seines Professklosters Baumburg zum Vorbild nahm. Dieser hatte nämlich nach dem großen Brand im Jahre 1633 die Bibliothek seines Klosters neu ausgestattet[32]. Größere Anschaffungen erfolgten mit Sicherheit unter dem gelehrten Propst Johann Adam Weber, der bezüglich der Benutzung der Bücher für seine Konventualen die bereits erwähnten Vorschriften erließ. Für die Verwaltung der Bibliothek hatte Propst Weber dem Bibliothekar genaue Anweisungen gegeben. Dieser hatte das Bücherverzeichnis zu führen, die Bücher nach Autoren geordnet in Regalen aufzustellen und am Bücherrücken eine Signatur anzubringen. Bei der Ausleihe eines Buches wurden der Name des Entleihers und das Datum der Rückgabe festgehalten. Wurde ein Buch zurückgegeben, musste vom Bibliothekar überprüft werden, ob das Buch nicht beschädigt oder in irgendeiner Weise verunstaltet wurde.

Anhand des Inventars, das nach dem Ableben von Propst Johann Baptist Zacherl (1691–1725) angefertigt wurde, kann unter anderem festgestellt werden, dass der Verstorbene sich *die Vermehrung der Klosterbibliothek hatte angelegen seyn lassen*[33]. Auch unter Propst Johann Baptist Puechner wurde die Klosterbibliothek *mit vielen Büchern bereichert*[34]. Vergleicht man den „Catalogus librorum" im Inventar von 1743 mit dem Bücherkatalog von 1638, so stellt man allerdings erhebliche Bestandsdifferenzen fest[35]. Eine weitere Vergrößerung des Bibliotheksbestandes war durch die Studienreform für die Ausbildung der Seelsorgspriester notwendig geworden, die Erzbischof Hieronymus Graf Colloredo (1772–1812) für die Klöster vorgeschrieben hatte. Die Studienrepetitoren und die Hausprofessoren mussten sich nun streng nach dem Studienplan der theologischen Fakultät der Universität richten. Sie mussten

Exlibris von Propst Zacherl
(Foto DEM)

dafür sorgen, dass nicht nur für die Bereiche Philosophie und Theologie, sondern auch für die „neuen" Fächer Pädagogik, Pastoraltheologie und Katechetik die gleichen Bücher wie an der Universität angeschafft und benutzt wurden[36].

Der Bibliothekar hatte auch dafür zu sorgen, dass die Bücher staubfrei blieben und nicht von Motten und Moder befallen wurden. Er musste den Raum und die Schränke regelmäßig lüften und den Staub von den Büchern entfernen. Damit beim Säubern des Bibliotheksraumes kein Staub aufgewirbelt wurde, musste der Boden vor der Säuberung entsprechend befeuchtet werden. Notwendige Reparaturen an den Büchern mussten dem Propst gemeldet und dann unverzüglich ausgeführt werden. Zweimal im Jahr waren alle Bücher einzusammeln bzw. abzugeben, damit vom Dekan oder vom Propst die Vollständigkeit überprüft werden konnte. Die Bibliothek des Klosters befand sich nach einer Beschreibung von Paul Ruf zwischen dem Fürstenzimmer und dem Konventbau, also im zweiten Obergeschoss des Konventbaues bzw. im dritten Obergeschoss des Prälatenstockes. Vermutlich war der Bibliotheksraum von beiden Seiten zugänglich. Die Bücher waren in zwei großen Doppelkästen mit je drei Abteilungen und in zwei kleineren Kästen untergebracht[37]. Der Bücherbestand in Höglwörth zur Zeit der Auflösung des Klosters wird von Paul Ruf auf 2500 bis 3000 Bände geschätzt[38]. Eine vollständige Zuordnung der einzelnen Werke zu entsprechenden Sachgebieten ist im Rahmen dieses Beitrags nicht möglich, es soll jedoch ein Einblick in die einzelnen Bereiche dieser Bibliothek gegeben werden.

Werke der antiken Klassik[39]
Zehn Tragödien, die dem L. Anneas zugeschrieben werden
Der dritte Teil der Reden des Marcus Tullius Cicero
Dichtungen des Quintus Horatius Flaccius
Die Rede des Milo über Cicero
Sieben Reden des M. T. Cicero
Die Pflichtenlehre des M. T. Cicero
Die Fabeln des Aesop
Die Ilias des Homer

Historische Werke (einschließlich Kirchengeschichte)
Geschichtsschreibung des L. Crispus Salust
Anordnungen des Kaisers Justinian
Das Konzil von Trient
Die Tugenden des Kaisers Ferdinand II.
Über die Germanen
Erlässe und Dekrete der Salzburger Synoden
Landrecht der Fürsten von Ober- und Niederbayern

Wissenschaftliche Werke zu verschiedenen Bereichen (mit Ausnahme von Theologie)
Physikalische Vorlesungen des Matthäus Weiß
Acht Bücher über die Physiker

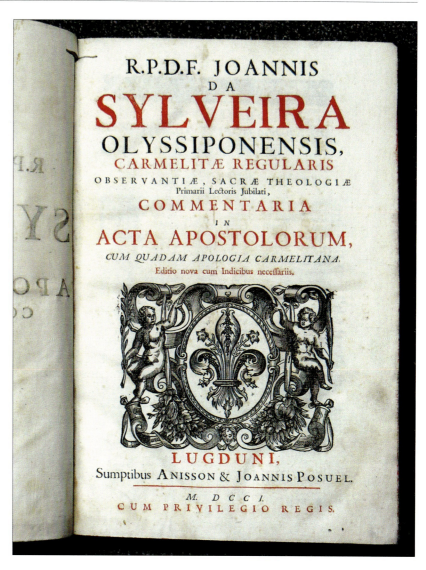

Kommentar zur Apostelgeschichte des Joannis da Sylveira, Lyon 1701 (Foto Erhard Zaha)

Acht Physikbücher, davon vier über die Himmel
Medizin: Heilkunde (von P. Samuel Laberligten)
Geographie: Topographie Bayerns
Geographie: Beschreibung des Heiligen Landes
Botanik: Die Blumen
Botanik: Das Blumenbuch des Georg Fischer
Kleine Kosmographie
Neue Verfahren für die Vermessungslehre

Philosophische Werke
Philosophie-Kurs
Logik, Physik, Metaphysik
Philosophische Streitgespräche
Peripathetische Logik (Schule des Aristoteles)
Die Logik des Aristoteles
Kommentar gegen die Bücher über die Erzeugung und Verführung hinsichtlich des Geistes und der Metaphysik
14 Bücher Metaphysik

Bibelwissenschaft und Exegese
Die Hl. Schrift in lateinischer und deutscher Sprache
Bibelkonkordanzen (mehrere Werke)
Psalmen-Interpretation
Ausgabe des Neuen Testamentes nach der Übersetzung des hl. Hieronymus
Kommentar zum Brief des Apostels Paulus an Titus
Bücher des Alten Testaments: die Propheten Isaias, Jeremias, Baruch, Daniel, 12 kleine Propheten, Psalmen, Sprüche u. a.
Disputationen über die Briefe des hl. Paulus an die Römer und über die Apokalypse des hl. Johannes
Disputationen über das Buch Exodus

Biblisches Ziel des Neuen Testaments und Alten Testaments
Die Passion Christi
Kommentar zum Lukas-Evangelium
13 Bücher über den Sieg des Wortes Gottes
Altes Testament bis zu den Propheten

Werke der Dogmatik
Handbuch der Sakramente des Neuen Testaments (mehrmals vorhanden)
Die Tridentinische Verteidigung des katholischen Glaubens

Exlibris von Propst Puechner
(Foto DEM)

Über die Glaubensstreitigkeiten
Über die göttlichen Eigenschaften
Gegen Luther
Die Gesamtheit der Geheimnisse des Glaubens
Über den Schutzengel
Über die heiligste Dreifaltigkeit (Aurelius Augustinus)
Das Neue Testament Jesu Christi (von Papst Sixtus V.)
Über die Anbetung im Geist und in der Wahrheit
Ausführliche Erklärung der christlichen Lehre

Werke der Moraltheologie
Handbuch über die Sittenkontrolle
Die Gesamtheit der Tugenden
Moraltheologie, von Layman und anderen Autoren (von ihm waren mehrere Werke in der Bibliothek)
Über die guten Werke
Fälle der Gewissensentscheidung (mehrere Werke von verschiedenen Autoren)
Der königliche Weg der Tugend
Die Eitelkeit der Welt
Über die Buße
Zu den zehn Geboten

Werke der Liturgie
Das Officium der Heiligen Woche
Rituale Salisburgensis
Missale Romanum
Anweisung für die Priester
Die Gebete an den Sonntagen
Die Gebete der hl. Messe
Handbuch der Zeremonien
Erklärung der lauretanischen Litanei
Gebete zur Passion Christi
Der Schatz der heiligen Riten

Werke zu Predigt, Katechese, Pastoraltheologie, Seelsorge und Pädagogik
Sechs Bücher über die Methode des Predigens
Katechismus aus dem Konzil von Trient
Römischer Katechismus
Handbuch für Pfarrer
Über die Seelsorger — Handbuch der Pastoraltheologie
Handbuch für die Prediger
Predigten über die Heiligen
Predigten an Marienfesten
Predigten zu den Sonntagsevangelien
Predigten zum hl. Rosenkranz
Fastenpredigten
Predigten über das Fegfeuer
Thesen der Seelsorge
Die christlichen Erzieher

Lebensbeschreibung von Heiligen, Erbauungsliteratur und Literatur zum Streben nach Vollkommenheit
Deutsches Martyrologium — Nikolaus von Tolentino — Franz Xaver — Karl Borromäus — Augustinus — Vitalis (Nachfolger des hl. Rupert) — Bernhard von Clairvaux — Thomas von Kempen — Wolfgang von Regensburg — Maria.
Schule der Geduld — Instruktion für ein geistliches Leben — Bekenntnisse des hl. Augustinus —

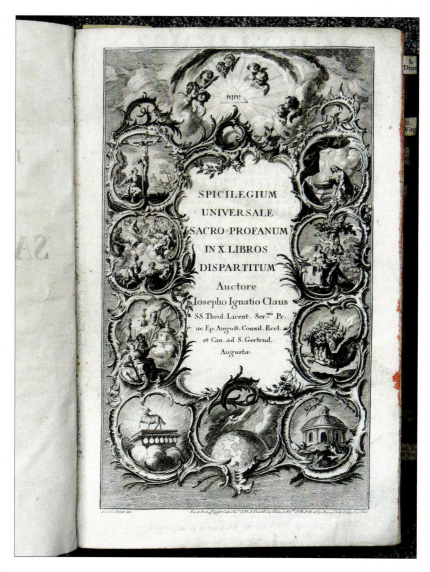

"Ährenlese" sakraler und profaner Themen in zehn Büchern von Josephus Ignatius Claus, Augsburg (Foto Erhard Zaha)

Handbuch der Geduld — die geistliche Richtschnur des hl. Franziskus — das Leben Christi — geistlicher Irrgarten — himmlische Bergstraße — Meditationen über die allerseligste Jungfrau Maria — geistliche Gespräche (vier Bücher) — über den unschätzbaren Wert der göttlichen Gnade

Die Auflösung der Bibliothek 1815–1823

Die Auflösung der Klosterbibliothek von Höglwörth setzte bereits zwei Jahre vor der Säkularisierung des Stiftes ein. Am 28. Oktober 1815 inspizierte Josef Bernhart, Hofbibliothekar an der kgl. Hof- und Staatsbibliothek in München, die Bibliothek in Höglwörth. Dabei „entdeckte" er eine Pergament- und eine Papierhandschrift sowie zwei Drucke. Diese vier nicht namentlich genannten Werke nahm der Hofbibliothekar mit nach München[40]. Nach der Aufhebung des Klosters wurde im Oktober 1817 ein Katalog über den Bücherbestand der Bibliothek erstellt. Die Akademie der Wissenschaften wählte anschließend von den 1455 vorhandenen Bänden 1362 für die Hofbibliothek aus. Mit der Aushebung der Bücher wurde dann wieder der Hofbibliothekar Josef Bernhart beauftragt[41]. Als Bernhart am 4. Mai 1818 seine Arbeit beginnen wollte, wurde ihm mitgeteilt, dass auf Anweisung des Finanzministeriums die Hofbibliothek nicht 1362 Bände, sondern nur 777 bekommen solle. Bei der Suche nach diesen 777 Bänden musste er allerdings feststellen, dass 44 der benannten Bände nicht vorhanden waren und dass er somit nur 733 Bände für die Hofbibliothek in Besitz nehmen konnte. Über den Verbleib der 44 abgängigen Bücher können nur Vermutungen angestellt werden.

Einen „guten Fund" machte der Hofbibliothekar im Schloss Vachenlueg, das Propst Zacherl 1722 von den Erben der Haunsperger erworben hatte. Bernhart entdeckte dort eine Handschrift aus dem Jahre 1424, die sich heute unter der Signatur Clm 23863 in der Bayerischen Staatsbibliothek befindet. In dieser

261 Folien umfassenden lateinischen Handschrift sind folgende Texte enthalten:
fol. 1–35: Auslegung des Johannes-Evangeliums
fol. 36–66: Vier Passionspredigten, gehalten in Prag von dem bekannten Theologen Nikolaus Javor
fol. 67–162: Sakramentenlehre
fol. 163–181: Buch des hl. Augustinus an seinen Begleiter Julianus
fol. 182–203: Lebensbeschreibung des hl. Bonaventura
fol. 204–216: Heinrich von Hessen, der Jüngere: Dialog des Gewissens und der Vernunft über das Zelebrieren und Kommunizieren
fol. 217–239: Seufzer des Augustinus
fol. 240–258: Leitfaden für die Beichte
fol. 259–261: Ein Beichtspiegel[42]

Über den weiteren Bibliotheksbestand in Schloss Vachenlueg und über den Verbleib dieser Bücher ist nichts bekannt. In der Bayerischen Staatsbibliothek befinden sich noch drei weitere Codices aus Höglwörth mit folgenden Signaturen:

— Clm 1376 (2°, 2. Hälfte 18. Jahrhundert, Papier, 266 Folien) Inhalt u. a.: Lebenslauf des Bischofs und Märtyrers Lambertus; Inkunabelverzeichnis der Bibliothek der Augustiner-Eremiten von München

— Clm 7371 (4°, Pergament, 91 Folien, gotische Kursive) Inhalt: Die Lebensweise nach der Regel des hl. Augustinus; Kommentar zu dieser Regel von dem Konventualen Zacharias aus dem Jahre 1408; Konstitutionen der verschiedenen Salzburger Synoden von 1274 bis 1386; liturgische Vorschriften für die Karwoche, pastorale Anweisungen

— Cgm 1709 (2°, Papier, 156 Folien; der alte Einband ist mit einer liturgischen Handschrift in gotischen Minuskeln und Neumen überzogen) Inhalt: verschiedene juristische Notizen und einige Salzburger Generalien; verschiedene Regierungserlasse bezüglich Hochzeiten, Gastmähler, Mühlenordnung, Handwerksmissbräuche u. a. unter Erzbischof Paris Lodron[43].

Nach der Aussortierung für die kgl. Hof- und Staatsbibliothek beauftragte der damalige Administrator, der kgl. Rentbeamte Ferdinand Stöger aus Laufen, den Klosterdiener und Priester Kasimir Andre, über den Restbestand der Bibliothek einen neuen Katalog anzufertigen, da der ursprüngliche Katalog vom Oktober 1817 nicht mehr vorhanden war. Der von Kasimir Andre am 5. Februar 1821 erstellte Katalog umfasste 624 Nummern, von denen 17 Nummern in 34 Bänden am 9. Juli 1823 wiederum an die Hof- und Staatsbibliothek abgegeben wurden. Am 10. März 1824 wurde dann von der kgl. Regierung angeordnet, dass die restlichen Bücher der ehemaligen Klosterbibliothek an die Metropolitan-Bibliothek zu überstellen sind[44]. Diese Bücher hat Kasimir Andre am 28. Mai 1824 erneut in einem „Bücher Katalog von dem aufgelößten Regularstift und Kloster Högelwerd" zusammengestellt. Da in diesem Katalog ebenfalls 624 Titel zum Teil mehrbändiger Werke aufgeschrieben sind, muss angenommen werden, dass die erwähnte Abgabe von 17 Werken an die Hof- und Staatsbibliothek wieder rückgängig gemacht wurde und diese Bücher letztlich an die Metropolitan-Bibliothek kamen. Es sind ausschließlich Werke, die der Theologie, der Katechese und der Homiletik zuzuordnen sind oder deren Lektüre der seelischen Erbauung und dem Streben nach Vollkommenheit diente.

Ein kleiner Teil der ehemaligen Klosterbibliothek von Höglwörth befindet sich auch im Pfarrarchiv in Anger. Georg Hunklinger vermutete, dass diese 26 Bände von Propst Gilbert Grab oder einem Konventualen „rechtzeitig" nach Anger gebracht wurden. Es sind dies unter anderem folgende Werke bzw. Bücher (die Titel der Werke wurden aus dem Lateinischen übersetzt):

— Kommentar zu den vier Evangelien, den Paulusbriefen und der Apokalypse des hl. Johannes (7 Bände)

— Handbuch für Prediger (1 Band)

— Lob- und Trauerrede auf Papst Benedikt XIV. (1 Band)

— Moraltheologie (1 Band)

— Gesammelte Gedanken für Katecheten und Prediger (2 Bände)

— Gesammelte Gedanken als moralische Konzepte für die Kanzel (2 Bände)

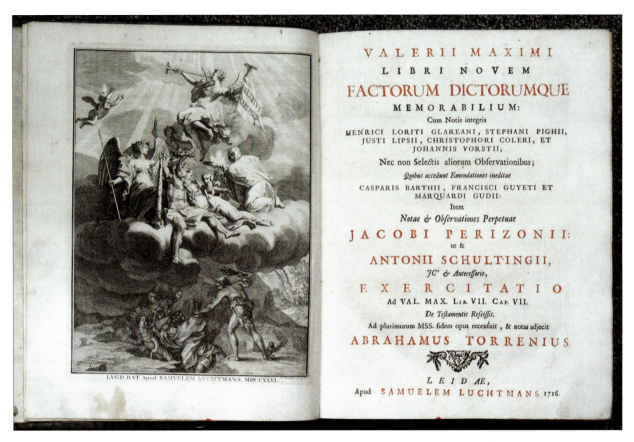

„Bemerkenswerte Taten und Worte des Valerius Maximus", zusammengestellt in neun Büchern von Jacobus Perizonius und Antonius Schultingius, Leiden 1726 (Foto Erhard Zaha)

— Gesammelte Gedanken im sakralen und profanen Bereich (1 Band)

— Alphabetisches Fundverzeichnis von Wörtern in der Hl. Schrift (2 Bände)

— Bibel Teutsch, Altes Testament (Teil 1)

— Vier liturgische Bücher: Officia propria der heiligen Regularkanoniker, Psalterium Romanum, Graduale Romanum, Rituale Salisburgense.

Die Klosterbibliothek von Höglwörth mit ihren geschätzten 2500 bis 3000 Bänden zur Zeit der letzten Jahre ihres Bestehens ist also heute auf drei Standorte verteilt: Bayerische Staatsbibliothek, Archiv der Erzdiözese München (Bibliotheksbestände) und Pfarrarchiv Anger. Für die Bestände in München liegen Kataloge vor, für das Pfarrarchiv in Anger wird demnächst der vorhandene Bücherstand in einem Katalog aufgelistet werden.

Anmerkungen

1 *Ortner,* Salzburger Kirchengeschichte, S. 94; *Gerhard B. Winkler,* Die nachtridentinischen Synoden im Reich. Salzburger Provinzialsynoden 1569, 1573 (Wien 1987), S. 195.
2 *Anonym,* Beschlüsse und Glaubensregeln des Konzils von Trient (Regensburg 1910), S. 132 u. 134.
3 *Winkler,* Nachtridentinische Synoden (wie Anm. 1), S. 175 u. 206.
4 AEM, KlA Höglwörth, A 102: Visitationen I, Visitationen 1593 u. 1596.
5 Ebenda, A 99: Pröpste I, Propst Leonhard Feustlin.
6 BayHStA, KL Höglwörth 1: Statuta monasterii Högelwerthensis, fol. 119^v.
7 PA Anger, A VIII/1: Erlaubnis für ein Studium in Salzburg.
8 *Geiß,* Högelwerd, S. 134.
9 AEM, KIA Höglwörth, A 102: Visitationen I — Visitation 1593.
10 BayHStA, KL Höglwörth 1: Statuta monasterii Högelwerthensis, Studia, fol. 120^r–120^v.
11 Ebenda, fol. 120^r.
12 AEM, KlA Höglwörth, A 94: Cura animarum.
13 Ebenda, A 99: Pröpste II, Act Johann B. Puechner.
14 Ebenda, Act Anian Köllerer.
15 Ebenda.
16 *Ortner,* Salzburger Kirchengeschichte, S. 130.
17 AEM, KlA Höglwörth, A 99: Act Anian Köllerer, Anstellung eines Hausprofessors.
18 Ebenda, Studienplan.
19 Ebenda, Hausprofessor
20 An dieser Stelle steht im Original der Vermerk „fehlt".
21 AEM, KlA Höglwörth, A 99: Act Anian Köllerer, Studienplan.
22 Ebenda.
23 AEM, KlA Höglwörth, A 101: Personalia II, Rupert Seywald.
24 Ebenda, A 106: Die Anstellung des J. Reichthalhammer als Hausprofessor.
25 Ebenda, A 94: Fragen zum Examen cura animarum.
26 Ebenda, A 99: Klausurarbeiten zum Examen cura animarum 1791.
27 *Hauthaler,* Rechenschaftsbericht, S. 54.
28 *Hunklinger,* Das Ende (1975), S. 7.
29 AEM, KlA Höglwörth, A 102: Visitationen I, Visitation 1593.
30 Ebenda, A 98: Pröpste I, Leonhard Feustlin.
31 Ebenda, A 94: Bibliotheksbestand 1671.
32 *Florian Sepp,* Schule, Studium, Bibliothek und Wissenschaft, in: Baumburg, S. 351–370, hier S. 357.
33 *Geiß,* Högelwerd, S. 139; AEM, KlA Höglwörth, A 99: Pröpste II, Johann B. Zacherl.
34 *Geiß,* Högelwerd, S. 153.
35 AEM, KlA Höglwörth, A 99: Pröpste II, Johann B. Puechner/Bibliotheca.
36 *Ortner,* Salzburger Kirchengeschichte S. 130.
37 *Ruf,* Bibliothek, S. 33.
38 Ebenda, S. 26.
39 Die lateinischen Titel werden in deutscher Sprache wiedergegeben.
40 *Ruf,* Bibliothek, S. 27.
41 Ebenda, S. 27.
42 *Hunklinger,* Das Ende (1975), S. 9.
43 Ebenda, S. 10.
44 Ebenda, S. 8.

ERHARD ZAHA

Die Restaurierung der ehemaligen Augustiner-Chorherrenstiftskirche Höglwörth (1979–1986)*

Die Gebäude des am 8. Juli 1817 von König Maximilian I. Joseph aufgelösten Klosters gingen anschließend in Privatbesitz über. Die Kirche jedoch ist seit dieser Zeit samt dem Inventar unwidersprochen in Staatsbesitz. Die Pfarrgemeinde Anger nutzt die Kirche als Filialkirche. Der bauliche Unterhalt wird vom Landbauamt Traunstein vorgenommen (derzeit Staatliches Bauamt Traunstein).

Die Kirche ist ein stattlicher Barockbau aus der zweiten Hälfte des 17. Jahrhunderts mit nördlich stehendem Turm und flach schließendem Chor. Das Innere wurde ab 1762 bis 1785 reich und einheitlich in späten Rokokoformen ausgestaltet. Der duftig und locker hingezogene Stuck, malachitgrün gefasst, stammt von Benedikt Zöpf, die Bilder der Raumschale schuf Franz Nikolaus Streicher. Die sechs Altäre sind aus verschiedenfarbigem Adneter und Untersberger Marmor; die gesamte Ornamentik an ihnen ist geschnitzt und vergoldet, geschaffen von dem Steinmetzmeister Johann Högler und dem Bildhauer Lorenz Härmbler/Hörmbler.

Zur Kirche gehört noch die Sakristei mit stuckierter Raumschale und reichem Schnitzwerk im Ostflügel des ehemaligen Konventbaues sowie der anliegende Südflügel des einstigen Klosters, der im Erdgeschoss die Mesnerwohnung, im ersten Obergeschoss den reich stuckierten und mit einem Altar ausgestatten Psallierchor, im zweiten Obergeschoss die Ankleide mit integrierten Wandschränken sowie den darüber liegenden Dachraum enthält.

Die gesamte Rokokoausstattung in allen genannten Räumen war in einem so schlechten Zustand, dass in kurzer Zeit deren totale Zerstörung zu befürchten war, zumindest allen Inventars aus Holz, teilweise auch der Werke aus Marmor. Die Altäre wurden mehr und mehr zu Skeletten, da die Aufbauten aus Holz verfielen und verloren zu gehen drohten. An den Figuren waren Ränder und Spitzen durch Wurmbefall abgebrochen oder morsch. Die Altar- und die Kreuzwegbilder wiesen Löcher auf, waren völlig verblichen und brüchig. Die weitere Innenausstattung der Kirche, darunter die Kreuzweg- und die Beichtstuhlverzierungen, sind bis auf geringe Reste verschwunden. In dieser Situation war es eine vordringliche Aufgabe des Staates, für das in seinem Besitz befindliche wichtige Werk des Salzburger Spätbarock auf bayerischem Boden die nötige Restaurierung einzuleiten.

Mit Schreiben vom 27. August 1975 erstellte das Bayerische Landesamt für Denkmalpflege zur Ermittlung der Kosten folgende Übersicht über die zu leistenden Arbeiten:

1. Steinarbeiten

An allen sechs Marmoraltären sind zahlreiche Ausbrüche an den Bau- und Schmuckteilen festzustellen, die mit originalem Material, nur in besonders schwierigen Fällen mit Kunststein, geschlossen werden müssen. Die Stufenanlagen sind weitgehend gebrochen und abgesunken. Zu restaurieren sind auch die innere Rahmung des Nordportals sowie der Taufstein. Alle Marmorteile sind sorgfältig zu reinigen und konservierend zu behandeln. Die defekten Fußbodenplatten sind in gleichem Material zu ergänzen.

2. Holzfestigungsarbeiten

Sämtliche Holzteile an den sechs Altären, inklusive der abgefallenen und aufgesammelten Teile, die Figuren an den Altären und in der Sakristei, die Kreuzweg- und Bilderrahmen, der Altar im Psallierchor, die Bekrönungsgruppen auf Oratorium und Kanzel sowie die Sakristeimöbel sind auf Wurmbefall zu untersuchen und zu festigen.

---

* Alle Fotos dieses Beitrags stammen vom Autor.

3. Holzschnitzarbeiten

Die reichen Aufbauten der sechs Altäre, des Psallierchoraltars, der Kreuzwegrahmen, die Aufsätze der Seitenaltäre und der Beichtstühle, zum Teil auch die Figuren, besonders die Taufsteingruppe, bedürfen der Ergänzung und Festigung. Dabei ist aufs Sorgfältigste darauf zu achten, dass keine Willkür einkehrt, sondern alles nach den noch vorhandenen Teilen nachgebildet wird. Da die Aufbauten an den Altarpaaren weitgehend symmetrisch sind, sollte das Nachschnitzen zerstörter Teile möglich sein. Noch vorhandene Originalteile sind wieder zu verwenden. Besonders dringlich ist die Arbeit am Placidus- und Eulalia-Altar. Dort sind auch die Reliquiare wieder mit Glas zu schließen. Auf die Restaurierung der Aufstellbilder wird besonders hingewiesen.

4. Fassarbeiten

Die alten Ornamente bedürfen der Reinigung, die neuen der angemessenen Neufassung. An den Figuren sind die Fassungen, soweit möglich, auf den originalen Bestand freizulegen.

5. Restaurierung von Bildern und Fresken

Die fünf Altarbilder, der Kreuzweg, das Altarbild im Psallierchor, das Bild über dem Nordportal sowie die im Winterchor gelagerten je zwei Bilder aus dem Chor (zwei davon sind in der Kirche Anger) und der Vorhalle sowie die Apostelbilder sind zu reinigen, zu spannen und zu restaurieren. Die Bilder sollen wieder aufgehängt werden. Die durch Feuchtigkeit stark beschädigten Wand- und Deckengemälde im Psallierchor sind nach dem Originalbefund wiederherzustellen. Der Stuck im selben Raum ist freizulegen und gemäß der originalen Fassung zu restaurieren.

Die Stuckaturen in der Hauptkirche wurden vor einiger Zeit restauriert und bedürfen derzeit keiner größeren Renovierung. Die gotische Grabfigur des Grafen Luitold III. von Plain wurde bereits in der eigenen Werkstatt gesichert. Sie kann gut gesichert an der Wand neben dem rechten Seitenaltar angebracht werden. Die gotische Grablegungsgruppe ist vom Restaurator mit besonderer Sorgfalt freizulegen und zu sichern. Das Kreuz an der Ostseite außen ist in Fassung und Holzsubstanz zu sichern.

6. Weitere Instandsetzungsarbeiten

Die großen Kirchenfenster sind nach dem originalen System als Holzrahmenfenster auszubilden. Das gemalte Fenster wie auch das erhaltene Nordfenster im Chor dienen dabei als Vorbilder. Barocke Beschläge sind möglichst wieder zu verwenden. Die Verglasung soll im Anschluss an noch vorhandene Originalverglasung mit blasenarmem, mundgeblasenem farblosem 4/4 Glas erfolgen. In der Sakristei soll die als störend empfundene Heizanlage verbessert werden. Die barocke Turmuhr soll erhalten bleiben, für die zwei bemalten Türflügel im Speicher ist eine Verwendung im Kirchenbereich zu finden.

Die Regierung von Oberbayern beauftragte das Landbauamt Traunstein, eine Kostenermittlung mit Plänen und Erläuterung zur Instandsetzung und Restaurierung der Klosterkirche in Höglwörth auszuarbeiten und vorzulegen. Dabei wurde auf Dringlichkeitsstufen hingewiesen. Im Schreiben vom 17. November 1977 wurde noch einmal dokumentiert, daß die Kirche im Grundbuch von Anger, Band 13, Blatt 570, als Eigentum des Freistaates Bayern eingetragen ist und ausschließlich der Pfarrei Anger für kirchliche Zwecke überlassen wird.

Befunduntersuchung

Das Landbauamt Traunstein seinerseits beauftragte daraufhin den Kirchenmaler und Restaurator Martin Zunhamer aus Altötting, im Zeitraum Februar/März 1979 eine Befunduntersuchung durchzuführen. Die Untersuchung der Schichtenfolge am Stuck und von Flächen im Bereich des Gewölbes über der Empore wie auch an den Wänden ergab, dass seit der Barockisierung dieses Innenraumes keine vollständige Renovierung mehr stattgefunden hatte. Der verschiedenfarbige Adneter und Untersberger Marmor war allgemein stark verschmutzt, außerdem mit zahlreichen Ausbrüchen und Sprüngen behaftet. Das Schnitzwerk und sämtliche Holzteile im Kirchenraum zeigten Anobienbefall und waren durch Feuchtigkeitseinfluss morsch. Ganze Teile der Draperie waren zerfressen und abgefallen, andere Partien hatten so starke Holzwurmschäden, dass sie nur noch aus Wurmmehl bestanden und allein von der Kreidegrundschicht zusammen gehalten wurden. Sogar früher partiell durchgeführte Neuvergoldungen erwiesen sich wegen des akuten Wurmbefalls als schon wieder schadhaft. Die Stuckvergoldung an Kanzel, Oratorium und an der Emporenbrüstung war noch weitgehend im Originalzustand erhalten.

Die Ölbilder befanden sich allgemein in einem äußerst bedenklichen Zustand. Wegen der Mauerfeuchte — besonders an der linken Außenwand — waren die Rahmen vermorscht und verwurmt, die Leinwand vermodert und beschädigt. Zudem stand die spröde Malschicht schüsselförmig auf und schälte sich ab.

Im Psallierchor, dem sogenannten Winterchor im ersten Obergeschoss über der Mesnerwohnung im Konventbau, waren Putz und Stuck teilweise durch Wasserschäden zerstört. Besonders an der Außenwand gab es eine Anzahl tiefer Mauerrisse. Die gemalten Medaillons, in verschiedenen Größen und in Secco-Technik ausgeführt, waren überwiegend in schlechtem Zustand. Durch Wassereinlauf war ein Drittel aller Bilder stark beschädigt. Die Grundzeichnungen waren zum Teil nur noch schemenhaft zu erkennen oder vollkommen weggewaschen.

Der Altar aus Stuckmarmor, mit Fruchtgehängen verziert, hatte sowohl im Aufbau als auch in der Fassung durch Wasserschäden stark gelitten. Er wies Salpeterausblühungen auf, die beschädigten Teile waren mürbe und brachen leicht ab. Die letzte Übermalung entsprach überhaupt nicht dem Zeitstil und bedurfte einer fachlichen Erneuerung. Das Altarbild, eine Verehrung des hl. Augustinus, musste ebenso wie das Mensabild dringend fachgerecht restauriert werden.

Der verhältnismäßig bescheidene Raum der Sakristei ist im Gewölbe mit gutem Bänderstuck versehen und mit Akanthus- und Fruchtmotiven überzogen. Die eingerahmten Felder sind unbemalt. Durch wiederholtes Übertünchen hatte die Stuckierung ihre Schärfe verloren, zumal die Raumschale stark verschmutzt war. Eine Freilegung der Stuckierung wurde empfohlen.

Martin Zunhamer wies abschließend darauf hin, dass sich seine Befunde nur auf jene Teilflächen beschränkten, die mit Staffeleien und kleinem Gerüst zugänglich waren.

Vorlage der Haushaltsunterlage Bau

Das Landbauamt führte aufgrund des Gutachtens des Landesamtes für Denkmalpflege vom 27. August 1975 und der Befunderstellung der Firma Zunhamer aus Altötting eine Kostenermittlung durch und legte am 30. Juli 1979 die Haushaltsunterlage Bau für die Inneninstandsetzung vor. Diese wurde von der Regierung von Oberbayern am 27. November 1979 geprüft. Am 8. Januar 1980 erfolgte die Genehmigung durch das Bayerische Staatsministerium des Inneren mit festgesetzten Kosten in Höhe von 1.550.000 DM. Später erhöhte sich diese Summe infolge Indexsteigerung auf 1.850.000 DM.

Vorgesehen waren folgende Leistungen:
— Anobienbekämpfung
— Fenstererneuerung
— Instandsetzung im Kircheninnern (Raumschalen und Fresken, Bodenbelag, Altäre, Gemälde, Nordportal, Kanzel und Oratorium, Orgelprospekt, Orgelempore, Kommunionbank, Beichtstühle, Kreuzweg und Leuchter)
— Instandsetzung in der Sakristei (Raumschale, Sakristeieinrichtung: Einbauschränke und Türen sowie Figuren)
— Instandsetzungen in Winterchor und Speicher (Raumschale, Fresken, Türen, Chorgestühl, Stuckaltar, Altarbild, Dachraum über Winterchor)
— Zusätzliche Maßnahmen (Dachraum über Kirchenschiff von Schutt reinigen; Raumschutzanlage)
— Baunebenkosten (Planung, Bauleitung und Abrechnung, Lichtbilder).

Der Arbeitsverlauf

Vor Beginn der eigentlichen Restaurierungsarbeiten war die Anobienbekämpfung im Kircheninneren und in der Sakristei mit Zyklon-Blausäuregas unumgänglich. Nur so konnte der verheerende Wurmfraß gestoppt werden. Noch 1979 wurde diese Maßnahme von der damit beauftragten Fachfirma ausgeführt. Die an die Kirche angrenzenden Räumlichkeiten im Besitz der Familie Wieninger und die Mesnerwohnung durften deshalb etwa eine Woche lang nicht betreten werden. Der zu durchgasende Raum hatte ein Volumen von ca. 5000 Kubikmeter; alle Fenster und Türen mussten mit Klebeband luftdicht verschlossen werden.

1980 wurden die Kirchenfenster erneuert. Das Landbauamt Traunstein erstellte die Pläne im Maßstab 1 : 10 und Detailpläne im Maßstab 1 : 1. Als Vorbild diente das aufgemalte Rundbogenfenster über dem Sakristeieingang, ebenso die noch vorhandenen barocken Beschläge an den Fenstern der Sakristei. Die Ausführung der Fenster erfolgte in Eichenholz. Die schweren äußeren Rautengitter erhielten zur Stabilisierung in der Schlosserwerkstatt einen Flacheisenrahmen und eine Oberflächenbehandlung. Für die Bleiverglasung kam Goetheglas in Verwendung, das mit Windstangen verstärkt wurde. Es erforderte einen enormen Kraftakt, die großen Rundbogenfenster (1,60 × 2,10 Meter) über ein Standgerüst hochzuheben und einzusetzen. Um die Einbruchsgefahr zu mindern, wurde der Fenstereinbau in einzelnen Zeitabschnitten durchgeführt.

Eine Generalsanierung war im Presbyterium erforderlich. Der Fußboden hatte sich zur Mitte hin abgesenkt und eine Mulde gebildet. Der gesamte Bodenbelag, bestehend aus Untersberger und Adneter Marmor samt der eingelegten Mittelrosette, wurde abgenommen. Darunter befindet sich Auffüllmaterial, an der Oberfläche aus Bauschutt bestehend. Dieses lockere Material wurde abgetragen und durch Riesel ersetzt. Der gesamte Presbyteriumsbereich erhielt eine mit Stahl bewehrte Betonplatte. Diese war erforderlich, um den marmornen Hochaltar nicht zu gefährden. Gegen aufsteigende Feuchtigkeit erhielt die Betonfläche eine bituminöse, alu-kaschierte Sperre, worauf der Bodenbelag, nach vorher festgehaltenem Bestandsplan, wieder verlegt wurde. Dabei musste etwa ein Viertel der Marmorplatten erneuert werden.

Sanierung der Grüfte (1982)

Die Einstiege zu den drei Grüften liegen vom Kirchenraum aus eine Stufe erhöht zum Presbyterium hin. Die Deckplatten aus Untersberger Marmor sind bodenbündig mit Adneter Kalkstein eingefasst. Der Abstieg in die gewölbten Räume ist nur mit Hilfe einer Leiter möglich. Die Scheitelhöhe beträgt in der Mittelgruft etwa 3 Meter. In dieser ruhen die sterblichen Überreste der Chorherren aus dem 18. Jahrhundert. Die Särge wurden stufenförmig links und rechts eingemauert, an der Vorderfront flächengleich, und mit einer schwarzen, weiß beschrifteten Platte versehen. Die rechts davon befindliche Gruft ist sehr schmal (1,30 Meter) und nicht belegt.

Die linke, nordseitige Gruft hat eine lichte Höhe von rund 2,10 Meter. Dort fanden die Pröpste ihre letzte Ruhestätte. An der rechten Seite, etwa in 1,50 Meter Höhe, liegt in einem östlich ausgerichteten Holzsarg das Skelett eines Propstes; Kleidung und Sandalen sind sogar noch in einem ansprechenden Erhaltungszustand. Vermutlich handelt es sich dabei um Anian II. Köllerer († 28. November 1803). An der linken Gruftseite sind wahrscheinlich zwei Pröpste beigesetzt. Dort waren nur noch Spuren früherer Bestattungen zu finden, darunter eine Schriftplatte *Augustinus Eslinger mortuus 22. Mai ao 1762*. Alle drei Grüfte waren verschmutzt. Sie wurden gereinigt, der Schutt abtransportiert. In der Propstgruft erhielten die aufgemauerten Einfassungen Abdeckplatten aus Marmor, die umlaufend mit Mörtel abgedichtet wurden.

Um am Ende alle notwendigen Arbeiten mit einem optimalen Restaurierungsergebnis abschließen zu können, entschied man sich in Absprache mit dem Bayerischen Landesamt für Denkmalschutz und dem Landbauamt für eine Proberestaurierung im gesamten Altarraum. Der Chorbogen wurde mit Baufolie relativ dicht abgehängt. Somit konnte das Kirchenschiff von der Pfarrgemeinde Anger weiter genutzt werden. Der gesamte Altarraum erhielt ein „maßgeschneidertes" Gerüst.

Restaurierung der Raumschale

Den Rokokostuck eines Benedikt Zöpf zu restaurieren oder gar größere Partien zu rekonstruieren, erfordert von einem Stukkateur ein außergewöhnliches Einfühlungsvermögen. Im Gewölbe des Kirchenschiffes war der Stuck durch Wasserschäden in einigen Bereichen versintert, zum Teil glashart. Hier musste dieser abgenommen und mit neuem Material (Gips, Kalk-Sandgemisch) formgleich ornamental angetragen und angeglichen werden. Ansonsten ging es nur darum, kleinere mechanische Schäden zu ergänzen.

Die Restaurierung wurde auf der Grundlage des Befundberichtes vom 10. März 1979 sowie eines Aktenvermerks vom 29. April 1982 und Gutachten des Bayerischen Landesamtes für Denkmalpflege (Dr. Kratzsch) vom 30. September 1982 im Zeitraum Juli bis Oktober 1982 durchgeführt. Am gesamten Stuckdekor wurden die partiell verbräunte, verkrustete Kaseinlasur und die oberflächlich durchgeführte dunkelgrüne Überfassung in Kalkfarbe sowie die klebrige Verschmutzung durch Ruß je nach Zustand mittels Glasfiberpinsel trocken abgerieben oder mit Ammoniak bzw. Alkohol angelöst und mit Wasser abgewaschen. An der Gewölbefläche entfernte man die spröde Kalkschicht (Zweitfassung) durch Abschleifen oder, wo notwendig, durch Abschaben. Wandflächen, Gesimse und Pilaster wurden generell bis auf einen festen Untergrund abgeschabt, sauber vergipst, nachgeschliffen und mit reinem Wasser abgewaschen.

Auf dem gesäuberten festen Untergrund erfolgte eine gleichmäßige Tünchung mit sehr dünner Kalkmilch. Schlecht deckende Stellen am Stuckdekor wurden ein zweites Mal getüncht, wobei man auf die Schärfe des Stucks besonders achtete. Die Flächen erhielten eine mehrmalige dünne Tünchung bis zur Weißdeckung. Die farbige Tönung der Raumschale wurde nach dem Befund rekonstruiert und erwies sich als nur zweifarbig. Außer dem

Blick in die Chorherren-Gruft

malachitgrünen Stuckdekor sind alle Flächen, Gesimse, Pilaster, Basen etc. in gebrochenem Weiß, gelbstichig, mit reiner Kalkfarbe getönt. Von der Erstfassung am Stuck wurde eine Pigment- und Bindemittelanalyse durchgeführt. Sie ergab das Grünpigment Malachit, gebunden mit leimartigem Bindemittel. Die sichtbare Farbgebung des Stuckdekors besteht aus fast reinem Malachit mit einem minimalen Schwarz- und Umbrazusatz. Gebunden ist die Farbigkeit mit Tragant, einem Pflanzenleim mit hohem Bindevermögen, auch noch bei starker Verdünnung. Um die Konsistenz und die leicht sandige Oberfläche entsprechend dem Befund zu erreichen, wurde der Farbigkeit noch feines Bimsmehl beigemengt. Die Apostelkreuze, die als einzige Stuckelemente im Originalzustand glanzvergoldet waren, konnten gereinigt und kleine Schadstellen stilgerecht ausgebessert werden.

Das Deckengemälde „Letztes Abendmahl", etwa 10 m² groß, von Franz Nikolaus Streicher in Freskotechnik ausgeführt, befand sich in gutem Zustand. Insgesamt war die Oberfläche durch Kerzenruß verschmutzt und die stark farbige Pigmentierungen blätterte leicht ab. Am Nord- und Südrand war eine Anzahl Kalkspritzer vorhanden. Die abblätternden Farbigkeiten wurden gefestigt, die Bildflächen nass gereinigt, mit einem Doppelbalg-Atomiseur abgesprüht, alle Kalkspritzer soweit wie möglich entfernt und Schadstellen retuschiert.

Die Arbeiten am barocken Hochaltar

Der qualitätvolle Marmoraufbau des Hochaltars von 1770 mit vier Säulen und schwungvollem Aufsatz ist sparsam mit sehr gutem Rokoko-Schnitzwerk versehen. Vor den beiden Doppelsäulen stehen die lebensgroßen Holzfiguren von Petrus und Paulus. Auf dem Gebälk knien auf Voluten zwei lebensgroße Engel und eine Anzahl Engelsköpfchen belebt den kuppelförmigen Schluss. Das Altarbild „Verklärung Christi" wurde 1601 von Francesco Vanni geschaffen (siehe dazu den Beitrag von Johannes Neuhardt). Der formschöne Tabernakel ist ebenfalls aus Marmor und mit geschnitztem figürlichem und ornamentalem Dekor verziert.

Der allgemeine Zustand des Hochaltars musste als schlecht bezeichnet werden. Die Marmoroberfläche war durch einen Firnisüberzug braunstichig. Verschmutzung und Verrußung bewirkten zudem ein stumpfes, farbloses Aussehen. Auch waren ab der Predellazone am Marmor Ausbrüche und Sprünge vorhanden. In einem bedenklichen Zustand befanden sich auch das geschnitzte Dekor und verschiedene Partien an den Plastiken; Holzwurm und Feuchtigkeit waren die Hauptübel.

Arbeiter der Firma Lang, Maler, Fischer ergänzten die Schadstellen am Marmor mit Stuckmarmor und führte die Konservierung durch. Der Schwerpunkt der Altarrestaurierung lag auf der Erhaltung des vom Holzwurm stark zerfressenen Altaraufsatzes. Alle Schnitzereien mussten in irgendeiner Form behandelt werden. Zur Festigung wurde Mowilith 35/73 in Athylacetat und für den allgemeinen Holzschutz „Altari J" verwendet. Der Auftrag bzw. die Injektion begann mit stark verdünnter Lösung, dann wurde die Konzentration schrittweise gesteigert. Das Schnitzwerk und die vielen abgefallenen bzw. abgebrochenen Teile wurden mit der Fassungsseite nach oben in eine flache, mit Flüssigkeit gefüllte Blechwanne gelegt. Über Tage hinweg stieg die Flüssigkeit bis zur Fassungsschicht empor, durchgedrungene Flüssigkeit konnte an der Goldoberfläche mit Athylacetat entfernt werden. An den Holzfiguren und Aufsatzvasen wurde die Festigungsprozedur mit Injektionsspritzen und Pinsel durchgeführt. Abgefallene oder abgebrochene Teilstücke sowie die Standflächen wurden getränkt. Die Härtung wurde nicht bis zur „Versteinerung" durchgeführt, sondern nur bis zu einem Grad, bei dem das Holz mit dem Schnitzeisen noch bearbeitet werden konnte.

Alle gefestigten Teilstücke wurden wieder an ihre ursprünglichen Stellen angepasst, verleimt und — soweit nötig — verdübelt. Fehlende bzw. nur noch aus Wurmmehl bestehende Teile wurden bildhauermäßig in Lindenholz ergänzt und aus Rücksicht auf die angrenzende Originalfassung äußerst vorsichtig und sehr genau in die Schadstellen eingefügt. Alle Bildhauerarbeiten wurden in Zusammenarbeit mit der Firma Hein aus Altmühldorf ausgeführt. Schadstellen an der Fassung von Dekor und Plastiken wurden sehr sparsam ausgebessert, um möglichst viel Originalgold zu retten. Lose Kreidegrundschichten mit originaler Vergoldung wurden niedergelegt, die fetthaltigen Verschmutzungen mittels Amoniak und destilliertem Wasser bzw. mit Chloroform entfernt, alle Ausbesserungen in der Technik Glanzgold auf Eierbolus präzise durchgeführt, wobei die Gravierung in den Mattpartien, soweit schadhaft, auch wieder genau ergänzt wurde. Unbefriedigende frühere Ausbesserungen im unteren Bereich wurden von Grund auf erneuert, wobei die Farbe des Bolus und des Blattgoldes dem Original angeglichen wurde. Insgesamt versuchte man, die notwendigen Erneuerungen optisch nicht in Erscheinung treten zu lassen.

Das Ausmaß der fortgeschrittenen Zerstörung ließ sich besonders an den Vasen und Wolken auf dem Altaraufsatz, am Ornamentfries des Hauptgesimses, an den Kapitellen und an den Sockelkartuschen unterhalb der Figuren im Predellabereich feststellen. Dort waren einzelne Teile bereits abgefallen, andere bestanden nur noch aus Wurmmehl und wurden lediglich vom Kreidegrund zusammengehalten. An den großen Figuren waren Teile der Gewandfalten zerfressen, ebenso die großen Flügel der Aufsatzengel. Eine frühere Behandlung gegen Holzwurm hatte nur wenig Erfolg gezeitigt. Das Härtemittel besaß keine Tiefenwirkung, es war bereits an der Oberfläche verkrustet. Die Schnitzwerke hatte man an etlichen Stellen angebohrt, in diese Löcher Flüssigkeit gefüllt und sie anschließend mit „Glaserkitt" geschlossen. Die Vergoldung, vorwiegend noch original, war außer der üblichen Verschmutzung auch mit einem Grauschleier beschlagen. Schon früher vorgenommene Neuvergoldungen waren durch erneuten Wurmbefall wieder schadhaft geworden. Auf sogenannte Überschläge an Ornamenten und Gewandteilen war die Polimentvergoldung bei der Ausbesserung von Schadstellen mit stilwidrigem „Ölgold" übergeschossen, und die Wolkengloriole im Aufsatz hatte man mit gelbstichigem Spirituslack „aufgefrischt". Alle Holzfiguren sind auf Polimentgrund glanz- und mattvergoldet, mit Ausnahme der Inkarnate. Die menschliche Haut als einzige Farbigkeit ist sehr realistisch in bleicher Grundstimmung gemalt.

Zur Restaurierung wurden die Figuren, die Engel und die Puttenköpfchen sowie das gesamte vergoldete Schnitzwerk abgebaut und in die Werkstatt transportiert. Gefährdete Teile mussten mit geleimtem Seidenpapier abgesichert werden, um möglichst die Originalsubstanz zu erhalten. In Anbetracht einzelner total verwurmter Schnitzereien wurde mit äußerster Behutsamkeit vorgegangen. Am Marmoraufbau wurden der gröbste Schmutz und Staub abgesaugt und anschließend die gesamte Oberfläche mit warmem Wasser gereinigt, um den unregelmäßig nur auf der Schauseite aufgetragenen Lacküberzug gezielt abnehmen zu können. Mit Düllfix-Paste wurde der vergilbte Lack angelöst und abgenommen. An der Inkarnatfassung waren Farbigkeit und Untergrund durchwegs stabil. Der stark verbräunte und verschmutzte Überzug konnte mit abgeschwächter Düllfix-Paste vorsichtig abgenommen werden. Nur wenige Schadstellen bedurften einer Retuschierung. Das auffallende Krakelee war ursprünglich und durch zu satten Auftrag einer stark ölhaltigen Ei-Tempera entstanden.

Der Tabernakel, ebenfalls aus Marmor mit vergoldetem Zierrat, war in ähnlichem Zustand wie der Altar. Die Kleinplastiken — vier Engel, die Kreuzigungsgruppe in der Drehnische und das Lamm mit Gloriole auf dem Aufsatz — waren vollkommen überfasst. Die Restaurierung am Marmor und an der Vergoldung erfolgte in derselben Art wie vorher beschrieben. An den Kleinplastiken wurden die Übermalungen auf chemischem Weg entfernt, Schadstellen am Original fachgerecht ausgebessert.

Die Sanierung der Raumschale im Kirchenschiff

Die Proberestaurierung im Presbyterium war Grundlage für die zu erstellenden Leistungsverzeichnisse im Kirchenschiff durch das Landbauamt. Zur beschränkten Ausschreibung wurden nur die vom Bayerischen Landesamt für Denkmalpflege vorgeschlagenen qualifizierten Firmen eingeladen. Den Zuschlag für Raumschale und Fresken erhielt die Firma Keilhacker aus Taufkirchen. Vorab wurde der Kirchenraum mit einem maßgerechten Arbeitsgerüst versehen.

Im Juli 1983 begannen die Restaurierungsarbeiten an der Raumschale. An Gewölbefeldern, Wänden, Gesimsen und Pilastern wurden Freilegungen vorgenommen, um einen sicheren Befund des weißlichen Anstrichs zu erzielen. Festgestellt wurde ein sich gleichmäßig über Wände, Gewölbeflächen, Gesimse und Pilaster hinziehender graustichiger Weißton. Die Untersuchung des Stuckes brachte ähnliche Ergebnisse wie im Presbyterium. Eine erste Grüntönung in Kalklasur liegt direkt auf dem Stuck, darüber ohne Zwischengrundierung eine Blaugrüntönung und Ausbesserungen aus dem Jahr 1951. Die Oberfläche der Fassung wirkte durchwegs angegriffen und verschmutzt. Sichere Befundstellen der im

Ton variierenden Erstfassung kennzeichnete man zunächst zur Begutachtung. Nach einem Gespräch mit Herrn Pursche, dem Referenten der Restaurierungswerkstatt, wurde nach einer Möglichkeit gesucht, die originale Stuckfassung ohne die Schicht des Zwischenanstrichs zu rekonstruieren. Dazu wurden folgende Aufstrichmuster angesetzt:
1. Malachit in Kalk,
2. Malachit in Kasein unter Zusatz von Marmormehl,
3. Malachit in Mowiol 18/88 unter Zusatz von Marmormehl,
4. Malachit in Traganth unter Zusatz von Titanweiß, jeweils deckend und lasierend.

Alle diese Proben befriedigten nicht ganz. Um der Möglichkeit, Kalk als Bindemittel zu verwenden, näher zu kommen, wurden Aufstrichproben mit Malachit in Jurakalk und Malachit in Untersbergkalk nebeneinander gestellt und in Zeitabständen von einer halben Stunde einen Arbeitstag lang untereinander gesetzt. Nach 1½ Stunden begann sich der Jurakalkaufstrich blaugrau zu verändern mit einem Farbstich ins Braune. Der Untersberger Marmorkalk veränderte sich nach 2 Stunden ins Dunkelblaue. Auf Vorschlag des Referenten der Restaurierungswerkstatt wurde Malachitpigment vor dem Einmischen in Kalk in Mowiol 4/98 eingesumpft. Bei nachfolgenden Aufstrichproben (mit Untersberger Marmorkalk) stellte man fest, dass sich der Farbton acht Stunden lang nicht verändert hatte. Eine Stuckfassung in Kalklasur wurde beschlossen. Bei Waschproben zeigte sich, dass beim Abduschen mit dem Waschgerät der Stuck bis in die Tiefe einwandfrei sauber wurde. Die abblätternde blaugrüne Überfassung wurde größtenteils abgeschwemmt, die originale Fassung nicht angegriffen, sondern so auf schonende Weise freigelegt.

Nach Abschluss aller Proben und Versuche begannen die Restaurierungsarbeiten mit dem Abspachteln sämtlicher glatter Flächen, wobei die lockeren Tüncheschichten entfernt und die raue Oberfläche geglättet wurde. Risse wurden gründlich ausgewaschen und verfüllt, Ausbrüche geschlossen. Um einen tragfähigen Untergrund für den neuen Kalkanstrich zu schaffen, wurden alle Flächen und der Stuck mit einem Waschgerät abgeduscht. Nachdem so die Originalfassung am Stuck in großem Umfang aufgedeckt war, lag der Gedanke nahe, die Erstfassung zu restaurieren. Folgende Kriterien waren Anlass für die nun doch ausgeführte Neutönung:
1. Das bereits vorliegende Restaurierungskonzept der Musterachse im Chor,
2. die Notwendigkeit, Wände, Gewölbeflächen usw. neu zu tünchen (man hätte sonst den Raum „auseinanderrestauriert"),
3. die große Schwierigkeit, Retuschierarbeiten mit Malachit in Kalk auszuführen.

Nach gemeinsamer Begutachtung der Befunde mit dem Referenten der Restaurierungswerkstätte wurde vereinbart, die Flächen im Kirchenschiff etwas kühler zu halten als im Chor. Für die Stucktönung erging Weisung, von der stark differierenden Originalfassung jenen Befund für die Neufassung zu wählen, der dem Stuckton im Chor am nächsten kommt. Als Bindemittel ist Sumpfkalk zu verwenden, um eine bestmögliche Leuchtkraft zu erzielen. Alle glatten Flächen wurden in mehreren dünnen Lagen getüncht und gemäß dem Befund getönt. Der Stuck wurde mit gelbgrauer Kalkfarbe in rohweißem Stuckton grundiert. Eine Grundmischung aus Untersberger Kalk, als Mischfarben Oxydschwarz und Ambergergelb zugesetzt, wurde hergestellt. Um einen gleichbleibenden Grünton zu erzielen, wurde für die jeweils zu verarbeitende Menge Kalkfarbe, genau abgewogen, ein Anteil eingesumpftes Malachit beigegeben.

Beim Auftragen der Stucktönung wurde versucht, dem Charakter der Erstfassung handwerklich möglichst nahe zu kommen. Der Befund war meist gleichmäßig lasierend, aber zusätzlich mit Partien von deckendem Farbauftrag durchsetzt. Um auch die Oberflächenwirkung der Originalfassung zu erreichen, wurde der Stuck unmittelbar vor dem Farbigfassen mit Wasser benetzt. Ein gleichmäßiges Anheben der kapillaren Saugwirkung des Untergrundes schaffte ähnliche Bedingungen, wie sie der frische Stuck zur Zeit der Erstfassung bot. Wie mit Erfolg erprobt, wurde dabei die Transparenz erhöht und die Farbwirkung intensiviert.

Das noch in der Erstfassung befindliche Apostelkreuz an der Südwand war sehr gut erhalten; es wurde im Original belassen und lediglich retuschiert. Vom Gerüst aus konnte jetzt festgestellt werden, dass die Skulpturen am Schalldeckel der Kanzel mit der Figur des Glaubens und das Oratorium mit der Plastik der Hoffnung nicht — wie im ersten Befund beschrieben — aus Holz gefertigt sind, sondern aus Stuckgips, also von Benedikt Zöpf stammen. Alle Vergoldungen waren in gutem Zustand und erforderten nur eine Reinigung. Die zwei Engelköpfchen, jeweils am unteren Korbende, waren weiß gestrichen und erhielten gemäß Befund wieder eine Farbfassung.

Decken- und Wandbilder

Zunächst wurde der Erhaltungszustand der Bilder genau überprüft. Die Beschreibung im Leistungsverzeichnis trifft im Allgemeinen zu. Die Bilder sind durchwegs in Freskotechnik gemalt, nur einige Partien, ausschließlich Grüntöne, scheinen secco aufgesetzt worden zu sein. An diesen Stellen hob sich das aufgesetzte Pigment in Schuppen und Schollen vom Untergrund ab. Vor den Reinigungsmaßnahmen wurden diese Stellen durch Besprühen mit Mowiol 18/88 gesichert und niedergelegt. Die Reinigung der Bildoberflächen wurde mit Tapetenreiniger (wish up) durchgeführt, wobei größte Vorsicht bei dunklen und blauen Farbpartien geboten war, um Substanzverluste zu vermeiden. Diese abblätternden Stellen wurden durch Einsprühen mit Mowiol 18/88 gefestigt. Schimmelbildung, punktförmig oder in kleinen Gruppen (Inseln) über die ganze Malfläche verstreut, wurde mit kleinen Borstenpinseln ausgeputzt, die Stellen mit Preventol R 80 desinfiziert.

Die Übermalungen entlang des bis zu 3 Millimeter breiten Mauerrisses, der sich am Gewölbescheitel durch das ganze Hauptbild zieht, wurden mit destilliertem Wasser abgenommen. Die breiten Gipsränder wurden mit dem Skalpell abgeschabt — soweit dies möglich war, ohne die darunter schon angegriffene Malschicht weiter zu verletzen. Die Reste der alten Verkittung im Riss wurden nicht ausgekratzt, sondern mit Mowiol 18/88 gefestigt.

Wandbild des „Fackel"-Engels während der Freilegung

Risse und kleine Ausbrüche wurden mit Sumpfkalk geschlossen, die Retuschen mit Aquarellfarben ausgeführt. Störende Schwundrisse in hellen Farbpartien konnten mit leicht eingetöntem Kalk hauchdünn nachgezogen werden. Verfärbungen durch Wassereinbruch wurden in hellen Farbpartien mit leicht eingetöntem Kalk durch Punktretuschen zurückgedrängt. Unsauberkeiten an den Bildrändern (Kalkspritzer und Kleckse vergangener Renovierungen) wurden teils mit dem Skalpell abgenommen, teils mit Aquarellfarben retuschiert.

Die beiden seitlichen Wandbilder und das Blindfenster — alle als Fresko gemalt — waren besonders stark verschmutzt, bei früheren Raumtünchungen verspritzt, grob retuschiert und stellenweise übermalt. Die rußige Staubschicht wurde mit Tapetenreiniger abgenommen, die Retuschen und Übermalungen teils trocken, teils unter Zuhilfenahme von destilliertem Wasser mit kleinen Borstenpinseln abgebürstet; die vielen kleinen Kalkspritzer konnten durch Abradieren entfernt werden. Die tiefen, teils klaffenden, oft unsauber verkitteten Risse wurden versäubert, zur Festigung mit Mowiol 18/88 hinterspritzt und mit Kalkmörtel hinterfüllt, dann niveaugleich geschlossen. Die umfangreichen Retuschierarbeiten wurden teils mit Aquarellfarben, teils mit schwach gebundenen Kaseinfarben ausgeführt. Am nördlichen Blindfenster traten nach der Oberflächenreinigung viele störend verfärbte Übermalungen zutage, die weder trocken noch mit Wasser abgenommen werden konnten. Durch Anlösen mit Abbeizfluid oder Abrollen von Salmiaktampons konnte die originale Bemalung schonend freigelegt werden. Die Arbeiten fanden im November 1983 ihren Abschluss.

Die Restaurierung der Kirchenraumausstattung (1984/85)

Fast alle Ausstattungsteile an den Seitenaltären, am Kreuzaltar, an zwei kleinen Nebenaltären und am Seiteneingangsportal mussten abgebaut und in die Werkstatt Hans Mayrhofer nach München transportiert werden. Die Schäden waren auf allgemeinen Anobienbefall zurückzuführen, der an den geschnitzten Verzierungen, vor allem den Kapitellen und Basen, besonders stark war. Einzelne Teile waren vermorscht und vollkommen ausgehöhlt, vor allem an den beiden Seitenaltären unter der Empore. Verleimungen, die durch hohe Feuchtigkeit aufgegangen waren, wurden erneuert.

Abblätternde aber noch verwendbare Kreidegrundierung wurde gefestigt, mürbe abkreidende, nicht mehr verwendbare Grundierung hingegen abgenommen. Grundierung und Vergoldung wurden materialgleich in der ursprünglichen Technik als Glanzvergoldung auf Polimentgrund ausgebessert und beilasiert. Die Inkarnatfassungen wurden durch chemische Abnahme des vergilbten Firnisüberzuges freigelegt, lose Grundierung gefestigt, Schadstellen materialgleich ausgebessert und einretuschiert.

Zuletzt erfolgte ein Oberflächenschutz mit Canauberwachs. Beim Orgelgehäuse mit Brüstungsvorbau wurde die originale Marmorierung durch Abnahme der vergilbten Firnisüberzüge freigelegt, neu eingefügte Holzbereiche materialgleich grundiert und passend marmoriert. Die Vergoldung erfolgte in derselben Form wie bei den Altären. Beim Chorgestühl und dem Einbauschrank auf der Empore verfuhr man so wie im Winterchor.

Die Figurengruppe am Kreuzaltar

Die Untersuchungen des Landbauamtes Traunstein ergaben, dass die Figur Christi vom Beginn des 18. Jahrhunderts stammt. Im Zuge der ersten Barockisierung unter Propst Zacherl wurde das Kreuz 1710 an der Nordseite der Kirche aufgehängt. Unter demselben Propst wurde 1721/22 ein marmorner Barock-Altar aufgestellt, um die Christusfigur wieder in einer würdigen Umgebung zu platzieren. Der heutige Kreuzaltar entstand um 1790 unter Propst Anian II. (Abb. S. 206). Genaue Untersuchungen mit dem Technoskop zeigten unter der zuletzt sichtbaren Fassung des Corpus (ca. 1795), die den einzigen vorhandenen Fassungen der Marien- und Johannesfigur entsprach, zwei weitere Fassungen: Die älteste vorhandene Fassung (1710) betonte die schmerzvollen Wundmale durch kräftige plastische und farbliche Hervorhebung, wogegen die erste Überfassung (1721) eine farblich etwas zurückhaltendere Bemalung der Wundmale erkennen ließ.

Die Befunduntersuchung der Johannesfigur ergab, dass die Polimentvergoldung der Mantelaußenseite und der Sandalen vermutlich nicht die ursprüngliche war, da vor allem in den Faltentiefen Reste einer früheren Vergoldung zu erkennen waren. Die Tunika war unter dem deckenden, jedoch nicht pastos aufgetragenen hellen Grünanstrich zum größten Teil noch versilbert. Die Mantelinnenseite war versilbert und mit einem sehr stark ausgebleichten Lüster versehen. Die Haare zeigten unter der gelblich-braunen Fassung Reste einer hellgrauen Fassung. Der Fassungsaufbau war in allen Fassungsbereichen ein grauer, heller Stein- oder Mischgrund mit einem dünnen weißen Kreidegrund. Auch bei der Marienfigur kam man in den Bereichen des Inkarnats und der Vergoldung zu demselben Ergebnis. Die Mantelinnenseite war fast pastos dunkelblau auf Silber gelüstert, die Tunika ist hingegen mit einem stark vom Licht ausgebleichten roten Lüster versehen. Der Kragenüberschlag der Tunika wies eine Versilberung auf, jedoch ohne Lüsterung.

Für die Abstimmung der drei Figuren ergaben sich aus dem Befund schwierige Probleme: Die Freilegung der ältesten vorhandenen Fassung der Christusfigur schien trotz guten Erhaltungszustandes nicht ratsam, da sie dann mit den beiden erst 1760 angefertigten Figuren der Maria und des Johannes keine einheitliche Kreuzigungsgruppe gebildet hätten. Die erste Überfassung des Christus entsprach zwar der zum größten Teil abgenommenen ältesten Fassung der Marien- und Johannesfigur; da diese jedoch nicht bzw. nur noch in wenigen Resten vorhanden war, kam eine Freilegung an den beiden Figuren nicht in Frage.

Bei einer Besprechung am 8. Oktober 1984 wurde folgende Kompromisslösung beschlossen: Die zur Gänze vorhandene erste Überfassung der Marien- und Johannesfigur ist der freigelegten ersten Überfassung des Christus durch leichte Verstärkung der ausgebleichten Lüsterfassungen anzupassen, die Inkarnatpartien hingegen durch eine Neufassung dem Inkarnat des Christus, wobei die noch vorhandenen Inkarnatfassungen so fixiert werden, dass eine spätere Freilegung ohne weiteres möglich ist.

Bei der Restaurierung wurde an der Christusfigur durch Abnahme der zweiten Inkarnatüberfassung die erste Überfassung freigelegt, Schadstellen der Grundierung wurden ausgebessert, Fassungen einretuschiert und mit Canauberwachs dünn überzogen. Die Vergoldung wurde gereinigt, Abblätterungen in der ursprünglichen Technik ausgebessert. An der Marien- und Johannesfigur wurde die Vergoldung ebenso behandelt. Die Inkarnate wurden, um mit der freigelegten Fassung des Christus zu harmonieren, lasierend überfasst. Die Gewandfassungen wurden gereinigt, störende Verschmutzungen abgenommen, Schadstellen niedergelegt, ausgebessert, retuschiert und mit Canauberwachs überzogen.

Kreuzchristus nach Teilabnahme der zweiten Überfassung

Weitere Maßnahmen

Die Antrittspodien der beiden Seitenaltäre und des Kreuzaltars aus Imitationsmarmor wurden in Öl-Lack-Technik vorbehandelt und entsprechend den erhaltenen kleineren Fassungsbereichen neu gefasst. An den Beichtstühlen mit Kreuzwegrahmen und Aufsätzen wurden fehlende Teile in Lindenholz ergänzt und dem Original angepasst. Diese Bereiche wurden von Grund auf neu vergoldet, vorhandene Oberflächenverschmutzung gereinigt und vergilbte sowie krepierte Lacküberzüge abgenommen. Anschließend wurden diese Stücke mit Nitro-

Linker Seitenaltar, Leuchterbank rechts: Marmor vor der Restaurierung

Nach Reinigung und Stuckantrag

nach Befund materialgleich versilbert und grün gelüstert.

Der Taufsteindeckel mit Taufgruppe war durch die hohe Feuchtigkeit total ruiniert. Sämtliche Verleimungen, die sich gelöst hatten, und Bruchstellen wurden neu befestigt, ausgespant und stabilisiert, fehlende geschnitzte Verzierungen und Gliedmaßen wie Finger, Fuß und Strahlen usw. in Lindenholz ergänzt. Die Vergoldung wurde in historischer Technik erstellt, die Marmorierung harmonisch zum Taufstein erneuert.

An den beiden doppelflügeligen Eingangstüren am Hauptportal und beim hinteren Eingang wurden die verschmutzten Überzüge und Oberflächen gereinigt, frühere Holzausbesserungen und störende Holzoberflächen einlasiert, mit Öllack überzogen und mit Ölwachs überarbeitet.

Marmoraltäre und Fußbodenbelag

Gemäß einer Stellungnahme des Landesamtes für Denkmalpflege wurde ein Restaurierungskonzept erstellt. Es sah vor, bei der Instandsetzung der Adneter und Untersberger Marmorteile an den sechs Altären und dem Hauptportal den Originalbestand so weit wie möglich zu schonen, um möglichst wenig Originalsubstanz zu opfern. Auswechslungen von Naturstein sollten nur dort vorgenommen werden, wo dies zwingend notwendig erschien. Da die hohe Luftfeuchtigkeit und die starke Verrußung an der in ihrer Farbenvielfalt aufeinander abgestimmten barocken Marmorarchitektur der Altäre große Schäden verursacht hatten, war die erste Aufgabe

Klarlack überzogen, mit Polierballen anpoliert und die Vergoldungen, wie vorhin bei den Altären beschrieben, behandelt. An den Rahmen der zwölf Apostel wurden die Gehrungen neu verleimt, die nicht mehr verwendbare, abblätternde und mürbe Kreidegrundierung am mittleren Wulstprofil abgenommen, in ursprünglicher Technik neu grundiert, eine Reinigung mit heißem Wasser. Der Ruß hatte sich mit dem alten Oberflächenwachs zu einer teilweise verkrusteten Schicht verbunden. Ein weiterer Schritt war die Festigung morbider Stellen durch mehrmaliges Bepinseln mit Kieselsäureester.

Ältere Ergänzungen aus Zementmörtel, Gips oder Kunststoff galt es vorsichtig abzunehmen, abgebrochene Ecken anzudübeln und auszukitten. Die Ausbruchlöcher wurden mit einem Gemisch von farbgleichem Marmormehl gebunden, mit Epoxidharz als Plomben profilgerecht angespachtelt und beigeschliffen. Abgefallene Lisenenprofile wurden aus adnetergrauem Marmor vom Schnöll-Bruch maßgerecht mit Rundstabprofilen neu angefertigt, angepasst und eingesetzt. Als Schlussbehandlung der gesamten Marmoroberfläche erfolgte ein Auftrag mit verdünntem Bienenwachs, wobei die Marmoroberfläche mit Föhn angewärmt und unmittelbar darauf poliert wurde.

Der Bodenbelag in der Kirche ist schachbrettartig verlegt und besteht im Langhaus aus Sollnhofer und Adneter Marmorplatten. Einige Sollnhofer Platten waren krepiert und mussten aus gleichem Material ersetzt werden. Nach der ersten Stufe, im Bereich der Grüfte, besteht der Fußboden an Stelle der sonst üblichen Sollnhofer Platten aus hellem Untersberger Marmor, der mit Adneter Marmor versetzt ist. In diesem Bereich waren die Einfassungen der Gruftplatten so stark beschädigt, dass Unfallgefahr bestand. Für die Erneuerung dieser Einfassungen verwendete man Adneter Kalkstein, überwiegend in Grauton, so wie beim originalen Bestand. Die Antrittsstufe war von unten her durchlaufend über die gesamte Kirchenbreite stark ausgebrochen. Dort wurde Stuckmaterial, bestehend aus Marmormehl mit Epoxidharz, angetragen und beigeschliffen. Die roten Platten aus Adneter Marmor zeigten im gesamten Fußbodenbereich nur wenige Schäden und mussten nur vereinzelt ausgewechselt werden.

Restaurierung des Gemäldebestandes

In seinem Befundbericht hatte Martin Zunhamer bereits 1979 auf den bedenklichen Zustand der Gemälde hingewiesen. Vor dem Transport ins Atelier Ernst nach München erhielten die gefährdeten Partien der Bilder eine Sicherung der Malschicht mit Tylose Matt 300 und Seidenpapier. Die restauratorischen Maßnahmen kamen je nach Notwendigkeit zur Anwendung. Sie waren abhängig von Beschaffenheit und Ausmaß der spezifischen Schäden am Objekt. Die Abnahme alter Anstriche oder Flicken war in der Regel nur bei konservatorischer Notwendigkeit oder beim Markieren von Flicken auf der Bildseite erforderlich. Das Ansetzen von Leinwandstreifen oder Fäden zur Stabilisierung der geschwächten Spannränder erfolgte mit Beva. Eine Doublierung erwies sich aufgrund des sehr schlechten Allgemeinzustandes bei vielen Gemälden als unverzichtbar. Die alten Spannrahmen konnten zum Großteil ausgebessert werden. Alle Gemälde erhielten Rückseitenschutz mit Leinwandhinterspannung.

Der nächste Schritt war eine Planierung durch Pressen unter Einwirkung von Feuchtigkeit und Wärme. Alle Fehlstellen wurden neu verkittet, strukturiert und mit Schellack isoliert. Die Malschicht wurde partiell mit Wachs gefestigt. Zur Oberflächenreinigung kam Picture cleaner oder feuchtes Leder zum Einsatz. Zum Teil genügte eine Trockenreinigung. Die Abnahme von früheren Retuschen erfolgte nach ästhetischer Notwendigkeit an besonders störenden Flächen. Neuretuschen gab es nur an Fehlstellen. Die Schlussbehandlung erfolgte mit Dammar Zwischen- und Schlussfirnis (1:4, 1:5, Terpentin). Restauriert wurden fünf Altarbilder (Hochaltarbild in eigener Beschreibung), sechzehn Kreuzwegbilder, ein Bild über dem Nordportal, zwei im Portaleingang, zwei Apostelbilder (zur Zeit im Winterchor eingelagert), ein Sakristeibild, zwölf Apostelbilder auf Holz, ein Altarbild und ein Mensabild im Winterchor.

Das Hochaltarbild „Verklärung Christi"

Der Bildträger des Hochaltargemäldes besteht aus Leinwand in Leinenbindung. Der Spannrahmen ist an den Ecken verblattet und mit einem Stützkreuz sowie zwei Querstreben versehen. Bei dem im Jahr 1983 erstellten Befund war die Gemälderückseite verschmutzt und rußig. Vereinzelt war das grafische Bild des Sprungnetzes der Grundier- und

Malschicht auf der Leinwandrückseite zu erkennen. Die Grundier- und Malschicht zeigte ein umfangreiches Sprungnetz (Netzcraquelée, Spiralsprünge, Zerrsprünge), die Spannrahmenkanten zeichneten sich deutlich ab. In einigen Bereichen hatte sich eine Schollen- und Schüsselbildung entwickelt. Die Bindung der Grundier- und Malschicht an den Bildträger war in diesen Bereichen reduziert, vereinzelte Ausbrüche und Substanzverluste waren feststellbar. Die im unteren Drittel des Gemäldes vorhandenen kleineren Löcher und Druckstellen waren auf mechanische Beschädigungen zurückzuführen. Auch dort lagen Substanzverluste in geringem Umfang vor.

Die Malerei war größtenteils unversehrt erhalten. Vereinzelte Ausbesserungen und kleine Retuschen waren nachgedunkelt und integrierten sich nicht mehr in die originale Malerei. Auch die Gemäldeoberfläche war verschmutzt. Vereinzelt hatten Kalkspritzer zu Verätzungen geführt. Der offensichtlich mehrschichtige Firnisüberzug war vergilbt und hatte einen starken Glanz. Durch den ungleichmäßigen, teilweise streifigen und schlierigen Auftrag war die Bildwirkung beeinträchtigt. Stellenweise hatten sich durch die übermäßige Firnismenge Ablaufspuren und Tropfnasen gebildet. Die Farbwerte des Gemäldes, besonders die ursprünglich kühlen Töne der Gewänder, waren durch die Gilbung verfälscht. Feine Farbnuancen und Lasuren waren nicht mehr zu erkennen.

An der Vorderseite war eine schmale, vergoldete Blendleiste aus Holz mit Nägeln entlang der Bildkanten befestigt. Die gemauerte und verputzte Rückwand des Altars war mittels auf Holzrahmen gespannte Rupfen verkleidet. Zwei seitliche Belüftungsschlitze in der Altarkonstruktion sorgen für ausreichende Belüftung des Hohlraumes. Insgesamt befand sich das Hochaltargemälde konservatorisch in einem besseren Zustand als die übrigen Gemälde im Kirchenraum.

Im Verlaufe der Restaurierung wurde zunächst die Grundier- und Malschicht gefestigt, die schüsselförmig verwölbten Schollen der Grundier- und Malschicht schrittweise niedergelegt und die Bindung an den Bildträger wieder hergestellt. Die Gemäldeoberfläche wurde gereinigt und das Gemälde vom Spannrahmen abgespannt. Den Bildträger befreite man rückseitig von Schmutz und Ruß, planierte die Leinwand vorsichtig und konservierte Beschädigungen. Die stark vergilbten Firnisschichten wurden abgenommen bzw. gedünnt. Fehlstellen in der Grundier- und Malschicht wurden verkittet, entsprechend der umliegenden Oberfläche strukturiert und isoliert. Kittungen wurden retuschiert, ebenso schadhafte Bereiche der originalen Malerei und alte farblich veränderte Überarbeitungen.

Zum Abschluss wurde der Spannrahmen konsolidiert und das Gemälde wieder sachgerecht aufgespannt. Ein Schlussfirnis wurde aufgetragen, mit Firnisretuschen der Glanzausgleich vorgenommen und eine homogene Firnisschicht rekonstruiert. Ziel der Konservierung war es, das Gemälde in seiner Substanz zu sichern. Mit der Restaurierung konnte es in seiner hervorragenden künstlerischen Qualität wieder optimal zur Geltung gebracht werden (Abb. S. 249).

Im Verlaufe der Restaurierung konnte auch die Frage der Urheberschaft geklärt werden. Das Gemälde weist zwei Signaturen mit Jahresangaben auf. Links unten ist zu lesen:
FRANC. VANN'^{S}.SEN[ENSIS] fecit et invenit MDCI
(Francesco Vanni aus Siena fertigte es an und entwarf es 1601)

Die zweite Signatur läuft von der Mitte nach rechts:
Franc Streicher pinxit Ao: MDCCLXXI
(Franz Streicher malte es im Jahre 1771)

Beide Signaturen befinden sich an der Unterkante und werden von der aufgesetzten Blendleiste teilweise verdeckt. Nach der Reinigung der Malerei wurde sichtbar, dass sich die unter der Blendleiste unter Lichtabschluss geschützten Bereiche der Malerei und damit auch des Schriftzuges farbintensiver erhalten haben. Untersuchungen bestätigten, dass beide Signaturen alt sind. Neben der Namensangabe sind die gebräuchlichen Zusätze *fecit et invenit* (Vanni) bzw. *pinxit* (Streicher) zu erkennen. Beide Angaben geben den Anspruch auf die Urheberschaft des Gemäldes wieder, wobei durch die Wendung *invenit* auch der geistige Schöpfungsakt, also der kompositionelle Bildaufbau, betont wird.

Kreuzwegbild: Schäden an der Malschicht — und nach der Restaurierung

Für Doppelsignaturen gibt es verschiedene Erklärungen. Eine Kopie nach Vanni durch Streicher ist bei dem Streben nach künstlerischer Originalität und durch das Fehlen einer Vorlage nicht wahrscheinlich. Möglich wäre jedoch, dass Streicher das Gemälde von Vanni überarbeitete. Malerische Veränderungen oder nachträglich aufgebrachte Lasuren konnten jedoch im Rahmen der bislang durchgeführten Untersuchungen nicht nachgewiesen werden. Vergleiche mit den anderen Gemälden in der Kirche sprechen jedoch für eine Urheberschaft Vannis (vgl. den Beitrag von Johannes Neuhardt).

Alle Leinwandgemälde, die Streicher zugeschrieben werden, befanden sich in einem schlechteren Erhaltungszustand als das Hochaltargemälde. Auch in den malerischen und gestalterischen Anlagen liegen deutliche Unterschiede vor. Stilkritische Vergleiche bestätigen diese Beobachtungen. Die Vermutung, dass Streicher, der einen Großteil der malerischen Gestaltung der Kirche erbrachte — die Seitenaltargemälde wurden um 1770 fertig gestellt —, auch dem Hochaltarblatt den Stempel seines Gestaltungswillens aufdrücken wollte, liegt nahe. So ließe sich auch der Text der Signatur deuten: „Francesco Vanni malte und schuf das Bild im Jahre 1601. Franz Streicher überarbeitete es im Jahre 1771".

Die Restaurierung der Ewiglicht-Ampelquaste (1984) und der Sakristei (1985)

Die Reinigung der Ampelquaste wurde bei den Wollpartien (= Troddeln) mit destilliertem Wasser unter Zusatz von Laventin durchgeführt, die Schnurpartien hingegen, die über einen Holzkern

„Beweinung Christi" vor der Restaurierung; den Zustand nach der Restaurierung siehe S. 188

geklebt sind, wurden mit Äthylalkohol und einem Schwämmchen bzw. einem Pinsel gereinigt. Für die Ergänzung von sechs zum Teil sehr schadhaften Wolltroddeln musste feine harte Wolle in verschiedenen Rottönen eingefärbt werden, da die rote Originalfarbe durch Lichteinwirkung ausgeblichen war und gleichzeitig durch Ruß recht dunkel verfärbte Partien aufwies. Schließlich wurden die Troddeln ergänzt, wobei man die originale Technik nachempfand. Von den 25 Holzperlen am unteren Ende der Troddeln fehlten einige, bei allen war die gelbe Ummantelung schadhaft bzw. ganz abgefallen. Daher wurde Wolle in ein dem Originalfarbton entsprechendes Gelb gefärbt und die Perlen damit überzogen. Für die fehlenden konnten neue Holzperlen in derselben Größe gefunden werden, die ebenfalls gelb überzogen wurden. Die Farben des Holzkerns wurden nachgemalt: das Rot mit Temperafarbe, das Gold mit Goldbronze.

Für den Sakristeiraum konnte nach einer sorgfältigen Untersuchung nach Gerüstaufstellung ein Gesamtkonzept für die Restaurierung entwickelt werden. Die Flächen der Raumschale erhielten gemäß des Befundes einen Rosaton, Stuckornamente und freie Felder wurden weiß gekalkt. Vorab wurde die starke Verrußung, verursacht durch den auch optisch störenden Ölofen, zum Teil trocken abgesaugt und dann abgewaschen. Einige Stuckergänzungen waren erforderlich. Danach erfolgten die restauratorischen Arbeiten an den dreiseitig umlaufenden Wandschränken. Absplitterungen an diesen wurden mit artgleichem Nussbaumholz ergänzt, ebenso die in „Barocktechnik" rekonstruierten Profilleisten. Alle Wandschränke sowie die zwei Türen erhielten einen Schellacküberzug gemäß des Befundes.

In der Sakristei standen vier Modelle der Hochaltarfiguren mit einer Höhe von ca. 44 Zentimeter, von denen nur die Figuren von Petrus und Paulus am Altar ausgeführt wurden. Das Holz war bei allen Figuren in sehr schlechtem Zustand, morsch durch Wurmbefall, und wies viele Wurmlöcher auf. Auch nach der Restaurierung sind die Figuren noch sehr empfindlich, da das Holz unter der Fassung nur bedingt gefestigt werden konnte. Die originale Vergoldung war auf dunkelrotem Poliment ausgeführt. Die Gewänder und die Sockel sind glanzvergoldet, die Innenseiten der Gewänder und das Kerbornament an den Sockeln matt vergoldet. Das Inkarnat war nicht sehr gut erhalten, es gab viele Ausbrüche. Die Vergoldung blätterte stark, es fehlten zum Teil Sockelfüße, Finger und Fußspitzen. Im Verlaufe der Restaurierung wurde das Holz gefestigt, Sockelfüße, Finger und Fußspitzen wurden in Holz ergänzt. Die Fassung wurde durchgesichert, Ausbrüche in der Vergoldung wie auch die ergänzten Teile verkittet und vergoldet. Kleinere Ausbrüche wurden mit Aquarell retuschiert und mit verdünntem Dammar gefirnist.

Die zwölf Apostelfiguren mit einer Sockelhöhe von 20 Zentimeter und einer Figurenhöhe von je 44 Zentimeter waren ursprünglich alle versilbert, von der originalen Versilberung war jedoch so gut wie nichts mehr erhalten. Die Figuren waren später immer wieder neu versilbert worden, teilweise lagen drei verschiedene Silberschichten übereinander oder auch nebeneinander. Manche Figuren waren sehr verschmutzt, einige fast schwarz oxydiert, einige silbrig grau (wie Zinn); nur wenige Teile waren noch glanzversilbert. Die Fassungen waren bei allen Figuren stark abblätternd und wiesen große Ausbrüche auf. Die Sockel waren alle über der wahrscheinlich originalen, dunkel gebeizten Holzoberfläche versilbert. Bei der Restaurierung wurden die Sockel auf die dunkel gebeizte Holzoberfläche freigelegt, die Fassungen der Figuren durchgesichert und größere Ausbrüche verkittet, die Oberfläche vorsichtig gereinigt, so dass möglichst große Teile der versilbertern Oberfläche erhalten blieben. Ausbrüche wurden mit Silber retuschiert und mit verdünntem Dammar gefirnist. Fehlende Finger und Attribute wurden neu ergänzt und versilbert.

Die Gruppe „Beweinung Christi" stammt aus der Zeit um 1510. Der Fassungszustand dieser spätgotischen Gruppe deutet an, dass sie an einem Altar der Kirche aufgestellt war. Das Inkarnat der Figuren war relativ gut erhalten, die sonstige Fassung zum Teil abgeblättert. Lose Fassungsteile wurden niedergelegt, Fehlstellen an den Rändern angeböscht und mit Aquarell retuschiert. Die gesamte Gruppe wurde mit verdünntem Dammar gefirnisst.

Das gotische Holzrelief des Grafen Liutold III. von Plain entstand 1490 (Abb. S. 34). Es wurde in den Werkstätten für Denkmalpflege restauriert und gesichert. Die sichtbare Fassung ist eine Zweitfassung. Das Relief war in der Sakristei über einem Ölofen befestigt und somit häufigen Temperaturschwankungen ausgesetzt. Um weitere Schäden möglichst hintanzuhalten, entschied man, die Figur zukünftig in der Kirche zu platzieren. Das Bayerische Landesamt für Denkmalpflege entwarf hiezu eine diebstahlsichere Befestigungsplatte, auf die man die Statue montierte. Anschließend wurde sie an der Wand rechts vom Augustinusaltar angebracht (siehe Abb. S. 197).

Die Restaurierung des Winter- oder Psallierchores (1986)

Der Winterchor liegt im ersten Obergeschoss des Kreuzgang-Nordtraktes. Der dreijochige, gewölbte Gebetsraum wurde 1678/79 reich stuckiert und im Gewölbescheitel sowie in den Stichkappen mit Malereien versehen. Im Gutachten des Bayerischen Landesamts für Denkmalpflege durch Oberkonservator Dr. Klaus Kratzsch vom 4. Juli 1985 wurde die Erhaltung des originalen, hochbarocken Stucks dringend gefordert. Im Bereich größerer Wasserschäden war dieser fachgerecht zu ergänzen. Die Empore-Türblätter und die Deckengemälde waren zu reinigen, wenn erforderlich zu retuschieren, ebenso die vier barocken Gestühlsblöcke und die Eingangstüre zur Orgelempore. Die noch ersichtlichen Wandmalereireste aus früherer Zeit, rechts und links vom Altar, sollten konserviert werden, die barocken Fenster und die Fußbodendielen aus dem 17. Jahrhundert waren zu erhalten.

Im Auftrag des Landbauamtes Traunstein wurden 1985 auch hier genaue Befunduntersuchungen durchgeführt. Sie ergaben, dass die Färbung des Stucks zwar mit der originalen Rokokotönung im Kirchenschiff übereinstimmte, im frühbarocken Raum des Winterchors stellte sie sich jedoch als Zweitfassung heraus. Partiell waren Putz und Stuck durch große Wasserschäden mit folgenschweren Ausblühungen zerstört. Es zeigte sich eine Anzahl tiefer Mauerrisse und an der Außenwand war die später aufgezogene Putzlage hohl und ausgebrochen. Das Gewölbe hatte sich am Anschluss zur südseitigen Außenwand teilweise abgetrennt. Ein Drittel aller Deckenbilder war stark beschädigt, zum Teil waren nur noch die Vorzeichnungen schemenhaft zu erkennen. Sie waren verschmutzt, teils pudernd, hatten Risse, Sprungnetze gab es vor allem im Madonnenbild.

Der Altar besitzt einen zweisäuligen Aufbau in Stuckmarmor, mit Blattornamenten und Fruchtgehängen verziert. Er war infolge der Wasserschäden im Gewölbe im oberen Bereich arg in Mitleidenschaft gezogen. Abgesehen von den Ausblühungen wurden diese Teile mürbe und brachen aus. Der stilwidrige Lacküberzug war stark vergilbt, spröde und rissig. Die schlampige Ölvergoldung entsprach in keiner Weise dem Zeitstil. Das Altarbild sowie das erheblich beschädigte Mensabild bedurften einer fachgerechten Restaurierung.

Nach einer beschränkten Ausschreibung wurde die Firma Hans Mayrhofer aus München mit der Restaurierung beauftragt, die Arbeiten begannen im Oktober 1985. Die sichtbaren Risse am Auslauf des Gewölbes zur Außenwand hin wurden vom Ingenieur-Büro Höllige und Wind überprüft. Besondere statische Maßnahmen waren nicht erforderlich. Ein Ausgießen der Risse mit Kalkmörtel vom darüber liegenden Geschoss aus nahm die Fa. Zerle (Bad Reichenhall) vor. Sie restaurierte auch den Stuck in diesem Raum sowie vorher den Rokokostuck im Kirchenschiff.

Bei der Restaurierung der Raumschale wurde zunächst die lose Verschmutzung mit Industriestaubsauger und Pinsel abgenommen. Festhaftende Oberflächenverschmutzung wurde — soweit es ohne Oberflächenbeschädigung vor allem an Stuckerhöhungen möglich war — mit Airbrasiv Gerät, Reinigungsschwämmen und Glasfiber abgenommen. An den Gewölberücklagen und Wandflächen wurden die sandig-raue Oberfläche und die zum Abblättern neigenden Anstriche durch Abschaben reduziert. Mit dosierter Wassermenge und gezieltem Druck wurde die Raumschale nachgereinigt, Bereiche mit Wasserschäden und Salpeterausblühungen mit Rayasilfluate behandelt. Stukkaturen und Gewölberücklagen wurden an Stellen, wo es nötig war (Stuck- und Putzausbesserungen, Schadstellen der Fassung und störende eingedrungene Verschmutzungen), in Kalktechnik durch Retuschieren und Lasieren im Ton ausgebessert und eingegliedert, Wandflächen in Kalktechnik neu getüncht und durch Lasurtechnik dem Gewölbebereich angepasst. Die Kartuschenschriften wurden retuschiert.

An den zwei Empire-Türblättern und ihren beiden frühbarocken Pendants mit Stockrahmen wurden die Oberflächenverschmutzung, störende überfasste Partien und Ausbesserungen chemisch abgenommen, Grundausbrüche gekittet sowie die Fassung durch Retuschieren und Lasieren in Temperatechnik bis zur einheitlichen ästhetischen Wirkung ausgebessert. Bei den vier barocken Gestühlblöcken und dem Renaissanceschrank wurden verschmutzte Überzüge und sonstige Oberflächenverschmutzungen abgenommen, Holzausbesserungen und Ergänzungen im Ton einlasiert, Sitzbank und Buchauflage mit Öllack überzogen und die Möbel insgesamt mit Wachsöl eingelassen.

Am Altar wurde die ölverkrustete Vergoldung chemisch abgenommen; die Partien wurden gemäß den spärlichen Befundresten in Polimentgoldtechnik mit neu aufgetragener Kreidegrundierung vergoldet und ablasiert. Die Marmorierung, die in größeren Teilbereichen noch vorhanden war, wurde mittels chemischer Abnahme von Firnis- und Lack-

Umfangreiche Wasserschäden an der Altarwand des Winterchores; rechts: nach erfolgter Restaurierung

schichten einschließlich der Übermarmorierungen freigelegt. Ramponierter Untergrund wurde ausgebessert und egalisiert, die Marmorierung eingestimmt und Fehlbereiche ergänzt, die restaurierten Flächen mit Dammarfirnis und Wachszugabe überzogen. Zwei Putti und Engelköpfe sowie Früchte wurden gemäß den Vorgaben gefasst.

Die Deckenbilder hatte Christoph Lehrl, ein Laienbruder im Stift, in Secco-Technik gemalt. An ihnen erfolgte zunächst eine partienweise unterschiedliche Trockenreinigung mit Feehaarpinsel, Reinigungsschwämmen, Knetkunststoff und Glasfiberbürstchen. Einige Bereiche wurden durch Fixieren mit Kalksinter und Kaseinzugabe gefestigt, Putzrisse und Putzschadstellen mit Kalkquarzschweiß ausgebessert, einzelne lose Putzstellen durch Hinterspritzen gefestigt. Ältere Ausbesserungen wurden mit Trockenpigmenten, Kalksinter mit Wasser, Kalk und Kasein retuschiert, sonstige stark störende Fehlstellen im Ton mit einbezogen. An den Wandbildern beiderseits des Altars wurden lose Putzstellen durch Hinterspritzen gefestigt und eine Freilegung durch mechanische Abnahme der Überanstriche vorgenommen. Der linke Fackelengel war vorher nicht bekannt (siehe Abb. S. 343). Retuschierungen sowie Ergänzungen wurden mit Trockenpigment, Kalk und Kalksinterwasser unter Kaseinzusatz ausgeführt.

Auch das Altarbild auf Leinwand stammt von Christoph Lehrl. Es zeigt die „Familia sancti Augustini" mit dem Ordensvater Augustinus, gegenüber den hl. Papst Gelasius, den hl. Patritius mit Schwert, rechts hinten mit glühendem Herzen die hl. Theresa von Avila. Das Altar- und das Mensabild kamen —

Die Kleiderschränke der Chorherren und die Gerätekammer (Vestiarium) oberhalb des Winterchores

so wie alle Ölbilder des Kirchenraumes — zur Restaurierung in das Atelier der Firma Ernst in München-Solln. Die Restaurierung dieses ehemaligen Gebetsraumes fand im Herbst 1986 ihren Abschluss. Die Kosten hierfür übernahm, wie im Kirchenschiff und in der Sakristei, der Freistaat Bayern.

Die Paramente- und Gerätekammer

Über dem Winterchor liegt, etwa flächengleich, der ehemalige Ankleideraum der Chorherren (Vestiarium). Nach Wassereinbruch war die gesamte Decke stark beschädigt. Von dieser hing der Putz samt Putzträger meist lose herunter. Auch die umlaufende, mit Barockprofil gezogene Hohlkehle war krepiert. An der Decke einschließlich dem oberen Wandbereich waren braune Sinterränder, zum Teil auch flächig vorhanden. Die Fußbodendielen, in verschiedenen Breiten bis zu 45 Zentimeter, waren angefault, vermorscht und mit Wurmlöchern übersät.

Da der Deckenputz einschließlich Putzträger ohne Haftung und krepiert war, wurde er abgeschlagen, ebenso die Hohlkehle, von der man vorher das Profil abgenommen hatte. Verschiedene darunter liegende Schalungsbretter waren an den Randauflagen verfault und mussten erneuert werden. Da zum darüber liegenden Dachboden eine feuerhemmende Decke vorgeschrieben war, wurden daran 2 × 15 Millimeter Feuerschutzplatten befestigt. Als Putzträger kam Streckmetall zum Einsatz. Die Decke erhielt einen glatten Putz mit Kalkmörtel, ebenso die nach Originalmuster gezogene Hohlkehle. Anschließend wurden Decke und Wände mit holzgebranntem Steinkalk, stark verdünnt, dreimal gestrichen.

Alle Fußbodendielen mussten ausgebaut und erneuert werden. Um die entsprechenden Breiten und Stärken (45 Millimeter) zu erhalten, wurden diese Dimensionen aus Fichten-Rundhölzern im Sägewerk maßgerecht zugeschnitten und in einer Trockenkammer auf die erforderliche Trockenheit gebracht. Nach dem Hobeln erhielten die Dielen an beiden Seiten Nuten, wurden mit eigener Feder verlegt und mit handgeschmiedeten Nägeln auf der Balkenlage befestigt. Als Oberflächenschutz folgte ein zweimaliger Anstrich mit Terpentin verdünntem Leinöl (Halböl).

An der nordseitigen Innenwand sind fest eingebaute Kleiderschränke. Im inneren Schrankboden ist jeweils mit Schriftzug eingebrannt, welche Kleiderstücke der Schrank enthielt bzw. der jeweilige Chorherr trug. Die einzelnen Abteilungen sind mit einer Holzgittertüre versehen. Insgesamt befand sich die Schrankanlage in gutem Zustand und bedurfte nur einer Reinigung.

Um den Dachraum über dem Kirchenschiff endlich vom Schutt zu befreien, wurde diese Maßnahme mit einbezogen. Die Gewölbezwickel dienten als Bauschuttbeutel. Das abgelagerte Material konnte aus dieser Höhe nur in kleinen Mengen mittels eines Flaschenzuges abtransportiert werden. Dabei wurde die gesamte Gewölbefläche besenrein gesäubert.

Die Kreuzigungsgruppe in der Ostapsis und die Türflügel des Seiteneingangs

Auch die Figurengruppe des Christus mit Kreuz und einer schmerzhaften Muttergottes (Mater Dolorosa) in der Wandnische der Kirchenfassade (Ostapsis) bedurfte der Restaurierung bzw. Neufassung. Die stellenweise stark verwitterte, abblätternde und durchwegs kreidende, waschbare Fassung wurde abgenommen, wobei die in relativ gutem Zustand befindliche darunter liegende Grundierung belassen werden konnte. Holzrisse wurden gespant und feuchtigkeitsbeständig verleimt, die Rohstellen mit Halböl eingelassen und mit Dreipigmentweiß in Ölpaste und Leinöl grundiert, störende Stellen verkittet, die Figuren insgesamt in Leinöl-Standöltechnik zwei- bis dreimal grundiert und stilgemäß gefasst. Die ehemals vergoldeten Partien (Lendentuch und Strahlen am Christus sowie Saumstreifen an der Figur der schmerzhaften Muttergottes) wurden mit 23¾-karätigem Blattgold in Mixtiontechnik vergoldet.

Die beiden im Turm der Stiftskirche eingelagerten Türflügel sollten wieder ihren ursprünglichen Platz im Seiteneingang einnehmen. Sie wurden anfangs der 70er Jahre des 20. Jahrhunderts wegen eines Umbaues entfernt. Die Türblätter besitzen je zwei bemalte Füllungen, wobei die Malerei in Grisailletechnik ausgeführt ist. Die beiden oberen Bilder stellen Szenen aus dem Neuen Testament dar, links Jesus am Ölberg und rechts Maria Verkündigung. Die beiden unteren Darstellungen zeigen links Moses, Aaron und Hur während der Amakeliterschlacht und rechts Moses beim Empfang der Zehn Gebote. Die beiden aus Blech geschnittenen Metallgitter in der Mitte der Türblätter sind älteren Datums und stammen wahrscheinlich von einem Beichtstuhl. Sie zeigen Hinweise auf die Leiden Jesu und die Schmerzen Mariens. Diese Beschläge weisen die Formsprache des Rokoko auf.

Bei der Restaurierung beschloss man, auf eine Freilegung oder Rekonstruktion der Originalfassung zu verzichten, dafür wurde die aktuelle Fassung saniert. Nach der Reinigung mit destilliertem Wasser unter Beigabe von Salmiak und Neutralseife verkittete man Löcher und Ausbrüche mit Ölkitt. Für die Neufassung rieb man über einen längeren Zeitraum Bleiweiß, Elfenbeinschwarz und geringe Mengen Ockerpigmente mit dem Läufer in Standöl. Diese zähe Masse verdünnte man für den zweimaligen Anstrich nach Bedarf mit Balsamterpentinöl unter Zugabe von Wachs und Trockenmittel.

Zur Sanierung der Füllungsmalerei wurden die Füllungen abgesaugt und die starken Oberflächenverschmutzungen mit destilliertem Wasser großflächig abgenommen. Der Firnis konnte mit destilliertem Wasser, Isopropanol und 25%igem Salmiak reduziert werden. Man verzichtete auf eine Gesamtabnahme, damit die Malerei der Füllungen zwischen der „oberen" und der „unteren" beschädigten Malschicht nicht zu stark differiert. Als Firnis trug man Dammar auf unter Beifügung einer geringen Menge Wachs zum Ausgleich der unterschiedlich pastos aufgetragenen Malweise. Fehlstellen in der Graumalerei wurden mit Maimeri-Mastix-Retuschierfarben behoben.

Die Metallgitter, partiell angerostet, behandelte man mit Rostumwandler, grundierte sie mit Standölfarbe und retuschierte die Malerei mit Ölfarben. Die Gitter waren ursprünglich mit Zwischengold vergoldet, worauf die Ranken gemalt worden waren. Durch Schlussfirnis mit stark verdünntem Dammarharz erreichte man eine schöne Klarheit und Tiefenwirkung. Die Türstockrahmung wurde von der Schreinerei Fegg in Höglwörth neu angefertigt. Die Neufassung der Türrahmen erfolgte in gleicher Weise wie die Rekonstruktion der Fassungen auf den Türfüllungen und den Rückseiten der Türen. Türblätter und Türrahmen wurden in den Sandsteinstock des Seiteneingangs an ursprünglicher Stelle wieder eingefügt.

Weitere Maßnahmen

Im Auftrag des Landbauamtes Traunstein hatte Geistlicher Rat Georg Hunklinger bereits 1975 ein Inventar erstellt. Zur Absicherung aller Gegenstände wurde im Kirchenschiff und im Winterchor eine Raummeldeanlage mit zusätzlichen Kontaktmeldern an den Türen installiert.

Die Kirchenfahne war in völlig desolatem Zustand und war deshalb eingelagert. Das auf Leinwand gemalte Fahnenbild von Johann Georg Weib-

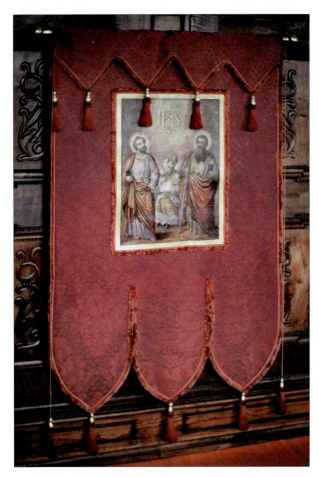

Die in neuem Glanz erstrahlende
Höglwörther Kirchenfahne

hauser zeigt in der Mitte den hl. Augustinus sitzend, flankiert von Petrus und Paulus. Der Stoff einschließlich des Bildes schlug mehrere Falten, war ausgeblichen und verschlissen. Ein passender neuer Stoff wurde in Frankreich besorgt und nach dem Originalton eingefärbt. Das Bild, das sich in relativ gutem Zustand befand, erhielt eine Reinigung, wurde geglättet und wieder eingesetzt.

Das Gelingen der umfangreichen Restaurierung ist besonders dem Landesamt für Denkmalpflege in harmonischer Zusammenarbeit mit dem Landbauamt Traunstein sowie dem kollegialen Verhalten und dem Einfühlungsvermögen aller Beteiligten zu verdanken. Ein besonderer Dank gilt den von den Restaurierungsarbeiten am stärksten betroffenen unmittelbaren Anliegern, der Brauerei Wieninger und der Mesnerfamilie Fegg, für ihr großes Verständnis.

ANHANG

Planung und Bauleitung: Landbauamt Traunstein
Baudirketor Gerhard Julinek, Oberamtsrat Christian Pitzke, Technischer Angestellter Erhard Zaha

Fachberatung: Bayerisches Landesamt für Denkmalpflege
Dr. A. Gebeßler Landeskonservator; Dr. Klaus Kratzsch, Oberkonservator; Jürgen Pursche, Leiter Fachberater Wandmalerei, Restaurator; H. Buchenrieder, leitender Restaurator; Marmorrestaurierung: Rolf Wihr, Leitender Restaurator

Tragwerksplanung: Planungsbüro Höllige/Wind, Anger

Beteiligte Firmen:
Anobienbekämpfung: Biebl und Söhne, München
Schreinerarbeiten: Josef Doff, Anger; Krinninger, Abensberg
Gefahren-Meldeanlage: Wörl-Alarm, München
Elektroanlage: Mathias Hinterstoißer, Anger
Raumgerüst: AP-Gerüstbau, Bad Endorf
Verputzarbeiten: Gerhard Neubauer, Bad Reichenhall; Max Steinbrecher, Anger
Musterachse: Martin Zunhamer, Altötting
Natursteinrestaurierung: Lang, Fischer, Maler, Augsburg; August Wolf, Berchtesgaden
Natursteinboden: Raimund Hölzl, Anger
Stuckrestaurierung: Hans Zerle, Bad Reichenhall
Restaurierung der Raumschale und Fresken im Kirchenraum: Martin Zunhamer, Altötting; Ludwig Keilhacker, Taufkirchen
Im Winterchor: Hans Mayrhofer, München
Restaurierung der Ausstattung: Martin Zunhamer, Altötting; Hans Mayrhofer, München; Marie Rose Kratzsch M.A., München
Restaurierung der Gemälde: Rolf Gerhard Ernst, München
Schnitzarbeiten (Ornamentik): Josef Enzinger, Weildorf
Restaurierung der Türflügel: Stefan Enzinger, Oberteisendorf
Restaurierung der Kirchenfahne: Dr. U. Bauer-Eberhardt, München

Korbinian Birnbacher OSB und Joachim Wild

Die Pröpste und Kanoniker des Augustiner-Chorherrenstiftes Höglwörth

I. Liste der Pröpste

Vorbemerkung

Die bisher maßgebliche Propstliste hatte Ernest Geiß in seiner 1852 erschienenen „Geschichte des regulirten Augustiner-Chorherren-Stiftes Högelwerd" im Anhang unter dem Titel „Reihenfolge der Pröpste von Högelwerd" (S. 536–538) veröffentlicht. Bei der nachstehenden Liste der Pröpste wurden die seitherigen Erkenntnisse der Geschichtsforschung berücksichtigt, insbesondere das „Salzburger Urkundenbuch" und „Die Regesten der Erzbischöfe und des Domkapitels von Salzburg", die zu Zeiten von Geiß noch nicht erschienen waren. Diese und die Urkunden des Stiftes Höglwörth im Bayerischen Hauptstaatsarchiv in München sowie die Urkunden im Pfarrarchiv Anger, die übrigens ebenfalls aus dem Archiv des Stiftes Höglwörth stammen, bilden nunmehr eine verlässliche Grundlage. Die Klosterchronik, die heute im Archiv des Erzbistums München und Freising verwahrt wird und um 1652 vermutlich vom neuen, aus dem Stift Baumburg stammenden Propst Johann Wolfgang II. Zehentner verfasst wurde, bot dort wertvolle Ergänzungen, wo dem Autor die Sachverhalte bekannt sein konnten oder ihm noch Urkunden vorlagen, die heute verschollen sind. Ab der Mitte des 16. Jahrhunderts ist die Aktenüberlieferung des Salzburger Konsistoriums über Stift Höglwörth erhalten, die fortan genaue Angaben und Daten zur Präsentation und Bestätigung der Höglwörther Pröpste liefert.

Die Salzburger Nekrologe erwähnen noch drei weitere Pröpste von Höglwörth, die im 12. oder 13. Jahrhundert gelebt und amtiert haben müssen: einen Engelmar, der an einem 17. August starb, einen Wilhelm, der an einem 23. Oktober starb, und einen Konrad, der an einem 3. März starb. Bei allen dreien wird hinzugefügt, dass sie dem Domkapitel angehört hatten. Da für sie keinerlei sonstige urkundliche oder chronikalische Erwähnungen vorliegen, ist es nicht möglich, sie zu einem bestimmten Jahr in die Propstliste einzureihen.

Tagibert 1129
Erster namentlich genannter Propst von Höglwörth; wird als Teilnehmer der Provinzialsynode in Laufen am 31. Juli 1129 erwähnt (Hauthaler, Rechenschaftsbericht S. 49).

Gummarus (?) 1136
Erwähnt als Zeuge in einer Urkunde des Salzburger Erzbischofs für Berchtesgaden als letzter in der Reihe der Äbte bzw. Pröpste, allerdings ohne die ausdrückliche Bezeichnung Propst (SUB II Nr. 170). Ab 1142 begegnet er als Mitglied des Salzburger Domkapitels bis in die Jahre 1154–1157 (SUB II Nr. 308). Er dürfte schon zuvor dem Salzburger Domkapitel angehört haben und vor 1142 wieder dorthin zurückgekehrt sein.

Ulrich I. 1147
Nur ein einziges Mal als Propst urkundlich bezeugt (3. Juli 1147, SUB II Nr. 252). In der chronikalischen Überlieferung Höglwörths und in der älteren Literatur (Geiß) gilt Ulrich als erster Propst, entsprechend sein Nachfolger Rupert als zweiter usw.

Rupert (1155?) 1159–1171
Urkundlich sicher belegt zwischen den Jahren 1159 und 1171 (SUB II Nr. 341, 310b, 345, 356, 403). Andreas von Meiller (S. 76 Nr. 105) setzt die undatierte Urkunde SUB II Nr. 310b in die Jahre 1155–1161. Die Höglwörther Klosterchronik lässt Rupert ohne Quellenbeleg bis zum Jahr 1177 amtieren, was aber vermutlich nur aus der Erwähnung des Nachfolgers im Jahr 1177 abgeleitet ist.

Helmbert 1177
Nur einmal urkundlich erwähnt in einer Urkunde Erzbischof Konrads III. vom 20. September 1177 (SUB II Nr. 412).

Heinrich I. ca. 1193–1198
Urkundliche Nennungen in den Jahren (nach 1193 Februar 3) 1195 und 1198 (SUB II Nr. 488, 497, 529).

Otto 1204
Erscheint nur einmal als Zeuge in einer Urkunde Erzbischof Eberhards II. (SUB III Nr. 579).

Hartwig um 1207/1208
Wird nur ein einziges Mal unter den Zeugen einer Traditionsnotiz des Salzburger Domkapitels genannt (SUB I Nr. 306).

Hermann 1218–1225
Als Zeuge erwähnt in den Jahren 1218 bis 1225 (SUB II Nr. 729, 794, 799).

Engelbert I. 1225–1234 (?)
Urkundlich sicher bezeugt für die Jahre 1225, 1229 und vielleicht noch 1234 (SUB III Nr. 805, 838, 839, Klosterchronik fol. 6$^{r/v}$). Die nicht datierte Urkunde SUB III Nr. 796 wird von den Bearbeitern in die Jahre 1225–1231 gesetzt. Die in der Klosterchronik abschriftlich überlieferte Urkunde des Grafen Liutold von Plain vom 5. März 1234 erwähnt Engelbert als Propst von Höglwörth und am Rechtsgeschäft aktiv beteiligt, allerdings mit dem auffälligen Zusatz „der damals Höglwörth leitete" (*qui tunc Werdensem regebat*); vermutlich war zum Zeitpunkt der Urkundenausstellung Engelbert bereits verstorben, ein Nachfolger aber noch nicht im Amt. Nach Unterlagen im Pfarrarchiv St. Zeno in Reichenhall (Agenda Ic3, fol. 297) soll er bis ca. 1234 gelebt haben. Die Höglwörther Klosterchronik geht noch weiter und nimmt an, er sei um das Jahr 1236 gestorben.

Heinrich II. 1238–1248
Urkundliche Erwähnungen in den Jahren 1238, 1241, 1244, 1245 und 1248 (SUB III Nr. 975, 1056, 1077, ferner Klosterchronik fol. 7^v/8^r Nr. 8). Geiß (S. 334) lässt ihn bereits 1234 zur Regierung kommen. Nach der Klosterchronik und ihr folgend Geiß (S. 335) soll Propst Heinrich II. 1249 gestorben sein.

Engelbert II. (von Aschau?) 1249–1272
Propst Engelbert wird zeitgenössisch in Urkunden mehrfach *Engelbertus secundus* (Engelbert II.) genannt. Die Klosterchronik (fol. 8^r) fügt hinzu: *dictus ab Aschow* (genannt von Aschau). Der Familienname „von Aschau" wird durch eine Urkunde vom 8. März 1306, in der Ortlieb von Aschau sagt, der verstorbene Propst [Engelbert?] sei sein Bruder, wahrscheinlich gemacht (Höglwörth Urk. 7). Nachdem der Propstname nicht genannt wird, könnte aber auch Propst Ortwin gemeint sein. Engelbert ist ab 1249 urkundlich bezeugt, zuletzt 1272 (Nachweise bei Geiß, S. 335–338 Anm. 20–32). Die Klosterchronik nimmt an, Engelbert II. sei „um das Jahr 1274" gestorben (fol. 12^v). Ihr folgt Geiß und berichtet mit Bestimmtheit, dass er 1274 gestorben sei (Geiß, S. 339); das Todesjahr ist jedoch keineswegs gesichert, denn es steht nur fest, dass 1274 bereits sein Nachfolger im Amt war. In drei Nekrologen (Nonnberg, Domstift Salzburg, Baumburg) ist jeweils zum 18. bzw. 19. Juni der Tod eines Propstes Engelbert von Höglwörth eingetragen (MGH Necrologia II, S. 70, 144, 245). Es muss offen bleiben, ob damit Engelbert I. oder Engelbert II. gemeint ist.

Ortwin 1274–1285
Urkundlich belegt in den Jahren 1274, 1279, 1280 und 1285 (Geiß, S. 339 f. mit Anm. 34–39). Die Klosterchronik berichtet, 1285 werde Ortwin zum letzten Mal als Lebender genannt, 1286 sei er gestorben (fol. 12^v).

Friedrich der Hager (1286)–1308
Der erste Propst, bei dem der Familienname als Zusatz in den Urkunden offiziell verwendet wird (z. B. in einer Urkunde Ulrichs von Staufeneck von 1293, Klosterchronik fol. 13^r: „… gehaissen der Hager"). Unter den Zeugen seiner Regierungszeit begegnet häufig ein Heinrich von dem Hag bzw. der Hager, sicherlich ein naher Verwandter (Geiß, S. 340–343 Anm. 40–53). Ein Otto Hager ist um 1300 Chorherr in Berchtesgaden; er dürfte zur selben Familie gehören.

Leopold 1308–1332
Er entstammte dem Salzburger Domkapitel und wurde von diesem auf die Propstei Höglwörth präsentiert, nachdem zuvor das Höglwörther Kapitel vergeblich versucht hatte, den Propst aus den eigenen Reihen zu wählen. Ein Familienname wird nie

erwähnt. Zum letzten Mal wird er 1332 genannt (Geiß, S. 343–349 mit Anm. 1–24).

Werner (von Mitterkirchen) 1336–1345
Er ist aus dem Salzburger Domkapitel hervorgegangen, als dessen Mitglied er schon 1319 urkundlich bezeugt wird (SUB IV S. 331 Nr. 289). Er verstarb am 8. Juni 1345 (MGH Necrologia II, S. 141). Die Klosterchronik nennt für ihn den Familiennamen „von Mitterkirchen" (fol. 21ᵛ).

Stephan 1346
Von Propst Stephan ist weder Familienname noch Herkunft aus einem anderen Stift bekannt. Eine einzige urkundliche Erwähnung belegt wenigstens seine Existenz für das Jahr 1346 (Klosterchronik fol. 22ʳ). Vermutlich ist er bald darauf gestorben, denn schon 1349 amtiert sein Nachfolger.

Ulrich II. 1349–(1352?)
Urkundlich für das Jahr 1349 nachgewiesen. Es ist eher unwahrscheinlich, dass er dem Salzburger Domkapitel entstammt, denn dort kommt zeitgenössisch kein Ulrich vor. Auch über seinen Tod gibt es keine Nachrichten. Es fällt jedoch auf, dass in drei zeitgleichen Jahrtags-Stiftungsurkunden vom 12. März 1352 Propst Ulrich nicht erwähnt wird, dafür Dekan Engelbert als Vertreter des Stiftes Höglwörth. Vermutlich fallen diese drei Urkunden in die Phase der Sedisvakanz nach dem Tod Ulrichs.

Albrecht (von Offenstetten) 1356
Propst Albrecht ist ebenfalls nur durch eine einzige Urkunde namentlich gesichert (Höglwörth Urk. 21). Die Zugehörigkeit zur Familie von Offenstetten wird durch die Klosterchronik berichtet, die allerdings lediglich seinen Namen, aber keinerlei sonstige Lebensdaten oder Aktivitäten kennt. Zeitgleich sind zwei weitere Mitglieder der Familie Offenstetten im Salzburger Domkapitel als Dompropst bzw. als Domdekan vertreten. Vermutlich hat Propst Albrecht nur wenige Jahre amtiert.

Konrad Rutzenlacher 1365
Wann Propst Konrad sein Amt erlangt hat, ist unbekannt, aber wohl schon einige Jahre vor 1365 (vgl. dazu S. 46). Nur durch eine einzige urkundliche Erwähnung bekannt (Pfarrarchiv Anger, Urk. 8). Nachdem bereits 1367 sein Nachfolger amtiert, muss er in der Zwischenzeit verstorben sein.

Hartnid von Weißeneck 1367
Herkunft aus der Salzburger Ministerialenfamilie von Weißeneck. Hartnid kann nur kurze Zeit Stift Höglwörth vorgestanden haben, denn schon ab Herbst 1368 ist sein Nachfolger im Amt. Dies stimmt mit einem Eintrag im Nonnberger Nekrolog gut überein, nach dem an einem 28. Juli ein Propst Hartnid verstorben ist, wobei allerdings weder Sterbejahr noch Herkunft genannt werden (MGH Necrologia II, S. 71).

Zacharias 1368–1397
Trotz seiner langen Regierungszeit und häufiger urkundlicher Erwähnungen wird nie sein Familienname bzw. seine Herkunft genannt. Aus dem Domkapitel dürfte er nicht hervorgegangen sein, denn dort ist vor 1368 kein Domherr Zacharias nachgewiesen. Seit 1368 als Propst belegt, letzte urkundliche Nennung 1397 (Pfarrarchiv Anger, Urk. 12). Nachdem sein Nachfolger erstmals 1399 genannt wird, muss er in der Zwischenzeit verstorben sein.

Sighart Waller 1399–1406
Professe in Berchtesgaden, dort 1380 oder 1381 zum Propst gewählt, 1384 aber zur Resignation gezwungen (Kramml, Berchtesgaden im Spätmittelalter, S. 423–428). 1399 schon hoch betagt als Propst nach Höglwörth berufen. Aus seiner Höglwörther Amtszeit sind keine Nachrichten überliefert. Laut Geiß (S. 355) hat er im Jahr 1406 resigniert; die Klosterchronik formuliert, dass er bis zum Jahr 1406 am Leben gewesen sei (*in vivis permansit*, fol. 24ᵛ).

Georg von Sauleneck (1406)–1417
Nachdem Propst Georg schon am 10. Januar 1407 urkundet, dürfte er noch 1406 sein Amt angetreten haben (Höglwörth Urk. 32). Sein Name „von Sauleneck", manchmal auch „Sanleneck" geschrieben, ist rätselhaft; offensichtlich soll es ein Adelsname sein, aber bisher konnte keine Adelsfamilie dieses Namens in Salzburg und Bayern festgestellt werden. Propst Georg und seine Amtierung sind durch eine Reihe von Urkunden dicht bezeugt (Geiß, S. 356–359 mit Anm. 1–16). Zum letzten Mal am 6. Januar 1417 erwähnt (Höglwörth Urk. 45). Noch in der ersten Jahreshälfte 1417 muss er verstorben sein, denn sein Nachfolger wird am 22. Juli 1417 als Propst investiert. In der Stiftskirche vor dem Katha-

rinenaltar unter einem Marmorstein beigesetzt (Klosterchronik fol. 24^v).

Christan Wildecker 1417–1435
Aus dem Salzburger Domkapitel berufen und am 22. Juli 1417 zum Propst von Höglwörth investiert (Höglwörth Urk. 46). Weil sein Name in den Quellen stets Wildecker und nicht Wildenecker bzw. von Wildeneck lautet, dürfte er der bayerischen Adelsfamilie der Wildecker von Delling angehört haben. Urkundet zum letzten Mal am 19. April 1435 (Höglwörth Urk. 59); zwischen diesem Termin und dem 20. Januar 1439, der ersten Beurkundungstätigkeit seines Nachfolgers, muss er verstorben sein. Inmitten der Kirche beigesetzt (Klosterchronik fol. 25^r).

Benedikt Trauner 1439–1477
Professe des Stiftes Berchtesgaden und zum Propst von Höglwörth berufen. Urkundlich erstmals am 20. Januar 1439 als Propst belegt (Höglwörth Urk. 60; Kramml, Konvent von Berchtesgaden, S. 952). Zu Anfang des Jahres 1477 verstorben, denn im März 1477 entbrennt ein Streit um seine Nachfolge. In der Stiftskirche vor den Altarschranken (*ante cancellos*) beigesetzt (Klosterchronik fol. 31^v/32^r).

Wilhelm Stainhauff 1477–1480
Stainhauff, der dem Stift Höglwörth mindestens seit 1462 als Chorherr angehörte (Pfarrarchiv Anger, Urk. 31), wird von Erzbischof Bernhard von Salzburg gegen den Kandidaten des Domkapitels als Propst durchgesetzt. Er urkundet als Propst seit Dezember 1477 (Höglwörth Urk. 81). Nach der Klosterchronik bereits 1480 verstorben und am Eingang der Kirche beigesetzt (Klosterchronik fol. 32^r).

Christoph I. Maxlrainer 1480–1512
1467 Eintritt in das Stift Berchtesgaden. 1480 als Propst nach Höglwörth berufen (Kramml, Konvent von Berchtesgaden, S. 944). Starb 1512 und wurde in der Stiftskirche auf der Evangelienseite in der Nähe des Katharinenaltars beigesetzt (Klosterchronik fol. 33^v).

Christoph II. Trenbeck 1512–1522
Seit 1491/92 Professe in Berchtesgaden. Ab 1512 Propst in Höglwörth. Starb 1522, vermutlich im Juli, und wurde wie seine Vorgänger in der Stiftskirche beigesetzt.

Wolfgang I. Griesstetter 1522–1541
Wolfgang Griesstetter, Professe in Berchtesgaden, wurde am 6. August 1522 zum Propst von Höglwörth konfirmiert (Höglwörth Urk. 105). Von 1536 bis 1539 zusätzlich als Administrator des Augustiner-Chorherrenstiftes Baumburg eingesetzt. 1541 zunächst zum Koadjutor, dann zum Propst von Berchtesgaden postuliert (Kramml, Pröpste Berchtesgaden, S. 1108; Karl-Otto Ambronn, Die Fürstpropstei unter den Pröpsten Lenberger, Griesstetter und Pütrich, S. 559–561).

Urban Ottenhofer 1541–1564
Professe des Stiftes Berchtesgaden. Am 11. Juni 1541, dem Tag der Resignation seines Vorgängers, vom Domkapitel zum Propst präsentiert und am 15. Juni vom Erzbischof konfirmiert. Ab 1561 wurde ihm wegen seiner Gebrechlichkeit Balthasar Peer als Administrator zur Seite gestellt. Er starb im Februar 1564 und wurde vor dem Heiligkreuzaltar auf der Evangelienseite beigesetzt.

Balthasar Peer 1564–1589
Sohn des Hofmarkrichters und Forstmeisters Christoph Peer in Ebersberg. Professe des Stiftes Berchtesgaden. Seit 1561 als Koadjutor seinem Vorgänger zur Seite gestellt. Am 26. Februar 1564, nach dem Tod seines Vorgängers, vom Salzburger Domkapitel zum Propst präsentiert und am 8. März 1564 in Höglwörth investiert. Erhielt seinerseits aus Gesundheitsgründen 1580–1588 in Georg Rosenberger, Professe des Stiftes St. Nikola bei Passau, einen Administrator, der am 25. November 1588 durch Richard Schneeweis, Kapitular des Stiftes Berchtesgaden, abgelöst wurde. Peer resignierte 1589 auf die Propstei und muss vor 1593 gestorben sein, vermutlich 1591 (so die Klosterchronik).

Richard Schneeweis 1589–1609
Professe des Stiftes Berchtesgaden. Seit 1588 Administrator, ab April 1589 Propst in Höglwörth. Starb am 24. Oktober 1609 und wurde inmitten der Kirche unter einem Marmorgrabstein beigesetzt.

Marquard von Schwendi 1610–1634
Am 13. Dezember 1574 auf Schloss Schwendi geboren. War ab 1590/94 Domherr in Passau, zugleich auch Domherr in Augsburg, Freising und Salzburg. Ab 1612 Domdekan in Passau und ab 1626 Bistums-

administrator. In Höglwörth als Säkular-Propst investiert am 15. Januar 1610 (er gehörte dem Augustiner-Chorherrenorden nicht an). Er starb am 29. Juli 1634 und wurde in Passau in der Kapuzinerkirche begraben.

Leonhard Feustlin 1634–1638
1573 in Schongau geboren. Professe von Hl. Kreuz in Augsburg. Befand sich auf der Flucht vor den Wirren des Dreißigjährigen Krieges in Herrenchiemsee. Am 12. August 1634 zum Propst präsentiert und am 11. September 1634 bestätigt. Starb schon nach vier Jahren im Oktober 1638.

Felix Faber 1638–1644
Wie sein Vorgänger Professe von Hl. Kreuz in Augsburg und unter ihm Dekan in Höglwörth. Am 2. Dezember 1638 zum Propst bestätigt und am 10. November 1644 verstorben.

Kaspar Hofinger 1645–1650
Professe von Baumburg und dort Novizenmeister, dann als Dekan nach Höglwörth berufen. Am 23. Januar 1645 zum Propst präsentiert und am 9. November bestätigt. Am 1. Juli (so die Klosterchronik) 1650 verstorben.

(Augustin Lenck) 1650–1652
1614 in Augsburg geboren. 1637 Profess in Höglwörth, seit 1640 Dekan unter Propst Hofinger. Nach dessen Tod bis zur Wahl eines Nachfolgers zum Administrator ernannt, dann wieder Dekan.

Johann Wolfgang II. Zehentner 1652–1671
In Weilheim geboren. Professe von Baumburg und von dort nach Höglwörth berufen. Am 4. Mai 1652 zum Propst präsentiert und am 28. Juni bestätigt. Resignierte krankheitshalber auf die Propstei am 9. Oktober 1671 und starb am 2. Dezember 1674.

(Patritius Pichler) 1671–1673
Professe von Höglwörth und seit 1671 Pfarrvikar in Anger. Wird nach der Resignation von Zehentner zum Administrator bestellt und 1673 der Administration wieder enthoben.

Johann Adam Weber 1673–1686
Aus Aschaffenburg gebürtig, zunächst Jesuit, dann Augustiner-Chorherr in Neustift bei Brixen, wo er 1656 seine Profess ablegte. 1673 zum Administrator bestimmt. Am 4. März 1676 zum Propst präsentiert und am 7. März bestätigt. Am 14. Oktober 1686 gestorben und in Anger beigesetzt.

Patritius Pichler 1686–1691
In Reichenhall geboren. Vor 1662 Eintritt in Höglwörth und dort zuletzt Dekan, von 1671 bis 1673 Administrator. Am 29. Oktober 1686 zum Propst präsentiert und am 7. November bestätigt. Starb am 9. Mai 1691 und wurde als erster Propst in der Gruft der neuen Klosterkirche beigesetzt.

Johann Baptist I. Zacherl 1691–1725
Am 19. Mai 1660 geboren. 1678 Eintritt in Höglwörth, seit 1685 Vikar in Piding. Am 19. Mai 1691 zum Propst präsentiert und am 26. Mai bestätigt. Am 30. Januar 1725 verstorben. Sein Bruder Augustin Zacherl war ebenfalls Chorherr in Höglwörth.

Johann Baptist II. Puechner 1725–1743
In Indersdorf geboren, 1698 Eintritt in Höglwörth und dort lange Dekan. Am 26. Februar 1725 zum Propst präsentiert und am 2. März bestätigt. Starb am 9. Juni 1743. Seit 1741 stand das Stift unter der Administration des Dekans Johann Adam Ranner.

Anian I. Hoepfengraber 1743–1749
1687 in Rosenheim geboren. 1706 Eintritt in Höglwörth und dort zuletzt Kastner. Am 23. September 1743 zum Propst präsentiert und am 9. November bestätigt. Starb am 22. April 1749.

Augustin Eslinger 1749–1762
Am 15. Oktober 1713 in Neumarkt am Wallersee geboren, 1731 Profess in Höglwörth und dort zuletzt Subdekan. Am 10. Mai 1749 zum Propst präsentiert und am 12. Juli bestätigt. Starb am 23. Mai 1762 in Maria Eck bei Siegsdorf.

Anian II. Köllerer 1762–1803
Am 11. Mai 1728 in Mondsee geboren; 1751 Profess in Höglwörth und dort zuletzt Dekan und Novizenmeister. Am 14. Juli 1762 zum Propst präsentiert, am 27. Juli bestätigt. Starb am 28. November 1803.

Gilbert Grab 1804–1817
Am 7. Juni 1769 in Tittmoning geboren. 1790 Eintritt in Höglwörth. Am 28. Januar 1804 zum Propst präsentiert und am 23. Februar bestätigt. Am 8. Juli 1817 wurde Stift Höglwörth vom bayerischen König Max I. Josef aufgelöst. Am 29. November 1832 in Burghausen gestorben.

II. Liste der Chorherren (Kanoniker)

Vorbemerkung

Auf der Grundlage der bei Ernest Geiß, S. 538–544, in zwei Teilen als „Reihenfolge der Dechante zu Högelwerd" und „Reihenfolge der Kanoniker zu Högelwerd" gebotenen Übersichten über die Höglwörther Dekane und Chorherren wird nachstehend der besseren Übersichtlichkeit wegen und um Wiederholungen zu vermeiden nur eine Liste vorgestellt, in der sowohl die Dekane als auch die Chorherren enthalten sind. Weltpriester, die als Pfarrer in Anger und Piding eingesetzt waren, aber eindeutig nicht dem Höglwörther Kapitel angehörten, wurden nicht aufgenommen. In ihren Ergebnissen geht die neue Liste zum Teil weit über Geiß hinaus, indem aufgrund der heute greifbaren urkundlichen Überlieferung manches genauer dargestellt wurde. Für die Frühe Neuzeit konnten zusätzlich die Ernest Geiß noch nicht bekannten Totenroteln (Totenparten) im Archiv der Erzabtei St. Peter ausgewertet werden. Diese bringen in der Regel ein genaues Geburts- und Sterbedatum der Chorherren und Informationen über die Klosterämter, die sie im Laufe ihres Lebens inne hatten. Außerdem wurden die Forschungsergebnisse der Autoren dieses Bandes eingearbeitet. Um die nachfolgende Liste nicht mit Anmerkungen zu überfrachten, wird generell auf die Quellenbelege bei Geiß verwiesen.

Während wir bis zur Mitte des 16. Jahrhunderts aus den urkundlichen Erwähnungen im Allgemeinen nur den Vornamen der Chorherren erfahren, ändert sich seit dem Beginn des Aktenzeitalters in der Mitte des 16. Jahrhunderts die Informationsdichte schlagartig. Nun ist es möglich, die Informationen über einen Chorherrn zu einem Biogramm zu formen. Für die mit einem „ca." versehenen Jahre ist zu bemerken, dass diese Jahre (der Geburt, des Eintritts ins Stift usw.) errechnete sind, die sich aus Alters- und sonstigen Jahresangaben in den Totenroteln ergeben. In diesen Fällen könnte rein rechnerisch auch das Ende des vorausgehenden bzw. der Anfang des nachfolgenden Jahres noch in Frage kommen.

1238
Otto, Norbertus, Otto Innersteinius, Heinrich Wirsingus, Heinrich Mosensis; diese werden als *domini* (= Chorherren) bezeichnet.
Subdiakone (*fratres*): Heinricus, Heinricus, Witterwekke (vielleicht Nachname zu dem zuletzt genannten Heinrich).

1245
Otto, Chunradus.

1248
Otto, Conradus, Gothalmus, Heinricus.

1272
Rudigerus canonicus, Ulricus plebanus.

1274
Heinricus, Magister Rudigerus, Engelbertus Pfarrer zu Höglwörth, Ulricus diaconus.

1292/1293/1296
Die von Geiß, S. 539, als Höglwörther Chorherren aufgeführten Konrad von Reut, Heinrich von Hag und Heinrich der Schulmeister von Gars sind keineswegs als solche ausgewiesen (weder als *canonici* noch als *domini* benannt). Die beiden ersteren sind Laien (1274 wird Chunradus miles de Reut ausdrücklich als *laicalis* bezeichnet) und gehören dem Adel an. Im Gegensatz zur Behauptung von Geiß (S. 341 Anm. 41) fehlt in der Urkunde von 1293 die Bezeichnung „Conventualen von Högelwerd".

1297
Engelbrecht Pfarrer zu Höglwörth.

1308
Engelbertus Pfarrer zu Höglwörth, Petrus, Heinricus, Fridericus, Bruno, Rudgerus (werden anlässlich der Wahl des neuen Propstes genannt und dürften damals das ganze Kapitel ausgemacht haben).

1349, 1352
Dekan Englbrecht.

1365
Jan(sen) von Friesach.

1379
Dekan Johann.

1407–1424
Dekan Moyses.

1408, 1414
Zacharias (vielleicht mit dem nachfolgend genannten Dekan Zacharias identisch).
1413
Friedrich.
1429, 1440
Dekan Zacharias.
1448
Frater Nicolaus Glaser: Priester und Professe von Höglwörth (erhält die Erlaubnis, in ein anderes Kloster einzutreten).
1451
Aygner, Wolfgang.
1455
Morolt, Artolf: Scholar der Regensburger Diözese und Priesterkind (es ist fraglich, ob er als Chorherr für Höglwörth in Anspruch genommen werden darf, wie Geiß, S. 364, es tut).
1456 Februar
Dekan Johann.
1456 August–1472
Dekan Andreas.
1462
Stainhauff, Wilhelm: wird 1477 Propst.
Virgil.
1467
Ulrich: Pfarrvikar zu Anger (vermutlich identisch mit dem nachfolgend Genannten).
1477–1484
Ulrich: Dekan und Pfarrer zu Höglwörth.
1496–1500
Dekan Georg.
1522
Angeblich ein Dekan Wolfgang genannt (Geiß, S. 538), vermutlich aber Verwechslung mit dem in diesem Jahr zum Propst ernannten und direkt aus Berchtesgaden kommenden Wolfgang Griesstetter.
1534
Prant, Konrad: Dekan.
1541
Fallenpacher, Hanns.
Sebastian.
1548, 1549
Löfferl, Hanns.

Steinrelief eines Geistlichen (Chorherrn?), etwa 15. Jahrhundert oder später, ergraben um 1930 beim Gut Unterzell (Nr. 24) auf dem Zellberg (Foto Erhard Zaha)

1561
Kerschaider, Wolfgang: Senior, 1564 Dekan, 1570 gestorben.
Lobwieser, Wolfgang: Pfarrer;
Schwaiger, Ludwig: Diakon;
Schwäbel, Andreas: Subdiakon (diese vier bilden das ganze Kapitel im Jahr 1561).

1568
Prugkhmoser, Samuel: ca. 1551 geboren, 1568 Profess, 1593 Vikar in Piding, 1597–1600 mit Bewilligung seines Propstes im Stift Vorau (Steiermark), kehrt 1600 nach Höglwörth zurück, muss 1610 beim Regierungsantritt von Marquard von Schwendi als Säkularpropst das Stift verlassen, unbekannt wohin.

1568
Heininger (oder Heiminger), Peter: Profess bald nach 1568, noch 1579 im Stift, später nicht mehr erwähnt.

1576
Seidenfaden, Johann: ca. 1559 geboren, Eintritt ca. 1576, Priesterweihe 1584, 1593 als Pfarrvikar von Anger erwähnt, von 1618 bis 1622 Pfarrvikar von Anger.

1586
Scheierhuber, Georg: ca. 1557 geboren, Eintritt ca. 1586, Priesterweihe ca. 1587, Benefiziat in Vachenlueg, muss 1610 beim Regierungsantritt von Marquard von Schwendi als Säkularpropst das Stift verlassen, unbekannt wohin. Nach Geiß starb er im Mai 1611.

1602
Anfang, Johann Marquard: früher Konventuale und Dekan im Stift Berchtesgaden, 1602 in Höglwörth weilend, aber vermutlich nur als Gast, gestorben 2. Februar 1609.

1605
Frey, Andreas: aus Linz gebürtig, wird 8. Mai 1605 erwähnt, 1617 Priesterweihe, den 10. Oktober 1617 aus dem Kloster entwichen (alle Angaben nach Geiß, wobei eine unerklärliche Diskrepanz zu der Tatsache bleibt, dass ab 1610 keine Chorherren mehr in Höglwörth lebten und die beiden zuletzt noch vorhanden gewesenen von Säkularpropst Marquard von Schwendi aus Höglwörth entfernt worden waren).

1607 ca.
Desomavilla, Bernhard (nach Geiß, alle näheren Angaben fehlen).

1632
Loder, Octavian: Professe des Augustiner-Chorherrenstiftes Hl. Kreuz in Augsburg, 1632–1634 Pfarrvikar von Anger, ob auch Chorherr in Höglwörth ist unbekannt.

1638
Faber, Felix: Chorherr aus Hl. Kreuz in Augsburg, vermutlich 1634 oder kurz darauf nach Höglwörth gekommen, 1638 als Dekan erwähnt, 1638 zum Propst ernannt.

1638
Keller (Cellarius), Cyrill: ebenfalls Chorherr aus Hl. Kreuz/Augsburg und wie Faber 1634 oder kurz darauf nach Höglwörth gekommen, wird 1638 genannt.

1638
Salher, Januarius: Chorherr aus Au am Inn, 1638 Pfarrvikar von Anger, unbekannt ob auch Chorherr in Höglwörth.

1639
Schrof(f)ner, Franz: 1620 geboren, 1639 Profess, 1651 Vikar in Piding, 1660 als Senior erwähnt.

1639
Stockher, Sebastian: 1616 geboren, 1639 Profess, 1642 Priesterweihe, wurde 1651 mit einer Disziplinarstrafe belegt, entfloh dann aus dem Stift, kehrte aber wieder zurück.

1640
Lenck, Augustin: 1614 in Augsburg geboren, angeblich 1637 Profess (wo?), bei der Visitation 1638 noch nicht in Höglwörth, 1639 Priesterweihe, 1640 Dekan in Höglwörth, nach der Visitation 1642 als Dekan abgesetzt, 1644 Vikar in Piding, 1650–1652 Administrator nach dem Tod Propst Kaspar Hofingers, von 1650 bis 1653 erneut Dekan.

1642
Hofinger, Kaspar: 1611 in Wasserburg geboren, 1638 Profess im Stift Baumburg, 1642 als Dekan nach Höglwörth berufen, 1645 zum Propst ernannt.

1642
Pfättischer (Pfatischer), Dominicus: um 1625 in Weilheim geboren, 1642 Profess, 1653–1664 Vikar in Piding, 1687–1692 u. 1693–1699 Dekan, am 20. Mai 1707 gestorben.

1644
Prunnmayr, Alipius: 1644 Profess, 1654 als Pfarrvikar in Anger genannt, im September 1664 gestorben.
1644
Lobhammer, Anton: 1644 Profess.
1647
Sutor, Christoph: 1647 Profess.
1647
Bossenheimer, Alipius: Chorherr des Stiftes Diessen, am 18. Januar 1647 als Dekan nach Höglwörth berufen, 1648 wieder nach Diessen zurückbeordert.
1657 ca.
Nebelmayr, Burchard: 1640 in Berchtesgaden geboren, ca. 1657 Eintritt, ca. 1664 Priesterweihe, extrem auffälliges Verhalten bzw. geisteskrank, wurde die meiste Zeit in Haft gehalten, starb am 23. Juli 1693.
1661
Pflanzmann, Ludwig: ca. 1638 in Radstadt geboren, 1661 Profess, 1692 Subsenior, am 22. Juli 1705 verstorben.
Vor 1662
Pichler, Patritius: in Reichenhall geboren, 1662 Diakon, 1664–1668 Vikar in Piding, 1671–1673 Administrator, 1671–1676 Pfarrvikar von Anger, ab 1. September 1674 Dekan, 1677–1682 wieder Vikar in Piding, 1686 zum Propst ernannt.
1663 ca.
Pusch, Achatz: ca. 1663 Profess, 1668–1670 Vikar in Piding, 1671 in St. Zeno, am 4. Juni 1682 gestorben.
1663–1671
Hermele, Benedikt: zwischen 1663 und 1671 Profess, 1682–1684 Vikar in Piding, am 13. Mai 1685 verstorben.
1666 ca.
Schluderpacher, Wolfgang: ca. 1642 in Salzburg geboren, seit 1666 als Chorherr in Höglwörth belegt, am 11. April 1708 gestorben.
1671
Griesacher, Augustin: 1671 Profess, 1670(?)–1677 Vikar in Piding, am 5. April 1677 gestorben.
1678
Zacherl, Augustin: Bruder des späteren Propstes Johann Baptist, ca. 1661 in Salzburg geboren, 1678 Eintritt, 1693–1694 und 1696–1713 Vikar in Piding, am 21. Februar 1724 gestorben.

1680
Zacherl, Johann Baptist: Bruder des Augustin Z., am 19. Mai 1660 geboren, 1680 Eintritt, 1685–1691 Vikar in Piding, 1691 zum Propst ernannt.
1681
Hochpichler, Philipp Jakob: aus Hallein gebürtig, schenkte vor seiner Profess 500 Gulden zur Beschaffung einer neuen Orgel, 17. März 1681 Profess, später Ökonom, am 10. September 1705 gestorben.
1682
Hieber, Andreas Oswald: 1639 in Linz geboren, trat in den Kapuzinerorden ein und wechselte nach 18 Jahren Zugehörigkeit mit päpstlicher Dispens zu den Augustiner-Chorherren nach Höglwörth, 1682 dort Profess, 1687–1691 Pfarrvikar von Anger, 1691–1693 Vikar in Piding und dort am 25. März 1693 gestorben. Veröffentlichte mehrere Schriften mit Predigtsammlungen.
1687
Höck, Peter: am 12. November 1662 in Salzburg geboren, 1687 Profess, 1689 Priesterweihe, 1694–1696 Vikar in Piding, 1699 Sakristan, 29 Jahre lang Frühmesser in Teisendorf, 1739 Goldenes Priesterjubiläum, am 15. September 1743 gestorben.
1690
Oberhofer, Paul: ca. 1671 in Traunstein geboren, 1690 Eintritt, 1699–1733 Pfarrvikar von Anger, gestorben am 3. April 1736. Wegen seines rohen Benehmens (er soll 1699 mit einem Ochsenziemer eine Frau aus der Angerer Kirche hinausgetrieben haben) fand eine Visitation statt.
1692
B(P)erchtold, Patritius: ca. 1669 geboren, 1692 Profess, am 28. Mai 1695 im Alter von erst 26 Jahren verstorben.
1692
Mareis, Anian: Chorherr des Stiftes Gars, als Dekan 1692 nach Höglwörth berufen, zugleich Pfarrvikar in Anger, am 1. Juli 1693 gestorben.
1696
Bosser, Placidus: ca. 1672 in Pressath geboren, 1696 Profess, am 24. Mai 1725 gestorben.
1696
Wilderer, Ambros: Chorherr des Stiftes Rohr, im Mai 1696 als Dekan nach Höglwörth gerufen, kehrte aber schon im Folgejahr nach Rohr zurück.

1698
Puechner, Johann Baptist: in Indersdorf geboren, 1698 Eintritt, 1699 Frater, 1703–1725 Dekan, 1725 zum Propst gewählt.

1699
Le(h)rl, Christoph: ca. 1642 in Salzburg geboren, Laienbruder und Maler, 1699 ist er 57 Jahre alt, am 15. November 1718 gestorben.

1699
Resner, Gottfried: 1676 Profess in Baumburg, 1699 nach Höglwörth gerufen und dort bis 1703 Dekan, am 28. April 1708 gestorben.

1704
Ren(n)sfeld, Franz: am 15. Juli 1677 in Salzburg geboren, im Februar 1704 Profess, im Oktober 1704 Priesterweihe, ab 1725 Dekan für ca. 10 Jahre, 1749 urkundet er als Senior, gestorben am 24. November 1751.

1705
Hardter, Benno: ca. 1687 in Burghausen geboren, 1705 Eintritt, ca. 1711 Priesterweihe, bekannt und verehrt als Betreuer der Pestkranken in Anger und Umgebung in den Jahren 1714/15, am 29. Februar 1768 gestorben.

1706
Hoepfengraber, Anian: 1687 in Rosenheim geboren (Taufnahme Josef), in München von den Jesuiten erzogen, 1706 Eintritt, 1743 Ernennung zum Propst.

1707
Pich(e)lmann, Johann Michael: 1707 Profess, ab 1733 Sakristan, dann auch Frühmesser in Teisendorf und Ökonom, am 23. Juli 1742 in Teisendorf gestorben.

1708
Hölzl, Johann Josef: 1682 in Burghausen geboren, Philosophiestudium in Salzburg, 1708 Profess, 1710 Priesterweihe, 1710–1752 Vikar in Piding, nahm Exorzismen, aber auch Schatzgrabungen in der ganzen Umgebung vor, am 26. August 1752 gestorben.

1711
Weber, Benedikt: am 1. Februar 1688 in Salzburg geboren (Taufname Ignaz Josef), Studium an der Universität Salzburg, 1711 Profess, 1713 Priesterweihe, 1733–1736 und 1741–1754 Pfarrvikar von Anger, 17 Jahre Novizenmeister, 1742–1754 Dekan, am 28. November 1754 gestorben.

1713
Schaidinger, Felix: 1690 in Teisendorf als Sohn des dortigen Bierbrauers Schaidinger geboren, 1713 Profess, Studium in Salzburg, 1733 Ökonom, am 21. November 1739 gestorben.

1725
Ranner, Johann Adam: 1725 Eintritt, 1736–1741 Pfarrvikar von Anger, 1740–1742 Dekan und Temporalien-Administrator, wurde 1745 Protestant und starb 1781 in Nürnberg.

1725
Liebenwein, Abel: 1701 in Straubing geboren, Studium an der Universität Salzburg, 1725 Einkleidung, 1726 Profess, 1727 Priesterweihe, Chorregent, am 1. März 1752 gestorben.

1730
Vil(l)iot, Carl: 1730 Eintritt, 1733 Frater, 1743 Erlaubnis zum Übertritt in das Stift Baumburg.

1731
Eslinger, Augustin: am 15. Oktober 1713 in Neumarkt am Wallersee geboren, Studium der Humaniora in Salzburg, 1730 Eintritt, 1731 Profess, These in Philosophie in Salzburg unter Erzbischof Firmian verteidigt, 1736 Vikar in Piding, 1741 Subdekan, 1749 zum Propst ernannt.

1734
Reiffenstuel, Leopold: am 15. November 1713 in Salzburg geboren, 1734 Profess, 1736 Priesterweihe, Studium des Kirchenrechts in Salzburg abgeschlossen, 18 Jahre lang Forstmeister und Frühmesser in Teisendorf, am 28. Dezember 1757 gestorben.

1734
Dichel, Placidus: ca. 1713 in Burghausen geboren, 1734 Profess, ca. 1736 Priesterweihe, am 21. Juni 1772 gestorben.

1736
Swoboda, Johann Anton: am 1. Mai 1714 in Steinkirchen geboren, Vater dient beim kaiserlichen Militär, 1736 Profess, 1738 Priesterweihe, von 1755 bis 1758 Pfarrvikar von Anger, am 3. Januar 1758 gestorben.

1743 ca.
Huebmann, Floridus: ca. 1723 in Schärding geboren, ca. 1743 Profess, ca. 1745 Priesterweihe, am 10. Juni 1785 gestorben.

1745 ca.
Kohn, Aldobrand: ca. 1708 in Thalgau geboren, ca. 1745 Profess, ca. 1746 Priesterweihe, später Senior, am 8. Oktober 1777 gestorben.

1745
Lechner, Gaudenz: ca. 1723 in Lofer geboren, 1745 Profess, ca. 1746 Priesterweihe, am 25. Oktober 1764 gestorben.

1747
Jungermayr, Felix: 1723 in Pfaffenhofen geboren (Taufnahme Johannes), Kapellknabe in Freising, Studium der Philosophie in Salzburg, 1746 Einkleidung, 1747 Profess, 1749 Priesterweihe, Organist und Bassist, Lehrer für Latein und Musik, Sakristan, am 13. März 1758 gestorben.

1747 ca.
Rainprechter, Guarin: ca. 1725 in St. Pankraz in der Steiermark geboren, ca. 1747 Eintritt, ca. 1749 Priesterweihe, am 20. Dezember 1791 gestorben.

1748 ca.
Reiter, Johann: ca. 1713 in Teisendorf geboren, ca. 1748 Eintritt, keine Priesterweihe, am 1. Mai 1766 gestorben.

1748
Taurer, Gilbert: ca. 1712 in Tittmoning geboren, zuerst als Weltpriester für einige Jahre Kooperator in Teisendorf, 1746 Eintritt, kurz darauf Novizenmeister, 1748 Profess, 1752–1787 Vikar in Piding, am 13. Januar 1787 gestorben.

1751
Köllerer, Anian: am 11. Mai 1728 als Sohn eines Brauers in Mondsee geboren, 1751 Profess, 1752 Priesterweihe, von 1758 bis 1761 Pfarrvikar in Anger, 1758–1762 Dekan, 1762 zum Propst ernannt.

1753
Krüger, Augustin: am 11. Oktober 1731 in Schellenberg geboren, 1753 Profess, 1755 Priesterweihe, 1761–1798 Pfarrvikar von Anger, 1762–1784 Dekan, am 30. Mai 1798 gestorben.

1757 ca.
Poschacher, Peter: am 1. April 1737 in Lofer geboren, ca. 1757 Profess, 1758 Priesterweihe, am 1. April 1792 gestorben.

1758
Pez (bei Geiß fälschlich Polz), Anton: am 25. Januar 1736 in Laufen geboren, 1758 Eintritt, 1759 Profess, 1760 Priesterweihe, Organist, am 13. November 1800 gestorben.

1758
Rinnenpichler, Paul: am 21. Mai 1736 in Salzburg geboren (Taufname Johannes Nepomuk), Seminarist in Baumburg, Studium an der Universität Salzburg, Profess im November 1758, noch vor der Priesterweihe am 2. Februar 1759 gestorben.

1759
Greissing, Wenzeslaus Benedikt Michael: am 29. September 1735 geboren, 1759 Profess, 1760 Priesterweihe, 1784 tritt mit päpstlicher Dispens aus dem Orden aus und wechselt in den Weltpriesterstand, nach 1796 gestorben.

1761
Trauner, Paul: am 29. Januar 1739 in Saalfelden geboren, 1761 Profess, 1762 Priesterweihe, 1762–1790 Koadjutor in Piding, 1784–1790 Dekan, 1790–1801 Vikar in Piding, am 21. Juli 1801 in Gastein gestorben.

1761 ca.
Tieffenbrunner, Felix: ca. 1735 in Tirol geboren, ca. 1761 Profess, ca. 1762 Priesterweihe, am 29. August 1769 gestorben.

1766 ca.
Rieder, Josef: am 22. September 1741 in Saalfelden geboren, ca. 1766 Profess, 1767 Priesterweihe, 1796 Aushilfe in Leogang, am 1. August 1806 gestorben.

1767
Schaffleutner (Schaafleitner), Johann Evangelist: am 6. Juni 1745 in Salzburg geboren, 1767 Eintritt, ca. 1769 Profess, 1770 Priesterweihe, öfters Aushilfen in der Seelsorge, am 24. Februar 1798 in Nonntal gestorben.

1771
Pamer (Ba[u]mer), Andreas: am 10. Dezember 1748 in Berchtesgaden geboren, 1771 Profess, 1772 Priesterweihe, viele Jahre Seelsorger in Teisendorf und Waging, nach einem Schlaganfall am 27. April 1805 in Waging gestorben.

1772 ca.
Schulz, Placidus: am 27. Oktober 1750 in Salzburg geboren, ca. 1772 Eintritt, 1775 Priesterweihe, von 1789 bis 1790 Vikar in Piding, 1790 bis 1810 Dekan, 1798 bis 1810 Pfarrvikar von Anger, gestorben am 10. Januar 1810.

1781 ca.
Seywald, Rupert: am 31. Januar 1762 in Salzburg geboren, ca. 1781 Eintritt, 1782 Profess, 1785 Priesterweihe, 1791 Hausprofessor, außerhalb des Stiftes Koadjutor, am 19. Februar 1814 gestorben.

1782
Ludwig, Virgil: ca. 1762 in Salzburg als Sohn eines Hofratskanzlisten geboren, ca. 1782 Eintritt, ca. 1786 Priesterweihe, Organist(?), am 13. Dezember 1797 gestorben.

1783 ca.
Vonderthon, Ildefons (Taufname Ignaz): Bruder von P. Gregor und P. Ambrosius Vonderthon in St. Peter zu Salzburg, ca. 1756 in Schellenberg geboren, 1769 Rudimentist und von 1770 bis 1777 Stiftsmusiker in der Abtei St. Peter, ca. 1783 Profess, ca. 1784 Priesterweihe, 1804 Küchenmeister, am 27. Februar 1807 gestorben.

1790
Grab, Gilbert: am 7. Juni 1769 als Sohn eines Schuhmachers in Tittmoning geboren, 1790 Eintritt und Profess, 1792 Priesterweihe, dann Hausprofessor (Repetitor), am 28. Januar 1804 zum Propst präsentiert und am 23. Februar vom Erzbischof bestätigt, 21. Oktober 1804 Ernennung zum Geistlichen Rat, 1810–1817 Pfarrvikar von Anger, 1817 nach Auflösung des Klosters Pensionist, am 29. November 1832 in Burghausen gestorben.

1790
Wölkl, Benedikt: am 17. Januar 1768 in Laufen geboren, 1790 Eintritt und Profess, 1792 Priesterweihe, 1801–1836 Vikar in Piding, am 7. Dezember 1837 in Laufen gestorben.

1802
Kirchhofer, Peter: am 15. Oktober 1779 geboren, 1802 Profess, 1803 Priesterweihe, nach Auflösung des Stifts 1817 Inkuratkanonikatsprovisor in Laufen, am 20. April 1865 gestorben.

1803
Müllbauer, Alois Paul: am 31. Januar 1774 in Unterviechtach geboren, 1803 Profess, 1804 Priesterweihe, nach Auflösung des Stifts 1817 Kurat an der Augustiner-Klosterkirche in Tittmoning, am 18. Mai 1830 in Tittmoning gestorben.

1803
Baumkirchner, Jakob: am 12. Januar 1769 in Waldzell im Innviertel geboren, 1803 Profess, 1804 Priesterweihe, am 25. April 1814 gestorben.

1803
Erhard, Johann Evangelist: am 26. Dezember 1782 in Salzburg geboren, 1803 Eintritt und Profess, 1806 Priesterweihe, ab 14. März 1815 Mitadministrator des Stiftes gemeinsam mit Propst Gilbert Grab, nach Auflösung des Stiftes zwangsweise am 27. August 1817 ins Priesterhaus nach Dorfen gebracht, bis seine umstrittene Wirtschaftsführung geklärt war, im März 1818 Hilfspriester in Scheyern, später Pfarrer in Sachrang, am 9. Juni 1847 gestorben.

1803
Unterrainer, Josef Virgil: am 17. Februar 1781 in Salzburg geboren, zunächst Novize im Benediktinerkloster Seeon, nach dessen Auflösung 1803 Übertritt in das Stift Höglwörth im November 1803, 1805 Profess und Priesterweihe, später Pfarrer und Dechant in Marzoll bei Reichenhall, am 22. Juni 1849 in Marzoll gestorben.

Hans-J. Schubert

Bibliographie
zum Augustinerchorherrenstift Höglwörth und seinem Seelsorgebezirk
(Anger, Aufham, Mauthausen, Piding, St. Johannshögl, Steinhögl, Vachenlueg)

und
abgekürzt zitierte Literatur

Anger, Höglwörth: Führer mit historischen und kunstgeschichtlichen Angaben, hg. vom Fremden-Verkehrsverein Anger-Höglwörth (Bad Reichenhall 1935), 70 Seiten, Abb. [Umschlagtitel:] Führer für Anger und Umgebung

Anger und Umgebung (Anger 1913), 32 Seiten, 4 Taf.

Norbert Backmund, Die Chorherrenorden und ihre Stifte in Bayern: Augustinerchorherren, Prämonstratenser , Chorherren v. Hl. Geist, Antoniter (Passau 1966), 242 Seiten, 2 Kt. [Höglwörth S. 90–93]

Rudolf Bauer, Die Schule am Anger und die Propstei Höglwerd [1788–99], in: Heimatblätter (Reichenhall) 3 (1922) Nr. 7, S. 25 f.; Nr. 8, S. 29 f.

Anna Bauer-Wild, Höglwörth, in: Freistaat Bayern, Regierungsbezirk Oberbayern; Landkreis Traunstein, Landkreis Berchtesgadener Land, Landkreis Rosenheim, bearb. v. Anna Bauer-Wild (München 2005), S. 217–240, 27 Abb., 3 Pl. (= Corpus der barocken Deckenmalerei in Deutschland 11)

Baumburg: *Walter Brugger, Anton Landersdorfer* u. *Christian Soika* (Hg.), Baumburg an der Alz — Das ehemalige Augustiner-Chorherrenstift in Geschichte, Kunst, Musik und Wirtschaft. Unter Mitwirkung von *Joachim Wild* (Regensburg 2007)

Rupert Benzinger, Anger und seine nächste Umgebung, in: Reichenhaller Grenzbote. Extrabeil. Nr. 10 vom 16.2.1896 [auch als Sonderdr.] (Reichenhall 1896), 14 Seiten

Berchtesgaden: *Walter Brugger, Heinz Dopsch* u. *Peter F. Kramml* (Hg.), Geschichte von Berchtesgaden, Stift – Markt – Land. **Bd. I:** Zwischen Salzburg und Bayern (bis 1594) (Berchtesgaden 1991). **Bd. II:** Vom Beginn der Wittelsbachischen Administration bis zum Übergang an Bayern 1810 —

Teil 2: Die Märkte Berchtesgaden und Schellenberg, Kirche – Kunst – Kultur (Berchtesgaden 1995)

Julius Bittmann, Südostbayerisches Porträt: Gilbert Grab [1769–1832], der letzte Probst des Chorherrenstifts Höglwörth beantragte die Auflösung seines Klosters, in: Chiemgau-Blätter 1991 Nr. 33, S. 4, Abb.

Julius Bittmann, Südostbayerisches Porträt: Franz Nikolaus Streicher [1736–1811], der erfolgreiche Kirchenmaler aus Trostberg geriet am Ende seines Lebens in bittere Armut, in: Chiemgau-Blätter 1992 Nr. 8, S. 6 f., Abb.

Matthias Blankenauer, Das ehemalige Augustiner-Chorherrenstift Höglwörth in der frühen Neuzeit: Ende des 16. Jahrhunderts bis 1743. Diplomarbeit (Univ. Salzburg 2006), 172 Seiten, 85 Bl.

August Böhaimb, Das ehemalige Augustinerstift Höglwörth, in: Heimat und Volkstum 12 (1934), S. 7–9

August Böhaimb, Högelwörth [!], in: Volk und Heimat 12 (1936), S. 59–61, 1 Abb.

August Böhaimb, Die Pfarrkirche Maria Himmelfahrt zu Anger, in: Altheimatland, Ausgabe C 2 (1929/30) Nr. 2, S. 7, 1 Abb.

Carry Brachvogel, Im Weiß-Blauen Land: Bayerische Bilder (München [1925?]), 123 Seiten [Drei bayerische Kleinodien (Frauenwörth, Seeon, Höglwörth), S. 7–16]

Albert Brackmann, Germania Pontificia: Vol. 1. Provincia Salisburgensis et episcopatus Tridentinus. (Berlin 1911), XXXIV + 412 Seiten (= Regesta Pontificum Romanorum II) [Höglwörth S. 68]

Max Burger, Vachenlueg — altes Schloß bei Steinhögl bei Teisendorf-Höglwörth, in: Chiemgau-Blätter 1954 Nr. 30, Abb.

Max Burger, In Trostberg geboren — in Wien gefeiert: Franz Nikolaus Streicher, in: Der Heimatspiegel (Trostberg) 1955 Nr. 3

Max Burger, Ulrichshögl und die Ungarnschlacht, in: Heimatblätter (Reichenhall) 23 (1955) Nr. 11

Max Burger, Die einstige Burg Vachenlueg, in: Heimatblätter (Reichenhall) 24 (1956) Nr. 7; Nr. 8

Max Burger, Höglwörth bei Teisendorf, in: Chiemgau-Blätter 1956 Nr. 11, Abb.

Max Burger, Geschichtliches aus Piding, in: Heimatblätter (Reichenhall) 26 (1958) Nr. 18

[Joseph] Chmel, Notizenblatt. Beilage zum Archiv für Kunde österreichischer Geschichtsquellen, hg. v. d. histor. Commission d. kaiserl. Akademie d. Wissenschaften. Erster Jahrgang (Wien 1851)

Clavell, Das hölzerne Ritter-Standbild in Höglwört (!) [Liutold v. Plain], in: Heimatblätter (Reichenhall) 3 (1922) Nr. 28, S. 109–111

Nicola Damrich u. *Ingrid Stümmer,* Der Kleinhögler Altar auf dem Johannishögl, ehemaliger Hochaltar in der kath. Nebenkirche St. Johannes im Landkreis Berchtesgaden, Gemeinde Piding, Ort Kleinhögl, in: Jahrbuch der Bayerischen Denkmalpflege 47/48 (1993/1994) [2001], S. 91–110, 19 Abb., graf. Darstellungen

Martin v. Deutinger (Hg.), Beyträge zur Geschichte, Topographie und Statistik des Erzbisthums München und Freysing. **Bd. 11** (München 1913)

Heinz Dopsch, Der Kirchweihmarkt zu Anger: aus der Geschichte eines Dorfes zwischen Salzburg und Bayern, in: Das Salzfaß, 19. Jg. (1985), S. 65–86, 3 Abb., 3 Stammtaf.

Anton Eichelmann, Aus der Chronik des Klosters Höglwörth, in: Heimatblätter (Reichenhall) 3 (1922) Nr. 14 (v. 4.6.1922), S. 53–56

Anton Eichelmann, Daten aus der Geschichte der Kirche und Pfarrei Anger, in: Heimatblätter (Reichenhall) 4 (1923) Nr. 7, S. 25

Anton Eichelmann, Aus der Chronik des Klosters Höglwörth, in: Bergheimat, Beilage zum Berchtesgadener Anzeiger 12 (1932), S. 63 f. u. 67 f.

Kurt Enzinger, Högl: Bauernland und Sandsteinbrüche (Schwarzach im Pongau 2006), 342 Seiten, Abb., Kt.

Matthias Enzinger, Die Pest in Anger: die Pestkapelle in der Au als ein Gedächtnisplatz für Kriegszeit und Krankheit, in: Heimatblätter (Reichenhall) 26 (1958) Nr. 11

Matthias Enzinger, Höglwörths Propsteikirche und Kirchspiel, in: Heimatblätter (Reichenhall) 28 (1960) Nr. 9

Matthias Enzinger, Das ostalpine „Lueg"; eine interessante sprachkundliche Betrachtung [Vachenlueg], in: Heimatblätter (Reichenhall) 34 (1966) Nr. 4

Matthias Enzinger, 1200 Jahre Stoißberg [Gde. Anger], in: Heimatblätter (Reichenhall) 35 (1967) Nr. 4

Matthias Enzinger, Die vor- und frühgeschichtlichen Funde von Anger und Högl, in: Heimatblätter (Reichenhall) 38 (1970) Nr. 7, 1 Abb.

Matthias Enzinger, Vom Högler Sandstein; Flysch war einst Grundmaterial für die Steinmetze im Rupertiwinkel, in: Heimatblätter (Reichenhall) 44 (1976) Nr. 5

Franz Esterl, Chronik des adeligen Benediktiner-Frauen Stiftes Nonnberg in Salzburg. Vom Entstehen desselben bis zum Jahre 1840 aus den Quellen bearbeitet (Salzburg 1841)

Georg Ferchl, Bayerische Behörden und Beamte 1550–1804, in: Oberbayerisches Archiv für vaterländische Geschichte (= OA) 53/1 (1908–1910)

Michael Filz OSB, Geschichte des salzburgischen Benedictiner-Stiftes Michaelbeuern (Salzburg 1833)

Karl Finsterwalder, Högl — die altgermanische Bezeichnung einer Geländeform, in: Mitteilungen der Gesellschaft für Salzburger Landeskunde 107 (1967), S. 63–65

Balthasar Freital, „Whorst wi wyn za gaecht dohinn": der Hilde-Brummer-Fund in der Bibliothek des Augustiner-Chorherrenstifts St. Peter und Paul in Höglwörth, in: Facta Musicologica (Würzburg 2003), S. 101–107, Noten

Roman Friesinger, Die Tragik des letzten Propstes von Höglwörth, des Gilbert Grab, in: Heimatblätter (Reichenhall) 37 (1969) Nr. 2, 1 Porträt

Roman Friesinger, Die Kirche von Höglwörth, eine Perle am See, in: Heimatblätter (Reichenhall) 37 (1969) Nr. 4, 2 Abb.

Roman Friesinger, Propst Marquard von Schwendi und seine Madonna [Höglwörth 1609–1639], in: Heimatblätter (Reichenhall) 37 (1969) Nr. 9, 2 Abb.

Anton Fuchs, Die Votivbilder in der Wallfahrtskapelle von Vachenlueg. Seminararbeit an der Pädagogischen Hochschule München-Pasing, masch. (1969)

Heribert Fuchs, Verborgene Schönheit am Högl: schier unbekannte Kunstwerke im Kirchlein St. Johannes der Täufer, in: Heimatblätter (Reichenhall) 35 (1967) Nr. 1

500 [fünfhundert] Jahre Taferne Vachenlueg, in: Heimatblätter (Reichenhall) 27 (1959) Nr. 3

Fundbericht für das Jahr 1957, in: Bayerische Vorgeschichtsblätter 23 (1958), S. 132–197 [Steinhögl S. 147, 1 Abb.]

Fundchronik für das Jahr 1959, in: Bayerische Vorgeschichtsblätter 25 (1960), S. 213–293 [Holzhausen, Gde. Anger S. 261, 1 Abb.]

Monika Gast, Die Konservierung und Restaurierung von sechs Pergamentmalereien aus Kloster Höglwörth, in: Oberbayerisches Archiv 126 (2002), S. 191–197, 4 Abb.

Erwin Gatz (Hg.), Die Bischöfe des Heiligen Römischen Reiches. 1785/1803 bis 1945. Ein biographisches Lexikon (Berlin 1983)

Erwin Gatz (Hg.), unter Mitwirkung v. *Stephan M. Janker,* Die Bischöfe des Heiligen Römischen Reiches. 1648 bis 1803. Ein biographisches Lexikon (Berlin 1990)

Erwin Gatz (Hg.), unter Mitwirkung v. *Clemens Brodkorb,* Die Bischöfe des Heiligen Römischen Reiches 1448 bis 1648. Ein biographisches Lexikon (Berlin 1996)

Erwin Gatz, (Hg.), Die Bischöfe des Heiligen Römischen Reiches. 1198 bis 1448 (Berlin 2001)

Ernest Geiß, Geschichte des Klosters Högelwerd. Aus Urkunden bearbeitet, in: Beyträge zur Geschichte, Topographie und Statistik des Erzbisthums München und Freysing, Bd. 4, hg. von Martin v. Deutinger (München 1852), S. 319–554, 1 Taf. [auch als Sonderdr.]

Ernest Geiß, Geschichte des regulirten Augustiner-Chorherrenstiftes Högelwerd im Erzbisthum München-Freysing (München 1852)

Ernest Geiß, Die Reihenfolgen der Gerichts- und Verwaltungs-Beamten Altbayerns nach ihrem urkundlichen Vorkommen vom XIII. Jahrhundert bis zum Jahre 1803, in: Oberbayerisches Archiv 26 (1865–1866)

Die *Geschichte* des Augustiner-Chorherren-Stiftes Höglwörth [Hg. Hans Binder] (Anger 2001), 245 Seiten, Abb.

Graf Luitpold kehrt zurück: Klosterkirche Höglwörth um ein Kunstwerk reicher [spätgotische Holzplastik], von G[eorg] H[unklinger]?, in: Chiemgau-Blätter 1976 Nr. 39, 1 Abb.

Birgit Gruber-Groh, Bad Reichenhall (= HAB, Teil Altbayern, Heft 57) (München 1995)

Guglweid, Die Pest in Höglwörth und Anger [1714], in: Chiemgau-Blätter 1950 Nr. 44 v. 11.11.1950, 1 Abb.

Georg Hager, Anger, in: Die Kunstdenkmale des Königreiches Bayern, Bd. 1 Oberbayern, Theil III Bezirksamt Berchtesgaden (München 1905), S. 2867 f., 1 Abb.

Georg Hager, Aufham, in: ebenda, S. 2868 f.

Georg Hager, Höglwörth, in: ebenda, S. 2984–2988, 3 Abb.

Georg Hager, Johanneshögl, in: ebenda, S. 2988–2990, 1 Abb.

Georg Hager, Mauthhausen, in: ebenda, S. 3004

Georg Hager, Piding, in: ebenda, S. 3007 f., 4 Abb.

Georg Hager, Steinhögl, in: ebenda, S. 3020

Georg Hager, Vachenlueg, in: ebenda, S. 3020–3022

Adolf Hahnl, Die Brüder Wolfgang, Johann Baptist und Johann Georg Hagenauer, in: Ainring, Heimatbuch, hg. von der Gemeinde (Ainring 1990), S. 339–389, 77 Abb.

Haindl, Johannishögl, in: Heimatblätter (Reichenhall) 9 (1928) Nr. 11, S. 44

Ludwig Hammermayer, Im Schatten der Französischen Revolution, in: *Max Spindler* (Begr.), *Andreas Kraus* (Hg.), Handbuch der Bayerischen Geschichte, II: Das Alte Bayern. Der Territorialstaat vom Ausgang des 12. Jahrhunderts bis zum Ausgang des 18. Jahrhunderts (München ²1988), S. 1224–1235

Michael Hartig, Die oberbayerischen Stifte. Die großen Heimstätten deutscher Kirchenkunst, 2 Bde. (München 1935); Bd. 1: Die Benediktiner-, Cisterzienser- und Augustiner-Chorherrenstifte [Höglwörth S. 196–200]

Willibald Hauthaler, Ein ökonomischer Rechenschaftsbericht aus Högelwörth (von ca. 1175). Ein Beitrag zur ältesten Geschichte des ehemaligen Augustiner-Chorherren-Stiftes Högelwörth, in: Mitteilungen der Gesellschaft für Salzburger Landeskunde 24 (1884), S. 47–54

Joseph v. Hefner, Die römischen Denkmäler Oberbayerns und des k. Antiquariums, in: Oberbayerisches Archiv 7 (1846), S. 372–430 [u. a. Höglwörth S. 396 f., 1 Abb.]

Wolfgang-Hagen Hein, Bildzeugnisse vom Aufhamer Kult zu „Unserem Herrn in der Apotheke", in: Pharmazie und Geschichte — Festschrift für Günter Kallinich (Straubing/München 1978), S. 94–99, 3 Abb.

Heinrich Held, Altbayerische Volkserziehung und Volksschule (München 1928)

Martin Hell, Vorgeschichtliches aus dem Högelgebiet, in: Heimatblätter (Reichenhall) 4 (1923) Nr. 14, S. 54

Martin Hell, Vorgeschichtliche Funde aus dem Högelgebiet (Bezirksamt Laufen), in: Das Salzfaß 3 (1924) Nr. 5

Martin Hell, Zwei Altertümer vom Johanneshögl, in: Heimatblätter (Reichenhall) 24 (1956) Nr. 4, 1 Abb.

Martin Hell, Die Steinaxt aus Steinhögl, in: Heimatblätter (Reichenhall) 25 (1957) Nr. 12, 1 Abb.

Martin Hell, Eine Gebetschnur der Karolingerzeit aus Anger bei Bad Reichenhall, in: Bayerische Vorgeschichtsblätter 25 (1960), S. 210–212, 1 Abbildung

Martin Hell, Aus der Werkstatt des Forschers. Ein Sühnekreuz von Jechling [Gde. Anger], in: Heimatblätter (Reichenhall) 28 (1960) Nr. 10

Martin Hell, Die Betschnur von Anger [Karolingerzeit], in: Heimatblätter (Reichenhall) 29 (1961) Nr. 4

Martin Hell, Die Bronzeaxt von Anger, in: Heimatblätter (Reichenhall) 33 (1965) Nr. 9, 1 Abb.

Martin Hell, Wo lag die Feste Hegel? [Ulrichshögel], in: Das Salzfaß, 3 Jg. (1969), S. 38 f.

Martin Hell, Wo war die Burg Hegel gestanden? [Ulrichshögl], in: Heimatblätter (Reichenhall) 37 (1969) Nr. 8, 1 Abb.

Rupert Hinterschnaiter, Kurze Entstehungsgeschichte des Chorherrenstiftes Högelwörth und sein Untergang. Bearb. nach der Chronik von Willibald Lechner, in: Chiemgau-Blätter 1936 Nr. 41

Rupert Hinterschnaiter, Die Edlen vom Högl, in: Heimatblätter (Reichenhall) 20 (1939) Nr. 17, S. 66 f.

Heinrich Höllerl, Von Höglwörth nach Anger: eine spätsommerliche Hausblumen-Wanderung im Rupertiwinkel, in: Charivari 20 (1994), Heft 9, S. 20–25, Abb.

Curt Hohoff, Stift Höglwörth, in: Unbekanntes Bayern 4 (1959), S. 63–72, 3 Abb.

Brigitte Huber, Sechs Pergamentmalereien aus dem Kloster Höglwörth: ein Beitrag zur Geschichte der Totenrotel, in: Oberbayerisches Archiv 126 (2002), S. 165–189, 20 Abb.

Brigitte Huber, Sechs Pergamentmalereien aus dem Kloster Höglwörth, in: Das Salzfaß, 37. Jg. (2003), S. 1–14, 7 Abb.

Willi Huber, Pater Benno Hardter [Anger, Pest 1714/1715], in: Inn-Salzach-Land 3 (1950) Nr. 6

Georg Hunklinger, Zur Gründungsgeschichte von Anger-Pfaffendorf, in: Jahrbuch für altbayerische Kirchengeschichte 23 (1964), S. 41–47

Georg Hunklinger, Die Pfarrkirche in Anger. Landkreis Reichenhall, Erzdiözese München-Freising. 2., völlig neubearb. Aufl. (München/Zürich 1972), 20 Seiten, Abb. (= Kleine Kunstführer 553) [1. Aufl. 1950 von Hugo Schnell]

Georg Hunklinger, Stumme Zeugen reden: Grabungsbefund aus der Pfarrkirche Anger, September-Oktober 1971, in: Heimatblätter (Reichenhall) 40 (1972) Nr. 2

Georg Hunklinger, Das Pfarrarchiv Anger, in: Heimatblätter (Reichenhall) 41 (1973) Nr. 6

Georg Hunklinger, Ein seltenes Bildmotiv in der Kirche zu Aufham [bei Anger]: zur Darstellung „Christus in der Apotheke", in: Das Salzfass, 7. Jg. (1973), S. 106–111, 3 Abb.

Georg Hunklinger, Zwei Landpartien König Ludwigs I. im Rupertiwinkel: sein Aufenthalt in Mayrhofen bei Höglwörth 1841 und 1842, in: Heimatblätter (Reichenhall) 42 (1974) Nr. 7, und in: Das Salzfass, 14. Jg. (1980), S. 51–54

Georg Hunklinger, Künstler und Handwerker in den Kirchenrechnungen von Anger 1654–1725, in: Das Salzfass, 8. Jg. (1974), S. 53–59

Georg Hunklinger, Zur Verehrung des belgischen Heiligen Trudo in Höglwörth, in: Das Salzfass, 8. Jg. (1974), S. 89–91, 1 Abb.

Georg Hunklinger, Das Ende des Stiftes Höglwörth — Die Abwicklung der Säkularisation von 1817–1836, in: Das Salzfass, 9. Jg. (1975), S. 1–21, 7 Abb.

Georg Hunklinger, Zum Herrengrab-Schau'n nach Höglwörth, in: Heimatblätter (Reichenhall) 43 (1975) Nr. 2, 1 Abb.

Georg Hunklinger, Inventarblätter zur Erfassung der Grabdenkmäler (1975, unvollendet), im Archiv des Histor. Vereins Rupertiwinkel

Georg Hunklinger, Zwei Kirchen am Högl [Steinhögl, Ulrichshögl] erzählen von ihrer Vergangenheit, in: Heimatblätter (Reichenhall) 44 (1976) Nr. 2, 2 Abb.

Georg Hunklinger, Der Ölberg am Höglwörther-Weg bei Anger: eine Instandsetzungsmaßnahme, in: Das Salzfass, 10. Jg. (1976), S. 29 f.

Georg Hunklinger, Künstler und Handwerker in den Kirchenrechnungen von Anger 1726–1875, in: Das Salzfass, 10. Jg. (1976), S. 84–97, 3 Abb.

Georg Hunklinger, Die Pfarrkirche von Anger, in: Heimatblätter (Reichenhall) 45 (1977) Nr. 1, 3 Abb.; Nr. 2

Georg Hunklinger, Die ehemalige Feldkapelle zu Aufham (Lkr. Berchtesgadener Land, Kuratie Aufham), in: Das Salzfass, 12. Jg. (1978), S. 33–39, 6 Abb.

Georg Hunklinger, Höglwörth (Pannonia-Reihe Nr. 68) (1978)

Georg Hunklinger, Der ehemalige Hochaltar der Stiftskirche in Höglwörth, in: Das Salzfass, 13. Jg. (1979), S. 113–115, 1 Abb.

Georg Hunklinger, Das Höglwörther Hochaltarblatt von Francesco Vanni: die „Verklärung Christi" um 1600 entstanden, in: Das Salzfass, 13. Jg. (1979), S. 116–120, 4 Abb.

Georg Hunklinger, Anger und seine fünf Kirchen.
I. Steinhögl, in: Das Salzfass, 15. Jg. (1981), S. 73–82, 3 Abb.
II. Aufham, in: ebenda, S. 129–139, 5 Abb.
III. Die Pfarrkirche Anger, in: ebenda, 16. Jg. (1982), S. 126–149, 9 Abb., 1 Pl.
IV. Die Wallfahrtskapelle Vachenlueg, in: ebenda, 17. Jg. (1983), S. 86–94, 5 Abb.
V. Höglwörth: Die entdeckte Signatur des Hochaltarbildes, in: ebenda, 19. Jg. (1985), S. 165–167, 2 Abb.

Georg Hunklinger, Zum Postwirt am Anger, in: Das Salzfass, 19. Jg. (1985), S. 87–90, 2 Abb.

Georg Hunklinger, Kirchliches Leben in der Pfarrei Anger im Zeitalter des Barocks: dargestellt am Beispiel von drei Funktionarien, in: Das Salzfass, 19. Jg. (1985), S. 103–128, 4 Abb.

Georg Hunklinger, Zur Geschichte des Höglwörther Kirchturms, in: Das Salzfass, 21. Jg. (1987), S. 21–26, 4 Abb.

Georg Hunklinger, Zwei königliche Landpartien vor 160 Jahren: König Ludwig I. war mit seiner Familie in den Jahren 1841 und 1842 im Rupertiwinkel und Höglwörth zu Gast, in: Der Heimatspiegel (Trostberg) 2001 Nr. 3, S. 4, Abb.

Georg Hunklinger u. *Josef Wegner,* Höglwörth (Freilassing 1978), 48 Seiten, 24 Abb. (= Kleine Pannonia-Reihe 68)

Hans Judith, Das Augustiner-Chorherrenstift Höglwörth, in: Inn-Salzach-Land 1 (1949) Nr. 8, 1 Abb.

Alfred Kaiser, Die Kirche als Kleid des verklärten Christus: ein Beitrag zur Ikonologie der ehemaligen Augustinerchorherren-Stiftskirche in Höglwörth, in: Salzburg Archiv 16 (1993), S. 125–158

Dorothee Kiesselbach, Anger, in: Unbekanntes Bayern (München 1955), S. 188

Michael Kiefer u. *Erhard Zaha,* Ehemalige Stiftskirche der Augustinerchorherren Höglwörth, hg. v. d. Kirchenstiftung Anger (Anger 2006)

Die *Kirche* des schönsten Dorfes: aus der Baugeschichte der Pfarrkirche in Anger, in: Heimatblätter (Reichenhall) 27 (1959) Nr. 11

Josef Knab, Nekrologium der kathol. Geistlichkeit in der Kirchenprovinz München-Freising (München 1894)

Joseph Ernst Ritter v. Koch-Sternfeld, Beyträge zur teutschen Länder-, Völker-, Sitten- und Staatenkunde, Bd. II (Passau 1826); Bd. III (Passau 1833)

Joseph Ernst Ritter v. Koch-Sternfeld, Die Wallfahrts-Kapelle und Schlossruine Vachenlueg (Salzburg ⁴1900)

Joseph Ernst Ritter v. Koch-Sternfeld, Die Burgstätte Vachenlueg, in: Heimatbilder aus dem Chiemgau 1914 Nr. 11, S. 84–88, 1 Abb.

Edgar Krausen, Franz Nikolaus Streicher, in: Heimatbuch des Landkreises Traunstein III (1962), S. 146–149

Kraxensteig [bei Höglwörth], Höglwörther Klosterschmiede, in: Heimatblätter (Reichenhall) 37 (1969) Nr. 4

Ludwig Heinrich Krick, 212 Stammtafeln adeliger Familien (Passau 1924)

Michael Kuen, Collectio scriptorum rerum historico-monastico ecclesiasticarum variorum religiosorum ordinum, Tom. IV, in quo continetur Francisci Petri ... Germaniae canonico-Augustinianae, ordine alphabetico conscriptae pars III (Ulmae 1757)

Kunstdenkmale von Bayern: Die Kunstdenkmale des Königreiches Bayern vom elften bis zum

Ende des achtzehnten Jahrhunderts. Erster Band: Die Kunstdenkmale des Regierungsbezirkes **Oberbayern**, bearb. v. Dr. *Gustav v. Bezold* u. Dr. *Berthold Riehl*, Dr. *G. Hager*. **III. Theil**, Bezirksamt Berchtesgaden (München 1905); **VII. Theil**, Bezirksamt Mühldorf (München 1902, Nachdr. 1982); **VIII. Theil**, Bezirksamt Altötting; **IX. Theil**, Bezirksamt Laufen (München 1905, Nachdr. 1982). — Die Kunstdenkmale von **Niederbayern, I. Teil**, Bezirksamt Dingolfing (München 1912, Nachdr. 1982) — **III. Teil**, Stadt Passau, bearb. v. *Felix Mader* (München 1919)

Johannes Lackner, Vachenlueg — von der Veste zur Erinnerungstafel, in: Der Pulverturm (Bad Reichenhall) 1997, Heft 2, S. 25–27

Johannes Lang, Kult und „Überkultivierung" des Weines am Beispiel südostbayerischer Augustiner-Chorherrenstifte [u. a. Höglwörth], in: Mahl und Repräsentation (Paderborn u. a., 1. Aufl. 2000), S. 205–211; (2. Aufl. 2002), S. 205–211

Laufen und Oberndorf: *Heinz Dopsch* u. *Hans Roth* (Hg.), Laufen und Oberndorf. 1250 Jahre Geschichte, Wirtschaft und Kultur an beiden Ufern der Salzach (Laufen 1998)

Willibald Lechner, Die Muttergotteskapelle auf dem Friedhof zu Anger, in: Heimatblätter (Reichenhall) 2 (1921) Nr. 5, S. 19 f.

Willibald Lechner, Piding [Geschichte], in: Heimatblätter (Reichenhall) 2 (1921) Nr. 5, S. 17 f.; Nr. 6, S. 22 f.

Willibald Lechner, Ferdinand Hoffmann [19. Jh.], Pfarrer in Höglwörth, in: Heimatblätter (Reichenhall) 4 (1923) Nr. 10, S. 37 f.

Willibald Lechner, Chronik von Anger (Bad Reichenhall ca. 1927), 101 Seiten, 3 Taf. 1 Kt., und in: Heimatblätter (Reichenhall) 6 (1925) Nr. 1–23; 7 (1926) Nr. 1–4; 12

Willibald Lechner, Die Geistermühle von Höglwörth, in: Altheimatland, Ausgabe C 1 (1928/29) Nr. 28, S. 111, 1 Abb.

Willibald Lechner, Der Jahrmarkt in Anger, in: Altheimatland, Ausgabe C 2 (1929/30) Nr. 2, S. 7

Willibald Lechner, Aufham, in: Altheimatland, Ausgabe C 2 (1929/30) Nr. 16, S. 62 f.; Nr. 17, S. 67 f.; Nr. 18, S. 70 f.; Nr. 19, S. 75; Nr. 20, S. 79 f.; Nr. 21, S. 82 f.; Nr. 22, S. 86 f.; Nr. 23, S. 91 f.

Willibald Lechner, Vachenlueg, in: Heimatblätter (Reichenhall) 16 (1935) Nr. 20, S. 79 f.

Willibald Lechner u. *Hans Roth*, Die Pest in Anger im Jahre 1714, in: Das Salzfaß, 19. Jg. (1985), S. 91–102, 3 Abb.

Heinz Lieberich, Die bayerischen Landstände 1313/40–1807 (= Materialien zur bayerischen Landesgeschichte 7) (München 1990)

Franz Liebl, Die Säkularisation des Augustinerchorherrenstifts Höglwörth, in: Heimatblätter (Reichenhall) 50 (1982) Nr. 1, 2 Abb.

Franz Liebl, Reformation bedrohte das Kloster Höglwörth, in: Chiemgau-Blätter 1982 Nr. 50, S. 1–5, 5 Abb.

Pirmin Lindner, Monasticon Metropolis Salzburgensis antiquae: Verzeichnisse aller Äbte und Pröpste der Klöster der alten Kirchenprovinz Salzburg (Salzburg 1908–1913), XIII + 554; 48 Seiten [Höglwörth S. 27–29; 510; Supplement 1913, S. 35 f.]

Franz Martin, Das Höglgebiet, in: Heimatblätter (Reichenhall) 2 (1921) Nr. 20, S. 68 f.

Franz Martin, Vachenlueg, in: Heimatblätter (Reichenhall) 2 (1921) Nr. 20, S. 69

Franz Martin (Bearb.), Die Regesten der Erzbischöfe und des Domkapitels von Salzburg 1247 bis 1343, Bde. I–III (Salzburg 1928–1934)

Franz Martin, Das Högl-Gebiet stellt sich vor [Geschichte], in: Heimatblätter (Reichenhall) 18 (1937) Nr. 7, S. 25 f.

Albert Mayer, Der Högl, in: Bayerische Heimat, Münchener Zeitung 18 (1936/37), S. 197 f.

Anna Mayer-Bergwald, Höglwört [!], in: Heimatblätter (Reichenhall) 2 (1921) Nr. 15, S. 48 f.; Nr. 16, S. 51 f.

Hans Mayr, Der Högel, in: Die Propyläen 7 (München 1909/1910), S. 321 f.

Hans Mayr, Der Högel [Teisendorf-Freilassing-Reichenhall], in: Die Propyläen 7 (München 1909/1910), S. 821 f.

Hans Mayr, Der Högel, in: Das Salzfaß 3 (1924) Nr. 15; Nr. 16

Andreas von Meiller (Hg.), Regesta archiepiscoporum Salisburgensium inde ab anno 1106 usque ad annum 1246 (Wien 1866)

Merowingerzeitliches Steinkistengrab in Steinhögl, in: Das Salzfaß, 26. Jg. (1992), S. 139–142, 4 Abb.

H. Meyer, Kloster Höglwörth und Dorf Anger, in: Bayerland 23 (1911/12), S. 949–950, 3 Abb.

Josef Mezger, Historia Salisburgensis. Hoc est Vitae Episcoporum et Archiepiscoporum Salisburgensium, nec non Abbatum Monasterii S. Petri ... usque ad annum 1687 (Salisburgi 1692)

Josef Michael, Die spätgotische Kirche zu Anger, in: Altheimatland, Ausgabe C 1 (1928/29) Nr. 1, S. 1 f.

Hermann Moser, „Georgi-Ritt" auf dem Steinhögl: zur Geschichte einer Georgsfigur, in: Chiemgau-Blätter 1994 Nr. 16, S. 1–3

Stephan Möslein, Ein Ringbarrendepotfund von Piding, Lkr. Berchtesgadener Land, Obb., in: Ausgrabungen und Funde in Altbayern (Straubing 1995–1997 [1998]), S. 52 f., Abb.

Stephan Möslein, Überlegungen zur Bedeutung der Metallurgie in der Frühbronzezeit anläßlich des Ringbarrendepotfundes von Piding Landkreis Berchtesgadener Land, Oberbayern, in: Das archäologische Jahr in Bayern 1997 (1998), S. 73 f., 1 Abb.

Johann Nachtmann, Vachenlueg, in: Heimatblätter (Reichenhall) 10 (1929) Nr. 23, S. 90–92

Das naturgeschaffene Landschaftsbild: Namenkunde an der Stoißerachen und am Höglwörther See, in: Heimatblätter (Reichenhall) 27 (1959) Nr. 1

ÖKT: Österreichische Kunsttopographie. **Bd. VII,** Die Denkmale des Stiftes Nonnberg in Salzburg, bearb. v. *Hans Tietze* u. *Regintrudis v. Reichlin-Meldegg* (Wien 1911); **Bd. IX,** Die kirchlichen Denkmale der Stadt Salzburg (mit Ausnahme von Nonnberg und St. Peter), bearb. v. *Hans Tietze* u. *Franz Martin* (Wien 1912); **Bd. X,** Die Denkmale des politischen Bezirkes Salzburg, bearb. v. *Paul Buberl* u. *Franz Martin,* **1.** Die Gerichtsbezirke St. Gilgen, Neumarkt und Thalgau (Wien 1913); **2.** Die Gerichtsbezirke Mattsee und Oberndorf (Wien 1913); **Bd. XI,** Die Denkmale des Gerichtsbezirkes Salzburg, bearb. v. *Paul Buberl* u. *Franz Martin* (Wien 1916); **Bd. XXV,** Die Denkmale des politischen Bezirkes Zell am See, bearb. v. *Franz Martin* (Wien 1934); **Bd. XXX,** Die Denkmale des politischen Bezirkes Braunau, bearb. v. *Franz Martin* (Wien 1947)

Karl Perktold, Die Gnadenkapelle von Vachenlueg, in: Das Salzfaß 3 (1924) Nr. 4

Franciscus Petrus, Hoegelwerthense, in: *Derselbe,* Germania Canonico — Augustiniana ... (Günzburg 1766), Pars III, S. 242–245, 1 Kupferstich

Helga Reindel-Schedl, Laufen an der Salzach: die altsalzburgischen Pfleggerichte Laufen, Staufeneck, Teisendorf, Tittmoning und Waging (München 1989), XLV + 868 S., 5 Abb., Kt., Tab. (= Historischer Atlas von Bayern, Teil Altbayern, Heft 55)

Helga Reindel-Schedl, Häuserbuch des Marktes Teisendorf (Teisendorf 1994)

Ernst Rönsch, Beiträge zur Geschichte der Schlacht von Mühldorf. 1. Zur Frage des Schlachtortes. 2. Zu einer Ablaßurkunde aus dem Jahre 1323 [betr. Höglwörth u. Umgebung] (Leipzig u. a. 1933), 89 S. (= Veröffentlichungen des Historischen Seminars der Universität Graz 13)

Hans Roth, Ein merkwürdiger Begräbnisbrauch in Anger und Umgebung, in: Das Salzfaß, 19. Jg. (1989), S. 163–165

Hans Roth, Pater Eusebius Frommer (1840–1907): ein barmherziger Bruder aus Anger als Apotheker zweier Päpste im Vatikan, in: Das Salzfaß, 26. Jg. (1992), S. 47–59, 3 Abb.

Hans Roth, Pfarrkirche Anger [mit Höglwörth, Steinhögl, Vachenlueg, Aufham], 3., völlig neu bearb. Aufl. (München u. a. 1991) (= Kleine Kunstführer 553), 23 Seiten, Abb.
4. Aufl. 2000, 23 Seiten, Abb.
6., verb. Aufl. 2005, 23 Seiten, Abb.

Paul Ruf, Die Säkularisation des Augustiner-Chorherrenstifts Höglwörth: das Schicksal seiner Bibliothek. Aus dem Nachlaß hg. und mit Anm. versehen von *Hermann Hauke,* in: Bibliotheksforum Bayern 4 (1976), S. 25–35

Ulrich Schäfert u. *Ralf Reuter,* Pidinger Kirchenführer. Ein geschichtlicher, kultureller und theologischer Wegweiser durch die Kirchen und Kapellen der Pfarrei Maria Geburt, Piding (Piding o. J. [2007]), 27 Seiten, zahlr. Abb.

Schenke von Kaisers Gnaden: 500 Jahre „Gasthof zur Burgruine" in Vachenlueg, in: Chiemgau-Blätter 1969 Nr. 8, 1 Abb.

Gabriele Scherl, Das ehemalige Augustinerchorherrenstift Höglwörth, in: Der Zwiebelturm 25 (1970), S. 276–284, 1 Abb.

Josef Schlecht, Höglwört [!], in: Kalender bayerischer und schwäbischer Kunst 20 (1924), S. 21 f., 3 Abb.

Johann Andreas Schmeller, Bayerisches Wörterbuch. Zweite, mit des Verfassers Nachträgen vermehrte Ausgabe, bearb. v. *G. Karl Frommann,* Bd. 1 (München 1872; Ndr. 1985); Bd. 2 (München 1877; Ndr. 1985)

Hugo Schnell, Höglwörth und Anger: Landkreis Berchtesgaden, Obb., Erzbistum München-Freising (München ca. 1950), 14 Seiten, zahlr. Abb. (= Kleine Kunstführer 553); Nebentitel: Pfarrkirche Anger, Obb.

Meinrad Schroll, Das Stift Höglwörth und seine Weingärten bei Krems und Oberarnsdorf, in: Das Salzfaß, 20. Jg. (1986), S. 1–12, 3 Abb., 2 Kt.

Georg Schwaiger, Die altbayerischen Bistümer Freising, Passau und Regensburg zwischen Säkularisation und Konkordat (1803–1817) (= Münchener Theologische Studien, I. Hist. Abt., Bd. 13) (München 1959)

Klaus Schwarz, Zwei Ringbarren-Hortfunde der frühen Bronzezeit aus Piding-Mauthausen, in: Führer zu vor- und frühgeschichtlichen Denkmälern 19 (1971), S. 131–140, Abb.

Salzburg: *Heinz Dopsch* u. *Hans Spatzenegger* (Hg.), Geschichte Salzburgs — Stadt und Land. **Bd. II:** Neuzeit und Zeitgeschichte, **Teil 1** (Salzburg 1988, ²1995); **Teil 3** (Salzburg 1991); **Teil 4** (Salzburg 1991)

August Sieghardt, Höglwörth: Das 800jährige Bestehen wird dort vom 14. bis 17. September [1950] gefeiert, in: Chiemgau-Blätter 1950, Nr. 33, 1 Abb.

August Sieghardt, Der Bahnwärter-Hansl von Piding: Prälat Johann Baptist Haindl (1869–1944), ein altbayerischer Heimatdichter, in: Heimatblätter (Reichenhall) 24 (1956) Nr. 9, 1 Porträt

Ludwig Simon, Bau und Bild der Landschaft um Anger [Geologie], in: Heimatblätter (Reichenhall) 14 (1933) Nr. 18, S. 69 f.; Nr. 20, S. 78 f.; Nr. 21, S. 83 f.; Nr. 22, S. 87 f.; Nr. 23, S. 90–92

Heinz C. Standl, Das Kloster Höglwörth bei Anger — Geschichte und Ausstattung. Diplomarbeit, masch. (Univ. Salzburg 2003), 106 + 23 Bl., zahlr. Abb., 1 Kt.

Josef Streibl, Der Högl, seine Höfe und Familien (Högl 1969), 128 Seiten, Abb., 1 Kt.

Josef Streibl, Verleihbrief vom Gemeinhölzl zu Hintermooß am Högl (3. Mai 1599), in: Heimatblätter (Reichenhall) 39 (1971) Nr. 8

SUB: Salzburger Urkundenbuch. **I. Band:** Traditionscodices, gesammelt u. bearb. v. Abt *Willibald Hauthaler* O.S.B. (Salzburg 1910) — **II. Band:** Urkunden von 790–1199, gesammelt u. bearb. v. Abt *Willibald Hauthaler* O.S.B. u. *Franz Martin* (Salzburg 1916) — **III. Band:** Urkunden von 1200–1246, gesammelt u. bearb. v. Abt *Willibald Hauthaler* O.S.B. u. *Franz Martin* (Salzburg 1918) — **IV. Band:** Ausgewählte Urkunden 1247–1343, gesammelt u. bearb. v. *Franz Martin* (Salzburg 1933)

Franz Tumler, Fahrt nach Höglwörth, in: Merian 11 (1958), Heft 11, S. 49–51

Franz Tyroller (Bearb.), Genealogie des altbayerischen Adels im Hochmittelalter (= 4. Lief. zu: Genealogische Tafeln zur mitteleuropäischen Geschichte, hg. v. *Wilhelm Wegener*) (Göttingen 1962)

Vachenlueg, in: Altheimatland, Ausgabe C 1 (1928/1929) Nr. 11, S. 42

Vachenlueg — altes Schloß bei Steinhögl, in: Chiemgau-Blätter 1954 Nr. 30, S. 1 f.

Vachenlueg am Högl: 1. Chronik der Ritterburg: Werden und Vergehen. 2. Von der Burgkapelle zur Wallfahrtskirche. Hg. v. Sepp Grünfelder, 1. Aufl. (Berchtesgaden 1981), [28] Seiten, 44 Zeichn.

Vereinschronik von Anger, in: Das Salzfaß, 19. Jg. (1985), S. 129–136, 3 Abb.

Die *Wallfahrts-Kapelle* und Schloß-Ruine Vachenlueg (Salzburg 1885; 1. Aufl. Reichenhall 1856), 7 Seiten

Engelbert Wallner, Das Bistum Chiemsee im Mittelalter (1215–1508) (= Quellen und Darstellungen zur Geschichte der Stadt und des Landkreises Rosenheim, Bd. V) (Rosenheim 1967)

Alois J. Weichslgartner, Ein Salzburger Rokokomaler aus Trostberg: Vor 250 Jahren wurde Franz Nikolaus Streicher [1736–1811] geboren, in: Unser Bayern 35 (1986), S. 69 f., 3 Abb.

Stefan Weinfurter, Salzburger Bistumsreform und Bischofspolitik im 12. Jahrhundert — Der Erzbischof Konrad I. von Salzburg (1106–1147) und die Regularkanoniker (= Kölner Abhandlungen 24) (Wien/Zürich 1975)

Max Wieser, Mauthausen an den alten Verkehrswegen, in: Heimatblätter (Reichenhall) 37 (1969) Nr. 4

Max Wieser, Unsere Liebe Frau von der Erlau: „die Madonna im Ährenkleid": ein vortreffliches Kunstwerk aus Piding im Bayerischen Nationalmuseum, in: Heimatblätter (Reichenhall) 37 (1969) Nr. 8, 1 Abb.

Max Wieser, Piding/Landkreis Berchtesgaden [mit Mauthausen und Johannishögl], 1. Aufl. (München/Zürich 1969), 20 Seiten, Abb. (= Kleine Kunstführer 922)

Max Wieser, Höglwörth als Kloster und Arbeitgeber: die Entwicklung der „Dorfgmainen" oder Markgenossenschaften zum Pfleggericht Staufeneck und dessen Eingliederung in den heutigen Landkreis Berchtesgaden, in: Heimatblätter (Reichenhall) 38 (1970) Nr. 3; Nr. 4

Max Wieser, Höglwörth im Pfleggericht Staufeneck, in: Heimatblätter (Reichenhall) 38 (1970) Nr. 6; Nr. 7

Max Wieser, Bronzefund in Piding-Mauthausen: ein Bericht über den größten frühbronzezeitlichen Halsbarrenfund, in: Heimatblätter (Reichenhall) 39 (1971) Nr. 2, 3 Abb.

Max Wieser, Der Pidinger Bildhauer Dominikus Plasiganik [ca. 1730–1800], in: Heimatblätter (Reichenhall) 48 (1980) Nr. 5

Max Wieser, Pidinger Heimatbuch: 1250 Jahre Piding, 735–1985: aus der Chronik eines Dorfes mit Hof- u. Familiengeschichte (Piding 1985), IX + 576 Seiten, Abb., Kt.

Max Wieser, Der Hüter der rechtlichen und kosmischen Ordnung: der Mithraskult auf dem Johannishögl bei Piding, in: Charivari 13 (1987) Nr. 4, S. 75–79, 2 Abb.
Aus: *derselbe,* Pidinger Heimatbuch (Piding 1986)

Max Wieser, Die Auflösung des Klosters Höglwörth. Das Augustiner-Chorherrenstift war „eine Quelle der Wohltaten" — Bauer streitet mit dem Kloster um den Zehent, in: Heimatblätter (Reichenhall) 76 (2008) Nr. 6

Max Wieser, Pfarrkirche Piding, unpag. Maschinenskript, o. O., o. J.

Erhard Zaha, Merowingerzeitliches Steinkistengrab in Steinhögl, in: Das Salzfass, 26. Jg. (1992), S. 139–142, 4 Abb.

Erhard Zaha, Die Mariensäule von Anger und das Pfarrer-Sailer-Kreuz, in: Das Salzfass, 36. Jg. (2002), S. 123–130, 3 Abb.

Erhard Zaha, Ehemaliges Augustiner-Chorherrenstift Höglwörth: Winterchor (Anger 2007), 10 Seiten Text + 10 Seiten farb. Abb.

Wilhelm Zils, Aufham [bei Anger]: aus seiner Ortsgeschichte, in: Heimatblätter (Reichenhall) 16 (1935) Nr. 10, S. 38

Verzeichnis der Autorinnen und Autoren

P. Dr. Korbinian Birnbacher OSB, Leiter des Archivs und Kustos der Kunstsammlungen der Erzabtei St. Peter zu Salzburg, St.-Peter-Bezirk, A-5010 Salzburg

Mag. Matthias Blankenauer, Schulleiter i. R., Bergstraße 20, D-83413 Fridolfing-Pietling

Prälat Dr. Walter Brugger, Wieskurat, Pfarrer von Berchtesgaden i. R., Wies 4, D-85356 Freising

Univ.-Prof. Dr. Heinz Dopsch, Inhaber der Lehrkanzel für Vergleichende Landesgeschichte der Paris-Lodron-Universität Salzburg, FB Geschichte, Rudolfskai 42, A-5020 Salzburg

Dipl.-Ing. Jolanda Englbrecht, Sachbuch-Autorin, Naringer Straße 16, D-83620 Westerham

Sabine Frauenreuther, Archivarin am Staatsarchiv München, Schönfeldstraße 3, D-80539 München

Dr. Dr. h.c. Robert Münster, Musik-Wissenschafter, Thelemannstraße 7, D-81545 München

Prälat Dr. Johannes Neuhardt, Diözesankonservator der Erzdiözese Salzburg, Mascagnigasse 8, A-5020 Salzburg

Dr. Karin Precht-Nußbaum, Studienrätin z. A., Plantagenweg 16a, D-85354 Freising

Hans Roth, Geschäftsführender Leiter i. R. des Bayerischen Landesvereins für Heimatpflege, Wolf-Dietrich-Gasse 7, D-83410 Laufen

Dr. Hans-Jürgen Schubert, Bibliotheksdirektor i. R. der Bayerischen Staatsbibliothek, Isarstraße 23, D-85579 Neubiberg

Ferdinand Steffan M.A., StD i. R., Leiter des Museums der Stadt Wasserburg am Inn, Herrengasse 15–17, D-83512 Wasserburg

Prof. Dr. Joachim Wild, Direktor i. R. des Bayerischen Hauptstaatsarchivs, Frauenornau 6, D-84419 Obertaufkirchen

Erhard Zaha, Technischer Angestellter i. R., Dorfplatz 30, D-83454 Anger

Weitere Mitarbeiter

Anton Brandl, Fotografie, St.-Augustinus-Straße 40, D-81825 München

Gerhard Huber, Scans – Lithos – Repros, Römergasse 42, A-5020 Slzburg

Dr. Peter F. Kramml, Leiter Archiv und Statistik der Stadt Salzburg, Glockengasse 8, A-5020 Salzburg

Silke Paulfeit, Sekretärin am FB Geschichte der Universität Salzburg, Rudolfskai 42, A-5020 Salzburg

Orts- und Personennamenregister
erstellt von Rainer Wilflinger

Abkürzungen:
B. = Bischof
d. Ä. = der Ältere
d. Gr. = der Große
Eb. = Erzbischof
geb. = geboren(e)
hl. = heilige(r)
Hz. = Herzog
K. = Kaiser
Kg. = König
sel. = selige
Sbger. = Salzburger
St. = Sankt
Österr. = Österreich
v. = von
verehel. = verehelicht

Die Reihung der Personen erfolgte nach Familiennamen. Nur regierende Fürsten (Kaiser, Könige, Herzöge), (Erz-)Bischöfe und Heilige wurden nach ihren Vornamen in das Register aufgenommen. Die Familiennamen (soweit bekannt) der nach ihren Vornamen gereihten Personen stehen mit dem entsprechenden Verweis (→) in dieser Liste.

Bei der Bezeichnung „Chorherr", „Dekan" oder „Propst" ohne Ortsangabe ist stets „von Höglwörth" zu ergänzen.

* = Der Begriff ist im Bildtext auf dieser Seite enthalten.

Aaron 324, 355
Abel 247
Abenberg-Fresdorf, Grafen von 17
Abensberg, Grafen von 17
Abfalterreith 147
Abtenau 220
Abtsdorf 247
Abtsee 153
Achen 149
Achenbach 157
Achthal 145, 156, 161
Adalbero 26
Adalbert II., Sbger. Eb. 31–34
Adelheid, Witwe 169
Adlgasser Anton Kajetan 310, 312–314
Adligstadt 152
Admont 18, 25, 327
Aesop 328
Aibling 295 f.
Aichele Dominico 254 f.
Ainring 15, 129, 151, 168, 174 f., 178, 185, 270
Albano Jordanus von 50
Albrecht I., Kg. 31, 35 f., 43*
Albrecht II., Hz. v. Österr. 43*
Albrecht, Hz. v. Bayern 277
Aldersbach 159
Alexander III. 32–34
Alexander VI. 56
Alexander VII. 82, 220
Allerberg 31, 143, 153
Allio Paolo de 249
Almeding 28, 137, 140, 146, 151
Almuting Niklein von 52*
Alpen, Alpenraum 19, 21, 24
Alt Felicitas 271, 285 f.
Altdorf 101
Altenburg 83
Altfrauenhofen 184
Altmann → Passau, Trient

Altmühldorf 340
Altötting 126, 178, 236, 312, 336 f.
Abrosius, hl. 211*, 212, 232
Amersberg 28, 146, 151, 153
Ammer 149
Amortegui Fabiao 184
Andechs 314
Andre Kasimir 332
Andreas, hl. 176
Andreas, Dekan 363
Andreas Jakob von Dietrichstein 102, 209
Anfang Johann Marquard 364
Anger 9, 11, 13 f., 16, 22, 28 f., 31 f., 35, 45, 54*, 56, 60, 65, 69–72, 78 f., 82 f., 88, 90–92, 96, 100, 103, 118, 121–124, 129, 132, 143, 145–147, 149, 150*, 151, 156, 163, 168–172, 174–176, 178 f., 181*, 183 f., 188 f., 192, 194, 196, 201, 204, 216*, 217–225, 228 f., 232, 237 f., 243, 271, 281–283, 286–288, 290–294, 306, 313*, 318, 332 f., 335 f., 339, 357, 359, 361–368
Anian I. → Hoepfengraber
Anian II. → Köllerer
Anna, hl. 176, 214, 239, 241, 243
Anneas L. 328
Anolaima (Columbien) 184
Anthering 15
Antoninus Pius 13
Antonius von Padua, hl. 230*
Arco Gabriel Graf von 234
Arco Johann Graf von 234
Aribonen 15
Aristoteles 101, 329
Arn 16
Arnolding 153
Arnolf von Kärnten 15
Arnsdorf 69
Arnulphus, hl. Einsiedler 254
Arsenius, hl. Einsiedler 254

Asbach 56*, 57
Aschaffenburg 268, 361
Aschau von, die 358; siehe auch Engelbert II.
– Ortlieb 358
Aschau bei Prien 35
Askalon 17
Aspacher Philipp 72, 194
Assisi 268
Asten 178
Astl Lienhart 35, 190
Attel 95
Atzlbach 28, 146, 152
Au am Inn 20, 28, 32, 74–76, 89, 95, 110, 194, 197, 209, 364
Auer zu Winkl Hans Jakob II. 182
Aufham 13, 35, 55 f., 145, 149, 168–170, 172, 174, 176, 177*, 178–180, 188 f., 192, 204, 217, 225–229
Aufham Tobias von 169
Augsburg 73, 75 f., 132, 184 f., 194, 224, 244, 268, 295, 306, 313, 318, 360 f., 364
Augustinus, hl. 18, 23, 36, 41, 176, 211*, 212, 214, 232, 330, 332, 337, 353, 356
Aurelius Augustinus 330
Ayenschmalz Eva 293
Aygner Wolfgang 363
Ägidius, hl. 176, 220
Babenberger 26
Babing (Pabing, Päbing) 13, 28, 32, 47 f., 143, 146, 153, 184
Bachmair Josef 223
Bad Reichenhall → Reichenhall
Baden-Baden 126 f.
Bahngruber Johann Ev. 185
Bajuwaren → Bayern
Bamberg 88, 185, 306
Barbara, hl. 176, 213, 220, 231
Barmbichl 153
Bartholomäus, hl. 109, 176, 205

Batzenhof 141
Bauer Michael 185, 243/244, 257
Bauer-Wild Anna 211
Baumburg 20, 22, 28, 61, 65, 74 f., 77, 79–81, 95 f., 102, 110, 184, 187, 194 f., 197, 209, 271, 282, 293, 314, 327, 357 f., 360 f., 364, 366 f.
Baumgartner Mathias 231
Baumkirchner Jakob 368
Bayern 9, 16, 28, 50, 114, 118, 126, 134, 137, 140, 142 f., 156, 164, 223, 276, 293, 309, 314, 329, 336, 354, 359
Bayern (Bajuwaren) 13, 229
Beck Augustin 76
Beckenschlager → Johann I.
Bedaium (Seebruck) 12
Beer Christoph 277
Beer Georg 277
Beer Hanns 277
Beer Hector 277
Beilehen 153
Beinlinger Anna Maria 100
Benedikt, hl. 16
Benedikt XIV. 332
Benediktbeuern 95
Berchtesgaden (Markt, Land, Fürstpropstei, Stift) 20, 22 f., 32, 48, 50 f., 55, 57, 59–61, 65, 67, 69 f., 73, 110, 134, 159, 162, 187, 189–192, 217, 224, 245, 256, 277, 357–360, 364 f., 367
Berchtold/Perchtold Patritius 365
Berger Peter Paul 215
Bernardi Stefano 306
Bernhard Rohr 55, 360
Bernhart Josef 331
Bernried 95
Berti Franz 90
Beuerberg 95
Beyharting 22, 95
Bibra Marina von 247
Bicheln 15
Bichlbruck 31
Bierling Johann 184
Bischofshofen 14, 20 f., 28, 302
Bodengraben 149
Bonaventura, hl. 332
Bonifatius, hl. 16
Bonifaz VIII. 35
Bossenheimer Alipius 77, 365
Bosser Placidus 365
Böhm Cordula 211
Böhmen 26
Brackmann Albert 41

Brackwede 180
Braunau am Inn 217
Braunschweig 313
Bremen 75
Breitenloh 153
Brenno Carlo Antonio 201
Brenno Francesco 201
Breslau 313
Brixen 22
Brixi Franz Xaver 310, 313
Brodhausen 149
Bruck a. d. Großglocknerstraße 145, 160 f.
Bruckberg 142, 161
Brugger Walter 168, 182
Brunn 153
Bruno, Chorherr 41, 362
Brünn 110
Buch 311, 313
Buchwieser Baltahsar 311, 313, 316
Burghartsberg 31
Burghausen 129, 293, 361, 366, 368
Burghausen Gebhard von 25
Burghausen Hans von 217
Burgkirchen am Wald 218
Cadoro Fortunatus a 82
Caesar 101
Calixt II. 18
Calixt III. 52
Canterbury Augustinus von 251
Carabelli Antonio 201
Carlone Diego Francesco 249
Cattaneus Sebastian 69–71, 280, 319, 327
Cäcilia, hl. 211*, 212
Cellarius → Keller
Celler Christian 47
Chafheim 31
Chiemgau 15, 236
Chiemsee 34, 115, 191 f., 247, 314; siehe auch Herrenchiemsee
Chiemsee Bernhard von, B. 55, 225
Chiemsee Ulrich von, B. 44, 170, 188, 225, 251
Chiemseeinseln 9
Christian (v. Englehing) 47
Christlmayr Thomas 183 f., 223
Christoph I. → Maxlrainer
Christoph II. → Trenbeck
Christophorus, hl. 228, 251 f.
Christus 19 f., 35, 71*, 174 f., 178–180, 188*, 190, 194, 204*, 205, 207 f., 212–214, 216, 228, 241, 247, 250, 252, 254*, 267 f., 270, 276 f., 325 f., 330 f., 340, 344 f., 347, 350*, 351, 355

Chueperger Niclas 161
Chunradus, Chorherr 362
Cicero Marcus Tullius 101, 328
Ciurletti Anton Felix 98
Clairvaux Bernhard von 330
Clemens VIII. 209
Clemens X. 222
Clemens XII. 98
Colloredo → Hieronymus Graf von
Conradus, Chorherr 362
Copeindl Johann 205 f., 307
Cyriaca, hl. 205
Czuduochowsky Carl 244
Dagobert(us), Propst → Tagibert
Dagobert, Dekan v. St. Peter 14
Damiette 187
Dario Giovanni Antonio 200, 219
Darmstadt 314
David, hl. 211*, 212
David Franz 98
Dekart Maria Violanda von, verehel. v. Grimming 298
Delbenauer(?), Pflegsverwalter(?) 300
– Augustin 300
Delessnich Joseph 310, 313
Desomavilla Bernhard 364
Deutschland 56, 270
Dewin Heinrich von 25
Dichel Placidus 366
Dickacker Franz Anton 120 f.
Diepold von Danberg Johann Graf 249
Diesenbach 152
Diessen 78, 95, 365
Dietramszell 95
Dietrich (von Kärnten) 26
Dietrich Johann 223, 232
Dietrichstein → Andreas Jakob von
Diezling 13
Dingolfing 59, 234
Diokletian, K. 220
Dionysius, hl. 176, 188, 225, 252
Dipoldin von Danberg Maria Elisabetha, geb. v. Silveri 249
Disibode, hl. Einsiedler 254
Ditters von Dittersdorf Karl 310, 313
Diurinch 26
Dominikus, hl. 240
Donau 140, 159
Doppler Joseph 215
Dorfa 146
Dorfach 28
Dorfen 128, 368
Dorffach Theodor in der 52*

Dorfpichlergut 79
Dornach 149
Dorner Barbara 59
Dowies 149
Dörwanger Daniel 97, 179
Dreyer Johann Melchior 311–313, 316
Dürrnberg 178
Eberhard I. 21, 31–33, 161
Eberhard II. 23, 31, 34, 44, 187, 205, 358
Eberhard III. 51*
Eberhard, Propst v. Berchtesgaden 44
Eberlin Johann Ernst 310, 312–314
Eberndorf 22
Ebersberg 67, 276–278, 360
Echaimer Hans 249
Echinger Johann 70
Edt (bei Saalfelden) 28, 147, 160
Egedacher, Orgelbauer-Familie 316
– Christoph 316
Egelham 151, 153
Eggelsberg 218
Eggenholz 149
Eggstätt 185
Eglreit 149, 157 f., 163
Egmating bei Miesbach 184
Ehinger Georg 83
Eichham 231
Eichstätt 185
Eisenberger Johann 236
Eisenstadt 313 f.
Elhingen (bei Arnsdorf in der Wachau) 32
Ellanpurg 13, 14*, 15 f., 217
Ellanpurgkirchen, Ellinpurgkirchen, Ellenpurchirchen 15, 31, 36, 47, 168, 188, 237 f.
Ellwangen 313
Elsässer Anton 223, 227
Elsässer Rupert 222
Elsbeth 229
Elsbethen 233
Elsenbach 32
Elsenwang 16
Endzholzer Ulrich 310, 313 f.
Engelbert I., Propst 28, 34, 358
Engelbert II. (von Aschau?), Propst 32, 35, 358
Engelbert, Chorherr 41, 42*, 43
Engelbert, Dekan 359
Engelbertus, Pfarrer zu Höglwörth 362
Engelbrecht, Pfarrer zu Höglwörth 362
Engelhäng (Ober-, Untere., Englehing) 11, 28, 47, 140 f., 146, 149, 157 f.

Engelmar, Propst (?) 357
Engelsberg 145, 185
Engilbert 14
England 251
Englbrecht, Dekan 361
Englbrecht Jolanda 65
Englehin(g) Nikolaus von 47 f.
Enning Johann Heinrich von 93
Ennstal 18
Enzing 13
Erasmus, hl. 235, 239, 252, 268
Erding 244
Erentrudis, hl. 236
Erhard Johann Evangelist 120 f., 123 f., 125*, 126, 128 f., 368
Erhart, Meister 218
Erharting 44
Ernst von Bayern (Sbger. Admin.) 65
Ernst Rolf Gerhard 354
Eslinger Augustin 100, 102*, 103–105, 164, 209, 211, 241, 243, 338, 361, 366
Esterházy, Fürst 313 f.
Ettal 95
Eugen III. 23, 31, 41
Eulalia, hl. 194, 195*, 207, 213
Faber Felix 76 f., 194, 280, 361, 364
Faber Simon 91, 204
Fabian, hl. 172
Fabrici Gervasius 271, 285 f.
Fabrici Tobias 286
Fackler Johann J. 268
Fallbach 149
Fallenpacher Hanns 363
Fallwickl Adam 222, 255
Fantuzzi Giacomo 205
Farchant bei Garmisch 184
Fasold Benedikt 310, 313
Fegg, Mesnerfamilie 356
Feistritz-Waldegg Adalram von 21
Felber 149
Felding 145, 160
Feldkirchen 175, 178
Felner Joseph 117
Ferdinand II., K. 328
Ferdinand von Toskana 110, 114
Ferdinand Maria von Bayern 82
Feustlin Leonhard 75 f., 194, 280, 318, 327, 361
Filz Michael 146
Fingerlos Matthäus 122 f.
Firmian → Leopold Anton Eleutherius von, Leopold Ernst von

Fischach Heinrich von 35
Fischer Bernhard 77–81
Fischer Georg 329
Fischer Joachim 209
Flaccius Quintus Horatius 328
Flachgau 16
Fleckhammerin Sophia 83
Flicher Joh. 48
Florenz 267
Florian, hl. 235, 248, 268
Flötzl Stephan 185, 244
Forsthof 160
Forsthofalm 160
Forsthub(e) 29
Franken 268
Frankreich 110, 356
Franz I., K. 117
Franz Anton von Harrach 98, 207, 307*
Franz Ferdinand von Kuenburg 205, 216, 307
Franz Xaver, hl. 223, 330
Franziskus, hl. 331
Frauenwörth, Frauenchiemsee 9, 33, 95
Frauenzell 95
Freidling 13, 28, 31 f., 146, 153
Freienend 149
Freiham Heinrich von 32
Freilassing 146, 149
Freising 114, 125, 129, 132, 135, 185, 223, 308, 316, 357, 360, 367
Freising Berthold von, B. 50
Frey Andreas 364
Freyhammer Georg 82
Fridericus, Chorherr 362
Fridolfing 134, 184 f.
Friedl Johann Evangelist 184
Friedrich I., Sbger. Eb. 15
Friedrich II., Sbger. Eb. 31
Friedrich III. von Leibnitz, Sbger. Eb. 31, 48, 54, 144, 153, 156, 188
Friedrich IV. Truchsess von Emmerberg, Sbger. Eb. 54
Friedrich, Dompropst 32
Friedrich, Propst v. St. Zeno 44
Friedrich, Chorherr 41, 363
Friedrich I. Barbarossa 23, 32–34
Friedrich II., K. 34, 187
Friedrich III., K. 233
Friedrich, Hz. v. Österreich 44
Friedrich der Zinglein 169
Friesach 18, 145, 160
Friesach, Grafen von 24
Frommer Eusebius 183

Fronau 155
Frueauf Rueland d. Ä. 190, 238, 240, 244
Fuchs Johann Baptist 185, 244
Fuchssteig 152
Fultenbach (Schwaben) 313
Fusch an der Großglocknerstraße 145, 160 f.
Führ 149
Fürst Katharina 254
Füssen 223
Gabisch 28, 146, 152
Gailler Johann Baptist 100
Galling 149
Gallus, hl. Einsiedler 254
Gandolfswörth 198
Gars am Inn 20, 28, 32, 74 f., 92, 95, 110, 194, 197, 365
Gartner Alipius 321
Gas(s)mann Florian Leopold 311, 313
Gastag 28, 146, 152
Gasteig 149
Gastein 147, 160, 283 f., 367
Gatti Luigi 310, 313, 314
Gänsmoos 149
Gärtner Alipius 107
Gebhard, Sbger. Eb. 17 f.
Gehay (Kaiviertel in der Stadt Salzburg) 45
Gehring 13
Geigenthal 149
Geisenhausen 60
Geislehen 153
Geisler Benedikt 310, 313
Geiß Ernest 14, 45 f., 59, 145, 282 f., 285, 287, 297–300, 357–359, 362–364
Gelasius 353
Genazzano 235
Georg, hl. 213, 229–231, 232*, 253
Georg, Dekan 363
Georg von Sta. Anastasia 54*
Georgius 15
Gessenberg 182
Giulini Andreas 310, 313
Glan 249
Glaser Nicolaus 363
Glanzental 160
Glazberg 32
Gleink 95
Gnigl 219
Godin Bernhard Freiherr von 119, 122–124
Gois Liukard von 31

Goldegg Otto von 32
Goldenstein 233
Goppling 32
Gothalmus, Chorherr 362
Gotsman 48
Gotteszell 308
Göttenau 149
Grab Gilbert 114, 115*, 116*, 117–124, 126 f., 129, 132, 164, 184, 215, 219, 285, 306, 319, 332, 361, 368
Graben 144, 153
Gran 56, 170; siehe auch Johann Beckenschlager
Graner Anton 107
Grätzlin 48
Gregor d. Gr. 211*, 212, 232, 251
Gregor VII. 19
Gregor IX. 31, 34, 36
Gregor X. 31
Greissing Wenzeslaus Benedikt Michael 106 f., 308, 320, 367
Griesacher Augustin(us) 89, 197, 282 f., 365
Griesstetter Urban 60
Griesstetter Wolfgang I. 59*, 60 f., 65, 145, 155, 160, 162, 190, 192, 253, 272, 360, 363
Grieß im Glemmtal 32
Grießen 28 f., 147, 160
Grimming von, Pflegersfamilie 297
– Bonaventura Friedrich von 297
– Christoph Adam von 297 f.
– Johann Friedrich von 297 f.
– Johann Josef Gottlieb von 297 f.
– Judas Thaddäus von 298
Grimolzhausen 185
Grindl Franz Friedrich 299
Grindl Georg 298 f.
Grindl Georg Joseph 299
Groll Evermodus 310, 313
Großenneuendorf 160
Großmain 9, 24, 151, 153, 161, 175, 178, 180, 187, 191, 219
Großlehen 149
Großnondorf 29, 36, 43*, 61, 144 f., 147, 153, 159*, 160
Großrückstetten 28, 143, 146, 152
Großwardein 313
Gröben 28, 146, 153
Grub bei Neukirchen 28, 146, 152
Gruber Augustin 268
Grueben 151
Grueber Rupert Dr. 82

Gschwendtner Elisabeth, verehel. Grindl 299
Gschwendtner Georg 244, 252
Guarinus 77*
Guastalla 17
Guckh Gordian 253 f.
Guggenberg 28, 146, 151, 153
Guidobald Graf von Thun 81 f., 196, 209, 268
Gummarus, Propst (?) 357
Gumperting 28, 146, 151–153
Guntersdorf 61, 160
Gurcensis Raymundus 56
Gurk 18, 22, 24 f., 192, 280 f.
Gurk Hemma von 24 f.
Gutrath Sigmund von 119–121
Gündersdorfer von Pöring Ursula 277; siehe auch Peer
Haas 149
Haas Hans 155
Habertal 151
Habsburg Ludwig Viktor von 183
Habsburger 35
Hackhl Johannes 219
Hadermarkt 146, 149, 184
Hafeneder Joseph 311, 313, 314
Haft 149
Hagenauer Wolfgang 215
Hager Friedrich 32, 35 f., 41, 358
Hager/von dem Hag Heinrich 358, 362
Hager Otto 358
Hainbuch am Högl 31 f., 149
Hainham 13, 28, 146, 149 f.
Halle (Westfalen) 180
Hallein 171, 188*, 198, 220, 233, 316, 365
Halmberg 24, 233
Hamberger Josef 244
Hammerau 15, 145, 156, 162
Hans Caspar von Kuenburg 254
Hanslin 48
Hardegg, Grafschaft 26, 160
Hardegg, Grafen von 160
Hardegg und Rogendorf, Herren von 61; siehe auch Roggendorf
Hardter Benno 96 f., 179, 366
Harrach → Franz Anton von
Hartnid (Hertneid) von Weißeneck, Propst 46 f.
Hartwig, Propst 34, 358
Haslach (Freidling) 31, 153
Haslach bei Traunstein 223
Hassmayr Johann 312

Hauner Norbert 313
Haunsperg, Schloss 233
Haunsperg(er) auf/zu Vachenlueg 151, 233, 236, 294, 330
– Anna, geb. Notthafft 234
– Barbara 233
– Barbara, geb. v. Paulsdorf 233
– Franz 207
– Georg 233
– Gertrud, geb. Weitmoser 234
– Hans 169, 181, 233 f., 294
– Hans Christoph Sebastian 294
– Hartneid 233
– Jakob I. 233 f.
– Jakob II. 234
– Martin 169, 181, 233
– Ursula, geb. v. Watzendorff 271, 293 f.
– Wandula, geb. Trauner 233
– Wilhelm 234
– Wolf 234
Haunsperger/von Haunsperg, die, auch H. auf Neufahrn und Kollensperg 56, 98
– Christoph 72
– Ferdinand 234
– Franz 234
– Friedrich 26
– Hans Jakob 234
– Jakob 72, 192, 230
– Juliana 228
– Magdalena, geb. v. Alt 72, 175*, 234
– Michael 233
– Sebastian 175*, 234
– Wolf Sigmund 73, 234, 294
Hausmoning 13, 153
Hauthaler Willibald 33
Haydn Johann Michael 310–316
Haydn (Franz) Joseph 311, 313, 316
Härmbler/Hörmbler Lorenz 210, 214–216, 242, 270, 335
Häusin Barbara 82
Häusl Georg 223
Hl. Kreuz in Augsburg 75 f., 194, 318, 361, 364
Heiliges Land 17, 184, 329
Heiminger/Heininger Peter 67, 69, 364
Heimo 15
Heining 153
Heinrich, hl. 176
Heinrich I., Propst 34, 358
Heinrich II., Propst 31 f., 35, 358
Heinrich IV., Kg. 17
Heinrich V., Kg. 17 f.

Heinrich, Propst v. Berchtesgaden 33
Heinrich, Propst v. Gars 33
Heinrich, Chorherr 41
Heinrich (Zeuge einer Rechtshandlung) 26
Heinrich der Schulmeister von Gars 362
Heinrich der Steiner 229
Heinricus, Chorherren 362
Helena, hl. 180*, 181
Hellmansberg 33
Helmbert, Propst 34, 358
Helmhaßlacher Georg 78
Heppinge 161
Hermann, Propst 34, 358
Hermannsberg 146, 149
Hermele Benedikt 89, 365
Herrenchiemsee 9, 20 f., 28, 32, 74–76, 89, 95, 110, 194, 197, 312, 361
Herrenwörth 9
Herrkammer Joseph 310, 313
Hessen Heinrich von 332
Heurung Adolf 185
Heurung Karl 185
Hetzles 185
Hieber Andreas Oswald 91, 320, 365
Himmelreich bei Salzburg 215
Hinterreit 151
Hierolfing 153
Hieronymus, hl. 211*, 212 f., 232, 235, 329
Hieronymus Josef Franz de Paula Graf von Colloredo 110, 115, 116*, 215, 243, 320, 327
Hippo 255
Hirt Johann Christian 223
Hitzinger Johannes 231
Hitzinger Josef 180, 223 f., 228
Hitzl Franz de Paula 215, 270
Hitzl Johann Georg 242
Hoched 149
Hocheder Johann 223
Hochlehen 153
Hochpeunt 67
Hochpichler Philipp Jakob 207, 316, 365
Hochstaufen 183
Hoepfengraber (Hepfengraber, Höpfengraber) Anian I. (Johann) 101, 102*, 104, 151, 164, 209, 361, 366
Hof bei Salzburg 16, 178, 201
Hofer Andreas 306
Hofgastein 160
Hofinger Kaspar 77–79, 195, 280, 361, 364

Hofmann, Hofrichter-Familie 286 f., 289 f.; siehe auch Linder Euphrosina, Treiber Elisabeth
– Christoph 287 f.
– Elisabeth 286
– Franz 88, 138, 197, 287–290
– Franz Paris 287, 290
– Georg Christoph 287–289
– Georg Heinrich 287, 290
– Wilhelm Gottlieb 287, 290
Hofmann Leopold 311, 314
Hohenems → Markus Sittikus von
Hohensalzburg 18, 249, 268
Hohenthanner, die 296
Hohenwaldeck 55
Hohenwerfen 17 f., 90
Hohlweg 149
Hollabrunn 29, 144, 160
Holzhausen 11, 28, 31–33, 79, 146, 149–153, 155
Homer 328
Horaz 101
Horn 149
Höck Peter 365
Högl 9, 11, 13 f., 29, 36, 48, 55 f., 71*, 134, 137, 146, 149, 151, 153, 156, 179, 183, 223, 237, 245, 251
Högl Volmar von 229
Höglauer Georg 223
Högler Johann Nepomuk 210, 214 f., 270, 335
Höglwörthsee, Höglwörther See 29, 33, 149, 151, 157, 268
Högner Simon 255
Hölzelschuster 149
Hölzl Johann Josef 366
Höpfengraber → Hoepfengraber
Hörafing 13, 28, 32, 146, 151
Hörmbler → Härmbler
Hössen Johannes 83
Hub 153
Hueber Georg 310 f., 314
Huber Josef 185
Hueber Rupprecht 200
Huebmann Floridus 366
Huetter Johann 75
Hundsdorfer Nikolaus 185
Hunklinger Georg 172, 217, 220, 255, 270, 274, 291, 307, 316, 332, 355
Hur 355
Hübner Beda 308, 314
Hütten 149, 160

Iaurus 12

Immendorfer Caspar 232, 243
Indersdorf 95, 306, 361, 366
Ingolstadt 59 f.
Inn 20, 159, 194
Inn-Salzach-Gebiet 218
Innersteinius Otto, Chorherr 362
Innerwiesen 149
Innozenz XI. 206, 222
Innozenz XII. 206
Innozenz XIII. 207
Innsbruck 244, 306
Innviertel 19*, 59, 161
Intzinger Christian 189 f., 217, 225, 239
Intzinger Peter 189 f., 239
Inzell 28, 146, 175, 178, 184 f.
Irlach 28, 149, 151 f.
Irlberg 149
Irmengard, sel. 236
Isarkreis 126
Italien 184
Iuvavum (Salzburg) 12
Ivan, hl. Einsiedler 254
Ivanschitz Amandus 310, 314
Jacobus Elephantutius 205
Jakob 322
Jakobus, hl. 174, 176, 225, 228
Jan(sen) von Friesach 362
Javor Nikolaus 332
Jechling 13, 149
Jerusalem 213, 248, 267
Jesdorf bei Niedernsill 28 f., 36, 142, 147, 160
Jesus(-kind) 178, 212–214, 228, 236, 244, 250, 286, 330, 355
Jettenbach 185
Joachim, hl. 214, 241, 243
Jogl, Hofwirts-Familie 292; siehe auch Pösl
– Wolf(gang) 292
Johann(es) I. Beckenschlager, auch Johann v. Gran, Sbger. Eb. 56, 170
Johann Anton von Thun 244*, 254
Johann Ernst Graf Thun 91, 93*, 205, 270
Johann Jakob von Kuen-Belasy 65, 67, 69
Johann, Abt v. Asbach 56*
Johann, Dekan 362 f.
Johannes, hl. 174
Johannes der Täufer 175 f., 216, 230*, 251–254, 256
Johannes Evangelist 176, 216, 224, 227, 230, 239, 253 f., 321*, 329, 332, 345
Johannes Nepomuk, hl. 214, 228, 230*

Johannes von St. Laurentius in Luca 54*
Johannes Baptist I. → Zacherl
Johannes Baptist II. → Puechner
Johannes Gonzalez a S. Facundo 227*, 228
Johanneshögl, Johannishögl, Johannshögl 145 f., 149, 170, 172, 175, 179, 188, 219, 229, 256 f., 271; siehe auch St. Johannshögl
Josef, hl. 172, 212, 214, 241, 243
Josef/Joseph II., K. 68*, 107
Juchzen (Juissen) 12
Juda, hl. 208
Julbach Wernhard von 32
Julian 33
Jungenmayr/Jungermayr Felix (Johannes) 308, 310, 314, 367
Justinian, K. 328
Kaigasse (Stadt Salzburg) 158, 192, 217
Kaiser/Kayser Isfrid 310 f., 314
Kaldes Anna Sabina von, geb. Prant 295
Kaldes Hans Pilgrim von 296
Kaltenhausen 198
Kaltenkraut 149
Karantanien 15 f.
Karl Borromäus 330
Karl der Große 16
Karling Virgenwolf von 299
Karlingen Hans von 299
Karlmann 15
Karlstein 155, 174, 178, 204
Karolinger 17
Kaserer Franz Leopold 106 f.
Kasimir Johann 100
Kastenlehen 152
Kastner 149
Katharina, hl. 176, 213, 215, 220
Katharina von Siena, hl. 240
Kärnten 15–17, 24, 26, 61, 280
Kärnten Engelschalk von 26
Kärnten Meginhalm von 26
Käser Peter 124 f.
Keilhacker Ludwig 341
Keller/Cellarius Cyrill 76, 364
Keller Max 312
Kempen Thomas von 330
Kempten 313*
Kendl 31, 152
Kendler Tobias 219
Kendlinger Christoph 74–76
Kern Mathias 219
Kern Matthäus 231
Kern Matthias 184

Kern Michael 222
Kerschaid 149, 223
Kerschaider Wolfgang 66 f., 274, 277–279, 364
Kerschaidergut 145
Kerschallerhof 278, 291
Keutschach → Leonhard von
Khelmberger Johann Franz 300 f.
Kiefer Michael 185
Kienmoser Karl 185
Kirchberger Alois 309
Kirchhofer Peter/Petrus 123 f., 125*, 132, 368
Kirchhofer Wolf Ferdinand 91
Kirchsteg 28, 60, 146
Kirchstein 185
Klara, hl. 213
Kleber Johann 219
Kleinhögl 149
Kleinlehen 149
Kles(s)heim 285 f.
Klosterneuburg 22, 95
Klosterrath 20, 23
Klöck Ludwig 185, 244, 252
Klötzel 153
Knogl bei Frauenneuharting 184
Knöringen Heinrich von 76
Koblenz 313
Kobrich Anton 310 f., 314, 316
Koch-Sternfeld Joseph Ernst Ritter von 146, 182
Kofler Barthlmer (bei Geiß: Hieronymus K.) 107, 320, 322
Kohn Aldobrand 367
Kolbeck Max 184
Koller Josef 185
Konrad, Propst (?) 357
Konrad I. von Abenberg 16–18, 20–22, 26–28, 31 f., 168, 187
Konrad II. von Babenberg 33
Konrad III. von Wittelsbach 31, 34, 358
Konrad IV. von Fohnsdorf 28, 32, 35, 41, 44, 46*, 170, 188
Konrad, Gefolgsmann 238
Konstanz 306
Kopeindl Maria Sidonia Katharina, geb. Pflanzmann 240, 242*, 244
Kopeindl Michael 240 f., 242*, 244
Korbinian, hl. 221, 222*, 224
Kothbrünning 153
Koulen Max 244
Köck Julius 185
Köfferlein Werner 185

Köllerer Anian II. 88, 103, 106*, 107, 109 f., 114, 124, 156, 164, 210 f., 215, 250, 270, 274, 307, 320, 338, 344, 361, 367
König Franz Xaver 223
Kraiburg 185
Krain 24
Krainwinkl 152
Kratzsch Klaus 339, 351
Krems an der Donau 29, 32, 140, 142, 147, 155, 158–160
Kremsmünster 25, 95, 314, 327
Kressenberg 28, 146, 153
Kreßirer Nepomuk 132
Kri(e)ner Johann Michael 310, 314
Krinilint, genannt Grienaug 32
Krottendorfer Joseph 310, 314
Kröpfelau 28, 156
Kröpfl 146, 149
Kröpflwirt 150*, 181
Krug Rupert 184
Krumenauer Hans 217
Krumenauer Stephan 217
Krüger Augustin 367
Kuchardseck Ignaz Johannes Nepomuk 210
Kuchler Konrad der 45
Kuchltal 24
Kuen Michael 275, 283
Kuen-Belasy Caecilia Gräfin 267
Kuenburg, Graf 153; Susanna 254; siehe auch Franz Ferdinand von, Hans Caspar von, Max Gandolf von
Kumpfmühle 28, 146, 151
Kussian von, Regierungsrat 117
Kühberg 153, 161
Laberligten Samuel 329
Lacken 28, 146, 151
Lackner Anreas 188*, 220
Lambach 95, 314
Lamberg Ambros von 60
Lamberg Christoph von 69
Lambertus, Märt. 332
Landsberg am Lech 314
Landshut 50, 124, 234, 293
Lang Nikolaus 315
Langacker 145, 155, 185
Lanzo 22*
Laroche, Graf 183
Laufen an der Salzach 18, 32, 82, 114, 118, 125 f., 132, 134, 147, 153, 159, 162, 183–185, 187, 219, 233 f., 245, 247, 253, 283, 285, 308, 314 f., 332, 357, 367 f.

Laurentius, hl. 176, 213, 245, 247
Lavant 192
Lavant Leonhard von, B. 44
Lavant Werner von, B. 170, 188, 225
Layman 330
Lebenau Otto von 25
Lechner Gaudenz 367
Lechner Willibald 184
Lederer Josef Anton 310, 314, 316
Le(h)rl Christoph(er) 90, 201, 204–206, 222, 353, 366
Lehrndorfer Franz sen. 309, 312
Leimbach, Bauinspektor 182*
Leitenbach 28, 146, 151
Lenberger Wolfgang 191
Lenck Augustin 77–81, 361, 364
Lengerer Jacob 155
Lengfelden 316
Leogang 29, 147, 160, 367
Leonhard, hl. 176, 230–232
Leonhard von Keutschach 249
Leopold (Leupoldus), Propst 43–45, 48, 144, 358
Leopold I., K. 88
Leopold, Hz. v. Österr. 44
Leopold, Erzhz. 194
Leopold Anton Eleutherius von Firmian 99, 101, 209, 320, 366
Leopold Ernst von Firmian 102
Leopold Wilhelm, Erzhz. v. Österr. 75, 194
Leoprechtinger Bernhard 189, 217
Leotal 149
Lerchenfeld, Freiherr von 126
Letting 28, 147, 160
Lia 322
Licens Nicolaus 82
Lichtenberg 147
Lidl Bernhard 211
Lidl Jakob 232
Liebenwein Abel 366
Liechtenstein Christoph Graf von 76
Liefering 232
Limberg 31, 142, 161
Limburg 20
Linder Euphrosina, verehel. Hofmann 287 f.
Lingotzau 28, 146
Linz 132, 364, 365
Lipp Franz Ignaz 310, 312, 314
Liutfred 14
Liutolde, Grafen im oberen Salzburggau 24 f.; siehe auch Plain

Liutolt 26
Liutpold (Leopold) III. von Österreich 25
Lobdengau 15
Lobhammer Anton 365
Lobwieser Wolfgang 364
Loder Octavian 364
Lodron Anton Graf von 72; siehe auch Paris Graf L.
Lofer 147, 160, 219, 367
Lohen (Freilassing) 28, 146, 149 f.
Lohen (Ruhpolding) 146, 155, 185
Lohner Georg 207
Lohwieser Wolfgang 66
Lottner von, Regierungsassessor 126, 128 f.
Löchler Chüntzel 53
Löfferl Hanns 363
Lucia, hl. 213
Ludwig der Bayer 44
Ludwig der Deutsche 15, 159
Ludwig I., Kg. 183, 223
Ludwig Virgil 308, 368
Lupercus 12
Lurngau, Grafen vom 21
Luther 330
Lüttich 23
Madlseder Nonnosus 310 f., 313 f., 316
Maerz Franz Borgias 223
Magdalena, Konkubine 70
Magdeburg 20, 75, 160
Magius Gregor 76
Maidburg-Hardegg, Grafen von 160
Mainz 17, 314
Mallersdorf 234, 314
Mannhardt Johann 244
Manschinger 310, 314
Marc Aurel 13
Marchfeld 160
Marchwart 26
Marco, hl. Einsiedler 254
Marcus Lollius Priscus 12
Mareis Anian 92, 365
Margaretha, hl. 213, 247
Marggraff Johann 223
Mari Georg 83
Maria, hl. 179, 191, 205, 212, 214, 227 f., 234, 240 f., 243 f., 246, 247*, 250–253, 323, 330 f., 345, 355
Maria Eck 103, 176, 210, 361
Maria Magdalena, hl. 176, 214
Maria Plain 200, 256
Maria Saal 22

Maria Trost in Graz 314
Maria Wörth 9
Mariahilf bei Graz 314
Mariahilfberg bei Passau 74
Mariapfarr (Lungau) 184
Marian, Pater 83
Markus Sittikus von Hohenems 73, 268
Marquartstein 293
Martin, hl. 176, 224
Marzoll 308, 368
Matthäus, hl. 176
Matthäus Lang (von Wellenburg) 61, 145, 156
Matthias, hl. 172
Mattighofen 218
Maurach 153
Mauritius, hl. 48
Mauthausen 11, 35, 109, 145, 149, 155, 168, 170, 172, 174–176, 178, 188, 229, 237, 244–246, 250, 271
Mauthausen Otto von 31
Max(imilian) Gandolf Graf Kuenburg 83, 88, 89*, 91, 156, 197 f., 200, 204, 207, 216, 268, 270, 306
Max(imilian) I. Joseph 114, 126, 127*, 361
Maximilianszelle 14
Maxlrainer/von Maxlrain Christoph I. 55–57, 59*, 61, 177, 188–190, 239, 247, 360
Mayr Bernhard 223 f., 236
Mayr Johann 313*
Mayrhof 47
Mayrhof Konrad vom 47
Mayrhofen 28, 140, 146, 151, 157 f.
Mayrhofer Hans 344, 352
Märin Maria 83
Megerle Abraham 306
Meiller Andreas von 41, 357
Meiting/Meuting, die 295
Meiting(en) auf Radegg, die 294
– Hieronymus 295
Melk 95, 327
Mener Vital 322
Meran 254 f.
Merching 184
Metten 95
Michael, hl. 176
Michaelbeuern 28, 57, 95, 115, 117, 233, 314
Miesenbach 28, 146, 153
Mithras 11, 12
Mittelfranken 17

Mitterauer Michael 15
Mitterkirchen Werner von 43, 45, 359
Mittersill-Lechsgemünd, Grafen von 26
Mittmann Petrus 76
Mondsee 211, 314, 361, 367
Monika, hl. 214
Montgelas Maximilian Graf von 126
Moosburg 185
Moosburg Berthold von 17
Moosham 141, 153
Moosham im Lungau 298
Mooshäusl 158
Moosleiten 143, 151 f.
Morhart von Offenwang Caspar 286 f.
Morolt Artolf 363
Mose(s) 213, 322, 355
Mosensis Heinrich, Chorherr 362
Moßmüller Walburga 250
Moyses, Dekan 50, 362
Mozart 310 f.
Mozart Leopold 314
Mozart Wolfgang Amadeus 291, 314
Mozhardt Vitalis 76
Mödling (Megling), Grafen von 20
Möhrn 185
Murringe 161
Mutzl Sebastian 309, 312
Mühlbach 160
Mühlbauer Konrad 185, 244
Mühldorf am Inn 44, 188, 296
Mülbacher Georg 249
Müllbauer (Mühlbauer) Alois Paul(us) 124, 125*, 132, 368
Müller A. 244
Müller Matheus 176
Mülln 80, 107, 313, 320
München 9, 11, 57, 82, 128 f., 132, 134 f., 137, 179, 185, 216, 223, 239, 244, 306, 309, 314, 316, 322, 331–333, 344, 347, 352, 354, 357, 366
Neapel 314
Nebelmayr Burkard 89 f., 364
Neidberg Ulrich von 45
Nesselbrut 149
Neubauer Moritz 134
Neuburg a. d. Donau 184, 234
Neufahrn 234
Neuhaus 149
Neuhaus, Gräfin von 23
Neuhaus Ulrich I. von 25
Neuhardt Johannes 205, 349
Neukirchen am Teisenberg 28, 31, 146, 152, 184

Neulend 28, 57, 146, 151, 153
Neulend Niclas von 57
Neumarkt (welches?) 132
Neumarkt am Wallersee 361, 366
Neumarkt an der Rott 184
Neumayr Andreas 155
Neumayr Caspar von 126
Neundorf 159 f.
Neuötting 184
Neustadl 146, 155
Neustift bei Brixen 22, 46, 88 f., 197, 268, 270, 361
Neustift in Freising 95
Neuwerk-Halle 22
Niederaltaich 95
Niederbayern 17, 44, 314, 328
Niederheining 245
Niedernsill 142
Niederösterreich 26, 29, 83, 90, 95, 137, 144, 159*, 161 f.
Niederreit 143, 153
Niederviehbach 234
Nikla, Gefolgsmann 238
Nikolaus, hl. 176, 191
Nilmündung 187
Ninguarda Felician von 69
Nitzing 149
Nonnberg in Salzburg 31, 60, 95, 178, 217, 251, 279, 358
Nonntal 367
Norbert von Xanten, hl. 19
Norbertus, Chorherr 362
Novotni Franz Nikolaus 310, 312, 314
Nußdorf am Haunsberg 144, 146, 153
Nußdorfer Hans 197 f., 219
Nußdorf(er) Rupert 295
Nürnberg 101, 267/268, 366
Obau 28, 146, 153
Oberalm 233
Oberaltaich 95
Oberammergau 184
Oberarnsdorf 29, 137, 140 f., 145, 147, 159, 161–163
Oberbayern 277, 328, 336 f.
Oberdeinting (bei Taching am See?) 31
Oberdorfer Jakob 312
Oberfallnbach 32
Obergrafendorf 185
Oberhof 65
Oberhofer Paul 92 f., 365
Oberhover Hanns 65
Oberhover Wolfgang 65
Oberhögl 145, 149

Oberlehen 152
Obermarchtal 314
Oberndorf 198
Oberndorf Hermann von 35
Oberösterreich 9, 95, 103, 218
Oberreit 153
Oberreut 57
Oberstoißer Höhe 157
Obertaufkirchen 234
Oberteisendorf 28, 32, 144, 146, 153
Obertrum 124
Oberwalchen 184
Odalbert, Sbger. Eb. 14 f.
Odilo 14
Oettingen 316
Offenstätten bei Abensberg 184
Offenstetten, von 359
– Albrecht 45 f., 359
– Eberhard 45 f.
– Ortolf 45 f.
Offenwang 153
Orefici Ferdinand 79
Ortenberg, Grafen von 28
– Rapoto 31, 161
Ortenburg Hermann von 25
Ortolf von Weißeneck 45 f.
Ortolf, Propst v. Klosterneuburg 45 f.
Ortwin, Propst 35, 155, 358
Ossiach 95
Oststeiermark 295
Oswald, hl. 268
Otakar III. 21
Otkoz 26
Ottmaning 13
Ottenhofer Urban 65–67, 191–193, 274 f., 277, 360
Otto, Propst 34, 358
Otto, Chorherr 362
Otto, Propst von Suben 43
Otto (von Abenberg) 17
Otto I. von Bayern 25
Ottonen 17
Ovid 101
Ow Franz Karl Freiherr von 234
Ölbergskirchen (Elperskirchen, Elpurchirchen) 16, 168, 178, 192
Österreich 18, 26, 29, 35 f., 77, 91, 100, 117, 137, 140, 147, 158, 160, 314
Pabo 26
Pacheimer Wolfgang 249
Paisiello Giovanni 312–314
Pamer (Baumer) Andreas 367
Panicher Caspar 249

Pank 28, 146, 151, 153
Pannonien 16
Paris 118, 314
Paris Graf Lodron 74–76, 80, 156, 194, 196, 261, 290, 332
Paris Anton Ferdinand 310–312, 314
Parmbichler Franz 178
Paschal II. 17
Pass Lueg 24
Passau 25, 34, 36, 59, 73, 75, 110, 161, 194, 249, 256, 307, 360, 361
Passau Altmann von, B. 19 f.
Passau Rüdiger von, B. 187
Passauer Emanuel von 132, 310
Passauko Anselm I. 209
Patmos 254
Patritius, hl. 353
Pauinis Johannes Franciscus de 55
Paul V. 73
Paulsdorfer, die 56
Paulus, hl. 23, 175, 180, 187, 208, 214, 216, 227, 254, 270, 329, 340, 351, 356
Pausch Eugen 312, 314, 316
Peer Balthasar 65, 67, 69 f., 192 f., 272–279, 294, 318, 360
Peer Christoph 67, 278, 360
Peer Ursula, geb. Gündersdorf 67, 277 f.
Peilstein, Graf von 25
Peiting 184
Penker Floridus I. 104, 209
Perach 151, 174
Perger (?) Stephan(us) 274, 280 f.
Petershausen 184
Petri Franz 76
Petrus, hl. 23, 29, 48, 175, 180, 187, 194, 207*, 208, 212–214, 216, 227, 254, 270, 340, 351, 356
Petrus, Chorherr 41, 362
Petrus von Sta. Maria Nova 54*
Petting 178, 219, 231
Pez Anton 308, 367
Pfaffendorf (Phafindorf) 13–16, 28, 31, 146, 149, 150*, 151, 168, 217
Pfaffenhofen 308, 367
Pfättischer (Pfatischer) Dominicus 79, 82, 89, 92, 96, 364
Pfingstl 149
Pflanzman Felix 82
Pflanzmann Ludwig 92, 365
Pflug Anton 117, 120–122, 124, 126, 129
Philippus, hl. 174
Pichl Wenzel 311, 314

Pichler Patritius 88 f., 90*, 91 f., 138, 163, 197 f., 201, 205, 222, 255, 270 f., 319*, 361, 365
Pich(e)lmann Johann Michael 366
Piding 11, 13 f., 22, 28 f., 35, 45, 55, 65, 69 f., 74, 78, 90 f., 100, 104, 106, 109, 120, 132, 143, 145 f., 149, 168 f., 170*, 171 f., 174*, 175–179, 184 f., 188, 191, 206, 209, 215, 217, 229, 237–244, 250 f., 253, 256, 271, 273, 280, 282–285, 290, 294–300, 318, 361 f., 364–368
Pienzenauer Peter II. 191
Piesendorf 160
Pilgrim I. 15
Pinzenhofer Thomas 219
Pinzgau 28 f., 33, 100, 137, 140, 142, 147, 151, 153, 160–162
Pirach 149
Pirckmayer Friedrich 198
Pitz 311, 314
Placidus, hl. 90–92, 109, 205 f., 208, 213, 215*, 216, 307
Plain (Burg, Ruine) 9, 24*, 298
Plain (Gericht) 24, 249
Plain (und Hardegg), Grafen von 9, 16, 21–28, 31, 33, 35, 61, 144, 147, 160, 168, 187, 189, 238, 245, 249, 272
– Agnes (von Bayern) 25
– Bertha 25
– Eufemia 25
– Gebhard 25
– Heilwig 25
– Heilwig (von Leuchtenberg) 25, 189*, 213
– Heinrich I. 25
– Heinrich II. 25
– Ida (von Burghausen) 25
– Konrad I. 25, 29, 31, 32
– Konrad II. 23, 25, 29, 44
– Kunigunde 25
– Liutold 23, 25
– Liutold I. 25 f., 187
– Liutold II. 23, 25
– Liutold III. 23, 25, 34*, 35, 141, 187, 189 f., 205, 213, 336, 351
– Liutold (Leutold) IV. 23, 25, 28 f., 36, 44, 137, 146, 155, 157, 159 f., 358
– Liutpold 25
– Maria 25
– Otto I. 25
– Otto II. 23, 25, 29
– Sophie 25
– Uta (von Österreich) 25

– Werigand 24–27, 187, 189*, 213
– Wilbirg (von Helfenstein) 25, 29
Plasisganik Dominikus 215, 242
Plattling 244
Platzberg 31
Plutz Georg Aloys 132, 184, 185*
Point 153
Polling 95
Pom 28, 146, 151
Pongau 14, 160
Poschacher Peter 367
Pösl Magdalena, verehel. Jogl 292
Prag 313, 332
Prant Conrad/Konrad 296, 363
Prant Sabina 296; siehe auch Kaldes Anna Sabina v.
Prasting 13, 149, 151
Praxenthal 149
Přemysl Otakar II. von Böhmen 32
Přemysliden 32
Pressath 365
Pretschlaipfer Erasmus 189
Priel 149
Prosper von St. Georg ad velum aureum 54*
Pröbstl Josef 223
Prugkhmoser Samuel 67, 69–71, 364
Prun(n)mayr Alipius 79, 82, 365
Prüfening 95
Puechner Johannes Baptist II. 96, 98–101, 158 f., 162–164, 207–209, 255, 320, 327, 361, 366
Pulkau (Pulka) 29, 36, 43*, 140, 160
Pumperl Nycolaus 47
Pusch Achatz 89, 365
Pürkel Konrad 217
Pürkel Oswald 218
Pürstinger Berthold 191, 239, 247
Pütrich Jakob II. 69
Raacher Ernest Sigmund 109 f.
Rabenswalde Berthold von 25
Rachel 322
Radeck Rüdiger von 34
Radstadt 73, 171, 365
Rain an der Urslau 28, 147, 160
Rainprechter Johann Nepomuk Franz Seraph 314
Raitenau → Wolf Dietrich von
Raitenhaslach 16, 18, 95, 132, 184, 271, 307
Ramsau 26, 33, 149, 156–158, 163
Ram(n)ung Konrad, Chorherr v. Klosterneuburg 45

Ranner Johann Adam 100 f., 163, 361, 366
Ranshofen 22, 95
Rapoto, Pfalzgraf → Ortenberg
Raschenberg 24, 48, 51, 56 f., 60, 140 f., 143 f., 151, 153, 156, 161, 233, 286
Raunach Balthasar von 69
Rausch 310
Rebdorf bei Eichstätt 95
Re(c)hberg (bei Krems) 33, 158 f.
Rechberg, Graf von 126
Regensburg 33, 82, 184, 219
Reginold 15
Rehling(en) Anna 295
Rehrl Michael 184
Reichenhall (Bad R.) 11, 18, 21–23, 32 f., 44, 55, 129, 132, 134, 140, 155, 178 f., 184 f., 188, 225–227, 245, 249 f., 252, 308, 313 f., 352, 361, 365, 368
Reichenrott 185
Reichersberg am Inn 19*, 20, 22, 59, 95
Reichersberg Magnus von 34
Reichersberg Wernher von 20
Reichthalhammer Joseph 117, 126, 183, 236, 322
Reiffenstuel Leopold 366
Reigersberg, Graf von 126
Rein (bei Graz) 18
Reindel-Schedl Helga 147, 229, 237
Reinprechter/Rainprechter Guarin/Quarin 107, 308, 311, 367
Reisach Karl August von 183
Reisenegger Jakob 126 f., 132
Reit bei Saalbach 145, 160
Reitberg 11, 179
Reiter Johann 367
Reiter Matthäus 129
Reitmayr 149
Remmele August 185, 244
Renn Peter 61, 65, 145, 160 f.
Ren(n)sfeld(t) Franz 103*, 104, 366
Resner Gottfried 96, 366
Reut im Glemmtal 31
Reut Konrad von 32, 362
Reuthen 149
Reutter Georg 310, 312, 314
Richter Hans 224
Ried im Innkreis 161
Ried in Oberteisendorf 29, 153
Rieder Joseph 106, 367
Riedl Peter Anselm 270
Rieger Franz Xaver 114 f.
Rihni 14

Rinnenpichler Paul (Johannes Nepomuk) 367
Rochus, hl. 179
Rog(g)endorf und Mollenburg Georg Freiherr zu 61, 160
Rohr 57, 92, 95, 365
Rohr (Sbger. Eb.) → Bernhard R.
Rolduc 20
Rom 17, 32, 54*, 80, 98, 106, 184, 205, 248, 267, 307
Rosa von Lima, hl. 213
Rosenberger Georg 69, 192, 277, 279, 360
Rosenheim 244, 294, 361, 366
Rosental 160
Roßdorf 28 f., 31, 146, 151
Rothen 149, 151
Rott am Inn 95
Rottenaigen 28, 144, 146, 153
Rottenbuch 19 f., 95, 184
Rottenwalder Bernhard II. 200
Rottstätt 144, 146
Röhrenbach 149
Römisches Reich 11
Rudgerus, Chorherr 362
Rudiger, Chorherr 41
Rudigerus canonicus 362
Rudigerus, Magister 362
Rudolf, Sbger. Eb. 35
Rudolf I., K. 308
Ruezen 149
Ruf Paul 328
Ruhpolding 146, 155, 184, 232
Rupert(us), hl. 16, 176, 221, 222*, 224, 228, 236 f., 240, 251, 254, 330
Rupert, Propst 32 f., 137, 147, 149, 155, 157 f., 161, 187, 327, 357
Rupert IV., Abt v. St. Peter 41, 42*
Rupertiwinkel 44, 137, 139–142, 146 f., 151, 153, 161 f., 216, 248
Ruzzenlacher, Rutzenlacher, die 45 f.
– Konrad 46, 359
Rückstetten 28, 31 f., 152
Saalach 15, 29, 31, 160, 168, 237, 245, 250
Saaldorf 17, 24, 178, 184, 218
Saaldorf-Surheim 146, 153
Saalfelden 28 f., 138, 140 f., 147, 160, 283, 367
Sachrang 368
Sachsen 17 f., 20
Sahagun 228
Sailer Martin 184, 223
Sailer Mat(t)hias 184, 223
Salamanca 228

Saler Johann David 224
Salher Januarius 76, 364
Salier 17
Salust L. Crispus 328
Salzach 159, 245
Salzachkreis 114, 119–121, 125
Salzburg (Erzbistum, Erzdiözese, Erzstift, Land, Stadt) 9, 11–13, 15–18, 20, 22, 24, 32–34, 36, 41, 43, 45 f., 49, 52, 55, 60 f., 70, 72, 74–77, 80, 82 f., 88, 90–92, 93*, 95–98, 100–102, 104, 106 f., 109 f., 114 f., 117, 122, 124, 126, 132, 134, 137, 142 f., 145, 147, 156, 158 f., 161–164, 176–178, 184, 189–192, 194, 196–198, 200 f., 204, 206, 208–210, 212, 215, 217–220, 222 f., 232–234, 236, 238 f., 242 f., 245, 249–251, 254–256, 267 f., 276, 291, 295, 306–308, 313–316, 318 f., 322, 357–360, 365–368
Salzburggau 24
Salzburghofen 178
San Frediano in Lucca 20
Sandberger Adolf 309
St. Emmeram in Regensburg 95
St. Florian bei Linz 95
St. Georgen 28, 60, 146, 151, 153, 219
St. Gilgen 178
St. Hippolytus in St. Pölten 95
St. Johann am Högl 171 f., 237, 245
St. Johannshögl 31, 145, 168, 174; siehe auch Johanneshögl
St.-Johanns-Spital (Salzburg) 83, 282
St. Leonhard am Wonneberg 201
St. Leonhard bei Grödig 219
St. Mang in Füssen 95
St. Maria in Au 22
St. Martin bei Lofer 29
St. Martin im Innkreis 59
St. Martin in Klosterneuburg 45 f.
St. Mauritz in Friesach 61
St. Michael an der Etsch 22
St. Nikola bei Passau 69, 95, 192, 277, 360
St. Pankraz in der Steiermark 308, 367
St. Paul im Lavanttal 209
St. Peter in Salzburg 13–18, 26, 31, 33, 73*, 83, 95, 115, 117, 129, 137, 147, 151, 153, 161, 164, 178, 210 f., 214 f., 217, 220, 282, 286, 307 f., 314 f., 361, 368
St. Petersburg 314
St. Salvator (Niederbayern) 95
St. Ulrich und Afra in Augsburg 60
St. Veit an der Rott 32, 95
St. Wolfgang 185

St. Wolfgang am Abersee 175, 178
St. Zeno bei/in Reichenhall 17*, 21, 22*, 28, 31 f., 74 f., 77–79, 95, 104, 110, 132, 146, 155, 168, 184, 189 f., 194, 196 f., 200, 204 f., 209, 307, 312, 314, 358, 365
Sann 24
Sapp Richard 92
Sasser Bernhard 293
Sauleneck/Sanleneck Georg von 50, 152, 155, 188, 191, 359
Saxo Ulrich 45
Schaal Johann 76
Schaffleutner (Schaafleitner) Johann Evangelist 367
Schaidinger, die 169, 366
– Felix 97, 162, 319, 366
– Johann Michael 319
– Leonhard 81
Schaumberg
Schaunberg Heinrich von 25
Schaumberger Johann Martin 222
Schäftlarn 95, 313
Schärding am Inn 187, 366
Scheicher Johann Georg 310, 314
Scheierhuber/Scheyerhueber Georg 69, 71, 364
Schellenberg (Marktsch.) 308, 367 f.
Schemenauer Wichard d. 300
Schenauer Joseph Albrecht 100, 104 f.
Schenauer (Schönauer) Reichart 240
Schenk Adolf 310 f.
Schenk Aegidius 314
Scheyern 95, 368
Schicht Johann Gottfried 316
Schign 28, 146
Schlagschneider 149
Schlehdorf 95
Schliersee 185
Schluderpacher Appolonia 82 f.
Schluderpacher Clara 82 f.
Schluderpacher Johann(es) Wolfgang 82, 89, 207, 365
Schluderpacher Kaspar 82 f.
Schluderpacher Maria 82
Schmalenbergham/Bergham 28, 36, 147, 160
Schmid Barbara 82
Schmid Mathias 101
Schmidt Joseph Christoph 223
Schmied Wolfgang 183
Schnaidt 28, 31, 146, 152
Schnaitsee 218
Schnecken 149

Schnedizeni Josef Casimir von 271, 290 f.
Schneewaid 149
Schneeweis Richard 69 f., 72 f., 158, 163, 192–194, 227, 277, 279–281, 318, 360
Schneizlreuth 32, 144, 155
Schnelling 13
Scholastika, hl. 213
Schongau 361
Schorn 149, 150*
Schornbach 149
Schottenstift in Wien 95
Schönau 184
Schönberg 185
Schönberg Hans von 159
Schönbrunn 184 f.
Schönfeld Johann Heinrich 268
Schrattenbach → Sigmund Christoph von
Schrefel Wolf 293
Schreph Christoph 76
Schrof(f)ner Franciscus/Franz 78 f., 364
Schrott Johannes VI., 60
Schulerberg (Passau) 194, 256
Schulz Placidus 109 f., 114, 184, 367
Schuster Tobias 227
Schüttdorf 161
Schützing an der Alz 18
Schwabmünchen 184
Schwaiger Engelbert 183
Schwaiger Johann 204, 222, 226 f.
Schwaiger Ludwig 66, 364
Schwäbel Andreas 66, 364
Schwendi, Schloss 360
Schwendi Marquard von 65, 73, 74*, 75, 163, 194 f., 227, 256, 268, 279/280, 318, 360, 364
Schwendi Maximilian von 75, 194
Schwertfürb Antonius 104
Schwindegg 234
Schwindkirchen 185
Sebastian, hl. 172, 179, 213, 220, 223, 228, 247 f., 253
Sebastian, Chorherr 363
Seckau 21
Seeauer Beda 210 f., 307
Seebruck 12
Seekirchen am Wallersee 16
Seeleiten 28, 146, 151, 153, 156
Seeon 9, 95, 116, 188, 271, 308, 314, 368
Seethaler Andreas 118
Seidenfaden Johann 70, 364
Seidl Johann Baptist 185, 244
Seitenstetten (Niederösterreich) 95

Selenter Nikolaus 47
Sennen Jakob von 69
Seuer von Eisendorf Margaretha 277
Seywald Rupert 107, 120, 322, 368
Siber Andrä 310, 314
Siegsdorf 103, 361
Siena 204*, 214, 267, 348
Siezenheim 45
Sigl Theres 183
Sigmund I. von Volkersdorf 51 f.
Sigmund Christoph Graf von Schrattenbach 103, 169, 209 f., 243, 307
Simeon, hl. 212
Simon, hl. 208
Sitzendorf 160
Sixtus V. 267, 330
Sollacher Georg 184
Sollinger Georg 223
Sonnberg 160
Spaur Michael von 114
Spägl Joseph Anton 100
Spingru[e]ber Michael 187, 189, 198, 200–203, 270
Spittenreut 31, 152
Spitz an der Donau 145, 159
Staatz 23
Stadlmayr Johann 306
Stainhauff/Steinhauff Wilhelm, Propst 55, 188, 360, 363
Stainhauff(en) Wilhelm, Siedeherr in Reichenhall 55, 155, 252
Starzer Johann Kaspar 138
Staufenberg 158
Staufenbrücke 179, 245, 250
Staufeneck (Burg, Gericht, Schloss) 11, 24, 29*, 51, 56, 141, 143, 145, 147, 150 f., 156, 158, 162, 228 f., 233, 237–240, 245, 249, 256, 286, 290, 295–302
Staufeneck, Herren von 28 f., 31, 249
– Heinrich 31, 249
– Irmingard 31
– Ulrich 31 f., 358
– Wilhelm 249
Stefenelli von 310
Steffan Ferdinand 191, 206, 239
Steiermark 17, 21, 110
Steinbrech 145, 149
Steinbrünning 178
Steindl Johann 310, 314
Steinhauff → Stainhauff
Steinhögl 11*, 13, 54, 56, 100, 145, 149, 151, 168, 170*, 172, 174–176, 183, 188, 192, 217, 219, 229–231, 232*, 233 f., 271

Steinhögl Elisabeth von 48
Steinhögl Friedrich von 47
Steinhöring 184
Steinkirchen 366
Steinmeyer G. F. 316
Steinwender Franz Benedikt 114 f., 117 f., 121, 124, 183
Stephan, Propst 45, 359
Stephanus, hl. 176, 213, 248
Steuzz Konrad von 48
Stocka bei Bergen 184
Stock(h)er Sebastian 76 f., 79, 364
Stockham 12 f., 29, 32, 149, 157, 179, 314
Stoiß 149
Stoißberg 13, 28 f., 134, 142, 146, 149, 156
Stoißer Ache 168
Stoißer Alpe 150
Stöckerin Ur(sula) 56
Stö(c)kl/Stoeckl Bonifaz 310, 312, 314
Stöger Ferdinand 132, 134, 310, 332
Stötten 153
Straß 28, 31 f., 146, 151
Stratzing 159
Straubing 366
Streicher Franz Nikolaus 106, 189*, 197*, 199, 207*, 209*, 210, 212–215, 228, 270, 335, 340, 348 f.
Strobl (am Oberhögl) 145, 149
Strobl (in St. Martin bei Lofer) 29, 32
Stuart Bernhard 219
Stumpfegger 149
Suben am Inn 9, 20–23, 41, 43, 95, 187
Sulzbach Adelheid von 20
Sulzbach Berengar von 20
Sulzbach Irmgard von 20
Sumperer Ambros 76
Sur 28 f., 146, 232
Surberg 152
Surbergbichl 152
Surheim 178
Sutor Christoph 365
Süddeutschland 19, 110
Swoboda Johann Anton(ius) 320, 366
Sylveira Joannis da 321*, 323*, 325*
Taching 185
Tagibert (Dagobert/us), Propst 26, 32, 187, 189*, 213, 357
Taufkirchen 341
Taurer Gilbert 242, 248, 367
Taxenbach 147
Tegernsee 25, 95, 315
Teisenberg 13, 31, 83, 141, 151, 153, 155 f., 168

Teisenberger, die 28
– Konrad 30 f., 144
Teisendorf 11, 29, 31, 44, 77, 81 f., 90 f., 107, 114, 117 f., 121 f., 124, 128, 134, 140, 145 f., 151, 153, 156, 162, 168, 175 f., 178 f., 183 f., 196, 198, 219, 222 f., 225, 228, 231, 236, 249, 254 f., 283, 286, 309, 312, 314, 316, 319, 322, 365–367
Tengling 28, 153, 231
Teuffenpacherin Felicitas 83
Thal 28, 146, 149, 151
Thalgau 145, 201, 219, 367
Thalhausen 151
Thannberg 153
Tenn Kordula 286
Theodo von Bayern, Hz. 237
Theres(i)a von Avila, hl. 201, 213 f., 353
Thiemo 17
Thoma Antonius von 183
Thomas, hl. 169, 176
Thomasau 155
Thun → Guidobald von, Johann Anton von, Johann Ernst von
Thundorf 232
Thurn, Valsassina und Taxis Johann Baptist Graf von 104
Thurnberger Kajetan Josef Marius 184
Tief(f)enbrunner Felix 320, 367
Tieffenpacher Gregor 82
Tirol 88, 270, 367
Tittmoning 44, 124, 132, 134, 141, 153, 160, 178, 217, 255, 306, 315, 361, 367 f.
Tolentino Nikolaus von 330
Tondi Agostino 267
Torer Konrad 50
Tölz 293
Törring 153
Trauner, die 294
Trauner Benedikt 51 f., 53*, 54 f., 172, 188–190, 217, 229, 239, 247, 360
Trauner Paul(us) 283 f., 320, 367
Traunstein 23, 134, 155, 184, 223, 309, 335 f., 338, 344, 352, 355 f., 365
Traunwalchen 237
Traxl 143, 149
Traxl Joseph 183
Treiber Elisabeth, verehel. Hofmann 287–290
Treiber Ursula 290, 300, 302
Treiber Johann Paul 302
Trenbach 59
Trenbeck, die 59, 71
– Benigna 60

– Christoph II. 59–61, 190, 360
– Rudolf 59
– Urban 59
– Wilhelm 59
Treviso 23, 34
Triefenstein (Franken) 313
Trient 22, 65, 67, 72, 193, 240, 270, 318, 327 f., 330
Trient Altmann von, B. 21
Trier 15
Triva, Graf von 126
Truchseß von Emmersberg Margaret(h) 295
Truchtlinger Wilhelm 52*
Trudo, hl. 78
Tumperger, die 28, 32
– Chol 31 f.
– Heinrich 31 f.
Tungerspach 160
Tunza 15
Turner Johann Wilhelm 81
Tusculum Peter von 50
Tuszien Mathilde von 17, 20
Tüßling 218
Tyrlaching 153
Tyrlbrunn 153
Ufering 13, 151
Ullach 160
Ulm 314
Ulrich I., Propst 32, 357
Ulrich II., Propst 45, 359
Ulrich, Dekan 55, 363
Ulrich, Pfarrvikar zu Anger 363
Ulrich, Domherr 45
Ulricus diaconus 362
Ulricus plebanus 362
Unfriding 49*
Ungarn 18, 23
Unterfallnbach 32
Unterflossing 244
Untergraben 149, 183
Untermayrhofen 147, 163
Unterrainer Joseph Virgil 116, 120, 124, 125*, 308, 368
Unterrohrendorf 159
Untersberg 291
Unterviechtach 368
Unterzell 16, 363*
Unvertinger Stephan 155
Uolmar 26
Urban, hl. 175
Urban II. 19
Urban VI. 49, 144, 161

Urschalling bei Prien 246
Ursula, hl. 213
Vachenlueg 56, 70–72, 97, 132, 134, 137, 141, 143, 147, 149, 151 f., 155, 157 f., 163 f., 171, 175*, 181, 182*, 183*, 192, 207, 217, 230, 233 f., 236*, 271, 293, 331 f., 364
Valentin, hl. 246
Valladolid 228
Vanni Francesco 106, 204*, 205, 207, 214, 267–270, 340, 348 f.
Vatikan 267
Venedig 34, 184, 187
Vergil 99*
Viktor IV., Gegenpapst 33
Viktring bei Klagenfurt 18
Vil(l)iot Carl 102, 366
Vilsbiburg 60
Vinzentius, hl. 247
Vinzenz von Saragossa, hl. 268
Virgil, hl. 224, 228, 236, 247
Virgil, Chorherr 363
Virgilienberg bei Friesach 81
Vitalis, hl. 330
Vitus, hl. 175, 257
Vogl Alois Matthäus 243
Vogler Georg Joseph 311, 314
Volkmannsdorf 184
Vonderthon Ambrosius 368
Vonderthon Gregor 368
Vonderthon Ildefons (Ignaz) 114, 308, 314, 368
Vorau (Steiermark) 21, 95, 364
Vorderkapell 151 f.
Vornbach 95
Wachau 29, 50, 137, 142, 158 f.
Wadispeunt 28, 146, 149
Waging 125, 184, 231, 367
Walburga, hl. 236
Wald 152
Wald Ortlieb von 35
Waldburger Hans 193
Walderbach 314
Waldhausen bei Grein 22, 95
Waldner Jörg 49
Waldviertel 26
Waldzell im Innviertel 368
Waller Sighart 50, 61, 359
Walkersaich 185
Walther von Walterswil zu Türnbach Hans Longinus 228, 296
Walther von Waltertzwil Hans Leonhart 296

Wanch 48
Wandel, Witwe des Emplin 48
Wank 152
Wannersdorf 28, 146, 151, 153
Wasserburg am Inn 295, 306, 315, 364
Watzenstorff/Watzensdorf von 294; siehe auch Haunsperg Ursula von
Weber Benedikt (Ignaz Josef) 101, 103*, 104, 366
Weber Johann Adam 88*, 89–91, 159, 163, 197 f., 200 f., 204, 268, 283, 318–320, 327, 361
Wegwart Georg 253
Weibhauser Hans 169
Weibhauser Johann Georg 180, 236, 244, 250, 355/356
Weihenstephan 95
Weiher 28, 32, 146, 151, 153
Weildorf 146, 151, 153, 163, 174, 178, 196, 201, 231
Weilheim 92, 282, 361, 364
Weindl Franz de Paula 312, 315
Weinviertel 61, 140, 144, 147, 153, 159*, 160
Weinzierl 147, 159
Weise Michael 244
Weissenau 308
Weiß, Rechnungsrat 117 f.
Weiß Matthäus 328
Weißeneck Hartnid (Hertneid) von 46 f., 359
Weißenegg in Kärnten 46
Weitwörth 198
Welf IV. von Bayern 19
Werfen 119
Wernersbichl 151
Wessobrunn 95
Westermaier 310
Westerndorf 13
Wettenhausen (Schwaben) 314
Weyarn an der Mangfall 20–23, 41, 57, 95, 187
Weyarn und Neuenburg, Grafen von 21
Wezil 26
Wider Bernhard 81
Widmaishögl 31, 149
Wien 88 f., 110, 116*, 160, 215, 267, 313, 314
Wieninger, Brauer-Familie 9, 11, 158, 216, 338, 356
– Philipp 134 f.
Wieser Max 298
Wiesersberg 160

Wildecker von Delling, die 50, 360
- Christan 50, 51*, 52*, 54, 61, 188, 247, 360
Wilderer Ambros 92, 365
Wilhelm, Propst (?) 357
Wilhelme, Wilhelminer, Grafen im oberen Salzburggau 24 f.
Wilhering 95
Wimmern 152
Windbichl 28, 146, 151, 153
Wippenham/Wippenheim (bei Obernberg am Inn) 31, 33, 161
Wirsingus Heinrich 362
Wisint 26
Witagowo 15
Witterwekke, Chorherr 362
Woching Rudiger von 32
Wolf Dietrich von Raitenau 69, 73, 194, 267 f., 319
Wolfahrtsau 149
Wolfgang, hl., auch W. von Regensburg 176, 240, 253 f., 330
Wolfgang I. → Griesstetter
Wolfgang II. → Zehentner

Wolfgang, Dekan (?) 363
Wolfram (von Abenberg) 17
Wonneberg 184
Wölfl Alois 244
Wölkl Benedikt 120, 132, 185, 283–285, 368
Wörth 147
Wörthersee 9
Wrastil Florian 310
Wulp Ulrich 50
Würzburg 88
Zach Johann 310, 314
Zacharias, Chorherr 332, 363
Zacharias, Dekan 363
Zacharias, Propst 47–50, 159, 359
Zacherl Augustin 361, 365
Zacherl Johann Baptist I. 91, 92*, 93*, 94*, 96–98, 100, 151, 163, 179, 205–207, 209, 215 f., 224*, 234 f., 254, 256 f., 273, 309*, 327, 328*, 331, 344, 361, 365
Zauchenberger Balthasar 81
Zächerl, Gebrüder 207
Zäzel Konrad 47
Zechentner Wolfgang 293

Zehentner Johann Baptist 77
Zehentner Johann Wolfgang II. 79, 80*, 81–83, 88, 156, 163, 195–198, 274, 281–283, 327, 357, 361
Zell 28, 146, 149
Zell am See 16, 21, 28, 32, 120, 142, 147
Zell bei Kufstein 16
Zellberg 16, 29, 129, 145, 149, 155, 271, 278, 291, 363*
Zeller See 161
Zerle Hans 352
Zeyckhart Jakob 138
Ziemetshausen 185
Zillner Felix 254
Zillner Franz Valentin 23
Zimmermann Johann Baptist 212
Zottmann Joseph 122
Zöpf Benedikt 106, 199, 210, 213, 270, 335, 339, 342
Zucalli Kaspar 200
Zunhamer Martin 336 f., 347
Zürich 184
Zwick Patritius 209
Zwiesel 66*